# 徐州统计年鉴

# XUZHOU STATISTICAL YEARBOOK

## 2018

（总第 31 期）

徐 州 市 统 计 局
国家统计局徐州调查队 编

中国统计出版社
China Statistics Press

**图书在版编目(CIP)数据**

徐州统计年鉴. 2018/徐州市统计局，国家统计局徐州调查队编. -- 北京：中国统计出版社，2018.8

ISBN 978-7-5037-8554-2

Ⅰ. ①徐…
Ⅱ. ①徐… ②国…
Ⅲ. ①统计资料—徐州—2018—年鉴
Ⅳ. ①C832.533-54

中国版本图书馆 CIP 数据核字(2018)第 178386 号

**徐州统计年鉴-2018**

作　　者 / 徐州市统计局　国家统计局徐州调查队
责任编辑 / 陈越月
装帧设计 / 钮家启　卢川川
出版发行 / 中国统计出版社
地　　址 / 北京市丰台区西三环南路甲 6 号
邮政编码 / 100073
电　　话 / 邮购(010)63376909　书店(010)68783171
网　　址/ http://csp.stats.gov.cn
印　　刷 / 徐州市今日彩色印刷有限公司
经　　销 / 新华书店
开　　本 / 890mm×1240mm　1/16
字　　数 / 1130 千字
印　　张 / 29.25
版　　别 / 2018 年 8 月第 1 版
版　　次 / 2018 年 8 月第 1 次印刷
定　　价 / 300.00 元

**如有印装差错，由本社发行部调换。**

## 《徐州统计年鉴-2018》编辑委员会



## 《徐州统计年鉴-2018》编辑部

## 编 者 说 明

《徐州统计年鉴-2018》是一部全面、系统反映徐州市国民经济和社会发展情况的资料性年刊。书中汇集了徐州市及各县(市)2017年经济和社会各方面的统计数据,以及历史重要年份和改革开放以来的主要统计数据。

全书内容分为26个篇目,即:1.综合;2.国民经济核算;3.人口;4.就业人员和职工工资;5.固定资产投资;6.对外经济贸易和国际旅游;7.能源消费与库存;8.财政、金融和保险;9.物价指数;10.人民生活;11.自然资源、城市概况和环境保护;12.农林牧渔业;13.工业;14.建筑业;15.交通运输和邮电;16.批发零售和住宿餐饮业;17.科技和教育;18.卫生和社会服务;19.文化和体育;20.公共管理及其他;21.县(市)社会经济;22.乡镇基本情况;附录1.江苏省市、县主要经济指标;附录2.江苏省市辖区主要经济指标;附录3.淮海经济区主要经济指标;附录4.企业选介。为方便读者使用,大部分篇末附有《主要统计指标解释》。

与2017版《徐州统计年鉴》相比较,本年鉴在统计内容和编辑上主要做了如下修订:

根据方法制度变化、实际编辑情况和用户需求,对第一篇综合,第十一篇自然资源、城市概况和环境保护,第十三篇工业,第十五篇交通运输和邮电,附录1江苏省市、县主要经济指标,附录2江苏省市辖区主要经济指标,附录3淮海经济区主要经济指标等部分内容进行了调整修订。

本年鉴部分数据合计数或相对数由于单位取舍不同产生的计算误差均未作机械调整;年鉴文稿中所用数字,如有与表中数据不一致的,读者在引用时均以表中数据为准;凡与本年鉴有出入的历史资料数据,均以本年鉴为准。

本年鉴表中的符号使用说明:"…"表示数据不足本表最小单位数;"空格"表示该项统计指标数据不详或无该项数据;"#"表示其中的主要项。

本年鉴编辑过程中,得到中国统计出版社和江苏省统计局综合处的悉心指导,得到市财政局、市交通局、市农委、市农机局、市国土局、市气象局、市水利局、市城乡建设局、市环保局、市卫计委、市民政局、市人保局、市司法局、市教育局、市旅游局、市商务局、市文广新局、市体育局、市政协、市妇联、市邮政管理局、人民银行徐州中心支行、市公安交警支队、市公安消防支队、市车管所、市保险协会、市通信管理局及各通信公司等有关部门、单位以及广大统计工作人员的大力支持,在此我们表示诚挚的感谢。恳请各界人士和读者对年鉴的不足之处批评指正,以期进一步提高编辑水平,更好地为广大读者服务。

# 目　录

## 五、固定资产投资



## 六、对外经济贸易和国际旅游



## 七、能源消费与库存



## 八、财政、金融和保险



## 九、物价指数



## 十、人民生活



## 十一、自然资源、城市概况和环境保护

## 十二、农林牧渔业



## 十三、工业



## 十四、建筑业



## 十五、交通运输和邮电



## 十六、批发零售和住宿餐饮业



## 十七、科技和教育

## 十八、卫生和社会服务



## 十九、文化和体育



## 二十、公共管理及其他



## 二十一、县（市）社会经济（1978-2017）

## 二十二、乡镇基本情况

# CONTENTS

## CHART OF THE ACHIEV EMENT S OF XUZHOU´S NATIONAL ECONOMY AND SOCIAL DEVELOPMENT

## Chapter 1 GENERAL SURVEY



## Chapter 2 NATIONAL ECONOMIC ACCOUNT



## Chapter 3 POPULATION



## Chapter 4 EMPLOYMENT AND WAGES

## Chapter 5 INVESTMENT IN FIXED ASSETS



## Chapter 6 FOREIGN ECONOMY & TRADE AND INTERNATIONAL TOURISM



## Chapter 7 ENERGY CONSUMPTION AND STOCK

## Chapter 8 FINANCE, BANKING AND INSURANCE



## Chapter 9 PRICE INDEX



## Chapter 10 PEOPLE´S LIVELIHOOD



## Chapter 11 NATURAL RESOURCES, GENERAL SURVEY OF CITIES AND ENVIRONMENTAL PROTECTION

## Chapter 12 AGRICULTURE, FORESTRY, ANIMAL, HUSBANDRY AND FISHERY



## Chapter 13 INDUSTRY



## Chapter 14 CONSTRUCTION



## Chapter 15 TRANSPORTATION, POSTAL AND TELECOMMUNICATIONS SERVICES

## Chapter 16 WHOLESALE, RETAIL AND ACCOMMDATIONS CATERING INDUSTRY



## Chapter 17 SCIENCE AND TECHNOLOGY, EDUCATION



## Chapter 18 PUBLIC HEALTH AND SOCIAL SERVICES

## Chapter 19 CULTURE AND SPORTS



## Chapter 20 PUBLIC MANAGEMENT AND OTHERS



## Chapter 21 SOCIAL ECONOMIC OF COUNTIES(CITIES)(1978–2017)

## Chapter 22 BASIC CONDITIONS OF COUNTRY AND TOWN

# 2017年的徐州

2017
国民经济总量(Total National Economy)
6605.95
地区生产总值（亿元）
600.55
第一产业增加值（亿元）
2884.32
第二产业增加值（亿元）
3121.08
第三产业增加值（亿元）
三驾马车
(Stimulate Economic Growth Troika)
428.14
#出口总额（亿元）
527.15
进出口总额（亿元）
16.60
实际使用外资（亿美元）
2886.92
社会消费品零售总额（亿元）
5277.03
固定资产投资（亿元）
基层组织
(Qrimary-Level Organization)
2042 村（个）
671 居委会（个）
97 镇（个）
66 街道（个）
人口(Population)
1039.42
年末户籍人口（万人）
876.35
年末常住人口（万人）
278.05
年末总户数（万户）

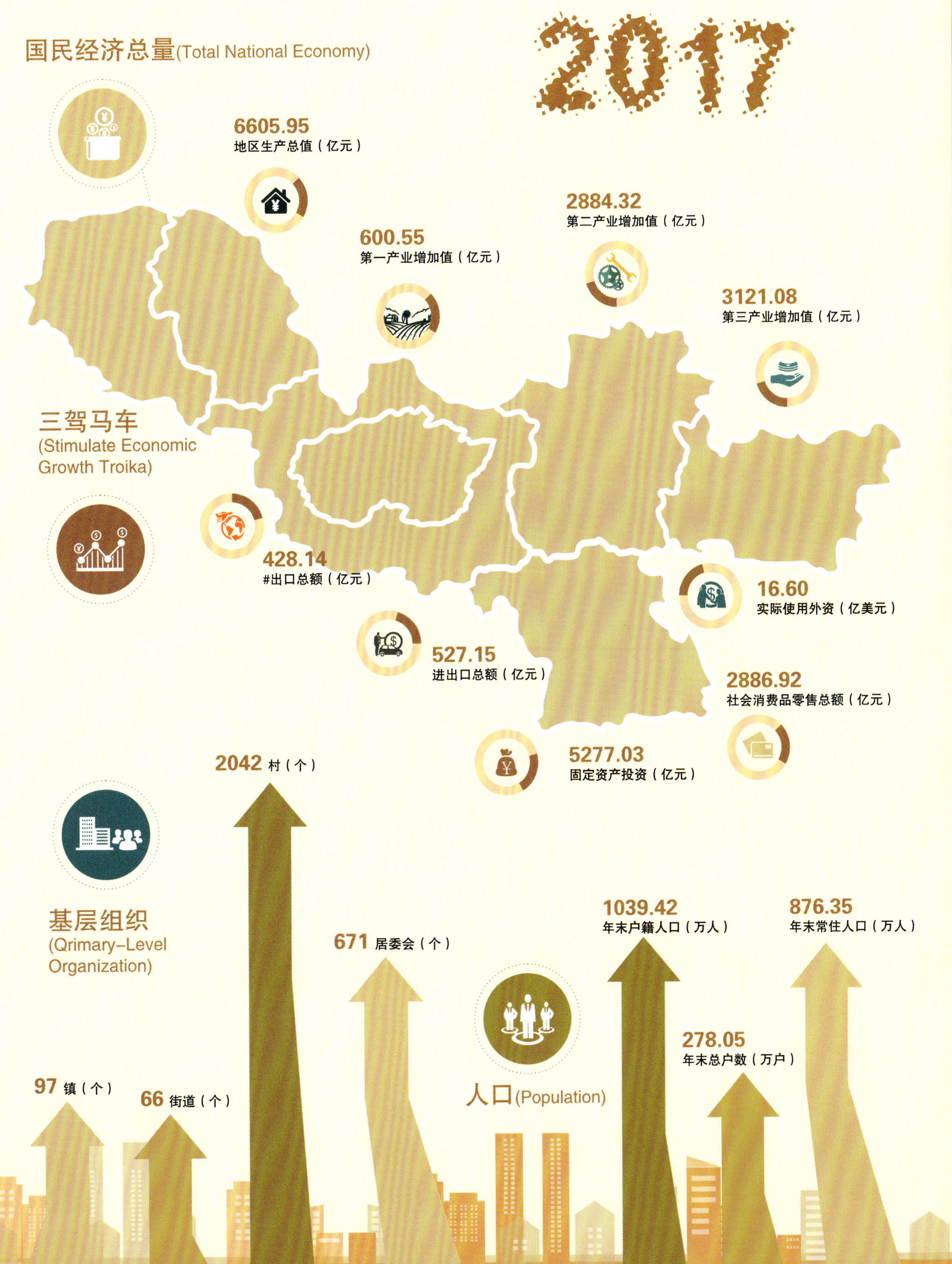

## 钱袋子(Fund Sources)

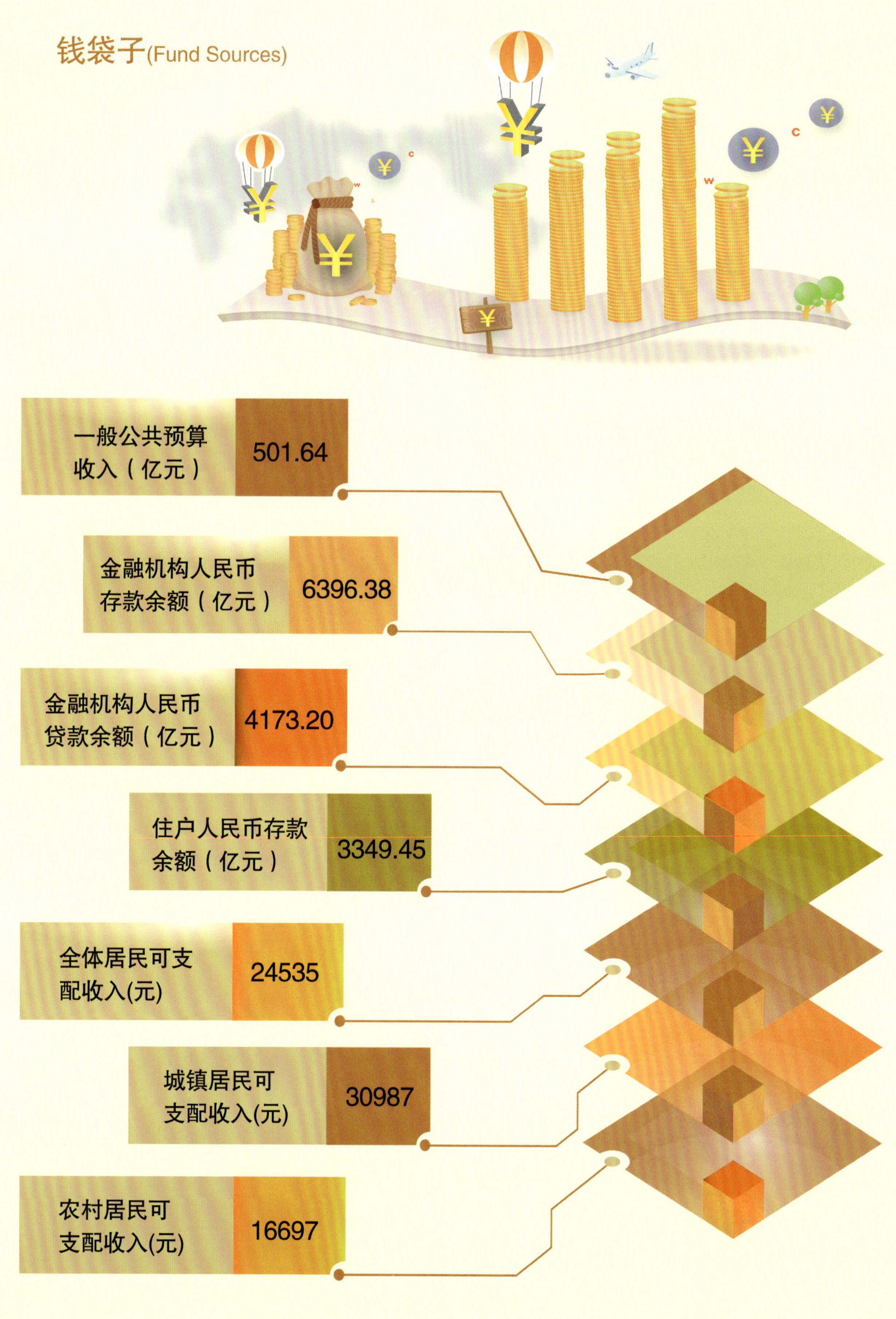

## 民生(People's livelihood)

居民消费价格指数（以上年同期为100） 101.7

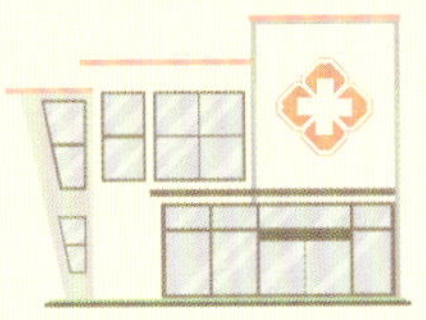

每千人拥有医院床位数（张） 4.5

每千人拥有注册护士数（人） 2.89

每千人拥有医生数（人） 2.61

每千人拥有养老床位数（张） 37.9

人均拥有公园绿地面积（平方米） 14.7

建成区绿化覆盖率（%） 43.8

# 经济发展

地区生产总值（亿元）Gross Domestic Product（100 million yuan）

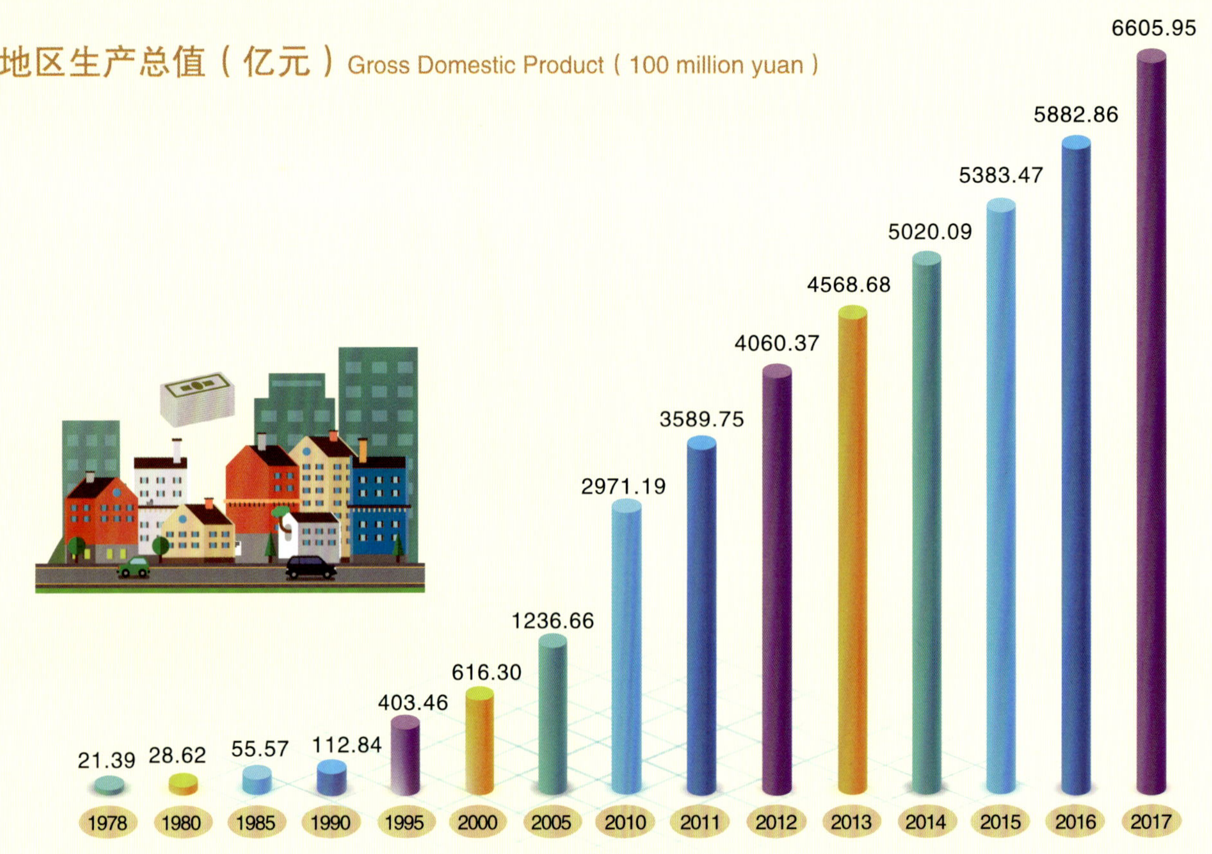


人均地区生产总值（元）Per Capita Gross Domestic Product（yuan）

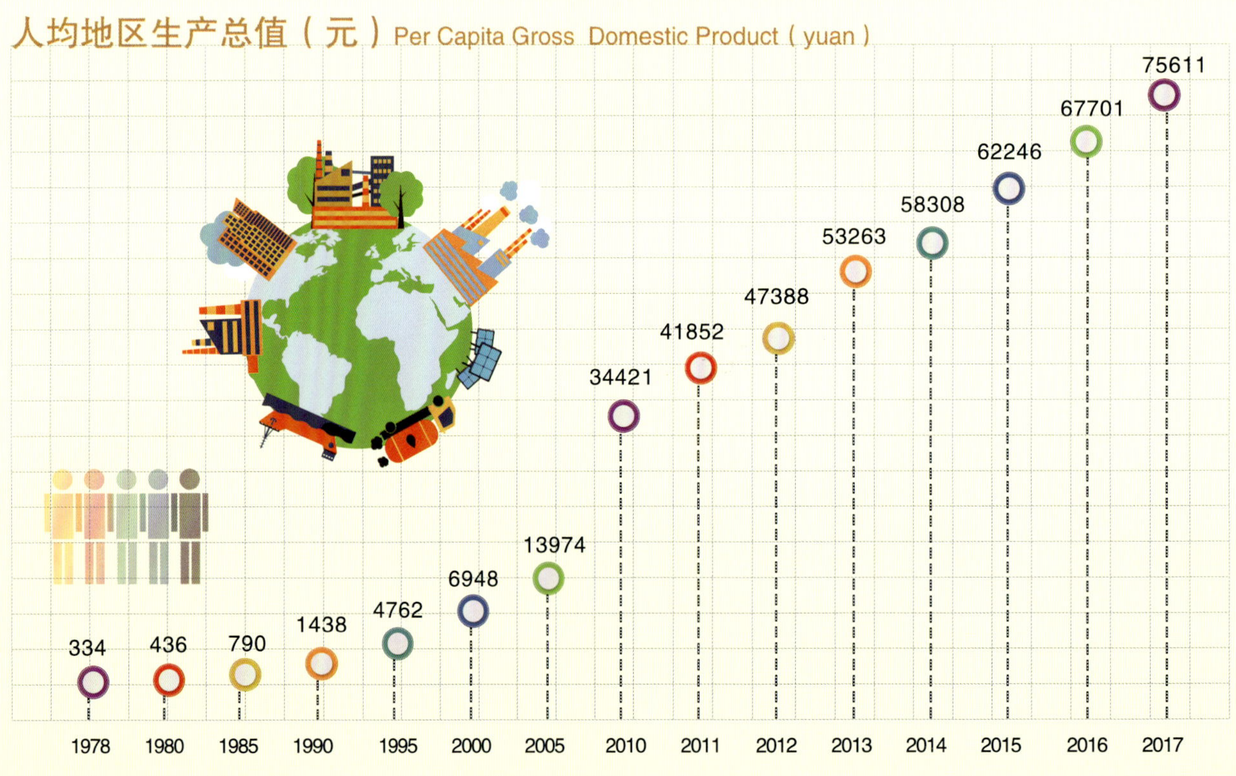

## 财政总收入（亿元）Total Fiscal Revenue（100 million yuan）

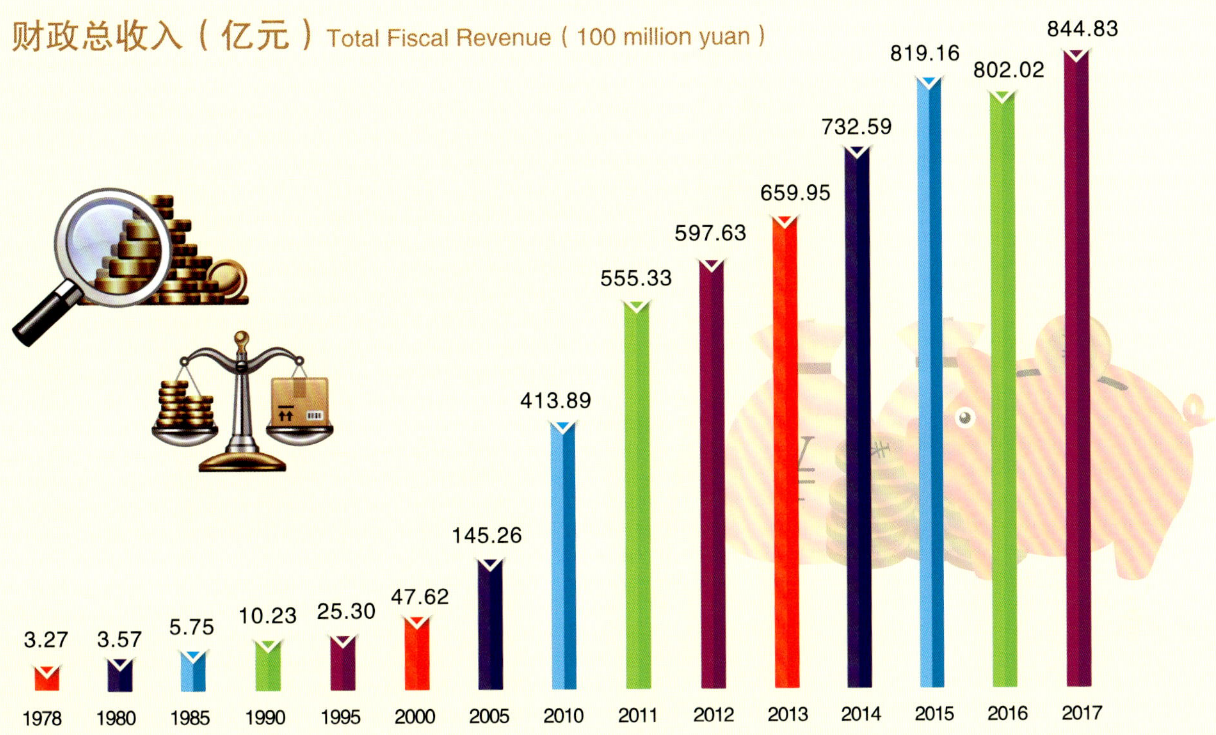


## 金融机构人民币存贷款余额（亿元）

Financial Institutions Renminbi Deposit And Lending Balances（100 million yuan）

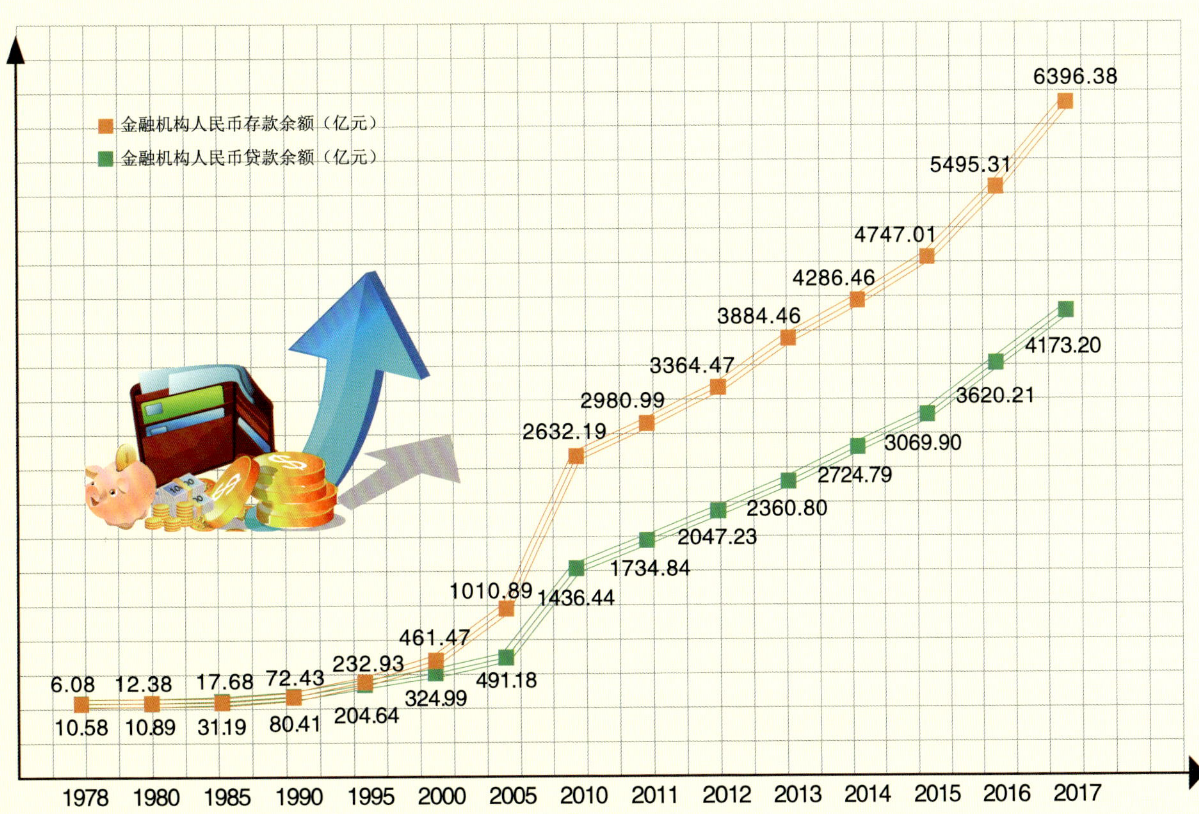

## 规上工业增加值（亿元） Industrial Added Value Above the Designated Size（100 million yuan）

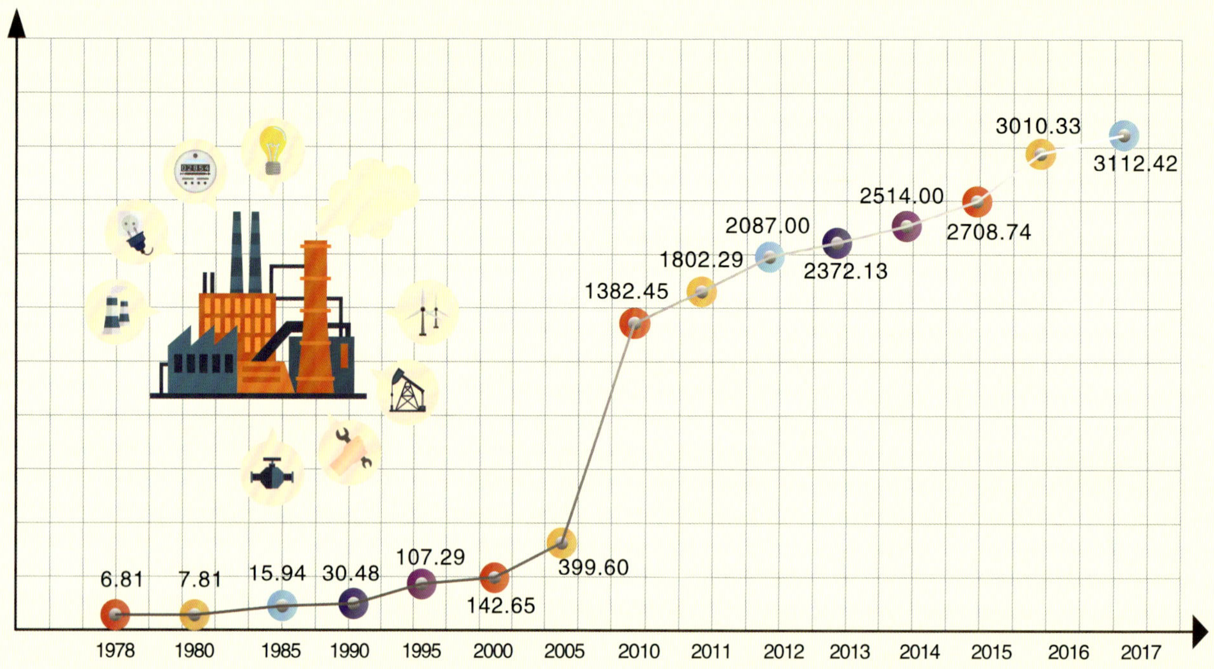


## 固定资产投资总额（亿元） Total Fixed Asset Investment（100 million yuan）

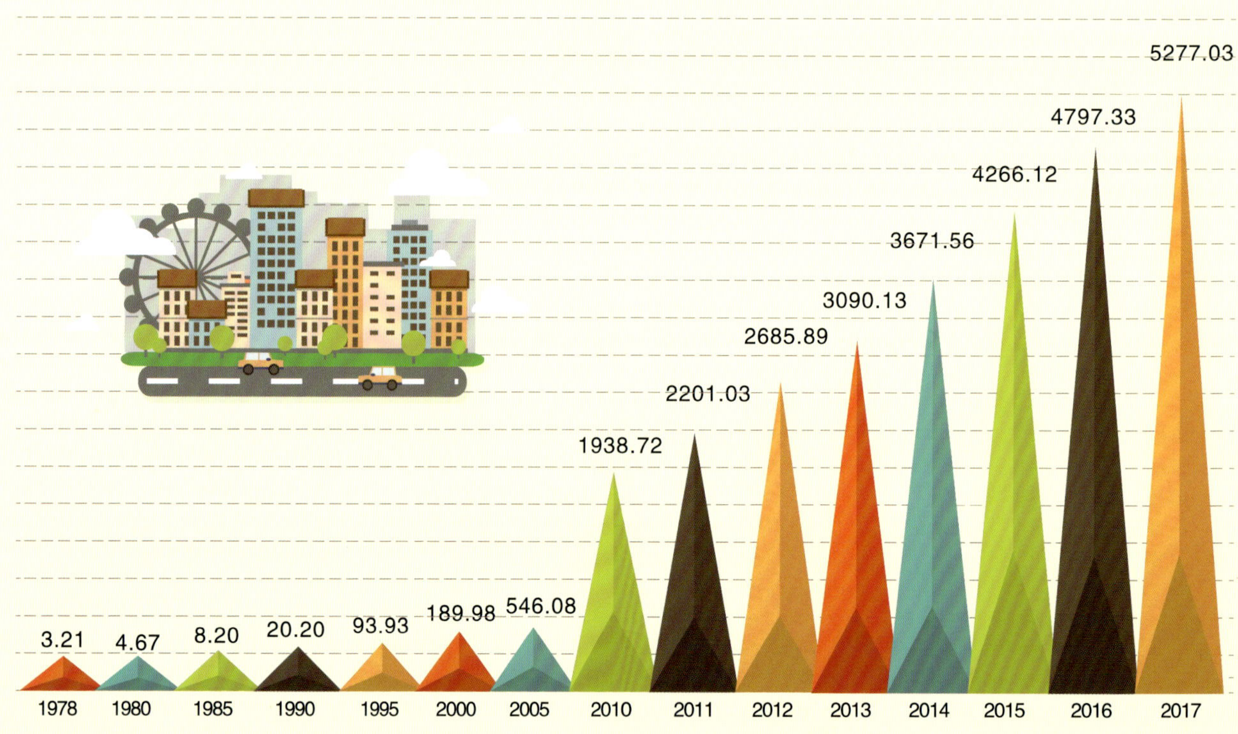

## 社会消费品零售总额（亿元）

Total Retail Sales of Social Consumer Goods （100 million yuan）

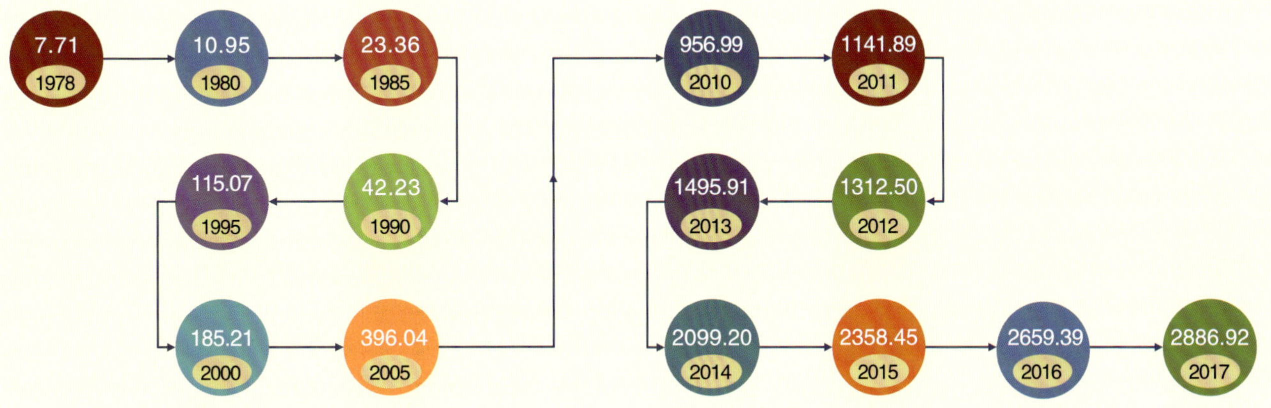

## 进出口总额（亿美元）

Total Imports and Exports(USD 100 million)

|  |  |
| --- | --- |
| 1990 | 0.10 |
| 1995 | 2.47 |
| 2000 | 3.29 |
| 2005 | 11.26 |
| 2010 | 41.61 |
| 2011 | 63.10 |
| 2012 | 83.27 |
| 2013 | 62.89 |
| 2014 | 59.88 |
| 2015 | 54.13 |
| 2016 | 62.48 |
| 2017 | 78.01 |

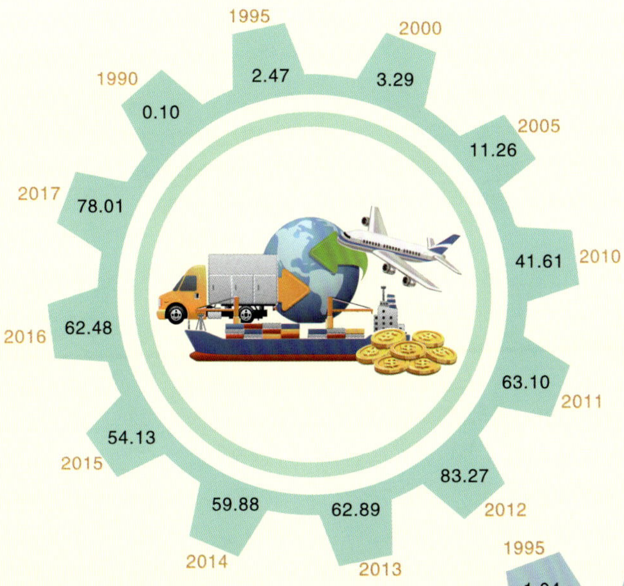

## 出口总额（亿美元）

Total Exports(USD 100 million)

|  |  |
| --- | --- |
| 1990 | 0.06 |
| 1995 | 1.47 |
| 2000 | 1.87 |
| 2005 | 7.52 |
| 2010 | 26.31 |
| 2011 | 41.59 |
| 2012 | 62.88 |
| 2013 | 48.97 |
| 2014 | 46.77 |
| 2015 | 43.89 |
| 2016 | 52.54 |
| 2017 | 63.34 |

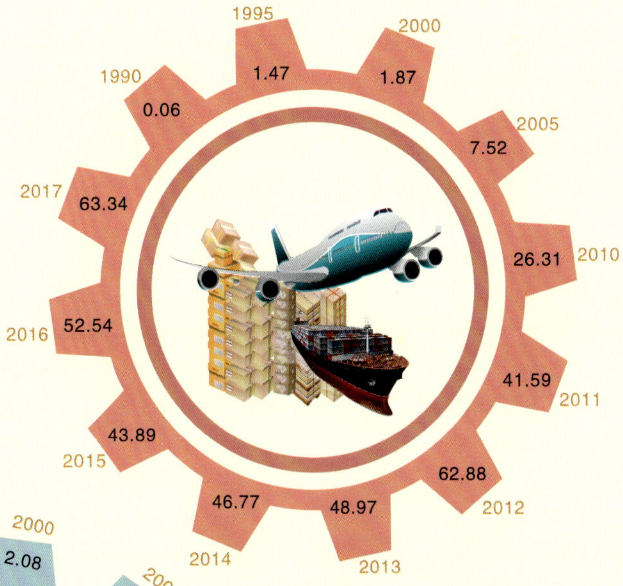

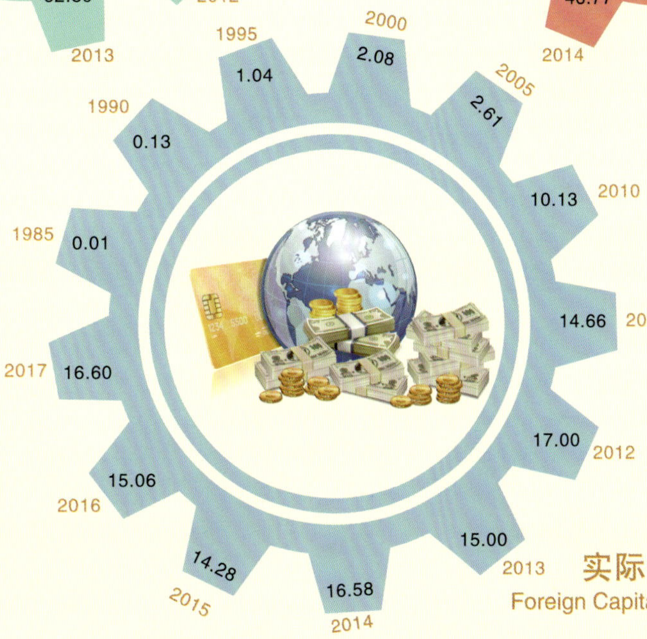

## 实际使用外资（亿美元）

Foreign Capital Actually Used（USD 100 million）

|  |  |
| --- | --- |
| 1985 | 0.01 |
| 1990 | 0.13 |
| 1995 | 1.04 |
| 2000 | 2.08 |
| 2005 | 2.61 |
| 2010 | 10.13 |
| 2011 | 14.66 |
| 2012 | 17.00 |
| 2013 | 15.00 |
| 2014 | 16.58 |
| 2015 | 14.28 |
| 2016 | 15.06 |
| 2017 | 16.60 |

## 农林牧渔业总产值（亿元）

Gross Output Value of Farming, Forestry, Animal Husbandry and Fishery ( 100 million yuan )

| | |
|---|---|
| 1978 | 12.91 |
| 1980 | 15.91 |
| 1985 | 31.84 |
| 1990 | 64.85 |
| 1995 | 190.93 |
| 2000 | 225.80 |
| 2005 | 333.07 |
| 2010 | 514.73 |
| 2011 | 618.34 |
| 2012 | 712.55 |
| 2013 | 802.94 |
| 2014 | 907.33 |
| 2015 | 976.93 |
| 2016 | 1046.76 |
| 2017 | 1150.01 |

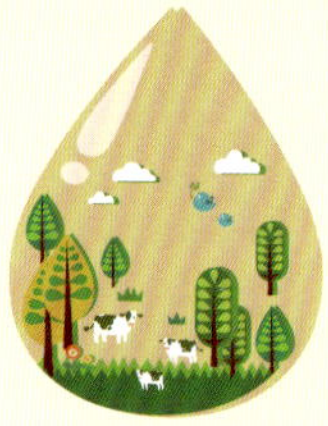

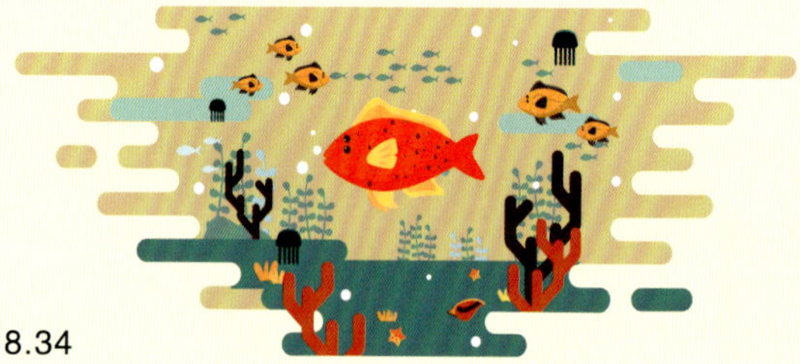

## 粮食产量（万吨） Grain Crops Production(10 thousand tons)

| 1978 | 1980 | 1985 | 1990 | 1995 | 2000 | 2005 | 2010 |
|---|---|---|---|---|---|---|---|
| 206.15 | 249.94 | 379.70 | 399.00 | 406.13 | 319.50 | 314.13 | 440.20 |

| 2011 | 2012 | 2013 | 2014 | 2015 | 2016 | 2017 |
|---|---|---|---|---|---|---|
| 455.30 | 471.73 | 451.13 | 469.18 | 470.92 | 469.16 | 482.72 |

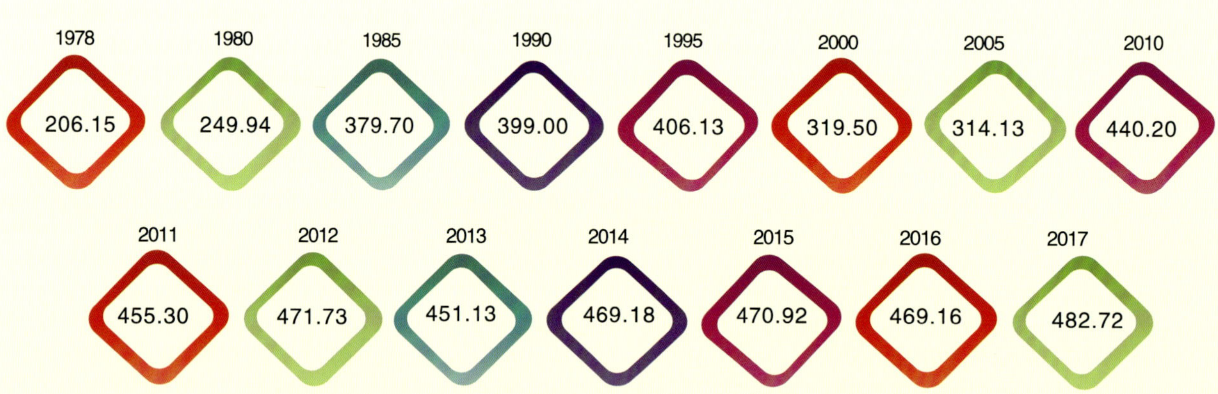

# 结构优化

地区生产总值构成（%）Proportion of Gross Domestic Product（%）

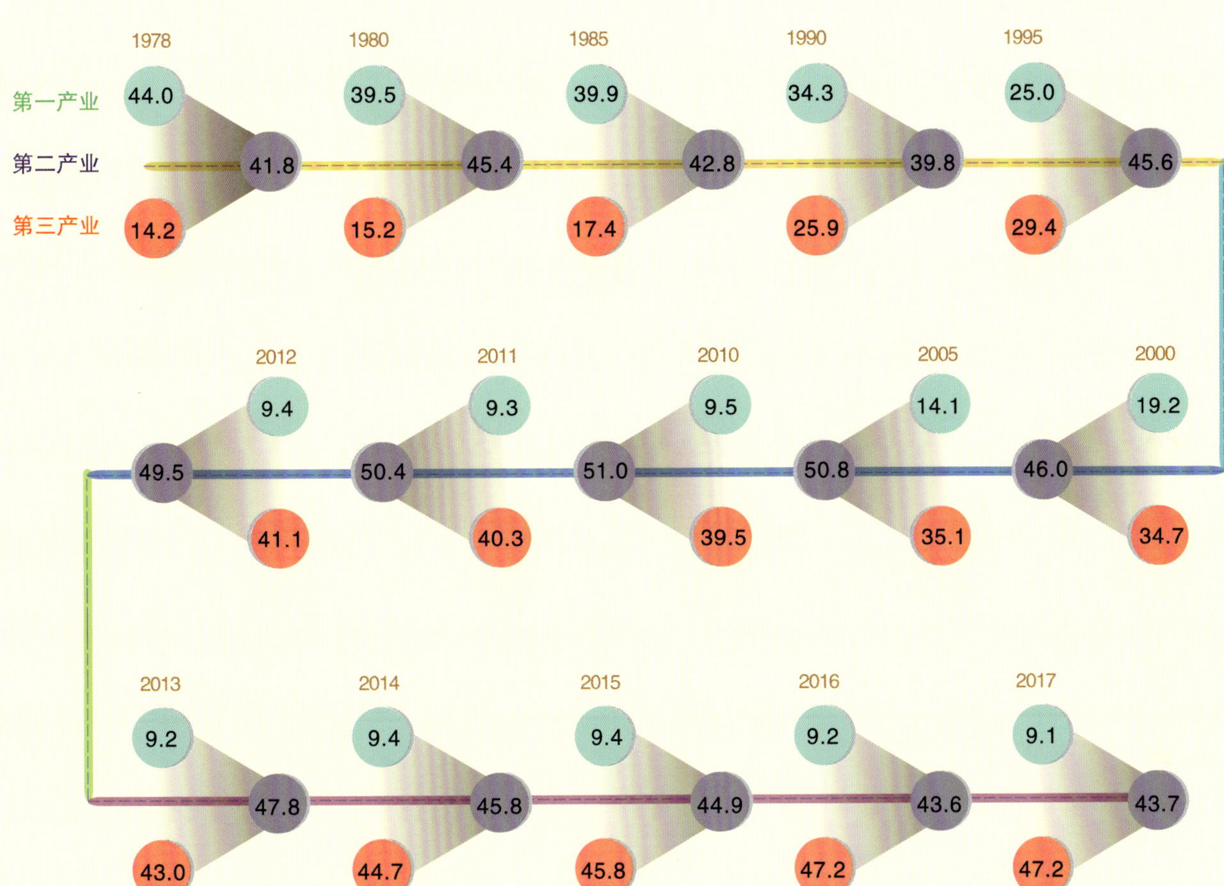

## 从业人员构成（%）

Proportion in Number of Employed Persons（%）

## 高端装备制造业产值占战略新兴产业产值比重（%）

The Proportion of High-end Equipment Manufacturing in Strategic Emerging Industries Output Value (%)

|  |  |
| --- | --- |
| 2014 | 19.6 |
| 2015 | 16.6 |
| 2016 | 17.7 |
| 2017 | 21.7 |

## 高新技术产业产值占规模以上工业总产值比重（%）

The Proportion of High-Tech Manufacturing Industries in Gross Industrial Output Value Above the Designated Size (%)

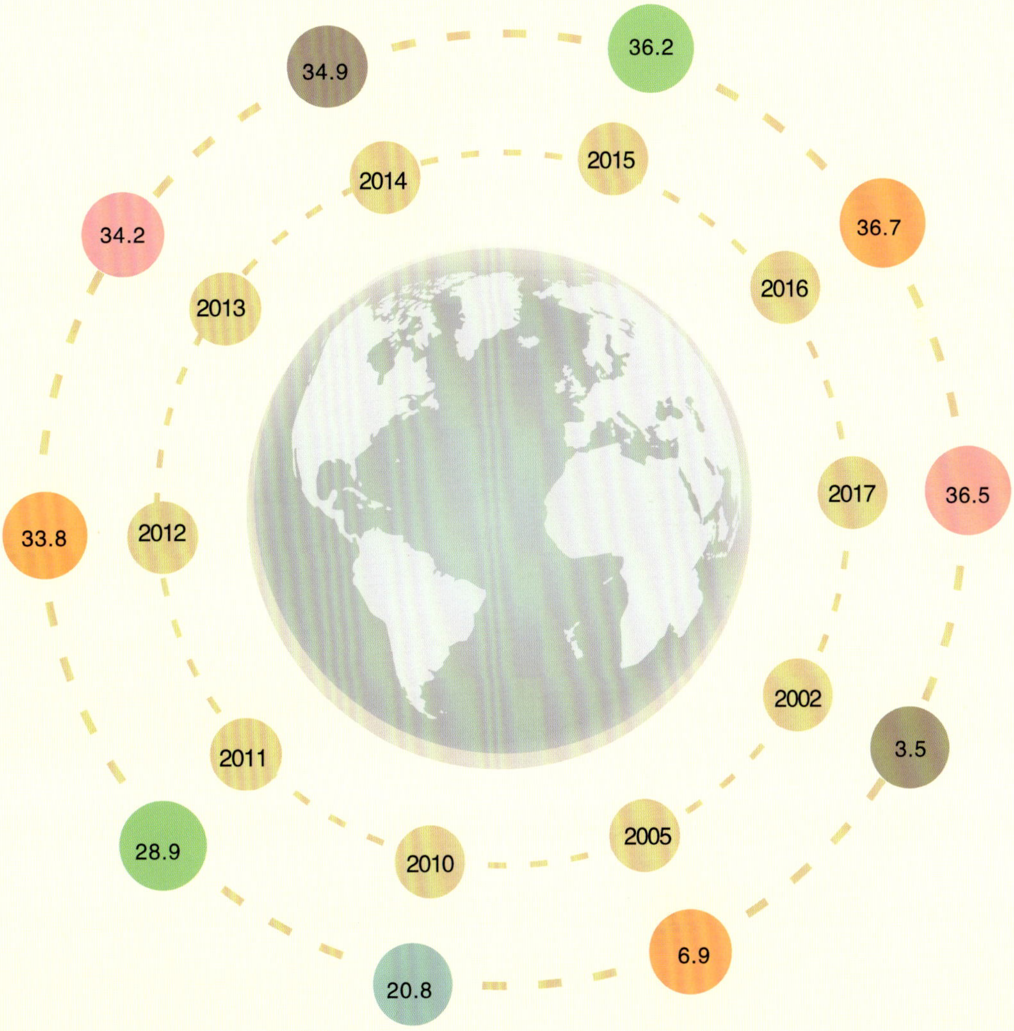

|  |  |
| --- | --- |
| 2002 | 3.5 |
| 2005 | 6.9 |
| 2010 | 20.8 |
| 2011 | 28.9 |
| 2012 | 33.8 |
| 2013 | 34.2 |
| 2014 | 34.9 |
| 2015 | 36.2 |
| 2016 | 36.7 |
| 2017 | 36.5 |

## 设施农业面积（万亩）The Area of Facility Agricultural（10 thousand Mu）

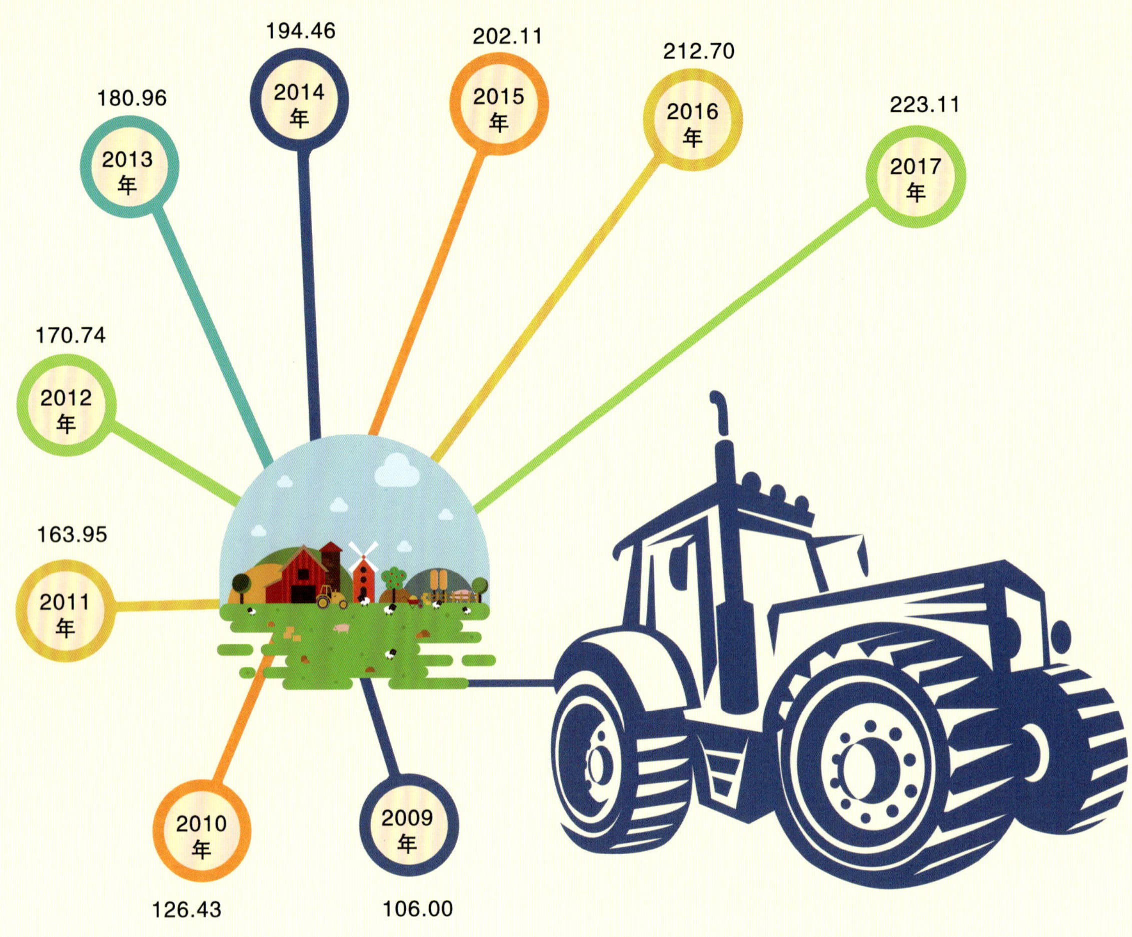


## 种植业“三品”比重（%）Proportion of High-Quality Planting Industry（%）

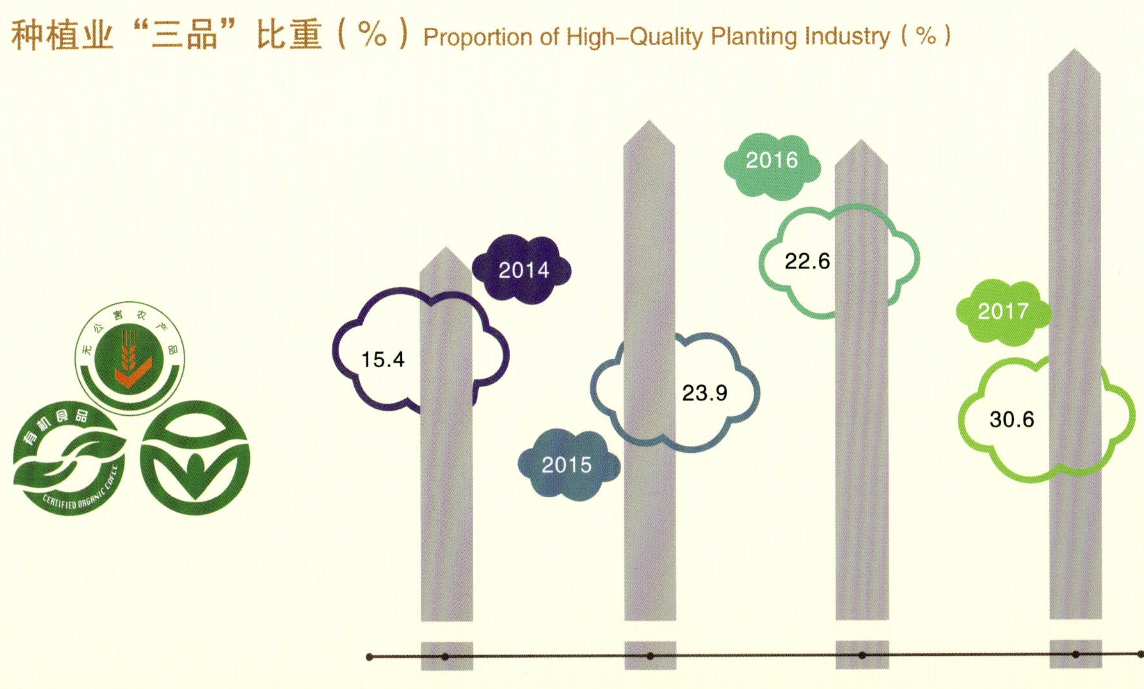

## 第三产业投资占全部投资比重（%）

The Proportion of Tertiary Industry in Total Fixed Assets Investment（%）

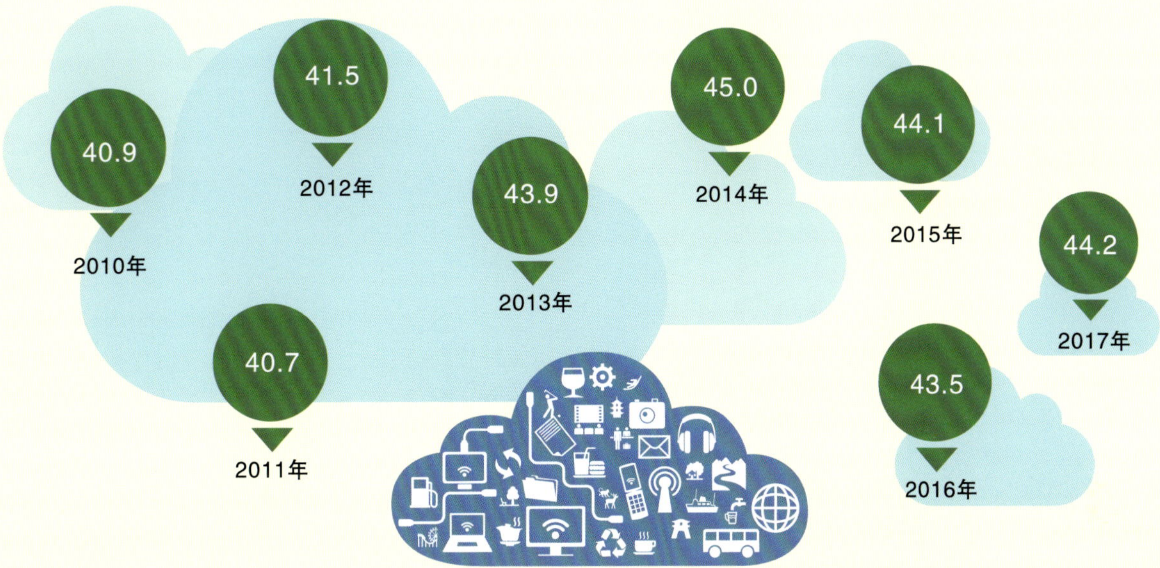


## 高新技术产业投资占全部投资比重（%）

The Proportion of High-Tech Manufacturing Industries in Total Fixed Assets Investment（%）

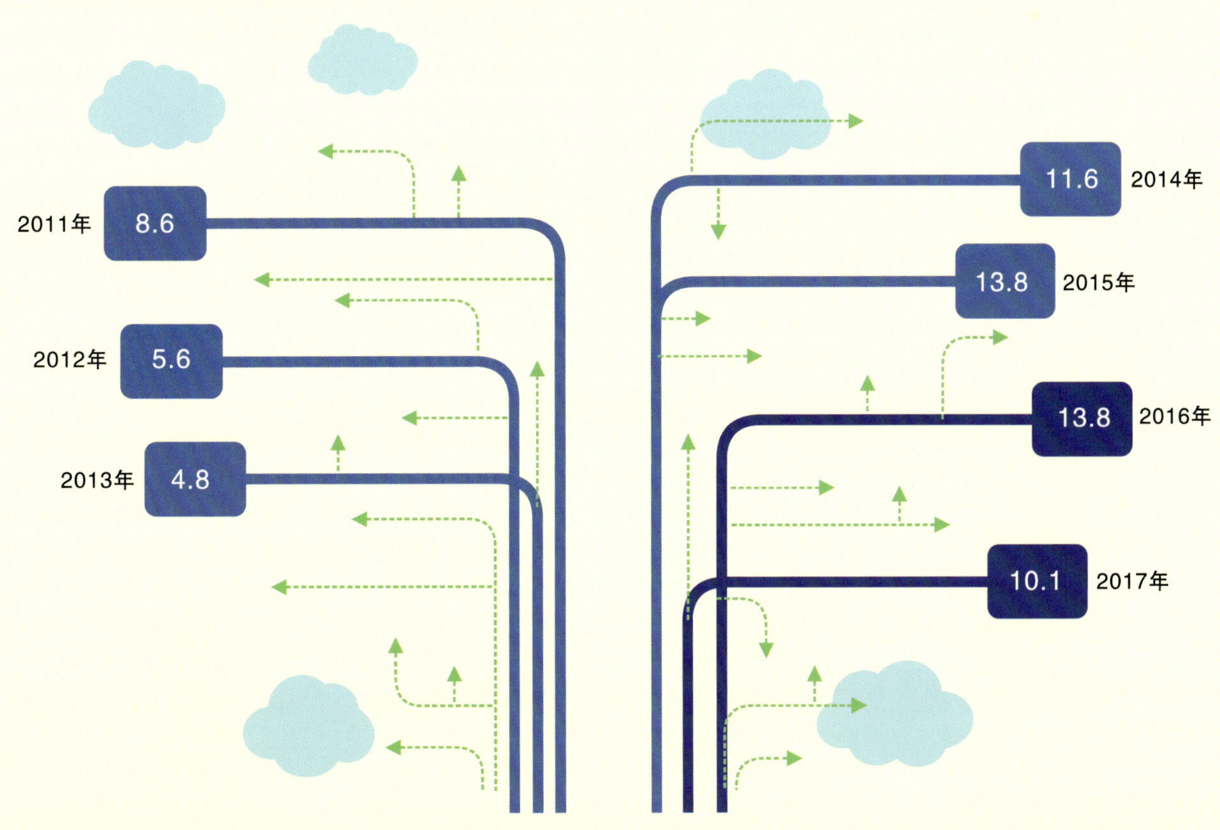

## 工业技改投资占工业投资比重（%）
The Proportion of Industrial Technical Reformation in Industrial Investment（%）

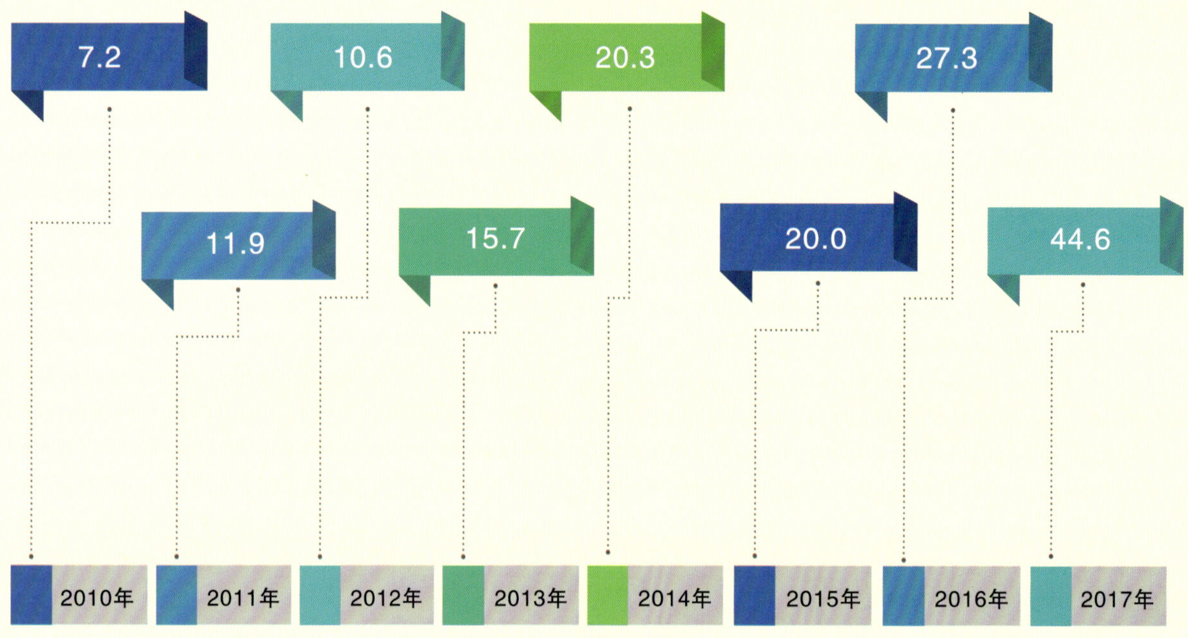


## 高耗能产业投资占全部投资比重（%）
The Proportion of High Energy-Consuming Industries in Total Fixed Assets Investment（%）

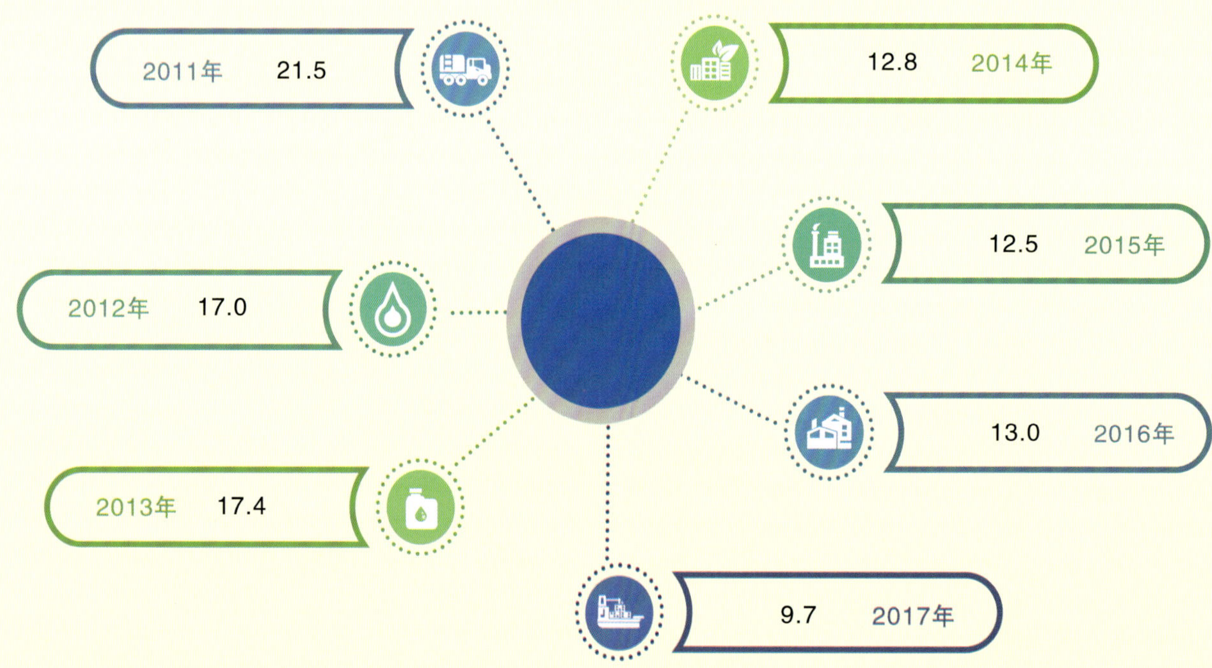

# 创新驱动

全社会R&D经费支出占GDP的比重（%）
Proportion of Total R&D Expenditure in GDP (%)

| 年份 | 比重（%） |
|---|---|
| 2010年 | 1.50 |
| 2011年 | 1.59 |
| 2012年 | 1.61 |
| 2013年 | 1.68 |
| 2014年 | 1.75 |
| 2015年 | 1.84 |
| 2016年 | 1.95 |
| 2017年 | 2.03 |

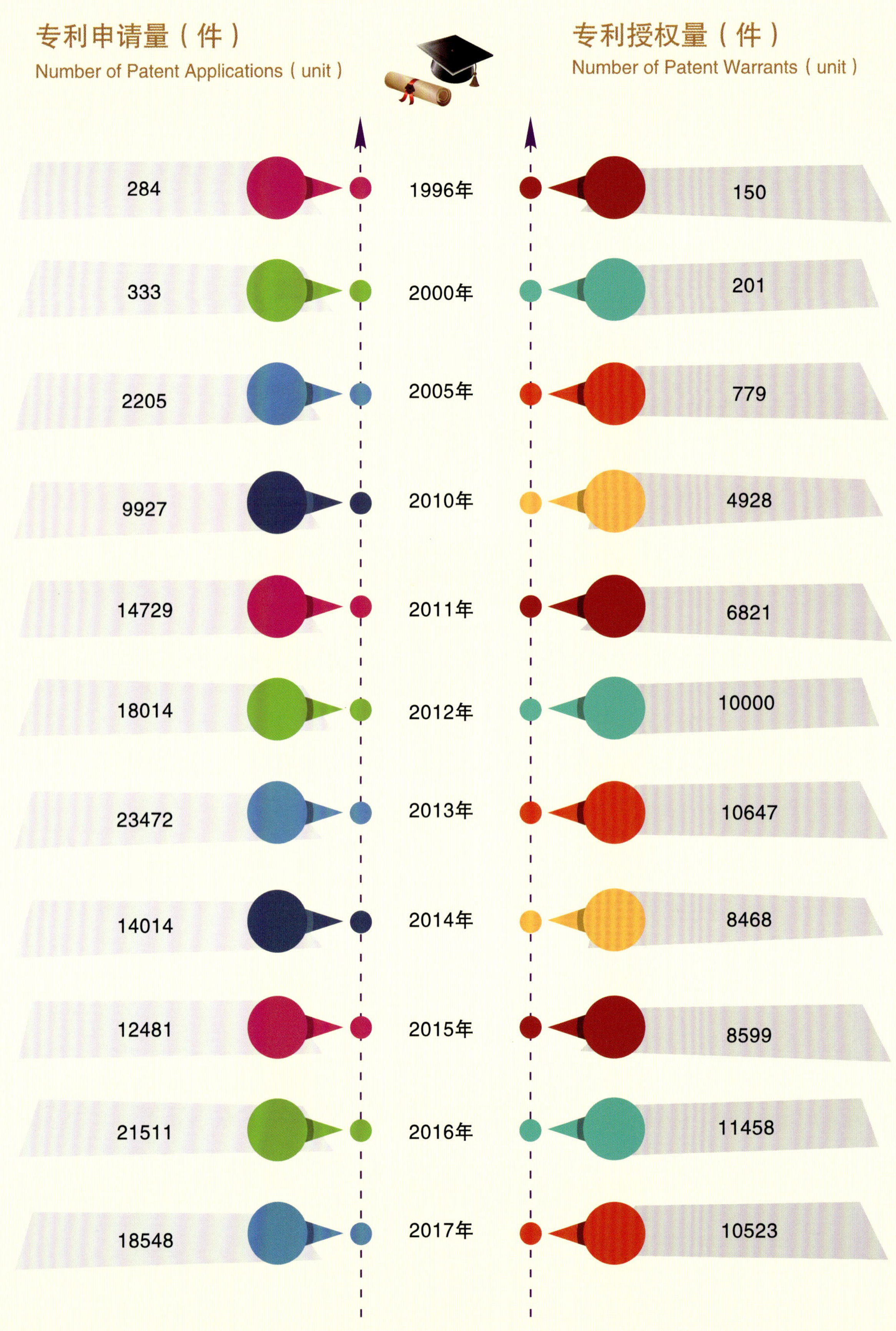
专利申请量（件）
Number of Patent Applications ( unit )
专利授权量（件）
Number of Patent Warrants ( unit )
284
1996年
150
333
2000年
201
2205
2005年
779
9927
2010年
4928
14729
2011年
6821
18014
2012年
10000
23472
2013年
10647
14014
2014年
8468
12481
2015年
8599
21511
2016年
11458
18548
2017年
10523

## 年末万人发明专利拥有量（件）

Number of Invention Patents Ownership Per 10,000 People（unit）

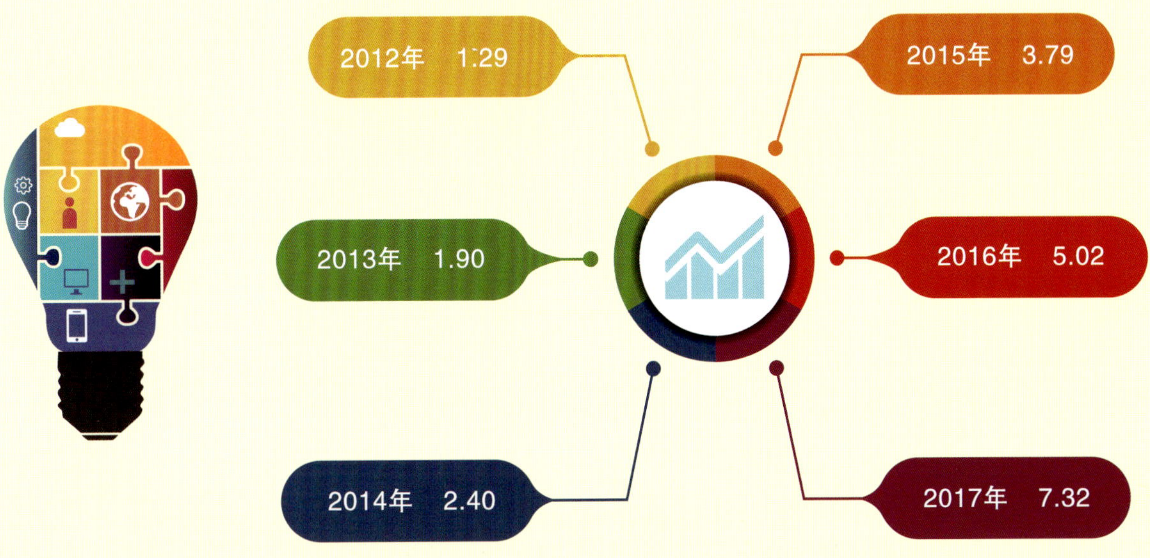


## 各类专业技术人员数（万人）

Number of Scientific and Technical Personnel（10 thousand person）

|  |  |
|---|---|
| 1978年 | 3.09 |
| 1980年 | 3.81 |
| 1985年 | 6.07 |
| 1990年 | 12.53 |
| 1995年 | 18.40 |
| 2000年 | 22.84 |
| 2005年 | 21.76 |
| 2010年 | 27.18 |
| 2011年 | 39.63 |
| 2012年 | 42.00 |
| 2013年 | 43.60 |
| 2014年 | 45.49 |
| 2015年 | 44.10 |
| 2016年 | 45.25 |
| 2017年 | 47.80 |

## 高层次人才数（万人）Number of High-Level Personnel（10 thousand person）

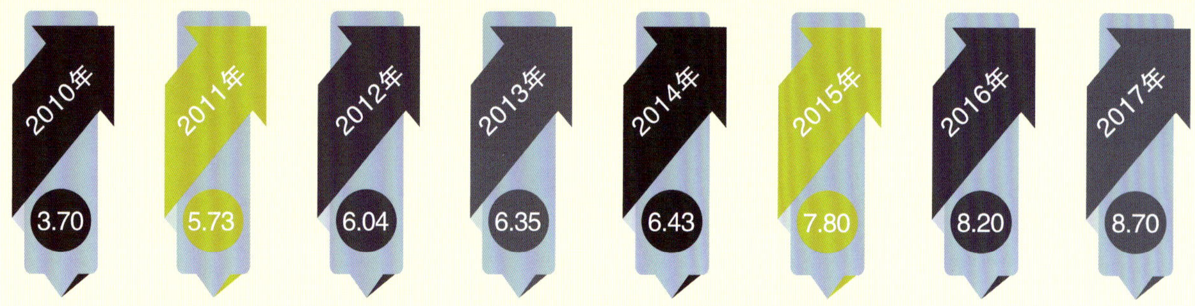


## 国家“千人计划”人才数（人）

Number of Personnel in Recruitment Program of Global Experts（person）

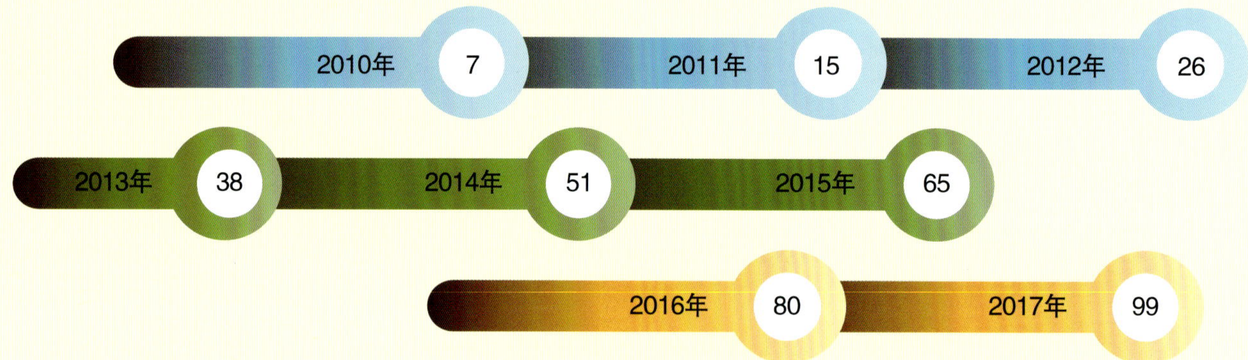


## 省“双创人才”人数（人）

Number of Personnel in Jiangsu Province High-level Innovation and Entrepreneurship Talent Introduction Plan（person）

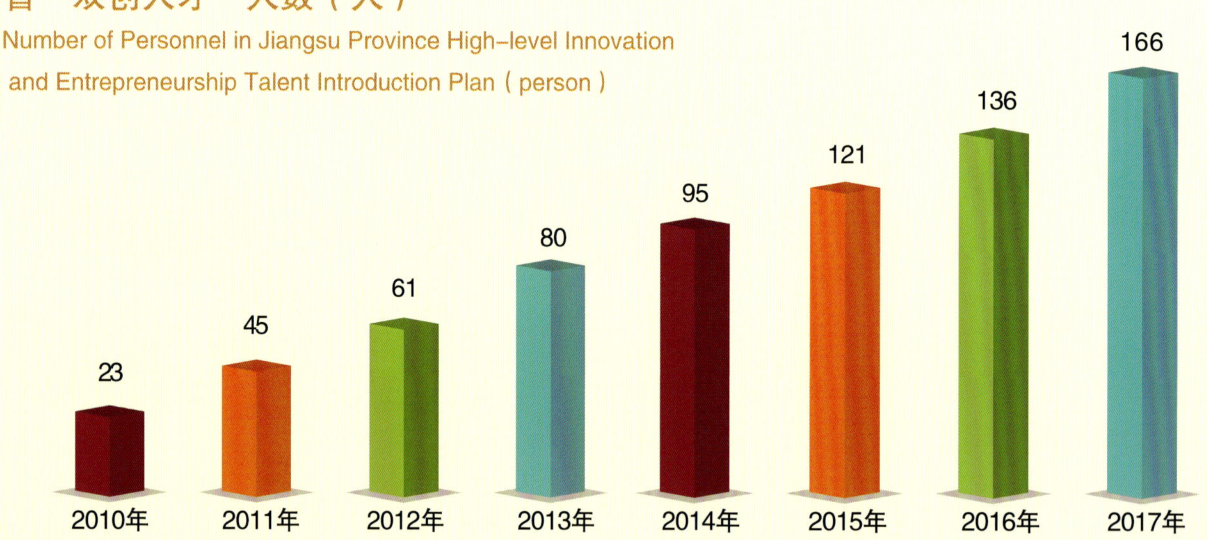

## 普通高等学校在校学生数（万人）

Number of Student Enrollment in Institutions of Higher Education（10 thousand person）

|  |  |
|---|---|
| 1978年 | 0.21 |
| 1980年 | 0.26 |
| 1985年 | 1.00 |
| 1990年 | 1.16 |
| 1995年 | 1.86 |
| 2000年 | 4.61 |
| 2005年 | 9.27 |
| 2010年 | 11.88 |
| 2011年 | 13.17 |
| 2012年 | 13.36 |
| 2013年 | 13.63 |
| 2014年 | 13.72 |
| 2015年 | 13.76 |
| 2016年 | 14.08 |
| 2017年 | 14.26 |

## 普通中学在校生数（万人）

Number of Student Enrollment in Regular Secondary Schools（10 thousand person）

|  |  |
|---|---|
| 1978年 | 45.98 |
| 1980年 | 36.28 |
| 1985年 | 31.10 |
| 1990年 | 31.38 |
| 1995年 | 42.47 |
| 2000年 | 58.43 |
| 2005年 | 81.51 |
| 2010年 | 52.07 |
| 2011年 | 46.36 |
| 2012年 | 42.61 |
| 2013年 | 37.52 |
| 2014年 | 35.93 |
| 2015年 | 34.74 |
| 2016年 | 36.10 |
| 2017年 | 39.94 |

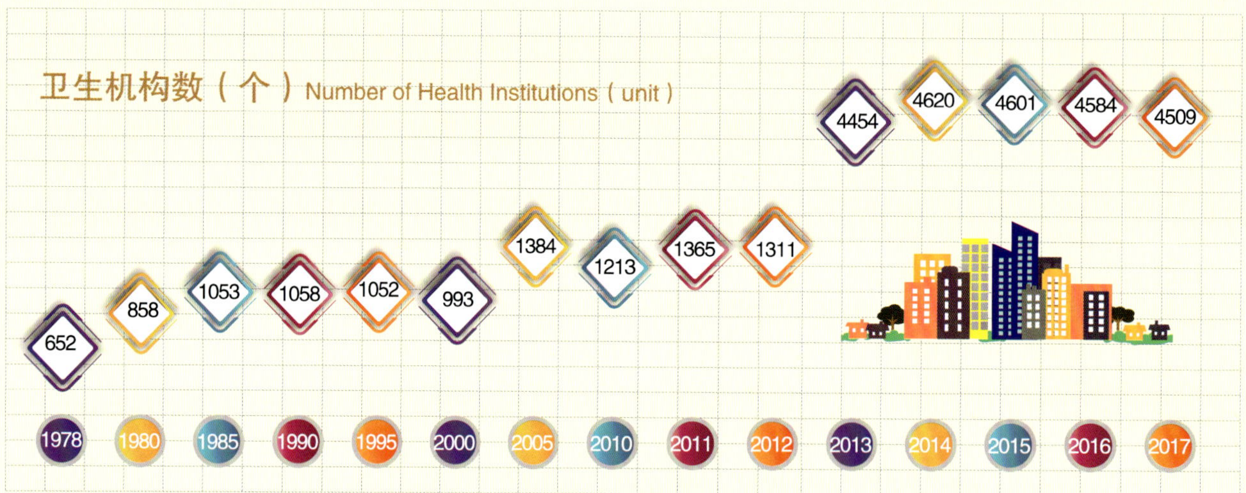

卫生机构数（个）Number of Health Institutions（unit）
652
858
1053
1058
1052
993
1384
1213
1365
1311
4454
4620
4601
4584
4509
1978
1980
1985
1990
1995
2000
2005
2010
2011
2012
2013
2014
2015
2016
2017


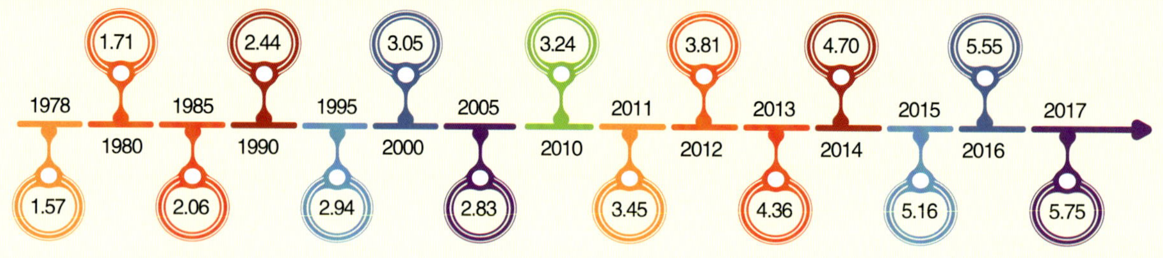

卫生技术人员数（万人）
Number of Medical Technical Personnel（10 thousand person）
1978
1.57
1980
1.71
1985
2.06
1990
2.44
1995
2.94
2000
3.05
2005
2.83
2010
3.24
2011
3.45
2012
3.81
2013
4.36
2014
4.70
2015
5.16
2016
5.55
2017
5.75


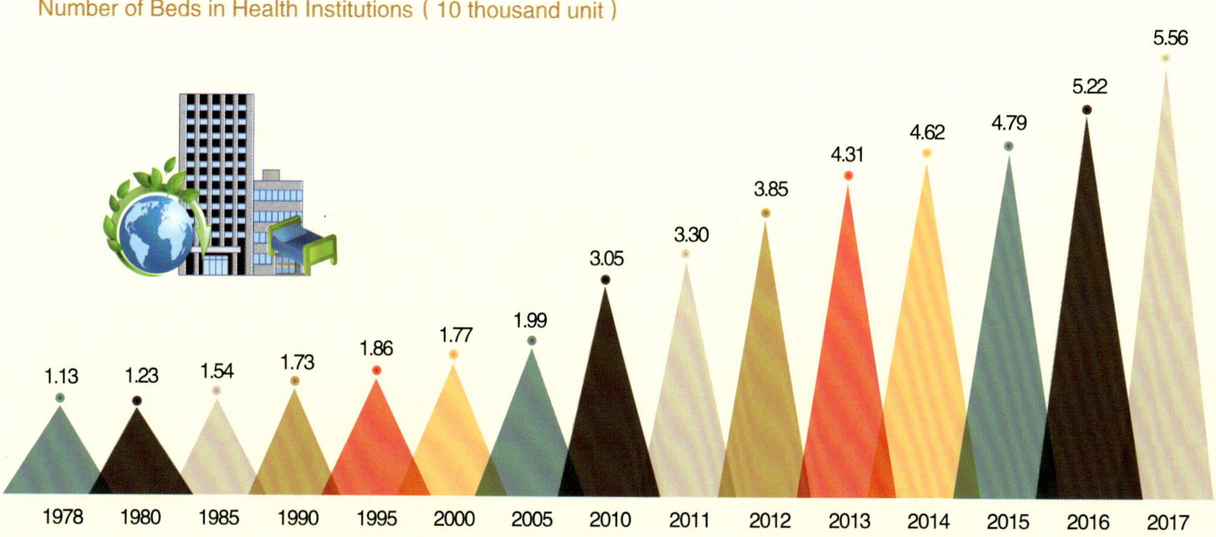

卫生机构床位数（万张）
Number of Beds in Health Institutions（10 thousand unit）
1.13
1.23
1.54
1.73
1.86
1.77
1.99
3.05
3.30
3.85
4.31
4.62
4.79
5.22
5.56
1978
1980
1985
1990
1995
2000
2005
2010
2011
2012
2013
2014
2015
2016
2017

## 移动电话年末用户数（万户）

Number of Mobile Phone Users at the End of the Year（10 thousand unit）

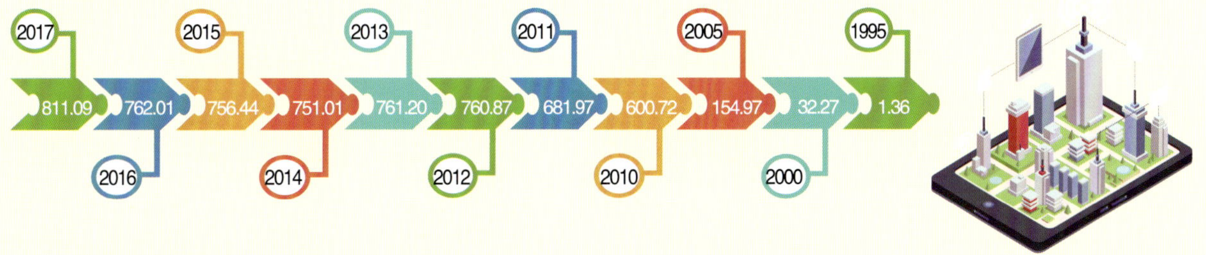


## 互联网宽带接入用户数（万户）

Number of Broadband Internet Access Users（10 thousand unit）

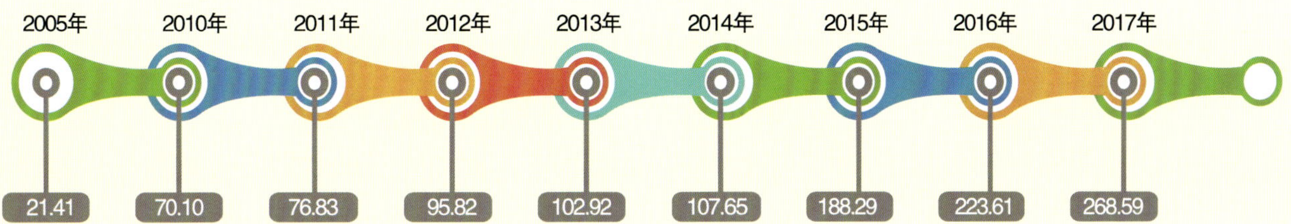


## 民用航空线里程（万公里）Length of Civil Aviation Line (10 thousand km)

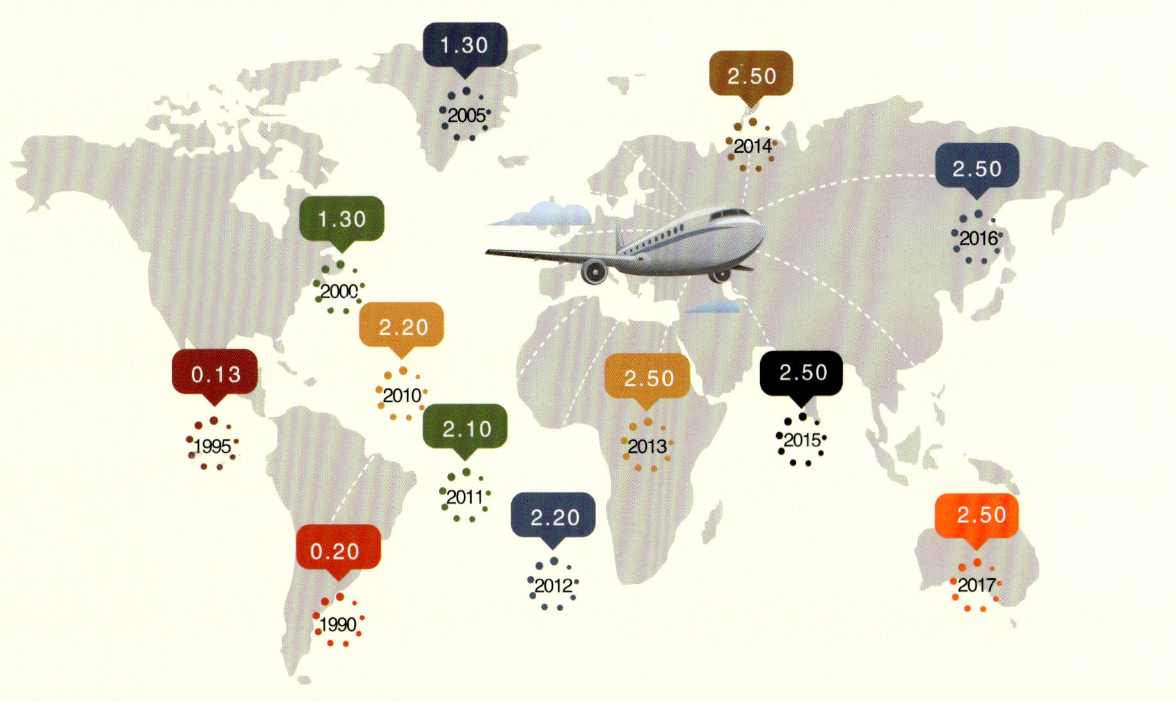

## 铁路营业里程（公里）Length of Railways in Operation（km）

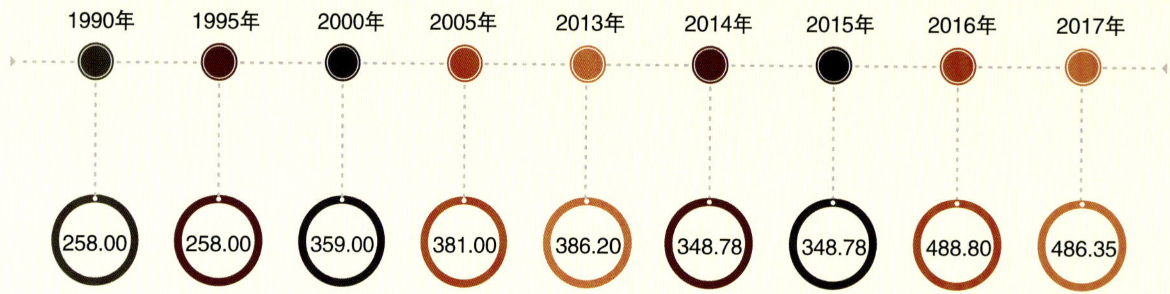


## 等级公路里程（公里）Length of Classified Highway（km）

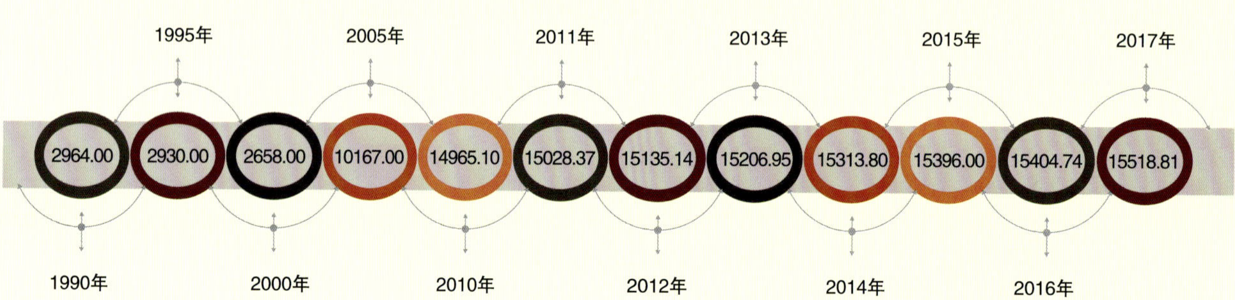


## 全社会货运量（万吨）
Total Volume of Freight Traffic（10 thousand tons ）

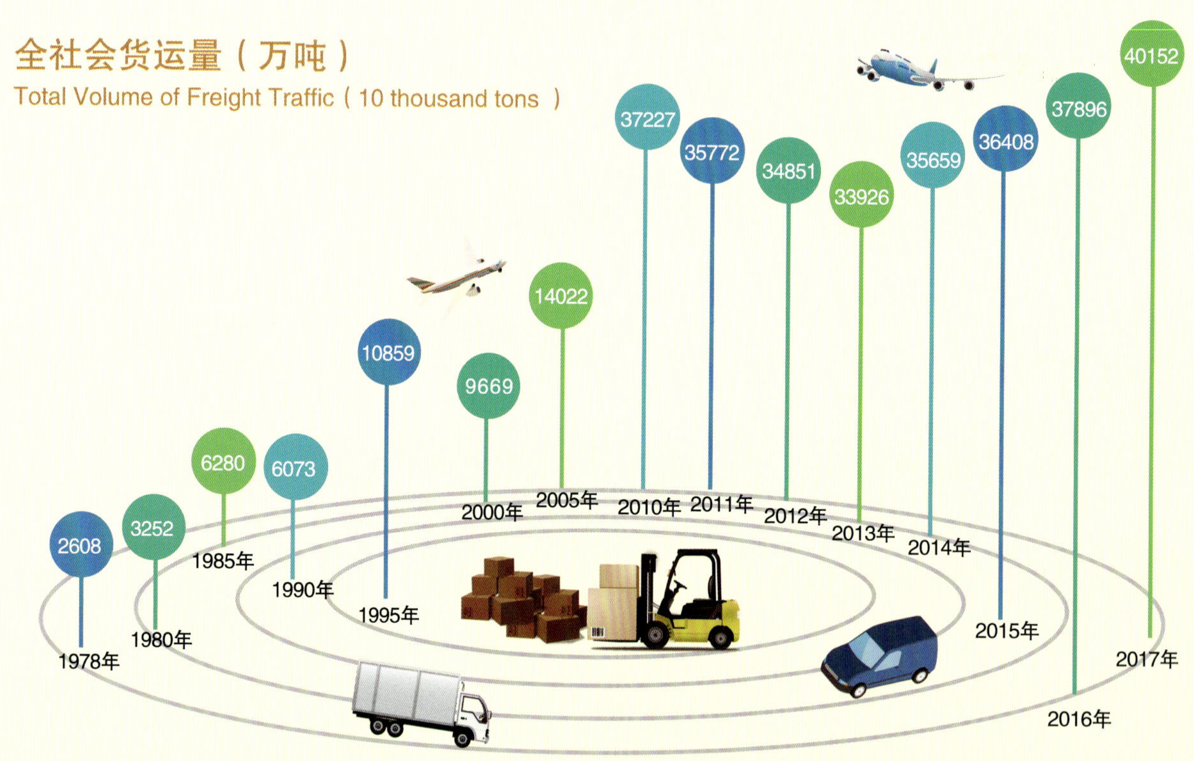

# 城市发展

常住人口城镇化率（%） Proportion of Urban Population (%)

| 年份 | 常住人口城镇化率（%） |
| --- | --- |
| 2005年 | 43.30 |
| 2006年 | 44.80 |
| 2007年 | 45.80 |
| 2008年 | 47.90 |
| 2009年 | 49.60 |
| 2010年 | 53.90 |
| 2011年 | 55.43 |
| 2012年 | 56.71 |
| 2013年 | 58.08 |
| 2014年 | 59.46 |
| 2015年 | 61.05 |
| 2016年 | 62.44 |
| 2017年 | 63.76 |

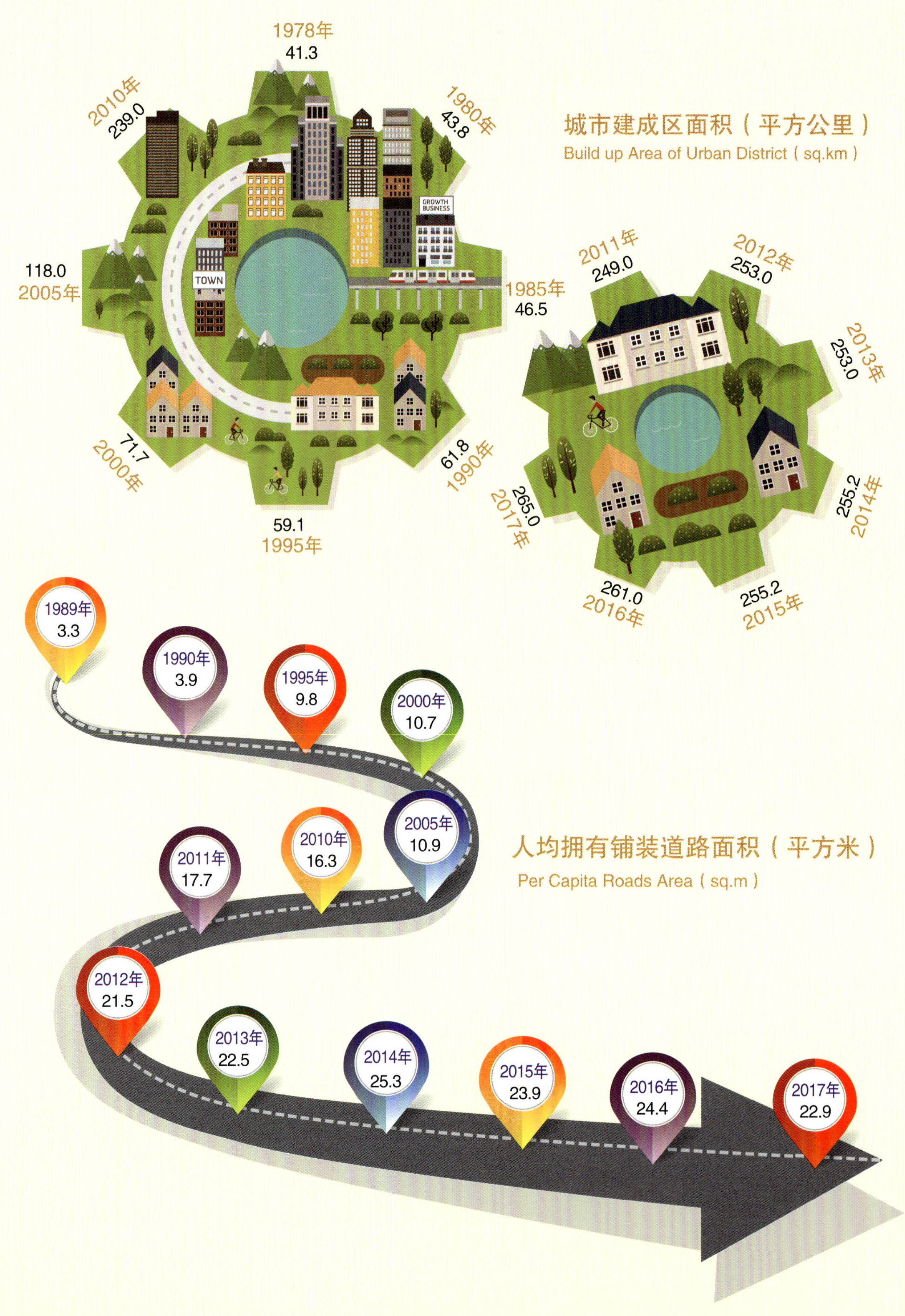

城市建成区面积（平方公里）
Build up Area of Urban District ( sq.km )
1978年
41.3
1980年
43.8
1985年
46.5
1990年
61.8
1995年
59.1
2000年
71.7
2005年
118.0
2010年
239.0
2011年
249.0
2012年
253.0
2013年
253.0
2014年
255.2
2015年
255.2
2016年
261.0
2017年
265.0
TOWN
GROWTH BUSINESS
人均拥有铺装道路面积（平方米）
Per Capita Roads Area ( sq.m )
1989年
3.3
1990年
3.9
1995年
9.8
2000年
10.7
2005年
10.9
2010年
16.3
2011年
17.7
2012年
21.5
2013年
22.5
2014年
25.3
2015年
23.9
2016年
24.4
2017年
22.9

## 人均公园绿地面积（平方米） Per Capita Park Green Space（sq.m）

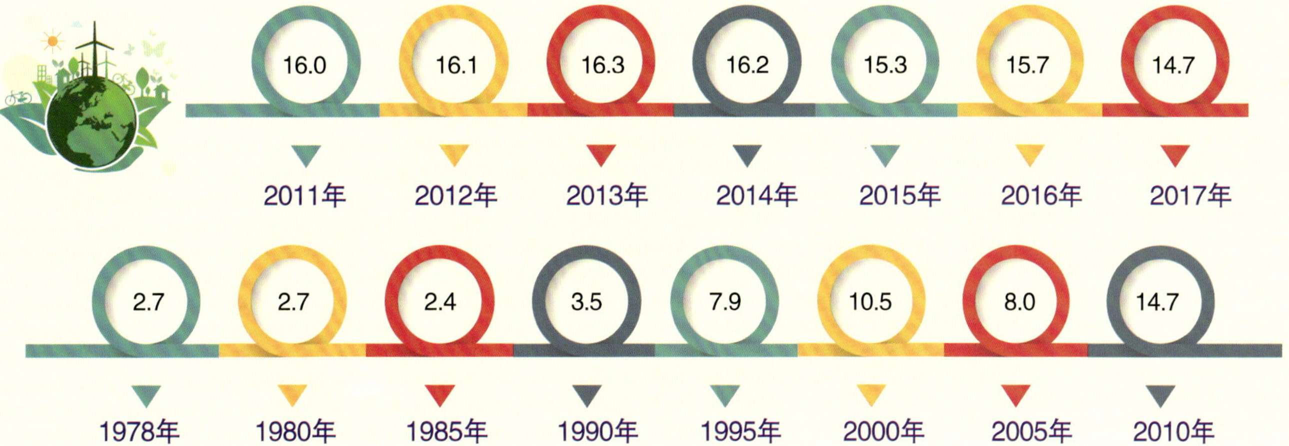


## 万人公交车拥有量（标台） Number of Urban Buses Per 10,000 people（standard transit bus）

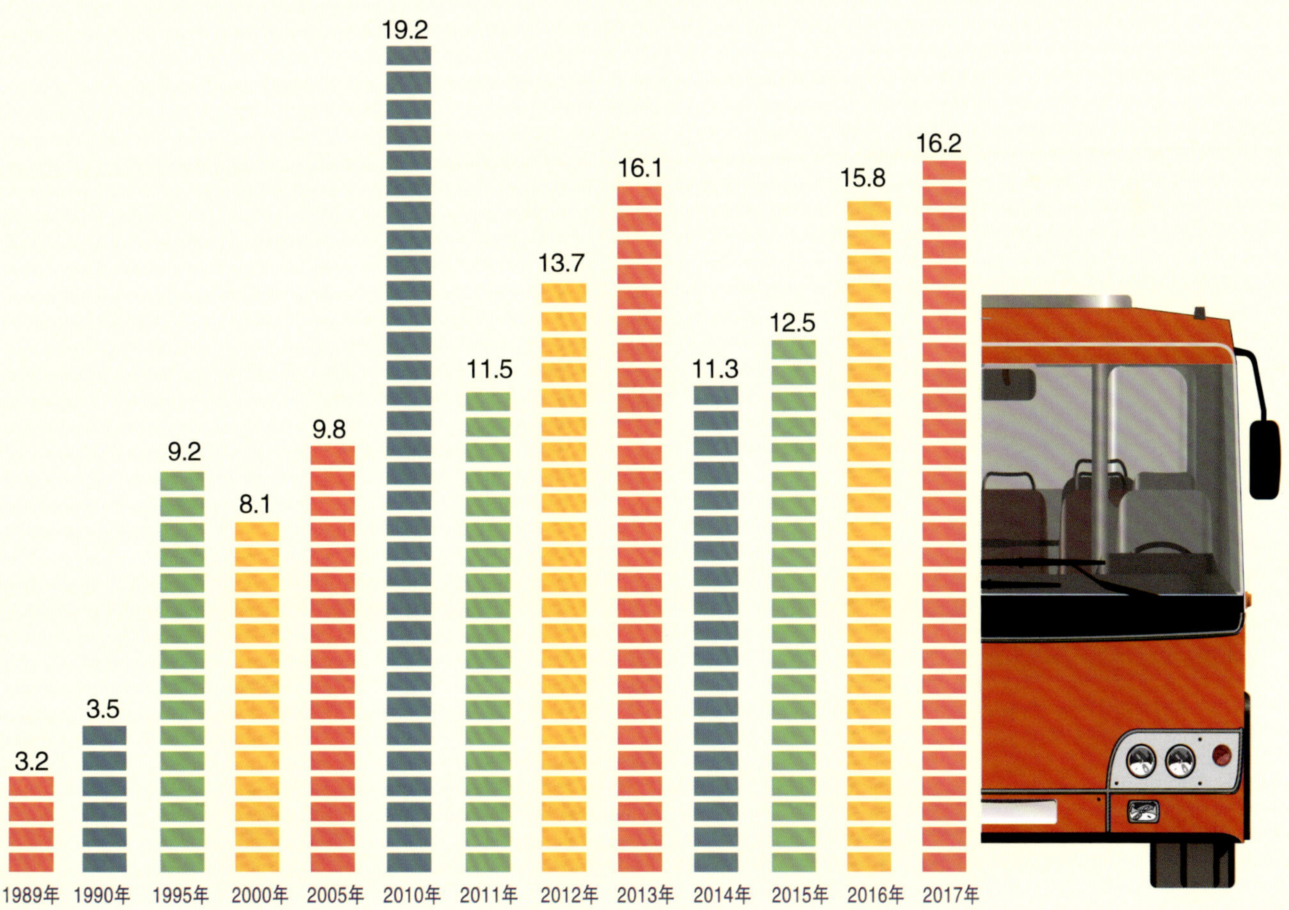

## 自来水供应总量（亿立方米）Total Water Supply（100 million cu.m）

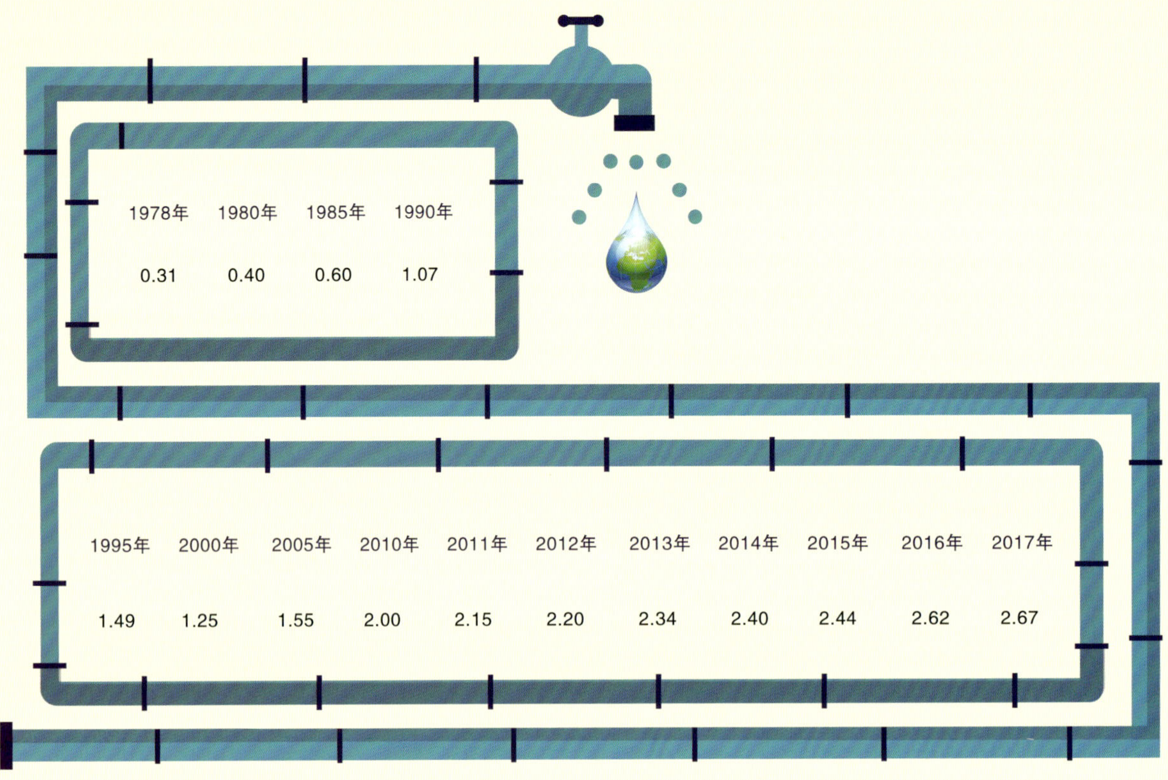


## 煤气液化气普及率（%）Penetration Rate of Gas and Liquefied Petroleum Gas（%）

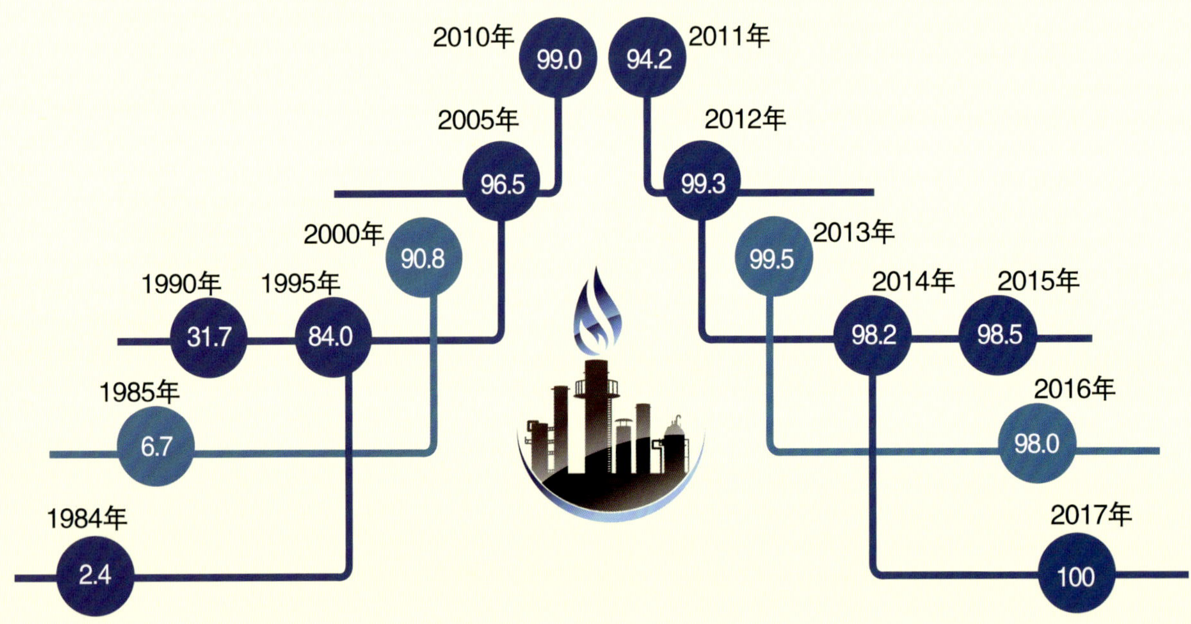

# 人民生活

## 城乡居民储蓄存款余额（亿元）

Urban and Rural Residents Savings Deposit Balance (100 million yuan)

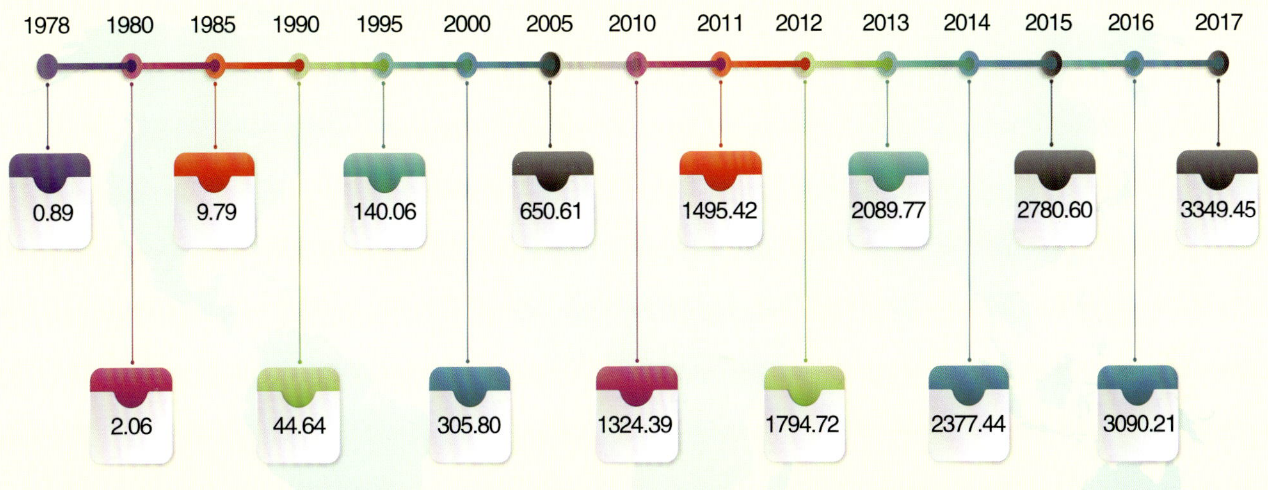


## 在岗职工平均工资（元）Average Wages of Staff and Workers ( yuan )

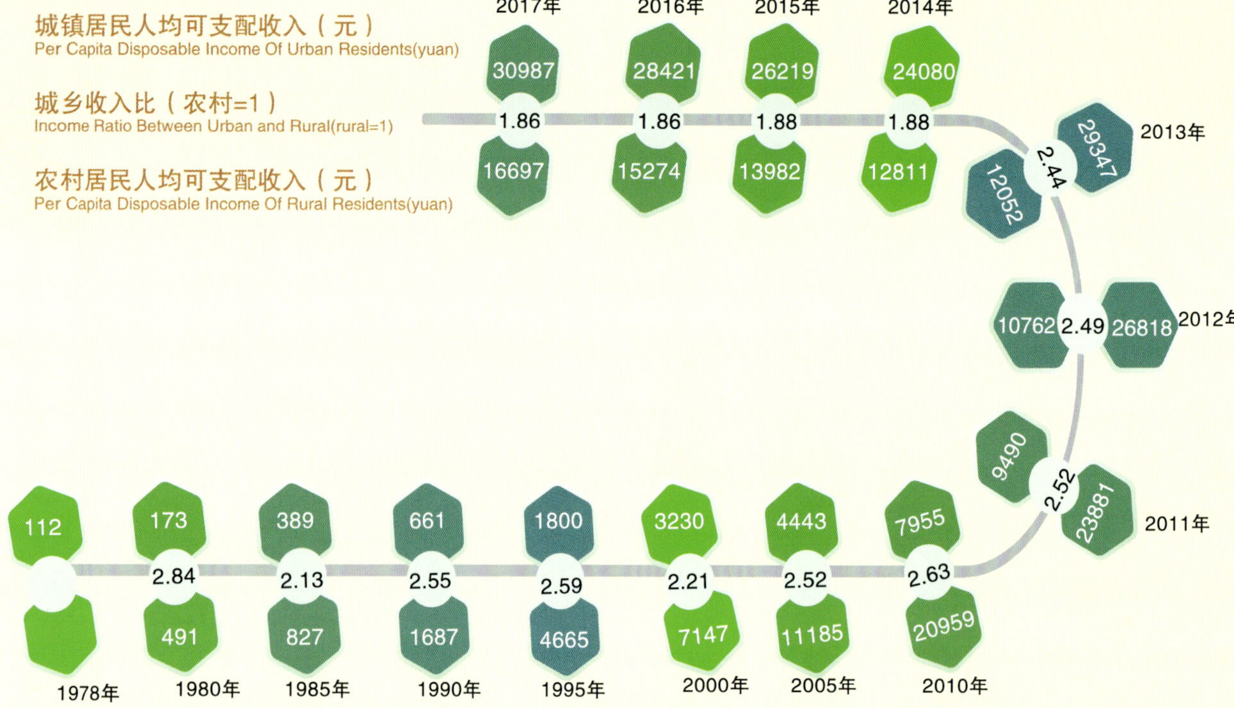


城镇居民人均消费性支出（元）
Per Capita Consumption Expenditure Of Urban Residents(yuan)

农村居民人均消费性支出（元）
Per Capita Consumption Expenditure Of Rural Residents(yuan)

城镇居民人均消费性支出（元）
Per Capita Consumption Expenditure Of Urban Residents(yuan)

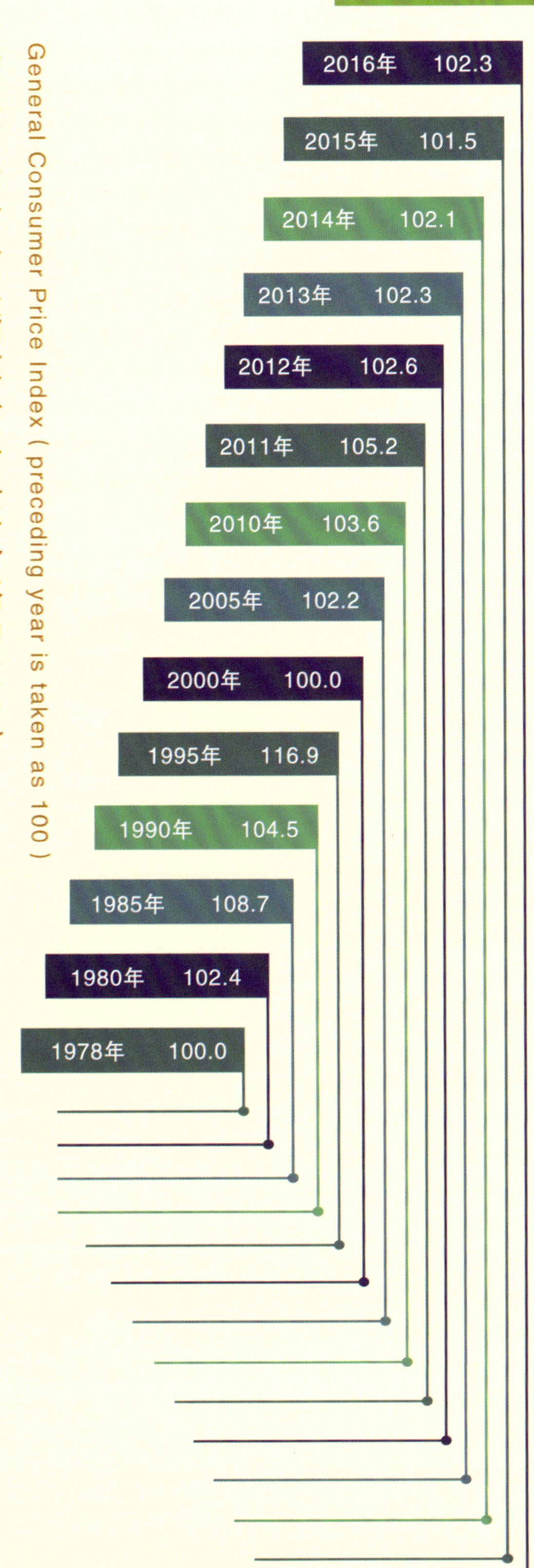

居民消费价格总指数（以上年价格为100）
General Consumer Price Index ( preceding year is taken as 100 )
2017年 101.7
2016年 102.3
2015年 101.5
2014年 102.1
2013年 102.3
2012年 102.6
2011年 105.2
2010年 103.6
2005年 102.2
2000年 100.0
1995年 116.9
1990年 104.5
1985年 108.7
1980年 102.4
1978年 100.0


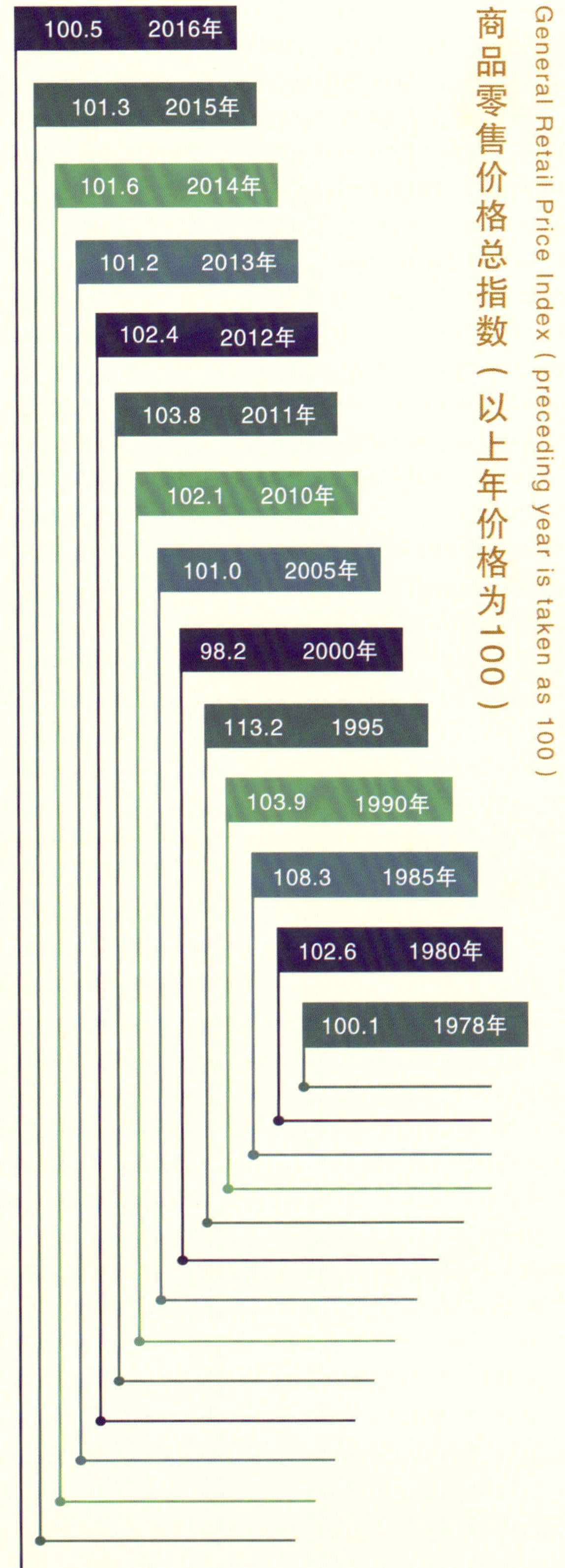

商品零售价格总指数（以上年价格为100）
General Retail Price Index ( preceding year is taken as 100 )
101.8 2017年
100.5 2016年
101.3 2015年
101.6 2014年
101.2 2013年
102.4 2012年
103.8 2011年
102.1 2010年
101.0 2005年
98.2 2000年
113.2 1995
103.9 1990年
108.3 1985年
102.6 1980年
100.1 1978年

# 环境保护

地表水达到或
优于III类比例（%）
Proportion of Surface Water Reaching
or Exceeding Categories III (%)
2012年
77.4
2013年
71.1
2014年
76.3
2015年
76.3
2016年
75.0
2017年
79.2
城镇污水
达标处理率（%）
Treatment Rate of
Urban Sewage（%）
2012年
66.3
2013年
71.7
2014年
76.7
2015年
79.2
2016年
87.6
2017年
86.8
生活垃圾无害
化处理率（%）
Harmless Treatment Rate
of Household Garbage (%)
2013年
59.8
2014年
69.1
2015年
85.7
2016年
92.0
2017年
95.5
一般工业固体
废物综合利用率（%）
Comprehensive Utilization Rate
of General Industrial Solid Waste (%)
2012年
93.2
2013年
99.2
2014年
100.0
2015年
99.4
2016年
95.6
2017年
99.5

# 综　合

GENERAL SURVEY

1

版面负责人：卢川川　徐　辉

编　　　辑：马　萍　冯洋洋

# 国家统计局关于发布《统计上严重失信企业信息公示暂行办法》的公告

2014 年第 3 号

为了进一步加强依法统计，大力推进诚信统计，建立保障企业独立真实报送统计信息的长效机制，切实提高统计数据质量和政府统计公信力，国家统计局制定了《统计上严重失信企业信息公示暂行办法》，现予以公告。

国家统计局

2014 年 11 月 27 日

# 统计上严重失信企业信息公示暂行办法

**第一条** 为贯彻落实《中共中央关于全面推进依法治国若干重大问题的决定》和《统计法》《企业信息公示暂行条例》《社会信用体系建设规划纲要(2014—2020 年)》，加强依法统计，推进诚信统计，建立保障企业独立真实报送统计信息长效机制，提高统计数据质量和政府统计公信力，制定本办法。

**第二条** 本办法所称统计上严重失信企业，是指在依法开展的政府统计调查中，有下列情形之一的企业：

(一)编造虚假统计数据；

(二)虚报、瞒报统计数据数额较大或者虚报率、瞒报率较高；

(三)有其他严重统计违法行为，应当受到行政处罚。

**第三条** 对依法认定的统计上严重失信企业，政府统计机构应当通过中国统计信息网，向社会公示失信企业信息。

公示的失信企业信息包括企业名称、地址、法定代表人或者主要负责人、统计违法行为、依法处理情况等。

**第四条** 公示失信企业信息应当遵循合法真实、公正及时、鼓励诚信的原则。

**第五条** 国家统计局组织管理全国统计上严重失信企业信息公示工作，在中国统计信息网上直接公示特别严重的失信企业信息。

省级统计机构在其门户网站建立统计上严重失信企业信息公示专栏，统一链接到中国统计信息网。省、市、县级统计机构按照《统计法》规定的查处统计违法行为职责分工，在本级或者上级统计机构门户网站向社会公示失信企业信息，同时加载到省级统计机构失信企业信息公示专栏。

**第六条** 政府统计机构自依法认定失信企业之日起 20 个工作日内公示失信企业信息。

对严重失信企业和严重干预企业独立真实报送统计数据的单位、个人，依法追究责任。

**第七条** 失信企业信息公示期限为 1 年。在公示期间，企业认真整改到位，经企业申请，履行公示职责的政府统计机构核实后，可以从公示网站提前移除失信企业信息，但公示时间不得少于 6 个月。企业整改不到位，公示期限延长至 2 年。

在失信企业信息公示期间，政府统计机构应当重点检查企业遵守统计法情况，再次发现企业有统计违法行为的，公示期限延长至 2 年。

# 徐州自然概貌

## 位　置

徐州市位于江苏省的西北部，东经 116°22′ ~ 118°40′、北纬 33°43′ ~ 34°58′ 之间，东西长约 210 公里，南北宽约 140 公里，土地总面积 11259 平方公里。地处苏、鲁、豫、皖四省交界，为东部沿海与中部地带、上海经济区与环渤海经济圈的结合部。“东襟淮海，西接中原，南屏江淮，北扼齐鲁”，素有“五省通衢”之称。京沪、陇海两大铁路在此交汇，京杭大运河傍城而过贯穿徐州南北，公路四通八达，北通京津，南达沪宁，西接兰新，东抵海滨，为全国重要水陆交通枢纽和东西、南北经济联系的重要“十字路口”。

## 地　貌

徐州市地貌，根据成因和区域特征自西向东大致可分为丰、沛黄泛冲积平原，铜、邳、睢低山剥蚀平原，沂、沭河洪冲积平原三个地貌区。地形由平原和山丘岗地两部分组成，以平原为主，约占全市总面积的 90%，属黄淮平原一部分，地势低平，海拔高度在 20 ~ 50 米之间，大致由西北向东南降低，系黄河、淮河的支流长期合力冲积所成。丘陵岗地约占 10%，为鲁中南低山丘陵向南延续部分，海拔高度大都在 100 ~ 300 米之间，多属顶平坡缓的侵蚀残丘。

## 水　系

徐州市位于淮河流域，分属三个水系：故黄河水系、沂沭泗水系、濉安河水系。故黄河是历史上的黄河故道，自成独立水系，是沂沭泗水系和濉安河水系的分水岭，徐州境内长 196km，流域面积 885km$^2$。故黄河以北为沂沭泗水系，境内面积 8479km$^2$，流域内主要骨干河道有沂河、沭河、中运河及邳苍分洪道，并有南四湖及骆马湖两座湖泊调蓄洪水。故黄河以南为濉安河水系，境内面积 2020km$^2$，分为安河和濉河，均直接排入洪泽湖。主要支流有龙河、潼河、徐沙河、闸河、奎河、灌沟河、琅河、阎河、看溪河、运料河等。徐州境内有两座湖泊、五座中型水库及六十九座小型水库。各水系河网密布，河、湖、库相互沟通，已初步形成具有防洪、除涝、供水、灌溉、降渍等功能的水利工程体系。

## 气　候

徐州市位居中纬度地区，属暖温带季风气候区，既受东南季风影响，又受西北季风控制，资源丰富，光、热、水配合较好，有利于农作物的生长，气候资源的地区差异较大，有利于农林牧渔的综合发展。其主要气候特点有：气候温和，四季分明，光照充足，雨量适中；四季之中，冬、夏季长，春、秋季短，春季天气多变，夏季高温多雨，秋季天高气爽，冬季寒潮频袭；以中运河为界，东部属暖温带湿润季风区，西部属暖温带半湿润季风区；主要气象灾害有旱、涝、风、霜冻、冰雹等；全年太阳辐射总量约 119.4 千卡 / 平方厘米，平均日照时数 2100 小时左右，平均降水量 900 毫米左右，无霜期 200–230 天。

## 土　壤

徐州市土壤，根据成土条件、过程、土体结构和性质的差异，主要分为棕土、褐土、紫色土、潮土、砂姜黑土、水稻土六大类。其中棕土、褐土为暖温带湿润、半湿润气候和落叶植被环境下的地带性土壤，面积分别为 33.9 千公顷和 77.5 千公顷；潮土类为本区冲积平原的主要土类，面积约为 649.9 千公顷，占全市土壤总面积的 79.5%。此外在一些湖荡洼地中还有少量的沼泽土类。

## 矿　产

徐州市矿产资源具备类型全、矿种多、分布集中等特点。在拥有的矿产资源中，钛矿、制碱用灰岩、镁矿和含钾砂页岩等在全省是属独一无二的矿产，煤炭、玻璃用石英（砂）岩和石膏等在全省属于优势矿产。截至 2017 年底，我市已发现的矿产共计 54 种，包含已查明资源储量的矿产 39 种和已发现但尚未查明资源储量的矿产 15 种。其中，主要矿产保有资源储量煤炭 29.03 亿吨、铁 4692.31 万吨、盐矿 7.67 亿吨、水泥用灰岩 6.34 亿吨和石膏 25.69 亿吨。

# 1-1 行政区划、土地面积与人口密度

（2017年底） 单位：个

| 地 区 | 镇 | 办事处 | 村民委员会 | 居民委员会 | 土地面积（平方公里） | 人口密度(常住)（人/平方公里） |
|---|---|---|---|---|---|---|
| **全市合计** | **97** | **66** | **2042** | **671** | **11258.91** | **778** |
| 市 区 | 23 | 48 | 464 | 321 | 3037.61 | 1089 |
| 鼓楼区 |  | 7 | 6 | 60 | 59.65 | 6503 |
| 云龙区 |  | 8 | 18 | 53 | 118.00 | 3675 |
| 贾汪区 | 5 | 4 | 96 | 43 | 711.63 | 605 |
| 泉山区 |  | 14 |  | 114 | 107.63 | 6716 |
| 铜山区 | 17 | 11 | 312 | 26 | 1776.63 | 594 |
| 开发区 | 1 | 4 | 32 | 25 | 264.07 | 1046 |
| 县(市) | 74 | 18 | 1578 | 350 | 8221.30 | 664 |
| 丰 县 | 12 | 3 | 343 | 28 | 1446.00 | 658 |
| 沛 县 | 13 | 4 | 262 | 121 | 1349.00 | 830 |
| 睢宁县 | 15 | 3 | 268 | 132 | 1767.00 | 582 |
| 新沂市 | 13 | 4 | 254 | 30 | 1571.00 | 582 |
| 邳州市 | 21 | 4 | 451 | 39 | 2088.30 | 691 |

注：本表行政区划、土地面积数据来源市民政局。

# 1-2　各行政区划街道办事处(镇)名称

(2017 年底)

| 地　　区 | 街道办事处或镇数(个) | 街道办事处或镇名称 |
|---|---|---|
| 鼓楼区 | 7 | 黄楼街道、丰财街道、琵琶街道、牌楼街道、铜沛街道、环城街道、九里街道 |
| 云龙区 | 8 | 彭城街道、子房街道、黄山街道、骆驼山街道、大郭庄街道、翠屏山街道、大龙湖街道、潘塘街道 |
| 贾汪区 | 9 | 老矿街道、大泉街道、大吴街道、潘安湖街道、青山泉镇、紫庄镇、塔山镇、汴塘镇、江庄镇 |
| 泉山区 | 14 | 王陵街道、七里沟街道、永安街道、湖滨街道、段庄街道、翟山街道、奎山街道、和平街道、金山街道、泰山街道、庞庄街道、火花街道、桃园街道、苏山街道 |
| 铜山区 | 28 | 三河尖街道、张双楼街道、垞城街道、张集街道、义安街道、利国街道、电厂街道、拾屯街道、铜山街道、新区街道、三堡街道、何桥镇、黄集镇、马坡镇、郑集镇、柳新镇、刘集镇、大彭镇、汉王镇、棠张镇、张集镇、房村镇、伊庄镇、单集镇、利国镇、大许镇、茅村镇、柳泉镇 |
| 开发区 | 5 | 金山桥街道、东环街道、大黄山街道、大庙街道、徐庄镇 |
| 丰　县 | 15 | 中阳里街道、凤城街道、孙楼街道、首羡镇、顺河镇、常店镇、欢口镇、师寨镇、华山镇、梁寨镇、范楼镇、宋楼镇、大沙河镇、王沟镇、赵庄镇 |
| 沛　县 | 17 | 沛城街道、大屯街道、汉源街道、汉兴街道、龙固镇、杨屯镇、胡寨镇、魏庙镇、五段镇、张庄镇、张寨镇、敬安镇、河口镇、栖山镇、鹿楼镇、朱寨镇、安国镇 |
| 睢宁县 | 18 | 睢城街道、金城街道、睢河街道、王集镇、双沟镇、岚山镇、李集镇、桃园镇、官山镇、高作镇、沙集镇、凌城镇、邱集镇、古邳镇、姚集镇、魏集镇、梁集镇、庆安镇 |
| 新沂市 | 17 | 新安街道、北沟街道、墨河街道、唐店街道、瓦窑镇、港头镇、合沟镇、草桥镇、窑湾镇、棋盘镇、马陵山镇、新店镇、邵店镇、时集镇、高流镇、阿湖镇、双塘镇 |
| 邳州市 | 25 | 东湖街道、运河街道、戴圩街道、炮车街道、邳城镇、官湖镇、四户镇、宿羊山镇、八义集镇、土山镇、碾庄镇、港上镇、邹庄镇、占城镇、新河镇、八路镇、铁富镇、岔河镇、陈楼镇、邢楼镇、戴庄镇、车辐山镇、燕子埠镇、赵墩镇、议堂镇 |

# 1-3 主要年份国民经济和社会发展主要指标

| 指标 | | 1978 | 1990 | 1995 | 2000 | 2005 | 2010 | 2015 | 2016 | 2017 |
|---|---|---|---|---|---|---|---|---|---|---|
| **年末人口(常住)** | **(万人)** | | | | | **881.33** | **858.21** | **866.90** | **871.00** | **876.35** |
| 城镇人口 | | | | | | 381.60 | 462.58 | 529.24 | 543.85 | 558.76 |
| 乡村人口 | | | | | | 499.73 | 395.63 | 337.66 | 327.15 | 317.59 |
| **常住人口城镇化率** | **(%)** | | | | | 43.30 | 53.90 | 61.05 | 62.44 | **63.76** |
| **年末人口(户籍)** | **(万人)** | **645.41** | **807.14** | **851.15** | **896.44** | **925.31** | **972.89** | **1028.70** | **1041.39** | **1039.42** |
| # 非农业人口 | | 74.51 | 138.26 | 168.62 | 231.11 | 315.85 | 445.38 | 595.34 | 611.34 | 616.91 |
| **从业人数** | **(万人)** | **283.64** | **408.50** | **425.43** | **417.66** | **452.20** | **485.90** | **482.10** | **483.40** | **482.70** |
| # 职工人数 | | 60.12 | 87.35 | 92.39 | 71.02 | 56.07 | 58.38 | 97.17 | 92.89 | 90.43 |
| # 国有经济单位 | | 41.16 | 63.69 | 72.52 | 57.74 | 40.13 | 38.59 | 32.05 | 31.76 | 31.30 |
| 城镇集体经济 | | 18.96 | 23.53 | 19.13 | 8.30 | 3.60 | 2.89 | 3.16 | 3.21 | 3.04 |
| **地区生产总值(当年价格)** | **(亿元)** | **21.39** | **112.84** | **403.46** | **616.30** | **1236.66** | **2971.19** | **5383.47** | **5882.86** | **6605.95** |
| 第一产业 | | 9.40 | 38.69 | 100.67 | 118.57 | 174.24 | 282.82 | 504.75 | 542.88 | 600.55 |
| 第二产业 | | 8.95 | 44.91 | 184.14 | 283.56 | 628.50 | 1515.19 | 2415.26 | 2565.92 | 2884.32 |
| # 工业 | | 8.06 | 40.93 | 165.94 | 243.54 | 536.29 | 1292.87 | 2036.84 | 2174.73 | 2448.17 |
| 第三产业 | | 3.04 | 29.24 | 118.64 | 214.16 | 433.92 | 1173.18 | 2463.46 | 2774.06 | 3121.08 |
| **固定资产投资** | **(亿元)** | | | | | | | | | |
| 固定资产投资 | | | | | | 546.08 | 1938.72 | 4266.12 | 4797.33 | 5277.03 |
| # 房地产开发投资 | | | 1.22 | 6.07 | 28.05 | 62.57 | 205.32 | 470.22 | 549.13 | 538.62 |
| # 住宅投资 | | | | | 19.18 | 46.79 | 169.70 | 338.80 | 415.04 | 421.81 |
| 固定资产投资竣工的住宅建筑面积 | (万平方米) | 36.40 | 58.40 | 91.90 | 143.62 | 255.92 | 395.22 | 709.87 | 551.89 | 529.56 |
| **财政** | **(亿元)** | | | | | | | | | |
| 财政总收入 | | 3.27 | 10.23 | 25.30 | 47.62 | 145.26 | 413.89 | 819.16 | 802.02 | 844.83 |
| # 公共财政预算收入 | | | | | 22.45 | 55.22 | 222.16 | 530.68 | 516.06 | 501.64 |
| 地方财政支出 | | 1.77 | 8.56 | 18.02 | 34.52 | 105.08 | 325.72 | 752.46 | 797.99 | 827.33 |
| **物价** | **(%)** | | | | | | | | | |
| 城市居民消费价格总指数 | | 100.0 | 104.5 | 116.9 | 100.0 | 102.2 | 103.6 | 101.5 | 102.3 | 101.7 |
| 城市商品零售价格总指数 | | 100.1 | 103.9 | 113.2 | 98.2 | 101.0 | 102.1 | 101.3 | 100.5 | 101.8 |
| **人民生活** | | | | | | | | | | |
| 职工工资总额 | (亿元) | 3.14 | 18.59 | 50.68 | 65.31 | 107.26 | 198.51 | 524.81 | 526.69 | 559.13 |
| 职工平均工资 | (元) | 554 | 2179 | 5537 | 9339 | 18849 | 34243 | 54310 | 57228 | 63917 |
| 农民人均收入 | (元) | 112 | 661 | 1800 | 3230 | 4443 | 7955 | 13982 | 15274 | 16697 |

注:2005年及以后从业人员及乡村劳动者中未剔除外出打工人数;2007年及以后财政总收入及财政支出中不包括基金收入(支出);2010年以前固定资产投资竣工的住宅建筑面积为城镇口径;2013年及以前"农民人均收入"为纯收入口径,2014年起为可支配收入口径(下同);2004年及以后地区生产总值数据为含R&D研发支出增加值口径,与往年不可比(下同)。

1-3　续表 1

| 指　　标 | 1978 | 1990 | 1995 | 2000 | 2005 | 2010 | 2015 | 2016 | 2017 |
|---|---|---|---|---|---|---|---|---|---|
| 城镇居民人均可支配收入　（元） | | 1687 | 4665 | 7147 | 11185 | 20959 | 26219 | 28421 | 30987 |
| 城乡居民储蓄存款余额　（亿元） | 0.89 | 44.64 | 140.06 | 305.80 | 650.61 | 1324.39 | 2780.60 | 3090.21 | 3349.45 |
| 城市居民人均现住房建筑面积　（平方米） | | 11.07 | 12.71 | 14.51 | 17.12 | 21.16 | 33.80 | 33.15 | 34.00 |
| 农民人均现住房建筑面积　（平方米） | | 18.73 | 19.51 | 22.52 | 29.36 | 41.83 | 51.30 | 53.95 | 54.33 |
| **运输、邮电** | | | | | | | | | |
| 全社会客运量　（万人次） | 2030 | 3156 | 6071 | 7255 | 8099 | 27761 | 15660 | 15660 | 13662 |
| 全社会货运量　（万吨） | 2608 | 6073 | 10859 | 9669 | 14022 | 37227 | 36408 | 37896 | 40152 |
| 内河港口货物吞吐量　（万吨） | | 837 | 1399 | 1452 | 4189 | 6308 | 9030 | 9122 | 7420 |
| 邮电业务总量　（亿元） | 0.05 | 0.62 | 3.88 | 17.73 | 36.26 | 73.39 | 193.39 | 246.69 | 208.77 |
| 邮电业务收入　（亿元） | | | | 13.06 | 27.05 | 48.14 | 74.11 | 84.55 | 92.30 |
| 计费函件（不含广告）　（万件） | | 2463 | 2579 | 2289 | 2041 | 4728 | 1488 | 850 | 496 |
| 订销报刊累计份数　（万份） | | 10291 | 17075 | 16451 | 9116 | 10845 | 11015 | 10508 | 10223 |
| **国内外贸易、旅游** | | | | | | | | | |
| 社会消费品零售总额　（亿元） | 7.71 | 42.23 | 115.07 | 185.21 | 396.04 | 956.99 | 2358.45 | 2659.39 | 2886.92 |
| 进出口总额（海关数）　（万美元） | | 1015 | 24696 | 32896 | 112621 | 416053 | 541263 | 624838 | 780061 |
| # 出口总额 | | 599 | 14724 | 18715 | 75196 | 263060 | 438935 | 525438 | 633413 |
| 实际到帐注册外资　（万美元） | | 1324 | 10432 | 20790 | 26057 | 101330 | 142788 | 150574 | 165991 |
| 接待国外旅游人数（含港澳台）（人次） | | 4325 | 4988 | 17825 | 73010 | 158277 | 33776 | 34105 | 39884 |
| **科技、教育　（万人）** | | | | | | | | | |
| 专业技术人员 | 3.09 | 12.53 | 18.40 | 22.84 | 21.76 | 27.18 | 44.10 | 45.25 | 47.80 |
| 高等学校在校学生 | 0.21 | 1.16 | 1.86 | 4.61 | 9.27 | 11.88 | 13.76 | 14.08 | 14.26 |
| 中等专业学校在校学生 | 0.29 | 1.11 | 2.45 | 3.41 | 5.12 | 5.75 | 4.36 | 4.25 | 4.14 |
| 普通中学在校学生 | 45.98 | 31.38 | 42.47 | 58.43 | 81.51 | 52.07 | 34.74 | 36.10 | 39.94 |
| 小学在校学生 | 95.62 | 84.77 | 110.34 | 126.06 | 72.24 | 53.02 | 84.13 | 90.54 | 94.02 |

注：2014 年城乡一体化住户调查后，"城镇居民人均可支配收入"与往年口径不可比；"实际利用外资"2005 年及以后为"实际到账注册外资"，口径与往年不可比；2011 年 –2016 年邮电业务总量按 2010 年价格计算，2017 年按 2015 年价格计算；2013 年起接待国外旅游人数和专业技术人员统计口径有调整，与往年不可比；"进出口总额"、"出口总额"1997 年及以前年度数字为"自营进出口总额"、"自营出口总额"口径；"城乡居民储蓄存款余额"自 2015 年更改为"住户存款余额"口径，与往年不可比。本表中高等学校在校学生数不含成人本专科学生数，以便与历史数据可比。

1-3 续表 2

| 指　　标 | | 1978 | 1990 | 1995 | 2000 | 2005 | 2010 | 2015 | 2016 | 2017 |
|---|---|---|---|---|---|---|---|---|---|---|
| **卫生** | | | | | | | | | | |
| 卫生机构数 | （个） | 652 | 1058 | 1052 | 993 | 1384 | 1213 | 4601 | 4584 | 4509 |
| 床位数 | （张） | 11325 | 17303 | 18596 | 17736 | 19888 | 30500 | 47949 | 52247 | 55589 |
| 卫生技术人员数 | （万人） | 1.57 | 2.44 | 2.94 | 3.05 | 2.83 | 3.24 | 5.16 | 5.55 | 5.75 |
| # 医生 | | 0.49 | 0.99 | 1.12 | 1.16 | 1.05 | 1.22 | 2.02 | 2.18 | 2.29 |
| **主要工农业产品产量** | **（万吨）** | | | | | | | | | |
| 粮食 | | 206.15 | 399.00 | 406.13 | 319.50 | 314.13 | 440.20 | 470.92 | 469.16 | 482.72 |
| 棉花 | | 2.47 | 5.57 | 5.91 | 5.08 | 4.17 | 3.23 | 2.60 | 2.07 | 1.89 |
| 油料 | | 1.59 | 4.77 | 8.35 | 20.28 | 16.26 | 12.11 | 11.20 | 13.45 | 12.85 |
| 水果 | | 2.62 | 14.13 | 35.78 | 81.91 | 87.52 | 106.31 | 108.47 | 110.07 | 115.33 |
| 生猪存栏 | （万头） | 149.25 | 170.36 | 215.78 | 201.07 | 214.26 | 293.19 | 299.61 | 275.05 | 243.46 |
| 猪、牛、羊肉 | （万吨） | 5.18 | 18.73 | 28.71 | 27.51 | 35.05 | 46.58 | 50.09 | 44.91 | 42.12 |
| 蚕茧 | （吨） | 525 | 6022 | 22105 | 15176 | 13212 | 6805 | 6512 | 3674 | 4676 |
| 水产品 | （万吨） | 0.72 | 3.70 | 8.49 | 13.52 | 16.43 | 17.04 | 18.79 | 18.88 | 17.32 |
| 生铁 | | 15.19 | 29.22 | 52.00 | 37.10 | 152.53 | 304.92 | 475.96 | 607.09 | 273.42 |
| 铝锭 | | 0.31 | 0.76 | 1.94 | 0.50 | 1.08 | 10.87 | | | |
| 原煤 | | 1445 | 2032 | 2344 | 2271 | 2597 | 2072 | 1885.17 | 1342.43 | 1278.47 |
| 发电量 | （亿千瓦时） | 27.08 | 104.40 | 119.38 | 146.87 | 309.97 | 399.57 | 497.22 | 506.21 | 522.50 |
| 合成氨 | （万吨） | 7.07 | 13.40 | 14.86 | 19.16 | 36.96 | 66.40 | 93.21 | 67.30 | 55.29 |
| 农用化肥(折 100%) | | 4.91 | 12.52 | 19.76 | 15.42 | 29.58 | 48.05 | 45.76 | 26.94 | 4.60 |
| 水泥 | | 66.68 | 297.67 | 1031.48 | 983.36 | 1295.66 | 3205.35 | 2681.63 | 2755.19 | 2660.04 |
| 纱 | | 1.68 | 3.63 | 4.64 | 7.16 | 23.01 | 81.58 | 141.21 | 156.63 | 185.87 |
| 布 | （万米） | 5474 | 12112 | 13883 | 8196 | 10551 | 16056 | 31490 | 34119 | 36141 |
| 机制纸及纸板 | （万吨） | 2.47 | 16.44 | 71.60 | 32.65 | 48.91 | 105.54 | 27.58 | 38.66 | 32.31 |
| 卷烟 | （万箱） | 14.74 | 33.50 | 34.00 | 34.40 | 57.57 | 60.94 | 66.50 | 70.30 | 71.38 |
| 饮料酒 | （万千升） | 1.35 | 4.99 | 11.42 | 8.50 | 20.28 | 45.73 | 58.85 | 58.14 | 59.40 |
| 多晶硅 | （吨） | | | | | | 17799 | 74358 | 69345 | 74818 |
| 汽车起重机 | | | 419 | 683 | 1087 | 5368 | 18623 | 194941 | 199038 | 412681 |
| 装载机 | （辆） | | | 1298 | 1777 | 9442 | 15212 | 7142 | 8298 | 13103 |
| 压路机 | （台） | | 802 | 1897 | 2466 | 2434 | 6874 | 2721 | 3379 | 7063 |

注：自 2012 年起，汽车起重机的单位由台改为吨。（下同）

# 1-4　国民经济主要指标发展速度

| 指　　标 | 指数(2017年为以下各年的%) | | | | | | | | 1979-2017年平均增长(%) | 2001-2017年平均增长(%) |
|---|---|---|---|---|---|---|---|---|---|---|
| | 1978 | 1990 | 1995 | 2000 | 2005 | 2010 | 2015 | 2016 | | |
| **从业人数** | **170.2** | **118.2** | **113.5** | **115.6** | **106.7** | **99.3** | **100.1** | **99.9** | **1.4** | **0.9** |
| #职工人数 | 150.4 | 103.5 | 97.9 | 127.3 | 161.3 | 154.9 | 93.1 | 97.4 | 1.1 | 1.4 |
| #国有经济单位 | 76.0 | 49.1 | 43.2 | 54.2 | 78.0 | 81.1 | 97.7 | 98.6 | -0.7 | -3.5 |
| 城镇集体经济 | 16.0 | 12.9 | 15.9 | 36.6 | 84.4 | 105.2 | 96.2 | 94.7 | -4.6 | -5.7 |
| **地区生产总值(可比价格)** | **7900.6** | **2712.2** | **1263.7** | **717.7** | **395.9** | **202.4** | **116.5** | **107.7** | **11.9** | **12.3** |
| 第一产业 | 696.5 | 467.4 | 304.1 | 204.0 | 160.4 | 127.0 | 104.6 | 102.5 | 5.1 | 4.3 |
| 第二产业 | 15349.7 | 3990.0 | 1541.1 | 840.2 | 425.7 | 204.0 | 114.9 | 106.4 | 13.8 | 13.3 |
| #工业 | 15934.2 | 4090.9 | 1580.5 | 882.2 | 447.9 | 210.0 | 116.6 | 107.5 | 13.9 | 13.7 |
| 第三产业 | 15444.4 | 3381.7 | 1525.1 | 844.5 | 447.2 | 218.5 | 120.5 | 109.9 | 13.8 | 13.4 |
| **固定资产投资额** | | | | | **966.3** | **272.2** | **123.7** | **110.0** | | |
| #房地产开发投资 | | 44149.5 | 8873.5 | 1920.2 | 860.8 | 262.3 | 114.5 | 98.1 | | 19.0 |
| **财政** | | | | | | | | | | |
| 财政总收入 | 25835.8 | 8258.4 | 3339.2 | 1774.1 | 581.6 | 204.1 | 103.1 | 105.3 | 15.3 | 18.4 |
| #公共财政预算收入 | | | | 2234.5 | 908.4 | 225.8 | 94.5 | 97.2 | | 20.1 |
| 地方财政支出 | 46742.0 | 9665.1 | 4591.2 | 2396.7 | 787.3 | 254.0 | 110.0 | 103.7 | 17.1 | 20.5 |
| **人民生活** | | | | | | | | | | |
| 职工年平均工资 | 11537.4 | 2933.3 | 1154.4 | 684.4 | 339.1 | 186.7 | 117.7 | 111.7 | 12.9 | 12.0 |
| 农民人均收入 | 14907.6 | 2526.0 | 927.6 | 516.9 | 375.8 | 209.9 | 119.4 | 109.3 | 13.7 | 10.1 |
| 城市居民人均可支配收入 | | 1836.8 | 664.2 | 433.6 | 277.0 | 147.8 | 118.2 | 109.0 | | 9.0 |
| 城乡居民年末储蓄存款余额 | 376343.0 | 7503.3 | 2391.4 | 1095.3 | 514.8 | 252.9 | 120.5 | 108.4 | 23.5 | 15.1 |
| **运输、邮电** | | | | | | | | | | |
| 全社会旅客运输量 | 673.0 | 432.9 | 225.0 | 188.3 | 168.7 | 49.2 | 87.2 | 87.2 | 5.0 | 3.8 |
| 全社会货物运输量 | 1539.6 | 661.2 | 369.8 | 415.3 | 286.4 | 107.9 | 110.3 | 106.0 | 7.3 | 8.7 |
| 邮电业务总量 | 417540.0 | 33672.6 | 5380.7 | 1777.5 | 575.8 | 284.5 | 108.0 | 84.6 | 22.8 | 15.6 |
| **国内外贸易、旅游** | | | | | | | | | | |
| 社会消费品零售总额 | 37443.8 | 6836.2 | 2508.8 | 1558.7 | 728.9 | 301.7 | 122.4 | 108.6 | 16.4 | 17.5 |
| 进出口总额 | | 76853.3 | 3158.7 | 2371.3 | 692.6 | 187.5 | 144.1 | 124.8 | | 20.5 |
| #出口总额 | | 105745.1 | 4301.9 | 3384.5 | 842.3 | 240.8 | 144.3 | 120.5 | | 23.0 |
| 实际利用外资 | | 12537.1 | 1591.2 | 798.4 | 637.0 | 163.8 | 116.2 | 110.2 | | 13.0 |
| 国际旅游人数 | | 922.2 | 799.6 | 223.8 | 54.6 | 25.2 | 118.1 | 116.9 | | 4.9 |

1-4 续表

| 指标 | 指数（2017 年为以下各年的%） | | | | | | | | 1979–2017 年平均增长（%） | 2001–2017 年平均增长（%） |
|---|---|---|---|---|---|---|---|---|---|---|
| | 1978 | 1990 | 1995 | 2000 | 2005 | 2010 | 2015 | 2016 | | |
| **科技、教育** | | | | | | | | | | |
| 专业技术人员 | 1546.9 | 381.5 | 259.8 | 209.3 | 219.7 | 175.9 | 108.4 | 105.6 | 7.3 | 4.4 |
| 高等学校在校学生 | 6791.9 | 1229.6 | 766.8 | 309.4 | 153.9 | 120.1 | 103.6 | 101.3 | 11.4 | 6.9 |
| 中等专业学校在校学生 | 1426.6 | 372.7 | 168.9 | 121.3 | 80.8 | 71.9 | 94.9 | 97.3 | 7.1 | 1.1 |
| 普通中学在校学生 | 86.9 | 127.3 | 94.0 | 68.4 | 49.0 | 76.7 | 115.0 | 110.6 | –0.4 | –2.2 |
| 小学在校学生 | 98.3 | 110.9 | 85.2 | 74.6 | 130.1 | 177.3 | 111.8 | 103.8 | –0.04 | –1.7 |
| **卫生** | | | | | | | | | | |
| 卫生机构数 | 691.6 | 426.2 | 428.6 | 454.1 | 325.8 | 371.7 | 98.0 | 98.4 | 5.1 | 9.3 |
| 床位数 | 490.9 | 321.3 | 298.9 | 313.4 | 279.5 | 182.3 | 115.9 | 106.4 | 4.2 | 7.0 |
| 卫生技术人员数 | 366.5 | 235.8 | 195.7 | 188.6 | 203.3 | 177.6 | 111.5 | 103.7 | 3.4 | 3.8 |
| # 医生 | 466.7 | 231.0 | 204.2 | 197.2 | 217.8 | 187.5 | 113.2 | 104.9 | 4.0 | 4.1 |
| **主要工农业产品产量** | | | | | | | | | | |
| 粮食 | 234.2 | 121.0 | 118.9 | 151.1 | 153.7 | 109.7 | 102.5 | 102.9 | 2.2 | 2.5 |
| 棉花 | 76.5 | 33.9 | 32.0 | 37.2 | 45.3 | 58.5 | 72.7 | 91.3 | –0.7 | –5.7 |
| 油料 | 808.2 | 269.4 | 153.9 | 63.4 | 79.0 | 106.1 | 114.7 | 95.5 | 5.5 | –2.6 |
| 水果 | 4401.9 | 816.2 | 322.3 | 140.8 | 131.8 | 108.5 | 106.3 | 104.8 | 10.2 | 2.0 |
| 生猪存栏 | 163.1 | 142.9 | 112.8 | 121.1 | 113.6 | 83.0 | 81.3 | 88.5 | 1.3 | 1.1 |
| 猪、牛、羊肉 | 813.1 | 224.9 | 146.7 | 153.1 | 120.2 | 90.4 | 84.1 | 93.8 | 5.5 | 2.5 |
| 蚕茧 | 890.7 | 77.6 | 21.2 | 30.8 | 35.4 | 68.7 | 71.8 | 127.3 | 5.8 | –6.7 |
| 水产品 | 2405.6 | 468.1 | 204.0 | 128.1 | 105.4 | 101.6 | 92.2 | 91.7 | 8.5 | 1.5 |
| 生铁 | 1800.0 | 935.7 | 525.8 | 737.0 | 179.3 | 89.7 | 57.4 | 45.0 | 7.7 | 12.5 |
| 原煤 | 88.5 | 62.9 | 54.5 | 56.3 | 49.2 | 61.7 | 67.8 | 95.2 | –0.3 | –3.3 |
| 发电量 | 1929.5 | 500.5 | 437.7 | 355.8 | 168.6 | 130.8 | 105.1 | 103.2 | 7.9 | 7.8 |
| 合成氨 | 782.0 | 412.6 | 372.1 | 288.6 | 149.6 | 83.3 | 59.3 | 82.2 | 5.4 | 6.4 |
| 农用化肥（折 100%） | 93.7 | 36.7 | 23.3 | 29.8 | 15.6 | 9.6 | 10.1 | 17.1 | –0.2 | –6.9 |
| 水泥 | 3989.3 | 893.6 | 257.9 | 270.5 | 205.3 | 83.0 | 99.2 | 96.5 | 9.9 | 6.0 |
| 纱 | 11063.7 | 5120.4 | 4005.8 | 2595.9 | 807.8 | 227.8 | 131.6 | 118.7 | 12.8 | 21.1 |
| 布 | 660.2 | 298.4 | 260.3 | 441.0 | 342.5 | 225.1 | 114.8 | 105.9 | 5.0 | 9.1 |
| 机制纸及纸板 | 1308.1 | 196.5 | 45.1 | 99.0 | 66.1 | 30.6 | 117.2 | 83.6 | 6.8 | –0.1 |
| 卷烟 | 484.3 | 213.1 | 209.9 | 207.5 | 124.0 | 117.1 | 107.3 | 101.5 | 4.1 | 4.4 |
| 饮料酒 | 4400.0 | 1190.4 | 520.1 | 698.8 | 292.9 | 129.9 | 100.9 | 102.2 | 10.2 | 12.1 |
| 多晶硅 | | | | | | 420.3 | 100.6 | 107.9 | | |
| 汽车起重机 | | 98491.9 | 60421.8 | 37965.1 | 7687.8 | 2216.0 | 10094.9 | 8074.4 | | 41.8 |
| 装载机 | | | 1009.5 | 737.4 | 138.8 | 86.1 | 183.5 | 157.9 | | 12.5 |
| 压路机 | | 880.7 | 372.3 | 286.4 | 290.2 | 102.7 | 259.6 | 209.0 | | 6.4 |

# 1-5　各时期国民经济主要指标平均增长速度

单位：%

| 指　　标 | "一五"时期 | "二五"时期 | 调整时期 | "三五"时期 | "四五"时期 | "五五"时期 |
|---|---|---|---|---|---|---|
| **年末总人口（户籍）** | **2.9** | **0.6** | **1.9** | **2.9** | **1.7** | **1.4** |
| **职工人数** | **4.4** | **11.0** | **-3.6** | **7.8** | **14.1** | **8.8** |
| # 国有单位 | 4.4 | 11.0 | -3.6 | 7.8 | 5.7 | 9.1 |
| **地区生产总值** | **9.9** | **4.4** | **7.4** | **8.9** | **7.9** | **15.3** |
| 第一产业 | -0.2 | -1.3 | 11.1 | 7.2 | 5.1 | 10.7 |
| 第二产业 | 34.3 | 3.5 | 12.5 | 15.7 | 10.5 | 20.0 |
| # 工业 | | | | | | |
| 第三产业 | 16.3 | 6.0 | -0.8 | 4.2 | 7.7 | 16.0 |
| **农林牧渔业总产值** | **1.3** | **-1.1** | **9.0** | **4.7** | **7.7** | **6.2** |
| **固定资产投资额** | **43.3** | **25.2** | **10.2** | **5.3** | **10.6** | **31.7** |
| # 房地产开发投资 | | | | | | |
| **财政** | | | | | | |
| 财政收入 | 18.5 | 3.2 | 4.5 | 11.8 | 5.2 | 12.9 |
| 财政支出 | 26.0 | -4.5 | 12.0 | 3.6 | 11.5 | 13.4 |
| **人民生活** | | | | | | |
| 职工工资总额 | 9.2 | 12.5 | -2.9 | 3.5 | 13.5 | 16.3 |
| 职工年平均工资 | 2.6 | -0.9 | 3.0 | -1.6 | -1.6 | 7.0 |
| 城乡居民储蓄存款余额 | 29.1 | 4.8 | 17.3 | 4.3 | 14.7 | 33.6 |
| **运输、邮电** | | | | | | |
| 客运量 | | | | | | |
| 货运量 | | | | | | |
| 邮电业务总量 | 14.9 | 16.8 | -1.8 | 2.4 | 7.8 | 6.8 |
| **内外贸易** | | | | | | |
| 社会消费品零售总额 | 14.3 | 5.0 | 1.5 | 2.9 | 10.9 | 13.8 |
| **教育** | | | | | | |
| 高等学校在校学生数 | | | -28.4 | | | 12.2 |
| 中等专业学校在校学生数 | 7.0 | 0.8 | -7.3 | | | 17.1 |

1-5 续表 1 单位：%

| 指 标 | “一五”时期 | “二五”时期 | 调整时期 | “三五”时期 | “四五”时期 | “五五”时期 |
|---|---|---|---|---|---|---|
| 普通中学在校学生数 | 23.2 | 9.6 | 0.5 | 23.9 | 5.1 | 10.0 |
| 小学在校学生数 | 8.4 | 1.6 | 15.5 | -1.9 | 10.8 | -1.3 |
| **卫生** | | | | | | |
| 卫生机构数 | 14.3 | 6.1 | 3.7 | -0.6 | 7.4 | 9.2 |
| 床位数 | 17.6 | 24.1 | -0.5 | 4.4 | 5.6 | 5.3 |
| 卫生技术人员数 | 16.3 | 13.3 | 6.5 | 6.0 | 8.9 | 8.7 |
| # 医生 | 20.4 | 12.0 | 5.6 | -0.3 | 4.7 | 10.6 |
| **主要工农业产品产量** | | | | | | |
| 粮食 | 1.2 | 0.6 | 1.4 | 6.4 | 7.3 | 6.0 |
| 棉花 | 13.3 | -12.2 | 34.3 | 25.6 | 2.8 | 5.5 |
| 油料 | -8.4 | -13.7 | 32.9 | -10.4 | 2.8 | 21.1 |
| 水果 | -4.1 | -13.2 | 8.5 | 14.5 | 9.9 | 9.5 |
| 生猪存栏 | 12.5 | 0.4 | 13.1 | 3.0 | 10.0 | 2.2 |
| 水产品 | 1.7 | -0.1 | 14.0 | -19.3 | 24.9 | 18.2 |
| 生铁 | | 65.4 | -0.6 | 23.1 | 19.1 | 8.1 |
| 铝锭 | | | 6.7 | 9.3 | 7.7 | 5.3 |
| 原煤 | 10.0 | 20.0 | 1.8 | 6.0 | 7.3 | 10.9 |
| 发电量 | 35.1 | 33.1 | 5.6 | 10.3 | 17.2 | 24.5 |
| 合成氨 | | | | 80.4 | 27.0 | 29.4 |
| 农用化肥(折 100%) | | 89.0 | 22.9 | 24.6 | 30.0 | 3.1 |
| 水泥 | | 68.8 | 9.7 | 7.6 | 23.0 | 16.7 |
| 纱 | 1.4 | 22.5 | 60.8 | 15.0 | 5.9 | 13.5 |
| 布 | 17.7 | 11.1 | 17.3 | 17.9 | 13.9 | 16.6 |
| 机制纸及纸板 | 150.6 | 11.7 | -1.6 | 20.0 | 4.3 | 22.9 |
| 卷烟 | -2.0 | 1.0 | 38.4 | 9.7 | 1.9 | 10.1 |
| 饮料酒 | 15.7 | 2.8 | -3.6 | 9.7 | 12.8 | 17.5 |

1-5　续表 2　　　　单位:%

| 指　　标 | "六五"时期 | "七五"时期 | "八五"时期 | "九五"时期 | "十五"时期 | "十一五"时期 | "十二五"时期 |
|---|---|---|---|---|---|---|---|
| **农林牧渔业总产值** | **10.5** | **3.9** | **10.7** | **8.9** | **4.6** | **9.1** | **4.5** |
| **固定资产投资额** | **7.6** | **9.3** | **36.8** | **25.4** | **19.7** | **27.7** | **17.1** |
| # 房地产开发投资 | | | 32.7 | 38.8 | 8.5 | 26.3 | 18.0 |
| **财政** | | | | | | | |
| 财政收入 | 10.0 | 12.2 | 19.9 | 13.5 | 24.5 | 28.8 | 15.1 |
| 财政支出 | 13.4 | 20.5 | 16.1 | 13.9 | 24.9 | 25.4 | 18.2 |
| **人民生活** | | | | | | | |
| 职工工资总额 | 15.8 | 14.8 | 22.2 | 6.2 | 10.4 | 13.1 | 21.5 |
| 职工年平均工资 | 11.5 | 12.1 | 20.5 | 8.5 | 15.1 | 12.7 | 9.7 |
| 城乡居民储蓄存款余额 | 36.6 | 35.5 | 25.7 | 16.9 | 16.3 | 15.3 | 16.0 |
| **运输、邮电** | | | | | | | |
| 客运量 | 5.7 | -2.5 | 14.0 | 3.6 | 1.8 | 27.9 | -10.8 |
| 货运量 | 14.1 | -0.7 | 12.3 | -2.3 | 7.7 | 21.6 | -0.4 |
| 邮电业务总量 | 11.2 | 34.5 | 44.5 | 35.5 | 15.4 | 15.1 | 5.4 |
| **内外贸易** | | | | | | | |
| 社会消费品零售总额 | 16.4 | 12.6 | 22.2 | 10.0 | 12.7 | 19.3 | 19.8 |
| 进出口总额 | | | | 15.7 | 27.9 | 29.9 | 5.4 |
| 实际到帐注册外资 | | | | 13.0 | 14.1 | 34.7 | 7.1 |
| **教育** | | | | | | | |
| 高等学校在校学生数 | 31.0 | 3.1 | 8.7 | 19.9 | 13.2 | 5.1 | 3.0 |
| 中等专业学校在校学生数 | 6.4 | 5.0 | 17.2 | 6.8 | 3.6 | 1.6 | -4.6 |

1-5 续表 3

单位:%

| 指　　标 | "六五"时期 | "七五"时期 | "八五"时期 | "九五"时期 | "十五"时期 | "十一五"时期 | "十二五"时期 |
|---|---|---|---|---|---|---|---|
| 普通中学在校学生数 | -3.0 | 0.2 | 6.2 | 6.6 | 6.9 | -8.6 | -7.8 |
| 小学在校学生数 | -1.9 | -0.7 | 5.4 | 2.7 | -10.5 | -6.0 | 9.7 |
| **卫生** | | | | | | | |
| 卫生机构数 | 4.2 | 0.1 | -0.1 | -1.1 | 6.9 | -2.6 | 30.6 |
| 床位数 | 4.6 | 2.3 | 1.5 | -0.9 | 2.3 | 8.9 | 9.5 |
| 卫生技术人员数 | 3.8 | 3.5 | 3.8 | 0.7 | -1.5 | 2.7 | 9.8 |
| # 医生 | 6.2 | 4.9 | 2.5 | 0.7 | -2.0 | 2.4 | 11.4 |
| **主要工农业产品产量** | | | | | | | |
| 粮食 | 10.9 | 1.5 | 0.4 | -4.7 | -0.4 | 7.0 | 1.4 |
| 棉花 | 9.6 | -4.6 | 1.2 | -3.0 | -3.9 | -5.0 | -4.2 |
| 油料 | 27.2 | -14.6 | 11.8 | 19.4 | -4.3 | -5.7 | -1.6 |
| 水果 | 9.1 | 19.6 | 20.4 | 18.0 | 1.3 | 4.0 | 0.4 |
| 生猪存栏 | 5.7 | -2.2 | 4.8 | -1.4 | 1.3 | 6.5 | 0.4 |
| 水产品 | 8.2 | 15.8 | 18.1 | 9.8 | 4.0 | 0.7 | 2.0 |
| 生铁 | 0.2 | 12.1 | 12.2 | -6.5 | 32.7 | 14.9 | 9.3 |
| 铝锭 | 2.4 | 19.8 | 20.6 | -23.7 | 16.6 | 58.7 | |
| 原煤 | 3.7 | 2.4 | 2.9 | -0.6 | 2.7 | -4.4 | -1.9 |
| 发电量 | 4.1 | 12.3 | 2.7 | 4.2 | 16.1 | 5.2 | 4.5 |
| 合成氨 | 2.9 | -1.3 | 2.1 | 5.2 | 14.1 | 12.4 | 7.0 |
| 农用化肥(折 100%) | 1.5 | 9.6 | -4.8 | | 13.9 | 10.2 | -1.0 |
| 水泥 | 8.0 | 28.2 | -1.0 | | 5.7 | 19.9 | -3.5 |
| 纱 | 2.9 | 8.4 | 5.0 | 9.1 | 26.3 | 28.8 | 11.6 |
| 布 | -0.4 | 10.5 | 2.8 | -10.0 | 5.2 | 8.8 | 14.4 |
| 机制纸及纸板 | 15.6 | 20.5 | 34.2 | -14.5 | 8.4 | 16.6 | -23.5 |
| 卷烟 | 6.1 | 5.1 | 0.3 | 0.2 | 10.8 | 1.1 | 1.8 |
| 饮料酒 | 7.0 | 11.9 | 18.0 | -5.7 | 19.0 | 17.7 | 5.2 |
| 多晶硅 | | | | | | | 33.1 |
| 汽车起重机 | | 5.2 | 10.3 | 9.7 | 37.6 | 28.2 | -26.2 |
| 装载机 | | | | 6.5 | 39.7 | 10.0 | -14.0 |
| 压路机 | | 1.9 | 18.8 | 5.4 | -0.3 | 23.1 | -16.9 |

# 1-6　徐州的一天

| 指　　标 | | 1978 | 1990 | 1995 | 2000 | 2005 | 2010 | 2015 | 2016 | 2017 |
|---|---|---|---|---|---|---|---|---|---|---|
| **全市每天创造的财富** | | | | | | | | | | |
| 地区生产总值 | （万元） | 586 | 3092 | 11054 | 16839 | 33881 | 81402 | 147492 | 160734 | 180985 |
| 第一产业 | | 258 | 1060 | 2758 | 3240 | 4774 | 7748 | 13829 | 14833 | 16453 |
| 第二产业 | | 245 | 1230 | 5045 | 7748 | 17219 | 41512 | 66172 | 70107 | 79022 |
| 工业 | | 221 | 1121 | 4546 | 6654 | 14693 | 35421 | 55804 | 59419 | 67073 |
| 建筑业 | | 24 | 109 | 499 | 1093 | 2526 | 6091 | 10429 | 10754 | 12013 |
| 第三产业 | | 83 | 801 | 3251 | 5851 | 11888 | 32142 | 67492 | 75794 | 85509 |
| #交通、仓储邮电通信业 | | | 198 | 810 | 1563 | 3464 | 7637 | 12629 | 12985 | 10110 |
| 批发、零售、住宿和餐饮业 | | | 187 | 869 | 1589 | 3358 | 10517 | 23512 | 25584 | 29785 |
| 财政总收入 | （万元） | 90 | 280 | 693 | 1301 | 3980 | 11339 | 22443 | 21913 | 23146 |
| #公共财政预算收入 | | | | | 613 | 1513 | 6086 | 14539 | 14100 | 13743 |
| 生铁 | （吨） | 416 | 801 | 1425 | 1014 | 4179 | 8354 | 13040 | 16587 | 7491 |
| 原煤 | （万吨） | 3.96 | 5.57 | 6.42 | 6.20 | 7.12 | 5.68 | 5.16 | 3.67 | 3.50 |
| 发电量 | （万千瓦时） | 742 | 2860 | 3271 | 4013 | 8492 | 10947 | 13622 | 13831 | 14315 |
| 水泥 | （吨） | 1827 | 8155 | 28260 | 26868 | 35498 | 87818 | 73469 | 75278 | 72878 |
| 布 | （万米） | 15.00 | 33.18 | 38.04 | 22.39 | 28.91 | 43.99 | 86.27 | 93.22 | 99.02 |
| 机制纸及纸板 | （吨） | 68 | 450 | 1962 | 892 | 1340 | 2892 | 756 | 1056 | 885 |
| 卷烟 | （箱） | 404 | 918 | 932 | 940 | 1577 | 1670 | 1822 | 1921 | 1956 |
| **全市每天消费量** | | | | | | | | | | |
| 社会消费品零售总额 | （万元） | 211 | 1157 | 3153 | 5060 | 10850 | 26219 | 64615 | 72661 | 79094 |
| 城镇居民每人生活费支出 | （元） | | 3.86 | 10.09 | 14.73 | 21.02 | 36.04 | 44.23 | 47.14 | 49.96 |
| #食品消费 | | | 2.22 | 5.04 | 5.42 | 7.42 | 12.32 | 13.35 | 16.44 | 17.25 |
| 农民每人生活费支出 | （元） | | 1.47 | 3.12 | 4.43 | 7.78 | 14.29 | 27.05 | 30.22 | 32.98 |
| #食品消费 | | | 0.78 | 1.86 | 1.87 | 3.31 | 5.37 | 8.64 | 9.49 | 10.22 |
| **每天其他经济活动** | | | | | | | | | | |
| 旅客运输量 | （万人次） | 5.56 | 8.65 | 16.63 | 19.82 | 22.19 | 76.06 | 42.91 | 42.79 | 37.43 |
| 货物运输量 | （万吨） | 7.15 | 16.64 | 29.75 | 26.42 | 38.42 | 101.99 | 99.75 | 103.54 | 110.01 |
| 投资竣工的房屋建筑面积 | （平方米） | 2071 | 3063 | 5022 | 8055 | 14720 | 38619 | 99003 | 62822 | 45271 |
| #住宅竣工面积 | | 997 | 1600 | 2518 | 3923 | 7012 | 10827 | 19447 | 15079 | 14521 |
| 邮寄函件 | （万件） | | 8.15 | 8.59 | 6.27 | 5.59 | 12.95 | 4.08 | 2.33 | 1.36 |
| **每天人口变动和婚姻** | | | | | | | | | | |
| 出生人数 | （人） | | 432 | 228 | 460 | 192 | 596 | 416 | 505 | 443 |
| 死亡人数 | （人） | | 98 | 108 | 122 | 62 | 218 | 162 | 108 | |
| 结婚对数 | （对） | | 189 | 178 | 153 | 146 | 279 | 269 | 270 | 240 |
| 离婚对数 | （对） | | 1 | 3 | 4 | 17 | 30 | 60 | 69 | 75 |

# 1–7 徐州市国民经济主要指标占全省比重

（2017 年）

| 指　　标 | | 全　省 | 徐州市 | 徐州市占全省的　比　重（%） |
|---|---|---|---|---|
| **年末人口(常住)** | **(万人)** | **8029.30** | **876.35** | **10.9** |
| 年末人口(户籍) | | 7794.19 | 1039.42 | 13.3 |
| **就业人数** | | **4757.80** | **482.70** | **10.1** |
| # 职工人数 | | 1484.60 | 90.43 | 6.1 |
| **地区生产总值(GDP)(当年价格)** | **(亿元)** | **85900.94** | **6605.95** | **7.7** |
| 第一产业 | | 4076.65 | 600.55 | 14.7 |
| 第二产业 | | 38654.85 | 2884.32 | 7.5 |
| # 工业 | | 34013.58 | 2448.17 | 7.2 |
| 第三产业 | | 43169.44 | 3121.08 | 7.2 |
| 人均 GDP | (元) | 107189 | 75611 | |
| **社会消费品零售总额** | **(亿元)** | **31737.41** | **2886.92** | **9.1** |
| **进出口总额** | **(亿美元)** | **5911.39** | **78.01** | **1.3** |
| # 出口总额 | | 3632.98 | 63.34 | 1.7 |
| **实际到帐注册外资** | | **251.35** | **16.60** | **6.6** |
| **财政总收入** | **(亿元)** | **21125.77** | **844.83** | **4.0** |
| # 公共财政预算收入 | | 8171.53 | 501.64 | 6.1 |
| 地方财政支出 | | 10621.39 | 827.33 | 7.8 |
| **职工工资总额** | **(亿元)** | **10955.14** | **559.13** | 5.1 |
| **城镇非私营单位在岗职工平均工资** | **(元)** | **79741** | **63917** | |
| **居民人均可支配收入** | | **35024** | **24535** | |
| 农村居民人均可支配收入 | | 19158 | 16697 | |
| 城镇居民人均可支配收入 | | 43622 | 30987 | |
| **金融机构存款余额** | **(亿元)** | **129942.89** | **6396.38** | **4.9** |
| # 住户存款 | | 46088.01 | 3349.45 | 7.3 |
| 金融机构贷款余额 | | 102113.27 | 4173.20 | 4.1 |

注：就业人数为全省劳动力抽样调查数据，非全社会口径。空格部分不填数，无法计算占比。

1-7　续表　（2017 年）

| 指　标 | | 全　省 | 徐州市 | 徐州市占全省的比重（%） |
|---|---|---|---|---|
| **全社会客运量** | **（万人）** | **127952** | **13662** | **10.7** |
| 全社会货运量 | （万吨） | 234092 | 40152 | 17.2 |
| 邮电业务总量 | （亿元） | 2948.63 | 208.77 | 7.1 |
| **高等学校本专科在校学生** | **（万人）** | **176.79** | **16.60** | **9.4** |
| 普通中学在校学生 | | 303.03 | 39.94 | 13.2 |
| 小学在校学生 | | 540.21 | 94.02 | 17.4 |
| **卫生机构数** | **（个）** | **32037** | **4509** | **14.1** |
| # 医院、卫生院 | | 2785 | 296 | 10.6 |
| 卫生机构床位数 | （万张） | 46.98 | 5.56 | 11.8 |
| # 医院、卫生院 | | 43.83 | 5.14 | 11.7 |
| 卫生技术人员数 | （万人） | 54.80 | 5.75 | 10.5 |
| # 执业医师、执业助理医师 | | 21.72 | 2.29 | 10.5 |
| **主要工农业产品产量** | **（万吨）** | | | |
| 粮食 | | 3539.83 | 482.72 | 13.6 |
| 棉花 | | 5.10 | 1.89 | 37.1 |
| 油料 | | 126.35 | 12.85 | 10.2 |
| 水产品产量 | | 520.11 | 17.32 | 3.3 |
| 原煤 | | 1278.47 | 1278.47 | 100.0 |
| 发电量 | （亿千瓦时） | 4812.5 | 522.50 | 10.9 |
| 农用化肥（折 100%） | （万吨） | 159.76 | 4.60 | 2.9 |
| 水泥 | | 17330.20 | 2660.04 | 15.3 |
| 纱 | | 517.82 | 185.87 | 35.9 |
| 布 | （亿米） | 76.99 | 3.61 | 4.7 |

注：为与全省可比，本表中高等学校本专科在校学生含成人本专科学生数。

# 1-8 主要年份国民经济和社会发展结构指标

单位:%

| 指标 | 1978 | 1990 | 1995 | 2000 | 2005 | 2010 | 2015 | 2016 | 2017 |
|---|---|---|---|---|---|---|---|---|---|
| **人口结构** | | | | | | | | | |
| 常住人口 | | | | | | | | | |
| 城镇人口 | | | | | 43.3 | 53.9 | 61.1 | 62.4 | 63.8 |
| 农村人口 | | | | | 56.7 | 46.1 | 39.0 | 37.6 | 36.2 |
| 户籍人口 | | | | | | | | | |
| 农业人口 | 88.5 | 82.9 | 80.2 | 74.2 | 65.9 | 54.2 | 42.1 | 41.3 | 40.6 |
| 非农业人口 | 11.5 | 17.1 | 19.8 | 25.8 | 34.1 | 45.8 | 57.9 | 58.7 | 59.4 |
| **就业结构** | | | | | | | | | |
| 第一产业 | 72.1 | 61.0 | 56.9 | 56.4 | 40.3 | 40.7 | 31.7 | 29.9 | 28.0 |
| 第二产业 | 15.3 | 23.4 | 25.3 | 22.3 | 28.3 | 26.9 | 32.3 | 33.1 | 33.7 |
| 第三产业 | 12.6 | 15.6 | 17.8 | 21.3 | 31.4 | 32.4 | 36.0 | 37.1 | 38.3 |
| **地区生产总值产业结构** | | | | | | | | | |
| 第一产业 | 44.0 | 34.3 | 25.0 | 19.2 | 14.2 | 9.6 | 9.5 | 9.3 | 9.1 |
| 第二产业 | 41.8 | 39.8 | 45.6 | 46.0 | 50.6 | 50.7 | 44.3 | 43.3 | 43.7 |
| 第三产业 | 14.2 | 25.9 | 29.4 | 34.8 | 35.2 | 39.7 | 46.2 | 47.4 | 47.2 |
| **地区生产总值支出结构** | | | | | | | | | |
| 总消费 | | | 45.3 | 48.9 | 50.0 | 45.7 | 43.3 | 43.2 | 42.4 |
| 居民消费 | | | 84.9 | 80.5 | 79.5 | 73.0 | 76.0 | 76.2 | 77.6 |
| 政府消费 | | | 15.1 | 19.5 | 20.5 | 27.0 | 24.0 | 23.8 | 22.4 |
| 资本形成总额 | | | 44.3 | 49.5 | 55.9 | 58.7 | 57.4 | 57.7 | 57.1 |
| 固定资产形成 | | | 64.1 | 85.7 | 88.2 | 97.4 | 95.8 | 96.1 | 95.6 |
| 存货增加 | | | 35.9 | 14.3 | 11.8 | 2.6 | 4.2 | 3.9 | 4.4 |
| **财政总收入相当于地区生产总值比例** | 15.3 | 9.1 | 6.2 | 7.3 | 12.0 | 14.1 | 15.7 | 13.8 | 12.8 |
| **科教文卫事业费占财政支出的比例** | | 33.1 | 40.4 | 33.5 | 24.1 | 41.4 | 31.6 | 31.9 | 33.1 |
| **农林牧渔业总产值结构** | | | | | | | | | |
| 农业 | 84.1 | 65.0 | 59.4 | 65.7 | 62.7 | 62.9 | 62.3 | 62.2 | 62.1 |
| 林业 | 2.7 | 2.3 | 2.4 | 2.6 | 2.7 | 2.0 | 1.7 | 1.8 | 1.7 |
| 牧业 | 12.5 | 30.0 | 35.0 | 26.1 | 27.2 | 28.3 | 29.1 | 28.8 | 28.7 |
| 渔业 | 0.7 | 2.7 | 3.2 | 5.6 | 5.4 | 4.9 | 3.9 | 4.1 | 4.1 |
| 农林牧渔服务业 | | | | | 2.0 | 2.1 | 3.0 | 3.1 | 3.4 |
| **农作物播种面积结构** | | | | | | | | | |
| 粮食作物 | 74.1 | 86.1 | 76.8 | 59.3 | 56.3 | 65.0 | 63.4 | 63.9 | 64.0 |
| 经济作物 | 23.7 | 8.8 | 9.9 | 10.7 | 13.0 | 7.6 | 6.9 | 6.6 | 6.1 |
| 其他作物 | 2.2 | 5.1 | 13.3 | 30.0 | 30.7 | 27.4 | 29.7 | 29.5 | 29.9 |

1-8　续表　　　　单位:%

| 指　　标 | 1978 | 1990 | 1995 | 2000 | 2005 | 2010 | 2015 | 2016 | 2017 |
|---|---|---|---|---|---|---|---|---|---|
| **货运量结构** | | | | | | | | | |
| 铁路 | 56.7 | 43.8 | 18.6 | 17.6 | 10.6 | 26.7 | 2.7 | 1.8 | 1.5 |
| 公路 | 25.0 | 45.9 | 61.9 | 49.5 | 43.6 | 39.6 | 46.4 | 46.4 | 48.5 |
| 水运 | 3.6 | 7.6 | 10.9 | 5.8 | 6.3 | 6.8 | 15.5 | 15.3 | 15.7 |
| 管道 | 14.7 | 2.7 | 8.6 | 27.1 | 39.5 | 26.8 | 35.3 | 36.4 | 34.3 |
| **在校学生结构** | | | | | | | | | |
| 大学生 | 0.1 | 1.0 | 1.2 | 2.4 | 5.0 | 10.2 | 9.6 | 9.3 | 9.0 |
| 中学生 | 32.6 | 28.6 | 30.1 | 33.2 | 53.2 | 44.5 | 31.8 | 30.6 | 31.5 |
| 小学生 | 67.2 | 70.4 | 68.8 | 64.5 | 41.8 | 45.3 | 58.6 | 60.1 | 59.5 |
| **专任教师结构** | | | | | | | | | |
| 大学 | | 3.6 | 3.3 | 3.6 | 6.3 | 8.0 | 9.0 | 9.1 | 9.0 |
| 中学 | | 37.4 | 38.1 | 39.3 | 46.4 | 48.8 | 44.9 | 43.4 | 43.0 |
| 小学 | | 59.0 | 58.6 | 57.1 | 47.3 | 43.2 | 46.1 | 47.5 | 48.0 |
| **城市居民消费结构** | | | | | | | | | |
| 食品 | | 57.4 | 49.9 | 36.8 | 35.3 | 34.2 | 29.3 | 29.3 | 29.2 |
| 衣着 | | 14.0 | 15.1 | 10.0 | 9.5 | 10.8 | 8.4 | 8.3 | 8.2 |
| 娱乐文教 | | 8.7 | 8.7 | 14.4 | 16.5 | 11.4 | 11.4 | 11.3 | 11.4 |
| 居住 | | 2.3 | 6.0 | 6.3 | 11.3 | 9.2 | 19.3 | 19.4 | 19.4 |
| 用品及其他 | | 17.5 | 20.3 | 32.5 | 27.4 | 34.4 | 31.6 | 31.7 | 31.8 |
| **农村居民消费结构** | | | | | | | | | |
| 食品 | | 53.4 | 59.9 | 42.2 | 42.6 | 37.6 | 31.9 | 31.4 | 31.0 |
| 衣着 | | 10.3 | 7.2 | 6.2 | 6.9 | 8.3 | 8.0 | 7.7 | 7.4 |
| 娱乐文教 | | 6.2 | 6.5 | 12.0 | 16.7 | 15.3 | 10.7 | 10.6 | 10.9 |
| 居住 | | 17.8 | 15.4 | 19.9 | 10.8 | 15.6 | 18.4 | 18.7 | 19.2 |
| 用品及其他 | | 18.5 | 17.6 | 31.8 | 23.0 | 23.1 | 31.0 | 31.6 | 31.4 |
| **卫生技术人员结构** | | | | | | | | | |
| # 医生 | 31.0 | 40.5 | 38.1 | 38.1 | 37.1 | 36.0 | 39.1 | 39.3 | 39.7 |
| 护师、护士 | | 28.3 | 33.4 | 28.6 | 30.3 | 36.6 | 41.4 | 43.9 | 44.0 |

# 1-9 全市法人单位数及从业人员数

| 项　　目 | 法人单位数(个) | | 从业人员数(万人) | |
|---|---|---|---|---|
| | 2016 | 2017 | 2016 | 2017 |
| **合　计** | **144276** | **168574** | **334.90** | **356.43** |
| **按机构类型分** | | | | |
| 企业 | 121769 | 144981 | 285.02 | 308.34 |
| 事业单位 | 3685 | 3591 | 20.46 | 19.27 |
| 机关 | 1008 | 1005 | 6.59 | 5.69 |
| 社会团体 | 2562 | 2888 | 2.50 | 2.62 |
| 民办非企业单位 | 2409 | 2916 | 3.54 | 3.90 |
| 基金会 | 24 | 23 | 0.02 | 0.02 |
| 居委会 | 913 | 866 | 0.74 | 0.73 |
| 村委会 | 2100 | 2109 | 1.60 | 1.61 |
| 农民专业合作社 | 8252 | 8823 | 13.09 | 12.80 |
| 其他组织机构 | 1554 | 1372 | 1.33 | 1.45 |
| **按登记注册类型分** | | | | |
| 内资 | 143751 | 167766 | 325.88 | 347.08 |
| 国有 | 5481 | 5523 | 34.50 | 32.21 |
| 集体 | 1101 | 1402 | 3.90 | 4.34 |
| 股份合作 | 123 | 100 | 0.73 | 0.29 |
| 联营 | 82 | 49 | 0.14 | 0.09 |
| 国有联营 | 10 | 7 | 0.02 | 0.01 |
| 集体联营 | 39 | 24 | 0.07 | 0.05 |
| 国有与集体联营 | 9 | 4 | 0.01 | … |
| 其他联营 | 24 | 14 | 0.04 | 0.02 |
| 有限责任公司 | 5056 | 3132 | 46.11 | 48.52 |
| 国有独资公司 | 134 | 201 | 6.83 | 7.25 |
| 其他有限责任公司 | 4922 | 2931 | 39.27 | 41.27 |
| 股份有限公司 | 1061 | 616 | 11.17 | 11.74 |
| 私营 | 109161 | 136798 | 201.48 | 225.02 |
| 私营独资 | 30256 | 21231 | 38.27 | 27.48 |
| 私营合伙 | 1321 | 907 | 2.07 | 1.47 |
| 私营有限责任公司 | 75195 | 113487 | 154.56 | 190.61 |
| 私营股份有限公司 | 2389 | 1173 | 6.58 | 5.46 |
| 其他内资 | 21686 | 20146 | 27.86 | 24.87 |

1-9　续表

| 项　　目 | 法人单位数(个) | | 从业人员数(万人) | |
|---|---|---|---|---|
| | 2016 | 2017 | 2016 | 2017 |
| 港澳台商投资 | 281 | 478 | 4.79 | 4.76 |
| 与港澳台商合资经营 | 83 | 111 | 2.36 | 2.09 |
| 与港澳台商合作经营 | 9 | 9 | 0.08 | 0.10 |
| 港澳台商独资 | 176 | 325 | 2.18 | 2.36 |
| 港澳台商投资股份有限公司 | 11 | 8 | 0.17 | 0.21 |
| 其他港、澳、台商投资 | 2 | 25 | … | 0.01 |
| 外商投资 | 244 | 330 | 4.22 | 4.59 |
| 中外合资经营 | 128 | 151 | 2.52 | 2.45 |
| 中外合作经营 | 3 | 3 | 0.11 | … |
| 外资企业 | 101 | 153 | 1.49 | 1.94 |
| 外商投资股份有限公司 | 8 | 8 | 0.11 | 0.11 |
| 其他外商投资 | 4 | 15 | … | 0.08 |
| **按行业分** | | | | |
| 农、林、牧、渔业 | 7014 | 8135 | 9.56 | 9.89 |
| 采矿业 | 198 | 205 | 8.50 | 7.01 |
| 制造业 | 24044 | 27886 | 121.14 | 126.49 |
| 电力、燃气及水的生产和供应业 | 427 | 561 | 2.03 | 1.89 |
| 建筑业 | 6912 | 9219 | 48.41 | 60.44 |
| 批发和零售业 | 52312 | 59421 | 53.07 | 55.42 |
| 交通运输、仓储和邮政业 | 3754 | 4353 | 11.17 | 11.47 |
| 住宿和餐饮业 | 1330 | 1532 | 2.60 | 2.65 |
| 信息传输、软件和信息技术服务业 | 4062 | 5359 | 3.92 | 4.48 |
| 金融业 | 772 | 774 | 2.09 | 1.92 |
| 房地产业 | 4094 | 4787 | 6.98 | 7.28 |
| 租赁和商务服务业 | 13024 | 15923 | 13.62 | 15.22 |
| 科学研究和技术服务业 | 7985 | 9905 | 9.73 | 10.70 |
| 水利、环境和公共设施管理业 | 937 | 999 | 2.31 | 2.58 |
| 居民服务、修理和其他服务业 | 2637 | 3205 | 2.89 | 3.06 |
| 教育 | 2826 | 3148 | 14.07 | 13.85 |
| 卫生和社会工作 | 1547 | 1729 | 6.53 | 6.25 |
| 文化、体育和娱乐业 | 2270 | 3024 | 2.40 | 2.76 |
| 公共管理、社会保障和社会组织 | 8131 | 8409 | 13.89 | 13.06 |

# 1-10 全市产业活动单位数及从业人员数

| 项 目 | 产业活动单位(个) | | 从业人员数(万人) | |
|---|---|---|---|---|
| | 2016 | 2017 | 2016 | 2017 |
| **合 计** | **156554** | **182553** | **353.08** | **356.17** |
| **按机构类型分** | | | | |
| 企业 | 129461 | 154418 | 301.45 | 305.79 |
| 事业单位 | 6892 | 6775 | 22.24 | 21.24 |
| 机关 | 1506 | 1493 | 6.39 | 6.02 |
| 社会团体 | 2579 | 2907 | 2.20 | 2.32 |
| 民办非企业单位 | 2399 | 2906 | 3.50 | 3.86 |
| 基金会 | 24 | 23 | 0.02 | 0.02 |
| 居委会 | 914 | 866 | 0.75 | 0.73 |
| 村委会 | 2099 | 2109 | 1.60 | 1.62 |
| 农民专业合作社 | 8253 | 8831 | 13.09 | 12.80 |
| 其他组织机构 | 2427 | 2225 | 1.83 | 1.77 |
| **按登记注册类型分** | | | | |
| 内资 | 155903 | 181467 | 343.56 | 346.28 |
| 国有 | 10037 | 9963 | 40.35 | 36.97 |
| 集体 | 2086 | 2591 | 8.61 | 8.58 |
| 股份合作 | 174 | 151 | 0.85 | 0.43 |
| 联营 | 121 | 79 | 0.17 | 0.11 |
| 国有联营 | 21 | 13 | 0.03 | 0.02 |
| 集体联营 | 50 | 34 | 0.08 | 0.05 |
| 国有与集体联营 | 16 | 10 | 0.02 | 0.01 |
| 其他联营 | 34 | 22 | 0.04 | 0.03 |
| 有限责任公司 | 5430 | 3544 | 44.90 | 37.99 |
| 国有独资公司 | 150 | 236 | 8.52 | 8.66 |
| 其他有限责任公司 | 5280 | 3308 | 36.38 | 29.32 |
| 股份有限公司 | 2093 | 1573 | 13.77 | 11.71 |
| 私营 | 113014 | 142167 | 205.63 | 224.20 |
| 私营独资 | 31010 | 22102 | 39.13 | 28.70 |
| 私营合伙 | 1371 | 969 | 2.14 | 1.54 |
| 私营有限责任公司 | 78093 | 117697 | 157.32 | 188.48 |
| 私营股份有限公司 | 2540 | 1399 | 7.05 | 5.48 |
| 其他内资 | 22948 | 21399 | 29.28 | 26.28 |

1-10　续表

| 项　　目 | 产业活动单位(个) | | 从业人员数(万人) | |
|---|---|---|---|---|
| | 2016 | 2017 | 2016 | 2017 |
| 港澳台商投资 | 334 | 595 | 5.07 | 4.90 |
| 与港澳台商合资经营 | 99 | 117 | 2.55 | 2.10 |
| 与港澳台商合作经营 | 10 | 8 | 0.06 | 0.08 |
| 港澳台商独资 | 205 | 433 | 2.28 | 2.50 |
| 港澳台商投资股份有限公司 | 14 | 10 | 0.17 | 0.21 |
| 其他港、澳、台商投资 | 6 | 27 | 0.01 | 0.01 |
| 外商投资 | 317 | 491 | 4.44 | 4.99 |
| 中外合资经营 | 145 | 163 | 2.66 | 2.61 |
| 中外合作经营 | 3 | 3 | 0.11 | … |
| 外资企业 | 141 | 293 | 1.62 | 2.22 |
| 外商投资股份有限公司 | 19 | 16 | 0.06 | 0.08 |
| 其他外商投资 | 9 | 16 | 0.01 | 0.08 |
| **按行业分** | | | | |
| 农、林、牧、渔业 | 7034 | 8160 | 9.66 | 9.96 |
| 采矿业 | 223 | 228 | 10.69 | 9.77 |
| 制造业 | 24213 | 28103 | 122.23 | 124.01 |
| 电力、燃气及水的生产和供应业 | 556 | 699 | 2.38 | 2.24 |
| 建筑业 | 7290 | 9752 | 53.26 | 50.85 |
| 批发和零售业 | 55210 | 63210 | 55.60 | 58.20 |
| 交通运输、仓储和邮政业 | 4384 | 5009 | 11.94 | 10.79 |
| 住宿和餐饮业 | 1479 | 1726 | 2.87 | 2.96 |
| 信息传输、软件和信息技术服务业 | 4722 | 6038 | 4.38 | 4.94 |
| 金融业 | 2458 | 2461 | 4.49 | 4.41 |
| 房地产业 | 4377 | 5170 | 7.64 | 7.70 |
| 租赁和商务服务业 | 13543 | 16709 | 14.26 | 15.81 |
| 科学研究和技术服务业 | 8207 | 10216 | 9.95 | 10.91 |
| 水利、环境和公共设施管理业 | 1005 | 1073 | 2.40 | 2.32 |
| 居民服务、修理和其他服务业 | 2696 | 3293 | 2.99 | 3.15 |
| 教育 | 3514 | 3845 | 14.56 | 14.67 |
| 卫生和社会工作 | 4266 | 4447 | 7.11 | 6.68 |
| 文化、体育和娱乐业 | 2314 | 3080 | 2.43 | 2.78 |
| 公共管理、社会保障和社会组织 | 9063 | 9334 | 14.24 | 13.99 |

# 主要统计指标解释

**平均每年增长速度** 在我国计算平均增长速度有两种方法，一种是习惯上经常使用的“水平法”，又称几何平均法，是以间隔期最后一年的水平同基期水平对比来计算平均每年增长(或下降)速度。另一种是“累计法”，又称代数平均法或方程法，是以间隔期内各年水平的总和同基期水平对比来计算平均每年增长(或下降)速度。

在一般正常情况下，两种方法计算的平均每年增长速度比较接近，但在经济发展不平衡，出现大起大落时，两种方法计算的结果差别较大。

本《年鉴》内所列的平均每年增长速度，除固定资产投资是用“累计法”计算以外，其余均用“水平法”计算。从某年到某年平均增长速度的年份，均不包括基期年在内。如改革开放以来的平均增长速度是以 1978 年为基期计算的，则写为 1979-2015 年平均增长速度，其余类推。

**各个计划时期** 表内所用各个“时期”代表的年份如下：恢复时期为 1950 年到 1952 年；第一个五年计划时期(简称一五时期)为 1953 年到 1957 年；第二个五年计划时期(简称二五时期）为 1958 年到 1962 年；三年调整时期为 1963 年到 1965 年；第三个五年计划时期(简称三五时期)为 1966 年到 1970 年；第四个五年计划时期(简称四五时期)为 1971 年到 1975 年；第五个五年计划时期(简称五五时期)为 1976 年到 1980 年；第六个五年计划时期(简称六五时期)为 1981 年到 1985 年；第七个五年计划时期(简称七五时期)为 1986 年到 1990 年；第八个五年计划时期(简称八五时期)为 1991 年到 1995 年，第九个五年计划时期(简称九五时期)为 1996 年到 2000 年；第十个五年计划时期(简称十五时期)为 2001 年到 2005 年；第十一个五年计划时期(简称十一五时期)为 2006 年到 2010 年；第十二个五年计划时期（简称十二五时期)为 2011 年到 2015 年。

**“倍数”的用法** 倍，就是跟原数相同的数。倍数，只能用于数字的增加，不能用于数字的减少。如“增长多少倍”、“扩大多少倍”、“提高多少倍”都可以，但不能说“降低多少倍”、“缩小多少倍”、“减少多少倍”。因为减少一倍就减完了，再无什么可减了。运用倍数时，还要注意词的准确。如“增加了两倍”即原来是一，现在是三；“增加到两倍”，即原来是一，现在是二。这里的“了”和“到”不能缺少，也不能互换。

**“百分数”的用法** 百分数，是用一百做分母的分数，在数学中用“%”来表示，在文章中一般都写作“百分之多少”。百分数与倍数不同，它既可以表示数量的增加，也可以表示数量的减少。运用百分数时，也要注意概念的精确。如“比过去增长 30%，即过去为 100，现在是“130”；比过去降低 30%，即过去是 100，现在是“70”；“降低到原来的 30%”，即原来是 100，现在是“30”。

运用百分数时，还要注意有些数最多只能达到 100%，如产品合格率，种子发芽率等；有些百分数只能小于 100%，如粮食出粉率等；有些百分数却可以超过 100%，如产品产量计划完成情况等。

**“番”的用法与“倍”的关系** 增加一倍，就是增加 100%；翻一番，也是增加 100%。除了一倍与一番相当外，两倍与两番以上数字含义就不同了，而且数字越大，差距越大。如增加两倍，就指增加 200%；翻两番，就是 400%(一番二、二番是四、三番就是八)，所以说翻两番就是增加了 300%，翻三番就是增加了 700%。“番”是按几何级数计算的，“倍”是按算术级数计算的。

计算翻番公式为：

n=[lg(报告期数 ÷ 基数)] ÷ lg2

n 表示翻番数　lg 是常用对数符号

# 国民经济核算

# NATIONAL ACCOUNTS

# 2

版面负责人：卓卫华

编　　辑：王　楠　王玉成

# 统计上严重失信企业信息公示暂行办法

**第八条** 政府统计机构应当按照《企业信息公示暂行条例》《社会信用体系建设规划纲要（2014—2020 年）》等国家有关规定，将统计上严重失信企业信息纳入金融、工商等行业和部门信用信息系统，与企业融资、政府补贴、工商注册管理等挂钩。

**第九条** 下级统计机构未按照本办法履行职责的，由上级统计机构责令改正；情节严重的，对负有责任的主管人员和其他直接责任人员依法给予处分。

**第十条** 政府统计机构发现公示的失信企业信息不准确的，应当及时更正。公民、法人或者其他组织有证据证明政府统计机构公示的失信企业信息不准确的，有权要求政府统计机构予以更正。

**第十一条** 鼓励公民、法人或者其他组织举报统计上严重失信企业和其他统计违法行为，对举报者依法予以保护。

**第十二条** 公民、法人或者其他组织认为政府统计机构在公示失信企业信息工作中的具体行政行为侵犯其合法权益的，可以依法申请行政复议或者提起行政诉讼。

**第十三条** 企业报送的统计资料异常且不能做合理解释的，由政府统计机构列入统计信用异常企业名录，告诫企业自我检查更正。

企业认真整改到位，由政府统计机构从统计信用异常企业名录移除；企业整改不到位，经依法查实具有严重统计违法行为的，将作为统计上严重失信企业，由政府统计机构公示失信企业信息。

**第十四条** 本办法适用于在各级人民政府、县级以上人民政府统计机构组织实施的统计活动中，统计上严重失信企业的信息公示。

在上述统计活动中严重失信的其他组织，其信息公示参照本办法执行。

**第十五条** 本办法由国家统计局负责解释。

**第十六条** 本办法自 2015 年 1 月 1 日起施行。

# 2-1 主要年份地区生产总值

（当年价格） 单位：亿元

| 年份 | 地区生产总值 | 第一产业 | 第二产业 | 第三产业 | #工业 | #建筑业 | #交通、仓储邮电通信业 | #批发零售、住宿餐饮业 | 人均地区生产总值(元) |
|---|---|---|---|---|---|---|---|---|---|
| 1949 | 1.73 | 1.34 | 0.13 | 0.26 | | | | | 46 |
| 1952 | 2.30 | 1.64 | 0.27 | 0.39 | | | | | 60 |
| 1957 | 3.69 | 1.72 | 1.15 | 0.82 | | | | | 83 |
| 1962 | 4.58 | 2.06 | 1.42 | 1.10 | | | | | 100 |
| 1965 | 5.67 | 2.69 | 1.90 | 1.08 | | | | | 117 |
| 1970 | 8.69 | 3.98 | 3.39 | 1.32 | | | | | 156 |
| 1975 | 12.69 | 5.35 | 5.42 | 1.92 | | | | | 207 |
| 1978 | 21.39 | 9.40 | 8.95 | 3.04 | 8.06 | 0.88 | | | 334 |
| 1979 | 24.87 | 10.71 | 10.60 | 3.55 | 9.51 | 1.09 | | | 383 |
| 1980 | 28.62 | 11.30 | 12.99 | 4.34 | 11.75 | 1.24 | | | 436 |
| 1981 | 30.37 | 12.58 | 13.20 | 4.60 | 12.08 | 1.12 | | | 456 |
| 1982 | 35.41 | 14.50 | 15.26 | 5.66 | 13.70 | 1.56 | | | 522 |
| 1983 | 42.26 | 16.91 | 17.74 | 7.61 | 15.20 | 2.53 | | | 468 |
| 1984 | 49.68 | 20.35 | 20.56 | 8.77 | 18.20 | 2.36 | | | 713 |
| 1985 | 55.57 | 22.16 | 23.76 | 9.65 | 20.72 | 3.04 | | | 790 |
| 1986 | 63.04 | 24.61 | 25.96 | 12.48 | 21.99 | 3.97 | | | 886 |
| 1987 | 71.99 | 27.26 | 29.69 | 15.04 | 25.41 | 4.28 | | | 999 |
| 1988 | 84.63 | 30.28 | 36.42 | 17.93 | 32.60 | 3.83 | | | 1152 |
| 1989 | 99.26 | 34.79 | 40.22 | 24.25 | 36.65 | 3.57 | | | 1319 |
| 1990 | 112.84 | 38.69 | 44.91 | 29.24 | 40.93 | 3.98 | 7.21 | 6.83 | 1438 |
| 1991 | 130.05 | 43.68 | 50.11 | 36.26 | 45.75 | 4.36 | 8.23 | 9.29 | 1598 |
| 1992 | 162.15 | 46.80 | 70.29 | 45.06 | 62.36 | 7.93 | 9.66 | 11.79 | 1969 |
| 1993 | 220.57 | 55.86 | 103.70 | 61.01 | 93.47 | 10.23 | 14.86 | 15.97 | 2656 |
| 1994 | 314.76 | 79.71 | 148.21 | 86.83 | 134.69 | 13.52 | 20.84 | 22.49 | 3754 |
| 1995 | 403.46 | 100.67 | 184.14 | 118.64 | 165.94 | 18.20 | 29.56 | 31.73 | 4762 |
| 1996 | 488.04 | 115.67 | 223.21 | 149.16 | 199.80 | 23.41 | 37.47 | 40.63 | 5706 |
| 1997 | 504.23 | 107.93 | 233.84 | 162.45 | 208.20 | 25.64 | 41.40 | 44.80 | 5841 |
| 1998 | 536.76 | 112.45 | 247.95 | 176.37 | 215.87 | 32.08 | 46.92 | 48.87 | 6159 |
| 1999 | 577.09 | 113.58 | 270.02 | 193.49 | 234.07 | 35.96 | 51.84 | 52.16 | 6583 |
| 2000 | 616.30 | 118.57 | 283.56 | 214.16 | 243.54 | 40.02 | 57.20 | 58.17 | 6948 |
| 2001 | 681.49 | 126.03 | 314.38 | 241.08 | 269.84 | 44.54 | 63.31 | 65.34 | 7579 |
| 2002 | 749.34 | 134.05 | 351.14 | 264.15 | 302.88 | 48.26 | 68.52 | 72.61 | 8297 |
| 2003 | 852.26 | 134.68 | 419.83 | 297.75 | 362.72 | 57.11 | 72.42 | 84.65 | 9401 |
| 2004 | 1039.51 | 161.59 | 518.66 | 359.26 | 442.37 | 76.29 | 98.74 | 98.55 | 11691 |
| 2005 | 1236.66 | 174.24 | 628.50 | 433.92 | 536.29 | 92.21 | 126.42 | 122.57 | 13974 |
| 2006 | 1476.14 | 190.05 | 766.02 | 520.07 | 657.03 | 108.99 | 155.38 | 147.56 | 16795 |
| 2007 | 1762.76 | 207.58 | 921.78 | 633.40 | 799.45 | 122.32 | 187.54 | 181.84 | 20173 |
| 2008 | 2133.71 | 230.00 | 1118.18 | 785.53 | 965.12 | 153.06 | 225.17 | 231.20 | 24521 |
| 2009 | 2412.54 | 249.90 | 1267.74 | 894.90 | 1083.98 | 183.76 | 243.88 | 273.84 | 27772 |
| 2010 | 2971.19 | 282.82 | 1515.19 | 1173.18 | 1292.87 | 222.31 | 278.75 | 383.86 | 34421 |
| 2011 | 3589.75 | 334.54 | 1808.88 | 1446.33 | 1541.66 | 267.22 | 327.38 | 515.87 | 41852 |
| 2012 | 4060.37 | 382.46 | 2008.10 | 1669.81 | 1706.20 | 301.91 | 372.83 | 594.18 | 47388 |
| 2013 | 4568.68 | 418.88 | 2184.21 | 1965.59 | 1852.21 | 334.04 | 410.27 | 684.70 | 53263 |
| 2014 | 5020.09 | 473.54 | 2301.27 | 2245.28 | 1938.79 | 364.61 | 452.68 | 782.35 | 58308 |
| 2015 | 5383.47 | 504.75 | 2415.26 | 2463.46 | 2036.84 | 380.65 | 460.95 | 858.19 | 62246 |
| 2016 | 5882.86 | 542.88 | 2565.92 | 2774.06 | 2174.73 | 393.60 | 475.26 | 936.36 | 67701 |
| 2017 | 6605.95 | 600.55 | 2884.32 | 3121.08 | 2448.17 | 438.48 | 369.03 | 1087.15 | 75611 |

注：根据国家统计局《三次产业划分规定》（国统字[2012]108号）要求，2013年起原第一产业中的农林牧渔服务业调整到第三产业中，原第二产业中的金属制品、机械和设备修理业调整到第三产业中，产业划分调整后，工业与建筑业合计要大于等于第二产业；1993-2004年数据是2004年第一次经济普查调整修订数据；2006-2008年数据是第二次经济普查调整修订数据；2013年数据是第三次经济普查调整修订数据；2004年及以后全市数据为含R&D研发支出增加值口径，与往年不可比（下同）。

# 2-2 主要年份地区生产总值指数

（按可比价格计算、以1978年为100）

| 年份 | 地区生产总值 | 第一产业 | 第二产业 | 第三产业 | #工业 | #建筑业 | #交通、仓储邮电通信业 | #批发零售、住宿餐饮业 | 人均地区生产总值 |
|---|---|---|---|---|---|---|---|---|---|
| 1978 | 100.0 | 100.0 | 100.0 | 100.0 | 100.0 | 100.0 | | | 100.0 |
| 1979 | 106.0 | 92.1 | 117.4 | 115.4 | 117.5 | 117.2 | | | 105.3 |
| 1980 | 121.3 | 96.3 | 143.7 | 133.0 | 144.5 | 136.1 | | | 119.2 |
| 1981 | 127.0 | 104.3 | 146.7 | 139.2 | 149.3 | 122.9 | | | 122.9 |
| 1982 | 145.5 | 112.8 | 171.8 | 169.7 | 172.1 | 168.9 | | | 138.4 |
| 1983 | 172.7 | 126.8 | 202.1 | 228.0 | 193.8 | 277.9 | | | 161.6 |
| 1984 | 197.5 | 144.7 | 232.9 | 256.5 | 230.3 | 256.2 | | | 182.8 |
| 1985 | 207.6 | 142.9 | 258.6 | 257.8 | 251.4 | 324.4 | | | 190.2 |
| 1986 | 224.3 | 146.3 | 276.6 | 311.3 | 261.5 | 415.3 | | | 203.2 |
| 1987 | 240.6 | 146.2 | 305.0 | 343.2 | 290.6 | 436.1 | | | 215.3 |
| 1988 | 251.0 | 132.2 | 347.5 | 334.5 | 346.1 | 360.5 | | | 220.2 |
| 1989 | 263.4 | 145.3 | 345.5 | 387.4 | 349.6 | 307.3 | | | 225.6 |
| 1990 | 291.3 | 149.0 | 384.7 | 456.7 | 389.5 | 340.4 | 100.0 | 100.0 | 239.4 |
| 1991 | 334.7 | 165.8 | 422.8 | 581.4 | 423.8 | 417.0 | 101.4 | 139.2 | 265.3 |
| 1992 | 407.0 | 176.2 | 566.1 | 707.6 | 561.5 | 611.7 | 115.9 | 162.4 | 318.6 |
| 1993 | 459.1 | 184.5 | 730.3 | 679.3 | 745.1 | 592.7 | 134.4 | 188.8 | 356.7 |
| 1994 | 537.1 | 200.2 | 867.6 | 832.8 | 885.9 | 695.8 | 176.9 | 218.4 | 399.3 |
| 1995 | 625.2 | 229.0 | 996.0 | 1012.7 | 1008.2 | 893.4 | 229.6 | 268.2 | 460.1 |
| 1996 | 722.7 | 248.0 | 1181.3 | 1171.7 | 1188.7 | 1130.2 | 245.0 | 320.3 | 524.2 |
| 1997 | 810.1 | 282.2 | 1319.5 | 1311.1 | 1326.6 | 1265.8 | 293.5 | 362.6 | 582.2 |
| 1998 | 908.9 | 306.8 | 1497.6 | 1463.2 | 1489.8 | 1620.2 | 331.9 | 385.8 | 646.8 |
| 1999 | 1000.7 | 325.8 | 1653.4 | 1632.9 | 1637.4 | 1874.6 | 374.1 | 422.5 | 707.9 |
| 2000 | 1100.8 | 341.4 | 1827.0 | 1828.8 | 1806.1 | 2120.2 | 423.9 | 475.3 | 769.6 |
| 2001 | 1221.9 | 363.6 | 2048.1 | 2044.6 | 2021.0 | 2393.7 | 469.3 | 538.0 | 842.7 |
| 2002 | 1361.2 | 386.5 | 2320.5 | 2277.7 | 2310.0 | 2599.6 | 529.4 | 604.2 | 934.6 |
| 2003 | 1531.4 | 379.5 | 2719.6 | 2576.1 | 2728.1 | 2924.6 | 591.3 | 705.1 | 1047.2 |
| 2004 | 1745.8 | 417.5 | 3135.7 | 2929.0 | 3118.2 | 3532.9 | 685.3 | 798.2 | 1185.4 |
| 2005 | 1995.4 | 434.1 | 3606.1 | 3453.3 | 3557.9 | 4278.4 | 850.0 | 955.9 | 1360.9 |
| 2006 | 2296.8 | 452.8 | 4240.7 | 3995.5 | 4187.6 | 5005.7 | 981.2 | 1120.8 | 1577.3 |
| 2007 | 2648.2 | 471.4 | 4982.8 | 4638.8 | 5016.8 | 5200.9 | 1140.6 | 1296.1 | 1829.6 |
| 2008 | 3005.7 | 498.7 | 5685.4 | 5348.5 | 5769.3 | 5601.4 | 1309.0 | 1543.5 | 2085.8 |
| 2009 | 3423.4 | 526.2 | 6504.1 | 6188.2 | 6536.6 | 6839.3 | 1445.1 | 1859.4 | 2379.9 |
| 2010 | 3902.7 | 548.3 | 7525.3 | 7066.9 | 7589.0 | 7742.1 | 1518.5 | 2221.1 | 2732.1 |
| 2011 | 4429.6 | 572.9 | 8616.4 | 8084.6 | 8765.3 | 8431.1 | 1684.2 | 2714.2 | 3122.8 |
| 2012 | 5015.6 | 602.1 | 9874.4 | 9151.7 | 10027.5 | 9729.5 | 1829.5 | 3109.9 | 3538.1 |
| 2013 | 5605.4 | 620.7 | 11079.6 | 10331.1 | 11336.7 | 10490.0 | 1978.4 | 3680.3 | 3948.5 |
| 2014 | 6191.6 | 643.6 | 12254.0 | 11529.5 | 12595.1 | 11266.3 | 2171.2 | 4112.8 | 4347.3 |
| 2015 | 6779.8 | 666.2 | 13356.9 | 12820.8 | 13665.7 | 12595.7 | 2287.3 | 4490.8 | 4738.6 |
| 2016 | 7335.8 | 679.5 | 14425.4 | 14051.6 | 14827.3 | 13250.7 | 2418.5 | 4855.1 | 5103.4 |
| 2017 | 7900.6 | 696.5 | 15349.7 | 15444.4 | 15934.2 | 13316.0 | 2616.8 | 5474.2 | 5466.0 |

# 2-3　主要年份地区生产总值指数

（按可比价格计算、以上年为100）

| 年　份 | 地区生产总　值 | 第一产业 | 第二产业 | 第三产业 | #工　业 | #建筑业 | #交通、仓储邮电通信业 | #批发零售、住宿餐饮业 | 人均地区生产总值 |
|---|---|---|---|---|---|---|---|---|---|
| 1978 | 100.0 | 100.0 | 100.0 | 100.0 | 100.0 | 100.0 | | | 100.0 |
| 1979 | 106.0 | 92.1 | 117.4 | 115.4 | 117.5 | 117.2 | | | 105.3 |
| 1980 | 114.4 | 104.6 | 122.4 | 115.3 | 123.0 | 116.1 | | | 113.2 |
| 1981 | 104.7 | 108.3 | 102.1 | 104.7 | 103.3 | 90.3 | | | 103.1 |
| 1982 | 114.6 | 108.1 | 117.1 | 121.9 | 115.3 | 137.4 | | | 112.6 |
| 1983 | 118.7 | 112.4 | 117.6 | 134.4 | 112.6 | 164.5 | | | 116.8 |
| 1984 | 114.4 | 114.1 | 115.2 | 112.5 | 118.8 | 92.2 | | | 113.1 |
| 1985 | 105.1 | 98.8 | 111.0 | 100.5 | 109.2 | 126.6 | | | 104.0 |
| 1986 | 108.0 | 102.4 | 107.0 | 120.8 | 104.0 | 128.0 | | | 106.8 |
| 1987 | 107.3 | 99.9 | 110.3 | 110.2 | 111.1 | 105.0 | | | 106.0 |
| 1988 | 104.3 | 90.4 | 113.9 | 97.5 | 119.1 | 82.7 | | | 102.3 |
| 1989 | 104.9 | 109.9 | 99.4 | 115.8 | 101.0 | 85.2 | | | 102.5 |
| 1990 | 110.6 | 102.5 | 111.3 | 117.9 | 111.4 | 110.8 | | | 106.1 |
| 1991 | 114.9 | 111.3 | 109.9 | 127.3 | 108.8 | 122.5 | 101.4 | 139.2 | 110.8 |
| 1992 | 121.6 | 106.3 | 133.9 | 121.7 | 132.5 | 146.7 | 114.3 | 116.7 | 120.1 |
| 1993 | 112.8 | 104.7 | 129.0 | 96.0 | 132.7 | 96.9 | 116.0 | 116.3 | 112.0 |
| 1994 | 117.0 | 108.5 | 118.8 | 122.6 | 118.9 | 117.4 | 131.6 | 115.7 | 111.9 |
| 1995 | 116.4 | 114.4 | 114.8 | 121.6 | 113.8 | 128.4 | 129.8 | 122.8 | 115.2 |
| 1996 | 115.6 | 108.3 | 118.6 | 115.7 | 117.9 | 126.5 | 106.7 | 119.4 | 113.9 |
| 1997 | 112.1 | 113.8 | 111.7 | 111.9 | 111.6 | 112.0 | 119.8 | 113.2 | 111.1 |
| 1998 | 112.2 | 108.7 | 113.5 | 111.6 | 112.3 | 128.0 | 113.1 | 106.4 | 111.1 |
| 1999 | 110.1 | 106.2 | 110.4 | 111.6 | 109.9 | 115.7 | 112.7 | 109.5 | 109.4 |
| 2000 | 110.0 | 104.8 | 110.5 | 112.0 | 110.3 | 113.1 | 113.3 | 112.5 | 108.7 |
| 2001 | 111.0 | 106.5 | 112.1 | 111.8 | 111.9 | 112.9 | 110.7 | 113.2 | 109.5 |
| 2002 | 111.4 | 106.3 | 113.3 | 111.4 | 114.3 | 108.6 | 112.8 | 112.3 | 110.9 |
| 2003 | 112.5 | 98.2 | 117.2 | 113.1 | 118.1 | 112.5 | 111.7 | 116.7 | 112.0 |
| 2004 | 114.0 | 110.0 | 115.3 | 113.7 | 114.3 | 120.8 | 115.9 | 113.2 | 113.2 |
| 2005 | 114.3 | 104.0 | 115.0 | 117.9 | 114.1 | 121.1 | 124.0 | 119.8 | 114.8 |
| 2006 | 115.1 | 104.3 | 117.6 | 115.7 | 117.7 | 117.0 | 115.4 | 117.3 | 115.9 |
| 2007 | 115.3 | 104.1 | 117.5 | 116.1 | 119.8 | 103.9 | 116.2 | 115.6 | 116.0 |
| 2008 | 113.5 | 105.8 | 114.1 | 115.3 | 115.0 | 107.7 | 114.8 | 119.1 | 114.0 |
| 2009 | 113.9 | 105.5 | 114.4 | 115.7 | 113.3 | 122.1 | 110.4 | 120.5 | 114.1 |
| 2010 | 114.0 | 104.2 | 115.7 | 114.2 | 116.1 | 113.2 | 105.1 | 119.5 | 114.8 |
| 2011 | 113.5 | 104.5 | 114.5 | 114.4 | 115.5 | 108.9 | 110.9 | 122.2 | 114.3 |
| 2012 | 113.2 | 105.1 | 114.6 | 113.2 | 114.4 | 115.4 | 108.6 | 114.6 | 113.3 |
| 2013 | 111.8 | 103.1 | 112.2 | 112.9 | 113.1 | 107.8 | 108.1 | 118.3 | 111.6 |
| 2014 | 110.5 | 103.7 | 110.6 | 111.6 | 111.1 | 107.4 | 109.7 | 111.8 | 110.1 |
| 2015 | 109.5 | 103.5 | 109.0 | 111.2 | 108.5 | 111.8 | 105.3 | 109.2 | 109.0 |
| 2016 | 108.2 | 102.0 | 108.0 | 109.6 | 108.5 | 105.2 | 105.7 | 108.1 | 107.7 |
| 2017 | 107.7 | 102.5 | 106.4 | 109.9 | 107.5 | 100.5 | 108.2 | 112.8 | 107.1 |

# 2–4 市区主要年份地区生产总值

（当年价格）　　　　单位：亿元

| 年份 | 地区生产总值 | 第一产业 | 第二产业 | 第三产业 | #工业 | #建筑业 | #交通、仓储邮电通信业 | #批发零售、住宿餐饮业 | 人均地区生产总值（元） |
|---|---|---|---|---|---|---|---|---|---|
| 1949 | 0.30 | 0.01 | 0.12 | 0.17 | | | | | 100 |
| 1952 | 0.48 | 0.02 | 0.24 | 0.21 | | | | | 215 |
| 1957 | 1.40 | 0.03 | 1.00 | 0.37 | | | | | 367 |
| 1962 | 1.79 | 0.03 | 1.21 | 0.55 | | | | | 392 |
| 1965 | 2.00 | 0.03 | 1.45 | 0.52 | | | | | 391 |
| 1970 | 3.41 | 0.06 | 2.73 | 0.61 | | | | | 625 |
| 1975 | 5.06 | 0.11 | 4.21 | 0.74 | | | | | 841 |
| 1978 | 7.70 | 0.15 | 6.36 | 1.19 | 5.98 | 0.38 | | | 1169 |
| 1979 | 9.29 | 0.15 | 7.65 | 1.49 | 7.24 | 0.41 | | | 1347 |
| 1980 | 11.41 | 0.14 | 9.29 | 1.98 | 8.78 | 0.51 | | | 1588 |
| 1981 | 11.56 | 0.19 | 9.23 | 2.14 | 8.69 | 0.53 | | | 1564 |
| 1982 | 13.26 | 0.27 | 10.28 | 2.72 | 9.61 | 0.67 | | | 1742 |
| 1983 | 15.90 | 0.33 | 12.05 | 3.52 | 10.44 | 1.61 | | | 2031 |
| 1984 | 17.88 | 0.26 | 13.92 | 3.70 | 12.75 | 1.17 | | | 2236 |
| 1985 | 20.14 | 0.39 | 15.53 | 4.22 | 14.21 | 1.32 | | | 2469 |
| 1986 | 22.62 | 0.35 | 16.77 | 5.50 | 14.67 | 2.11 | | | 2717 |
| 1987 | 26.17 | 0.36 | 18.52 | 7.29 | 16.26 | 2.26 | | | 3086 |
| 1988 | 29.00 | 0.54 | 19.76 | 8.70 | 18.33 | 1.42 | | | 3357 |
| 1989 | 39.39 | 2.69 | 24.35 | 12.36 | 22.90 | 1.45 | | | 3036 |
| 1990 | 46.54 | 2.89 | 28.66 | 14.98 | 26.80 | 1.87 | 4.74 | 3.49 | 3486 |
| 1991 | 52.71 | 3.47 | 30.25 | 18.99 | 28.11 | 2.14 | 5.24 | 5.22 | 3864 |
| 1992 | 69.15 | 3.51 | 42.37 | 23.27 | 38.06 | 4.31 | 6.03 | 6.67 | 5005 |
| 1993 | 101.07 | 4.35 | 63.68 | 33.04 | 58.44 | 5.24 | 9.57 | 10.15 | 7217 |
| 1994 | 140.75 | 4.82 | 87.23 | 48.70 | 81.00 | 6.24 | 12.87 | 14.47 | 9922 |
| 1995 | 175.65 | 6.51 | 102.37 | 66.77 | 93.86 | 8.52 | 17.41 | 21.43 | 12199 |
| 1996 | 209.93 | 7.38 | 115.59 | 86.96 | 103.91 | 11.69 | 22.34 | 28.34 | 14356 |
| 1997 | 226.83 | 6.62 | 126.36 | 93.85 | 112.24 | 14.11 | 24.49 | 30.88 | 15291 |
| 1998 | 244.33 | 6.92 | 139.53 | 97.88 | 118.66 | 20.87 | 25.31 | 33.77 | 16224 |
| 1999 | 257.81 | 6.56 | 140.63 | 110.62 | 117.57 | 23.06 | 27.77 | 37.14 | 16945 |
| 2000 | 290.33 | 6.65 | 156.16 | 127.53 | 128.94 | 27.22 | 32.97 | 42.99 | 18551 |
| 2001 | 322.50 | 6.96 | 170.25 | 145.30 | 140.20 | 30.05 | 37.67 | 48.26 | 19959 |
| 2002 | 359.33 | 7.40 | 191.10 | 160.82 | 158.56 | 32.55 | 41.01 | 54.42 | 21970 |
| 2003 | 426.00 | 7.40 | 234.37 | 184.23 | 199.80 | 34.57 | 46.18 | 62.90 | 25672 |
| 2004 | 538.39 | 8.07 | 305.21 | 225.11 | 260.76 | 44.45 | 57.57 | 76.14 | 28544 |
| 2005 | 625.81 | 11.79 | 355.16 | 258.86 | 311.67 | 43.49 | 62.25 | 93.61 | 31203 |
| 2006 | 727.28 | 11.18 | 411.18 | 304.92 | 372.03 | 39.15 | 68.33 | 116.70 | 38836 |
| 2007 | 868.60 | 16.28 | 482.09 | 370.23 | 443.25 | 38.84 | 75.00 | 147.82 | 45407 |
| 2008 | 998.48 | 17.71 | 551.70 | 429.07 | 518.37 | 33.33 | 93.79 | 180.34 | 50586 |
| 2009 | 1143.36 | 17.42 | 618.92 | 507.02 | 577.58 | 41.34 | 107.85 | 211.93 | 56833 |
| 2010 | 1779.47 | 52.12 | 967.37 | 759.98 | 883.11 | 84.26 | 147.37 | 290.64 | 57743 |
| 2011 | 2115.17 | 63.26 | 1149.53 | 902.38 | 1034.00 | 115.53 | 163.03 | 326.69 | 68564 |
| 2012 | 2402.93 | 67.79 | 1307.01 | 1028.13 | 1179.21 | 127.80 | 177.22 | 402.14 | 76923 |
| 2013 | 2641.76 | 72.51 | 1423.18 | 1146.07 | 1281.93 | 141.25 | 196.23 | 458.41 | 83976 |
| 2014 | 2792.94 | 91.60 | 1445.24 | 1256.10 | 1279.52 | 165.72 | 205.90 | 501.76 | 87617 |
| 2015 | 2910.48 | 103.52 | 1435.06 | 1371.90 | 1265.19 | 170.28 | 228.57 | 537.85 | 90287 |
| 2016 | 3072.18 | 109.01 | 1442.79 | 1520.39 | 1268.39 | 174.82 | 253.82 | 567.95 | 94402 |
| 2017 | 3397.88 | 120.42 | 1467.88 | 1809.59 | 1264.63 | 203.62 | 230.64 | 679.70 | 103339 |

# 2–5　市区主要年份地区生产总值指数

（按可比价格计算、以1978年为100）

| 年　份 | 地区生产总　值 | 第一产业 | 第二产业 | 第三产业 | #工　业 | #建筑业 | #交通、仓储邮电通信业 | #批发零售、住宿餐饮业 | 人均地区生产总值 |
|---|---|---|---|---|---|---|---|---|---|
| 1978 | 100.0 | 100.0 | 100.0 | 100.0 | 100.0 | 100.0 | | | 100.0 |
| 1979 | 119.4 | 79.8 | 119.5 | 123.6 | 120.6 | 102.4 | | | 114.0 |
| 1980 | 145.1 | 76.4 | 144.9 | 154.7 | 145.7 | 131.5 | | | 132.9 |
| 1981 | 146.9 | 101.1 | 144.5 | 165.2 | 145.0 | 136.3 | | | 130.8 |
| 1982 | 169.5 | 131.6 | 163.3 | 207.4 | 162.9 | 169.9 | | | 146.6 |
| 1983 | 204.3 | 156.8 | 193.3 | 268.9 | 179.5 | 410.9 | | | 171.8 |
| 1984 | 228.6 | 116.8 | 222.3 | 276.0 | 217.6 | 297.1 | | | 188.2 |
| 1985 | 244.4 | 162.4 | 238.3 | 286.8 | 232.6 | 328.3 | | | 197.2 |
| 1986 | 264.7 | 131.8 | 251.9 | 349.6 | 235.3 | 514.4 | | | 209.2 |
| 1987 | 289.4 | 124.6 | 267.9 | 423.8 | 250.9 | 536.7 | | | 224.5 |
| 1988 | 286.3 | 150.9 | 265.6 | 413.3 | 262.6 | 313.0 | | | 218.2 |
| 1989 | 334.9 | 716.1 | 294.5 | 502.8 | 294.7 | 290.7 | | | 249.8 |
| 1990 | 391.6 | 711.7 | 345.8 | 595.9 | 344.1 | 372.7 | 100.0 | 100.0 | 286.5 |
| 1991 | 456.6 | 911.7 | 358.9 | 833.7 | 352.0 | 467.4 | 100.4 | 160.4 | 329.2 |
| 1992 | 591.3 | 859.7 | 479.5 | 1079.6 | 463.2 | 734.8 | 115.9 | 176.0 | 419.7 |
| 1993 | 667.0 | 1097.8 | 625.3 | 909.0 | 623.5 | 648.8 | 129.3 | 223.3 | 465.0 |
| 1994 | 779.1 | 999.0 | 704.7 | 1163.5 | 706.4 | 675.4 | 176.4 | 247.6 | 341.8 |
| 1995 | 867.9 | 1273.7 | 741.3 | 1432.3 | 733.9 | 870.6 | 230.7 | 306.8 | 417.1 |
| 1996 | 979.9 | 1348.8 | 813.9 | 1713.0 | 793.3 | 1175.3 | 262.8 | 357.4 | 455.0 |
| 1997 | 1078.9 | 1583.5 | 904.2 | 1846.6 | 873.4 | 1446.7 | 293.5 | 375.3 | 493.7 |
| 1998 | 1173.8 | 1721.3 | 1010.9 | 1913.1 | 945.0 | 2162.8 | 306.1 | 409.5 | 529.2 |
| 1999 | 1270.1 | 1772.9 | 1064.5 | 2180.9 | 985.6 | 2446.1 | 337.6 | 447.6 | 566.8 |
| 2000 | 1432.7 | 1804.8 | 1185.9 | 2529.8 | 1089.1 | 2869.3 | 419.0 | 490.6 | 621.5 |
| 2001 | 1580.3 | 1913.1 | 1279.4 | 2820.7 | 1186.0 | 3193.5 | 490.2 | 535.2 | 664.0 |
| 2002 | 1776.3 | 2012.6 | 1472.5 | 3147.9 | 1363.9 | 3445.8 | 537.7 | 587.1 | 737.4 |
| 2003 | 2064.1 | 1934.1 | 1750.8 | 3585.5 | 1668.0 | 3618.1 | 625.1 | 655.2 | 844.3 |
| 2004 | 2435.6 | 2282.2 | 1988.9 | 4105.4 | 2035.0 | 4204.2 | 715.7 | 750.2 | 987.0 |
| 2005 | 2813.2 | 2257.1 | 2337.0 | 4667.8 | 2376.8 | 5150.2 | 959.8 | 865.7 | 1072.9 |
| 2006 | 3251.5 | 2056.2 | 2731.7 | 5357.7 | 2802.3 | 5721.3 | 1104.7 | 1009.4 | 1208.0 |
| 2007 | 3765.6 | 2118.8 | 3175.0 | 6196.4 | 3262.3 | 6584.2 | 1289.4 | 1151.3 | 1369.0 |
| 2008 | 4266.4 | 2226.9 | 3603.6 | 7070.1 | 3735.3 | 7005.6 | 1454.4 | 1341.3 | 1518.1 |
| 2009 | 4890.7 | 2426.5 | 4061.7 | 8293.5 | 4178.6 | 8959.5 | 1690.1 | 1535.7 | 1706.3 |
| 2010 | 5678.0 | 2318.7 | 4613.1 | 10059.6 | 4679.6 | 11934.1 | 1789.8 | 1934.4 | 1953.0 |
| 2011 | 6401.0 | 2373.2 | 5222.1 | 11352.0 | 5248.3 | 14822.0 | 1934.8 | 2064.2 | 2181.5 |
| 2012 | 7225.8 | 2466.9 | 5913.3 | 12827.2 | 5944.3 | 16748.0 | 2153.4 | 2419.6 | 2432.4 |
| 2013 | 8042.3 | 2541.4 | 6563.8 | 14238.2 | 6598.1 | 18591.5 | 2395.1 | 2778.1 | 2682.9 |
| 2014 | 8845.7 | 2638.1 | 7400.5 | 16053.3 | 7439.6 | 20954.2 | 2425.1 | 3087.8 | 2956.5 |
| 2015 | 9444.8 | 2724.1 | 7747.4 | 16805.6 | 7747.1 | 23036.3 | 2695.8 | 3318.3 | 3121.5 |
| 2016 | 10015.0 | 2823.3 | 8078.7 | 17524.4 | 8074.0 | 24059.6 | 3065.4 | 3472.0 | 3278.7 |
| 2017 | 10524.4 | 2898.3 | 7738.2 | 20091.7 | 7624.5 | 25509.3 | 3550.6 | 3695.4 | 3445.4 |

# 2–6 市区主要年份地区生产总值指数

（按可比价格计算、以上年为 100）

| 年 份 | 地区生产总 值 | 第一产业 | 第二产业 | 第三产业 | #工 业 | #建筑业 | #交通、仓储邮电通信业 | #批发零售、住宿餐饮业 | 人均地区生产总值 |
|---|---|---|---|---|---|---|---|---|---|
| 1978 | 100.0 | 100.0 | 100.0 | 100.0 | 100.0 | 100.0 | | | 100.0 |
| 1979 | 119.4 | 79.8 | 119.5 | 123.6 | 120.6 | 102.4 | | | 114.0 |
| 1980 | 121.5 | 95.7 | 121.3 | 125.2 | 120.8 | 128.4 | | | 116.6 |
| 1981 | 101.2 | 132.3 | 99.7 | 106.8 | 99.5 | 103.7 | | | 98.4 |
| 1982 | 115.4 | 130.2 | 113.0 | 125.5 | 112.3 | 124.7 | | | 112.1 |
| 1983 | 120.5 | 119.1 | 118.4 | 129.7 | 110.2 | 241.8 | | | 117.2 |
| 1984 | 111.9 | 74.5 | 115.0 | 102.6 | 121.2 | 72.3 | | | 109.5 |
| 1985 | 106.9 | 139.0 | 107.2 | 103.9 | 106.9 | 110.5 | | | 104.8 |
| 1986 | 108.3 | 81.2 | 105.7 | 121.9 | 101.2 | 156.7 | | | 106.1 |
| 1987 | 109.3 | 94.5 | 106.4 | 121.2 | 106.6 | 104.3 | | | 107.3 |
| 1988 | 98.9 | 121.1 | 99.1 | 97.5 | 104.7 | 58.3 | | | 97.2 |
| 1989 | 117.0 | 474.6 | 110.9 | 121.7 | 112.2 | 92.9 | | | 114.5 |
| 1990 | 116.9 | 99.4 | 117.4 | 118.5 | 116.8 | 128.2 | | | 114.7 |
| 1991 | 116.6 | 128.1 | 103.8 | 139.9 | 102.3 | 125.4 | 100.4 | 160.4 | 114.9 |
| 1992 | 129.5 | 94.3 | 133.6 | 129.5 | 131.6 | 157.2 | 115.4 | 109.7 | 127.5 |
| 1993 | 112.8 | 127.7 | 130.4 | 84.2 | 134.6 | 88.3 | 111.6 | 126.9 | 110.8 |
| 1994 | 116.8 | 91.0 | 112.7 | 128.0 | 113.3 | 104.1 | 136.4 | 110.9 | 73.5 |
| 1995 | 111.4 | 127.5 | 105.2 | 123.1 | 103.9 | 128.9 | 130.8 | 123.9 | 122.0 |
| 1996 | 112.9 | 105.9 | 109.8 | 119.6 | 108.1 | 135.0 | 113.9 | 116.5 | 109.1 |
| 1997 | 110.1 | 117.4 | 111.1 | 107.8 | 110.1 | 123.1 | 111.7 | 105.0 | 108.5 |
| 1998 | 108.8 | 108.7 | 111.8 | 103.6 | 108.2 | 149.5 | 104.3 | 109.1 | 107.2 |
| 1999 | 108.2 | 103.0 | 105.3 | 114.0 | 104.3 | 113.1 | 110.3 | 109.3 | 107.1 |
| 2000 | 112.8 | 101.8 | 111.4 | 116.0 | 110.5 | 117.3 | 124.1 | 109.6 | 109.7 |
| 2001 | 110.3 | 106.0 | 107.9 | 111.5 | 108.9 | 111.3 | 117.0 | 109.1 | 106.8 |
| 2002 | 112.4 | 105.2 | 115.1 | 111.6 | 115.0 | 107.9 | 109.7 | 109.7 | 111.1 |
| 2003 | 116.2 | 96.1 | 118.9 | 113.9 | 122.3 | 105.0 | 116.3 | 111.6 | 114.5 |
| 2004 | 118.0 | 118.0 | 113.6 | 114.5 | 122.0 | 116.2 | 114.5 | 114.5 | 116.9 |
| 2005 | 115.5 | 98.9 | 117.5 | 113.7 | 116.8 | 122.5 | 134.1 | 115.4 | 108.7 |
| 2006 | 115.6 | 91.1 | 116.9 | 114.8 | 117.9 | 111.1 | 115.1 | 116.6 | 112.6 |
| 2007 | 115.8 | 103.0 | 116.2 | 115.7 | 116.4 | 115.1 | 116.7 | 114.1 | 113.4 |
| 2008 | 113.3 | 105.1 | 113.5 | 114.1 | 114.5 | 106.4 | 112.8 | 116.5 | 110.9 |
| 2009 | 114.6 | 109.0 | 112.7 | 117.3 | 111.9 | 127.9 | 116.2 | 114.5 | 112.4 |
| 2010 | 116.1 | 95.6 | 113.6 | 121.3 | 112.0 | 133.2 | 105.9 | 126.0 | 114.5 |
| 2011 | 112.7 | 102.4 | 113.2 | 112.8 | 112.2 | 124.2 | 108.1 | 106.7 | 111.7 |
| 2012 | 112.9 | 103.9 | 113.2 | 113.0 | 113.3 | 113.0 | 111.3 | 117.2 | 111.5 |
| 2013 | 111.3 | 103.0 | 111.0 | 112.2 | 111.0 | 111.0 | 111.2 | 114.8 | 110.3 |
| 2014 | 110.0 | 103.8 | 112.7 | 106.8 | 112.8 | 112.7 | 101.3 | 111.1 | 110.2 |
| 2015 | 106.8 | 103.3 | 104.7 | 109.8 | 104.1 | 109.9 | 111.2 | 107.5 | 105.6 |
| 2016 | 106.0 | 103.6 | 104.3 | 108.1 | 104.2 | 104.4 | 113.7 | 104.6 | 105.0 |
| 2017 | 105.1 | 102.7 | 95.8 | 114.7 | 94.4 | 106.0 | 115.8 | 106.4 | 105.1 |

# 2–7 全市及市区主要年份生产总值构成

（当年价格）

| 年份 | 全市地区生产总值 | 第一产业 | 第二产业 | 第三产业 | 市区地区生产总值 | 第一产业 | 第二产业 | 第三产业 |
|---|---|---|---|---|---|---|---|---|
| 1949 | 100.0 | 77.5 | 7.4 | 15.1 | 100.0 | 4.3 | 39.3 | 56.3 |
| 1952 | 100.0 | 71.4 | 11.8 | 16.8 | 100.0 | 5.1 | 50.3 | 44.6 |
| 1957 | 100.0 | 46.6 | 31.2 | 22.3 | 100.0 | 2.2 | 71.4 | 26.3 |
| 1962 | 100.0 | 44.9 | 31.0 | 24.1 | 100.0 | 1.8 | 67.6 | 30.5 |
| 1965 | 100.0 | 47.4 | 33.6 | 19.0 | 100.0 | 1.5 | 72.3 | 26.2 |
| 1970 | 100.0 | 45.8 | 39.0 | 15.2 | 100.0 | 1.9 | 80.2 | 17.9 |
| 1975 | 100.0 | 42.2 | 42.7 | 15.1 | 100.0 | 2.2 | 83.2 | 14.7 |
| 1978 | 100.0 | 44.0 | 41.8 | 14.2 | 100.0 | 1.9 | 82.6 | 15.5 |
| 1979 | 100.0 | 43.1 | 42.6 | 14.3 | 100.0 | 1.6 | 82.3 | 16.1 |
| 1980 | 100.0 | 39.5 | 45.4 | 15.2 | 100.0 | 1.2 | 81.4 | 17.4 |
| 1981 | 100.0 | 41.4 | 43.4 | 15.1 | 100.0 | 1.7 | 79.8 | 18.5 |
| 1982 | 100.0 | 40.9 | 43.1 | 16.0 | 100.0 | 2.0 | 77.5 | 20.5 |
| 1983 | 100.0 | 40.0 | 42.0 | 18.0 | 100.0 | 2.1 | 75.8 | 22.2 |
| 1984 | 100.0 | 41.0 | 41.4 | 17.6 | 100.0 | 1.4 | 77.8 | 20.7 |
| 1985 | 100.0 | 39.9 | 42.8 | 17.4 | 100.0 | 2.0 | 77.1 | 20.9 |
| 1986 | 100.0 | 39.0 | 41.2 | 19.8 | 100.0 | 1.5 | 74.1 | 24.3 |
| 1987 | 100.0 | 37.9 | 41.2 | 20.9 | 100.0 | 1.4 | 70.7 | 27.9 |
| 1988 | 100.0 | 35.8 | 43.0 | 21.2 | 100.0 | 1.9 | 68.1 | 30.0 |
| 1989 | 100.0 | 35.0 | 40.5 | 24.4 | 100.0 | 6.8 | 61.8 | 31.4 |
| 1990 | 100.0 | 34.3 | 39.8 | 25.9 | 100.0 | 6.2 | 61.6 | 32.2 |
| 1991 | 100.0 | 33.6 | 38.5 | 27.9 | 100.0 | 6.6 | 57.4 | 36.0 |
| 1992 | 100.0 | 28.9 | 43.3 | 27.8 | 100.0 | 5.1 | 61.3 | 33.7 |
| 1993 | 100.0 | 25.3 | 47.0 | 27.7 | 100.0 | 4.3 | 63.0 | 32.7 |
| 1994 | 100.0 | 25.3 | 47.1 | 27.6 | 100.0 | 3.4 | 62.0 | 34.6 |
| 1995 | 100.0 | 25.0 | 45.6 | 29.4 | 100.0 | 3.7 | 58.3 | 38.0 |
| 1996 | 100.0 | 23.7 | 45.7 | 30.6 | 100.0 | 3.5 | 55.1 | 41.4 |
| 1997 | 100.0 | 21.4 | 46.4 | 32.2 | 100.0 | 2.9 | 55.7 | 41.4 |
| 1998 | 100.0 | 20.9 | 46.2 | 32.9 | 100.0 | 2.8 | 57.1 | 40.1 |
| 1999 | 100.0 | 19.7 | 46.8 | 33.5 | 100.0 | 2.5 | 54.5 | 42.9 |
| 2000 | 100.0 | 19.2 | 46.0 | 34.7 | 100.0 | 2.3 | 53.8 | 43.9 |
| 2001 | 100.0 | 18.5 | 46.1 | 35.4 | 100.0 | 2.2 | 52.8 | 45.1 |
| 2002 | 100.0 | 17.9 | 46.9 | 35.3 | 100.0 | 2.1 | 53.2 | 44.8 |
| 2003 | 100.0 | 15.8 | 49.3 | 34.9 | 100.0 | 1.7 | 55.0 | 43.2 |
| 2004 | 100.0 | 15.5 | 49.9 | 34.6 | 100.0 | 1.5 | 56.7 | 41.8 |
| 2005 | 100.0 | 14.1 | 50.8 | 35.1 | 100.0 | 1.9 | 56.8 | 41.4 |
| 2006 | 100.0 | 12.9 | 51.9 | 35.2 | 100.0 | 1.5 | 56.5 | 41.9 |
| 2007 | 100.0 | 11.8 | 52.3 | 35.9 | 100.0 | 1.9 | 55.5 | 42.6 |
| 2008 | 100.0 | 10.8 | 52.4 | 36.8 | 100.0 | 1.8 | 55.3 | 43.0 |
| 2009 | 100.0 | 10.4 | 52.5 | 37.1 | 100.0 | 1.5 | 54.1 | 44.3 |
| 2010 | 100.0 | 9.5 | 51.0 | 39.5 | 100.0 | 2.9 | 54.4 | 42.7 |
| 2011 | 100.0 | 9.3 | 50.4 | 40.3 | 100.0 | 3.0 | 54.3 | 42.7 |
| 2012 | 100.0 | 9.4 | 49.5 | 41.1 | 100.0 | 2.8 | 54.4 | 42.8 |
| 2013 | 100.0 | 9.2 | 47.8 | 43.0 | 100.0 | 2.7 | 53.9 | 43.4 |
| 2014 | 100.0 | 9.4 | 45.8 | 44.7 | 100.0 | 3.3 | 51.7 | 45.0 |
| 2015 | 100.0 | 9.4 | 44.9 | 45.8 | 100.0 | 3.6 | 49.3 | 47.1 |
| 2016 | 100.0 | 9.2 | 43.6 | 47.2 | 100.0 | 3.5 | 47.0 | 49.5 |
| 2017 | 100.0 | 9.1 | 43.7 | 47.2 | 100.0 | 3.5 | 43.2 | 53.3 |

# 2-8 分行业地区生产总值

（当年价格） 单位：亿元

| 行业 | 全市 | | | 市区 | | |
|---|---|---|---|---|---|---|
| | 2015 | 2016 | 2017 | 2015 | 2016 | 2017 |
| **地区生产总值** | **5383.47** | **5882.86** | **6605.95** | **2910.48** | **3072.18** | **3397.88** |
| 农、林、牧、渔业 | 524.10 | 563.19 | 625.03 | 107.85 | 113.30 | 125.13 |
| 农业 | 361.83 | 385.97 | 428.47 | 73.51 | 77.28 | 86.74 |
| 林业 | 9.84 | 10.89 | 11.95 | 1.06 | 1.19 | 1.21 |
| 牧业 | 109.31 | 119.35 | 130.75 | 24.33 | 25.56 | 27.22 |
| 渔业 | 23.77 | 26.67 | 29.38 | 4.62 | 4.98 | 5.25 |
| 农、林、牧、渔服务业 | 19.34 | 20.31 | 24.48 | 4.33 | 4.29 | 4.71 |
| 工业 | 2036.84 | 2174.73 | 2448.17 | 1265.19 | 1268.39 | 1264.63 |
| 采矿业 | 131.39 | 132.94 | 156.17 | 106.46 | 107.55 | 133.78 |
| 制造业 | 1834.34 | 1979.33 | 2230.44 | 1100.65 | 1104.69 | 1080.75 |
| 电力、燃气及水的生产和供应 | 71.11 | 62.45 | 61.56 | 58.08 | 56.14 | 50.10 |
| 建筑业 | 380.65 | 393.60 | 438.48 | 170.28 | 174.82 | 203.62 |
| 批发和零售业 | 755.54 | 825.76 | 977.95 | 482.91 | 510.48 | 626.71 |
| 交通运输、仓储和邮政业 | 405.71 | 414.78 | 322.97 | 188.48 | 216.28 | 199.30 |
| 住宿和餐饮业 | 102.65 | 110.60 | 109.19 | 54.93 | 57.47 | 52.99 |
| 信息传输、计算机服务和软件业 | 80.52 | 90.55 | 80.61 | 53.71 | 54.11 | 50.10 |
| 金融业 | 236.88 | 279.53 | 291.01 | 129.06 | 148.00 | 168.35 |
| 房地产业 | 188.18 | 221.86 | 317.35 | 83.16 | 106.26 | 158.67 |
| 租赁和商务服务业 | 109.63 | 113.34 | 125.54 | 58.52 | 57.72 | 65.08 |
| 科学研究、技术服务和地质勘查业 | 49.13 | 65.49 | 85.44 | 34.84 | 36.83 | 53.99 |
| 水利、环境和公共设施管理业 | 20.54 | 22.38 | 26.75 | 10.87 | 9.23 | 9.52 |
| 居民服务和其他服务业 | 97.94 | 174.37 | 173.17 | 36.71 | 74.14 | 77.26 |
| 教育 | 103.85 | 137.56 | 176.54 | 78.41 | 76.54 | 98.43 |
| 卫生、社会保障和社会福利业 | 106.20 | 150.92 | 181.87 | 64.28 | 93.98 | 112.94 |
| 文化、体育和娱乐业 | 23.24 | 17.95 | 66.89 | 10.22 | 9.20 | 36.77 |
| 公共管理和社会组织 | 161.88 | 126.28 | 158.99 | 81.07 | 65.43 | 94.39 |

# 主要统计指标解释

**国内生产总值(GDP)** 指一个国家(地区)所有常住单位在一定时期内生产活动的最终成果。国内生产总值有三种表现形态,即价值形态、收入形态和产品形态。从价值形态看,它是所有常住单位在一定时期内所生产的全部货物和服务价值超过同期投入的全部非固定资产货物和服务价值的差额,即所有常住单位的增加值之和;从收入形态看,它是所有常住单位在一定时期内所创造并分配给常住单位和非常住单位的初次分配收入之和;从产品形态看,它是所有常住单位在一定时期内最终使用的货物和服务减去进口货物和服务价值。在实际核算中,国内生产总值的三种表现形态表现为三种计算方法,即生产法、收入法和支出法。三种方法分别从不同的方面反映国内生产总值及其构成。对于地区(省、市、县),GDP 中文名称为“地区生产总值”。

**当年价格** 指报告期的实际价格,如工厂的出厂价格,农产品的收购价格,商业的零售价格等。使用当年价格计算的数字,是为了使国民经济各项指标互相衔接,便于考察当年社会经济效益,便于对生产和流通、生产和分配、生产和消费进行经济核算和综合平衡。

按当年价格计算的价值指标,在不同年份之间进行对比时,因为包含有各年间价格变动的因素,不能确切地反映实物量的增添变动。必须消除价格变动因素后,才能真实反映经济发展动态。因此,在计算增长速度时都使用按可比价格计算的数字。

**可比价格** 指在不同时期的价值指标对比时,扣除了价格变动的因素,以确切反映物量的变化。按可比价格计算有两种方法:一种是直接用产品产量乘某一年的不变价格计算;另一种是用价格指数换算。

**不变价格** 指用同类产品的年平均价格作为固定价格,来计算各年产品价值。按不变价格计算的产品价值消除了价格变动因素,不同时期对比可以反映生产的发展速度。新中国成立后,随着工农业产品价格水平的变化,国家统计局先后五次制定了全国统一的工业产品不变价格和农业产品不变价格,从 1949 年到 1957 年使用 1952 年工(农)业产品不变价格,从 1957 年到 1971 年使用 1957 年不变价格,从 1971 年到 1981 年使用 1970 年不变价格, 从 1981 年到 1990 年使用 1980 年不变价格,从 1990 年开始使用 1990 年不变价格。

**三次产业** 根据社会生产活动历史发展的顺序对产业结构的划分,产品直接取自自然界的部门称为第一产业,对初级产品进行再加工的部门称为第二产业, 为生产和消费提供各种服务的部门称为第三产业。它是世界上通用的产业结构分类,但各国的划分不尽一致。我国的三次产业划分是:

第一产业是指农、林、牧、渔业(不含农、林、牧、渔服务业)。

第二产业是指采矿业(不含开采辅助活动),制造业(不含金属制品、机械和设备修理业),电力、热力、燃气及水生产和供应业,建筑业。

第三产业即服务业,是指除第一产业、第二产业以外的其他各业。第三产业包括:批发和零售业,交通运输、仓储和邮政业,住宿和餐饮业,信息传输、软件和信息技术服务业,金融业,房地产业,租凭和商务服务业,科学研究和技术服务业,水利、环境和公共设施管理业,居民服务、修理和其他服务业,教育,卫生和社会工作,文化、体育和娱乐业,公共管理、社会保障和社会组织,国际组织,以及农、林、牧、渔业中的农、林、牧、渔服务业,采矿业中的开采辅助活动,制造业中的金属制品、机械和设备修理业。

# 人　口
# POPULATION 3

版面负责人：李跃东
编　　　辑：闫礼建

# 国家统计局关于印发加强和规范统计上弄虚作假案件查处工作的若干规定的通知

国统字〔2014〕15号

各省、自治区、直辖市统计局，新疆生产建设兵团统计局，国家统计局各调查总队，各司级行政单位、在京直属事业单位、出版社：

《国家统计局关于加强和规范统计上弄虚作假案件查处工作的若干规定》已经国家统计局常务会议审议通过。现印发给你们，请认真贯彻执行。

国家统计局

2014年3月5日

# 加强和规范统计上弄虚作假案件查处工作的若干规定

## 第一章　总　　则

**第一条**　为严格执行《统计法》，反对和制止统计上弄虚作假行为，现就国家统计局加强和规范统计上弄虚作假案件的查处工作，制定本规定。

**第二条**　坚决反对和制止任何形式的统计上弄虚作假，对统计上弄虚作假行为实行零容忍，发现一起，查处一起，严肃追究相关单位、人员责任，坚决通报、曝光重大典型案件。

**第三条**　查处统计上弄虚作假案件应当坚持依法依规依纪进行，坚持预防、查处和整改相结合，坚持责任追究与教育警示相结合。

**第四条**　鼓励广大统计人员、调查对象和社会公众检举统计上弄虚作假行为，对检举人的个人信息予以保密。

鼓励实名举报，根据《统计法》有关规定，对实名举报经查实且对遏制统计上弄虚作假现象有重大贡献的，给予表彰和奖励。

## 3-1 主要年份户数、人口数及构成(常住人口)

(年底数)

| 年份 | 总户数(万户) | 总人口(万人) | 按性别分 | | | | 平均每户人数(人/户) | 年平均人口(万人) | 人口密度(人/平方公里) |
|---|---|---|---|---|---|---|---|---|---|
| | | | 男 | | 女 | | | | |
| | | | 人口数(万人) | 比重(%) | 人口数(万人) | 比重(%) | | | |
| 2006 | 284.06 | 872.07 | 436.91 | 50.1 | 435.16 | 49.9 | 3.07 | — | 741 |
| 2007 | 280.10 | 871.12 | 437.30 | 50.2 | 433.82 | 49.8 | 3.11 | 871.60 | 740 |
| 2008 | 275.94 | 869.21 | 436.34 | 50.2 | 432.87 | 49.8 | 3.15 | 870.17 | 739 |
| 2009 | 273.88 | 868.19 | 436.70 | 50.3 | 431.49 | 49.7 | 3.17 | 868.70 | 738 |
| 2010 | 264.88 | 858.21 | 431.68 | 50.3 | 426.53 | 49.7 | 3.24 | 863.20 | 729 |
| 2011 | 267.89 | 857.26 | 431.20 | 50.3 | 426.06 | 49.7 | 3.20 | 857.74 | 729 |
| 2012 | 271.02 | 856.41 | 429.92 | 50.2 | 426.49 | 49.8 | 3.16 | 856.84 | 728 |
| 2013 | 271.01 | 859.10 | 432.13 | 50.3 | 426.97 | 49.7 | 3.17 | 857.76 | 730 |
| 2014 | 271.33 | 862.83 | 434.00 | 50.3 | 428.83 | 49.7 | 3.18 | 860.97 | 733 |
| 2015 | 270.91 | 866.90 | 436.92 | 50.4 | 429.98 | 49.6 | 3.20 | 864.87 | 737 |
| 2016 | 271.34 | 871.00 | 438.98 | 50.4 | 432.02 | 49.6 | 3.21 | 868.95 | 740 |
| 2017 | 272.16 | 876.35 | 441.68 | 50.4 | 434.67 | 49.6 | 3.22 | 873.68 | 778 |

注:除普查年份外,数据均以年度人口抽样调查数据测算。

## 3-2 全市镇、乡村人口数及其构成(常住人口)

(年底数)　单位:万人

| 年份 | 总人口数 | 城镇 | | 乡村 | |
|---|---|---|---|---|---|
| | | 人口数 | 占总人口比重(%) | 人口数 | 占总人口比重(%) |
| 2006 | 872.07 | 390.69 | 44.8 | 481.38 | 55.2 |
| 2007 | 871.12 | 398.97 | 45.8 | 472.15 | 54.2 |
| 2008 | 869.21 | 416.35 | 47.9 | 452.86 | 52.1 |
| 2009 | 868.19 | 430.62 | 49.6 | 437.57 | 50.4 |
| 2010 | 858.21 | 462.58 | 53.9 | 395.63 | 46.1 |
| 2011 | 857.26 | 475.18 | 55.4 | 382.08 | 44.6 |
| 2012 | 856.41 | 485.67 | 56.7 | 370.74 | 43.3 |
| 2013 | 859.10 | 498.97 | 58.1 | 360.13 | 41.9 |
| 2014 | 862.83 | 513.04 | 59.5 | 349.79 | 40.5 |
| 2015 | 866.90 | 529.24 | 61.1 | 337.66 | 39.0 |
| 2016 | 871.00 | 543.85 | 62.4 | 327.15 | 37.6 |
| 2017 | 876.35 | 558.76 | 63.8 | 317.59 | 36.2 |

# 3–3 主要年份人口数及构成(户籍人口)

(年底数)

单位:万人

| 年份 | 总人口 | 按性别分 | | | | 按户口性质分 | | | |
|---|---|---|---|---|---|---|---|---|---|
| | | 男 | | 女 | | 农业人口 | | 非农业人口 | |
| | | 人口数 | 比重(%) | 人口数 | 比重(%) | 人口数 | 比重(%) | 人口数 | 比重(%) |
| 1949 | 372.61 | 186.90 | 50.2 | 185.71 | 49.8 | 340.89 | 91.5 | 31.72 | 8.5 |
| 1952 | 390.60 | 195.09 | 49.9 | 195.51 | 50.1 | 362.62 | 92.8 | 27.98 | 7.2 |
| 1957 | 450.86 | 225.50 | 50.0 | 225.36 | 50.0 | 401.62 | 89.1 | 49.24 | 10.9 |
| 1962 | 463.94 | 233.10 | 50.2 | 230.84 | 49.8 | 410.56 | 88.5 | 53.38 | 11.5 |
| 1965 | 490.87 | 248.12 | 50.5 | 242.75 | 49.5 | 434.30 | 88.5 | 56.57 | 11.5 |
| 1970 | 565.88 | 286.11 | 50.6 | 279.77 | 49.4 | 508.33 | 89.8 | 57.55 | 10.2 |
| 1975 | 616.98 | 313.92 | 50.9 | 303.06 | 49.1 | 549.55 | 89.1 | 67.43 | 10.9 |
| 1978 | 645.41 | 329.21 | 51.0 | 316.20 | 49.0 | 570.90 | 88.5 | 74.51 | 11.5 |
| 1979 | 652.47 | 333.30 | 51.1 | 319.44 | 48.9 | 572.4 | 87.7 | 80.34 | 12.3 |
| 1980 | 659.86 | 336.37 | 51.0 | 323.49 | 49.0 | 576.22 | 87.3 | 83.64 | 12.7 |
| 1981 | 672.02 | 343.13 | 51.1 | 328.89 | 48.9 | 585.14 | 87.1 | 86.88 | 12.9 |
| 1982 | 684.45 | 350.08 | 51.1 | 334.37 | 48.9 | 594.34 | 86.8 | 90.11 | 13.2 |
| 1983 | 692.94 | 355.10 | 51.2 | 337.84 | 48.8 | 599.89 | 86.6 | 93.05 | 13.4 |
| 1984 | 700.04 | 358.91 | 51.3 | 341.13 | 48.7 | 603.98 | 86.3 | 96.06 | 13.7 |
| 1985 | 707.56 | 363.42 | 51.4 | 344.14 | 48.6 | 605.66 | 85.6 | 101.90 | 14.4 |
| 1986 | 715.41 | 367.27 | 51.3 | 348.14 | 48.7 | 610.43 | 85.3 | 104.98 | 14.7 |
| 1987 | 725.88 | 372.76 | 51.4 | 352.12 | 48.6 | 616.53 | 84.9 | 109.35 | 15.1 |
| 1988 | 743.78 | 382.42 | 51.4 | 361.36 | 48.6 | 621.93 | 83.6 | 121.85 | 16.4 |
| 1989 | 761.81 | 390.65 | 51.3 | 371.16 | 48.7 | 629.65 | 82.7 | 132.16 | 17.3 |
| 1990 | 807.14 | 412.92 | 51.2 | 394.22 | 48.8 | 668.88 | 82.9 | 138.26 | 17.1 |
| 1991 | 820.17 | 419.73 | 51.2 | 400.44 | 48.8 | 675.69 | 82.4 | 144.48 | 17.6 |
| 1992 | 826.74 | 423.34 | 51.2 | 403.40 | 48.8 | 676.90 | 81.9 | 149.84 | 18.1 |
| 1993 | 833.94 | 427.03 | 51.2 | 406.91 | 48.8 | 678.33 | 81.3 | 155.61 | 18.7 |
| 1994 | 843.21 | 431.56 | 51.2 | 411.65 | 48.8 | 683.15 | 81.0 | 160.06 | 19.0 |
| 1995 | 851.15 | 435.79 | 51.2 | 415.36 | 48.8 | 682.53 | 80.2 | 168.62 | 19.8 |
| 1996 | 859.43 | 440.95 | 51.3 | 418.48 | 48.7 | 682.89 | 79.5 | 176.54 | 20.5 |
| 1997 | 867.16 | 444.54 | 51.3 | 422.62 | 48.7 | 684.73 | 79.0 | 182.43 | 21.0 |
| 1998 | 875.78 | 450.53 | 51.4 | 425.25 | 48.6 | 687.36 | 78.5 | 188.42 | 21.5 |
| 1999 | 877.53 | 452.68 | 51.6 | 424.85 | 48.4 | 684.36 | 78.0 | 193.17 | 22.0 |
| 2000 | 896.44 | 461.12 | 51.4 | 435.32 | 48.6 | 665.33 | 74.2 | 231.11 | 25.8 |
| 2001 | 901.86 | 463.64 | 51.4 | 438.21 | 48.6 | 661.15 | 73.3 | 240.71 | 26.7 |
| 2002 | 904.44 | 465.45 | 51.5 | 438.99 | 48.5 | 654.14 | 72.3 | 250.30 | 27.7 |
| 2003 | 908.66 | 467.80 | 51.5 | 440.86 | 48.5 | 624.16 | 68.7 | 284.5 | 31.3 |
| 2004 | 916.85 | 471.36 | 51.4 | 445.49 | 48.6 | 614.31 | 67.0 | 302.54 | 33.0 |
| 2005 | 925.31 | 476.08 | 51.5 | 449.23 | 48.5 | 609.46 | 65.9 | 315.85 | 34.1 |
| 2006 | 934.73 | 481.46 | 51.5 | 453.27 | 48.5 | 613.97 | 65.7 | 320.76 | 34.3 |
| 2007 | 940.95 | 484.56 | 51.5 | 456.39 | 48.5 | 617.49 | 65.6 | 323.46 | 34.4 |
| 2008 | 946.86 | 488.31 | 51.6 | 458.55 | 48.4 | 610.21 | 64.4 | 336.65 | 35.6 |
| 2009 | 957.61 | 494.55 | 51.6 | 463.06 | 48.4 | 579.09 | 60.5 | 378.52 | 39.5 |
| 2010 | 972.89 | 502.44 | 51.6 | 470.45 | 48.4 | 527.51 | 54.2 | 445.38 | 45.8 |
| 2011 | 976.66 | 505.72 | 51.8 | 470.94 | 48.2 | 351.16 | 36.0 | 625.50 | 64.0 |
| 2012 | 990.52 | 513.26 | 51.8 | 477.26 | 48.2 | 325.46 | 32.9 | 665.06 | 67.1 |
| 2013 | 1006.85 | 521.91 | 51.8 | 484.94 | 48.2 | 286.23 | 28.4 | 720.62 | 71.6 |
| 2014 | 1023.52 | 530.37 | 51.8 | 493.15 | 48.2 | 286.13 | 28.0 | 737.39 | 72.0 |
| 2015 | 1028.70 | 533.06 | 51.8 | 495.64 | 48.2 | 433.36 | 42.1 | 595.34 | 57.9 |
| 2016 | 1041.39 | 539.47 | 51.8 | 501.92 | 48.2 | 430.05 | 41.3 | 611.34 | 58.7 |
| 2017 | 1039.42 | 538.04 | 51.8 | 501.38 | 48.2 | 422.52 | 40.6 | 616.90 | 59.4 |

注:户籍人口由公安部门提供。

# 3-4　主要年份户口数、平均人口及人口密度(户籍人口)

| 年　份 | 户　数<br>(万户) | 平均每户人口<br>(人) | 年平均人口<br>(万人) | 农业人口 | 非农业人口 | 人口密度<br>(人/平方公里) |
|---|---|---|---|---|---|---|
| 1949 | 85.85 | 4.34 | | | | 331 |
| 1952 | 91.05 | 4.29 | 384.46 | 357.37 | 27.07 | 347 |
| 1957 | 104.97 | 4.30 | 445.51 | 398.88 | 46.63 | 400 |
| 1962 | 115.02 | 4.03 | 458.18 | 402.01 | 56.17 | 412 |
| 1965 | 116.76 | 4.20 | 485.20 | 429.36 | 55.84 | 436 |
| 1970 | 124.88 | 4.53 | 557.98 | 499.57 | 58.41 | 503 |
| 1975 | 132.87 | 4.64 | 611.72 | 545.36 | 66.36 | 548 |
| 1978 | 143.57 | 4.50 | 640.77 | 567.85 | 72.92 | 573 |
| 1979 | 146.72 | 4.45 | 649.07 | 571.65 | 77.42 | 580 |
| 1980 | 149.43 | 4.42 | 656.30 | 574.31 | 81.99 | 586 |
| 1981 | 155.52 | 4.32 | 665.94 | 580.68 | 85.26 | 597 |
| 1982 | 157.29 | 4.35 | 678.24 | 589.74 | 88.50 | 608 |
| 1983 | 158.32 | 4.38 | 688.69 | 597.11 | 91.58 | 616 |
| 1984 | 161.16 | 4.34 | 696.49 | 601.93 | 94.56 | 622 |
| 1985 | 163.80 | 4.32 | 703.80 | 604.82 | 98.98 | 628 |
| 1986 | 168.46 | 4.25 | 711.48 | 608.04 | 103.44 | 635 |
| 1987 | 173.15 | 4.19 | 720.65 | 613.48 | 107.17 | 645 |
| 1988 | 182.07 | 4.09 | 734.83 | 619.23 | 115.60 | 661 |
| 1989 | 191.43 | 3.98 | 752.80 | 625.79 | 127.01 | 677 |
| 1990 | 204.40 | 3.95 | 784.47 | 649.26 | 135.21 | 717 |
| 1991 | 209.15 | 3.92 | 813.65 | 672.28 | 141.37 | 729 |
| 1992 | 214.47 | 3.85 | 823.46 | 676.30 | 147.16 | 734 |
| 1993 | 216.59 | 3.85 | 830.34 | 677.62 | 152.72 | 741 |
| 1994 | 220.58 | 3.82 | 838.58 | 680.74 | 157.84 | 749 |
| 1995 | 227.60 | 3.74 | 847.18 | 682.84 | 164.34 | 756 |
| 1996 | 232.50 | 3.70 | 855.29 | 682.71 | 172.58 | 763 |
| 1997 | 238.73 | 3.63 | 863.29 | 683.81 | 179.48 | 770 |
| 1998 | 249.75 | 3.51 | 871.47 | 686.04 | 185.43 | 778 |
| 1999 | 257.66 | 3.41 | 876.66 | 685.86 | 190.80 | 779 |
| 2000 | 270.80 | 3.31 | 886.99 | 674.85 | 212.14 | 796 |
| 2001 | 275.91 | 3.27 | 899.15 | 663.24 | 235.91 | 801 |
| 2002 | 279.22 | 3.24 | 903.15 | 657.64 | 245.51 | 803 |
| 2003 | 282.84 | 3.21 | 906.55 | 639.15 | 267.40 | 807 |
| 2004 | 285.00 | 3.22 | 912.75 | 619.23 | 293.52 | 814 |
| 2005 | 286.44 | 3.23 | 921.08 | 611.89 | 309.19 | 822 |
| 2006 | 284.25 | 3.29 | 930.02 | 611.71 | 318.31 | 830 |
| 2007 | 279.33 | 3.37 | 937.84 | 615.73 | 322.11 | 836 |
| 2008 | 277.76 | 3.41 | 943.91 | 613.86 | 330.05 | 841 |
| 2009 | 278.46 | 3.44 | 952.24 | 594.65 | 357.59 | 851 |
| 2010 | 277.28 | 3.51 | 965.25 | 553.30 | 411.95 | 864 |
| 2011 | 273.21 | 3.57 | 974.78 | 439.34 | 535.44 | 867 |
| 2012 | 274.09 | 3.61 | 983.59 | 338.31 | 645.28 | 879 |
| 2013 | 275.57 | 3.65 | 998.69 | 305.85 | 692.84 | 894 |
| 2014 | 277.82 | 3.68 | 1015.19 | 286.18 | 729.00 | 909 |
| 2015 | 277.66 | 3.70 | 1026.11 | 359.75 | 666.36 | 919 |
| 2016 | 278.49 | 3.72 | 1035.04 | 431.71 | 603.33 | 925 |
| 2017 | 278.05 | 3.74 | 1040.41 | 426.29 | 614.12 | 923 |

# 3-5 主要年份人口自然变动(户籍人口)

单位:人

| 年 份 | 出 生 | | 死 亡 | | 自然增长 | |
|---|---|---|---|---|---|---|
| | 人 数 | ‰ | 人 数 | ‰ | 人 数 | ‰ |
| 1949 | | 24.95 | | | | |
| 1952 | 129371 | 33.65 | | | | |
| 1957 | 138958 | 31.19 | 40675 | 9.13 | 98273 | 22.06 |
| 1962 | 164440 | 35.89 | 34635 | 7.56 | 129805 | 28.33 |
| 1965 | 181877 | 37.48 | 44313 | 9.13 | 137564 | 28.35 |
| 1970 | 185564 | 33.26 | 37511 | 6.72 | 148053 | 26.54 |
| 1975 | 125373 | 20.50 | 36260 | 5.93 | 89113 | 14.57 |
| 1978 | 102744 | 16.03 | 35276 | 5.51 | 67468 | 10.52 |
| 1979 | 85371 | 13.15 | 34814 | 5.36 | 50557 | 7.79 |
| 1980 | 125947 | 19.19 | 44562 | 6.79 | 81385 | 12.40 |
| 1981 | 120099 | 18.03 | 36366 | 5.46 | 83733 | 12.57 |
| 1982 | 119391 | 17.60 | 32890 | 4.85 | 86501 | 12.75 |
| 1983 | 98387 | 14.29 | 32972 | 4.79 | 65415 | 9.50 |
| 1984 | 98214 | 14.10 | 35109 | 5.04 | 63105 | 9.06 |
| 1985 | 85653 | 12.17 | 33919 | 4.82 | 51734 | 7.35 |
| 1986 | 97011 | 13.64 | 33463 | 4.70 | 63548 | 8.94 |
| 1987 | 110981 | 15.40 | 33568 | 4.66 | 77413 | 10.74 |
| 1988 | 169348 | 23.04 | 35284 | 4.80 | 134064 | 18.24 |
| 1989 | 170011 | 22.58 | 34013 | 4.52 | 135998 | 18.06 |
| 1990 | 157605 | 20.09 | 35867 | 4.57 | 121738 | 15.52 |
| 1991 | 156429 | 19.23 | 40402 | 4.97 | 116027 | 14.26 |
| 1992 | 101899 | 12.37 | 42462 | 5.16 | 59437 | 7.21 |
| 1993 | 99582 | 11.99 | 42517 | 5.12 | 57065 | 6.87 |
| 1994 | 113310 | 13.51 | 41946 | 5.00 | 71364 | 8.51 |
| 1995 | 83162 | 9.82 | 39442 | 4.66 | 39442 | 5.16 |
| 1996 | 81414 | 9.52 | 41982 | 4.91 | 39432 | 4.61 |
| 1997 | 99902 | 11.57 | 40210 | 4.66 | 59692 | 6.91 |
| 1998 | 91325 | 10.48 | 41298 | 4.74 | 50027 | 5.74 |
| 1999 | 71921 | 8.20 | 34545 | 3.94 | 37376 | 4.26 |
| 2000 | 167764 | 18.91 | 44483 | 5.02 | 123281 | 13.89 |
| 2001 | 69383 | 7.72 | 29094 | 3.24 | 40289 | 4.48 |
| 2002 | 69905 | 7.74 | 33811 | 3.74 | 36094 | 4.07 |
| 2003 | 85756 | 9.46 | 34229 | 3.78 | 51527 | 5.68 |
| 2004 | 132605 | 14.53 | 42775 | 4.69 | 89830 | 9.84 |
| 2005 | 125308 | 13.60 | 22775 | 2.47 | 102533 | 11.13 |
| 2006 | 138879 | 14.93 | 34254 | 3.68 | 104644 | 11.25 |
| 2007 | 190322 | 20.29 | 133825 | 14.27 | 56497 | 6.02 |
| 2008 | 170661 | 18.08 | 106845 | 11.32 | 63816 | 6.76 |
| 2009 | 182950 | 19.21 | 68358 | 7.18 | 114592 | 12.03 |
| 2010 | 217399 | 22.52 | 79390 | 8.22 | 138009 | 14.30 |
| 2011 | 177663 | 18.23 | 71598 | 7.35 | 106065 | 10.88 |
| 2012 | 193812 | 19.71 | 45778 | 4.65 | 148045 | 15.05 |
| 2013 | 211582 | 21.19 | 33430 | 3.35 | 178152 | 17.84 |
| 2014 | 205463 | 20.24 | 30120 | 2.97 | 175343 | 17.27 |
| 2015 | 151956 | 14.81 | 59174 | 5.77 | 92782 | 9.04 |
| 2016 | 184364 | 17.81 | 39293 | 3.80 | 145071 | 14.02 |
| 2017 | 161550 | 15.53 | 146280 | 14.06 | 15270 | 1.47 |

# 3-6　市区主要年份人口数及构成(户籍人口)

(年底数)　　单位:万人

| 年　份 | 总人口 | 按性别分 | | | | 按户口性质分 | | | |
|---|---|---|---|---|---|---|---|---|---|
| | | 男 | | 女 | | 农业人口 | | 非农业人口 | |
| | | 人口数 | 比重(%) | 人口数 | 比重(%) | 人口数 | 比重(%) | 人口数 | 比重(%) |
| 1949 | 29.94 | 15.91 | 53.1 | 14.03 | 46.9 | 4.30 | 14.4 | 25.64 | 85.6 |
| 1952 | 22.21 | 11.53 | 51.9 | 10.68 | 48.1 | 3.19 | 14.4 | 19.02 | 85.6 |
| 1957 | 38.66 | 19.93 | 51.6 | 18.73 | 48.4 | 3.00 | 7.8 | 35.66 | 92.2 |
| 1962 | 45.35 | 23.63 | 52.1 | 21.72 | 47.9 | 8.46 | 18.7 | 36.89 | 81.3 |
| 1965 | 51.73 | 27.76 | 53.7 | 23.97 | 46.3 | 7.32 | 14.2 | 44.41 | 85.8 |
| 1970 | 53.86 | 28.68 | 53.2 | 25.18 | 46.8 | 8.82 | 16.4 | 45.04 | 83.6 |
| 1975 | 61.24 | 33.21 | 54.2 | 28.03 | 45.8 | 10.32 | 16.9 | 50.92 | 83.1 |
| 1978 | 67.07 | 36.57 | 54.5 | 30.50 | 45.5 | 11.08 | 16.5 | 55.99 | 83.5 |
| 1979 | 70.87 | 38.74 | 54.7 | 32.13 | 45.3 | 10.05 | 14.2 | 60.82 | 85.8 |
| 1980 | 72.85 | 39.71 | 54.5 | 33.14 | 45.5 | 9.92 | 13.6 | 62.93 | 86.4 |
| 1981 | 74.96 | 40.78 | 54.4 | 34.18 | 45.6 | 10.18 | 13.6 | 64.78 | 86.4 |
| 1982 | 77.29 | 42.16 | 54.5 | 35.13 | 45.5 | 10.48 | 13.6 | 66.81 | 86.4 |
| 1983 | 79.28 | 43.34 | 54.7 | 35.94 | 45.3 | 10.69 | 13.5 | 68.59 | 86.5 |
| 1984 | 80.64 | 44.04 | 54.6 | 36.60 | 45.4 | 10.73 | 13.3 | 69.91 | 86.7 |
| 1985 | 82.48 | 44.99 | 54.5 | 37.49 | 45.5 | 10.31 | 12.5 | 72.17 | 87.5 |
| 1986 | 84.08 | 45.83 | 54.5 | 38.25 | 45.5 | 10.24 | 12.2 | 73.84 | 87.8 |
| 1987 | 85.57 | 46.45 | 54.3 | 39.12 | 45.7 | 10.32 | 12.1 | 75.25 | 87.9 |
| 1988 | 87.20 | 47.27 | 54.2 | 39.93 | 45.8 | 9.88 | 11.3 | 77.32 | 88.7 |
| 1989 | 89.27 | 48.34 | 54.2 | 40.93 | 45.8 | 9.92 | 11.1 | 79.35 | 88.9 |
| 1990 | 90.66 | 48.98 | 54.0 | 41.68 | 46.0 | 10.09 | 11.1 | 80.57 | 88.9 |
| 1991 | 91.86 | 49.52 | 53.9 | 42.34 | 46.1 | 10.00 | 10.9 | 81.86 | 89.1 |
| 1992 | 93.65 | 50.48 | 53.9 | 43.17 | 46.1 | 9.64 | 10.3 | 84.01 | 89.7 |
| 1993 | 95.17 | 51.14 | 53.7 | 44.03 | 46.3 | 9.64 | 10.1 | 85.53 | 89.9 |
| 1994 | 142.84 | 74.73 | 52.3 | 68.11 | 47.7 | 49.13 | 34.4 | 93.71 | 65.6 |
| 1995 | 145.14 | 75.74 | 52.2 | 69.39 | 47.8 | 48.65 | 33.5 | 96.48 | 66.5 |
| 1996 | 147.34 | 76.91 | 52.2 | 70.42 | 47.8 | 47.13 | 32.0 | 100.21 | 68.0 |
| 1997 | 149.34 | 77.90 | 52.2 | 71.44 | 47.8 | 47.12 | 31.5 | 102.22 | 68.5 |
| 1998 | 151.87 | 79.09 | 52.1 | 72.78 | 47.9 | 47.40 | 31.2 | 104.47 | 68.8 |
| 1999 | 152.41 | 79.12 | 51.9 | 73.29 | 48.1 | 46.90 | 30.8 | 105.51 | 69.2 |
| 2000 | 160.61 | 83.28 | 51.9 | 77.33 | 48.1 | 51.51 | 32.1 | 109.10 | 67.9 |
| 2001 | 162.54 | 84.27 | 51.8 | 78.27 | 48.2 | 50.49 | 31.1 | 112.05 | 68.9 |
| 2002 | 164.55 | 85.30 | 51.8 | 79.25 | 48.2 | 43.47 | 26.4 | 121.08 | 73.6 |
| 2003 | 167.33 | 86.87 | 51.9 | 80.46 | 48.1 | 31.89 | 19.1 | 135.44 | 80.9 |
| 2004 | 167.42 | 86.76 | 51.8 | 80.66 | 48.2 | 28.76 | 17.2 | 138.66 | 82.8 |
| 2005 | 179.87 | 93.21 | 51.8 | 86.66 | 48.2 | 30.22 | 16.8 | 149.65 | 83.2 |
| 2006 | 181.61 | 94.11 | 51.8 | 87.50 | 48.2 | 27.88 | 15.4 | 153.73 | 84.6 |
| 2007 | 182.93 | 94.70 | 51.8 | 88.23 | 48.2 | 26.87 | 14.7 | 156.06 | 85.3 |
| 2008 | 184.40 | 95.38 | 51.7 | 89.02 | 48.3 | 26.42 | 14.3 | 157.98 | 85.7 |
| 2009 | 186.22 | 96.29 | 51.7 | 89.93 | 48.3 | 26.91 | 14.4 | 159.31 | 85.6 |
| 2010 | 312.72 | 161.06 | 51.5 | 151.66 | 48.5 | 108.50 | 34.7 | 204.22 | 65.3 |
| 2011 | 315.67 | 162.58 | 51.5 | 153.09 | 48.5 | 70.59 | 22.4 | 245.08 | 77.6 |
| 2012 | 320.85 | 165.27 | 51.5 | 155.58 | 48.5 | 71.07 | 22.2 | 249.78 | 77.8 |
| 2013 | 326.36 | 167.96 | 51.5 | 158.40 | 48.5 | 40.89 | 12.5 | 285.47 | 87.5 |
| 2014 | 331.47 | 170.37 | 51.4 | 161.10 | 48.6 | 38.87 | 11.7 | 292.60 | 88.3 |
| 2015 | 333.46 | 171.26 | 51.4 | 162.20 | 48.6 | 88.04 | 26.4 | 245.42 | 73.6 |
| 2016 | 337.65 | 173.17 | 51.3 | 164.48 | 48.7 | 87.27 | 25.8 | 250.38 | 74.2 |
| 2017 | 337.85 | 172.70 | 51.1 | 165.15 | 48.9 | 85.48 | 25.3 | 252.37 | 74.7 |

# 3-7 市区主要年份户数、平均人口及人口密度(户籍人口)

| 年份 | 户数（万户） | 平均每户人口（人） | 年平均人口（万人） | 农业人口 | 非农业人口 | 人口密度（人/平方公里） |
|---|---|---|---|---|---|---|
| 1949 | 5.99 | 5.00 | | | | 667 |
| 1952 | 5.31 | 4.18 | 22.34 | 3.21 | 19.13 | 621 |
| 1957 | 8.73 | 4.43 | 38.04 | 4.50 | 33.54 | 721 |
| 1962 | 9.76 | 4.65 | 45.74 | 7.90 | 37.84 | 2153 |
| 1965 | 10.31 | 5.02 | 51.27 | 7.23 | 44.04 | 2970 |
| 1970 | 11.11 | 4.85 | 54.52 | 8.68 | 45.84 | 3092 |
| 1975 | 12.95 | 4.73 | 60.16 | 10.11 | 50.05 | 3515 |
| 1978 | 14.76 | 4.54 | 65.82 | 11.13 | 54.69 | 3636 |
| 1979 | 15.80 | 4.49 | 68.97 | 10.57 | 58.40 | 3842 |
| 1980 | 16.82 | 4.33 | 71.86 | 9.99 | 61.87 | 3950 |
| 1981 | 18.22 | 4.11 | 73.90 | 10.05 | 63.85 | 4063 |
| 1982 | 19.60 | 3.94 | 76.13 | 10.33 | 65.80 | 4189 |
| 1983 | 20.64 | 3.84 | 78.29 | 10.59 | 67.70 | 4297 |
| 1984 | 21.70 | 3.72 | 79.96 | 10.71 | 69.25 | 4371 |
| 1985 | 22.79 | 3.62 | 81.56 | 10.52 | 71.04 | 4470 |
| 1986 | 23.71 | 3.55 | 83.28 | 10.28 | 73.00 | 4557 |
| 1987 | 24.46 | 3.50 | 84.83 | 10.28 | 74.55 | 4638 |
| 1988 | 25.56 | 3.41 | 86.39 | 10.10 | 76.29 | 4726 |
| 1989 | 26.57 | 3.36 | 88.24 | 9.90 | 78.34 | 4838 |
| 1990 | 27.44 | 3.30 | 89.97 | 10.01 | 79.96 | 4914 |
| 1991 | 28.18 | 3.26 | 91.26 | 10.05 | 81.21 | 4979 |
| 1992 | 28.84 | 3.25 | 92.76 | 9.82 | 82.94 | 5076 |
| 1993 | 29.42 | 3.24 | 94.41 | 9.64 | 84.77 | 5158 |
| 1994 | 42.92 | 3.33 | 141.86 | 49.13 | 93.71 | 1483 |
| 1995 | 44.02 | 3.30 | 143.99 | 48.89 | 95.10 | 1507 |
| 1996 | 44.76 | 3.29 | 146.24 | 47.89 | 98.35 | 1530 |
| 1997 | 45.72 | 3.27 | 148.34 | 47.12 | 101.22 | 1551 |
| 1998 | 46.66 | 3.25 | 150.60 | 47.26 | 103.34 | 1577 |
| 1999 | 47.35 | 3.22 | 152.14 | 47.15 | 104.99 | 1583 |
| 2000 | 49.74 | 3.23 | 156.51 | 49.20 | 107.31 | 1547 |
| 2001 | 50.65 | 3.21 | 161.58 | 51.00 | 110.31 | 1566 |
| 2002 | 51.22 | 3.21 | 163.55 | 46.98 | 116.57 | 1576 |
| 2003 | 51.81 | 3.23 | 165.94 | 37.68 | 128.26 | 1612 |
| 2004 | 52.29 | 3.20 | 167.38 | 30.33 | 137.05 | 1613 |
| 2005 | 56.29 | 3.20 | 179.03 | 35.78 | 143.25 | 1543 |
| 2006 | 56.59 | 3.21 | 180.74 | 29.05 | 151.69 | 1566 |
| 2007 | 56.84 | 3.22 | 182.27 | 27.38 | 154.90 | 1577 |
| 2008 | 57.15 | 3.23 | 183.67 | 26.65 | 157.02 | 1590 |
| 2009 | 57.52 | 3.24 | 185.31 | 26.67 | 158.64 | 1605 |
| 2010 | 95.16 | 3.29 | 314.58 | 110.36 | 204.22 | 1029 |
| 2011 | 94.77 | 3.33 | 314.20 | 89.55 | 224.65 | 1039 |
| 2012 | 95.27 | 3.36 | 318.26 | 70.83 | 247.43 | 1056 |
| 2013 | 96.14 | 3.39 | 323.61 | 55.98 | 267.63 | 1074 |
| 2014 | 96.93 | 3.42 | 328.90 | 39.86 | 289.04 | 1092 |
| 2015 | 97.10 | 3.43 | 332.46 | 63.45 | 269.01 | 1104 |
| 2016 | 97.91 | 3.45 | 335.56 | 87.66 | 247.90 | 1118 |
| 2017 | 98.11 | 3.44 | 337.75 | 86.37 | 251.38 | 1112 |

# 3-8　市区主要年份人口自然变动(户籍人口)

单位:人、‰

| 年　份 | 出　生 | | 死　亡 | | 自然增长 | |
|---|---|---|---|---|---|---|
| | 人　数 | 出生率 | 人　数 | 死亡率 | 人　数 | 自然增长率 |
| 1949 | | | | | | 23.44 |
| 1952 | 8237 | 36.87 | 2784 | 12.46 | 5453 | 24.41 |
| 1957 | 14012 | 36.84 | 2898 | 7.62 | 11114 | 29.22 |
| 1962 | 18156 | 39.70 | 3022 | 6.61 | 15134 | 33.09 |
| 1965 | 12905 | 25.10 | 2840 | 5.50 | 10065 | 19.60 |
| 1970 | 14121 | 25.90 | 3217 | 5.90 | 10904 | 20.00 |
| 1975 | 10242 | 17.02 | 2821 | 4.69 | 7421 | 12.33 |
| 1978 | 7190 | 10.92 | 3001 | 4.56 | 4189 | 6.36 |
| 1979 | 9081 | 13.17 | 3129 | 4.54 | 5952 | 8.63 |
| 1980 | 11590 | 16.13 | 3405 | 4.74 | 8185 | 11.39 |
| 1981 | 13518 | 18.29 | 3478 | 4.71 | 10040 | 13.59 |
| 1982 | 13343 | 17.53 | 3455 | 4.54 | 9888 | 12.99 |
| 1983 | 10570 | 13.50 | 3294 | 4.21 | 7276 | 9.29 |
| 1984 | 9512 | 11.90 | 3325 | 4.16 | 6187 | 7.74 |
| 1985 | 9612 | 11.78 | 3429 | 4.20 | 6183 | 7.58 |
| 1986 | 12006 | 14.42 | 3253 | 3.91 | 8753 | 10.51 |
| 1987 | 14076 | 16.59 | 3472 | 4.09 | 10604 | 12.50 |
| 1988 | 13299 | 15.39 | 3598 | 4.17 | 9701 | 11.22 |
| 1989 | 12535 | 14.21 | 3642 | 4.13 | 8893 | 10.08 |
| 1990 | 7662 | 8.52 | 3525 | 3.92 | 4137 | 4.60 |
| 1991 | 8139 | 8.92 | 4013 | 4.40 | 4126 | 4.52 |
| 1992 | 8131 | 8.77 | 3953 | 4.26 | 4178 | 4.51 |
| 1993 | 8885 | 9.41 | 4252 | 4.50 | 4633 | 4.91 |
| 1994 | 15513 | 10.94 | 4873 | 3.44 | 10640 | 7.50 |
| 1995 | 11960 | 8.31 | 5650 | 3.92 | 6310 | 4.39 |
| 1996 | 11831 | 8.09 | 5939 | 4.06 | 5892 | 4.03 |
| 1997 | 14429 | 9.73 | 5590 | 3.77 | 8839 | 5.96 |
| 1998 | 14758 | 9.80 | 8273 | 5.49 | 6485 | 4.31 |
| 1999 | 12234 | 8.04 | 5819 | 3.82 | 6415 | 4.22 |
| 2000 | 23718 | 15.15 | 8152 | 5.21 | 15566 | 9.94 |
| 2001 | 11175 | 6.92 | 4366 | 2.70 | 6809 | 4.22 |
| 2002 | 11598 | 7.09 | 5444 | 3.33 | 6154 | 3.76 |
| 2003 | 11459 | 6.91 | 5540 | 3.34 | 5919 | 3.57 |
| 2004 | 13234 | 7.91 | 6690 | 4.00 | 6544 | 3.91 |
| 2005 | 17323 | 9.68 | 5551 | 3.10 | 11772 | 6.58 |
| 2006 | 19567 | 10.83 | 5368 | 2.97 | 14199 | 7.86 |
| 2007 | 23946 | 13.14 | 15701 | 8.61 | 8245 | 4.53 |
| 2008 | 24004 | 13.07 | 9462 | 5.15 | 14542 | 7.92 |
| 2009 | 25797 | 13.92 | 5511 | 2.97 | 20286 | 10.95 |
| 2010 | 64556 | 20.72 | 31217 | 9.92 | 33339 | 10.60 |
| 2011 | 59766 | 19.02 | 19167 | 6.10 | 40599 | 12.92 |
| 2012 | 58680 | 18.43 | 10139 | 3.18 | 48541 | 15.25 |
| 2013 | 62770 | 19.40 | 11104 | 3.43 | 51666 | 15.97 |
| 2014 | 56863 | 17.29 | 10068 | 3.06 | 46795 | 14.23 |
| 2015 | 45790 | 13.77 | 20886 | 6.28 | 24904 | 7.49 |
| 2016 | 45298 | 13.50 | 8951 | 2.67 | 36347 | 10.83 |
| 2017 | 51055 | 15.12 | 56258 | 16.66 | -5203 | -1.54 |

# 3-9 市区分区户数、人口数(户籍人口)

(2017 年底)　　单位:人

| 地　　区 | 总户数(户) | 总人口(人) | 男 | 女 | 农业人口 | 非农业人口 |
|---|---|---|---|---|---|---|
| **市　　区** | **981059** | **3378496** | **1726991** | **1651505** | **854845** | **2523651** |
| 鼓楼区 | 188392 | 615215 | 310921 | 304294 | | 615215 |
| 云龙区 | 115637 | 356191 | 176271 | 179920 | | 356191 |
| 贾汪区 | 136886 | 521204 | 272201 | 249003 | 210102 | 311102 |
| 泉山区 | 186982 | 565185 | 283324 | 281861 | | 565185 |
| 铜山区 | 353162 | 1320701 | 684274 | 636427 | 644743 | 675958 |

# 3-10 市区分区人口自然变动(户籍人口)

(2017 年底)　　单位:人、‰

| 年　　份 | 出　　生 | | 死　　亡 | | 自然增长 | |
|---|---|---|---|---|---|---|
| | 人　数 | 出生率 | 人　数 | 死亡率 | 人　数 | 自然增长率 |
| **市　　区** | **51055** | **15.11** | **56258** | **16.65** | **-5203** | **-1.54** |
| 鼓楼区 | 9487 | 15.48 | 10567 | 17.25 | -1080 | -1.77 |
| 云龙区 | 6025 | 17.10 | 7218 | 20.49 | -1193 | -3.39 |
| 贾汪区 | 8103 | 15.48 | 10231 | 19.55 | -2128 | -4.07 |
| 泉山区 | 7127 | 12.56 | 11913 | 21.00 | -4786 | -8.44 |
| 铜山区 | 20313 | 15.37 | 16329 | 12.36 | 3984 | 3.01 |

# 主要统计指标解释

**总人口数**　是指在一定时点、一定地域范围内所有的有生命的个人总和，它是由不同性别、不同年代出生的人所组成，是反映一个国家人口资源的重要指标。

人口总数随人口的出生、死亡、迁入、迁出的变动而变动，也随计算时地域范围和依据的人口范畴（户籍人口和常住人口）的不同而不同，如户籍人口统计中的人口总数和人口普查所取得的人口总数，由于统计的口径不同，在相同地域范围内得到的人口数也不尽相同。

**户籍人口**　是指在户口管理部门登记了常住户口的人。本《年鉴》内所列人口数除特别说明外均为户籍人口。

**农业人口**　依靠从事农业生产（包括林、牧、渔业）维持生活的全部人口，包括实际从事农业生产的人口以及由他们所抚养的人口。由于改革开放，一些人外出务工经商，其户口性质仍为农村户口的人也统计在农业人口范围内。

**非农业人口**　不依靠从事农业生产的职业来维持生活的人口，主要指城镇的非农业户口性质的人口。

**年平均人数**　是指一年内的各个时点人口的平均数。在实际统计工作中，由于资料的限制，无法按理论上所讲的方法计算，一般根据年初、年末人数按简单算术平均数计算，也常用年中人数来表示年平均人数。

**出生率**　一定时期内出生人数与同期平均人口数之比。又称总出生率或粗出生率。它反映人口的出生水平。出生人口数是指活产，即离开母体时有生命现象的活产婴儿总和。

出生率通常以年为单位计算，计算方法为：年出生人数除以年平均人数，以千分数表示。

**死亡率**　一定时期内（通常为一年）死亡人数与同期平均人数（或期中人数）之比。说明该时期人口的死亡强度。计算方法为：年死亡人数除以年平均人数，以千分数表示。

**自然增长率**　它是表明人口自然增长的趋势和程度（或速度）的指标，即一定时期内人口自然增长数（出生人数减死亡人数）与同期平均人口数之比。通常以一年为期计算，用千分数表示。计算公式为：人口自然增长率 =（全年出生人数减死亡人数）/ 年平均总人数 × 1000‰。实际工作中，一般用出生率减死亡率计算而得。

# 4 就业人员和职工工资

# EMPLOYMENT AND WAGES

版面负责人：李跃东　卢川川　顾元林

编　　　辑：唐子午　徐向忠　刘　畅

# 加强和规范统计上弄虚作假案件查处工作的若干规定

## 第二章　案件信息获取和案件受理

**第五条**　畅通获取统计上弄虚作假信息的渠道。

（一）承接交办移送案件。对于上级机关交办的统计上弄虚作假案件，纪检监察机关、信访部门和其他部门移送的统计上弄虚作假案件，按程序及时移交统计执法检查室（以下简称“执法室”）。

（二）登记举报案件。关于统计上弄虚作假案件的群众来访，按信访规定由办公室统一接待，执法室派员参加。在局内外网和政府统计微讯、微博等统计新媒体的显著位置标注统计上违法举报电话和电子邮箱。执法室应按规定详细记录统计上弄虚作假案件举报电话内容，及时查看登记举报电子邮箱信件。接到统计上弄虚作假案件举报的单位，应按程序登记并及时移交执法室。

（三）梳理新闻媒介披露的案件。综合司、资料中心负责对统计上弄虚作假案件的舆情监测，及时登记各类媒体披露的统计上弄虚作假信息并按程序移交执法室。

（四）通过数据核对评估发现案件信息。各业务部门应加强对联网直报平台个体数据的比对，加强对各地数据的审核评估，发现数据异常涉嫌统计上弄虚作假的，按程序及时报告，重大的及时向执法室移交有关信息。

**第六条**　及时做好统计上弄虚作假案件受理。执法室统一组织协调统计上弄虚作假案件受理，相关单位必须在接到案件信息 10 个工作日内作出受理决定。

对于交办移送案件、举报案件、媒体披露案件，执法室应对案件信息进行认真分析，初步判定为统计上弄虚作假案件的，统一受理，并提出办理意见；对不属于统计上弄虚作假案件，交办移送的要说明情况及时复函，实名举报的要及时告知举报人，其他的要按程序移交有关单位。

对于数据核对评估发现的案件信息，一般的由有关业务部门受理，并报执法室备案；重大的由执法室受理。

## 第三章　查处主体

**第七条**　县级以上各级统计机构必须依法认真履行统计监督检查职责，积极查处统计上弄虚作假案件。

**第八条**　国家统计局依法组织查处重大或典型统计上弄虚作假案件，根据情况可以直接立案查处，或组织核查后转交有关地方统计机构立案查处。

直接立案查处的，由执法室统一办理，按照统计执法检查规定进行查处。

案件核查由执法室统一组织，执法室与业务部门、纪检监察局分工负责，情节严重或比较严重的由执法室牵头核查，情节较轻或专业性强的由业务部门牵头核查，涉及国家调查队干部的可以由纪检监察局牵头核查。

执法室统一组织协调约谈告诫、通报、曝光、责任追究、整改落实、案件移送等工作，各单位按照职责分工参与有关工作。

# 4-1 从业人员

单位:万人

| 年份 | 从业人数 | 职工人数 | 国有经济单位 | 城镇集体经济单位 | 其他经济类型单位 | 城镇私营企业从业人员和个体劳动者 | 其他从业人员 |
|---|---|---|---|---|---|---|---|
| 1978 | 283.64 | 60.12 | 41.16 | 18.96 | | | |
| 1979 | 282.72 | 61.94 | 41.04 | 20.90 | | 0.19 | |
| 1980 | 292.22 | 64.97 | 45.16 | 19.81 | | 0.53 | |
| 1981 | 302.62 | 67.64 | 47.80 | 19.84 | | 0.74 | |
| 1982 | 314.75 | 70.10 | 50.18 | 19.92 | | 0.36 | |
| 1983 | 322.66 | 72.17 | 52.60 | 19.57 | | 0.57 | |
| 1984 | 337.62 | 76.65 | 53.40 | 23.25 | | 1.10 | |
| 1985 | 349.04 | 78.06 | 55.19 | 22.87 | | 1.56 | |
| 1986 | 357.72 | 80.41 | 56.82 | 23.58 | 0.01 | 1.15 | |
| 1987 | 367.36 | 82.15 | 58.96 | 23.17 | 0.02 | 1.44 | |
| 1988 | 381.43 | 85.87 | 61.88 | 23.96 | 0.04 | 2.29 | |
| 1989 | 390.31 | 85.39 | 61.88 | 23.42 | 0.09 | 3.16 | |
| 1990 | 408.50 | 87.35 | 63.69 | 23.53 | 0.13 | 3.27 | |
| 1991 | 419.35 | 89.59 | 65.55 | 23.85 | 0.19 | 2.60 | |
| 1992 | 421.81 | 90.25 | 67.10 | 22.87 | 0.28 | 3.04 | |
| 1993 | 423.40 | 91.83 | 69.40 | 21.54 | 0.89 | 3.62 | 1.08 |
| 1994 | 423.45 | 91.39 | 70.80 | 19.60 | 0.99 | 5.12 | 1.16 |
| 1995 | 425.43 | 92.39 | 72.52 | 19.13 | 0.74 | 8.03 | 1.24 |
| 1996 | 428.26 | 94.16 | 73.94 | 18.78 | 1.44 | 8.98 | 0.91 |
| 1997 | 432.88 | 93.85 | 74.41 | 17.76 | 1.68 | 12.42 | 1.30 |
| 1998 | 421.09 | 77.72 | 63.66 | 9.79 | 4.27 | 17.33 | 1.35 |
| 1999 | 418.65 | 75.07 | 61.95 | 9.39 | 3.73 | 17.81 | 1.42 |
| 2000 | 417.66 | 71.02 | 57.74 | 8.30 | 4.98 | 19.21 | 1.26 |
| 2001 | 415.78 | 67.64 | 53.65 | 7.01 | 6.98 | 20.58 | 1.29 |
| 2002 | 391.81 | 61.76 | 44.55 | 4.92 | 12.28 | 16.09 | 1.50 |
| 2003 | 382.03 | 59.15 | 43.32 | 4.25 | 11.58 | 17.73 | 2.15 |
| 2004 | 395.50 | 56.31 | 40.19 | 3.90 | 12.22 | 28.73 | 3.08 |
| 2005 | 452.20 | 56.07 | 40.13 | 3.60 | 12.34 | 37.74 | 10.39 |
| 2006 | 469.15 | 56.91 | 39.87 | 3.57 | 13.47 | 43.51 | 15.98 |
| 2007 | 477.21 | 57.56 | 40.00 | 3.35 | 14.21 | 53.61 | 11.49 |
| 2008 | 486.05 | 58.34 | 39.53 | 3.44 | 15.37 | 59.38 | 13.95 |
| 2009 | 501.17 | 58.29 | 38.49 | 2.99 | 16.81 | 68.93 | 15.20 |
| 2010 | 485.90 | 58.38 | 38.59 | 2.89 | 16.90 | 80.17 | 15.96 |
| 2011 | 483.00 | 59.42 | 38.94 | 2.93 | 17.55 | 88.82 | 15.56 |
| 2012 | 478.70 | 60.59 | 39.50 | 2.62 | 18.46 | 93.62 | 15.85 |
| 2013 | 478.70 | 101.54 | 32.98 | 3.04 | 65.51 | 104.88 | 16.21 |
| 2014 | 480.90 | 99.88 | 34.06 | 3.32 | 62.49 | 109.77 | 19.78 |
| 2015 | 482.10 | 97.17 | 32.05 | 3.16 | 61.95 | 112.58 | 22.49 |
| 2016 | 483.40 | 92.89 | 31.76 | 3.21 | 57.92 | 134.70 | 27.20 |
| 2017 | 482.70 | 90.43 | 31.30 | 3.04 | 56.09 | 157.50 | 6.73 |

注:1.从2013年年报开始在岗职工期末人数为劳资老口径与一套表四上单位合并数据,且为在岗职工与劳务派遣工之和,所以从业人数较上年增加较多。从2010年开始从业人数为推算数。2.其他从业人员2017年为当年新增数据,与往年不可比。(下同)

# 4-2 市区从业人员

单位:万人

| 年　份 | 从业人数 | 职工人数 | 国有经济单位 | 城镇集体经济单位 | 其他经济类型单位 | 城镇私营企业从业人员和个体劳动者 | 其他从业人员 |
|---|---|---|---|---|---|---|---|
| 1978 | 43.76 | 39.20 | 28.07 | 11.13 | | | |
| 1979 | 46.66 | 42.12 | 28.90 | 13.22 | | 0.02 | |
| 1980 | 47.26 | 42.71 | 30.76 | 11.95 | | 0.12 | |
| 1981 | 49.16 | 44.41 | 32.44 | 11.97 | | 0.19 | |
| 1982 | 51.19 | 46.28 | 34.24 | 12.04 | | 0.21 | |
| 1983 | 53.74 | 48.37 | 36.37 | 12.00 | | 0.37 | |
| 1984 | 55.88 | 50.01 | 37.69 | 12.32 | | 0.75 | |
| 1985 | 58.14 | 51.42 | 39.51 | 11.91 | | 1.18 | |
| 1986 | 58.95 | 52.69 | 40.30 | 12.38 | 0.01 | 0.72 | |
| 1987 | 59.82 | 53.34 | 41.09 | 12.23 | 0.02 | 0.97 | |
| 1988 | 61.42 | 54.06 | 42.03 | 11.98 | 0.05 | 1.90 | |
| 1989 | 61.35 | 54.01 | 42.22 | 11.70 | 0.09 | 1.72 | |
| 1990 | 62.50 | 55.05 | 43.12 | 11.81 | 0.12 | 1.82 | |
| 1991 | 63.48 | 56.05 | 43.93 | 11.93 | 0.19 | 1.93 | |
| 1992 | 63.35 | 56.07 | 44.57 | 11.27 | 0.23 | 2.06 | |
| 1993 | 63.95 | 56.13 | 44.88 | 10.59 | 0.66 | 2.65 | 0.25 |
| 1994 | 80.20 | 55.75 | 45.21 | 9.69 | 0.85 | 3.11 | 0.63 |
| 1995 | 82.89 | 55.92 | 45.98 | 9.52 | 0.42 | 5.11 | 0.67 |
| 1996 | 82.21 | 56.12 | 45.78 | 9.30 | 1.04 | 5.24 | 0.40 |
| 1997 | 82.85 | 55.41 | 45.53 | 9.00 | 0.87 | 7.17 | 0.42 |
| 1998 | 74.39 | 44.72 | 38.92 | 3.60 | 2.20 | 10.52 | 0.28 |
| 1999 | 71.29 | 42.84 | 37.62 | 3.48 | 1.74 | 9.09 | 0.39 |
| 2000 | 72.16 | 40.10 | 34.32 | 2.88 | 2.90 | 10.61 | 0.43 |
| 2001 | 72.81 | 38.12 | 32.08 | 2.24 | 3.79 | 11.91 | 0.51 |
| 2002 | 63.22 | 34.33 | 25.23 | 1.70 | 7.40 | 6.92 | 0.71 |
| 2003 | 62.74 | 32.64 | 24.45 | 1.40 | 6.79 | 8.21 | 0.64 |
| 2004 | 71.37 | 30.71 | 21.99 | 1.21 | 7.51 | 17.42 | 1.46 |
| 2005 | 91.10 | 30.35 | 22.31 | 1.02 | 7.02 | 23.77 | 8.79 |
| 2006 | 99.74 | 30.18 | 22.00 | 1.00 | 7.18 | 26.55 | 12.75 |
| 2007 | 96.42 | 30.55 | 22.39 | 0.84 | 7.32 | 29.74 | 6.73 |
| 2008 | 99.17 | 30.30 | 21.79 | 1.14 | 7.37 | 30.19 | 9.00 |
| 2009 | 103.83 | 30.00 | 21.33 | 0.84 | 7.83 | 34.13 | 8.27 |
| 2010 | 157.24 | 35.22 | 24.17 | 1.03 | 10.02 | 43.98 | 11.51 |
| 2011 | 156.30 | 35.48 | 24.29 | 1.13 | 10.06 | 48.84 | 10.38 |
| 2012 | 154.91 | 35.82 | 24.51 | 0.87 | 10.43 | 51.59 | 6.93 |
| 2013 | 154.91 | 54.85 | 14.69 | 0.92 | 39.23 | 60.36 | 7.35 |
| 2014 | 155.62 | 52.84 | 15.03 | 0.77 | 37.04 | 62.01 | 5.28 |
| 2015 | 156.01 | 50.17 | 14.32 | 0.70 | 35.15 | 61.64 | 16.52 |
| 2016 | 156.82 | 45.80 | 14.43 | 0.71 | 30.66 | 74.43 | 19.79 |
| 2017 | 157.92 | 45.84 | 14.68 | 0.63 | 30.53 | 86.05 | 4.95 |

注:2010年以后市区为包含铜山区口径,与往年不可比。2010年以后从业人数为推算数。

# 4-3 分三次产业从业人数及构成

单位：万人、%

| 年 份 | 从业人数 | 第一产业 | | 第二产业 | | 第三产业 | |
|---|---|---|---|---|---|---|---|
| | | 人 数 | 比 重 | 人 数 | 比 重 | 人 数 | 比 重 |
| 1978 | 283.64 | 204.41 | 72.1 | 43.56 | 15.3 | 35.67 | 12.6 |
| 1979 | 282.72 | 204.52 | 72.4 | 45.06 | 15.9 | 33.14 | 11.7 |
| 1980 | 292.22 | 209.96 | 71.8 | 49.69 | 17.0 | 32.57 | 11.2 |
| 1981 | 302.62 | 216.86 | 71.7 | 51.80 | 17.1 | 33.96 | 11.2 |
| 1982 | 314.75 | 221.17 | 70.3 | 57.62 | 18.3 | 35.96 | 11.4 |
| 1983 | 322.66 | 223.59 | 69.3 | 61.30 | 19.0 | 37.77 | 11.7 |
| 1984 | 337.62 | 223.01 | 66.0 | 69.74 | 20.7 | 44.87 | 13.3 |
| 1985 | 349.04 | 222.57 | 63.8 | 78.65 | 22.5 | 47.82 | 13.7 |
| 1986 | 357.72 | 222.38 | 62.2 | 84.04 | 23.5 | 51.30 | 14.3 |
| 1987 | 367.35 | 225.07 | 61.3 | 89.84 | 24.4 | 52.45 | 14.3 |
| 1988 | 381.43 | 226.65 | 59.4 | 97.06 | 25.5 | 57.72 | 15.1 |
| 1989 | 390.31 | 235.21 | 60.2 | 95.49 | 24.5 | 59.61 | 15.3 |
| 1990 | 408.50 | 249.36 | 61.0 | 95.41 | 23.4 | 63.73 | 15.6 |
| 1991 | 419.35 | 260.56 | 62.1 | 93.90 | 22.4 | 64.89 | 15.5 |
| 1992 | 421.81 | 258.67 | 61.3 | 98.13 | 23.3 | 65.01 | 15.4 |
| 1993 | 423.40 | 247.05 | 58.3 | 105.18 | 24.9 | 71.17 | 16.8 |
| 1994 | 423.45 | 247.36 | 58.4 | 103.56 | 24.5 | 72.53 | 17.1 |
| 1995 | 425.43 | 242.09 | 56.9 | 107.66 | 25.3 | 75.68 | 17.8 |
| 1996 | 428.26 | 239.6 | 55.9 | 108.63 | 25.4 | 80.03 | 18.7 |
| 1997 | 432.88 | 240.85 | 55.6 | 106.11 | 24.5 | 85.92 | 19.9 |
| 1998 | 421.09 | 242.24 | 57.5 | 92.02 | 21.9 | 86.83 | 20.6 |
| 1999 | 418.65 | 235.80 | 56.3 | 92.26 | 22.0 | 90.59 | 21.7 |
| 2000 | 417.66 | 235.35 | 56.4 | 93.24 | 22.3 | 89.07 | 21.3 |
| 2001 | 415.78 | 230.49 | 55.4 | 95.79 | 23.0 | 89.50 | 21.6 |
| 2002 | 391.81 | 216.01 | 55.1 | 94.83 | 24.2 | 80.97 | 20.7 |
| 2003 | 382.03 | 196.26 | 51.4 | 103.31 | 27.0 | 82.46 | 21.6 |
| 2004 | 395.50 | 189.72 | 48.0 | 111.45 | 28.2 | 94.33 | 23.8 |
| 2005 | 452.20 | 182.63 | 40.3 | 127.69 | 28.3 | 141.88 | 31.4 |
| 2006 | 469.15 | 177.20 | 37.8 | 144.99 | 30.9 | 146.96 | 31.3 |
| 2007 | 477.21 | 170.31 | 35.7 | 152.18 | 31.9 | 154.72 | 32.4 |
| 2008 | 486.05 | 163.19 | 33.5 | 168.99 | 34.8 | 153.87 | 31.7 |
| 2009 | 501.17 | 162.08 | 32.4 | 180.01 | 35.9 | 159.08 | 31.7 |
| 2010 | 485.90 | 197.80 | 40.7 | 130.60 | 26.9 | 157.50 | 32.4 |
| 2011 | 483.00 | 189.10 | 39.2 | 136.50 | 28.3 | 157.40 | 32.6 |
| 2012 | 478.70 | 180.40 | 37.7 | 140.30 | 29.3 | 158.00 | 33.0 |
| 2013 | 478.70 | 171.50 | 35.8 | 145.80 | 30.5 | 161.40 | 33.7 |
| 2014 | 480.90 | 162.70 | 33.8 | 150.70 | 31.3 | 167.50 | 34.8 |
| 2015 | 482.10 | 152.80 | 31.7 | 155.60 | 32.3 | 173.70 | 36.0 |
| 2016 | 483.40 | 144.30 | 29.9 | 159.90 | 33.1 | 179.20 | 37.1 |
| 2017 | 482.70 | 135.00 | 28.0 | 162.80 | 33.7 | 184.90 | 38.3 |

注：从 2010 开始从业人数为推算数。

# 4–4 市区分三次产业从业人数及构成

单位：万人、%

| 年 份 | 从业人数 | 第一产业 | | 第二产业 | | 第三产业 | |
|---|---|---|---|---|---|---|---|
| | | 人 数 | 比 重 | 人 数 | 比 重 | 人 数 | 比 重 |
| 1978 | 43.76 | 3.90 | 8.9 | 24.66 | 56.4 | 15.20 | 34.7 |
| 1979 | 46.66 | 3.83 | 8.2 | 27.73 | 59.4 | 15.10 | 32.4 |
| 1980 | 47.26 | 3.65 | 7.7 | 29.47 | 62.4 | 14.14 | 29.9 |
| 1981 | 49.16 | 3.65 | 7.4 | 30.60 | 62.3 | 14.91 | 30.3 |
| 1982 | 51.19 | 3.56 | 7.0 | 32.25 | 63.0 | 15.38 | 30.0 |
| 1983 | 53.74 | 3.50 | 6.5 | 34.59 | 64.4 | 15.65 | 29.1 |
| 1984 | 55.88 | 3.28 | 5.9 | 36.60 | 65.5 | 16.00 | 28.6 |
| 1985 | 58.14 | 2.78 | 4.8 | 39.89 | 66.9 | 16.47 | 28.3 |
| 1986 | 58.95 | 2.84 | 4.8 | 38.85 | 65.9 | 17.26 | 29.3 |
| 1987 | 59.82 | 2.79 | 4.6 | 40.25 | 67.3 | 16.78 | 28.1 |
| 1988 | 61.42 | 2.71 | 4.4 | 40.46 | 65.9 | 18.25 | 29.7 |
| 1989 | 51.35 | 2.86 | 4.7 | 39.94 | 65.1 | 18.55 | 30.2 |
| 1990 | 62.50 | 2.91 | 4.7 | 39.41 | 63.0 | 20.19 | 32.3 |
| 1991 | 63.48 | 2.83 | 4.4 | 39.97 | 63.0 | 20.68 | 32.6 |
| 1992 | 63.35 | 2.71 | 4.3 | 41.23 | 65.1 | 19.41 | 30.6 |
| 1993 | 63.95 | 2.24 | 3.5 | 40.79 | 63.8 | 20.92 | 32.7 |
| 1994 | 80.20 | 11.46 | 14.3 | 43.90 | 54.7 | 24.84 | 31.0 |
| 1995 | 82.89 | 11.83 | 14.3 | 45.71 | 55.1 | 25.35 | 30.6 |
| 1996 | 82.21 | 11.86 | 14.4 | 44.61 | 54.3 | 25.74 | 31.3 |
| 1997 | 82.85 | 10.96 | 13.2 | 44.24 | 53.4 | 27.65 | 33.4 |
| 1998 | 74.39 | 10.21 | 13.7 | 34.85 | 46.9 | 29.33 | 39.4 |
| 1999 | 71.29 | 10.06 | 14.1 | 33.38 | 46.8 | 27.85 | 39.1 |
| 2000 | 72.16 | 11.18 | 15.5 | 32.22 | 44.6 | 28.76 | 39.9 |
| 2001 | 72.81 | 12.78 | 17.6 | 31.19 | 42.8 | 28.84 | 39.6 |
| 2002 | 63.22 | 11.73 | 18.6 | 27.21 | 43.0 | 24.28 | 38.4 |
| 2003 | 62.75 | 10.71 | 17.1 | 26.78 | 42.7 | 25.26 | 40.2 |
| 2004 | 71.38 | 10.01 | 14.0 | 27.80 | 39.0 | 33.56 | 47.0 |
| 2005 | 91.10 | 12.06 | 13.2 | 32.08 | 35.2 | 46.95 | 51.5 |
| 2006 | 99.74 | 12.41 | 12.4 | 34.35 | 34.5 | 52.98 | 53.1 |
| 2007 | 96.42 | 9.26 | 9.6 | 33.07 | 34.3 | 54.09 | 56.1 |
| 2008 | 99.17 | 10.70 | 10.8 | 39.72 | 40.0 | 48.75 | 49.2 |
| 2009 | 103.83 | 11.82 | 11.4 | 42.22 | 40.7 | 49.79 | 47.9 |
| 2010 | 157.24 | 54.28 | 34.5 | 38.83 | 24.7 | 64.13 | 40.8 |
| 2011 | 156.30 | 51.62 | 33.0 | 40.59 | 26.0 | 64.09 | 41.0 |
| 2012 | 154.91 | 48.86 | 31.5 | 41.72 | 26.9 | 64.33 | 41.5 |
| 2013 | 154.91 | 45.84 | 29.6 | 43.35 | 28.0 | 65.72 | 42.4 |
| 2014 | 155.62 | 42.61 | 27.4 | 44.81 | 28.8 | 68.20 | 43.8 |
| 2015 | 156.01 | 39.02 | 25.0 | 46.27 | 29.7 | 70.72 | 45.3 |
| 2016 | 156.82 | 33.34 | 21.3 | 48.89 | 31.2 | 74.58 | 47.6 |
| 2017 | 157.92 | 31.19 | 19.8 | 49.78 | 31.5 | 76.95 | 48.7 |

注：2010 年以后市区为包含铜山区口径，与往年不可比。从 2010 开始从业人数为推算数。

# 4–5 分行业城镇私营个体从业人员

（2017 年底） 单位：人

| 行业 | 全市 | 市区 |
|---|---|---|
| **合计** | **1575154** | **860475** |
| 第一产业 | 29372 | 12849 |
| 第二产业 | 403799 | 176859 |
| 工业 | 277755 | 118536 |
| 建筑业 | 126044 | 58323 |
| 第三产业 | 1141983 | 670767 |
| 交通运输、仓储和邮政业 | 107672 | 52574 |
| 信息传输、计算机服务和软件业 | 20557 | 12547 |
| 批发和零售业 | 598161 | 345070 |
| 住宿和餐饮业 | 100100 | 62821 |
| 金融业 | 2322 | 1264 |
| 房地产业 | 36293 | 19311 |
| 租赁和商务服务业 | 99920 | 64445 |
| 科学研究、技术服务和地质勘查业 | 75134 | 51562 |
| 水利、环境和公共设施管理业 | 2377 | 1346 |
| 居民服务和其他服务业 | 78509 | 48802 |
| 教育 | 5392 | 2727 |
| 卫生、社会保障和社会福利业 | 3630 | 2474 |
| 文化、体育和娱乐业 | 11860 | 5783 |
| 其他 | 56 | 41 |

# 4–6 分行业乡村从业人员

（2017 年底） 单位：万人

| 行业 | 全市 | 市区 |
|---|---|---|
| **合计** | **357.21** | **85.77** |
| 第一产业 | 128.52 | 28.36 |
| #农业 | 106.57 | 22.43 |
| 第二产业 | 156.21 | 37.39 |
| 工业 | 104.62 | 26.38 |
| 建筑业 | 51.59 | 11.01 |
| 第三产业 | 72.48 | 20.02 |
| 交通运输、仓储和邮政业 | 15.82 | 5.34 |
| 信息传输、计算机服务和软件业 | 1.95 | 0.62 |
| 批发和零售业 | 22.59 | 6.33 |
| 住宿、餐饮业 | 10.37 | 2.6 |
| 金融和保险业 | 1.49 | 0.48 |
| 房地产和社会服务业 | 1.96 | 0.45 |
| 科学研究、技术服务和地质勘查业 | 0.60 | 0.17 |
| 教育、文化、艺术和广播电视业 | 3.13 | 0.66 |
| 卫生、体育和社会福利业 | 2.16 | 0.47 |
| 公共管理和社会组织 | 0.98 | 0.22 |
| 其他 | 11.43 | 2.68 |

# 4-7 主要年份在岗职工人数

（年底数）

单位：万人

| 年份 | 全市合计 | 国有经济单位 | 城镇集体经济单位 | 其他经济类型单位 | 市区合计 | 国有经济单位 | 城镇集体经济单位 | 其他经济类型单位 |
|---|---|---|---|---|---|---|---|---|
| 1949 | 6.11 | 6.11 | | | 4.88 | 4.88 | | |
| 1952 | 8.11 | 8.11 | | | 6.00 | 6.00 | | |
| 1957 | 10.04 | 10.04 | | | 6.86 | 6.86 | | |
| 1962 | 16.94 | 16.94 | | | 16.81 | 12.21 | 4.60 | |
| 1965 | 15.18 | 15.18 | | | 15.23 | 10.45 | 4.78 | |
| 1970 | 22.12 | 22.12 | | | 18.94 | 13.84 | 5.10 | |
| 1975 | 42.69 | 29.21 | 13.48 | | 27.06 | 19.86 | 7.20 | |
| 1978 | 60.12 | 41.16 | 18.96 | | 39.20 | 28.07 | 11.13 | |
| 1979 | 61.94 | 41.04 | 20.90 | | 42.12 | 28.90 | 13.22 | |
| 1980 | 64.97 | 45.16 | 19.81 | | 42.71 | 30.76 | 11.95 | |
| 1981 | 67.64 | 47.80 | 19.84 | | 44.41 | 32.44 | 11.97 | |
| 1982 | 70.10 | 50.18 | 19.92 | | 46.28 | 34.24 | 12.04 | |
| 1983 | 72.17 | 52.60 | 19.57 | | 48.37 | 36.37 | 12.00 | |
| 1984 | 76.65 | 53.40 | 23.25 | | 50.01 | 37.69 | 12.32 | |
| 1985 | 78.06 | 55.19 | 22.87 | | 51.42 | 39.51 | 11.91 | |
| 1986 | 80.41 | 56.82 | 23.58 | 0.01 | 52.69 | 40.30 | 12.38 | 0.01 |
| 1987 | 82.15 | 58.96 | 23.17 | 0.02 | 53.34 | 41.09 | 12.23 | 0.02 |
| 1988 | 85.87 | 61.88 | 23.96 | 0.04 | 54.06 | 42.03 | 11.98 | 0.05 |
| 1989 | 85.39 | 61.88 | 23.42 | 0.09 | 54.01 | 42.22 | 11.70 | 0.09 |
| 1990 | 87.35 | 63.69 | 23.53 | 0.13 | 55.05 | 43.12 | 11.81 | 0.12 |
| 1991 | 89.59 | 65.55 | 23.85 | 0.19 | 56.05 | 43.93 | 11.93 | 0.19 |
| 1992 | 90.25 | 67.10 | 22.87 | 0.28 | 56.07 | 44.57 | 11.27 | 0.23 |
| 1993 | 91.83 | 69.40 | 21.54 | 0.89 | 56.13 | 44.88 | 10.59 | 0.66 |
| 1994 | 91.39 | 70.80 | 19.60 | 0.99 | 55.75 | 45.21 | 9.69 | 0.85 |
| 1995 | 92.39 | 72.52 | 19.13 | 0.74 | 55.92 | 45.98 | 9.52 | 0.42 |
| 1996 | 94.16 | 73.94 | 18.78 | 1.44 | 56.12 | 45.78 | 9.30 | 1.04 |
| 1997 | 93.85 | 74.41 | 17.76 | 1.68 | 55.41 | 45.53 | 9.00 | 0.87 |
| 1998 | 77.72 | 63.66 | 9.79 | 4.27 | 44.72 | 38.92 | 3.60 | 2.20 |
| 1999 | 75.07 | 61.95 | 9.39 | 3.73 | 42.84 | 37.62 | 3.48 | 1.74 |
| 2000 | 71.02 | 57.74 | 8.30 | 4.98 | 40.10 | 34.32 | 2.88 | 2.90 |
| 2001 | 67.64 | 53.65 | 7.01 | 6.98 | 38.12 | 32.08 | 2.24 | 3.79 |
| 2002 | 61.76 | 44.55 | 4.92 | 12.28 | 34.33 | 25.23 | 1.70 | 7.40 |
| 2003 | 59.15 | 43.32 | 4.25 | 11.58 | 32.64 | 24.45 | 1.40 | 6.79 |
| 2004 | 56.31 | 40.19 | 3.90 | 12.22 | 30.71 | 21.99 | 1.21 | 7.51 |
| 2005 | 56.07 | 40.13 | 3.60 | 12.34 | 30.35 | 22.31 | 1.02 | 7.03 |
| 2006 | 56.91 | 39.87 | 3.57 | 13.47 | 30.18 | 22.00 | 1.00 | 7.18 |
| 2007 | 57.56 | 40.00 | 3.35 | 14.21 | 30.55 | 22.39 | 0.84 | 7.32 |
| 2008 | 58.34 | 39.53 | 3.44 | 15.37 | 30.30 | 21.79 | 1.14 | 7.37 |
| 2009 | 58.29 | 38.49 | 2.99 | 16.81 | 30.00 | 21.33 | 0.84 | 7.83 |
| 2010 | 58.38 | 38.59 | 2.89 | 16.90 | 35.22 | 24.17 | 1.03 | 10.02 |
| 2011 | 59.42 | 38.94 | 2.93 | 17.54 | 35.48 | 24.30 | 1.13 | 10.05 |
| 2012 | 60.59 | 39.50 | 2.62 | 18.46 | 35.82 | 24.51 | 0.87 | 10.43 |
| 2013 | 101.53 | 32.98 | 3.04 | 65.51 | 54.84 | 14.69 | 0.92 | 39.23 |
| 2014 | 99.88 | 34.06 | 3.32 | 62.50 | 52.84 | 15.03 | 0.77 | 37.04 |
| 2015 | 97.17 | 32.05 | 3.16 | 61.95 | 50.17 | 14.32 | 0.70 | 35.15 |
| 2016 | 92.89 | 31.76 | 3.21 | 57.92 | 45.80 | 14.43 | 0.71 | 30.66 |
| 2017 | 90.43 | 31.30 | 3.04 | 56.09 | 45.84 | 14.68 | 0.63 | 30.53 |

注：从2013年年报开始在岗职工期末人数为劳资老口径与一套表四上单位合并数据，且为在岗职工与劳务派遣工之和。

# 4-8 在岗职工人数

（2017 年底） 单位：人

| 项目 | 在岗职工人数 | 国有经济单位 | 城镇集体经济单位 | 其他经济类型单位 |
|---|---|---|---|---|
| **总计** | **904287** | **313003** | **30403** | **560881** |
| **按企业、事业、机关分** | | | | |
| 企业 | 663606 | 85412 | 19638 | 558556 |
| 事业 | 170398 | 157495 | 10765 | 2138 |
| 机关 | 68301 | 68301 | | |
| 民间非营利组织 | 36 | | | 36 |
| 其他 | 1946 | 1795 | | 151 |
| **按国民经济行业分** | | | | |
| 农、林、牧、渔业 | 12051 | 11958 | 69 | 24 |
| 采矿业 | 54560 | | 98 | 54462 |
| 制造业 | 207637 | 939 | 1502 | 205196 |
| 电力、煤气及水的生产和供应业 | 7412 | 1060 | 146 | 6206 |
| 建筑业 | 236534 | 29878 | 8781 | 197875 |
| 批发和零售业 | 33269 | 6962 | 3607 | 22700 |
| 交通运输、仓储及邮政业 | 44427 | 17359 | 801 | 26267 |
| 住宿和餐饮业 | 4314 | 1123 | 337 | 2854 |
| 信息传输、计算机服务和软件业 | 6238 | 1326 | 7 | 4905 |
| 金融业 | 17066 | 5901 | 3537 | 7628 |
| 房地产业 | 9418 | 1267 | 246 | 7905 |
| 租赁和商务服务业 | 19391 | 7738 | 491 | 11162 |
| 科学研究、技术服务和地质勘查业 | 10844 | 7744 | 347 | 2753 |
| 水利、环境和公共设施管理业 | 12926 | 9683 | 660 | 2583 |
| 居民服务和其他服务业 | 1586 | 741 | 30 | 815 |
| 教育 | 98646 | 94619 | 47 | 3980 |
| 卫生、社会保障和社会福利业 | 49673 | 37236 | 9635 | 2802 |
| 文化、体育和娱乐业 | 4512 | 3686 | 62 | 764 |
| 公共管理和社会组织 | 73783 | 73783 | | |
| **按隶属关系分(国有经济)** | | | | |
| 中央 | 19068 | 19068 | | |
| 省 | 29111 | 29111 | | |
| 省辖市 | 63568 | 63568 | | |
| 县及县以下 | 197065 | 197065 | | |
| 其他 | 4191 | 4191 | | |

# 4-9 市区在岗职工人数

（2017 年底） 单位：人

| 项目 | 在岗职工人数 | 国有经济单位 | 城镇集体经济单位 | 其他经济类型单位 |
|---|---|---|---|---|
| **总计** | **458418** | **146816** | **6263** | **305339** |
| **按企业、事业、机关分** | | | | |
| 企业 | 351018 | 41696 | 4372 | 304950 |
| 事业 | 73142 | 70862 | 1891 | 389 |
| 机关 | 34258 | 34258 | | |
| 民间非营利组织 | | | | |
| 其他 | | | | |
| **按国民经济行业分** | | | | |
| 农、林、牧、渔业 | 4135 | 4085 | 26 | 24 |
| 采矿业 | 27518 | | | 27518 |
| 制造业 | 132363 | 939 | 525 | 130899 |
| 电力、煤气及水的生产和供应业 | 5103 | 297 | 146 | 4660 |
| 建筑业 | 83365 | 8070 | 1079 | 74216 |
| 批发和零售业 | 18305 | 3060 | 748 | 14497 |
| 交通运输、仓储及邮政业 | 32032 | 11297 | 474 | 20261 |
| 住宿和餐饮业 | 3329 | 1001 | 181 | 2147 |
| 信息传输、计算机服务和软件业 | 4626 | | 7 | 4619 |
| 金融业 | 10398 | 2678 | 921 | 6799 |
| 房地产业 | 6377 | 673 | 45 | 5659 |
| 租赁和商务服务业 | 15194 | 5795 | 160 | 9239 |
| 科学研究、技术服务和地质勘查业 | 7050 | 5702 | 136 | 1212 |
| 水利、环境和公共设施管理业 | 5593 | 4634 | 95 | 864 |
| 居民服务和其他服务业 | 665 | 237 | | 428 |
| 教育 | 39538 | 38404 | 42 | 1092 |
| 卫生、社会保障和社会福利业 | 23501 | 21187 | 1678 | 636 |
| 文化、体育和娱乐业 | 3294 | 2725 | | 569 |
| 公共管理和社会组织 | 36032 | 36032 | | |
| **按隶属关系分（国有经济）** | | | | |
| 中央 | 13329 | 13329 | | |
| 省 | 18475 | 18475 | | |
| 省辖市 | 60473 | 60473 | | |
| 县及县以下 | 52235 | 52235 | | |
| 其他 | 2304 | 2304 | | |

# 4-10 女性在岗职工人数

（2017 年底） 单位:人

| 项　　目 | 女性从业人员人数 | 国有经济单位 | 城镇集体经济单位 | 其他经济类型单位 |
|---|---|---|---|---|
| **总　计** | **321202** | **147710** | **13129** | **160363** |
| **按企业、事业、机关分** | | | | |
| 企业 | 196371 | 31941 | 5649 | 158781 |
| 事业 | 104018 | 95088 | 7480 | 1450 |
| 机关 | 19942 | 19942 | | |
| 民间非营利组织 | 35 | | | 35 |
| 其他 | 836 | 739 | | 97 |
| **按国民经济行业分** | | | | |
| 农、林、牧、渔业 | 7295 | 7250 | 27 | 18 |
| 采矿业 | 11984 | | 23 | 11961 |
| 制造业 | 77366 | 280 | 696 | 76390 |
| 电力、煤气及水的生产和供应业 | 2191 | 482 | 55 | 1654 |
| 建筑业 | 27549 | 2788 | 787 | 23974 |
| 批发和零售业 | 17614 | 3086 | 1409 | 13119 |
| 交通运输、仓储及邮政业 | 14236 | 6017 | 352 | 7867 |
| 住宿和餐饮业 | 2825 | 621 | 240 | 1964 |
| 信息传输、计算机服务和软件业 | 2826 | 601 | 4 | 2221 |
| 金融业 | 16638 | 8456 | 1556 | 6626 |
| 房地产业 | 3854 | 504 | 131 | 3219 |
| 租赁和商务服务业 | 5132 | 947 | 218 | 3967 |
| 科学研究、技术服务和地质勘查业 | 2943 | 2165 | 109 | 669 |
| 水利、环境和公共设施管理业 | 6870 | 4146 | 1047 | 1677 |
| 居民服务和其他服务业 | 579 | 216 | 18 | 345 |
| 教育 | 58575 | 55995 | 41 | 2539 |
| 卫生、社会保障和社会福利业 | 38912 | 30742 | 6396 | 1774 |
| 文化、体育和娱乐业 | 2117 | 1718 | 20 | 379 |
| 公共管理和社会组织 | 21696 | 21696 | | |

# 4-11 主要年份职工工资总额

单位:万元

| 年份 | 全市 | | | | 市区 | | | |
|---|---|---|---|---|---|---|---|---|
| | 全部职工 | 国有经济单位 | 城镇集体经济单位 | 其他经济类型单位 | 全部职工 | 国有经济单位 | 城镇集体经济单位 | 其他经济类型单位 |
| 1949 | 1962 | 1962 | | | 1707 | 1707 | | |
| 1952 | 3680 | 3680 | | | 3177 | 3177 | | |
| 1957 | 5709 | 5709 | | | 4251 | 4251 | | |
| 1962 | 10295 | 10295 | | | 8042 | 8042 | | |
| 1965 | 9418 | 9418 | | | 7106 | 7106 | | |
| 1970 | 11199 | 11199 | | | 8136 | 8136 | | |
| 1975 | 21093 | 15939 | 5154 | | 14896 | 11824 | 3072 | |
| 1978 | 31439 | 23706 | 7733 | | 22573 | 17598 | 4975 | |
| 1979 | 36925 | 27781 | 9144 | | 27260 | 21129 | 6131 | |
| 1980 | 44954 | 34084 | 10870 | | 32809 | 25473 | 7336 | |
| 1981 | 47170 | 35891 | 11279 | | 34194 | 26615 | 7579 | |
| 1982 | 51676 | 39575 | 12101 | | 37389 | 29355 | 8033 | |
| 1983 | 55388 | 43349 | 12039 | | 40701 | 32699 | 8001 | |
| 1984 | 80714 | 60828 | 19886 | | 58779 | 46285 | 12493 | |
| 1985 | 93432 | 72426 | 21006 | | 68323 | 55947 | 12376 | |
| 1986 | 110187 | 85424 | 24754 | 9 | 80480 | 65838 | 14633 | 9 |
| 1987 | 117231 | 91512 | 25689 | 30 | 84543 | 69518 | 14995 | 28 |
| 1988 | 149139 | 117615 | 31454 | 70 | 104028 | 86618 | 17340 | 64 |
| 1989 | 165525 | 132521 | 32819 | 185 | 118228 | 100083 | 17960 | 185 |
| 1990 | 185938 | 150380 | 35187 | 371 | 132593 | 112898 | 19324 | 371 |
| 1991 | 208723 | 169855 | 38397 | 471 | 149964 | 127972 | 21524 | 468 |
| 1992 | 244828 | 202261 | 41831 | 736 | 175433 | 151564 | 23203 | 666 |
| 1993 | 304255 | 253382 | 47734 | 3139 | 218454 | 189200 | 26586 | 2668 |
| 1994 | 407761 | 349729 | 53041 | 4991 | 287245 | 253793 | 28832 | 4620 |
| 1995 | 506766 | 437394 | 66563 | 2809 | 355676 | 317499 | 36295 | 1880 |
| 1996 | 584442 | 506673 | 68847 | 8922 | 402383 | 358696 | 36286 | 7401 |
| 1997 | 609772 | 534263 | 64613 | 10896 | 419217 | 375289 | 36310 | 7618 |
| 1998 | 592951 | 514526 | 48949 | 29476 | 396614 | 357549 | 23395 | 15670 |
| 1999 | 624029 | 546719 | 49089 | 28221 | 417883 | 378034 | 23453 | 16396 |
| 2000 | 653127 | 565585 | 42684 | 44858 | 439909 | 390587 | 18473 | 30849 |
| 2001 | 700349 | 596699 | 39062 | 64588 | 482073 | 423530 | 15307 | 43235 |
| 2002 | 742489 | 572711 | 31159 | 138619 | 516553 | 397782 | 13763 | 105008 |
| 2003 | 802685 | 621748 | 29756 | 151181 | 569467 | 440515 | 12119 | 116832 |
| 2004 | 894607 | 679066 | 33849 | 181692 | 641470 | 483484 | 15473 | 142513 |
| 2005 | 1072593 | 825124 | 35199 | 212270 | 763816 | 587518 | 14430 | 161868 |
| 2006 | 1250866 | 943120 | 40150 | 267595 | 888450 | 679934 | 14744 | 193772 |
| 2007 | 1367407 | 1034032 | 42865 | 290510 | 932620 | 720634 | 13729 | 198257 |
| 2008 | 1549543 | 1141926 | 56183 | 351434 | 1032278 | 776277 | 20991 | 235010 |
| 2009 | 1808200 | 1289097 | 58151 | 460952 | 1179995 | 860207 | 17196 | 302592 |
| 2010 | 1985130 | 1431819 | 70534 | 482777 | 1404233 | 1034203 | 29191 | 340839 |
| 2011 | 2347680 | 1673845 | 91401 | 582434 | 1621227 | 1187306 | 41355 | 392566 |
| 2012 | 2664762 | 1890555 | 92391 | 681817 | 1813377 | 1326132 | 33376 | 453870 |
| 2013 | 4587245 | 1617517 | 119932 | 2849796 | 2806363 | 867345 | 37131 | 1901887 |
| 2014 | 5011775 | 1782705 | 144653 | 3084417 | 2997160 | 963758 | 37083 | 1996319 |
| 2015 | 5248123 | 1957397 | 148450 | 3142276 | 3020812 | 1037061 | 36704 | 1947048 |
| 2016 | 5266856 | 2083555 | 159849 | 3023452 | 2945037 | 1119808 | 40686 | 1784543 |
| 2017 | 5591259 | 2263659 | 166049 | 3161551 | 3169448 | 1248071 | 40450 | 1880927 |

注:在岗职工工资总额为劳动工资原口径与一套表四上单位合并后的在岗职工工资总额(含劳务派遣人员)。

# 4-12 主要年份职工平均工资

单位:元

| 年份 | 全市 | | | | 市区 | | | |
|---|---|---|---|---|---|---|---|---|
| | 全部职工 | 国有经济单位 | 城镇集体经济单位 | 其他经济类型单位 | 全部职工 | 国有经济单位 | 城镇集体经济单位 | 其他经济类型单位 |
| 1949 | | | | | 349 | 349 | | |
| 1952 | 503 | 503 | | | 529 | 529 | | |
| 1957 | 573 | 573 | | | 619 | 619 | | |
| 1962 | 548 | 548 | | | 590 | 590 | | |
| 1965 | 599 | 599 | | | 594 | 680 | 407 | |
| 1970 | 553 | 553 | | | 547 | 587 | 436 | |
| 1975 | 509 | 564 | 392 | | 580 | 595 | 426 | |
| 1978 | 554 | 593 | 430 | | 605 | 664 | 446 | |
| 1979 | 605 | 676 | 459 | | 647 | 731 | 464 | |
| 1980 | 715 | 791 | 535 | | 768 | 828 | 613 | |
| 1981 | 720 | 772 | 569 | | 770 | 820 | 633 | |
| 1982 | 755 | 808 | 609 | | 807 | 857 | 667 | |
| 1983 | 780 | 840 | 621 | | 841 | 898 | 667 | |
| 1984 | 1105 | 1178 | 884 | | 1175 | 1228 | 1014 | |
| 1985 | 1231 | 1351 | 941 | | 1220 | 1303 | 944 | |
| 1986 | 1403 | 1537 | 1077 | 1828 | 1400 | 1503 | 1067 | 645 |
| 1987 | 1463 | 1601 | 1119 | 2021 | 1511 | 1625 | 1136 | 1934 |
| 1988 | 1798 | 1973 | 1349 | 2101 | 1800 | 1935 | 1329 | 1633 |
| 1989 | 1965 | 2177 | 1410 | 2224 | 2189 | 2370 | 1535 | 2189 |
| 1990 | 2179 | 2417 | 1531 | 3050 | 2708 | 2618 | 1636 | 3091 |
| 1991 | 2379 | 2644 | 1647 | 2656 | 2715 | 2913 | 1804 | 2521 |
| 1992 | 2753 | 3052 | 1867 | 2838 | 3151 | 3426 | 2068 | 3115 |
| 1993 | 3355 | 6698 | 2245 | 3702 | 3914 | 4244 | 2512 | 4119 |
| 1994 | 4524 | 5013 | 2732 | 5202 | 5186 | 5658 | 2971 | 5583 |
| 1995 | 5537 | 6101 | 3481 | 3957 | 6381 | 6938 | 3791 | 4669 |
| 1996 | 6279 | 6933 | 3707 | 6308 | 7208 | 7878 | 3916 | 7197 |
| 1997 | 6521 | 7211 | 3636 | 6580 | 7533 | 8214 | 3994 | 8764 |
| 1998 | 7717 | 8149 | 5150 | 7023 | 8999 | 9234 | 6998 | 7796 |
| 1999 | 8447 | 8955 | 5351 | 7731 | 9911 | 10169 | 7015 | 9945 |
| 2000 | 9339 | 9908 | 5243 | 9531 | 11144 | 11442 | 6706 | 11940 |
| 2001 | 10501 | 11174 | 5630 | 10171 | 12837 | 13143 | 7041 | 13710 |
| 2002 | 11887 | 12683 | 6235 | 11264 | 14929 | 15633 | 8246 | 14027 |
| 2003 | 13551 | 14327 | 6777 | 13209 | 17518 | 18073 | 8528 | 17405 |
| 2004 | 15809 | 16864 | 8387 | 14789 | 20898 | 22046 | 12735 | 18876 |
| 2005 | 18849 | 20373 | 9597 | 16670 | 24838 | 26223 | 13545 | 22230 |
| 2006 | 21896 | 23639 | 11058 | 19673 | 29191 | 30969 | 14163 | 26047 |
| 2007 | 23711 | 25791 | 12674 | 20465 | 30652 | 32299 | 15904 | 27338 |
| 2008 | 26824 | 29000 | 16253 | 23534 | 33982 | 35610 | 18075 | 31689 |
| 2009 | 31173 | 33575 | 19527 | 27715 | 39392 | 40387 | 20230 | 38766 |
| 2010 | 34243 | 37406 | 24377 | 28737 | 40254 | 43371 | 28185 | 34075 |
| 2011 | 39493 | 43102 | 30823 | 33008 | 45909 | 49355 | 36327 | 38794 |
| 2012 | 44070 | 47890 | 35540 | 37076 | 50715 | 54249 | 37936 | 43510 |
| 2013 | 47013 | 50192 | 40499 | 45680 | 51903 | 59051 | 40505 | 49445 |
| 2014 | 50268 | 53761 | 43619 | 48784 | 55387 | 63929 | 48059 | 52170 |
| 2015 | 54310 | 61794 | 47722 | 50809 | 59373 | 72206 | 52751 | 54356 |
| 2016 | 57228 | 66580 | 50405 | 52520 | 63077 | 77868 | 57621 | 56468 |
| 2017 | 63917 | 74800 | 56043 | 58277 | 71510 | 88131 | 63133 | 63718 |

注:在岗职工平均工资为劳动工资原口径与一套表四上单位合并后的在岗职工平均工资(含劳务派遣人员)。

# 4-13 职工工资总额

（2017 年底） 单位：万元

| 项目 | 在岗职工工资总额 | 国有经济单位 | 城镇集体经济单位 | 其他经济类型单位 |
|---|---|---|---|---|
| **总 计** | **5591259** | **2263659** | **166049** | **3161551** |
| **按企业、事业、机关分** | | | | |
| 企业 | 3665778 | 426235 | 91914 | 3147629 |
| 事业 | 1345279 | 1258579 | 74135 | 12565 |
| 机关 | 562206 | 562206 | | |
| 民间非营利组织 | 152 | | | 152 |
| 其他 | 17843 | 16639 | | 1205 |
| **按国民经济行业分** | | | | |
| 农、林、牧、渔业 | 32596 | 32102 | 415 | 79 |
| 采矿业 | 416907 | | 399 | 416509 |
| 制造业 | 1192475 | 5655 | 4970 | 1181851 |
| 电力、煤气及水的生产和供应业 | 68521 | 5874 | 1076 | 61572 |
| 建筑业 | 1059447 | 124108 | 30869 | 904471 |
| 批发和零售业 | 153730 | 32851 | 10624 | 110255 |
| 交通运输、仓储及邮政业 | 300248 | 128504 | 3381 | 168364 |
| 住宿和餐饮业 | 16134 | 4183 | 1564 | 10388 |
| 信息传输、计算机服务和软件业 | 52918 | 8110 | 76 | 44732 |
| 金融业 | 176649 | 50563 | 35859 | 90227 |
| 房地产业 | 55412 | 8284 | 1164 | 45964 |
| 租赁和商务服务业 | 73901 | 22515 | 1927 | 49458 |
| 科学研究、技术服务和地质勘查业 | 84986 | 64743 | 2009 | 18233 |
| 水利、环境和公共设施管理业 | 79888 | 62627 | 3915 | 13346 |
| 居民服务和其他服务业 | 8295 | 4555 | 81 | 3660 |
| 教育 | 789890 | 767681 | 173 | 22036 |
| 卫生、社会保障和社会福利业 | 404762 | 321211 | 67379 | 16171 |
| 文化、体育和娱乐业 | 27494 | 23087 | 172 | 4235 |
| 公共管理和社会组织 | 597006 | 597006 | | |
| **按隶属关系分（国有经济）** | | | | |
| 中央 | 133640 | 133640 | | |
| 省 | 205722 | 205722 | | |
| 省辖市 | 546612 | 546612 | | |
| 县及县以下 | 1349195 | 1349195 | | |
| 其他 | 28490 | 28490 | | |

# 4–14 市区职工工资总额

（2017 年底） 单位:万元

| 项目 | 在岗职工工资总额 | 国有经济单位 | 城镇集体经济单位 | 其他经济类型单位 |
|---|---|---|---|---|
| **总计** | **3169448** | **1248071** | **40450** | **1880928** |
| **按企业、事业、机关分** | | | | |
| 企业 | 2143309 | 241410 | 25016 | 1876883 |
| 事业 | 693598 | 674119 | 15434 | 4045 |
| 机关 | 332542 | 332542 | | |
| 民间非营利组织 | | | | |
| 其他 | | | | |
| **按国民经济行业分** | | | | |
| 农、林、牧、渔业 | 11047 | 10709 | 258 | 79 |
| 采矿业 | 228576 | | | 228576 |
| 制造业 | 836913 | 5655 | 2283 | 828975 |
| 电力、煤气及水的生产和供应业 | 53956 | 1984 | 1076 | 50896 |
| 建筑业 | 349432 | 29292 | 4124 | 316016 |
| 批发和零售业 | 100866 | 18299 | 2830 | 79736 |
| 交通运输、仓储及邮政业 | 236756 | 93240 | 2238 | 141279 |
| 住宿和餐饮业 | 12786 | 3696 | 1004 | 8086 |
| 信息传输、计算机服务和软件业 | 42627 | | 76 | 42551 |
| 金融业 | 120369 | 27825 | 9673 | 82872 |
| 房地产业 | 39929 | 5406 | 374 | 34149 |
| 租赁和商务服务业 | 58948 | 15892 | 500 | 42555 |
| 科学研究、技术服务和地质勘查业 | 58122 | 51876 | 874 | 5371 |
| 水利、环境和公共设施管理业 | 44245 | 39830 | 879 | 3537 |
| 居民服务和其他服务业 | 3574 | 2189 | | 1385 |
| 教育 | 372730 | 364329 | 158 | 8243 |
| 卫生、社会保障和社会福利业 | 233382 | 215991 | 14102 | 3289 |
| 文化、体育和娱乐业 | 20627 | 17295 | | 3332 |
| 公共管理和社会组织 | 344564 | 344564 | | |
| **按隶属关系分(国有经济)** | | | | |
| 中央 | 95562 | 95562 | | |
| 省 | 165269 | 165269 | | |
| 省辖市 | 523207 | 523207 | | |
| 县及县以下 | 444648 | 444648 | | |
| 其他 | 19384 | 19384 | | |

# 4-15 职工平均工资

（2017 年底） 单位:元

| 项目 | 在岗职工年平均工资 | 国有经济单位 | 城镇集体经济单位 | 其他经济类型单位 |
|---|---|---|---|---|
| **总计** | **63917** | **74800** | **56043** | **58277** |
| **按企业、事业、机关分** | | | | |
| 企业 | 57670 | 55681 | 48581 | 58270 |
| 事业 | 79564 | 80558 | 69227 | 58716 |
| 机关 | 82624 | 82624 | | |
| 民间非营利组织 | 42278 | | | 42278 |
| 其他 | 91458 | 92335 | | 80852 |
| **按国民经济行业分** | | | | |
| 农、林、牧、渔业 | 26537 | 26332 | 60130 | 34478 |
| 采矿业 | 76139 | | 41521 | 76200 |
| 制造业 | 58227 | 60090 | 32546 | 58412 |
| 电力、煤气及水的生产和供应业 | 89805 | 55359 | 73671 | 95861 |
| 建筑业 | 50221 | 59785 | 38775 | 49632 |
| 批发和零售业 | 46455 | 46770 | 29526 | 49068 |
| 交通运输、仓储及邮政业 | 67455 | 74292 | 41635 | 63769 |
| 住宿和餐饮业 | 37678 | 37411 | 46398 | 36744 |
| 信息传输、计算机服务和软件业 | 84507 | 60796 | 108429 | 90900 |
| 金融业 | 103637 | 86065 | 101324 | 118238 |
| 房地产业 | 58755 | 65334 | 45097 | 58146 |
| 租赁和商务服务业 | 38589 | 29463 | 39091 | 44897 |
| 科学研究、技术服务和地质勘查业 | 77365 | 82644 | 48639 | 66594 |
| 水利、环境和公共设施管理业 | 61609 | 64207 | 58955 | 52359 |
| 居民服务和其他服务业 | 52270 | 61466 | 26867 | 44853 |
| 教育 | 80199 | 81245 | 38467 | 55702 |
| 卫生、社会保障和社会福利业 | 83580 | 88951 | 70392 | 58911 |
| 文化、体育和娱乐业 | 59796 | 62770 | 27758 | 49359 |
| 公共管理和社会组织 | 81213 | 81213 | | |
| **按隶属关系分（国有经济）** | | | | |
| 中央 | 69778 | 69778 | | |
| 省 | 70632 | 70632 | | |
| 省辖市 | 93101 | 93101 | | |
| 县及县以下 | 70504 | 70504 | | |
| 其他 | 66643 | 66643 | | |

# 4-16 市区职工平均工资

（2017 年底） 单位:元

| 项目 | 在岗职工年平均工资 | 国有经济单位 | 城镇集体经济单位 | 其他经济类型单位 |
|---|---|---|---|---|
| **总计** | **71510** | **88131** | **63133** | **63718** |
| **按企业、事业、机关分** | | | | |
| 企业 | 63671 | 64744 | 55332 | 63663 |
| 事业 | 95572 | 95885 | 81835 | 105880 |
| 机关 | 97737 | 97737 | | |
| 民间非营利组织 | | | | |
| 其他 | | | | |
| **按国民经济行业分** | | | | |
| 农、林、牧、渔业 | 26708 | 26202 | 99385 | 34478 |
| 采矿业 | 82527 | | | 82527 |
| 制造业 | 64057 | 60090 | 39572 | 64195 |
| 电力、煤气及水的生产和供应业 | 101631 | 67034 | 73671 | 104574 |
| 建筑业 | 49821 | 82305 | 38011 | 48252 |
| 批发和零售业 | 55571 | 59221 | 37789 | 55713 |
| 交通运输、仓储及邮政业 | 73461 | 82784 | 46140 | 68980 |
| 住宿和餐饮业 | 38442 | 37069 | 55475 | 37644 |
| 信息传输、计算机服务和软件业 | 91710 | | 108429 | 91685 |
| 金融业 | 116074 | 104880 | 105481 | 121870 |
| 房地产业 | 62340 | 80083 | 68036 | 60174 |
| 租赁和商务服务业 | 39403 | 27778 | 30315 | 46898 |
| 科学研究、技术服务和地质勘查业 | 80624 | 89549 | 42853 | 44318 |
| 水利、环境和公共设施管理业 | 77528 | 83747 | 89663 | 41462 |
| 居民服务和其他服务业 | 53910 | 91979 | | 32591 |
| 教育 | 94501 | 95041 | 38537 | 77256 |
| 卫生、社会保障和社会福利业 | 101519 | 104404 | 84393 | 52200 |
| 文化、体育和娱乐业 | 60883 | 63492 | | 50179 |
| 公共管理和社会组织 | 96244 | 96244 | | |
| **按隶属关系分(国有经济)** | | | | |
| 中央 | 71251 | 71251 | | |
| 省 | 90321 | 90321 | | |
| 省辖市 | 94080 | 94080 | | |
| 县及县以下 | 85677 | 85677 | | |
| 其他 | 80936 | 80936 | | |

# 4-17 城镇登记失业人数及失业率

单位：人

| 年份 | 当年需要安置的人数 | 当年已安置就业的人数 | 年末城镇登记失业人数 | #失业青年 | #失业女青年 | 年末城镇登记失业率(%) |
|---|---|---|---|---|---|---|
| 1981 | 42995 | 22600 | 10294 | 10294 | | 1.52 |
| 1982 | 28451 | 18432 | 5144 | 5144 | | 0.73 |
| 1983 | 20261 | 8336 | 10633 | 10633 | | 1.44 |
| 1984 | 22729 | 13584 | 8396 | 8396 | | 1.08 |
| 1985 | 27051 | 14654 | 11605 | 11605 | | 1.45 |
| 1986 | 30373 | 18158 | 11854 | 11854 | | 1.43 |
| 1987 | 32082 | 16469 | 15200 | 15200 | | 1.78 |
| 1988 | 36679 | 22722 | 13469 | 13469 | | 1.5 |
| 1989 | 74534 | 22780 | 50947 | 50947 | | 5.44 |
| 1990 | 71500 | 44775 | 22440 | 22440 | | 2.42 |
| 1991 | 50367 | 29702 | 18622 | 18622 | 12054 | 1.98 |
| 1992 | 42113 | 19787 | 18754 | 18754 | 11627 | 1.97 |
| 1993 | 37681 | 19406 | 16997 | 16275 | 9615 | 1.81 |
| 1994 | 33896 | 17241 | 15576 | 14875 | 8815 | 1.7 |
| 1995 | 31238 | 14971 | 15390 | 15078 | 8869 | 1.6 |
| 1996 | 31431 | 14568 | 15276 | 13795 | 7742 | 1.5 |
| 1997 | 29154 | 13083 | 15073 | 13181 | 7232 | 1.62 |
| 1998 | 27155 | 13481 | 13163 | 10398 | 6295 | 1.3 |
| 1999 | 28125 | 13087 | 15038 | 12981 | 8035 | 1.52 |
| 2000 | 34107 | 14078 | 18625 | 8482 | 4433 | 1.89 |
| 2001 | 44654 | 16512 | 26836 | 9956 | 5650 | 2.4 |
| 2002 | 60674 | 21098 | 38099 | | | 3.58 |
| 2003 | 66044 | 22521 | 37980 | 7430 | 3492 | 4.3 |
| 2004 | 67288 | 27905 | 37231 | 6571 | 3815 | 4.03 |
| 2005 | 66614 | 31263 | 33560 | 10385 | 5980 | 3.44 |
| 2006 | 78964 | 45611 | 32581 | 9589 | 5273 | 3.03 |
| 2007 | 84262 | 50696 | 33488 | 17268 | 9478 | 2.8 |
| 2008 | 88393 | 54628 | 33665 | | | 2.7 |
| 2009 | 96903 | 61063 | 35738 | | | 2.86 |
| 2010 | 106308 | 72665 | 33613 | | | 2.63 |
| 2011 | 115628 | 77798 | 37824 | | | 2.55 |
| 2012 | 117890 | 82521 | 35369 | | | 2.39 |
| 2013 | 156404 | 122597 | 33785 | | | 2.14 |
| 2014 | 132486 | 100534 | 31914 | | | 1.91 |
| 2015 | 155995 | 124366 | 31611 | | | 1.89 |
| 2016 | 169543 | 138586 | 30953 | | | 1.85 |
| 2017 | 170150 | 139772 | 30375 | | | 1.82 |

# 主要统计指标解释

**从业人员** 指从事一定社会劳动并取得劳动报酬或经营收入的全部劳动力。包括：

(1)全部职工

(2)城镇私营企业从业人员

(3)城镇个体劳动者

(4)农村社会劳动者

(5)其他社会劳动者

这一指标反映了一定时期内全部劳动力资源的实际利用情况，是研究基本国情国力的重要指标。

各单位的从业人员是指在各级国家机关、政党机关、社会团体及企业、事业单位中工作，并取得劳动报酬的全部人员。包括职工、再就业的离退休人员、民办教师以及在各单位中工作的外方人员和港、澳、台方人员。

各单位的从业人员反映了各单位实际参加生产或工作的全部劳动力。

**职工** 指在国有经济、城镇集体经济、联营经济、股份制经济、外商和港、澳、台投资经济、其他经济单位及其附属机构工作，并由其支付工资的各类人员。

**合同制职工** 指各单位根据国务院国发（1986)77 号文件和国务院令第 99 号的规定，通过签订有固定期限劳动合同、无固定期限劳动合同和以完成一项工作为期限劳动合同所使用的职工。包括实行全员劳动合同制单位的全部职工。

**使用的农村劳动力** 指国有经济、城镇集体经济、联营经济、股份制经济、外商和港、澳、台投资经济、其他经济单位的职工中，现仍保留农村户籍关系的人员。

**长期职工** 指用工期限在一年以上(含一年)的职工。包括原固定职工、合同制职工、长期临时工以及国有单位使用的城镇集体所有制单位的人员和其他使用期限在一年以上的原计划外用工。

**临时职工** 指用工期限不超过一年的职工。包括各单位根据国家有关规定招用的，签订一年以内的劳动合同或使用期不超过一年的临时性、季节性用工。

**其他从业人员** 指劳动统计制度规定不作职工统计，但实际参加社会劳动并取得劳动报酬的人员。

各单位的其他从业人员是指单位中除职工以外的全部参加本单位生产或工作并取得劳动报酬的人员。包括再就业的离退休人员、民办教师以及在各单位中工作的外方人员和港、澳、台方人员。

**城镇集体经济单位职工** 指在城镇集体经济单位及其管理部门工作并由其支付工资的各类人员。

**其他经济单位职工** 指在联营经济、股份制经济、外商投资经济、港、澳、台投资经济单位工作，并由其支付工资的各类人员。

**城镇个体劳动者** 指经工商行政管理部门核准登记，领取营业执照，参加生产经营活动，户口在城镇的全部人员。

**农村社会劳动者** 指农村人口中经常参加合作经济组织(包括乡(镇)办企业事业单位)和家庭副业生产劳动的劳动力。凡是由合作经济组织分配劳动任务或承包各种生产任务，并从中直接取得实物、现金收入和从承包的生产任务中获得实物、现金收入的劳动力，不管从事何种劳动，都要统计为农村社会劳动者。国家从乡(村)调用的建勤民工；由集体经费支付工资或补贴的乡(村)脱产管理干部；乡(村)劳动力到国有经济单位或城镇集体经济单位工作，其收入交给合作经济组织，并从中取得实物或现金收入的合同工、临时工、亦工亦农人员；自行外出，但户口没有转出的劳动力，都应包括在内。

**城镇登记失业人员** 指有非农业户口，在一定的劳动年龄内(16 岁以上及男 50 岁以下、女 45 岁以下)，有劳动能力，无业而要求就业，并在当地就业服务机构进行待业登记的人员。

**城镇登记失业率** 是城镇登记失业人数同城镇在业人数加城镇登记失业人数之比。计算公式为：

$$城镇失业率=\frac{城镇登记失业人数}{\begin{matrix}城镇在\\业人数\end{matrix}+\begin{matrix}城镇登记\\失业人数\end{matrix}}\times 100\%$$

**从业人员劳动报酬** 各单位一定时期内直接支付给本单位全部从业人员的劳动报酬总额。包括职工工资总额和本单位其他从业人员劳动报酬两部分。

**职工工资总额** 指各单位在一定时期内直接支付给本单位全部职工的劳动报酬总额。

工资总额的计算原则应以直接支付给职工的全部劳动报酬为根据。各单位支付给职工的劳动报酬以及其他根据有关规定支付的工资，不论是计入成本的还是不计入成本的，不论是按国家规定列入计征奖金税项目的，还是未列入计征奖金税项目的，不论是以货币形式支付的还是以实物形式支付的，均包括在工资总额内。

**计时工资** 指按计时工资标准(包括地区生活费补贴)和

工作时间支付给个人的劳动报酬，以及根据国家法律、法规和政策规定，因病、工伤、产假、计划生育假、婚丧假、事假、探亲假、定期休假、停工学习、执行国家或社会义务等原因按计时工资标准或计时工资标准的一定比例支付的工资。

**计件标准工资** 是指实行计件工资制的单位按照批准的计件单价和规定的劳动定额或工作量应支付给计件工人的劳动报酬。

**计件超额工资** 是计件工资的一部分，指计件工人超额完成定额任务后所得的工资。即计件工人实得的全部计件工资减去应得的计件标准工资后的数额。某些企业的工人由于从事生产的工作物等级高于本人工资等级，因而其计件标准工资高于本人标准工资，其计件超额工资也应是全部工资减去应得的计件标准工资后的数额。

**奖金** 指支付给职工的超额劳动报酬和增收节支的劳动报酬。

**津贴和补贴** 指为了补偿职工特殊或额外的劳动消耗和因其他特殊原因支付给职工的津贴，以及为了保证职工工资水平不受物价影响支付给职工的物价补贴。

**其他从业人员劳动报酬** 指各单位在一定时期内直接支付给本单位其他从业人员的全部劳动报酬。

**职工平均工资** 指企业、事业、机关单位的职工在一定时间内平均每人所得的货币工资额。它表明一定时期职工工资收入的高低程度，是反映职工工资水平的主要指标。计算公式为：

$$\text{职工平均工资} = \frac{\text{报告期实际支付的全部职工工资总额}}{\text{报告期全部职工平均人数}}$$

**职工平均实际工资** 指扣除物价变动因素后的职工平均工资。计算公式为：

$$\text{职工平均实际工资} = \frac{\text{报告期职工平均工资}}{\text{报告期全部职工生活费价格指数}}$$

# 固定资产投资

# INVESTMENT IN FIXED ASSETS

# 5

版面负责人：张　虹

编　　　辑：孙　伟

# 加强和规范统计上弄虚作假案件查处工作的若干规定

**第九条** 各单位应积极支持配合执法室对统计上弄虚作假案件的查处,应为案件查处创造必要的条件。根据执法检查的需要,各业务部门要积极提供有关统计资料,执法检查人员可以对有关专业调查对象和基层统计部门报送的统计资料进行查询。执法室应加强对业务部门案件查处的培训和指导。

## 第四章 分类核查

**第十条** 国家统计局对统计上弄虚作假案件采取以下方式进行核查:直接核查、与省级统计机构共同核查、转交省级统计机构组织核查(以下统称“三类核查”)。

**第十一条** 以下案件,一般实行直接核查:

(一)反映问题情节严重或影响恶劣的。包括存在大范围或有组织的统计上弄虚作假问题的,严重干预统计数据、干扰统计工作的,群众对有关地方统计工作和数据质量反映强烈、严重影响政府统计公信力的,统计上弄虚作假问题经媒体披露、在全国造成不良影响的等。

(二)对国家重大统计决策部署贯彻执行不力,统计数据审核严重失职,严重影响统计机构和统计人员独立调查、独立报告、独立监督,对统计上弄虚作假现象包庇、纵容或消极作为,对统计上弄虚作假案件查办不力的地方发生的。

(三)重大普查和重要统计调查关键阶段发生的。

(四)其他需要直接核查的。

执法室、业务部门、纪检监察局牵头核查。核查前应抽调统计执法和业务骨干组成核查组,认真研究制定核查方案。核查中应严格遵守统计执法检查法定程序,由取得统计执法检查证的人员进行实地核查,依法认真调查取证。核查工作可以与统计巡查或统计业务、数据质量检查结合进行。核查后牵头核查单位负责形成核查报告,对核查结果负责,按程序由局办公室就发现的统计上弄虚作假问题和整改处理要求,向省级统计机构发出通知。

**第十二条** 以下案件,一般实行共同核查:

(一)反映问题情节严重或影响恶劣,但有关省级统计机构能够坚决贯彻执行国家重大统计决策部署,认真履行统计数据审核和监督检查职责,积极配合和查办三类核查案件的。

(二)反映问题情节比较严重或影响比较恶劣的。

(三)其他需要共同核查的。

共同核查由国家统计局牵头核查单位指定人员担任核查组组长、负责形成核查报告,省级统计机构派员参加。具体工作程序与直接核查相同。

# 5-1 全社会固定资产投资

单位:万元

| 年份 | 全社会固定资产投资完成额 | # 城镇规模以上 | 农村规模以上 | # 城乡个私 | # 城镇个私 |
|---|---|---|---|---|---|
| 1978 | 32052 | 32052 | | | |
| 1979 | 39965 | 39965 | | | |
| 1980 | 46737 | 46737 | | | |
| 1981 | 31140 | 31140 | | | |
| 1982 | 45100 | 45100 | | | |
| 1983 | 61776 | 61776 | | | |
| 1984 | 72575 | 72575 | | | |
| 1985 | 81993 | 81993 | | | |
| 1986 | 186435 | 111793 | 46816 | 27826 | 13530 |
| 1987 | 223523 | 120516 | 54252 | 48755 | 15040 |
| 1988 | 203704 | 101872 | 62359 | 39473 | 16000 |
| 1989 | 211255 | 88112 | 70066 | 73077 | 16730 |
| 1990 | 244092 | 117535 | 84417 | 42140 | 19460 |
| 1991 | 300167 | 153137 | 99315 | 47715 | 22890 |
| 1992 | 448089 | 256335 | 132420 | 59334 | 23160 |
| 1993 | 513891 | 308967 | 134000 | 70924 | 15986 |
| 1994 | 772145 | 407060 | 247278 | 117807 | 31959 |
| 1995 | 1036880 | 532002 | 407263 | 97615 | 20696 |
| 1996 | 1365558 | 713616 | 542778 | 109164 | 18626 |
| 1997 | 1521073 | 812015 | 573291 | 135767 | 21696 |
| 1998 | 1882611 | 1137480 | 510507 | 211098 | 7529 |
| 1999 | 2202118 | 1313145 | 404029 | 422971 | 47274 |
| 2000 | 2521865 | 1540283 | 359501 | 541440 | 81474 |
| 2001 | 2878503 | 1715698 | 137554 | 182724 | 109437 |
| 2002 | 3231237 | 1776036 | 121704 | 272936 | 128717 |
| 2003 | 3830289 | 2447598 | 412593 | 292571 | 130034 |
| 2004 | 4452726 | 3187501 | 717778 | 726871 | 281055 |
| 2005 | 6013112 | 4509921 | 950880 | 1613051 | 881267 |
| 2006 | 7529941 | 5985211 | 816056 | 2386794 | 1800453 |
| 2007 | 9607018 | 7695881 | 1027195 | 6310559 | 5364624 |
| 2008 | 12506684 | 10150379 | 1467142 | 4397099 | 3293322 |
| 2009 | 16245718 | 13375634 | 2314293 | 7555693 | 5821889 |
| 2010 | 20492595 | 16469766 | 2917392 | 9003877 | 6810346 |

注:1.2002 年以前城镇、农村规模以上分别为城镇、农村集体以上;2.2010 年以后不再统计全社会固定资产投资。

# 5-2 固定资产投资

单位:万元

| 年 份 | 全 市 | #城乡个私 | 市 区 | #城乡个私 |
|---|---|---|---|---|
| 1978 | 32052 | | 27988 | |
| 1979 | 39965 | | 34622 | |
| 1980 | 46737 | | 40763 | |
| 1981 | 31140 | | 26990 | |
| 1982 | 45100 | | 38339 | |
| 1983 | 61776 | | 54607 | |
| 1984 | 72575 | | 64757 | |
| 1985 | 81993 | | 69413 | |
| 1986 | 158609 | 27826 | 106534 | 5816 |
| 1987 | 174768 | 48755 | 118110 | 6935 |
| 1988 | 164231 | 39473 | 95271 | 7917 |
| 1989 | 158178 | 73077 | 85194 | 7378 |
| 1990 | 201952 | 42140 | 117947 | 9486 |
| 1991 | 252452 | 47715 | 142140 | 10426 |
| 1992 | 388755 | 59334 | 233176 | 9293 |
| 1993 | 442967 | 70924 | 205394 | 6145 |
| 1994 | 654338 | 117807 | 316251 | 11149 |
| 1995 | 939265 | 97615 | 425293 | 13867 |
| 1996 | 1256394 | 109164 | 584478 | 18347 |
| 1997 | 1385306 | 135767 | 752279 | 36649 |
| 1998 | 1647987 | 211098 | 1098821 | 19776 |
| 1999 | 1717174 | 422971 | 1153101 | 100599 |
| 2000 | 1899784 | 541440 | 1269190 | 150387 |
| 2001 | 1853252 | 182724 | 1401933 | 87082 |
| 2002 | 1897740 | 272936 | 1461694 | 94483 |
| 2003 | 2860191 | 292571 | 1788761 | 49681 |
| 2004 | 3905279 | 726871 | 2041714 | 130810 |
| 2005 | 5460801 | 1613051 | 2492481 | 465764 |
| 2006 | 6801267 | 2386794 | 2936655 | 631616 |
| 2007 | 8723076 | 6310559 | 3617867 | 2402901 |
| 2008 | 11617521 | 4397099 | 5218485 | 2177161 |
| 2009 | 15689927 | 7555693 | 6270237 | 2248229 |
| 2010 | 19387158 | 9003877 | 10220846 | 3953299 |
| 2011 | 22010274 | 8934776 | 11930894 | 3448110 |
| 2012 | 26858891 | 9599343 | 14485002 | 2939545 |
| 2013 | 30901313 | 12552369 | 16824224 | 4944903 |
| 2014 | 36715594 | 17262719 | 19315592 | 7573667 |
| 2015 | 42661166 | 20133071 | 21670386 | 8223614 |
| 2016 | 47973323 | 27041925 | 23542260 | 11099451 |
| 2017 | 52770269 | 33281668 | 25793017 | 15099088 |

注:2011 年起,固定资产投资统计的起点标准从计划总投资 50 万元提高到 500 万元。

# 5-3 各时期固定资产投资完成额

单位:万元

| 时 期 | 合 计 | 基本建设 | 更新改造 | 其他投资 | 房地产开发 |
|---|---|---|---|---|---|
| 1949 | 257 | 257 | | | |
| **恢复时期** | **2065** | **2065** | | | |
| **“一五”时期** | **15602** | **15602** | | | |
| **“二五”时期** | **70222** | **70222** | | | |
| **调整时期** | **14262** | **14262** | | | |
| **“三五”时期** | **18586** | **18586** | | | |
| **“四五”时期** | **63127** | **60974** | **2153** | | |
| **“五五”时期** | **151718** | **134899** | **12287** | **4532** | |
| 1976 | 14432 | 14432 | | | |
| 1977 | 18532 | 18532 | | | |
| 1978 | 32052 | 29141 | 1870 | 1041 | |
| 1979 | 39965 | 32579 | 6402 | 984 | |
| 1980 | 46732 | 40215 | 4015 | 2507 | |
| **“六五”时期** | **292584** | **177653** | **79905** | **35026** | |
| 1981 | 31140 | 22524 | 5465 | 3151 | |
| 1982 | 45100 | 24312 | 14281 | 6507 | |
| 1983 | 61776 | 37279 | 17443 | 7054 | |
| 1984 | 72575 | 48622 | 17164 | 6789 | |
| 1985 | 81993 | 44916 | 25552 | 11525 | |
| **“七五”时期** | **539828** | **285696** | **180358** | **61560** | **12214** |
| 1986 | 111793 | 66508 | 29063 | 16222 | |
| 1987 | 120516 | 75020 | 31166 | 14330 | |
| 1988 | 101872 | 40804 | 46889 | 14179 | |
| 1989 | 88112 | 46274 | 34590 | 7248 | |
| 1990 | 117535 | 57090 | 38650 | 9581 | 12214 |
| **“八五”时期** | **1657501** | **826093** | **526087** | **151031** | 154290 |
| 1991 | 153137 | 74263 | 50691 | 13114 | 15069 |
| 1992 | 256335 | 116204 | 94656 | 29404 | 16071 |
| 1993 | 308967 | 126040 | 119234 | 35333 | 28360 |
| 1994 | 407060 | 205272 | 131971 | 35682 | 34135 |
| 1995 | 532002 | 304314 | 129535 | 37498 | 60655 |
| **“九五”时期** | **5516539** | **2909525** | **1257699** | **449088** | **900227** |
| 1996 | 713616 | 375182 | 186272 | 71520 | 80642 |
| 1997 | 812015 | 419068 | 202617 | 74937 | 115393 |
| 1998 | 1137480 | 591413 | 270144 | 90292 | 185631 |
| 1999 | 1313145 | 720580 | 283647 | 70847 | 238071 |
| 2000 | 1540283 | 803282 | 315019 | 141492 | 280490 |
| **“十五”时期** | **13636754** | **5179894** | **1925784** | **847621** | **1799272** |
| 2001 | 1715698 | 921817 | 359585 | 120944 | 313352 |
| 2002 | 1776036 | 1020760 | 398013 | 107174 | 250089 |
| 2003 | 2447598 | 1344223 | 520720 | 281697 | 300958 |
| 2004 | 3187501 | 1893094 | 647466 | 337806 | 309135 |
| 2005 | 4509921 | | | | 625738 |
| **“十一五”时期** | **53676871** | | | | **6661018** |
| 2006 | 5985211 | | | | 707983 |
| 2007 | 7695881 | | | | 1001097 |
| 2008 | 10150379 | | | | 1308123 |
| 2009 | 13375634 | | | | 1590593 |
| 2010 | 16469766 | | | | 2053222 |
| **“十二五”时期** | **159147238** | | | | **18847603** |
| 2011 | 22010274 | | | | 2551217 |
| 2012 | 26858891 | | | | 3100707 |
| 2013 | 30901313 | | | | 3804668 |
| 2014 | 36715594 | | | | 4688767 |
| 2015 | 42661166 | | | | 4702244 |
| **“十三五”时期** | **100743592** | | | | **10877553** |
| 2016 | 47973323 | | | | 5491309 |
| 2017 | 52770269 | | | | 5386244 |

注:1.2002 年以前为城镇集体以上投资,2005 年以后取消了基本建设和更新改造的分类; 2011 年以前为城镇规模以上固定资产投资;3.2011 年起为 500 万元以上固定资产投资,不再区分城镇和农村。

# 5-4 市区固定资产投资完成额

单位:万元

| 年 份 | 合 计 | 基本建设 | 更新改造 | 其他投资 | 房地产开发 |
|---|---|---|---|---|---|
| 1978 | 27988 | 25927 | 1144 | 917 | |
| 1979 | 34622 | 28415 | 5418 | 789 | |
| 1980 | 40763 | 35533 | 3171 | 2059 | |
| 1981 | 26990 | 20409 | 4270 | 2311 | |
| 1982 | 38339 | 21143 | 11801 | 5395 | |
| 1983 | 54607 | 33224 | 15401 | 5982 | |
| 1984 | 64757 | 44088 | 14998 | 5671 | |
| 1985 | 69413 | 38898 | 22367 | 8148 | |
| 1986 | 95150 | 60380 | 24007 | 10763 | |
| 1987 | 104174 | 70483 | 24933 | 8758 | |
| 1988 | 78745 | 35361 | 36892 | 6492 | |
| 1989 | 68047 | 38675 | 27081 | 2294 | |
| 1990 | 95455 | 45083 | 32432 | 5726 | 12214 |
| 1991 | 119408 | 60097 | 39380 | 6875 | 13056 |
| 1992 | 195860 | 86709 | 75680 | 19008 | 14463 |
| 1993 | 201019 | 68547 | 88506 | 20131 | 23835 |
| 1994 | 253437 | 130328 | 78598 | 19578 | 24933 |
| 1995 | 338392 | 196442 | 76004 | 17063 | 48883 |
| 1996 | 443879 | 252482 | 91128 | 38360 | 61909 |
| 1997 | 577803 | 316030 | 134249 | 42989 | 84535 |
| 1998 | 902936 | 481654 | 205674 | 65758 | 149850 |
| 1999 | 1048339 | 614299 | 211568 | 32237 | 190235 |
| 2000 | 1205265 | 681585 | 236759 | 62123 | 224798 |
| 2001 | 1328481 | 741555 | 295767 | 62149 | 229010 |
| 2002 | 1401555 | 832978 | 325980 | 72250 | 170347 |
| 2003 | 1788761 | 1134523 | 420109 | 53217 | 180912 |
| 2004 | 2231004 | 1557209 | 448594 | 35911 | 189290 |
| 2005 | 2451166 | | | | 362170 |
| 2006 | 2924555 | | | | 451565 |
| 2007 | 3607867 | | | | 478393 |
| 2008 | 5185735 | | | | 741589 |
| 2009 | 6162667 | | | | 797912 |
| 2010 | 9664307 | | | | 1266145 |
| 2011 | 11930894 | | | | 1517773 |
| 2012 | 14485002 | | | | 1995752 |
| 2013 | 16824224 | | | | 2611336 |
| 2014 | 19315592 | | | | 2996808 |
| 2015 | 21670386 | | | | 2863281 |
| 2016 | 23542260 | | | | 3263851 |
| 2017 | 25793017 | | | | 3009665 |

注:1.2011 年以前为城镇规模以上固定资产投资;2.2011 年起为 500 万元以上固定资产投资,不再区分城镇和农村。。

# 5-5 各时期投资新增固定资产

单位:万元

| 时 期 | 合 计 | 基本建设 | 更新改造 | 其他投资 | 房地产开发 |
|---|---|---|---|---|---|
| 1949 | **248** | **248** | | | |
| 恢复时期 | **1776** | **1776** | | | |
| "一五"时期 | **12643** | **12643** | | | |
| "二五"时期 | **52985** | **52985** | | | |
| 调整时期 | **11619** | **11619** | | | |
| "三五"时期 | **11759** | **11759** | | | |
| "四五"时期 | **35169** | **35169** | | | |
| "五五"时期 | **120222** | **108726** | **8258** | **3238** | |
| 1976 | 9446 | 9446 | | | |
| 1977 | 9458 | 9458 | | | |
| 1978 | 30475 | 27986 | 1789 | 700 | |
| 1979 | 30209 | 25844 | 3807 | 558 | |
| 1980 | 40634 | 35992 | 2662 | 1980 | |
| "六五"时期 | **225890** | **129838** | **63086** | **32966** | |
| 1981 | 22041 | 15323 | 4097 | 2621 | |
| 1982 | 31357 | 15074 | 11754 | 4529 | |
| 1983 | 35124 | 14919 | 12514 | 7691 | |
| 1984 | 51932 | 30733 | 13882 | 7317 | |
| 1985 | 85436 | 53789 | 20839 | 10808 | |
| "七五"时期 | **439936** | **226017** | **147703** | **54849** | **11367** |
| 1986 | 89636 | 48050 | 25724 | 15862 | |
| 1987 | 96080 | 60055 | 27876 | 8149 | |
| 1988 | 95252 | 48063 | 33199 | 13990 | |
| 1989 | 74117 | 34597 | 31245 | 8275 | |
| 1990 | 84851 | 35252 | 29659 | 8573 | 11367 |
| "八五"时期 | **1130113** | **526560** | **375736** | **128774** | **99043** |
| 1991 | 114583 | 50726 | 39636 | 10026 | 14195 |
| 1992 | 186138 | 92456 | 56505 | 26802 | 10375 |
| 1993 | 191284 | 76848 | 84971 | 26428 | 3037 |
| 1994 | 252013 | 108300 | 87916 | 33537 | 22260 |
| 1995 | 386095 | 198230 | 106708 | 31981 | 49176 |
| "九五"时期 | **4160683** | **2118938** | **1041554** | **417666** | **582526** |
| 1996 | 610805 | 319035 | 172302 | 58363 | 61105 |
| 1997 | 757218 | 425798 | 178475 | 67624 | 85321 |
| 1998 | 752613 | 303985 | 250117 | 80716 | 117795 |
| 1999 | 968298 | 520106 | 179786 | 86004 | 182402 |
| 2000 | 1071749 | 550014 | 260874 | 124958 | 135903 |
| "十五"时期 | **8627742** | **2848831** | **1427736** | **731525** | **1122436** |
| 2001 | 1070252 | 582891 | 134992 | 110582 | 241787 |
| 2002 | 1549933 | 786760 | 559860 | 77321 | 125992 |
| 2003 | 1295044 | 672868 | 270887 | 225322 | 125967 |
| 2004 | 1718860 | 806312 | 461997 | 318300 | 132251 |
| 2005 | 2993653 | | | | 496439 |
| "十一五"时期 | **36739637** | | | | **3820079** |
| 2006 | 3024852 | | | | 298673 |
| 2007 | 6163555 | | | | 448651 |
| 2008 | 5513772 | | | | 497972 |
| 2009 | 9252496 | | | | 1261300 |
| 2010 | 12784962 | | | | 1313483 |
| "十二五"时期 | **124550840** | | | | **10389210** |
| 2011 | 15040675 | | | | 1539050 |
| 2012 | 20447653 | | | | 1360822 |
| 2013 | 24690737 | | | | 2684251 |
| 2014 | 30741958 | | | | 2152080 |
| 2015 | 33629817 | | | | 2653007 |
| "十三五"时期 | **76133002** | | | | **4490210** |
| 2016 | 33204575 | | | | 1984917 |
| 2017 | 42928427 | | | | 2505293 |

注:1.2002 年以前为城镇集体以上投资,2005 年以后取消了基本建设和更新改造的分类;2.2011 年以前为城镇规模以上固定资产投资。3.2011 年起为 500 万元以上固定资产投资,不再区分城镇和农村。

# 5–6 市区投资新增固定资产

单位：万元

| 年 份 | 合 计 | 基本建设 | 更新改造 | 其他投资 | 房地产开发 |
|---|---|---|---|---|---|
| 1978 | 26866 | 25315 | 970 | 581 | |
| 1979 | 25972 | 22452 | 3066 | 454 | |
| 1980 | 35533 | 31935 | 2033 | 1565 | |
| 1981 | 18034 | 13109 | 3078 | 1847 | |
| 1982 | 25881 | 12913 | 9497 | 3471 | |
| 1983 | 29766 | 12206 | 10875 | 6685 | |
| 1984 | 44568 | 26544 | 11892 | 6132 | |
| 1985 | 75673 | 49688 | 17681 | 8204 | |
| 1986 | 73299 | 42141 | 20519 | 10629 | |
| 1987 | 80186 | 54202 | 21992 | 3891 | |
| 1988 | 75532 | 42957 | 26722 | 5853 | |
| 1989 | 55544 | 28219 | 24011 | 3314 | |
| 1990 | 64294 | 21322 | 13423 | 6171 | 11367 |
| 1991 | 84047 | 26233 | 27873 | 4974 | 13000 |
| 1992 | 150991 | 81358 | 42839 | 17559 | 9235 |
| 1993 | 119722 | 36283 | 52825 | 12914 | 16700 |
| 1994 | 135861 | 51271 | 49550 | 16641 | 18399 |
| 1995 | 207292 | 64720 | 51384 | 14704 | 43484 |
| 1996 | 375765 | 211880 | 91132 | 29017 | 43735 |
| 1997 | 537990 | 329431 | 102839 | 42557 | 62163 |
| 1998 | 553824 | 205359 | 192031 | 60488 | 95946 |
| 1999 | 731316 | 421070 | 124137 | 34668 | 151441 |
| 2000 | 772075 | 456828 | 185994 | 40513 | 88740 |
| 2001 | 662624 | 408353 | 79246 | | 175025 |
| 2002 | 1193645 | 600972 | 483374 | 41657 | 67642 |
| 2003 | 762273 | 498133 | 183849 | 31992 | 48299 |
| 2004 | 909183 | 526150 | 263125 | 38431 | 81477 |
| 2005 | 1579550 | | | | 246009 |
| 2006 | 1764597 | | | | 89433 |
| 2007 | 2344769 | | | | 448651 |
| 2008 | 2719346 | | | | 234540 |
| 2009 | 3723923 | | | | 797912 |
| 2010 | 8237121 | | | | 697580 |
| 2011 | 6991822 | | | | 826774 |
| 2012 | 10519995 | | | | 623425 |
| 2013 | 12075838 | | | | 1583159 |
| 2014 | 15337399 | | | | 1154480 |
| 2015 | 16990739 | | | | 1470955 |
| 2016 | 15731872 | | | | 923570 |
| 2017 | 19993831 | | | | 1425712 |

注：1.2011 年以前为城镇规模以上固定资产投资；2.2011 年起为 500 万元以上固定资产投资，不再区分城镇和农村。

# 5-7 固定资产投资竣工房屋建筑面积

单位:万平方米

| 年 份 | 竣工的房屋建筑面积 | 基本建设 | 更新改造 | 其他投资 | 房地产开发 |
|---|---|---|---|---|---|
| 1978 | 75.6 | 64.8 | 4.2 | 6.6 | |
| 1979 | 97.3 | 78.0 | 13.4 | 5.9 | |
| 1980 | 113.5 | 96.3 | 6.8 | 10.4 | |
| 1981 | 109.4 | 84.2 | 14.4 | 10.8 | |
| 1982 | 110.1 | 60.5 | 27.5 | 22.1 | |
| 1983 | 132.4 | 63.5 | 39.0 | 29.9 | |
| 1984 | 131.6 | 68.4 | 30.5 | 32.7 | |
| 1985 | 129.2 | 63.7 | 29.3 | 36.2 | |
| 1986 | 153.0 | 63.6 | 42.4 | 47.0 | |
| 1987 | 124.2 | 60.3 | 27.2 | 36.7 | |
| 1988 | 105.1 | 44.7 | 31.0 | 29.4 | |
| 1989 | 80.9 | 42.8 | 23.9 | 14.2 | |
| 1990 | 111.8 | 38.0 | 27.7 | 8.9 | 37.2 |
| 1991 | 115.6 | 42.3 | 25.7 | 14.4 | 33.2 |
| 1992 | 129.6 | 54.7 | 25.9 | 18.2 | 30.8 |
| 1993 | 160.1 | 62.2 | 32.8 | 17.3 | 47.8 |
| 1994 | 140.3 | 43.5 | 25.4 | 15.8 | 55.6 |
| 1995 | 183.3 | 89.0 | 17.8 | 15.9 | 60.6 |
| 1996 | 224.0 | 86.0 | 37.2 | 17.8 | 83.0 |
| 1997 | 261.5 | 101.9 | 34.3 | 21.6 | 130.7 |
| 1998 | 245.4 | 84.4 | 11.7 | 21.9 | 127.4 |
| 1999 | 380.8 | 118.1 | 6.1 | 46.9 | 209.8 |
| 2000 | 294.8 | 123.7 | 23.4 | 60.7 | 87.0 |
| 2001 | 431.1 | 179.1 | 16.1 | 35.5 | 200.4 |
| 2002 | 385.5 | 186.4 | 20.4 | 46.5 | 132.3 |
| 2003 | 211.6 | 66.6 | 7.6 | 26.0 | 111.4 |
| 2004 | 199.6 | 53.0 | 13.0 | 29.3 | 104.3 |
| 2005 | 537.3 | | | | 320.1 |
| 2006 | 463.4 | | | | 172.3 |
| 2007 | 767.5 | | | | 265.7 |
| 2008 | 685.2 | | | | 224.4 |
| 2009 | 689.3 | | | | 407.9 |
| 2010 | 1409.6 | | | | 457.1 |
| 2011 | 1752.8 | | | | 562.5 |
| 2012 | 2276.7 | | | | 481.5 |
| 2013 | 2787.0 | | | | 702.7 |
| 2014 | 3436.1 | | | | 508.6 |
| 2015 | 3613.6 | | | | 671.8 |
| 2016 | 2299.3 | | | | 601.8 |
| 2017 | 1652.4 | | | | 520.5 |

注:1.2002 年以前为城镇集体以上投资,2005 年以后取消了基本建设和更新改造的分类;2.2011 年以前为城镇规模以上固定资产投资;3.2011 年起为 500 万元以上固定资产投资,不再区分城镇和农村。

# 5-8 市区固定资产投资竣工房屋建筑面积

单位:万平方米

| 年份 | 竣工的房屋建筑面积 | 基本建设 | 更新改造 | 其他投资 | 房地产开发 |
|---|---|---|---|---|---|
| 1978 | 60.7 | 53.5 | 2.0 | 5.2 | |
| 1979 | 80.9 | 64.5 | 11.1 | 5.3 | |
| 1980 | 86.5 | 72.5 | 5.1 | 8.9 | |
| 1981 | 85.2 | 68.0 | 9.1 | 8.1 | |
| 1982 | 78.2 | 41.9 | 19.0 | 17.3 | |
| 1983 | 104.4 | 48.4 | 31.3 | 24.7 | |
| 1984 | 103.4 | 51.7 | 25.3 | 26.4 | |
| 1985 | 98.4 | 46.7 | 25.4 | 26.3 | |
| 1986 | 112.8 | 52.0 | 33.5 | 27.3 | |
| 1987 | 65.3 | 41.3 | 21.0 | 3.0 | |
| 1988 | 52.1 | 26.0 | 19.0 | 7.1 | |
| 1989 | 51.9 | 31.0 | 17.3 | 3.6 | |
| 1990 | 75.2 | 22.2 | 20.0 | 2.0 | 31.0 |
| 1991 | 67.0 | 20.3 | 17.8 | 2.4 | 26.5 |
| 1992 | 76.0 | 28.0 | 9.0 | 11.0 | 28.0 |
| 1993 | 97.4 | 29.6 | 17.7 | 7.7 | 42.4 |
| 1994 | 84.9 | 18.2 | 14.6 | 7.6 | 44.5 |
| 1995 | 97.2 | 31.2 | 5.1 | 7.3 | 53.6 |
| 1996 | 116.1 | 35.6 | 13.7 | 5.2 | 61.6 |
| 1997 | 136.9 | 39.7 | 10.1 | 10.0 | 77.1 |
| 1998 | 159.6 | 35.2 | 7.3 | 7.0 | 110.1 |
| 1999 | 261.1 | 64.3 | 3.8 | 11.9 | 181.1 |
| 2000 | 162.2 | 64.1 | 16.5 | 23.9 | 57.7 |
| 2001 | 194.3 | 48.6 | 8.9 | 17.1 | 119.6 |
| 2002 | 167.6 | 71.2 | 12.4 | 17.7 | 66.3 |
| 2003 | 75.6 | 32.5 | 6.6 | | 36.5 |
| 2004 | 102.8 | 19.6 | 7.0 | 4.3 | 71.9 |
| 2005 | 231.8 | | | | 127.7 |
| 2006 | 186.5 | | | | 43.9 |
| 2007 | 248.2 | | | | 86.4 |
| 2008 | 251.1 | | | | 76.4 |
| 2009 | 375.0 | | | | 233.5 |
| 2010 | 732.4 | | | | 227.0 |
| 2011 | 710.5 | | | | 276.0 |
| 2012 | 966.8 | | | | 179.2 |
| 2013 | 1223.6 | | | | 403.9 |
| 2014 | 1401.2 | | | | 170.4 |
| 2015 | 1636.1 | | | | 302.2 |
| 2016 | 1014.2 | | | | 252.7 |
| 2017 | 656.6 | | | | 181.5 |

注:1.2011 年以前为城镇规模以上固定资产投资;2.2011 年起为 500 万元以上固定资产投资,不再区分城镇和农村。

# 5-9 固定资产投资竣工住宅建筑面积

单位:万平方米

| 年 份 | 竣工的房屋住宅面积 | 基本建设 | 更新改造 | 其他投资 | 房地产开发 |
|---|---|---|---|---|---|
| 1978 | 36.4 | 33.7 | 0.4 | 2.3 | |
| 1979 | 50.5 | 44.7 | 3.6 | 2.2 | |
| 1980 | 61.2 | 58.2 | 0.2 | 2.8 | |
| 1981 | 64.3 | 53.3 | 7.7 | 3.3 | |
| 1982 | 58.8 | 37.3 | 9.9 | 11.6 | |
| 1983 | 73.8 | 38.5 | 16.1 | 19.2 | |
| 1984 | 65.8 | 35.2 | 12.3 | 18.3 | |
| 1985 | 67.1 | 32.3 | 10.4 | 24.4 | |
| 1986 | 76.1 | 31.9 | 18.1 | 26.1 | |
| 1987 | 48.7 | 25.6 | 6.9 | 16.2 | |
| 1988 | 33.0 | 15.5 | 8.1 | 9.4 | |
| 1989 | 29.7 | 18.0 | 7.3 | 4.4 | |
| 1990 | 58.4 | 12.2 | 9.4 | 2.1 | 34.7 |
| 1991 | 55.4 | 19.3 | 5.1 | 3.4 | 27.6 |
| 1992 | 64.6 | 26.2 | 6.8 | 4.8 | 26.8 |
| 1993 | 74.3 | 25.4 | 8.0 | 1.6 | 39.3 |
| 1994 | 73.8 | 21.1 | 4.3 | 6.4 | 42.0 |
| 1995 | 91.9 | 31.5 | 2.7 | 2.8 | 54.9 |
| 1996 | 114.1 | 31.7 | 8.4 | 3.0 | 71.0 |
| 1997 | 134.7 | 41.0 | 2.1 | 6.1 | 85.5 |
| 1998 | 140.6 | 26.9 | 0.4 | 6.0 | 107.3 |
| 1999 | 228.3 | 32.9 | 0.1 | 7.3 | 188.0 |
| 2000 | 143.6 | 31.9 | 3.5 | 33.7 | 74.5 |
| 2001 | 213.4 | 63.2 | | 7.0 | 143.2 |
| 2002 | 155.7 | 43.0 | 0.9 | 9.3 | 102.6 |
| 2003 | 101.4 | 8.0 | 2.2 | 1.0 | 90.2 |
| 2004 | 92.8 | 3.7 | | | 89.1 |
| 2005 | 255.9 | | | | 250.2 |
| 2006 | 149.3 | | | | 136.7 |
| 2007 | 226.5 | | | | 225.6 |
| 2008 | 198.4 | | | | 198.4 |
| 2009 | 357.5 | | | | 356.1 |
| 2010 | 395.2 | | | | 378.6 |
| 2011 | 589.5 | | | | 494.1 |
| 2012 | 554.3 | | | | 426.2 |
| 2013 | 706.7 | | | | 615.6 |
| 2014 | 623.7 | | | | 431.1 |
| 2015 | 709.9 | | | | 520.8 |
| 2016 | 551.9 | | | | 488.7 |
| 2017 | 529.6 | | | | 442.1 |

注:1.2011 年以前为城镇规模以上固定资产投资;2.2011 年起为 500 万元以上固定资产投资,不再区分城镇和农村。

# 5-10 市区固定资产投资竣工住宅建筑面积

单位:万平方米

| 年 份 | 竣工的房屋住宅面积 | 基本建设 | 更新改造 | 其他投资 | 房地产开发 |
|---|---|---|---|---|---|
| 1978 | 32.2 | 30.4 | | 1.8 | |
| 1979 | 43.9 | 38.7 | 3.2 | 2.0 | |
| 1980 | 50.8 | 48.3 | 0.2 | 2.3 | |
| 1981 | 50.9 | 42.7 | 5.6 | 2.6 | |
| 1982 | 46.8 | 29.0 | 7.6 | 10.2 | |
| 1983 | 63.1 | 31.9 | 13.6 | 17.6 | |
| 1984 | 57.0 | 28.6 | 11.4 | 17.0 | |
| 1985 | 53.4 | 24.2 | 9.2 | 20.0 | |
| 1986 | 68.8 | 27.6 | 16.6 | 24.6 | |
| 1987 | 36.5 | 19.5 | 5.8 | 11.2 | |
| 1988 | 22.9 | 10.2 | 11.5 | 1.2 | |
| 1989 | 22.1 | 14.8 | 6.3 | 1.0 | |
| 1990 | 48.8 | 8.0 | 6.8 | 1.0 | 33.0 |
| 1991 | 39.8 | 19.3 | 5.1 | 3.4 | 12.0 |
| 1992 | 46.0 | 20.0 | 6.8 | 4.0 | 15.2 |
| 1993 | 54.4 | 12.2 | 3.8 | 1.5 | 36.9 |
| 1994 | 48.8 | 8.7 | 3.2 | 3.8 | 33.1 |
| 1995 | 63.7 | 15.2 | 0.5 | | 48.0 |
| 1996 | 70.9 | 14.5 | 2.7 | 0.2 | 53.5 |
| 1997 | 81.0 | 16.8 | 1.1 | 2.6 | 60.5 |
| 1998 | 101.7 | 7.9 | 0.4 | | 93.4 |
| 1999 | 173.6 | 11.3 | | | 162.3 |
| 2000 | 73.0 | 7.5 | 3.5 | 14.6 | 47.4 |
| 2001 | 94.9 | 13.5 | | 2.8 | 78.6 |
| 2002 | 65.3 | 16.2 | 0.9 | 1.7 | 46.5 |
| 2003 | 30.8 | 1.6 | 2.2 | | 27.0 |
| 2004 | 91.3 | 19.6 | 7.0 | 4.3 | 60.4 |
| 2005 | 102.0 | | | | 102.0 |
| 2006 | 46.7 | | | | 36.7 |
| 2007 | 65.9 | | | | 65.9 |
| 2008 | 55.9 | | | | 55.9 |
| 2009 | 196.3 | | | | 196.3 |
| 2010 | 177.0 | | | | 176.9 |
| 2011 | 254.8 | | | | 252.6 |
| 2012 | 167.0 | | | | 167.0 |
| 2013 | 377.7 | | | | 355.7 |
| 2014 | 246.7 | | | | 137.8 |
| 2015 | 236.2 | | | | 230.7 |
| 2016 | 251.6 | | | | 209.7 |
| 2017 | 144.0 | | | | 133.2 |

注:1.2011 年以前为城镇规模以上固定资产投资;2.2011 年起为 500 万元以上固定资产投资,不再区分城镇和农村。

# 5-11 固定资产投资情况(不含房地产)

(2017 年)　　单位:万元

| 指　　标 | 合　计 | #市　区 |
|---|---|---|
| **计划投资** | | |
| 建设项目计划总投资 | 77366692 | 39894495 |
| #本年新开工项目 | 41004023 | 18364862 |
| 自开始建设累计完成投资 | 61452748 | 29310704 |
| **自年初累计完成投资** | **47384025** | **22791552** |
| #本年新开工项目 | 34518045 | 15470874 |
| #国有经济控股 | 8976824 | 4238275 |
| #住宅 | 163039 | 55778 |
| #基础设施投资 | 9005094 | 4711892 |
| #民间投资 | 37914178 | 18270746 |
| **按构成分** | | |
| 建筑工程 | 22864672 | 10119812 |
| 安装工程 | 1362831 | 702810 |
| 设备工器具购置 | 20252296 | 10816784 |
| 其他费用 | 2904226 | 1152146 |
| **按建设性质分** | | |
| 新　建 | 27644413 | 14474565 |
| 扩　建 | 4692121 | 1983518 |
| 改　建 | 12832015 | 4377222 |
| **按登记注册类型分** | | |
| 内　资 | 46653200 | 22436418 |
| 国有 | 7510990 | 3167357 |
| 集体 | 403412 | 267399 |
| 股份合作 | 11725 | |
| 联营企业 | 18076 | 826 |
| 国有联营 | | |
| 集体联营企业 | 8950 | |
| 国有与集体联营企业 | | |
| 其他联营企业 | 9126 | 826 |
| 有限责任公司 | 4573195 | 3352816 |
| 国有独资公司 | 1109767 | 752573 |
| 其他有限责任公司 | 3463428 | 2600243 |
| 股份有限公司 | 253350 | 121102 |
| 私营 | 33273823 | 15091243 |
| 私营独资企业 | 5195335 | 2193561 |
| 私营合伙企业 | 34222 | 7720 |
| 私营有限责任公司 | 27681781 | 12691859 |
| 私营股份有限公司 | 362485 | 198103 |
| 其他 | 608629 | 435675 |
| 港澳台商投资 | 290980 | 171775 |
| 合资经营 | 184088 | 132836 |
| 合作经营 | 16000 | |
| 独资 | 69353 | 17400 |
| 股份有限公司 | 19344 | 19344 |
| 其他港澳台商投资企业 | 2195 | 2195 |
| 外商投资 | 432000 | 175514 |
| 合资经营 | 259534 | 112804 |
| 合作经营 | | |
| 独资 | 172466 | 62710 |
| 股份有限公司 | | |
| 其他外商投资企业 | | |

5-11 续表 1 （2017 年） 单位:万元

| 指 标 | 合 计 | #市 区 |
|---|---|---|
| 个体经营 | 7845 | 7845 |
| 个体户 | 7845 | 7845 |
| 个人合伙 | | |
| **按产业分** | | |
| 第一产业 | 608862 | 361807 |
| 第二产业 | 28841941 | 11511208 |
| 工业 | 28576040 | 11427211 |
| #能源工业 | 1804604 | 1061302 |
| 原材料工业 | 5435774 | 2381280 |
| 机电工业 | 10228822 | 5768876 |
| 轻纺工业 | 10920575 | 2259812 |
| 第三产业 | 17933222 | 10918537 |
| **按国民经济行业分** | | |
| 农、林、牧、渔业 | 722034 | 418254 |
| 农业 | 352022 | 176734 |
| 林业 | 17232 | 9470 |
| 畜牧业 | 225620 | 168115 |
| 渔业 | 13988 | 7488 |
| 农、林、牧、渔服务业 | 113172 | 56447 |
| 采矿业 | 453947 | 402587 |
| 煤炭开采和洗选业 | 76368 | 56918 |
| 石油与天然气开采业业 | 4979 | 4979 |
| 黑色金属矿采选业 | 296050 | 291150 |
| 有色金属矿采选业 | | |
| 非金属矿采选业 | 74050 | 47040 |
| 开采辅助活动 | 2500 | 2500 |
| 其他采矿业 | | |
| 制造业 | 26279510 | 10032140 |
| 农副食品加工业 | 1528689 | 381189 |
| 食品制造业 | 595869 | 152595 |
| 酒、饮料和精制茶制造业 | 234189 | 94055 |
| 烟草制品业 | 31283 | 31283 |
| 纺织业 | 1674682 | 205224 |
| 纺织服装、服饰业 | 867582 | 109946 |
| 皮革、毛皮、羽毛(绒)及其制品业和制鞋业 | 305120 | 56814 |
| 木材加工及木、竹、藤、棕、草制品业 | 1749192 | 102617 |
| 家具制造业 | 1149446 | 211121 |
| 造纸及纸制品业 | 280841 | 153028 |
| 印刷业和记录媒介的复制业 | 138596 | 66580 |
| 文教、工美、体育和娱乐用品制造业 | 427463 | 102782 |
| 石油加工、炼焦及核燃料加工业 | 83997 | 46893 |
| 化学原料及化学制品制造业 | 1521625 | 363536 |
| 医药制造业 | 625959 | 133018 |
| 化学纤维制造业 | 79832 | 11395 |
| 橡胶和塑料制品业 | 989644 | 223779 |
| 非金属矿物制品业 | 2250841 | 904310 |
| 黑色金属冶炼及压延加工业 | 574643 | 236409 |
| 有色金属冶炼及压延加工业 | 461884 | 316249 |
| 金属制品业 | 1354035 | 821969 |
| 通用设备制造业 | 2215604 | 1681574 |
| 专用设备制造业 | 2646383 | 1636962 |
| 汽车制造业 | 633351 | 297756 |
| 铁路、船舶、航空航天和其他运输设备制造业 | 385864 | 107035 |
| 电气机械及器材制造业 | 1881030 | 797591 |
| 计算机、通信和其他电子设备制造业 | 738763 | 201034 |
| 仪器仪表制造业 | 373792 | 224955 |

5-11 续表 2 （2017 年） 单位：万元

| 指　　标 | 合　计 | #市　区 |
| --- | --- | --- |
| 其他制造业 | 106393 | 52928 |
| 废弃资源综合利用业 | 330731 | 269626 |
| 金属制品、机械和设备修理业 | 42187 | 37887 |
| 电力、燃气及水的生产和供应业 | 1887270 | 1032871 |
| 电力、热力的生产和供应业 | 1355684 | 728706 |
| 燃气生产和供应业 | 283576 | 223806 |
| 水的生产和供应业 | 248010 | 80359 |
| 建筑业 | 265901 | 83997 |
| 房屋建筑业 | 41641 | 1890 |
| 土木工程建筑业 | 173633 | 60130 |
| 建筑安装业 | 12108 | 12108 |
| 建筑装饰和其他建筑业 | 38519 | 9869 |
| 批发和零售业 | 2618918 | 1732926 |
| 批发业 | 1065837 | 706712 |
| 零售业 | 1553081 | 1026214 |
| 交通运输、仓储和邮政业 | 2963765 | 2265862 |
| 铁路运输业 | | |
| 道路运输业 | 1853347 | 1471056 |
| 水上运输业 | 136293 | 47081 |
| 航空运输业 | 51080 | |
| 管道运输业 | | |
| 装卸搬运和其他运输服务业 | 98559 | 71797 |
| 仓储业 | 806655 | 670960 |
| 邮政业 | 17831 | 4968 |
| 住宿和餐饮业 | 352591 | 266159 |
| 住宿业 | 118409 | 89259 |
| 餐饮业 | 234182 | 176900 |
| 信息传输、软件和信息技术服务业 | 430360 | 326530 |
| 电信、广播电视和卫星传输服务 | 23475 | 7500 |
| 互联网和相关服务 | 50371 | 26351 |
| 软件和信息技术服务业 | 356514 | 292679 |
| 金融业 | 80166 | 52484 |
| 货币金融服务 | 60228 | 33246 |
| 资本市场服务 | 5665 | 4965 |
| 保险业 | 9587 | 9587 |
| 其他金融活动 | 4686 | 4686 |
| 房地产业 | 666196 | 338798 |
| 房地产业 | 666196 | 338798 |
| 租赁和商务服务业 | 1239307 | 1004979 |
| 租赁业 | 199366 | 142024 |
| 商务服务业 | 1039941 | 862955 |
| 科学研究和技术服务业 | 685891 | 423828 |
| 研究与试验发展 | 145237 | 85987 |
| 专业技术服务业 | 292300 | 193222 |
| 科技推广和应用服务业 | 248354 | 144619 |
| 水利、环境和公共设施管理业 | 4886868 | 2050268 |
| 水利管理业 | 446917 | 300468 |
| 生态保护和环境治理业 | 90151 | 69501 |
| 公共设施管理业 | 4349800 | 1680299 |
| 居民服务、修理和其他服务业 | 562168 | 454860 |

5-11 续表 3 （2017 年） 单位:万元

| 指标 | 合计 | #市区 |
|---|---|---|
| 居民服务业 | 457844 | 377931 |
| 机动车、电子产品和日用产品修理业 | 68498 | 54589 |
| 其他服务业 | 35826 | 22340 |
| 教育 | 812559 | 363623 |
| 教育 | 812559 | 363623 |
| 卫生和社会工作 | 1141265 | 361815 |
| 卫生 | 1044059 | 293069 |
| 社会工作 | 97206 | 68746 |
| 文化、体育和娱乐业 | 420261 | 348406 |
| 新闻出版业 | | |
| 广播、电视、电影和音像业 | 29006 | 19056 |
| 文化艺术业 | 53867 | 26340 |
| 体育 | 68424 | 55031 |
| 娱乐业 | 268964 | 247979 |
| 公共管理和社会组织 | 915048 | 831165 |
| 中国共产党机关 | | |
| 国家机构 | 851530 | 782297 |
| 人民政协、民主党派 | | |
| 社会保障 | | |
| 群众团体、社会团体和其他成员组织 | 15980 | 14130 |
| 基层群众自治组织 | 47538 | 34738 |
| **本年新增固定资产** | **40423134** | **18568119** |
| **项目个数 （个）** | | |
| 施工项目个数 | 6995 | 3090 |
| #本年新开工 | 6004 | 2789 |
| 全年投产项目个数 | 6366 | 2786 |
| **房屋建筑面积 （平方米）** | | |
| 施工房屋面积 | 27953499 | 13827943 |
| #住宅 | 2516226 | 1481326 |
| 竣工房屋面积 | 11319180 | 4751799 |
| #住宅 | 874904 | 108419 |
| **本年资金来源合计** | | |
| 上年末结余资金 | 522333 | 426020 |
| 本年资金来源小计 | 44807470 | 21352112 |
| 国家预算内资金 | 917638 | 578856 |
| 国内贷款 | 6588216 | 3527184 |
| 债券 | 11186 | 7378 |
| 利用外资 | 125956 | 51783 |
| #外商直接投资 | | |
| 自筹资金 | 35287941 | 16233221 |
| #企事业单位自有资金 | | |
| 其他资金来源 | 1876533 | 953690 |
| **本年各项应付款合计** | **2471407** | **1276643** |
| #工程款 | 1157959 | 727703 |

# 5-12　主要年份房地产投资与销售情况

| 项　　目 | 2014 | 2015 | 2016 | 2017 |
| --- | --- | --- | --- | --- |
| **企业个数(个)** | **415** | **394** | **432** | **384** |
| **投资完成额(万元)** | **4688767** | **4702244** | **5491309** | **5386244** |
| **按构成分** | | | | |
| 建筑工程 | 3219634 | 3652336 | 4075039 | 3764131 |
| 安装工程 | 447314 | 441134 | 570022 | 609430 |
| 设备工器具购置 | 104249 | 63407 | 206973 | 107861 |
| 其他费用 | 917570 | 545367 | 639275 | 904822 |
| **按工程用途分** | | | | |
| 住宅 | 3169514 | 3387992 | 4150360 | 4218147 |
| # 经济适用房屋 | | | | |
| 办公楼 | 306250 | 274486 | 255195 | 220503 |
| 商业营业用房 | 943431 | 762179 | 847687 | 740041 |
| 其他 | 269572 | 277587 | 238067 | 207553 |
| **按资金来源分** | | | | |
| # 国内贷款 | 909134 | 982918 | 763638 | 1084605 |
| 利用外资 | 156146 | 12000 | | 31955 |
| 自筹投资 | 2216401 | 3084313 | 2035800 | 1419793 |
| 其他投资 | 2684856 | 3602887 | 4323183 | 5332103 |
| **房屋建筑面积(万平方米)** | | | | |
| 施工面积 | 3370.18 | 3816.70 | 4290.41 | 4690.59 |
| # 住宅 | 2594.14 | 2866.42 | 3334.84 | 3698.34 |
| 竣工面积 | 508.59 | 671.77 | 601.79 | 520.53 |
| # 住宅 | 431.06 | 520.82 | 488.73 | 442.07 |
| **土地开发及购置** | | | | |
| 本年土地开发面积 | | | | |
| 本年土地购置面积 | 309.23 | 165.85 | 280.96 | 135.84 |
| **商品房销售情况** | | | | |
| 房屋实际销售面积 | 738.03 | 790.51 | 1071.43 | 1183.80 |
| # 住宅 | 650.39 | 684.83 | 917.89 | 1077.78 |
| # 经济适用房 | | | | |
| 房屋预售面积 | | | | |
| # 住宅 | | | | |
| # 经济适用房 | | | | |
| 商品房销售额(万元) | 3837231 | 4312938 | 5878184 | 7420007 |

# 主要统计指标解释

**固定资产投资额** 指以货币形式表现的在一定时期内建造和购置固定资产的工作量以及与此有关的费用的总称。

**计划总投资** 是反应固定资产投资在建总规模的重要指标,也是检查工程进度,计算建设周期的依据之一。

计划总投资是指在建的建设工程按照总体设计（或按设计概算或预算)规定的内容全部建成计划需要的总投资。没有总体设计的建设工程，分别按报告期施工工程的计划总投资合计数填报。单纯购置单位应填报单纯购置的计划总投资。

**自开始建设累计完成投资** 是指建设项目从开始建设到本年底止累计完成的全部投资。它是反映整个建设项目或企、事业单位建设总进度的指标,其计算范围原则上应与“计划总投资” 指标包括的工程内容相一致。报告期前已建成投产或停、缓建工程完成的投资以及拆除、报废工程的投资,仍应包括在内,但转出的“在建工程”累计投资应予以扣除,转入的 " 在建工程 " 以前年度完成的投资应当包括。

**本年完成投资** 指从本年 1 月 1 日起至本年最后一天止完成的全部投资额。本年完成投资是反映本年的实际投资规模,计算有关投资效果,进行国民经济核算和经济分析的重要指标。

**建筑工程** 是指各种房屋、建筑物的建造工程,又称建筑工作量。这部分投资额必须兴工动料，通过施工活动才能实现,是固定资产投资额的重要组成部分。

**安装工程** 指各种设备、装置的安装工程,又称安装工作量。

**设备工器具购置** 是指报告期内购置或自制的，达到固定资产标准的设备、工具、器具的价值。新建单位及扩建单位的新建车间,按照设计或计划要求购置或自制的全部设备、工具、器具,不论是否达到固定资产标准均计入“设备工器具购置”中。

**其他费用** 指在固定资产建造和购置过程中发生的,除建筑安装工程和设备、工器具购置投资完成额以外的应当分摊计入固定资产投资的费用,不指经营中财务上的其他费用。

**本年新增固定资产** 指报告期内交付使用的固定资产价值。包括本年内建成投入生产或使用的工程投资和达到固定资产标准的设备工器具的投资以及有关应摊入的费用。

# 对外经济贸易和国际旅游

# FOREIGN ECONOMY & TRADE AND INTERNATIONAL TOURISM

# 6

版面负责人：王廷宝

编　　　辑：吕延婷

# 加强和规范统计上弄虚作假案件查处工作的若干规定

**第十三条** 除以上两类核查以外，有关案件信息一般转交省级统计机构组织核查。转交核查程序由执法室统一办理。转交核查有以下情况之一的，可以实行挂牌督办或派员督导：

（一）曾经接受过三类核查或被新闻媒体披露过的地方，再次发生类似举报或线索的。

（二）挂牌督办或派员督导更有利于案件查处，更能达到惩治效果的。

（三）其他需要挂牌督办或派员督导的。

挂牌督办的，一般通过国家统计局外网“曝光台?回音壁”等渠道公布案件信息主要内容和核查主体，必要时公布查处情况，接受社会监督。

派员督导的，有关省级统计机构应当在制订方案、实地核查、形成报告、整改处理等环节充分听取督导人员意见。

**第十四条** 对转交核查案件，省级统计机构应在接到核查通知后 30 日内，将核查结果上报国家统计局。国家统计局要求审核整改方案和处理意见的，整改方案和处理意见应与核查结果一同上报。

**第十五条** 对转交核查案件，有关省级统计机构对核查结果和整改处理工作负责。对转交核查案件办理不力的，国家统计局可以要求有关省级统计机构和地方进一步调查核实、严肃处理，必要时直接派出核查组重新核查。

## 第五章 约谈告诫

**第十六条** 凡直接核查和共同核查发现存在统计上弄虚作假问题的，核查报告经批准后 15 个工作日内，由国家统计局对相关省级统计机构有关负责人、市县级政府有关负责人和统计机构主要负责人实行约谈。问题涉及范围广或情节严重的，对相关省级统计机构、市县级政府和统计机构主要负责人实行约谈，必要时对相关省级政府负责人实行约谈。

**第十七条** 约谈由执法室统一组织协调。执法室、有关业务部门、纪检监察局负责人以及核查组成员参加。问题涉及范围广或情节严重的，局领导参加约谈。

**第十八条** 约谈内容和程序：核查组或有关负责人通报问题；执法室、有关业务部门、纪检监察局负责人对存在问题的地方、部门和单位负责人进行告诫、提出要求，问题情节严重的再由局领导进行告诫、提出要求；有关地方政府领导和省级统计机构负责人表明认识态度并提出整改措施。

# 6-1 利用外资签订协议(合同)情况

单位:万美元

| 年 份 | 合 计 | | 对外借款 | | 外商直接投资 | |
|---|---|---|---|---|---|---|
| | 合同数（个） | 合同外资额 | 合同数（个） | 合同外资额 | 合同数（个） | 合同外资额 |
| 1980 | 3 | 506 | 2 | 206 | | |
| 1981 | | | | | | |
| 1982 | 3 | 3678 | | | | |
| 1983 | 2 | 29 | | | | |
| 1984 | 2 | 55 | | | | |
| 1985 | 9 | 406 | | | 2 | 41 |
| 1986 | 5 | 414 | 2 | 290 | 3 | 124 |
| 1987 | 11 | 973 | | | 1 | 66 |
| 1988 | 17 | 3574 | 5 | 2106 | 8 | 470 |
| 1989 | 17 | 2475 | 5 | 1530 | 11 | 937 |
| 1990 | 10 | 1604 | 4 | 1113 | 6 | 491 |
| 1991 | 27 | 1978 | 1 | 1281 | 26 | 697 |
| 1992 | 218 | 8111 | 3 | 525 | 215 | 7586 |
| 1993 | 432 | 25022 | 11 | 433 | 421 | 24589 |
| 1994 | 173 | 19516 | | | 173 | 19516 |
| 1995 | 159 | 10866 | | | 159 | 10866 |
| 1996 | 122 | 20791 | 6 | 3283 | 116 | 17508 |
| 1997 | 59 | 23626 | 8 | 13390 | 51 | 10236 |
| 1998 | 83 | 27817 | 4 | 5162 | 79 | 22655 |
| 1999 | 56 | 24468 | | | 56 | 24468 |
| 2000 | 99 | 25720 | | | 99 | 25720 |
| 2001 | 62 | 29078 | | | 62 | 29078 |
| 2002 | 119 | 44066 | | | 119 | 44060 |
| 2003 | 166 | 57301 | | | 166 | 57301 |
| 2004 | 186 | 69689 | | | 186 | 69689 |
| 2005 | 173 | 81733 | | | 173 | 81733 |
| 2006 | 151 | 81095 | | | 151 | 81095 |
| 2007 | 166 | 135827 | | | 166 | 135827 |
| 2008 | 122 | 172608 | | | 122 | 172608 |
| 2009 | 145 | 110956 | | | 145 | 110956 |
| 2010 | 204 | 189233 | | | 204 | 189233 |
| 2011 | 218 | 258369 | | | 218 | 258369 |
| 2012 | 211 | 243884 | | | 211 | 243884 |
| 2013 | 171 | 244661 | | | 171 | 244661 |
| 2014 | 189 | 302142 | | | 189 | 302142 |
| 2015 | 109 | 158941 | | | 109 | 158941 |
| 2016 | 166 | 351188 | | | 166 | 351188 |
| 2017 | 188 | 425776 | | | 188 | 425776 |

注:1989年以前合同数、合同工外资金额分三部分:对外借款、外商直接投资、外商其他投资。本表中不含外商其他投资。1989年以后合同数合同外资额包括两部分:对外借款、外商直接投资。2004年以后合同数、合同外资金额为新批外商投资项目个数和新签协议注册外资额(下同)。

# 6-2 实际使用外资情况

单位:万美元

| 年 份 | 合 计 | #对外借款 | #外商直接投资 |
|---|---|---|---|
| 1985 | 55 | | |
| 1986 | 618 | 253 | |
| 1987 | 214 | | 40 |
| 1988 | 434 | 37 | 127 |
| 1989 | 2191 | 1022 | 371 |
| 1990 | 1324 | 578 | 110 |
| 1991 | 1225 | 978 | 247 |
| 1992 | 2378 | 1578 | 800 |
| 1993 | 4161 | 433 | 3728 |
| 1994 | 6898 | 1237 | 5661 |
| 1995 | 10432 | | 10432 |
| 1996 | 17284 | 3232 | 14052 |
| 1997 | 19020 | 10091 | 8929 |
| 1998 | 22816 | | 22816 |
| 1999 | 20184 | | 20184 |
| 2000 | 20790 | | 20790 |
| 2001 | 21840 | | 21840 |
| 2002 | 25023 | | 25023 |
| 2003 | 34095 | | 34095 |
| 2004 | 30399 | | 30399 |
| 2005 | 26057 | | 26057 |
| 2006 | 24433 | | 24433 |
| 2007 | 44291 | | 44291 |
| 2008 | 58251 | | 58251 |
| 2009 | 69781 | | 69781 |
| 2010 | 101330 | | 101330 |
| 2011 | 146569 | | 146569 |
| 2012 | 170021 | | 170021 |
| 2013 | 150047 | | 150047 |
| 2014 | 165786 | | 165786 |
| 2015 | 142788 | | 142788 |
| 2016 | 150574 | | 150574 |
| 2017 | 165991 | | 165991 |

注:2004年以后实际利用外资为实际到帐注册外资,下同。

# 6–3 主要年份对外经济情况

单位:万美元

| 指　　标 | 1990 | 1995 | 2000 | 2005 | 2010 | 2013 | 2014 | 2015 | 2016 | 2017 |
|---|---|---|---|---|---|---|---|---|---|---|
| 自营进出口总额 | 1015 | 24696 | 32896 | 112621 | 416053 | 628919 | 598841 | 541263 | 624838 | 780061 |
| 自营出口 | 599 | 14724 | 18715 | 75196 | 263060 | 489709 | 467657 | 438935 | 525438 | 633413 |
| #三资企业 | 599 | 5626 | 7794 | 36282 | 111952 | 147695 | 142804 | 129468 | 126558 | 149088 |
| 自营进口 | 416 | 9972 | 14181 | 37425 | 152993 | 139210 | 131184 | 102328 | 99400 | 146648 |
| #三资企业 | 416 | 8454 | 9765 | 29056 | 98975 | 50105 | 52613 | 40728 | 47185 | 76900 |
| 新批外商投资项目个数(个) | 10 | 159 | 99 | 173 | 204 | 171 | 189 | 109 | 166 | 188 |
| 新批协议注册外资额 | 1604 | 10866 | 25720 | 81733 | 189233 | 244661 | 302142 | 158941 | 351188 | 425776 |
| 实际到帐注册外资额 | 1324 | 10432 | 20790 | 26057 | 101330 | 150047 | 165786 | 142788 | 150574 | 165991 |
| 新签对外承包工程劳务合同额 |  | 3256 | 8010 | 31500 | 12648 | 25905 | 61881 | 17674 | 9784 | 34052 |
| 对外承包工程劳务营业额 |  | 2228 |  | 30000 | 14610 | 25509 | 29919 | 23067 | 10028 | 10078 |
| 期末在外人数(人) |  | 2316 | 6995 | 18200 | 1761 | 2494 |  |  |  |  |
| 新批海外投资企业(家) |  | 1 |  | 1 | 6 | 20 | 24 | 26 | 24 | 22 |
| 年末实有三资企业(家) | 31 | 877 | 553 | 599 | 944 | 1367 | 1262 | 1320 | 1516 | 1782 |
| #投产开业企业 | 20 | 486 | 415 | 599 | 944 | 1367 | 1262 | 1320 | 1516 | 1782 |

注:进出口总额 1998 年以后为海关数;2000 年期末在外人数为当年新派人数。

# 6–4 主要年份国际旅游人数和收入

单位:人

| 指　　标 | 1990 | 1995 | 2000 | 2005 | 2010 | 2013 | 2014 | 2015 | 2016 | 2017 |
|---|---|---|---|---|---|---|---|---|---|---|
| **过夜旅游者人数** | **4325** | **4988** | **17825** | **73010** | **158277** | **25849** | **29485** | **33776** | **34105** | **39884** |
| 外国人 | 971 | 2985 | 11324 | 51417 | 121446 | 19973 | 22210 | 24834 | 25317 | 31276 |
| 港澳台同胞 | 3354 | 2003 | 6501 | 21593 | 36831 | 5875 | 7275 | 8942 | 8788 | 8608 |
| **过夜者人天数　(人天)** | **10318** | **19749** | **320914** | **521067** | **1019251** | **94622** | **110307** | **127958** | **130706** | **159607** |
| 外国人 | 3131 | 12926 | 182885 | 346684 | 724714 | 71173 | 83008 | 95003 | 99115 | 128646 |
| 港澳台同胞 | 7187 | 6823 | 138029 | 174383 | 294537 | 23449 | 27299 | 32956 | 31591 | 30961 |
| **过夜的外国人按国别分** |  |  |  |  |  |  |  |  |  |  |
| 日　本 | 401 | 792 | 2720 | 5992 | 13409 | 2580 |  |  |  |  |
| 菲律宾 | 7 | 13 | 20 | 519 | 3815 |  |  |  |  |  |
| 新加坡 | 9 | 89 | 1006 | 2107 | 8304 | 382 |  |  |  |  |
| 泰　国 | 33 | 37 | 23 | 727 | 3763 |  |  |  |  |  |
| 印度尼西亚 | 1 | 64 | 51 | 915 | 1485 | 108 |  |  |  |  |
| 美　国 | 109 | 494 | 3305 | 9361 | 15615 | 2108 |  |  |  |  |
| 加拿大 | 17 | 56 | 383 | 3020 | 4876 | 522 |  |  |  |  |
| 英　国 | 41 | 74 | 198 | 2277 | 7961 | 716 |  |  |  |  |
| 法　国 | 25 | 134 | 68 | 2121 | 5374 |  |  |  |  |  |
| 德　国 | 100 | 342 | 244 | 6803 | 12568 | 830 |  |  |  |  |
| 意大利 | 13 | 66 | 81 | 1009 | 1976 |  |  |  |  |  |
| 俄罗斯 | 50 | 51 | 141 | 1027 | 3282 |  |  |  |  |  |
| 澳大利亚 | 35 | 62 | 390 | 3225 | 4869 | 583 |  |  |  |  |
| 新西兰 | 6 | 8 | 22 | 1523 | 2536 |  |  |  |  |  |
| 马来西亚 |  | 115 | 83 | 860 | 3603 | 376 |  |  |  |  |
| 韩　国 |  | 216 | 1454 | 2543 | 12362 | 2585 |  |  |  |  |
| 西班牙 |  | 15 | 10 | 553 | 489 |  |  |  |  |  |
| **国际旅游收入　(万美元)** |  | **229** | **1307** | **5658** | **15287** | **2193** | **2975** | **3861** | **3938** | **4963** |

注:1.俄罗斯旅游人数 1992 年及以前为前苏联数,德国 1991 年及以前的数字为西德数。2013 年以后不再分国别统计入境人数。2.2013 年起国家旅游局对入境旅游者的统计口径进行了调整,从原来的入境旅游者调整为过夜入境旅游者。

# 主要统计指标解释

**利用外资** 指我国各级政府、部门、企业和其他经济组织通过对外借款、吸收外商直接投资以及用其他方式筹措的境外现汇、设备、技术等。

**对外借款** 是我国利用外资的主要部分。包括我国通过外国政府贷款,国际金融组织贷款,外国银行商业贷款,出口信贷以及对外发行债券、股票等方式,从境外筹措的资金。

**外商直接投资** 是指外国企业和经济组织或个人 (包括华侨、港澳台同胞以及我国在境外注册的企业)按我国有关政策、法规,用现汇、实物、技术等在我国境内开办外商独资企业、与我国境内的企业或经济组织共同举办中外合资经营企业、合作经营企业或合作开发资源的投资(包括外商投资收益的再投资)以及政府有关部门批准的项目投资总额内,企业从境外借入的资金。

**对外承包工程** 包括各对外承包公司以招标议标承包方式承揽的下列业务:(1)承包国外工程建设项目;(2)承包我国对外经援项目;(3)承包我国驻外机构的工程建设项目;(4)承包我国境内利用外资进行建设的工程项目;(5)与外国承包公司合营或联合承包工程项目时我国公司分包部分;(6)以服务成果向业主收费的技术服务项目(包括承担地形地貌测绘;地质资源勘探与普查;建设区域规划;提供设计文件、图纸、生产工艺技术资料和工程技术经济咨询;工程项目的可行性考察、研究和评估;进行技术指导和培训人员等);(7)对外承包兼营的房屋开发业务。对外承包工程的营业额是以货币表现的本期内完成的对外承包工程的工作量, 包括以前年度签订的合同和本年度新签订的合同在报告期完成的工作量。

**对外劳务合作** 指以收取工资的形式向业主或承包商提供技术和劳动服务的活动。我国对外承包公司在境外开办的合营企业,中国公司同时又提供劳务的,其劳务部分也纳入劳务合计统计。劳务合作营业额按报告期内向雇主提交的结算数(包括工资、加班费和奖金等)统计。

**旅游人数** 指来我国参观、访问、旅行、探亲、访友、休养、考察、参加会议和从事经济、科技、文化、教育、体育、宗教等活动的外国人、华侨、港澳和台湾同胞的人数。不包括外国在我国的常住机构,如使领馆、通讯社、企业办事处的工作人员;来我国常驻的外国专家、留学生以及在岸逗留不过夜人员。

**旅游外汇收入** 指国内各部门为来我国旅游的外国人、华侨、港澳和台湾同胞提供商品和劳务而获得的外汇收入。包括供应商品、饮食和提供住宿、交通、邮电、文化娱乐、导游等各项服务所得到的全部外汇收入。

# 能源消费与库存

# ENERGY CONSUMPTION AND STOCK

# 7

版面负责人：邵明明

编　　　辑：李家平

# 加强和规范统计上弄虚作假案件查处工作的若干规定

## 第六章　通报和曝光

**第十九条**　对三类核查查实的统计上弄虚作假案件，情节严重或比较严重的，根据不同情况给予内部通报或公开曝光。通报、曝光统计上弄虚作假案件，国家法律法规和政策有规定的，从其规定。

国家统计局实施的通报、曝光由执法室统一组织协调，业务部门和纪检监察局支持配合。通报、曝光的内容一般包括核查发现的主要问题、整改处理情况和要求等。需要迅速制止类似统计上弄虚作假问题的，通报、曝光可以在核查发现问题后立即进行。需要公布整改情况和对有关责任单位、责任人处理情况的，可以在有关地方就整改处理提出意见或作出决定后进行。

**第二十条**　有以下情况之一的案件，一般由国家统计局通过外网“曝光台?回音壁”、中国信息报、中国统计杂志和统计新媒体以及主流媒体等渠道，予以公开曝光：

(一)情节严重或影响恶劣的。包括统计上弄虚作假数额巨大的，严重影响统计数据质量、政府统计公信力的，严重干预统计数据、干扰统计工作的，大范围或有组织实施统计上弄虚作假的，经媒体广泛披露、造成恶劣影响的等。

(二)对国家重大统计决策部署贯彻执行不力，统计数据审核严重失职，严重影响统计机构和统计人员独立调查、独立报告、独立监督，对统计上弄虚作假现象包庇、纵容或消极作为，对统计上弄虚作假案件查办不力的地方发生的。

(三)重大普查和重要统计调查关键阶段发生的。

(四)省级统计机构未严格按照国家要求的内容、载体、方式、时间等通报、曝光的。

(五)其他需要由国家统计局公开曝光的。

**第二十一条**　有以下情况之一的案件，可以由有关省级统计机构通过省级主要媒体公开曝光：

(一)情节严重或影响恶劣，但有关省级统计机构能够坚决贯彻执行国家重大统计决策部署，认真履行统计数据审核和监督检查职责，积极配合和查办三类核查案件的。

(二)情节比较严重或影响比较恶劣的。

(三)其他适合由省级统计机构公开曝光的。

省级统计机构公开曝光的内容、载体、方式、时间等须报经国家统计局审定，曝光后要及时报告有关情况。国家统计局内外网、中国信息报、中国统计杂志和统计新媒体可以视情况进行转载。

**第二十二条**　对公开曝光案件，根据整改处理情况，综合司可以组织全国性媒体进行深度采访报道，对整改处理到位的给予表扬，对整改处理不力的进行批评或再曝光。

# 7-1 规模以上工业企业综合能源分行业消费量

| 指标 | 2017 | | 2016 | |
|---|---|---|---|---|
| | 综合能源消费量（吨标准煤） | 产值单耗（吨标准煤/万元） | 综合能源消费量（吨标准煤） | 产值单耗（吨标准煤/万元） |
| **全部工业企业** | **22774016** | **0.16** | **23482378** | **0.17** |
| **按轻重工业分** | | | | |
| 轻工业 | 1718142 | 0.04 | 2128323 | 0.05 |
| 重工业 | 21055874 | 0.22 | 21354055 | 0.23 |
| **按行业门类分** | | | | |
| 采矿业 | 2108808 | 0.63 | 2454765 | 0.81 |
| 煤炭开采和洗选业 | 2090733 | 0.88 | 2319467 | 1.21 |
| 石油和天然气开采业 | | | | |
| 黑色金属矿采选业 | 6913 | 0.11 | 119187 | 1.00 |
| 有色金属矿采选业 | | | | |
| 非金属矿采选业 | 11161 | 0.01 | 16111 | 0.02 |
| 开采辅助活动 | | | | |
| 其他采矿业 | | | | |
| 制造业 | 13593534 | 0.10 | 13776883 | 0.10 |
| 农副食品加工业 | 162304 | 0.02 | 172421 | 0.02 |
| 食品制造业 | 79969 | 0.05 | 77166 | 0.05 |
| 酒、饮料和精制茶制造业 | 555471 | 0.12 | 630845 | 0.15 |
| 烟草制品业 | 9529 | 0.00 | 10115 | |
| 纺织业 | 257420 | 0.03 | 252099 | 0.04 |
| 纺织服装、服饰业 | 31454 | 0.01 | 30973 | 0.01 |
| 皮革、毛皮、羽毛及其制品和制鞋业 | 23175 | 0.02 | 26700 | 0.02 |
| 木材加工和木、竹、藤、棕、草制品业 | 397300 | 0.03 | 523873 | 0.04 |
| 家具制造业 | 11185 | 0.01 | 9521 | 0.01 |
| 造纸和纸制品业 | 97043 | 0.19 | 99188 | 0.09 |
| 印刷和记录媒介复制业 | 9487 | 0.02 | 4971 | 0.02 |
| 文教、工美、体育和娱乐用品制造业 | 26594 | 0.02 | 44059 | 0.03 |
| 石油加工、炼焦和核燃料加工业 | 1497576 | 0.70 | 1679072 | 0.79 |
| 化学原料和化学制品制造业 | 3241820 | 0.16 | 2223602 | 0.11 |
| 医药制造业 | 244170 | 0.04 | 380299 | 0.06 |
| 化学纤维制造业 | 39607 | 0.03 | 37838 | 0.03 |
| 橡胶和塑料制品业 | 134717 | 0.03 | 100726 | 0.03 |
| 非金属矿物制品业 | 1558524 | 0.17 | 1765145 | 0.23 |
| 黑色金属冶炼和压延加工业 | 4629819 | 0.80 | 5138346 | 0.62 |
| 有色金属冶炼和压延加工业 | 96791 | 0.03 | 73942 | 0.02 |
| 金属制品业 | 91583 | 0.02 | 112381 | 0.03 |
| 通用设备制造业 | 98780 | 0.01 | 85240 | 0.01 |
| 专用设备制造业 | 61598 | 0.01 | 60631 | 0.01 |
| 汽车制造业 | 23253 | 0.02 | 21499 | 0.03 |
| 铁路、船舶、航空航天和其他运输设备制造业 | 25056 | 0.03 | 14941 | 0.01 |
| 电气机械和器材制造业 | 115680 | 0.01 | 114490 | 0.01 |
| 计算机、通信和其他电子设备制造业 | 27145 | 0.01 | 33617 | 0.01 |
| 仪器仪表制造业 | 40432 | 0.01 | 47676 | 0.01 |
| 其他制造业 | 2513 | 0.01 | 2514 | 0.01 |
| 废弃资源综合利用业 | 2213 | 0.01 | 1745 | 0.01 |
| 金属制品、机械和设备修理业 | 1327 | 0.03 | 1248 | 0.03 |
| 电力、热力、燃气及水生产和供应业 | 7071675 | 4.07 | 7250729 | 4.40 |
| 电力、热力生产和供应业 | 7059440 | 4.45 | 7242055 | 4.76 |
| 燃气生产和供应业 | 930 | 0.01 | 756 | 0.01 |
| 水的生产和供应业 | 11305 | 0.26 | 7918 | 0.17 |

# 7-2 规模以上工业企业能源购进、消费及库存

（2017 年）　　单位：吨

| 指　　标 | 年初库存 | 购进量 | 消费量 | | | 年末库存 |
|---|---|---|---|---|---|---|
| | | | 合计 | 工业生产消费 | 非工业生产消费 | |
| 原煤 | 1315640 | 24612288 | 36674621 | 36645241 | 29380 | 1035887 |
| 无烟煤 | 164789 | 691342 | 788182 | 788182 | | 67582 |
| 炼焦烟煤 | | 762 | 11202105 | 11199070 | 3035 | |
| 一般烟煤 | 1021254 | 20934625 | 21097127 | 21070782 | 26345 | 841889 |
| 褐煤 | 129597 | 2985560 | 3587207 | 3587207 | | 126416 |
| 洗精煤 | 286431 | 13551793 | 13544936 | 13544936 | | 293288 |
| 其他洗煤 | 81392 | 1594431 | 1752765 | 1752765 | | 92986 |
| 煤制品 | | 28797 | 28797 | 28797 | | |
| 焦炭 | 50296 | 3684467 | 3683206 | 3683206 | | 51841 |
| 其他焦化产品 | 3806 | 270626 | 267511 | 267511 | | 6921 |
| 焦炉煤气（万立方米） | | 1681 | 46055 | 46055 | | |
| 高炉煤气（万立方米） | | | 88734 | 88734 | | |
| 转炉煤气（万立方米） | | | 8894 | 8894 | | |
| 发生炉煤气（万立方米） | | | | | | |
| 天然气（气态）（万立方米） | | 26810 | 26830 | 26625 | 205 | |
| 液化天然气（液态） | | 22 | 22 | 22 | | |
| 煤层气（煤田）（万立方米） | | | | | | |
| 原油 | | | | | | |
| 汽油 | 394 | 2593 | 2754 | 1535 | 1219 | 237 |
| 煤油 | 1 | 1433 | 1433 | 1433 | | 1 |
| 柴油 | 3019 | 53904 | 54286 | 50416 | 3870 | 2575 |
| 燃料油 | 855 | 1694 | 1697 | 1591 | 106 | 851 |
| 液化石油气 | | 1409 | 1409 | 1409 | | |
| 炼厂干气 | | | | | | |
| 石脑油 | | | | | | |
| 润滑油 | | 352 | 345 | 345 | | |
| 石蜡 | | | | | | |
| 溶剂油 | | 24 | 24 | 24 | | |
| 石油焦 | | | | | | |
| 石油沥青 | | | | | | |
| 其他石油制品 | | 57816 | 57816 | 57816 | | |
| 热力（百万千焦） | | 28212632 | 29048499 | 29047428 | 1071 | |
| 电力（万千瓦时） | | 2251124 | 2955163 | 2930562 | 24601 | |
| 煤矸石用于燃料 | | | 917320 | 917320 | | |
| 城市生活垃圾用于燃料 | 15324 | 421520 | 1005327 | 967970 | 37357 | 17717 |
| 生物质废料用于燃料 | 20830 | 398867 | 458592 | 458592 | | 24714 |
| 余热余压（百万千焦） | | | 4082860 | 4082860 | | |
| 其他工业废料用于燃料 | | | | | | |
| 其他燃料（吨标准煤） | | 2615 | 2673 | 2673 | | |

# 7-3　规模以上加工转换工业企业能源消费、投入及产出

（2017 年）　　单位：吨

| 指　　标 | 工业生产消费量 | 加工转换投入合计 | #火力发电 | 供　热 | 原煤入洗 | 炼　焦 | 能源加工转换产出 |
|---|---|---|---|---|---|---|---|
| **能源合计　（万吨标准煤）** | 4348 | 3839 | 1526 | 174 | 829 | 1304 | 2745 |
| 原煤 | 35484425 | 33233066 | 19882447 | 1571343 | 11198308 | 580968 | |
| 　无烟煤 | 770086 | 96571 | 47227 | 49344 | | | |
| 　炼焦烟煤 | 11198308 | 11198308 | | | 11198308 | | |
| 　一般烟煤 | 19928824 | 18350980 | 16595232 | 1174780 | | 580968 | |
| 　褐煤 | 3587207 | 3587207 | 3239988 | 347219 | | | |
| 洗精煤 | 13544936 | 13544936 | | | | 13544936 | 7799097 |
| 其他洗煤 | 1222012 | 1093581 | 326985 | 766596 | | | 1909075 |
| 煤制品 | | | | | | | |
| 焦炭 | 1124690 | | | | | | 10431766 |
| 其他焦化产品 | | | | | | | 1383920 |
| 焦炉煤气　（万立方米） | 44374 | 44374 | 26622 | 17752 | | | 40203 |
| 高炉煤气　（万立方米） | 88734 | 88734 | 61848 | 26886 | | | |
| 转炉煤气　（万立方米） | 8894 | 8894 | 8894 | | | | |
| 发生炉煤气　（万立方米） | | | | | | | |
| 天然气(气态)　（万立方米） | 9207 | | | | | | |
| 液化天然气(液态) | | | | | | | |
| 煤层气(煤田)　（万立方米） | | | | | | | |
| 原油 | | | | | | | |
| 汽油 | 211 | | | | | | |
| 煤油 | 1380 | | | | | | |
| 柴油 | 10326 | 2931 | 2931 | | | | |
| 燃料油 | 119 | 119 | 119 | | | | |
| 液化石油气 | | | | | | | |
| 炼厂干气 | | | | | | | |
| 石脑油 | | | | | | | |
| 润滑油 | 345 | | | | | | 37364 |
| 石蜡 | | | | | | | |
| 溶剂油 | | | | | | | |
| 石油焦 | | | | | | | |
| 石油沥青 | | | | | | | |
| 其他石油制品 | 57137 | 57116 | | | | | |
| 热力　（百万千焦） | 15620508 | | | | | | 43009391 |
| 电力　（万千瓦时） | 1207426 | | | | | | 5168404 |
| 城市生活垃圾用于燃料 | 967970 | 967970 | 967970 | | | | |
| 生物质废料用于燃料 | 428647 | 428647 | 364970 | 63677 | | | |
| 余热余压　（百万千焦） | 4082860 | 4082860 | 4082860 | | | | |
| 其他工业废料用于燃料 | | | | | | | |
| 其他燃料　（吨标准煤） | | | | | | | |

# 7-4 工业企业分行业用水量

单位:万立方米

| 指　　标 | 取水量 | | 用水量 | |
|---|---|---|---|---|
| | 2017 | 2016 | 2017 | 2016 |
| **全部工业企业** | **24256.08** | **22132.34** | **24256.08** | **22132.34** |
| **按轻重工业分** | | | | |
| 轻工业 | 3322.20 | 2161.03 | 3322.20 | 2161.03 |
| 重工业 | 20933.88 | 19971.31 | 20933.88 | 19971.31 |
| **按行业门类分** | | | | |
| 采矿业 | 4386.89 | 4946.21 | 4386.89 | 4946.21 |
| 煤炭开采和洗选业 | 3917.88 | 4376.24 | 3917.88 | 4376.24 |
| 石油和天然气开采业 | | | | |
| 黑色金属矿采选业 | 440.77 | 530.85 | 440.77 | 530.85 |
| 有色金属矿采选业 | | | | |
| 非金属矿采选业 | 28.25 | 39.12 | 28.25 | 39.12 |
| 开采辅助活动 | | | | |
| 其他采矿业 | | | | |
| 制造业 | 8894.78 | 7623.93 | 8894.78 | 7623.93 |
| 农副食品加工业 | 145.00 | 137.50 | 145.00 | 137.50 |
| 食品制造业 | 137.22 | 137.94 | 137.22 | 137.94 |
| 酒、饮料和精制茶制造业 | 687.83 | 722.05 | 687.83 | 722.05 |
| 烟草制品业 | 41.10 | 36.08 | 41.10 | 36.08 |
| 纺织业 | 434.66 | 436.25 | 434.66 | 436.25 |
| 纺织服装、服饰业 | 39.84 | 36.64 | 39.84 | 36.64 |
| 皮革、毛皮、羽毛及其制品和制鞋业 | 73.53 | 64.81 | 73.53 | 64.81 |
| 木材加工和木、竹、藤、棕、草制品业 | 143.59 | 131.15 | 143.59 | 131.15 |
| 家具制造业 | 5.29 | 4.35 | 5.29 | 4.35 |
| 造纸和纸制品业 | 37.31 | 60.61 | 37.31 | 60.61 |
| 印刷和记录媒介复制业 | 21.28 | 18.38 | 21.28 | 18.38 |
| 文教、工美、体育和娱乐用品制造业 | 24.67 | 26.86 | 24.67 | 26.86 |
| 石油加工、炼焦和核燃料加工业 | 525.08 | 530.90 | 525.08 | 530.90 |
| 化学原料和化学制品制造业 | 3669.79 | 2570.89 | 3669.79 | 2570.89 |
| 医药制造业 | 319.76 | 313.34 | 319.76 | 313.34 |
| 化学纤维制造业 | 72.30 | 62.70 | 72.30 | 62.70 |
| 橡胶和塑料制品业 | 53.80 | 55.79 | 53.80 | 55.79 |
| 非金属矿物制品业 | 667.29 | 668.26 | 667.29 | 668.26 |
| 黑色金属冶炼和压延加工业 | 525.46 | 529.92 | 525.46 | 529.92 |
| 有色金属冶炼和压延加工业 | 432.04 | 434.32 | 432.04 | 434.32 |
| 金属制品业 | 70.67 | 69.71 | 70.67 | 69.71 |
| 通用设备制造业 | 240.13 | 288.91 | 240.13 | 288.91 |
| 专用设备制造业 | 89.05 | 72.00 | 89.05 | 72.00 |
| 汽车制造业 | 64.62 | 43.65 | 64.62 | 43.65 |
| 铁路、船舶、航空航天和其他运输设备制造业 | 36.69 | 29.93 | 36.69 | 29.93 |
| 电气机械和器材制造业 | 271.27 | 75.20 | 271.27 | 75.20 |
| 计算机、通信和其他电子设备制造业 | 38.20 | 36.97 | 38.20 | 36.97 |
| 仪器仪表制造业 | 21.96 | 23.42 | 21.96 | 23.42 |
| 其他制造业 | 3.27 | 3.19 | 3.27 | 3.19 |
| 废弃资源综合利用业 | 1.85 | 1.94 | 1.85 | 1.94 |
| 金属制品、机械和设备修理业 | 0.24 | 0.23 | 0.24 | 0.23 |
| 电力、热力、燃气及水生产和供应业 | 9808.43 | 9562.20 | 9808.43 | 9562.20 |
| 电力、热力生产和供应业 | 9804.66 | 9557.61 | 9804.66 | 9557.61 |
| 燃气生产和供应业 | 3.77 | 4.59 | 3.77 | 4.59 |

注:本表汇总数据不含水的生产供应业。

# 7-5 工业企业重复用水量

单位:万立方米

| 指标 | 取水量 | | 重复用水量 | |
|---|---|---|---|---|
| | 2017 | 2016 | 2017 | 2016 |
| **全部工业企业** | **24256.08** | **23038.38** | **426123.37** | **296351.53** |
| **按轻重工业分** | | | | |
| 轻工业 | 3322.20 | 3064.71 | 922.95 | 900.28 |
| 重工业 | 20933.88 | 19973.67 | 425200.42 | 295451.24 |
| **按行业门类分** | | | | |
| 采矿业 | 4386.89 | 4946.21 | 1750.71 | 2354.65 |
| 煤炭开采和洗选业 | 3917.88 | 4376.24 | 1310.08 | 1823.91 |
| 石油和天然气开采业 | | | | |
| 黑色金属矿采选业 | 440.77 | 530.85 | 440.63 | 530.73 |
| 有色金属矿采选业 | | | | |
| 非金属矿采选业 | 28.25 | 39.12 | | |
| 开采辅助活动 | | | | |
| 其他采矿业 | | | | |
| 制造业 | 8894.78 | 7623.93 | 147645.95 | 15032.63 |
| 农副食品加工业 | 145.00 | 137.50 | 1.13 | 1.07 |
| 食品制造业 | 137.22 | 137.94 | 31.07 | 37.58 |
| 酒、饮料和精制茶制造业 | 687.83 | 722.05 | 243.84 | 215.58 |
| 烟草制品业 | 41.10 | 36.08 | 14.10 | 11.95 |
| 纺织业 | 434.66 | 436.25 | 274.60 | 265.00 |
| 纺织服装、服饰业 | 39.84 | 36.64 | 2.18 | 1.87 |
| 皮革、毛皮、羽毛及其制品和制鞋业 | 73.53 | 64.81 | 20.63 | 17.15 |
| 木材加工和木、竹、藤、棕、草制品业 | 143.59 | 131.15 | 1.05 | 1.05 |
| 家具制造业 | 5.29 | 4.35 | | 0.01 |
| 造纸和纸制品业 | 37.31 | 60.61 | 190.25 | 190.20 |
| 印刷和记录媒介复制业 | 21.28 | 18.38 | 0.01 | |
| 文教、工美、体育和娱乐用品制造业 | 24.67 | 26.86 | | 1.48 |
| 石油加工、炼焦和核燃料加工业 | 525.08 | 530.90 | 1351.81 | 729.76 |
| 化学原料和化学制品制造业 | 3669.79 | 2570.89 | 139373.65 | 7433.13 |
| 医药制造业 | 319.76 | 313.34 | 108.00 | 107.50 |
| 化学纤维制造业 | 72.30 | 62.70 | 2.23 | 1.84 |
| 橡胶和塑料制品业 | 53.80 | 55.79 | 0.55 | 0.49 |
| 非金属矿物制品业 | 667.29 | 668.26 | 1074.74 | 1046.44 |
| 黑色金属冶炼和压延加工业 | 525.46 | 529.92 | 4947.39 | 4961.96 |
| 有色金属冶炼和压延加工业 | 432.04 | 434.32 | 0.03 | 0.03 |
| 金属制品业 | 70.67 | 69.71 | 2.29 | 2.51 |
| 通用设备制造业 | 240.13 | 288.91 | 1.26 | 1.32 |
| 专用设备制造业 | 89.05 | 72.00 | 0.33 | 0.01 |
| 汽车制造业 | 64.62 | 43.65 | 2.19 | 2.24 |
| 铁路、船舶、航空航天和其他运输设备制造业 | 36.69 | 29.93 | | |
| 电气机械和器材制造业 | 271.27 | 75.20 | 0.42 | 0.43 |
| 计算机、通信和其他电子设备制造业 | 38.20 | 36.97 | 1.97 | 1.83 |
| 仪器仪表制造业 | 21.96 | 23.42 | | |
| 其他制造业 | 3.27 | 3.19 | 0.15 | 0.14 |
| 废弃资源综合利用业 | 1.85 | 1.94 | 0.08 | 0.07 |
| 金属制品、机械和设备修理业 | 0.24 | 0.23 | | |
| 电力、热力、燃气及水生产和供应业 | 10974.41 | 10468.24 | 276726.71 | 278964.25 |
| 电力、热力生产和供应业 | 9804.66 | 9557.61 | 276726.71 | 278964.25 |
| 燃气生产和供应业 | 3.77 | 4.59 | | |
| 水的生产和供应业 | 1165.98 | 906.04 | | |

# 7-6 工业企业用水情况

单位:万立方米

| 指标 | 取水量 | | 取水量减外供水量 | |
|---|---|---|---|---|
| | 2017 | 2016 | 2017 | 2016 |
| **合 计** | **23090** | **22132** | **23090** | **22132** |
| **按水源分** | | | | |
| 地表淡水 | 12019 | 12688 | 12019 | 12688 |
| 地下淡水 | 7061 | 7852 | 7061 | 7852 |
| 自来水 | 1800 | 1177 | 1800 | 1177 |
| 海水 | | | | |
| 陆地苦咸水 | | | | |
| 矿井水 | | | | |
| 雨水 | 2 | 2 | 2 | 2 |
| 再生水(中水) | 2206 | 413 | 2206 | 413 |
| 海水淡化水 | | | | |
| 其他水 | 3 | | 3 | |
| 外排水量 | 5483 | 5861 | 5483 | |
| 重复用水量 | 426123 | 296352 | 426123 | |
| 直流冷却水量(河湖水) | | | | |
| 直流冷却水量(海水) | | | | |
| 污水处理企业污水处理量 | 29 | 2 | 29 | |

注:本表汇总数据不含水的生产和供应业。

# 7-7 水的生产和供应业用水情况

单位:万立方米

| 指标 | 取水量 | | 外供水量 | |
|---|---|---|---|---|
| | 2017 | 2016 | 2017 | 2016 |
| **合 计** | **19889** | **18369** | **18723** | **17463** |
| **按水源分** | | | | |
| 地表淡水 | 17020 | 12468 | | |
| 地下淡水 | 1185 | 4943 | | |
| 自来水 | 1684 | 958 | 18723 | 17463 |
| 海水 | | | | |
| 陆地苦咸水 | | | | |
| 矿井水 | | | | |
| 雨水 | | | | |
| 再生水(中水) | | | | |
| 海水淡化水 | | | | |
| 其他水 | | | | |
| 外排水量 | 4852 | 587 | | |
| 重复用水量 | | | | |
| 直流冷却水量(河湖水) | | | | |
| 直流冷却水量(海水) | | | | |
| 污水处理企业污水处理量 | 4353 | 3 | | |

# 7-8 主要年份全社会用电情况

单位:万千瓦时

| 指　　　标 | 1990 | 1995 | 2000 | 2005 | 2010 | 2013 | 2014 | 2015 | 2016 | 2017 |
|---|---|---|---|---|---|---|---|---|---|---|
| **全社会用电量** | **509155** | **705549** | **670550** | **1382016** | **2460074** | **3364173** | **3324661** | **3441896** | **3539107** | **3612266** |
| 全行业用电 | 493133 | 649319 | 597739 | 1255025 | 2175168 | 2919423 | 2891860 | 2987551 | 3009894 | 3027971 |
| 农林牧渔水利业 | 46842 | 52536 | 55689 | 49166 | 30234 | 47357 | 49996 | 55063 | 60740 | 64860 |
| #排　灌 | 28822 | 29660 | 41439 | 33672 | 12969 | 17079 | 18115 | 17146 | 18729 | 18061 |
| 工业 | 420161 | 560719 | 494267 | 1096270 | 1918967 | 2529738 | 2474827 | 2543638 | 2502221 | 2453497 |
| 轻工业 | 51213 | 62219 | 64812 | 115283 | 220519 | 288374 | 279922 | 291491 | 316161 | 319590 |
| 重工业 | 368948 | 498500 | 429455 | 980987 | 1698448 | 2241364 | 2194905 | 2252147 | 2186060 | 2133907 |
| 建筑业 | 3087 | 3875 | 5401 | 9734 | 18841 | 28825 | 34484 | 36251 | 39037 | 45058 |
| 交通运输、仓储和邮政业 | 9292 | 10292 | 18183 | 19110 | 35385 | 62417 | 64474 | 66856 | 77451 | 88777 |
| #交通运输业 | 8722 | 9234 | 10735 | 12925 | 28022 | 53157 | 54681 | 56484 | 65953 | 74848 |
| 邮电通信业 | 570 | 1058 | 2448 | 2915 | 2073 | 2399 | 2310 | 2311 | 2319 | 2246 |
| 商业、住宿和餐饮业 | 4128 | 7848 | 11280 | 31478 | 54311 | 78945 | 80579 | 84703 | 92711 | 109684 |
| 其他事业合计 | 9623 | 14049 | 17919 | 49269 | 102367 | 97821 | 103843 | 107663 | 125713 | 135499 |
| #公共照明业 | 340 | 513 | 987 | 1587 | 6486 | 9389 | 10138 | 10520 | 11268 | 12003 |
| 城乡居民生活用电 | 16022 | 56230 | 72811 | 126991 | 284906 | 444750 | 432801 | 454345 | 529213 | 584295 |
| 乡村 | 7757 | 29393 | 38639 | 65654 | 133924 | 261800 | 262370 | 275558 | 324891 | 349504 |
| 城镇 | 8265 | 26837 | 34172 | 61337 | 150982 | 182950 | 170431 | 178787 | 204322 | 234791 |

# 7-9 市区主要年份全社会用电情况

单位:万千瓦时

| 指　　　标 | 1990 | 1995 | 2000 | 2005 | 2010 | 2013 | 2014 | 2015 | 2016 | 2017 |
|---|---|---|---|---|---|---|---|---|---|---|
| **全社会用电量** | **352732** | **435287** | **417022** | **487927** | **1499408** | **1014182** | **1079938** | **1143738** | **1145465** | **1236697** |
| 全行业用电 | 347502 | 416201 | 386628 | 435880 | 1357449 | 883273 | 959256 | 1017440 | 1007302 | 1078388 |
| 农林牧渔水利业 | 1891 | 5122 | 4372 | 5065 | 9330 | 2744 | 3172 | 3652 | 3932 | 3894 |
| #排　灌 | 492 | 1906 | 1375 | 465 | 1731 | 761 | 1202 | 1223 | 1246 | 1213 |
| 工业 | 329405 | 385287 | 349333 | 364398 | 1195500 | 702396 | 767986 | 815917 | 778273 | 824735 |
| 轻工业 | 26906 | 36310 | 37963 | 42118 | 83409 | 34994 | 34278 | 34499 | 36579 | 38023 |
| 重工业 | 302499 | 348977 | 311370 | 322280 | 1112091 | 667402 | 733708 | 781418 | 741694 | 786712 |
| 建筑业 | 937 | 1884 | 2342 | 3768 | 11073 | 9609 | 9774 | 9844 | 9655 | 12312 |
| 交通运输、仓储和邮政业 | 5944 | 8200 | 9309 | 11673 | 27369 | 38815 | 40274 | 41848 | 49112 | 52538 |
| #交通运输业 | 5727 | 7635 | 7789 | 8038 | 24253 | 35934 | 37735 | 39289 | 46328 | 49382 |
| 邮电通信业 | 217 | 565 | 1520 | 1944 | 1388 | 965 | 889 | 871 | 837 | 878 |
| 商业、住宿和餐饮业 | 2106 | 4516 | 6927 | 18212 | 34289 | 40125 | 40503 | 41484 | 42081 | 48397 |
| 其他事业合计 | 7219 | 11192 | 14345 | 32764 | 72116 | 46753 | 47927 | 49827 | 58670 | 62121 |
| #公共照明业 | 206 | 306 | 729 | 633 | 3040 | 3987 | 4036 | 4264 | 4400 | 4430 |
| 城乡居民生活用电 | 5230 | 19086 | 30394 | 52047 | 141959 | 130909 | 120682 | 126298 | 138163 | 158309 |
| 乡村 | 673 | 4127 | 5389 | 9894 | 53882 | 27467 | 25350 | 25491 | 27303 | 21982 |
| 城镇 | 4557 | 14959 | 25005 | 42153 | 88077 | 103442 | 95332 | 100807 | 110860 | 136327 |

# 7-10 全社会用电分行业、分地区情况

（2017 年） 单位：万千瓦时

| 指标 | 全市 | 丰县 | 沛县 | 铜山区 | 睢宁县 | 新沂市 | 邳州市 |
|---|---|---|---|---|---|---|---|
| **全社会用电总计** | **1957428** | **226209** | **380398** | **492362** | **207970** | **347450** | **303039** |
| **全行业用电合计** | **1557574** | **165448** | **315704** | **415010** | **143478** | **295524** | **222410** |
| 第一产业 | 58698 | 6330 | 14625 | 11301 | 12181 | 6094 | 8167 |
| 农、林、牧、渔业 | 37139 | 6065 | 6239 | 7244 | 8610 | 4262 | 4719 |
| 第二产业 | 1289918 | 132213 | 274496 | 355478 | 99617 | 260067 | 168047 |
| 工业 | 1259777 | 129260 | 269993 | 351269 | 92040 | 255332 | 161883 |
| 轻工业 | 258354 | 28895 | 60837 | 33800 | 55683 | 54608 | 24531 |
| 重工业 | 1001423 | 100365 | 209156 | 317469 | 36357 | 200724 | 137352 |
| 采矿业 | 33603 | 3521 | 17897 | 11778 | 33 | 186 | 188 |
| 煤炭开采和洗选业 | 19965 | 2205 | 17180 | 533 | 1 |  | 46 |
| 石油和天然气开采业 | 46 |  | 15 | 19 | 12 |  |  |
| 黑色金属矿采选业 | 4897 |  | 547 | 4338 |  |  | 12 |
| 有色金属矿采选业 | 4223 |  |  | 4221 |  |  | 2 |
| 非金属矿采选业 | 4208 | 1316 | 155 | 2430 | 20 | 175 | 112 |
| 其他采矿业 | 264 |  |  | 237 |  | 11 | 16 |
| 制造业 | 1098703 | 102088 | 225735 | 315721 | 79098 | 236435 | 139626 |
| 食品、饮料和烟草制造业 | 72100 | 11493 | 16235 | 14278 | 8183 | 12803 | 9108 |
| 纺织业 | 101903 | 9195 | 38272 | 2551 | 26118 | 22004 | 3763 |
| 服装鞋帽、皮革羽绒及其制品业 | 8620 | 350 | 475 | 213 | 4328 | 2812 | 442 |
| 木材加工及制品和家具制品业 | 58340 | 11771 | 1379 | 2626 | 10627 | 5655 | 26282 |
| 造纸及纸制品业 | 7801 | 222 | 432 | 4699 | 1872 | 321 | 255 |
| 印刷业和记录媒介的复制 | 1438 | 93 | 177 | 785 | 153 | 29 | 201 |
| 文体用品制造业 | 787 | 54 | 70 | 13 | 21 | 234 | 395 |
| 石油加工、炼焦及核燃料加工业 | 91003 | 3135 | 9376 | 15661 | 166 | 40 | 62625 |
| 化学原料及化学制品制造业 | 150862 | 44828 | 21730 | 996 | 766 | 81512 | 1030 |
| 医药制造业 | 2251 | 85 | 68 | 510 | 646 | 542 | 400 |
| 化学纤维制造业 | 3134 | 395 | 40 | 493 | 26 | 16 | 2164 |
| 橡胶和塑料制品业 | 44520 | 1799 | 26126 | 1877 | 5679 | 4490 | 4549 |
| 非金属矿物制品业 | 124100 | 2810 | 7837 | 71656 | 5799 | 26540 | 9458 |
| 黑色金属冶炼及压延加工业 | 262516 |  | 44982 | 150002 | 374 | 66213 | 945 |
| 有色金属冶炼及压延加工业 | 20647 | 254 | 15903 | 732 | 131 | 3406 | 221 |
| 金属制品业 | 35043 | 2827 | 15468 | 8166 | 3592 | 1127 | 3863 |
| 通用及专用设备制造业 | 52032 | 3848 | 8657 | 31827 | 3292 | 1256 | 3152 |
| 交通运输、电气、电子设备制造业 | 49934 | 7997 | 16635 | 7586 | 6519 | 5189 | 6008 |
| 工艺品及其他制造业 | 4320 | 674 | 214 | 706 | 209 | 1685 | 832 |
| 废弃资源和废旧材料回收加工业 | 7352 | 258 | 1659 | 344 | 597 | 561 | 3933 |
| 电力、燃气及水的生产和供应业 | 127471 | 23651 | 26361 | 23770 | 12909 | 18711 | 22069 |
| 电力、热力的生产和供应业 | 109293 | 21304 | 24119 | 20467 | 11194 | 14009 | 18200 |
| 燃气生产和供应业 | 2612 | 52 | 60 | 114 | 119 | 561 | 1706 |
| 水的生产和供应业 | 15566 | 2295 | 2182 | 3189 | 1596 | 4141 | 2163 |
| 建筑业 | 30141 | 2953 | 4503 | 4209 | 7577 | 4735 | 6164 |
| 第三产业 | 208958 | 26905 | 26583 | 48231 | 31680 | 29363 | 46196 |
| 交通运输、仓储和邮政业 | 34151 | 2802 | 1551 | 11935 | 4016 | 5642 | 8205 |
| 信息传输、计算机服务和软件业 | 21305 | 3150 | 3050 | 4582 | 3518 | 3272 | 3733 |
| 商业、住宿和餐饮业 | 57081 | 8159 | 8828 | 7480 | 10579 | 8039 | 13996 |
| 金融、房地产、商务及居民服务业 | 31588 | 4419 | 5076 | 7587 | 3711 | 4139 | 6656 |
| 公共事业及管理组织 | 64833 | 8375 | 8078 | 16647 | 9856 | 8271 | 13606 |
| **城乡居民生活用电合计** | **399854** | **60761** | **64694** | **77352** | **64492** | **51926** | **80629** |
| 城镇 | 93825 | 16142 | 17492 | 12400 | 18130 | 9572 | 20089 |
| 乡村 | 306029 | 44619 | 47202 | 64952 | 46362 | 42354 | 60540 |

# 主要统计指标解释

**能源消费量** 指能源使用单位在报告期内实际消费的一次能源或二次能源的数量。就每种能源的实物消耗而言,是其消费量;如果将实际消费的各种能源折标准量相加所得到的能源消费量合计数据是企业投入消费的全部能源,没有扣除能源品种加工转换的重复因素。

**工业企业的能源消费量** 包括工业企业在生产过程中作为燃料、动力、原料、辅助材料使用的能源以及工艺用能、非生产用能。

**工业生产能源消费** 指工业企业为进行工业生产活动所消费的能源。

**用作原材料的能源消费** 指能源产品不作能源使用,即不作燃料、动力使用,而作为生产另外一种产品(非能源产品)的原料或作为辅助材料使用,作原料使用时通常构成这种产品的实体。

**工业企业非工业生产能源消费** 指在工业企业能源消费中,除"工业生产能源消费"以外的能源消费。

**能源库存量** 能源库存量是指企业能源库存量,它是企业在报告期的某时间点所拥有的各种能源数量。根据企业的生产经营活动性质,企业库存量分为生产企业产成品库存、经销企业(批发、零售企业)用于经营销售的库存、使用企业用于消费的库存。

**综合能源消费量** 指报告期内工业企业在工业生产活动中实际消费的各种能源的总和净值。计算综合能源消费量时,需要先将使用的各种能源折算成标准燃料后再进行计算。

**取水量** 指企业从各种水源直接提取或者从市场购买的用于厂区、办公区内工业生产活动的水量,以实际获得的新水量为准。用于工业生产活动的水量,包括主要生产用水、辅助生产用水(如机修、运输、空压站等)和附属生产用水(如绿化、办公室、浴室、食堂、厕所、保健站等),不包括非工业生产单位的用水量(如基建用水、厂内居民家庭用水和企业附属幼儿园、学校、对外营业的浴室、游泳池等的用水量)和居民生活用水量。

**外供水量** 指企业外供给其他单位的水或水产品的量,以离厂水量为准。包括外供给其他企业或市场的原水、自来水、再生水(中水)、海水淡化水、矿泉水、纯净水等。不包括直流冷却水量、未利用直接排放的矿井水和雨水量、北方地区供暖企业供给城镇热力网内循环的热水量、进入城镇污水管网和直接排到自然环境中的水量。

**陆地地表水** 指河流、湖泊、水库等地表水源的水,不包括海水。地表水分为淡水和咸水。陆地咸水湖的水为咸水。一般的河流、湖泊、水库的水是淡水。

**地表淡水** 指陆地表面形成的径流及地表贮存的淡水。包括江、河、淡水湖、水库等。

**地下淡水** 指地下径流或埋藏于地下的,经过提取可被利用的淡水。包括井水、地热水等。

**自来水** 指自来水厂将地表淡水、地下淡水经过"混凝、沉淀、过滤、消毒"等净水工序,达到国家饮用水标准,通过城镇自来水管网供给工业生产、居民生活使用的水。

**海水** 指海洋的水。海水的取水量包括企业用来淡化、制盐、化工生产等海水资源利用所提取的海水量,以及用于海水循环冷却补充水、脱硫、洗涤、除尘、冲渣、印染等的海水直接利用量,不包括海水直流冷却水量。

**其他水** 指上述水资源品种没有涵盖的,或者界定不清的水及水的产品。包括软化水、除盐水、蒸汽(需折算成同等质量的水)、蒸汽冷凝水、管道供应的热水(不含北方地区城镇热力网内循环的热水)、瓶(桶)装纯净水、矿泉水、经过初步处理未达到自来水标准的水。不包括地热水、碳酸饮料、茶饮料、果汁饮料、酒类、污(废)水。

**重复用水量** 指在确定的用水单元或系统内,所有未经处理和处理后又重复使用的水量总和。

**直流冷却水量** 指企业取自河流、水库、湖泊、海洋,经一次使用后,直接排放回河流、水库、湖泊、海洋的冷却水量,多见于火(核)电企业。直流冷却水不填报取水量、外供水量、外排水量。企业从直流冷却水系统中取水用做其他用途,则该部分应计入取水量。

利用河、湖、水库等的淡水进行直流冷却填报直流冷却水量(河湖水),利用海水进行直流冷却填报直流冷却水量(海水)。

**污水处理企业污水处理量** 指污水处理企业取自企业外部并实际处理的污(废)水量。本指标仅限污水处理企业填报。

# 财政、金融和保险

# FINANCE,BANKING AND INSURANCE

# 8

版面负责人：卢川川

编　　　辑：徐向忠

# 加强和规范统计上弄虚作假案件查处工作的若干规定

**第二十三条** 有以下情况之一的案件,可以实行内部通报:

(一)省级和有关地方政府积极支持、统计部门积极履行独立调查、独立报告、独立监督以及查处统计上弄虚作假行为职责的地方发生的。

(二)统计上弄虚作假问题社会影响较小,通过内部通报更能起到教育警示作用的。

(三)积极落实上级统计部门整改处理要求,主动进行全面深入整改,对责任单位、责任人及时依法依纪从重追究责任的。

(四)其他适合内部通报的。

内部通报对教育警示统计人员、改进统计工作等作用更大的,可以由国家统计局或省级统计机构进行通报。内部通报对教育警示领导干部、树立正确政绩观、搞准统计数据等作用更大的,可以由省级统计机构提请省级政府或纪检监察机关通报。由有关省(区、市)内部通报的,通报文稿等内容须由省级统计机构按要求和规定时间报经国家统计局审核。

有关地方内部通报不到位、整改处理不力的,国家统计局可以直接在全国范围进行内部通报,可以直接或要求有关省级统计机构公开曝光。

## 第七章 责任追究

**第二十四条** 查处统计上弄虚作假案件,必须严格按照《统计法》、统计行政法规、《统计违法违纪行为处分规定》和党纪政纪等有关规定,严肃追究责任单位、责任人的责任。

**第二十五条** 责任追究可以采取批评教育、诫勉谈话、行政处罚、约谈、问责、组织处理、通报、曝光、党纪政纪处分等方式。构成犯罪的,移交司法机关处理。

**第二十六条** 领导人员对严重统计违法行为失察的,要严格按照《统计法》第三十七条和《统计违法违纪行为处分规定》第四条等规定,给予警告以上处分。对重要统计数据长时间或大范围失实,统计数据严重失实影响有关地方甚至全国数据质量,出现有组织的统计上弄虚作假行为,下级主要领导或多个领导干预统计等情况,应当从重给予处分。

**第二十七条** 领导人员干预统计的,要严格按照《统计法》第三十七条、第三十八条和《统计违法违纪行为处分规定》第三条、第五条等规定,给予记过以上处分。对多次自行修改或一再要求下级篡改统计资料、编造虚假数据,打击报复拒绝抵制或揭发检举统计上弄虚作假的人员,要求调查对象弄虚作假导致统计数据失实严重等情况,应当从重给予处分。

# 8-1 主要年份财政收入、支出情况

单位：万元

| 年份 | 全市 | | | 市区 | | |
|---|---|---|---|---|---|---|
| | 财政收入 | 财政支出 | 财政收入占地区生产总值比重(%) | 财政收入 | 财政支出 | 财政收入占地区生产总值比重(%) |
| 1952 | 2770 | 1324 | 12.1 | 660 | 752 | 13.8 |
| 1957 | 6476 | 4202 | 17.5 | 3327 | 1573 | 23.8 |
| 1962 | 7564 | 3339 | 16.5 | 4720 | 687 | 26.3 |
| 1965 | 8638 | 4686 | 15.2 | 5327 | 1121 | 26.6 |
| 1970 | 15069 | 6026 | 17.3 | 10772 | 2293 | 31.6 |
| 1975 | 19456 | 9608 | 15.3 | 12721 | 3610 | 25.1 |
| 1978 | 32674 | 17690 | 15.3 | 22950 | 7887 | 29.8 |
| 1979 | 32484 | 18707 | 13.1 | 24081 | 6877 | 25.9 |
| 1980 | 35715 | 17982 | 12.5 | 26814 | 6714 | 23.5 |
| 1981 | 38273 | 17563 | 12.6 | 28497 | 6339 | 24.6 |
| 1982 | 43114 | 21655 | 12.2 | 30670 | 7981 | 23.1 |
| 1983 | 43887 | 25921 | 10.4 | 30492 | 9779 | 19.2 |
| 1984 | 47454 | 30779 | 9.6 | 32250 | 12009 | 18.0 |
| 1985 | 57538 | 33704 | 10.4 | 39448 | 13366 | 19.6 |
| 1986 | 65741 | 45505 | 10.4 | 45248 | 19051 | 20.0 |
| 1987 | 71134 | 49005 | 9.9 | 48746 | 20550 | 18.6 |
| 1988 | 82796 | 58865 | 9.8 | 55880 | 23409 | 19.3 |
| 1989 | 95384 | 74502 | 9.6 | 65610 | 30589 | 16.7 |
| 1990 | 102326 | 85640 | 9.1 | 70338 | 34593 | 15.1 |
| 1991 | 103467 | 98117 | 8.0 | 70215 | 41538 | 13.3 |
| 1992 | 109670 | 95599 | 6.8 | 73690 | 37513 | 10.7 |
| 1993 | 147114 | 122174 | 6.7 | 95765 | 50567 | 9.5 |
| 1994 | 197489 | 143559 | 6.3 | 128227 | 62329 | 9.1 |
| 1995 | 253020 | 180186 | 6.3 | 160606 | 78225 | 9.1 |
| 1996 | 302406 | 213530 | 6.2 | 188190 | 85349 | 9.0 |
| 1997 | 351388 | 250673 | 7.0 | 221624 | 103183 | 9.8 |
| 1998 | 395108 | 283443 | 7.4 | 254176 | 119325 | 10.4 |
| 1999 | 436074 | 311862 | 7.6 | 282311 | 130573 | 11.0 |
| 2000 | 476168 | 345246 | 7.7 | 311151 | 153038 | 10.7 |
| 2001 | 525924 | 400797 | 7.7 | 338498 | 172809 | 10.5 |
| 2002 | 655566 | 520174 | 8.7 | 438281 | 258477 | 12.2 |
| 2003 | 828226 | 624582 | 9.7 | 559422 | 301885 | 13.1 |
| 2004 | 1102216 | 717332 | 10.7 | 768436 | 318329 | 14.3 |
| 2005 | 1452629 | 1050786 | 12.0 | 1034482 | 511441 | 16.2 |
| 2006 | 1808512 | 1270099 | 12.7 | 1231212 | 576615 | 16.5 |
| 2007 | 2207263 | 1474369 | 13.1 | 1509317 | 623115 | 16.8 |
| 2008 | 2685991 | 1990464 | 13.4 | 1782700 | 842950 | 17.2 |
| 2009 | 3188865 | 2565349 | 13.3 | 1987842 | 1048541 | 19.2 |
| 2010 | 4138904 | 3257198 | 14.1 | 2887987 | 1621085 | 16.2 |
| 2011 | 5553294 | 4542420 | 15.6 | 3726172 | 2240383 | 17.6 |
| 2012 | 5976325 | 5300461 | 14.9 | 3864175 | 2513222 | 16.1 |
| 2013 | 6599518 | 5956105 | 14.6 | 4207502 | 2776771 | 15.9 |
| 2014 | 7325949 | 6609256 | 14.8 | 4571862 | 3012921 | 16.4 |
| 2015 | 8191626 | 7524638 | 15.7 | 5077899 | 3205677 | 17.9 |
| 2016 | 8020168 | 7979911 | 13.8 | 4974722 | 3501263 | 16.2 |
| 2017 | 8448300 | 8273338 | 12.8 | 5417378 | 3866008 | 15.9 |

# 8-2 财政收入

单位:万元

| 指标 | 全市 | | | 市区 | | |
|---|---|---|---|---|---|---|
| | 2015 | 2016 | 2017 | 2015 | 2016 | 2017 |
| **财政总收入** | **8191626** | **8020168** | **8448300** | **5077899** | **4974722** | **5417378** |
| **上划中央收入** | **2884863** | **2859542** | **3431945** | **2369053** | **2289169** | **2669874** |
| 增值税(75%) | 1140048 | 1134507 | 1414968 | 822335 | 758834 | 887666 |
| 消费税 | 1128293 | 1149134 | 1274217 | 1098101 | 1107582 | 1228862 |
| 企业所得税(60%) | 392428 | 388916 | 509868 | 303045 | 283851 | 377156 |
| 个人所得税(60%) | 161778 | 186985 | 232892 | 102038 | 138902 | 176190 |
| **公共财政预算收入** | **5306763** | **5160626** | **5016355** | **2708846** | **2685553** | **2747504** |
| 税收收入 | 4291271 | 3903070 | 3652284 | 2068930 | 2014173 | 2103060 |
| 增值税(25%) | 490907 | 826354 | 1410213 | 339248 | 548354 | 882654 |
| 营业税 | 1873494 | 1046894 | 1646 | 727774 | 386755 | 1699 |
| 企业所得税(40%) | 261620 | 259276 | 339912 | 202031 | 189234 | 251437 |
| 个人所得税(款)(40%) | 107851 | 124656 | 155261 | 68024 | 92601 | 117459 |
| 资源税 | 128561 | 100824 | 82038 | 38376 | 29391 | 18313 |
| 城市维护建设税 | 315314 | 294046 | 286333 | 218973 | 212174 | 200937 |
| 房产税 | 107023 | 124002 | 143122 | 54615 | 58958 | 61028 |
| 印花税 | 45679 | 50256 | 55737 | 25338 | 25265 | 28944 |
| 城镇土地使用税 | 154705 | 157510 | 189690 | 79709 | 77399 | 81160 |
| 土地增值税 | 487308 | 525824 | 550028 | 184831 | 224578 | 216923 |
| 车船税(款) | 31722 | 40011 | 41221 | 15058 | 17153 | 20851 |
| 耕地占用税(款) | 12252 | 20100 | 41110 | 3832 | 7494 | 20076 |
| 契税(款) | 274835 | 333317 | 355973 | 111121 | 144817 | 201579 |
| 非税收入 | 1015492 | 1257556 | 1364071 | 639916 | 671380 | 644444 |
| 专项收入 | 302858 | 296472 | 265512 | 199629 | 206289 | 177158 |
| 行政事业性收费收入 | 308619 | 291098 | 303283 | 204821 | 174672 | 185789 |
| 罚没收入 | 121212 | 189425 | 163037 | 63054 | 100868 | 85372 |
| 国有资本经营收入 | | | | | | |
| 国有资源(资产)有偿使用收入 | 258427 | 433246 | 578629 | 156981 | 155591 | 162232 |
| 捐赠收入 | | 4848 | 7067 | | 2858 | |
| 政府住房基金收入 | | 25265 | 24026 | | 24880 | |
| 其他收入(款) | 24376 | 17202 | 22517 | 15431 | 6222 | 33893 |
| **政府性基金收入** | **3278663** | **2332899** | **3814361** | **1761056** | **1054134** | **2228541** |

# 8-3 财政支出

单位：万元

| 指标 | 全市 | | | 市区 | | |
|---|---|---|---|---|---|---|
| | 2015 | 2016 | 2017 | 2015 | 2016 | 2017 |
| **公共财政预算支出** | **7524638** | **7979911** | **8273338** | **3205677** | **3501263** | **3866008** |
| #一般公共服务 | 602719 | 623624 | 694240 | 291728 | 325681 | 367174 |
| 国防 | 10081 | 9045 | 12284 | 6851 | 5887 | 8008 |
| 公共安全 | 359568 | 436882 | 490986 | 222190 | 271561 | 311206 |
| 教育 | 1523477 | 1653333 | 1739880 | 620087 | 677670 | 687106 |
| 科学技术 | 191873 | 207617 | 215540 | 110892 | 119645 | 128251 |
| 文化体育与传媒 | 81458 | 88879 | 113307 | 37002 | 40385 | 44930 |
| 社会保障和就业 | 704224 | 835997 | 955682 | 355297 | 451654 | 538898 |
| 医疗卫生 | 582398 | 595773 | 670751 | 205471 | 223056 | 262094 |
| 环境保护 | 207000 | 198558 | 185908 | 84004 | 87996 | 97868 |
| 城乡社区事务 | 1117994 | 1194732 | 1232616 | 452426 | 495035 | 497944 |
| 农林水事务 | 1241826 | 1176767 | 894772 | 391278 | 371551 | 344977 |
| 交通运输 | 205531 | 219595 | 321064 | 70422 | 77335 | 119028 |
| 资源勘探电力信息等事务 | 239994 | 241446 | 150869 | 105111 | 101680 | 128665 |
| 商业服务业等事务 | 50914 | 50483 | 44359 | 32746 | 35101 | 32832 |
| 金融监管支出 | 3702 | 5166 | 9442 | 2091 | 4995 | 8556 |
| 援助其他地区支出 | | 5911 | 11423 | | 2839 | 8038 |
| 国土资源气象等事务 | 83237 | 80124 | 147985 | 49843 | 45997 | 52257 |
| 住房保障支出 | 243208 | 264788 | 239804 | 124365 | 124809 | 135202 |
| 粮油物资管理事务 | 12371 | 17232 | 20383 | 7326 | 8561 | 7323 |
| 其他支出 | 37588 | 33488 | 55401 | 23046 | 11432 | 52452 |
| 债务付息支出 | | 39515 | 66277 | | 17865 | 33086 |
| 债务发行费用支出 | | 956 | 365 | | 528 | 113 |
| **政府性基金支出** | **3241762** | **2858019** | **5002382** | **1665971** | **1344529** | **2885835** |
| #一般公共服务 | | | | | | |
| 教育 | | | | | | |
| 文化体育与传媒 | | 599 | 11 | | 487 | 11 |
| 社会保障和就业 | 5213 | 7325 | 6688 | 2718 | 3784 | 660 |
| 城乡社区事务 | 3171743 | 2762071 | 4898143 | 1631244 | 1281072 | 2824122 |
| 农林水事务 | 16075 | 2517 | | 7886 | | |
| 交通运输 | 12967 | 22622 | 11753 | 4647 | 14648 | 5700 |
| 资源勘探电力信息等事务 | 7251 | 5539 | 5003 | 3390 | 2872 | 1883 |
| 其他支出 | 27916 | 36563 | 28595 | 15575 | 25438 | 20480 |
| 债务付息支出 | | 19719 | 50941 | | 15652 | 32398 |
| 债务发行费用支出 | | 1064 | 1248 | | 576 | 581 |

注：从2015年1月1日起，将政府性基金预算中用于提供基本公共服务以及主要用于人员和机构运转等方面的项目收支转列一般公共预算，具体包括地方教育附加、文化事业建设费、残疾人就业保障金、从地方土地出让收益计提的农田水利建设和教育资金、转让政府还贷道路收费权收入、育林基金、森林植被恢复费、水利建设基金、船舶港务费、长江口航道维护收入等11项基金。

# 8-4 历年金融机构(人民币)存贷款

(年底数)

单位:万元

| 年 份 | 全市 | | | 市区 | | | 人均储蓄(元/人) | |
|---|---|---|---|---|---|---|---|---|
| | 金融机构各项存款余额 | #居民储蓄 | 金融机构各项贷款余额 | 金融机构各项存款余额 | #居民储蓄 | 金融机构各项贷款余额 | 全 市 | 市 区 |
| 1952 | | 270 | | | 206 | | 1 | 9 |
| 1957 | | 968 | | | 647 | | 2 | 17 |
| 1962 | | 1222 | | | 686 | | 3 | 15 |
| 1965 | | 1974 | | | 1157 | | 4 | 22 |
| 1970 | | 2442 | | | 1449 | | 4 | 27 |
| 1975 | | 4839 | | | 2694 | | 8 | 44 |
| 1978 | 60759 | 8921 | 105787 | 45019 | 4299 | 73384 | 14 | 64 |
| 1979 | 28597 | 13499 | 47821 | 11793 | 6018 | 17239 | 21 | 85 |
| 1980 | 123807 | 20596 | 108921 | 100870 | 8868 | 64142 | 31 | 122 |
| 1981 | 86748 | 27635 | 137656 | 44213 | 11249 | 62784 | 41 | 150 |
| 1982 | 96635 | 36462 | 156417 | 47298 | 14836 | 71216 | 53 | 192 |
| 1983 | 121321 | 52715 | 193450 | 59799 | 19645 | 87887 | 76 | 248 |
| 1984 | 160671 | 74664 | 266637 | 77453 | 26601 | 119256 | 107 | 330 |
| 1985 | 176808 | 97867 | 311936 | 89970 | 37810 | 162538 | 138 | 458 |
| 1986 | 251158 | 140701 | 391209 | 131915 | 51139 | 223965 | 197 | 608 |
| 1987 | 367499 | 191242 | 496401 | 217669 | 69314 | 290223 | 263 | 810 |
| 1988 | 495318 | 246993 | 596632 | 219746 | 88630 | 320346 | 332 | 1016 |
| 1989 | 559847 | 327806 | 671512 | 257604 | 125709 | 413739 | 430 | 1408 |
| 1990 | 724345 | 446418 | 804071 | 349864 | 174611 | 433478 | 553 | 1926 |
| 1991 | 891658 | 555370 | 963003 | 425565 | 213526 | 492026 | 677 | 2324 |
| 1992 | 1064281 | 668470 | 1089149 | 508880 | 258326 | 565390 | 809 | 2758 |
| 1993 | 1360184 | 857542 | 1346993 | 670666 | 319747 | 735634 | 1028 | 3360 |
| 1994 | 1758108 | 1110985 | 1618177 | 944480 | 477133 | 899760 | 1318 | 3340 |
| 1995 | 2329318 | 1400566 | 2046385 | 1282165 | 578274 | 1155867 | 1645 | 3984 |
| 1996 | 2950050 | 1828200 | 2388715 | 1624215 | 811756 | 1323614 | 2217 | 5510 |
| 1997 | 3484093 | 2163437 | 3005351 | 1905377 | 970956 | 1672573 | 2495 | 6502 |
| 1998 | 3768104 | 2438696 | 3226763 | 2053563 | 1110556 | 1752920 | 2785 | 7313 |
| 1999 | 4135005 | 2692128 | 3341758 | 2349069 | 1297842 | 1885371 | 3068 | 8515 |
| 2000 | 4614682 | 3058002 | 3249902 | 3124162 | 1860652 | 2230387 | 3411 | 11585 |
| 2001 | 5297006 | 3576909 | 3742657 | 3581695 | 2202744 | 2536851 | 3966 | 13552 |
| 2002 | 6180183 | 4167882 | 3982506 | 4195444 | 2592741 | 2678214 | 4608 | 15756 |
| 2003 | 7277202 | 4822259 | 4614147 | 4254019 | 3024793 | 2598658 | 5307 | 18077 |
| 2004 | 8414573 | 5563129 | 4751280 | 4768459 | 3445990 | 2640115 | 6068 | 20584 |
| 2005 | 10108940 | 6506064 | 4911786 | 5806876 | 3997284 | 2758306 | 7031 | 22223 |
| 2006 | 11937168 | 7228920 | 5650749 | 6865004 | 4377454 | 3133756 | 7734 | 24105 |
| 2007 | 14038244 | 7886337 | 6842230 | 8170216 | 3488669 | 4015157 | 8409 | 19140 |
| 2008 | 17191438 | 9745131 | 7965786 | 10066026 | 5850811 | 4749346 | 10292 | 31729 |
| 2009 | 21726238 | 11397620 | 11325649 | 15272845 | 6911095 | 7926396 | 11902 | 37112 |
| 2010 | 26321873 | 13243885 | 14364443 | 18281038 | 7908879 | 9901281 | 13613 | 25291 |
| 2011 | 29809912 | 14954211 | 17348392 | 20386726 | 8684472 | 11820976 | 15312 | 27511 |
| 2012 | 33644736 | 17947175 | 20472296 | 22500556 | 10292339 | 13785329 | 18119 | 32077 |
| 2013 | 38844633 | 20897714 | 23608014 | 25950180 | 11833905 | 15528718 | 24325 | 37356 |
| 2014 | 42864617 | 23774417 | 27247917 | 28455976 | 13066281 | 17965025 | 27554 | 40738 |
| 2015 | 47470104 | 27805980 | 30699020 | 30631822 | 15196592 | 20009860 | 32075 | 46906 |
| 2016 | 54953059 | 30902119 | 36202134 | 33728605 | 16492141 | 23834094 | 35479 | 50452 |
| 2017 | 63963815 | 33494523 | 41731982 | 39701953 | 17841084 | 27030658 | 38220 | 53945 |

注:1.因区划调整,2010年以后市区人均储蓄存款余额与往年不可比;2.2015年及以后居民储蓄调整为住户存款,与往年不可比。

# 8-5 金融机构(人民币)综合存贷款(2011-2014)

单位:万元

| 指　　标 | 2011 | 2012 | 2013 | 2014 |
|---|---|---|---|---|
| **金融机构综合存款余额** | **29809912** | **33644736** | **38844633** | **42864617** |
| # 单位存款 | 14164769 | 14945580 | 16552677 | 17494391 |
| # 活期 | 5773196 | 6244340 | 6673685 | 7355691 |
| 定期 | 2959156 | 3125577 | 4102170 | 3311470 |
| 通知存款 | 269304 | 266907 | 202542 | 286074 |
| 保证金存款 | 3235769 | 3483542 | 3322085 | 2952952 |
| 个人存款 | 15026698 | 18068666 | 21549845 | 24658403 |
| # 储蓄存款 | 14954211 | 17947175 | 20897714 | 23774417 |
| 财政性存款 | 344933 | 395272 | 439596 | 481903 |
| 临时性存款 | 112162 | 153309 | 230912 | 112963 |
| 委托存款 | 95215 | 5030 | 52 | 38 |
| 其他存款 | 66135 | 76880 | 71551 | 116919 |
| **金融机构综合贷款余额** | **17348392** | **20472296** | **23608014** | **27247917** |
| # 境内贷款 | 17347561 | 20471064 | 23606855 | 27246873 |
| # 短期贷款 | 9690876 | 11658992 | 13038233 | 13978987 |
| # 个人贷款及透支 | 2307267 | 2237878 | 2434476 | 2396867 |
| # 个人消费贷款 | 139702 | 123742 | 214832 | 231495 |
| 单位普通贷款及透支 | 6364647 | 8359953 | 9519093 | 10601066 |
| # 经营贷款 | 6246368 | 8223920 | 9245248 | 10329363 |
| 中长期贷款 | 6872802 | 7832488 | 9480629 | 11622666 |
| # 个人贷款 | 3417032 | 4187147 | 5179181 | 6206421 |
| # 个人消费贷款 | 2844302 | 3427429 | 4295733 | 5255813 |
| # 单位普通贷款 | 2760690 | 2684676 | 3247886 | 4449368 |
| # 经营贷款 | 471935 | 575330 | 661909 | 947907 |
| 融资租赁 | | | | 2061 |
| 票据融资 | 772570 | 881273 | 1018095 | 1537915 |
| 各项垫款 | 11314 | 98311 | 69897 | 105244 |

注:自2015年起人民银行总行对存贷款口径有所调整,为便于使用,2014年及以前资料留存,编入8-5部分。

# 8–6 金融机构(人民币)各项存贷款

单位:万元

| 指　　标 | 2015 | 2016 | 2017 |
|---|---|---|---|
| **金融机构各项存款余额** | **47470104** | **54953059** | **63963815** |
| 境内存款 | 47447128 | 54921261 | 63930039 |
| 住户存款 | 27805980 | 30902119 | 33494523 |
| 活期存款 | 9350215 | 10996686 | 12155652 |
| 定期及其他存款 | 18455766 | 19905434 | 21338872 |
| 非金融企业存款 | 11632161 | 14088896 | 18007596 |
| 活期存款 | 4564377 | 6276621 | 9689106 |
| 定期及其他存款 | 7067785 | 7812274 | 8318490 |
| 广义政府存款 | 7787598 | 9870781 | 12183326 |
| 财政性存款 | 724728 | 1105536 | 840187 |
| 机关团体存款 | 7062870 | 8765245 | 11343140 |
| 非银行业金融机构存款 | 221388 | 59465 | 244593 |
| 境外存款 | 22976 | 31798 | 33777 |
| **金融机构各项贷款余额** | **30699020** | **36202134** | **41731982** |
| 境内贷款 | 30698045 | 36201083 | 41730802 |
| 住户贷款 | 9788674 | 12313517 | 16312688 |
| 短期贷款 | 2565435 | 2749652 | 3673971 |
| 消费贷款 | 428457 | 557715 | 1275656 |
| 经营贷款 | 2136979 | 2191937 | 2398315 |
| 中长期贷款 | 7223239 | 9563865 | 12638718 |
| 消费贷款 | 6247605 | 8460824 | 11338957 |
| 经营贷款 | 975634 | 1103041 | 1299761 |
| 非金融企业及机关团体贷款 | 20909371 | 23887566 | 25418114 |
| 短期贷款 | 11899564 | 10957932 | 10280008 |
| 中长期贷款 | 6601069 | 9064919 | 11733099 |
| 票据融资 | 2252828 | 3473860 | 2787603 |
| 融资租赁 | 1062 | 187266 | 546991 |
| 各项垫款 | 154847 | 203589 | 70413 |
| 境外贷款 | 975 | 1051 | 1180 |

# 8–7 保险业务主要指标

单位:万元

| 指 标 | 2010 | 2011 | 2012 | 2013 | 2014 | 2015 | 2016 | 2017 |
|---|---|---|---|---|---|---|---|---|
| **保险公司数 (个)** | **40** | **46** | **50** | **53** | **55** | **56** | **60** | **61** |
| # 财产保险公司 | 20 | 20 | 21 | 21 | 23 | 23 | 23 | 23 |
| 人寿保险公司 | 20 | 26 | 29 | 32 | 32 | 33 | 37 | 38 |
| **保险收入** | **820183** | **896097** | **858619** | **947545** | **1064593** | **1327536** | **1664340** | **2093418** |
| 财产险 | 206331 | 256490 | 282776 | 324292 | 376973 | 427288 | 500902 | 581380 |
| # 企业财产险 | 9998 | 13573 | 14647 | 14120 | 14493 | 13741 | 12647 | 12464 |
| 家庭财产险 | 795 | 608 | 897 | 739 | 516 | 723 | 1093 | 1913 |
| 机动车辆保险 | 174735 | 214627 | 233579 | 269845 | 310297 | 355280 | 411810 | 469983 |
| 运输及责任险 | 4868 | 5973 | 7642 | 7444 | 7849 | 9937 | 15179 | 21041 |
| 人寿险 | 613851 | 639607 | 575842 | 623253 | 687620 | 900248 | 1163438 | 1512038 |
| # 人身意外伤害险 | 10206 | 11150 | 11440 | 13252 | 15160 | 16562 | 20200 | 22056 |
| 健康险 | 6662 | 7084 | 7669 | 8309 | 9279 | 11344 | 22176 | 33964 |
| 寿险 | 140316 | 171632 | 129785 | 153110 | 306308 | 557559 | 662735 | 953300 |
| **各项赔款和给付** | **152305** | **220705** | **257408** | **351983** | **363711** | **422310** | **526780** | **581688** |
| 财产险 | 76844 | 104182 | 145898 | 168709 | 199942 | 207201 | 244448 | 277723 |
| # 企业财产险 | 1154 | 4482 | 4900 | 3203 | 7115 | 3717 | 6639 | 4728 |
| 家庭财产险 | 56 | 39 | 47 | 61 | 41 | 50 | 172 | 216 |
| 机动车辆保险 | 67692 | 90239 | 128801 | 148586 | 170071 | 175819 | 202762 | 230698 |
| 运输及责任险 | 1085 | 1546 | 2390 | 3118 | 3695 | 3028 | 3967 | 6118 |
| 人寿险 | 75461 | 116523 | 111510 | 183274 | 163769 | 215109 | 282332 | 303965 |
| # 人身意外伤害险 | 3066 | 3180 | 2999 | 3199 | 3950 | 4379 | 5142 | 5622 |
| 健康险 | 4771 | 4856 | 5138 | 5527 | 6762 | 7418 | 11344 | 19157 |
| 寿险 | 21484 | 25079 | 31328 | 32178 | 41517 | 41836 | 41066 | 80683 |

# 主要统计指标解释

**财政收入** 是指政府为履行其职能、实施公共政策和提供公共物品与服务需要而筹集的一切资金的总和，是国家为了实现其职能，凭借政治权力，对一部分社会产品进行分配和再分配的经济活动。财政收入表现为政府部门在一定时期内（一般为一个财政年度）所取得的货币收入。主要包括：中央财政收入和地方财政收入。中央财政和地方财政是财政体制上划分中央政府和地方政府以及地方各级政府之间财政管理权限的一项分配制度。它具体规定了各级政府筹集资金、支配使用资金的权力、范围和责任，使各级政府在财政管理上有责有权。这对于正确处理中央和地方之间，以及地方各级之间的分配关系，充分发挥各级政府的积极性，更好地完成国家财政收支任务，促进社会主义建设的发展有着极其重要的意义。

**中央财政收入** 包括：关税、海关代征消费税和增值税，消费税，中央企业所得税，地方银行和外资银行及非银行金融企业所得税，铁道、银行总行、保险总公司等集中缴纳的营业税、所得税、利润和城市维护建设税，增值税的75%部分，证券交易税(印花税)50%部分和海洋石油资源税。

**地方财政收入** 又称为公共财政预算收入，包括：(1)税收收入——我国财政收最主要的来源。国内增值税的25%、营业税、企业所得税的40%、个人所得税的40%、资源税、城市维护建设税、房产税、印花税（证券印花税的3%+其余印花税的全部）、城镇土地使用税、土地增值税、车船税、耕地占用税、契税、烟叶税、其他税收收入。(2)非税收入。专项收入、行政事业性收费收入、罚没收入、国有资本经营收入、国有资源有偿使用收入、其他收入。

**地方财政总收入** 包括地方公共财政预算收入、上划中央收入和政府性基金收入（含缴库社会保险基金）。上划中央收入是指按现行分税制财政体制规定，在当地缴纳、与地方分享的税种的中央级收入，包括国内增值税的75%、国内消费税、纳入分享范围的企业所得税的60%和个人所得税的60%四项。政府性基金收入是国家通过向社会征收以及出让土地、发行彩票等方式取得收入。

**财政支出** 是国家政权为行使其职能，对筹集的财政资金进行有计划的分配使用的总称。体现政府的活动范围和方向，反映财政资金的分配关系。主要包括基本建设支出、增拨企业流动资金、企业挖潜改造资金、新产品试制费、地质勘探费、工交商部门事业费、支援农村生产支出和各项农业事业费、文教科学卫生事业费、抚恤和社会救济费、国防费、行政管理费及债务支出。在我国，由于存在预算外资金，所以财政支出的概念也就有狭义与广义之分：狭义的财政支出仅指公共财政预算支出；广义的财政支出则包括预算内支出和预算外支出。

# 物价指数

## PRICE INDICES

9

版面负责人：王　莹

编　　　辑：张欣桐　高子尧

# 加强和规范统计上弄虚作假案件查处工作的若干规定

**第二十八条** 统计人员参与统计上弄虚作假的，要严格按照《统计法》第三十八条和《统计违法违纪行为处分规定》第五条等规定，给予记过以上处分。对多次要求或被拒绝后仍要求调查对象弄虚作假的，多次参与篡改统计资料、编造虚假数据的，弄虚作假导致统计数据失实严重等情况，应当从重给予处分。

统计和有关人员积极抵制领导人员干预统计，未能抵制住但向上级机关主动报告有关情，或积极提供干预证据的，对其从轻、减轻处理或免予处理。

**第二十九条** 省级统计机构有下列情况之一的，当年业务工作考核实行"一票否决"，同时严肃追究有关人员责任：

(一)对三类核查抵制抗拒、人为干扰，或向检查对象通风报信、帮助其应对检查的。

(二)对三类核查案件整改处理严重不力，对有关责任单位、责任人袒护、纵容的。

(三)对国家转交案件核查严重不力或隐瞒、歪曲事实，经进一步调查核实发现严重问题的。

(四)在三类核查中发生其他严重违法违纪行为的。

因统计上弄虚作假行为被举报并经查实发现严重问题的，有关业务部门应将其作为统计数据质量评估的重要依据。

**第三十条** 对三类核查发现统计上弄虚作假问题需要给予行政处罚的，有关统计机构应依法严肃处理。

## 第八章 整改落实

**第三十一条** 对国家统计局直接核查或与省级统计机构共同核查的统计上弄虚作假案件，省级统计机构要根据国家统计局要求，举一反三，认真整改处理，在 30 日内提交整改报告和对责任单位、责任人的初步处理意见，经国家统计局审核同意后，原则上在 60 日内予以落实并上报正式处理决定等情况。由有关省(区、市)进行通报、曝光的，有关省级统计机构应在国家统计局要求期限内予以落实，并在落实后 5 日内上报通报、曝光正式文件。

对国家转交核查案件，整改处理意见经国家统计局审核同意后，原则上在 60 日内予以落实并上报通报、曝光正式文件和对责任单位、责任人的正式处理决定等情况。

**第三十二条** 执法室统一组织对整改落实情况进行回访和检查，督促有关地方落实整改措施和对责任单位、责任人的处理。回访和检查可以采用听取汇报、召开座谈会、查阅文件资料、个别谈话、实地了解等方式进行。

# 9-1 城市(市区)物价总指数

（以上年价格为 100）

| 年　份 | 居民消费价格总指数 | 商品零售价格总指数 |
|---|---|---|
| 1978 | 100.0 | 100.1 |
| 1979 | 100.6 | 101.1 |
| 1980 | 102.4 | 102.6 |
| 1981 | 100.4 | 100.8 |
| 1982 | 101.0 | 101.4 |
| 1983 | 100.1 | 100.7 |
| 1984 | 103.3 | 102.4 |
| 1985 | 108.7 | 108.3 |
| 1986 | 106.2 | 105.9 |
| 1987 | 109.8 | 110.0 |
| 1988 | 122.6 | 122.8 |
| 1989 | 115.6 | 115.6 |
| 1990 | 104.5 | 103.9 |
| 1991 | 108.6 | 108.8 |
| 1992 | 109.2 | 108.0 |
| 1993 | 117.6 | 115.1 |
| 1994 | 125.3 | 123.3 |
| 1995 | 116.9 | 113.2 |
| 1996 | 110.0 | 107.4 |
| 1997 | 101.9 | 99.9 |
| 1998 | 100.0 | 98.3 |
| 1999 | 98.2 | 96.2 |
| 2000 | 100.0 | 98.2 |
| 2001 | 100.3 | 99.3 |
| 2002 | 99.2 | 98.6 |
| 2003 | 101.5 | 100.0 |
| 2004 | 103.7 | 102.8 |
| 2005 | 102.2 | 101.0 |
| 2006 | 101.5 | 100.7 |
| 2007 | 104.4 | 103.1 |
| 2008 | 104.9 | 105.3 |
| 2009 | 99.9 | 99.8 |
| 2010 | 103.6 | 102.1 |
| 2011 | 105.2 | 103.8 |
| 2012 | 102.6 | 102.4 |
| 2013 | 102.3 | 101.2 |
| 2014 | 102.1 | 101.6 |
| 2015 | 101.5 | 101.3 |
| 2016 | 102.3 | 100.5 |
| 2017 | 101.7 | 101.8 |

# 9–2 城市(市区)居民消费价格指数

(以上年价格为 100)

| 指标 | 2017 | 指标 | 2017 |
|---|---|---|---|
| **居民消费价格总指数** | **101.7** | 其他食品类 | 98.0 |
| **食品烟酒** | **100.2** | 茶及饮料 | 98.5 |
| 食品 | 100.3 | 烟酒 | 99.7 |
| 粮食 | 101.8 | # 烟草 | 98.9 |
| # 大米 | 102.5 | 酒类 | 100.9 |
| 面粉 | 102.3 | 在外餐饮 | 100.5 |
| 薯类 | 94.7 | **衣着** | **103.8** |
| 豆类 | 99.6 | 服装 | 104.8 |
| 食用油 | 100.6 | # 男式服装 | 107.5 |
| 菜 | 94.9 | 女式服装 | 104.8 |
| # 鲜菜 | 94.6 | 儿童服装 | 99.2 |
| 畜肉类 | 95.4 | 服装材料 | 100.6 |
| # 猪肉 | 91.6 | 其他衣着及配件 | 103.5 |
| 牛肉 | 98.2 | 衣着加工服务 | 105.0 |
| 羊肉 | 106.3 | 鞋类 | 100.2 |
| 禽肉类 | 99.3 | # 鞋 | 100.2 |
| # 鸡 | 97.0 | 鞋类加工服务 | 100.0 |
| 鸭 | 100.8 | **居住** | **102.8** |
| 水产品 | 105.6 | 租赁房房租 | 104.3 |
| 蛋类 | 92.6 | 住房保养维修及管理 | 98.8 |
| 奶类 | 105.3 | 水电燃料 | 100.5 |
| 干鲜瓜果类 | 108.7 | 自有住房 | 104.4 |
| 糖果糕点类 | 100.7 | **生活用品及服务** | **104.0** |
| 调味品 | 110.6 | 家具及室内装饰品 | 99.2 |
| # 食用盐 | 175.6 | # 家具 | 98.9 |

9-2 续表 （以上年价格为 100）

| 指　　标 | 2017 | 指　　标 | 2017 |
|---|---|---|---|
| 家用器具 | 107.8 | 教育用品 | 105.1 |
| 大型家用器具 | 108.5 | 教育服务 | 101.2 |
| #洗衣机 | 110.5 | 文化娱乐 | 101.7 |
| 电冰箱(柜) | 107.0 | 文娱耐用消费品 | 98.5 |
| 空调器 | 106.5 | 其他文娱用品 | 105.0 |
| 热水器 | 119.3 | 文化娱乐服务 | 98.8 |
| 微波炉 | 119.4 | 旅游 | 103.4 |
| 小家电 | 103.5 | **医疗保健** | **100.3** |
| 家用纺织品 | 101.4 | 药品及医疗器具 | 101.2 |
| 家庭日用杂品 | 102.5 | 中药 | 106.0 |
| 个人护理用品 | 104.1 | 西药 | 100.6 |
| 家庭服务 | 107.3 | 滋补保健品 | 101.7 |
| **交通和通信** | **101.9** | 医疗卫生器具 | 93.8 |
| 交通 | 103.5 | 保健器具 | 102.9 |
| 交通工具 | 99.9 | 医疗服务 | 99.9 |
| 交通工具用燃料 | 109.0 | 综合医疗类 | 100.0 |
| 交通工具使用和维修 | 107.8 | 治疗类 | 100.0 |
| 交通费 | 98.0 | 康复类 | 99.4 |
| 通信 | 99.1 | 中医医疗服务类 | 102.1 |
| 通信工具 | 95.5 | 其他医疗服务 | 98.0 |
| 通信服务 | 100.0 | **其他用品和服务** | **101.5** |
| 邮递服务 | 103.9 | 其他用品类 | 104.1 |
| **教育文化和娱乐** | **101.5** | 其他服务类 | 99.9 |
| 教育 | 101.3 | | |

# 9-3 城市（市区）商品零售价格指数

（以上年价格为100）

| 指　　标 | 2017 | 指　　标 | 2017 |
|---|---|---|---|
| **商品零售价格总指数** | **101.8** | 床上用品 | 100.9 |
| **食品** | **100.4** | **家用电器类及音像器材** | 104.6 |
| 粮食 | 101.8 | 家庭设备 | 108.2 |
| # 大米 | 102.5 | 文娱用耐用消费品 | 98.4 |
| 面粉 | 102.3 | 专业音像器材 | 100.4 |
| 薯类 | 94.7 | **文化办公用品** | 100.9 |
| 豆类 | 100.1 | **日用品类** | 103.4 |
| 食用油 | 100.6 | 日用百货 | 102.6 |
| 菜 | 94.8 | 厨具餐具茶具 | 103.5 |
| # 鲜菜 | 94.6 | 清洗用品 | 104.0 |
| 畜肉类 | 96.0 | 其它日用品 | 104.0 |
| # 猪肉 | 91.6 | **体育娱乐用品** | 105.9 |
| 牛肉 | 98.2 | 体育户外用品 | 109.8 |
| 羊肉 | 106.3 | 娱乐用品 | 103.3 |
| 禽肉类 | 99.2 | **交通、通信用品** | 99.5 |
| # 鸡 | 97.0 | 交通运输机械 | 100.1 |
| 鸭 | 100.8 | 通信器材 | 95.7 |
| 水产品 | 105.5 | **家具** | 98.9 |
| 蛋类 | 92.7 | **化妆品** | 104.4 |
| 奶类 | 105.2 | **金银饰品** | 103.5 |
| 干鲜瓜果类 | 108.6 | **中、西药品及医疗保健用品** | 101.9 |
| 糖果糕点类 | 100.8 | 医疗卫生器具 | 93.8 |
| 调味品 | 112.1 | 中药 | 106.0 |
| # 食用盐 | 175.6 | 西药 | 100.6 |
| 其他食品类 | 98.0 | 保健器具及用品 | 101.9 |
| 在外餐饮 | 100.5 | **书报杂志及电子出版物** | 103.6 |
| **饮料、烟酒** | **99.5** | 教材及参考书 | 105.0 |
| 茶及饮料 | 98.5 | 书报杂志 | 104.0 |
| 烟草 | 98.9 | 计算机办公软件 | 98.9 |
| 酒类 | 100.9 | **燃料** | 107.1 |
| **服装、鞋帽** | **103.7** | 煤炭及制品 | 110.4 |
| 服装 | 104.7 | 石油及制品 | 106.8 |
| 鞋帽袜 | 100.3 | **建筑材料及五金电料** | 98.0 |
| 其他衣着配件 | 106.6 | 建筑装潢材料类 | 97.1 |
| **纺织品** | **100.9** | 五金水暖 | 100.6 |
| 服装材料 | 100.6 | | |

# 9-4 城市(市区)居民消费价格指数和商品零售价格指数

(2017年)

| 指标 | 以去年同月价格为100 | | | | | |
|---|---|---|---|---|---|---|
| | 1月 | 2月 | 3月 | 4月 | 5月 | 6月 |
| **居民消费价格总指数** | **102.6** | **102.1** | **102.1** | **101.9** | **101.8** | **101.4** |
| 食品烟酒 | 103.2 | 101.1 | 101.2 | 99.9 | 100.5 | 99.6 |
| #食品 | 104.8 | 101.7 | 101.7 | 99.6 | 100.7 | 99.4 |
| #粮食 | 101.5 | 101.4 | 101.9 | 102.0 | 102.2 | 102.2 |
| 食用油 | 102.3 | 101.9 | 102.5 | 101.4 | 100.6 | 101.0 |
| 菜 | 110.4 | 92.3 | 85.1 | 81.3 | 91.0 | 100.5 |
| #鲜菜 | 111.5 | 91.7 | 84.0 | 79.9 | 90.3 | 101.1 |
| 畜肉类 | 106.1 | 102.8 | 102.0 | 94.6 | 91.8 | 89.5 |
| 禽肉类 | 97.3 | 97.9 | 96.7 | 96.7 | 96.1 | 95.9 |
| 水产品 | 102.4 | 104.9 | 111.7 | 111.6 | 110.0 | 104.2 |
| 蛋类 | 85.0 | 76.1 | 81.6 | 80.5 | 77.0 | 84.7 |
| 干鲜瓜果 | 109.9 | 113.3 | 118.5 | 120.6 | 123.3 | 112.0 |
| 烟酒 | 98.3 | 97.9 | 99.0 | 99.8 | 99.5 | 100.0 |
| 衣着 | 107.0 | 107.2 | 106.9 | 107.9 | 105.6 | 104.5 |
| 居住 | 102.0 | 102.5 | 102.9 | 102.5 | 102.5 | 102.8 |
| 生活用品及服务 | 103.3 | 104.2 | 104.4 | 104.5 | 104.3 | 104.7 |
| 交通和通信 | 102.6 | 102.6 | 101.9 | 103.3 | 102.3 | 101.2 |
| 教育文化和娱乐 | 100.2 | 99.9 | 100.5 | 100.7 | 100.6 | 100.6 |
| 医疗保健 | 100.3 | 100.3 | 100.2 | 100.1 | 100.1 | 100.1 |
| 其他用品和服务 | 103.7 | 103.1 | 101.2 | 101.4 | 102.2 | 102.7 |
| **商品零售价格指数** | **102.9** | **102.5** | **102.5** | **102.6** | **102.2** | **101.6** |

9-4 续表 （2017 年）

| 指标 | 以去年同月价格为 100 | | | | | |
|---|---|---|---|---|---|---|
| | 7 月 | 8 月 | 9 月 | 10 月 | 11 月 | 12 月 |
| **居民消费价格总指数** | **101.2** | **101.6** | **101.2** | **101.7** | **101.1** | **101.2** |
| 食品烟酒 | 99.0 | 100.1 | 98.8 | 99.8 | 99.4 | 99.4 |
| # 食品 | 98.7 | 100.2 | 98.3 | 99.7 | 99.1 | 99.1 |
| # 粮食 | 102.1 | 101.2 | 101.5 | 101.0 | 102.1 | 102.2 |
| 食用油 | 100.6 | 100.4 | 99.9 | 99.1 | 98.9 | 98.7 |
| 菜 | 101.9 | 106.4 | 98.2 | 98.7 | 91.0 | 89.7 |
| # 鲜菜 | 102.6 | 107.5 | 98.1 | 98.7 | 90.4 | 88.9 |
| 畜肉类 | 90.6 | 91.6 | 91.3 | 93.4 | 96.0 | 97.2 |
| 禽肉类 | 96.4 | 101.3 | 101.9 | 102.4 | 104.1 | 105.3 |
| 水产品 | 103.3 | 105.2 | 102.5 | 105.6 | 101.3 | 104.5 |
| 蛋类 | 88.2 | 105.0 | 102.8 | 105.1 | 109.8 | 118.4 |
| 干鲜瓜果 | 103.3 | 101.9 | 97.4 | 102.0 | 102.3 | 98.9 |
| 烟酒 | 99.0 | 98.7 | 100.4 | 101.0 | 101.4 | 101.5 |
| 衣着 | 104.5 | 102.8 | 101.9 | 99.9 | 99.3 | 98.5 |
| 居住 | 103.1 | 103.5 | 103.4 | 104.1 | 102.0 | 102.1 |
| 生活用品及服务 | 104.7 | 104.4 | 104.1 | 104.0 | 102.6 | 102.7 |
| 交通和通信 | 100.7 | 101.8 | 101.0 | 101.3 | 101.6 | 102.3 |
| 教育文化和娱乐 | 100.5 | 100.6 | 102.6 | 104.0 | 103.8 | 103.7 |
| 医疗保健 | 100.1 | 100.2 | 100.2 | 100.2 | 100.7 | 101.0 |
| 其他用品和服务 | 100.8 | 100.2 | 99.7 | 101.5 | 100.4 | 101.6 |
| **商品零售价格指数** | **101.0** | 101.4 | **101.0** | **101.2** | **101.2** | **101.4** |

# 主要统计指标解释

**物价指数** 是说明两个时期商品价格水平变动趋势和程度的相对数指标。它是以报告期的价格水平与基期的价格水平进行直接对比计算的。当物价指数大于100时，说明价格水平上涨，反之则说明价格水平下跌。编制物价指数的目的，是为了反映市场物价水平的变化情况，分析和研究物价变动对城乡人民生活和国家财政支出的影响程度。

**居民消费价格指数** 是反映一定时期内城乡居民所购买的生活消费品价格和服务性项目支出价格变动趋势和程度的相对数。利用居民消费价格指数，可以观察和分析价格变动对城乡居民实际生活费用支出的影响程度。

**城市居民消费价格指数** 是反映城市居民家庭所购买的生活消费品的价格和服务项目支出价格变动趋势和程度的相对数。根据城市居民消费价格指数，可以观察和分析价格变动对城市居民消费支出的影响程度，作为研究居民生活和确定工资政策的依据。

**商品零售价格总指数** 是全面反映市场商品零售价格总水平变动趋势和程度的相对数。通过它，可以观察市场商品总体价格水平升降程度，以及物价变动对城乡人民生活支出的总影响。

# 人民生活

# PEOPLE´S LIVELIHOOD

# 10

版面负责人：徐　康

编　　　辑：高惠媛　柳　震

# 加强和规范统计上弄虚作假案件查处工作的若干规定

## 第九章　案件移送

**第三十三条**　按照监察部、国家统计局联合印发的《关于监察机关和人民政府统计机构在查处统计违法违纪案件中加强协作配合的通知》精神，对重大或典型的统计上弄虚作假案件，情节严重的，国家统计局要移送纪检监察机关共同立案查处。对案件进行实地核查，根据需要商请纪检监察机关予以协助。核查结束后，视情况将案件移送纪检监察机关对责任单位、责任人给予严肃处理。

**第三十四条**　国家统计局核实的统计上弄虚作假案件，相关地方未按本规定第七章严格追究责任或责任追究不到位的，对国家统计局已审核的责任单位、责任人处理意见不及时落实或落实不到位的，国家统计局将按规定程序将案件移送纪检监察机关。

**第三十五条**　国家统计局定期向中央纪委监察部报告重大或典型统计上弄虚作假案件。

**第三十六条**　对纪检监察机关关于统计上弄虚作假案件责任单位、责任人的处理要求，有关地方应严格落实，有关省级统计机构应将落实情况及时向国家统计局报告。

## 第十章　工作纪律

**第三十七条**　查处案件应当坚持原则，依法办事，实事求是，坚决做到严格、规范、公正、文明执法。

**第三十八条**　查处案件应当做到事实清楚，证据确凿，定性准确，处理恰当，适用法律正确，符合法定程序。

**第三十九条**　查处案件应当严格执行廉政准则和中央"八项规定"，不得滥用职权、徇私枉法、谋取私利，不得违反规定安排食宿，不得参加检查对象安排的旅游和娱乐活动，不得接受检查对象的任何礼金和礼品等财物，不得由检查对象报销任何费用，不得向检查对象提出任何与检查工作无关的要求。违反本条规定的，要依法依纪严肃处理。

**第四十条**　知悉有关统计上弄虚作假案件信息和查处情况的任何单位和个人，必须对案件信息内容、信息提供人尤其是实名举报人的有关情况以及调查安排、案件进展、责任认定和处理意见等情况严格保密。挂牌督办案件，未经举报人或信息提供人同意，不得公布其有关情况。

**第四十一条**　案件查处过程中，禁止一切干扰和说情行为。

## 第十一章　附　　则

**第四十二条**　各省(区、市)统计局和国家统计局各调查总队根据以上规定，结合本地区、本系统、本单位实际，制定具体贯彻落实办法。

**第四十三条**　本规定由国家统计局负责解释。

**第四十四条**　本规定自公布之日起施行。

# 10-1 主要年份居民家庭收支情况

单位:元

| 指标 | 人均可支配收入 | | | 人均消费支出 | | |
|---|---|---|---|---|---|---|
| | 全体居民 | 城镇居民 | 农村居民 | 全体居民 | 城镇居民 | 农村居民 |
| 2014 | 18744.14 | 24079.56 | 12811.27 | 12166.83 | 15004.85 | 9011.03 |
| 2015 | 20424.60 | 26218.65 | 13981.74 | 13174.13 | 16143.08 | 9872.72 |
| 2016 | 22348.06 | 28421.33 | 15274.05 | 14321.45 | 17254.95 | 11059.45 |
| 2017 | 24534.52 | 30986.83 | 16696.53 | 15436.32 | 18233.88 | 12037.96 |

# 10-2 居民家庭基本情况与人均收入情况

（2017 年）

单位:元

| 指标 | 全体居民 | 城镇居民 | 农村居民 |
|---|---|---|---|
| **调查户数（户）** | **1593.58** | **962.58** | **631.00** |
| 平均每户家庭人口（人） | 3.10 | 3.01 | 3.25 |
| 平均每户就业人口（人） | 2.23 | 2.23 | 2.24 |
| 平均每一就业人口负担人数（人） | 1.39 | 1.35 | 1.45 |
| 平均每户就业面（%） | 71.96 | 74.03 | 69.03 |
| 平均每人现住房建筑面积（平方米） | 47.62 | 42.86 | 54.33 |
| **人均可支配收入** | **24534.52** | **30986.83** | **16696.53** |
| 工资性收入 | 13875.64 | 18691.91 | 8025.03 |
| 工资 | 13360.56 | 17857.61 | 7897.73 |
| 实物福利 | 12.91 | 15.36 | 9.94 |
| 其他 | 502.17 | 818.94 | 117.37 |
| 经营净收入 | 5389.01 | 4536.69 | 6424.37 |
| 第一产业经营净收入 | 2246.48 | 748.06 | 4066.71 |
| 第二产业经营净收入 | 707.99 | 464.45 | 1003.84 |
| 第三产业经营净收入 | 2434.54 | 3324.19 | 1353.82 |
| 财产净收入 | 1306.41 | 2185.47 | 238.57 |
| #利息净收入 | 16.32 | 8.29 | 26.08 |
| 红利收入 | 57.75 | 88.98 | 19.81 |
| 储蓄性保险净收益 | 3.25 | 4.67 | 1.51 |
| 转让承包土地经营权租金净收入 | 104.74 | 75.68 | 140.04 |
| 出租房屋财产性收入 | 230.93 | 411.71 | 11.34 |
| 出租机械、专利、版权等资产的收入 | 45.71 | 35.95 | 57.56 |
| 转移净收入 | 3963.46 | 5572.76 | 2008.55 |
| #养老金或离退休金 | 3035.36 | 5125.65 | 496.17 |
| 社会救济和补助 | 50.03 | 46.44 | 54.39 |
| 报销医疗费 | 321.53 | 505.91 | 97.56 |
| 家庭外出从业人员寄回带回收入 | 854.22 | 439.45 | 1358.06 |
| 赡养收入 | 211.67 | 291.60 | 114.56 |
| 其他经常转移收入 | 156.46 | 219.28 | 80.14 |
| **人均非收入所得** | **1123.74** | **1273.90** | **941.34** |
| **人均借贷性所得** | **844.71** | **1197.28** | **416.42** |

# 10-3 居民家庭人均支出情况

（2017 年）　　单位:元

| 指　　标 | 全体居民 | 城镇居民 | 农村居民 |
|---|---|---|---|
| **人均消费支出** | **15436** | **18234** | **12038** |
| 食品烟酒 | 4656 | 5416 | 3732 |
| 食品 | 3388 | 3843 | 2834 |
| 谷物 | 677 | 506 | 883 |
| 薯类 | 45 | 50 | 39 |
| 豆类 | 56 | 66 | 44 |
| 食用油 | 172 | 189 | 152 |
| 蔬菜和食用菌 | 360 | 471 | 225 |
| 肉类 | 703 | 839 | 537 |
| 禽类 | 160 | 195 | 119 |
| 水产品 | 172 | 233 | 97 |
| 蛋类 | 113 | 125 | 99 |
| 奶类 | 279 | 343 | 203 |
| 干鲜瓜果类 | 359 | 461 | 234 |
| 糖果糕点类 | 115 | 149 | 73 |
| 其他食品 | 177 | 216 | 130 |
| 烟酒 | 450 | 484 | 409 |
| 烟草 | 224 | 238 | 207 |
| 酒类 | 226 | 246 | 202 |
| 饮料 | 73 | 91 | 51 |
| 饮食服务 | 745 | 998 | 437 |
| 食堂用餐 | 22 | 27 | 15 |
| 其他在外饮食 | 720 | 969 | 419 |
| 食品加工服务费 | 3 | 2 | 4 |
| 衣着 | 1219 | 1486 | 896 |
| 衣类 | 899 | 1104 | 651 |
| 鞋类 | 320 | 382 | 244 |
| 居住 | 3131 | 3804 | 2313 |
| # 租赁房房租 | 58 | 87 | 23 |
| 住房维修及管理 | 519 | 654 | 354 |
| 水电燃料及其他 | 653 | 778 | 500 |
| 生活用品及服务 | 1133 | 1318 | 909 |
| 家具及室内装饰品 | 244 | 235 | 254 |
| 家用器具 | 284 | 328 | 229 |
| 家用纺织品 | 99 | 129 | 63 |
| 家庭日用杂品 | 299 | 349 | 239 |
| 个人用品 | 165 | 214 | 107 |
| 家庭服务 | 42 | 63 | 17 |
| 交通通信 | 2024 | 2272 | 1724 |
| 交通 | 1317 | 1526 | 1063 |
| 交通工具 | 723 | 793 | 638 |
| 交通费 | 103 | 138 | 61 |
| 交通工具用燃料 | 240 | 311 | 154 |
| 交通工具使用及维修 | 251 | 284 | 210 |
| # 车辆保险支出 | 83 | 109 | 52 |
| 通信 | 707 | 745 | 661 |
| 通信工具 | 245 | 225 | 270 |
| 通信服务 | 462 | 520 | 391 |

10-3 续表 （2017 年） 单位：元

| 指　　标 | 全体居民 | 城镇居民 | 农村居民 |
|---|---|---|---|
| 教育文化娱乐 | 1735 | 2080 | 1316 |
| 教育 | 879 | 991 | 743 |
| 学前教育 | 93 | 107 | 77 |
| 小学教育 | 121 | 120 | 122 |
| 初中教育 | 142 | 179 | 98 |
| 高中教育 | 137 | 144 | 128 |
| 中专职高教育 | 45 | 31 | 62 |
| 大专及以上教育 | 212 | 268 | 145 |
| 成人教育 | 128 | 143 | 111 |
| 文化娱乐 | 856 | 1089 | 574 |
| 文娱耐用消费品 | 288 | 364 | 196 |
| 其他文娱用品 | 233 | 271 | 186 |
| 文化娱乐服务 | 345 | 554 | 91 |
| 医疗保健 | 1196 | 1405 | 942 |
| 医疗器具及药品 | 466 | 586 | 321 |
| 医疗服务 | 730 | 819 | 621 |
| 门诊总费用 | 209 | 211 | 206 |
| 住院总费用 | 521 | 608 | 415 |
| 其他用品和服务 | 342 | 454 | 206 |
| 其他用品 | 194 | 254 | 122 |
| 其他服务 | 148 | 200 | 85 |
| **人均生产经营费用支出** | **2467.92** | **1853.52** | **3214.27** |
| 第一产业经营费用支出 | 1312.97 | 825.56 | 1905.05 |
| 第二产业经营费用支出 | 733.50 | 628.58 | 860.96 |
| 第三产业经营费用支出 | 421.45 | 399.38 | 448.26 |
| **人均财产性支出** | **71.39** | **108.80** | **25.95** |
| 生活贷款利息支出 | 70.43 | 107.28 | 25.65 |
| 其他财产性支出 | 0.97 | 1.52 | 0.30 |
| **人均转移性支出** | **844.52** | **1336.32** | **247.11** |
| 个人所得税 | 33.68 | 60.40 | 1.22 |
| 社会保障支出 | 706.38 | 1123.59 | 199.57 |
| 个人缴纳的养老保险 | 510.24 | 833.47 | 117.60 |
| 个人缴纳的医疗保险 | 172.58 | 250.36 | 78.09 |
| 个人缴纳的失业保险 | 20.18 | 35.29 | 1.81 |
| 其他社会保障支出 | 3.38 | 4.47 | 2.07 |
| 外来从业人员寄给家人的支出 | 2.15 | 3.92 | |
| 赡养支出 | 57.24 | 84.16 | 24.54 |
| 其他转移性支出 | 45.07 | 64.24 | 21.77 |
| **人均部分商业保险支出** | **79.91** | **111.27** | **41.82** |
| **人均购置资产及非经常性转移支出** | **3819.16** | **4859.97** | **2554.83** |
| 购置资产支出 | 1140.97 | 1584.47 | 602.23 |
| 非经常性转移支出 | 2678.19 | 3275.50 | 1952.60 |
| **人均借贷性支出** | **655.18** | **787.81** | **494.06** |

# 10-4 居民家庭年末平均每百户耐用消费品拥有量情况

（2017 年） 单位：台

| 指　　标 | | 全体居民 | 城镇居民 | 农村居民 |
|---|---|---|---|---|
| 家用汽车 | （辆） | 24.29 | 29.30 | 16.64 |
| 摩托车 | （辆） | 39.31 | 26.26 | 59.23 |
| 助力车 | （辆） | 131.84 | 119.73 | 150.32 |
| 洗衣机 | | 101.13 | 101.56 | 100.48 |
| 电冰箱 | （柜） | 96.74 | 97.92 | 94.93 |
| 微波炉 | | 65.88 | 78.52 | 46.59 |
| 彩色电视机 | | 127.52 | 129.87 | 123.93 |
| #接入有线电视 | | 97.89 | 104.29 | 88.11 |
| 空调 | | 133.10 | 158.06 | 95.01 |
| 热水器 | | 99.51 | 103.66 | 93.19 |
| #太阳能热水器 | | 80.71 | 75.78 | 88.23 |
| 洗碗机 | | 0.88 | 1.25 | 0.32 |
| 排油烟机 | | 61.94 | 80.52 | 33.60 |
| 固定电话 | （部） | 36.78 | 43.07 | 27.18 |
| 移动电话 | （部） | 252.80 | 247.93 | 260.22 |
| #接入互联网 | | 139.61 | 138.62 | 141.13 |
| 计算机 | | 73.29 | 86.94 | 52.46 |
| #接入互联网 | | 67.52 | 79.36 | 49.45 |
| 照相机 | | 30.66 | 41.30 | 14.42 |
| 中高档乐器 | （架） | 5.77 | 8.21 | 2.06 |
| 健身器材 | （套） | 4.60 | 6.88 | 1.11 |

# 10-5 居民家庭住房情况

（2017 年）

| 指　　标 | | 全体居民 | 城镇居民 | 农村居民 |
|---|---|---|---|---|
| **调查户数** | **（户）** | **1593.58** | **962.58** | **631.00** |
| **人均期末拥有房屋面积** | **（平方米）** | **51.27** | **48.13** | **55.68** |
| 自有现住房面积 | | 46.66 | 41.69 | 53.68 |
| 出租住房面积 | | 1.58 | 2.30 | 0.58 |
| 出租商用建筑物面积 | | 0.90 | 1.31 | 0.33 |
| 偶尔居住房面积 | | 0.61 | 0.86 | 0.26 |
| 空宅或其他用途房面积 | | 1.51 | 1.98 | 0.84 |
| **人均现住房建筑面积** | | **47.62** | **42.86** | **54.33** |
| **人均期内新购住房建筑面积** | | **0.48** | **0.53** | **0.41** |
| **人均期内新建住房竣工建筑面积** | | **0.24** | | **0.58** |

# 10–6　居民家庭人均全年购买主要消费品

（2017 年）　　单位：公斤

| 指　　标 | 全体居民 | 城镇居民 | 农村居民 |
|---|---|---|---|
| 谷物 | 78.09 | 81.92 | 72.68 |
| 食用油 | 13.60 | 13.56 | 13.64 |
| 蔬菜和食用菌 | 84.08 | 105.33 | 54.11 |
| 猪肉 | 10.53 | 11.65 | 8.94 |
| 牛肉 | 2.47 | 3.20 | 1.43 |
| 羊肉 | 2.81 | 3.13 | 2.36 |
| 禽类 | 8.63 | 9.42 | 7.50 |
| 水产品 | 9.22 | 11.00 | 6.71 |
| 蛋类 | 14.18 | 15.52 | 12.30 |
| 奶类 | 19.91 | 24.12 | 13.96 |
| 干鲜瓜果类 | 63.55 | 73.84 | 49.03 |
| 糖果糕点类 | 6.37 | 7.54 | 4.73 |
| 茶叶 | 0.17 | 0.21 | 0.11 |
| 卷烟（盒） | 19.26 | 17.61 | 21.60 |
| 酒类 | 14.03 | 14.97 | 12.71 |
| 水（吨） | 26.86 | 35.26 | 15.02 |
| 电（度） | 752.60 | 859.07 | 602.43 |
| 煤炭 | 8.74 | 6.19 | 12.33 |
| 管道天然气（立方米） | 14.58 | 24.67 | 0.36 |
| 罐装液化石油气 | 19.75 | 17.18 | 23.39 |

# 10-7 居民家庭平均每百户全年购买主要消费品

（2017 年）　　单位:台

| 指　　标 | | 全体居民 | 城镇居民 | 农村居民 |
|---|---|---|---|---|
| 洗衣机 | | 6.42 | 7.72 | 4.44 |
| 电冰箱(柜) | | 4.08 | 4.16 | 3.96 |
| 空调器 | | 11.71 | 12.43 | 10.62 |
| 吸尘器 | | 0.82 | 0.93 | 0.63 |
| 抽油烟机 | | 3.33 | 3.74 | 2.69 |
| 微波炉 | | 1.07 | 0.73 | 1.58 |
| 非太阳能热水器 | | 1.88 | 2.70 | 0.63 |
| 太阳能热水器 | | 2.38 | 2.39 | 2.38 |
| 燃气炉具 | (套) | 3.16 | 3.46 | 2.69 |
| 太阳能炉具 | (套) | 0.19 | 0.10 | 0.32 |
| 洗碗机 | | 0.19 | 0.21 | 0.16 |
| 消毒碗柜 | | 0.13 | 0.21 | |
| 汽车 | (辆) | 2.07 | 1.77 | 2.54 |
| 摩托车 | (辆) | 0.56 | 0.31 | 0.95 |
| 自行车 | (辆) | 4.33 | 4.26 | 4.44 |
| 电动自行车 | (辆) | 14.68 | 14.13 | 15.53 |
| 电话机 | (部) | 0.19 | 0.31 | 0.00 |
| 移动电话机 | (部) | 36.14 | 34.07 | 39.30 |
| 组合音响 | (套) | 0.25 | 0.42 | 0.00 |
| 彩色电视机 | | 4.98 | 5.33 | 4.44 |
| 影碟机 | | 0.06 | 0.10 | |
| 摄像机 | | 0.06 | 0.10 | |
| 照相机 | | 0.13 | 0.21 | |
| 家用台式电脑 | | 0.88 | 1.04 | 0.63 |
| 家用笔记本电脑 | | 1.51 | 1.77 | 1.11 |

# 10-8　市辖区居民家庭收支及住房情况

（2017 年）

| 指　　标 | | 全体居民 | 城镇居民 | 农村居民 |
|---|---|---|---|---|
| **人均可支配收入** | **（元）** | **30344** | **34556** | **18955** |
| 工资性收入 | | 17998 | 20747 | 10568 |
| 经营净收入 | | 5305 | 5111 | 5829 |
| 财产净收入 | | 1998 | 2603 | 363 |
| 转移净收入 | | 5043 | 6096 | 2195 |
| **人均生活消费支出** | **（元）** | **19558** | **21993** | **12972** |
| 食品烟酒 | | 5648 | 6335 | 3792 |
| 衣着 | | 1435 | 1620 | 933 |
| 居住 | | 3353 | 3792 | 2166 |
| 生活用品及服务 | | 1479 | 1708 | 859 |
| 交通通信 | | 2884 | 3155 | 2150 |
| 教育文化娱乐 | | 2102 | 2359 | 1407 |
| 医疗保健 | | 2118 | 2369 | 1440 |
| 其他用品和服务 | | 539 | 655 | 226 |
| **人均期末拥有房屋面积** | **（平方米）** | **45.7** | **43.5** | **51.7** |
| **人均现住房建筑面积** | **（平方米）** | **39.4** | **36.1** | **48.3** |

10-8　续表

（2017 年）

| 指　　标 | | 主城区 | 贾汪区 | | | 铜山区 | | |
|---|---|---|---|---|---|---|---|---|
| | | 城镇居民 | 全体居民 | 城镇居民 | 农村居民 | 全体居民 | 城镇居民 | 农村居民 |
| **人均可支配收入** | **（元）** | **35001** | **23386** | **30531** | **17127** | **27620** | **34888** | **19634** |
| 工资性收入 | | 21493 | 16955 | 24567 | 10287 | 17624 | 23201 | 11495 |
| 经营净收入 | | 3853 | 4673 | 4075 | 5197 | 5961 | 5350 | 6633 |
| 财产净收入 | | 2481 | 457 | 559 | 367 | 1060 | 1732 | 322 |
| 转移净收入 | | 7173 | 1301 | 1330 | 1276 | 2975 | 4605 | 1184 |
| **人均生活消费支出** | **（元）** | **21563** | **16209** | **18671** | **9449** | **17224** | **22868** | **11024** |
| 食品烟酒 | | 6296 | 5241 | 6031 | 3102 | 5606 | 7083 | 3984 |
| 衣着 | | 1777 | 1642 | 1901 | 941 | 1715 | 2541 | 807 |
| 居住 | | 4181 | 2193 | 2410 | 1605 | 1959 | 2078 | 1828 |
| 生活用品及服务 | | 1581 | 1514 | 1730 | 930 | 1059 | 1523 | 549 |
| 交通通信 | | 2676 | 1906 | 2304 | 830 | 2343 | 3354 | 1233 |
| 教育文化娱乐 | | 2451 | 2491 | 2957 | 1228 | 3182 | 4474 | 1763 |
| 医疗保健 | | 2049 | 664 | 676 | 632 | 1113 | 1437 | 757 |
| 其他用品和服务 | | 553 | 532 | 662 | 181 | 247 | 378 | 103 |
| **人均期末拥有房屋面积** | **（平方米）** | **39.0** | **48.1** | **45.9** | **51.8** | **55.7** | **49.2** | **62.9** |
| **人均现住房建筑面积** | **（平方米）** | **34.0** | **43.8** | **39.5** | **50.1** | **46.0** | **40.0** | **53.0** |

# 主要统计指标解释

**城乡住户调查一体化改革** 从2012年开始,国家统计局在全国范围开展城乡一体化住户收支与生活状况调查，通过对调查指标、抽样方法、调查过程、数据处理、数据发布“五统一”等改革措施,整合原城镇住户调查和农村住户调查、优化完善住户调查制度,全面提升住户调查能力,不断提高居民收支数据质量，努力满足合理调整收入分配关系、统筹城乡发展、加快构建社会主义和谐社会的需要。

**居民家庭常住人口** 指住户成员中,经常在家居住、或者调查期内居住时间超过一半的人员,以及本住户供养的学生。

**居民家庭就业人口** 指16周岁及以上,从事一定的社会劳动或经营活动、并取得劳动报酬或经营收入的人口。包括在党政机关、社会团体、企业、事业单位、私营企业、个体工商经营户或家庭中工作的在岗职工、再就业的离退休人员、民办教师、兼职人员及家庭帮工、雇工或自由职业等各类从业人员;私营企业和个体工商经营户的自营就业者。

**居民可支配收入** 指调查户可用于最终消费支出和储蓄的总和,即调查户可以用来自由支配的收入。可支配收入既包括现金,也包括实物收入。按照收入的来源,可支配收入包含四项,分别为:工资性收入、经营净收入、财产净收入和转移净收入。

**居民消费支出** 指住户用于满足家庭日常生活消费需要的全部支出，包括用于消费品的支出和用于服务性消费的支出。根据用途不同,消费支出可划分为食品烟酒、衣着、居住、生活用品及服务、交通通信、教育文化娱乐、医疗保健、其他用品及服务八大类。

# 自然资源、城市概况和环境保护

# NATURAL RESOURCES, GENERAL SURVEY OF CITIES AND ENVIROMENTAL PROTECTION

# 11

版面负责人：卢川川

编　　　辑：徐向忠

# 国家统计局关于印发《企业统计信用管理办法(试行)》的通知

国统字〔2017〕97号

各省、自治区、直辖市统计局,新疆生产建设兵团统计局,国家统计局各调查总队:

《企业统计信用管理办法(试行)》已经1月24日国家统计局第3次常务会议审议通过。现印发给你们,请认真贯彻执行。

国家统计局

2017年6月26日

# 企业统计信用管理办法(试行)

**第一条** 为贯彻落实中央《关于深化统计管理体制改革提高统计数据真实性的意见》文件的要求,推进统计领域诚信建设,引导企业依法统计、诚信统计,提高统计数据真实性,根据《中华人民共和国统计法》《社会信用体系建设规划纲要(2014–2020年)》《国务院关于建立完善守信联合激励和失信联合惩戒制度加快推进社会诚信建设的指导意见》及其他有关规定,制定本办法。

**第二条** 本办法所称企业统计信用管理,是指县级以上人民政府统计机构对企业统计信用信息开展的采集、认定、公示和共享等管理活动。

企业统计信用信息是指县级以上人民政府统计机构在统计调查、业务管理和执法检查等履职过程中获取或制作的企业信息,具体是指:

(一)企业基本信息,包括企业名称、地址、统一社会信用代码、法定代表人或主要负责人;

(二)遵守统计法律法规规章和国家有关规定情况;

(三)提供统计工作的组织、人员和工作条件保障情况;

(四)执行统计调查制度情况;

(五)依法提供统计资料及其质量情况;

(六)统计违法行为及处理情况;

(七)其他与统计信用相关的信息。

**第三条** 本办法适用于承担法定的政府统计资料报送义务的企业。

**第四条** 企业统计信用管理应当遵循真实准确、客观公正的原则。

# 11-1 主要年份自然资源

| 指标 | | 2006 | 2010 | 2013 | 2014 | 2015 | 2016 | 2017 |
|---|---|---|---|---|---|---|---|---|
| **土地资源** | **（千公顷）** | | | | | | | |
| 耕地面积 | | 596.21 | 610.73 | 608.69 | 609.06 | 609.03 | 608.02 | 608.89 |
| 园地 | | 74.70 | 57.08 | 56.56 | 56.24 | 56.02 | 55.69 | 55.38 |
| 林业用地面积 | | 41.78 | 25.31 | 25.12 | 25.05 | 24.96 | 24.86 | 24.80 |
| 牧草地面积 | | 0.07 | 6.18 | 6.47 | 6.37 | 6.22 | 6.17 | 6.07 |
| 城镇及工矿用地面积 | | 45.34 | 200.99 | 203.32 | 204.82 | 206.67 | 209.12 | 210.75 |
| 交通用地面积 | | 15.07 | 46.97 | 47.52 | 48.18 | 48.42 | 49.20 | 49.47 |
| 水域面积 | | 25.63 | 207.87 | 205.47 | 203.8 | 202.2 | 200.46 | 198.41 |
| 未利用土地面积 | | 74.81 | | | | | | |
| 其他 | | 240.62 | 21.36 | 22.90 | 22.90 | 22.97 | 22.92 | 22.74 |
| **林木资源** | | | | | | | | |
| 活立木总蓄积量 | （万立方米） | 1320.9 | 2472.6 | 2973 | 3123 | 3053 | 3083 | |
| 森林面积 | （千公顷） | 196.7 | 330.7 | 360.9 | 363.7 | 338.4 | 334.4 | |
| 森林蓄积量 | （万立方米） | 947.1 | 2459.9 | 2950 | 3097 | 3028 | 3058 | |
| 森林覆盖率 | （%） | 25.50 | 30.90 | 32.32 | 32.57 | 30.31 | 30.05 | 30.12 |
| **水利资源** | **（亿立方米）** | | | | | | | |
| 水资源总量 | | 28.36 | 20.24 | 26.97 | 40.50 | 32.31 | 42.05 | 38.86 |
| 地表径流 | | 14.72 | 8.30 | 11.73 | 20.20 | 12.68 | 20.42 | 17.76 |
| 地下(浅层)水量 | | 17.51 | 14.7 | 15.79 | 21.30 | 20.35 | 22.64 | 21.89 |
| **矿产资源(基础储量)** | **（万吨/矿石）** | | | | | | | |
| 煤炭 | （万吨） | 176500 | 135101 | 108817 | 106652 | 104933 | 103398 | 102579 |
| 铁 | （万吨） | 1290 | 1581 | 2119 | 2036 | 1942 | 1925 | 1851 |
| 岩盐 | | 22100 | 13091 | 12607 | 12338 | 12237 | 11857 | 11640 |
| 石膏 | | 45181 | 34395 | 33669 | 33669 | 31926 | 31926 | 31926 |
| 制碳用灰岩 | | 20091 | 20091 | 20091 | 20091 | 20091 | 20091 | 20091 |
| 水泥用灰岩 | | 22380 | 28755 | 30495 | 29006 | 28201 | 27449 | 27063 |
| 白云岩 | | 928 | 928 | 928 | 928 | 928 | 928 | 928 |

注:2006 年及以后水利资源计算方法与口径有变化,与往年数据不可比;2010 年及以后土地资源指标因国家土地利用现状分类标准有变化,部分数据与往年不可比。

# 11-2 主要年份气象、水文概况

| 指　　标 | 1990 | 1995 | 2000 | 2005 | 2010 | 2014 | 2015 | 2016 | 2017 |
|---|---|---|---|---|---|---|---|---|---|
| **温度　（摄氏度）** | | | | | | | | | |
| 年平均气温 | 14.8 | 14.7 | 15.1 | 15.0 | 15.2 | 15.6 | 15.3 | 15.9 | 15.6 |
| 年极端最高气温 | 37.2 | 36.8 | 37.4 | 38.3 | 37.6 | 38.2 | 36.9 | 37.4 | 39.1 |
| 出现日期　（月、日） | 7月9日 | 6月19日 | 5月21日 | 6月23日 | 7月6日 | 7月22日 | 7月13日 | 7月30日 | 7月27日 |
| 年极端最低气温 | -15.8 | -8.9 | -9.4 | -9.3 | -9.4 | -9.0 | -9.2 | -12.8 | -7.8 |
| 出现日期　（月、日） | 2月1日 | 2月2日 | 2月1日 | 1月1日 | 1月13日 | 2月11日 | 11月27日 | 1月24日 | 12月17日 |
| **降水　（毫米）** | | | | | | | | | |
| 年降水量 | 1 088.8 | 825.3 | 979.6 | 1 162.9 | 612.0 | 826.6 | 928.2 | 766.8 | 801.7 |
| 年降水日　（天） | 94 | 66 | 90 | 90 | 68 | 88 | 93 | 95 | 120 |
| 一日最大降水量 | 82.4 | 94.1 | 151.3 | 99.1 | 100.2 | 63.1 | 57.9 | 47.8 | 142.7 |
| 出现日期　（月、日） | 7月17日 | 8月22日 | 7月12日 | 7月8日 | 9月7日 | 8月7日 | 6月24日 | 6月23日 | 7月6日 |
| **日照** | | | | | | | | | |
| 年日照时间　（小时） | 2 251.2 | 2 452.4 | 2 064.5 | 2 204.6 | 2 230.6 | 2222.6 | 2141.0 | 2163.4 | 2239.1 |
| 年蒸发量　（毫米） | 1 595.0 | 1 797.3 | 1 727.6 | 1 062.5 | 1 076.6 | 1102.9 | 999.3 | 1041.0 | 1110.3 |
| 年平均相对湿度　（%） | 72 | 65 | 69 | 67 | 63 | 66 | 69 | 69 | 64 |
| 年平均风力　（米/秒） | 2.3 | 2.0 | 2.2 | 2.1 | 2.1 | 1.7 | 1.6 | 1.7 | 1.6 |
| 年平均气压　（百帕） | 1 017.0 | 1 017.3 | 1 011.6 | 1 012.0 | 1 011.5 | 1012.1 | 1012.1 | 1011.9 | 1013.2 |
| 年无霜期　（天） | 190 | 182 | 158 | 235 | 195 | 225 | 205 | 227 | 211 |
| **霜期　（月、日）** | | | | | | | | | |
| 初霜日期 | 10月17日 | 10月5日 | 11月1日 | 10月27日 | 11月2日 | 11月2日 | 11月3日 | 10月31日 | 10月30日 |
| 终霜日期 | 4月24日 | 4月4日 | 4月6日 | 3月25日 | 4月5日 | 3月23日 | 4月8日 | 3月16日 | 4月1日 |
| **雪期　（月、日）** | | | | | | | | | |
| 初雪日期 | 12月12日 | 12月19日 | 1月8日 | 11月25日 | 11月28日 | 1月29日 | 11月24日 | 11月24日 | 11月19日 |
| 终雪日期 | 2月23日 | 2月4日 | 2月5日 | 3月2日 | 3月8日 | 2月28日 | 1月31日 | 1月31日 | 2月21日 |
| **水文(蔺家坝)　（米）** | | | | | | | | | |
| 最高水位 | 32.02 | 33.40 | 32.15 | 33.59 | 32.84 | 32.07 | 31.95 | 32.06 | 32.96 |
| 出现日期　（月、日） | 8月6日 | 3月9日 | 7月29日 | 9月30日 | 10月13日 | 2月17日 | 6月30日 | 12月29日 | 10月13日 |
| 最低水位 | 28.35 | 31.86 | 28.77 | 31.47 | 31.33 | 30.74 | 30.90 | 30.76 | 31.35 |
| 出现日期　（月、日） | 6月17日 | 6月16日 | 6月21日 | 6月20日 | 6月27日 | 7月29日 | 6月18日 | 7月12日 | 7月5日 |
| 年均水位 | 31.6 | 33.02 | 31.07 | 32.63 | 32.39 | 31.59 | 31.44 | 31.08 | 32.42 |

# 11-3 市区分月气象情况

（2016 年）

| 月 份 | 平均气温（摄氏度） | 降水量（毫米） | 日照时数（小时） |
| --- | --- | --- | --- |
| **全 年** | **15.9** | **766.8** | **2163.4** |
| 1 月 | 0.3 | 8.2 | 132.0 |
| 2 月 | 4.4 | 14.1 | 199.1 |
| 3 月 | 11.2 | 7.3 | 220.1 |
| 4 月 | 17.7 | 33.4 | 189.9 |
| 5 月 | 20.7 | 84.9 | 224.7 |
| 6 月 | 25.5 | 106.8 | 227.2 |
| 7 月 | 28.1 | 136.1 | 167.4 |
| 8 月 | 28.2 | 78.8 | 231.3 |
| 9 月 | 24.1 | 40.3 | 206.3 |
| 10 月 | 16.6 | 174.4 | 64.1 |
| 11 月 | 9.2 | 29.5 | 153.4 |
| 12 月 | 4.7 | 53.0 | 147.9 |

# 11-4 市区分月气象情况

（2017 年）

| 月 份 | 平均气温（摄氏度） | 降水量（毫米） | 日照时数（小时） |
| --- | --- | --- | --- |
| **全 年** | **16.2** | **780.0** | **2571.9** |
| 1 月 | 2.8 | 45.7 | 165.6 |
| 2 月 | 5.1 | 26.2 | 177.5 |
| 3 月 | 9.6 | 7.2 | 216.4 |
| 4 月 | 17.8 | 21.4 | 258.4 |
| 5 月 | 23.7 | 24.4 | 290.3 |
| 6 月 | 25.8 | 92.1 | 265.2 |
| 7 月 | 29.9 | 279.9 | 241.2 |
| 8 月 | 27.7 | 105.1 | 210.3 |
| 9 月 | 23.1 | 109.6 | 191.8 |
| 10 月 | 15.5 | 62.2 | 149.0 |
| 11 月 | 9.8 | 5.5 | 206.2 |
| 12 月 | 3.3 | 0.7 | 200.0 |

# 11-5 城市(市区)建设基本情况

| 年份 | 市区面积(平方公里) | #建成区面积 | 市区人口密度(人/平方公里) | 年末实有房屋建筑面积(万平方米) | #住宅 | 公共交通 | |
|---|---|---|---|---|---|---|---|
| | | | | | | 年底运营车辆数(辆) | 年底运营线路网长度(公里) |
| 1978 | 184.5 | 41.3 | 3636 | 884 | 351 | 140 | |
| 1979 | 184.5 | 42.7 | 3842 | 955 | 392 | 161 | |
| 1980 | 184.5 | 43.8 | 3950 | 1029 | 440 | 144 | |
| 1981 | 184.5 | 44.3 | 4063 | 1105 | 487 | 160 | |
| 1982 | 184.5 | 45.2 | 4189 | 1174 | 528 | 165 | |
| 1983 | 184.5 | 45.6 | 4297 | 1276 | 590 | 162 | |
| 1984 | 184.5 | 45.9 | 4371 | | 641 | 168 | |
| 1985 | 184.5 | 46.5 | 4470 | 1467 | 691 | 174 | |
| 1986 | 184.5 | 47.0 | 4557 | 1863 | 920 | 182 | |
| 1987 | 184.5 | 47.3 | 4638 | 1964 | 967 | 185 | |
| 1988 | 184.5 | 48.1 | 4726 | 2030 | 1000 | 183 | |
| 1989 | 184.5 | 48.9 | 4838 | 2145 | 1030 | 196 | |
| 1990 | 184.5 | 61.8 | 4914 | 2245 | 1076 | 202 | |
| 1991 | 184.5 | 63.8 | 4979 | 2352 | 1127 | 211 | |
| 1992 | 184.5 | 67.0 | 5076 | 2465 | 1180 | 258 | |
| 1993 | 184.5 | 67.7 | 5158 | 2622 | 1253 | 308 | 313 |
| 1994 | 963.0 | 70.7 | 1483 | 2690 | 1293 | 838 | 329 |
| 1995 | 963.0 | 59.1 | 1507 | 2751 | 1325 | 1072 | 335 |
| 1996 | 963.0 | 60.3 | 1530 | 2870 | 1381 | 854 | 337 |
| 1997 | 963.0 | 61.5 | 1551 | 2980 | 1442 | 903 | 343 |
| 1998 | 963.0 | 64.7 | 1577 | 3104 | 1514 | 932 | 343 |
| 1999 | 963.0 | 67.6 | 1583 | 3337 | 1672 | 919 | 368 |
| 2000 | 1037.7 | 71.7 | 1547 | 3507 | 1787 | 946 | 541 |
| 2001 | 1037.7 | 77.9 | 1566 | 3650 | 1858 | 1119 | 595 |
| 2002 | 1037.7 | 81.9 | 1576 | 3781 | 1897 | 922 | 586 |
| 2003 | 1037.7 | 89.1 | 1612 | 3835 | 1914 | 1006 | 600 |
| 2004 | 1037.7 | 96.8 | 1613 | 3934 | 1964 | 1076 | 622 |
| 2005 | 1159.9 | 118.0 | 1551 | 5994 | 4196 | 1452 | 650 |
| 2006 | 1159.9 | 127.1 | 1566 | 6079 | 4199 | 1654 | 700 |
| 2007 | 1159.9 | 160.0 | 1577 | 6304 | 4392 | 1741 | 978 |
| 2008 | 1159.9 | 186.6 | 1590 | 6584 | 4615 | 1790 | 655 |
| 2009 | 1159.9 | 205.6 | 1605 | 6597 | 4307 | 1969 | 679 |
| 2010 | 3037.6 | 239.0 | 1029 | 8463 | 5404 | 1908 | 3997 |
| 2011 | 3037.6 | 249.0 | 1039 | 7581 | 5003 | 2685 | 3648 |
| 2012 | 3040.0 | 253.0 | 1055 | 7992 | 5211 | 2602 | 4719 |
| 2013 | 3040.0 | 253.0 | 1084 | 8668 | 5615 | 2429 | 3786 |
| 2014 | 3040.0 | 255.2 | 1055 | 9256 | 5906 | 2802 | 4946 |
| 2015 | 3040.0 | 255.2 | 1094 | 9843 | 6393 | 2338 | 4098 |
| 2016 | 3040.0 | 261.0 | 1112 | | | 2359 | 4002 |
| 2017 | 3037.6 | 265.0 | 1089 | | | 2377 | 4092 |

注:2010年底运营线路网长度统计口径扩大到乡村,与往年不可比。2011年底运营线路网长度不包含农村客运班线。

11-5 续表 1

| 年 份 | 铺装道路长度（公里） | 铺装道路面积（万平方米） | 全社会供水 | | | 人工煤气供应总量（万立方米） | 液化石油气供应总量（吨） | 用气人口数（万人） |
|---|---|---|---|---|---|---|---|---|
| | | | 生产能力（万立方米/日） | 供水总量（万立方米） | #生活用水量 | | | |
| 1978 | 67 | 67 | 8.5 | 3052 | 1427 | | | |
| 1979 | 69 | 72 | 9.4 | 3425 | 1886 | | | |
| 1980 | 72 | 76 | 10.9 | 3970 | 2232 | | | |
| 1981 | 89 | 88 | 12 | 4377 | 2416 | | | |
| 1982 | 125 | 102 | 12.8 | 4806 | 2071 | | | |
| 1983 | 128 | 108 | 13.4 | 5097 | 2005 | | | |
| 1984 | 136 | 114 | 14.1 | 5619 | 2392 | | 269 | |
| 1985 | 138 | 119 | 16.3 | 5963 | 2685 | 146 | 681 | |
| 1986 | 284 | 238 | 34.2 | 12207 | 2968 | 285 | 1947 | |
| 1987 | 296 | 243 | 34 | 12308 | 3303 | 358 | 3128 | |
| 1988 | 300 | 249 | 34.1 | 12658 | 3564 | 404 | 4108 | |
| 1989 | 345 | 265 | 37.2 | 12901 | 4677 | 446 | 4443 | 17.6 |
| 1990 | 297 | 263 | 37.9 | 10744 | 4328 | 464 | 7110 | 25.5 |
| 1991 | 301 | 269 | 42 | 10643 | 4669 | 474 | 5939 | 26.1 |
| 1992 | 355 | 464 | 56 | 12129 | 5203 | 509 | 7736 | 26.8 |
| 1993 | 367 | 496 | 56 | 14718 | 6076 | 522 | 13737 | 44.5 |
| 1994 | 372 | 747 | 63 | 15506 | 7498 | 939 | 15168 | 61.2 |
| 1995 | 579 | 802 | 86.9 | 14877 | 7010 | 2830 | 16064 | 68.8 |
| 1996 | 590 | 830 | 74.6 | 14067 | 7653 | 3967 | 18886 | 72.0 |
| 1997 | 592 | 846 | 72.0 | 13677 | 7627 | 4926 | 21400 | 74.4 |
| 1998 | 593 | 863 | 74.5 | 13498 | 7366 | 4888 | 24788 | 77.3 |
| 1999 | 593 | 908 | 75.5 | 12859 | 6958 | 4779 | 23753 | 80.0 |
| 2000 | 621 | 987 | 75.5 | 12464 | 6926 | 4585 | 26196 | 83.4 |
| 2001 | 690 | 1134 | 75.6 | 12397 | 7060 | 4638 | 24000 | 85.6 |
| 2002 | 760 | 1222 | 72.5 | 11748 | 7088 | 4192 | 22400 | 88.6 |
| 2003 | 822 | 1299 | 72.6 | 14354 | 7232 | 4580 | 24600 | 106.8 |
| 2004 | 865 | 1357 | 55.0 | 14008 | 7499 | 4057 | 29400 | 118.5 |
| 2005 | 1075 | 1434 | 55.4 | 15456 | 7962 | 4831 | 39300 | 126.8 |
| 2006 | 1168 | 1494 | 49.0 | 11931 | 6218 | 5699 | 33860 | 113.0 |
| 2007 | 1202 | 1623 | 49.8 | 11509 | 7605 | 5699 | 33750 | 125.4 |
| 2008 | 1307 | 1855 | 67.9 | 16155 | 7718 | 5125 | 32208 | 128.8 |
| 2009 | 1352 | 1956 | 87.4 | 19001 | 8926 | 4392 | 29937 | 137.6 |
| 2010 | 1600 | 2467 | 94.2 | 19957 | 8962 | 1662 | 29336 | 150.2 |
| 2011 | 1620 | 2604 | 117.9 | 21543 | 7963 | | 28050 | 140.9 |
| 2012 | 2110 | 3239 | 95.5 | 22029 | 6906 | | 31030 | 149.9 |
| 2013 | 2600 | 3750 | 93.0 | 23363 | 6579 | | 28480 | 165.8 |
| 2014 | 2699 | 4310 | 113.2 | 23960 | 7880 | | 28054 | 167.2 |
| 2015 | 2722 | 4484 | 111.9 | 24350 | 6420 | | 26856 | 185.0 |
| 2016 | 2549 | 4463 | 137.0 | 26199 | 6491 | | 20925 | 179.2 |
| 2017 | 2577 | 4554 | 135.2 | 26708 | 8156 | | 21094 | 198.7 |

11-5　续表 2

| 年　份 | 排水管道长　度（公里） | 路灯数（盏） | 园林绿地面　积（公顷） | 建成区绿化覆盖率（%） | 公园数（个） | 污水排放量（万吨） | 垃圾粪便清运量（万吨） | 公共厕所数（座） |
|---|---|---|---|---|---|---|---|---|
| 1978 | 118 | 3243 | 219 | 10.4 | | | | |
| 1979 | 124 | 3482 | 249 | 11.8 | | | | |
| 1980 | 130 | 3750 | 249 | 11.8 | | | | |
| 1981 | 138 | 3920 | 310 | 7.6 | | | | |
| 1982 | 155 | 3594 | 320 | 7.7 | | | | |
| 1983 | 162 | 4088 | 365 | 9.8 | | | | |
| 1984 | 170 | 4225 | 367 | 11.8 | | | | |
| 1985 | 182 | 4545 | 367 | 12.4 | | | | |
| 1986 | 216 | 5546 | 735 | 14.9 | | | | |
| 1987 | 223 | 6110 | 848 | 15.1 | | | | |
| 1988 | 248 | 6950 | 1108 | 15.1 | | | | |
| 1989 | 253 | 6989 | 1317 | 15.9 | 15 | | 25 | 508 |
| 1990 | 257 | 7507 | 1214 | 27.4 | 15 | 9965 | 23 | 503 |
| 1991 | 262 | 7779 | 1432 | 30.7 | 12 | 9955 | 26 | 587 |
| 1992 | 281 | 8551 | 2358 | 30.8 | 13 | 7964 | 28 | 537 |
| 1993 | 281 | 13581 | 2822 | 31.0 | 10 | 7964 | 29 | 403 |
| 1994 | 326 | 11688 | 2822 | 31.6 | 14 | 9700 | 28 | 448 |
| 1995 | 432 | 15463 | 2844 | 33.1 | 12 | 8818 | 32 | 455 |
| 1996 | 395 | 16140 | 2881 | 33.2 | 15 | 7846 | 38 | 328 |
| 1997 | 399 | 16923 | 2947 | 33.6 | 13 | 7646 | 36 | 277 |
| 1998 | 403 | 20393 | 3048 | 33.7 | 13 | 7682 | 29 | 258 |
| 1999 | 483 | 26187 | 3392 | 34.3 | 13 | 7876 | 35 | 238 |
| 2000 | 643 | 30937 | 3662 | 34.4 | 13 | 5931 | 36 | 225 |
| 2001 | 728 | 32577 | 3625 | 24.5 | 29 | 5540 | 36 | 212 |
| 2002 | 825 | 36836 | 3889 | 26.6 | 31 | 5620 | 37 | 266 |
| 2003 | 896 | 45231 | 4226 | 29.5 | 33 | 6689 | 40 | 312 |
| 2004 | 926 | 46087 | 6455 | 36.6 | 33 | 7692 | 45 | 249 |
| 2005 | 918 | 52678 | 6455 | 36.3 | 36 | 10775 | 47 | 258 |
| 2006 | 930 | 53000 | 6659 | 37.6 | 30 | 11704 | 49 | 297 |
| 2007 | 970 | 60000 | 8125 | 38.8 | 34 | 12700 | 50 | 338 |
| 2008 | 1198 | 56798 | 9242 | 40.1 | 40 | 13924 | 45 | 482 |
| 2009 | 1046 | 19651 | 10422 | 40.4 | 41 | 14910 | 40 | 606 |
| 2010 | 1334 | 50723 | 12913 | 41.3 | 60 | 18106 | 48 | 592 |
| 2011 | 1362 | 46683 | 13400 | 41.9 | 70 | 19286 | 54 | 600 |
| 2012 | 1569 | 267204 | 14436 | 42.2 | 70 | 19690 | 52 | 488 |
| 2013 | 2016 | 188541 | 15269 | 42.9 | 70 | 19998 | 59 | 493 |
| 2014 | 2094 | 272114 | 15462 | 43.3 | 70 | 20190 | 79 | 711 |
| 2015 | 2129 | 294770 | 15727 | 43.7 | 73 | 21571 | 80 | 759 |
| 2016 | 2196 | 293971 | 15983 | 43.8 | 74 | 22294 | 92 | 813 |
| 2017 | 2351 | 299018 | 16165 | 43.8 | 75 | 23024 | 104 | 820 |

注:2009 年路灯盏数统计口径改变,与其他年份不可比;2010 年起公园数统计口径改变,与往年不可比;2016 年垃圾粪便清运量为生活垃圾口径。

# 11-6 城市(市区)设施水平

| 年 份 | 用 水<br>普及率<br>(%) | 煤气液化气<br>普 及 率<br>(%) | 每万人拥有<br>公共汽车辆<br>(标台) | 人均拥有铺<br>装道路面积<br>(平方米) | 人均公共<br>绿地面积<br>(平方米) | 每万人拥有<br>公 共 厕 所<br>(座) | 排水管道<br>密 度<br>(公里/平方公里) |
|---|---|---|---|---|---|---|---|
| 1978 | 85.7 | | | | 2.7 | | 2.9 |
| 1979 | 83.3 | | | | 2.7 | | 2.9 |
| 1980 | 82.6 | | | | 2.7 | | 3.0 |
| 1981 | 93.8 | | | | 1.5 | | 3.1 |
| 1982 | 94.2 | | | | 1.5 | | 3.4 |
| 1983 | 95.0 | | | | 2.0 | | 3.6 |
| 1984 | 95.0 | 2.4 | | | 2.0 | | 3.7 |
| 1985 | 94.2 | 6.7 | | | 2.4 | | 3.9 |
| 1986 | 92.0 | 8.4 | | | 2.9 | | 4.6 |
| 1987 | 94.2 | 17.8 | | | 2.9 | | 4.7 |
| 1988 | 96.0 | 19.5 | | | 2.9 | | 5.2 |
| 1989 | 98.0 | 22.2 | 3.2 | 3.3 | 2.9 | 6.6 | 5.2 |
| 1990 | 98.0 | 31.7 | 3.5 | 3.9 | 3.5 | 6.4 | 5.2 |
| 1991 | 100.0 | 37.8 | 4.1 | 3.9 | 6.3 | 7.4 | 4.1 |
| 1992 | 100.0 | 37.8 | 4.5 | 6.6 | 6.3 | 6.7 | 4.2 |
| 1993 | 100.0 | 61.6 | 4.9 | 6.9 | 7.4 | 4.9 | 4.2 |
| 1994 | 100.0 | 75.2 | 9.0 | 9.2 | 7.5 | 3.6 | 4.6 |
| 1995 | 100.0 | 84.0 | 9.2 | 9.8 | 7.9 | 4.7 | 7.3 |
| 1996 | 100.0 | 85.1 | 6.5 | 9.8 | 7.9 | 3.3 | 6.6 |
| 1997 | 100.0 | 86.4 | 7.0 | 9.8 | 9.5 | 2.7 | 6.5 |
| 1998 | 100.0 | 87.9 | 7.1 | 9.8 | 9.9 | 2.9 | 6.2 |
| 1999 | 100.0 | 90.1 | 7.7 | 10.2 | 10.2 | 2.8 | 7.2 |
| 2000 | 100.0 | 90.8 | 8.1 | 10.7 | 10.5 | 2.4 | 9.0 |
| 2001 | 100.0 | 75.8 | 10.1 | 10.0 | 6.6 | 2.3 | 9.3 |
| 2002 | 100.0 | 76.9 | 8.6 | 10.6 | 6.9 | 2.3 | 10.1 |
| 2003 | 100.0 | 90.2 | 9.1 | 11.0 | 7.0 | 2.6 | 10.1 |
| 2004 | 100.0 | 99.7 | 10.8 | 11.4 | 7.4 | 2.1 | 9.6 |
| 2005 | 100.0 | 96.5 | 9.8 | 10.9 | 8.0 | 2.0 | 7.8 |
| 2006 | 100.0 | 96.6 | 12.9 | 12.8 | 9.4 | 2.2 | 7.9 |
| 2007 | 100.0 | 100.0 | 18.1 | 12.9 | 12.1 | 2.7 | 6.1 |
| 2008 | 99.9 | 96.4 | 17.2 | 13.9 | 13.0 | 3.6 | 6.4 |
| 2009 | 98.5 | 98.5 | 17.9 | 14.0 | 13.6 | 4.4 | 5.1 |
| 2010 | 99.4 | 99.0 | 19.2 | 16.3 | 14.7 | 1.9 | 5.6 |
| 2011 | 97.8 | 94.2 | 11.5 | 17.7 | 16.0 | 1.9 | 5.5 |
| 2012 | 98.1 | 99.3 | 13.7 | 21.5 | 16.1 | 1.6 | 6.2 |
| 2013 | 99.4 | 99.5 | 16.1 | 22.5 | 16.3 | 1.5 | 8.0 |
| 2014 | 97.5 | 98.2 | 11.3 | 25.3 | 16.2 | 2.2 | 8.2 |
| 2015 | 99.8 | 98.5 | 12.5 | 23.9 | 15.3 | 2.3 | 8.3 |
| 2016 | 99.8 | 98.0 | 15.8 | 24.4 | 15.7 | 2.5 | 8.4 |
| 2017 | 100.0 | 100.0 | 16.2 | 22.9 | 14.7 | 2.5 | 6.9 |

注:2007 年及以后人均公共绿地面积统计口径改为人均公园绿地面积(下同)。

# 11-7 主要年份城市(市区)公用事业基本情况

| 指标 | 1990 | 1995 | 2000 | 2005 | 2010 | 2014 | 2015 | 2016 | 2017 |
|---|---|---|---|---|---|---|---|---|---|
| **城市用地及建筑物面积（平方公里）** | | | | | | | | | |
| 城市面积 | 184.5 | 963.0 | 1037.7 | 1159.9 | 3037.6 | 3040.0 | 3040.0 | 3040.0 | 3037.6 |
| #建成区面积 | 61.8 | 59.1 | 71.7 | 118.0 | 239.0 | 255.2 | 255.2 | 261.0 | 265.0 |
| 城市建设用地面积 | 45.10 | 56.80 | 69.43 | 104.45 | 184.60 | 233.81 | 239.27 | 244.13 | 255.02 |
| #居住用地 | 18.30 | 10.90 | 13.48 | 24.24 | 58.18 | 56.52 | 58.35 | 60.46 | 66.22 |
| 公共设施用地 | | 4.70 | 8.75 | 16.43 | 31.79 | 29.34 | 21.61 | 30.43 | 31.37 |
| 工业用地 | 17.10 | 12.70 | 14.68 | 20.96 | 35.15 | 26.94 | 27.64 | 28.50 | 30.04 |
| 仓储用地 | 2.60 | 2.70 | 2.73 | 3.05 | 4.22 | 21.19 | 21.58 | 21.87 | 22.17 |
| 对外交通用地 | 4.00 | 6.80 | 7.13 | 7.13 | 10.2 | 13.24 | 13.99 | 14.34 | 15.67 |
| 道路广场用地 | | 2.70 | 4.56 | 13.39 | 23.06 | 58.45 | 58.46 | 58.76 | 58.84 |
| 市政公用设施用地 | | 1.10 | 2.54 | 3.00 | 5.44 | 21.59 | 21.61 | 22.01 | 22.08 |
| 绿地 | | 3.60 | 3.75 | 4.36 | 14.38 | | | | 8.63 |
| 特殊用地 | | 11.70 | 11.81 | 11.89 | 2.18 | | | | |
| **供水、供气及供热** | | | | | | | | | |
| 全社会供水 | | | | | | | | | |
| 供水综合生产能力（万吨／日） | 37.9 | 86.9 | 75.5 | 55.4 | 94.2 | 113.2 | 111.9 | 137.0 | 135.2 |
| 供水管道长度（公里） | 506 | 569 | 724 | 1025 | 2760 | 3122 | 2433 | 2708 | 2795 |
| 供水总量（万立方米） | 10744 | 14877 | 12464 | 15456 | 19957 | 23960 | 24350 | 26199 | 26708 |
| #生产用水量 | 5684 | 7867 | 3574 | 3478 | 8036 | 11695 | 10102 | 8995 | 12195 |
| 生活用水量 | 4328 | 7010 | 6926 | 7962 | 8962 | 7880 | 6420 | 6491 | 8156 |
| 人均日生活用水量（升） | 137 | 198 | 171 | 123 | 164 | 130 | 113 | 125 | 113 |
| 用水普及率（%） | 98.0 | 100.0 | 100.0 | 100.0 | 99.4 | 97.5 | 99.79 | 99.81 | 99.95 |
| 水厂个数（个） | 4 | 4 | 4 | 4 | 4 | 9 | 13 | 17 | 15 |
| 人工煤气 | | | | | | | | | |
| 储气能力(系统内)（万立方米） | 2 | 12 | 12 | 12 | | | | | |
| 煤气管道长度（公里） | 32 | 237 | 647 | 763 | 230 | | | | |
| 供气总量（万立方米） | 464 | 2830 | 4585 | 4831 | 1662 | | | | |
| #家庭用量 | 437 | 1899 | 3326 | 3562 | 1205 | | | | |
| 家庭用气户数（户） | 10343 | 61372 | 110758 | 148102 | 34000 | | | | |
| 用气人口数（万人） | 4.2 | 20.3 | 34.7 | 47.4 | 10.2 | | | | |
| 液化石油气 | | | | | | | | | |
| 储气能力（吨） | 275 | 450 | 420 | 2402 | 4394 | 4593 | 4983 | 4983 | 4508 |
| 供气总量（吨） | 7110 | 16064 | 26169 | 39300 | 29336 | 28054 | 26856 | 20925 | 21094 |
| #家庭用量 | 7074 | 15084 | 23158 | 35100 | 23466 | 20872 | 19714 | 13103 | 20572 |
| 家庭用气户数（户） | 60706 | 146628 | 155723 | 289500 | 193243 | 143146 | 127966 | 86386 | 96613 |
| 用气人口数（万人） | 21.3 | 48.5 | 48.8 | 79.4 | 59.7 | 44.0 | 45.0 | 26.5 | 32.6 |
| 煤气和液化石油气普及率（%） | 31.7 | 84.0 | 90.8 | 96.5 | 99.0 | 98.2 | 98.5 | 98.0 | 100.0 |
| 天然气 | | | | | | | | | |
| 储气能力（万立方米） | | | | | 26 | 100 | 108 | 85 | 87 |
| 供气管道长度（公里） | | | | | 1253 | 1844 | 1890 | 2036 | 2164 |
| 供气总量（万立方米） | | | | | 13524 | 21255 | 26582 | 31629 | 32055 |
| #家庭用量 | | | | | 2927 | 6184 | 7256 | 8375 | 10282 |
| 家庭用气户数（户） | | | | | 270824 | 408036 | 446716 | 504592 | 570884 |
| 用气人口数（万人） | | | | | 80 | 123 | 140 | 153 | 166 |
| 集中供热面积（万平方米） | | | | 910 | 1201 | | | | |
| #住宅 | | | | | 911 | | | | |

11-7 续表

| 指　　标 | | 1990 | 1995 | 2000 | 2005 | 2010 | 2014 | 2015 | 2016 | 2017 |
|---|---|---|---|---|---|---|---|---|---|---|
| **城市市政设施情况** | | | | | | | | | | |
| 实有道路长度 | （公里） | 297 | 579 | 621 | 1075 | 1600 | 2699 | 2722 | 2550 | 2577 |
| 道路面积 | （万平方米） | 263 | 802 | 987 | 1434 | 2467 | 4310 | 4484 | 4463 | 4554 |
| 人行道面积 | （万平方米） | 35 | 74 | 110 | 208 | 421 | 722 | 759 | 673 | 690 |
| 排水管道长度 | （公里） | 257 | 432 | 643 | 918 | 1334 | 2094 | 2129 | 2196 | 2351 |
| 污水年排放量 | （万立方米） | 9965 | 8818 | 5931 | 10775 | 18106 | 20190 | 21571 | 23479 | 23024 |
| 桥梁数 | （座） | 51 | 68 | 102 | 132 | 118 | 265 | 305 | 285 | 285 |
| 路灯盏数 | （盏） | 7507 | 15463 | 30937 | 52678 | 50723 | 272114 | 294770 | 293971 | 299018 |
| 防洪堤长度 | （公里） | 27.0 | 52.0 | 34.1 | 44.6 | 67.0 | 96.0 | 185.2 | | |
| **公共交通** | | | | | | | | | | |
| 公共汽车营运车数 | （辆） | 202 | 1072 | 946 | 1452 | 1908 | 2802 | 2338 | 2359 | 2377 |
| 标准营运车数 | （标台） | 238 | 752 | 739 | 1290 | 2286 | 3366 | 2917 | 2953 | 2954 |
| 客运总量 | （万人次） | 8511 | 10740 | 17040 | 25750 | 33436 | 38325 | 36258 | 35906 | 35068 |
| 平均每日客运量 | （万人次） | 23.3 | 29.4 | 46.7 | 70.5 | 91.6 | 105.0 | 99.3 | 98.4 | 96.1 |
| 出租汽车营运车数 | （辆） | 259 | 955 | 2872 | 4230 | 3760 | 4284 | 4319 | 4319 | 4319 |
| **城市园林绿化** | | | | | | | | | | |
| 绿化覆盖面积 | （公顷） | 1324 | 2927 | 3823 | 7017 | 14726 | 15966 | 16231 | 16507 | 16689 |
| # 建城区 | | 891 | 1956 | 2463 | 4283 | 9680 | 11039 | 11160 | 11436 | 11618 |
| 园林绿地面积 | （公顷） | 1214 | 2844 | 3662 | 6455 | 12913 | 15462 | 15727 | 15983 | 16165 |
| # 公共绿地 | | 235 | 647 | 961 | 1046 | 2234 | 2761 | 2865 | 2879 | 2914 |
| 公园个数 | （个） | 15 | 12 | 13 | 36 | 60 | 70 | 73 | 74 | 75 |
| 公园面积 | （公顷） | 104 | 521 | 650 | 358 | 198 | 1700 | 1804 | 1810 | 1822 |
| 游人量 | （万人次） | 1054 | 463 | 323 | 2340 | 210 | 679.0 | 807.2 | 822.5 | 853.0 |
| 人均公园绿地面积 | （平方米） | 3.5 | 7.9 | 10.5 | 8.0 | 14.7 | 16.2 | 15.3 | 15.7 | 14.7 |
| 建成区绿化覆盖率 | （%） | 27.4 | 33.1 | 34.4 | 36.3 | 41.3 | 43.3 | 43.7 | 43.8 | 43.8 |
| **城市房屋和住宅情况（万平方米）** | | | | | | | | | | |
| 实有房屋建筑面积 | | 2245 | 2751 | 3507 | 5994 | 13368 | 9256 | 9813 | | |
| 实有住宅建筑面积 | | 1076 | 1325 | 1787 | 4196 | 8972 | 5906 | 6393 | | |
| **城市清洁卫生情况** | | | | | | | | | | |
| 道路清扫保洁面积 | （万平方米） | 148 | 350 | 418 | 780 | 2032 | 2307 | 2410 | 2786 | 2786 |
| 生活垃圾清运量 | （万吨） | 21 | 30 | 35 | 47 | 44.4 | 78.6 | 79.8 | 92.4 | 103.8 |
| 粪便清运量 | （万吨） | 2 | 2 | 1 | | 0.2 | 0.8 | 1.2 | 1.2 | 1.2 |
| 垃圾粪便无害化处理量 | （万吨） | | 32 | 36 | 47 | 44.4 | 78.6 | 79.8 | 92.4 | 106.8 |
| 环卫机械总数 | （台） | 113 | 167 | 172 | 156 | 362 | 570 | 651 | 840 | 974 |
| 公共厕所数 | （座） | 503 | 455 | 225 | 258 | 592 | 711 | 759 | 813 | 820 |

注：2002年及以后垃圾粪便无害化处理量仅指生活垃圾；2006年及以后游人量统计口径为风景名胜区的游人量。

# 11-8 主要年份工业企业污染治理情况

单位：万元

| 指 标 | | 2001 | 2003 | 2005 | 2010 | 2014 | 2015 |
|---|---|---|---|---|---|---|---|
| **单位数** | （个） | **65** | **81** | **74** | **22** | **572** | **574** |
| **当年施工项目投资来源** | | **6272** | **18228** | **47263** | **12516** | **14174** | **55365** |
| 排污费补助 | | | | | 40 | | |
| 政府其他补助 | | | | | 375 | 304 | 1000 |
| 企业自筹 | | | | | 12756 | 13870 | 54365 |
| # 银行贷款 | | | | | 1980 | 2756 | 7835 |
| 国家预算内资金 | | 1 | 300 | 30 | | | |
| 环保专项资金 | | 90 | 55 | 2912 | | | |
| 银行贷款 | | 150 | 1396 | 2580 | | | |
| 其他资金 | | 6031 | 16476 | 44321 | | | |
| **当年施工项目累计完成投资额** | | **6272** | **18228** | **47263** | **13171** | **14174** | **55445** |
| 治理废水 | | 4142 | 9640 | 7396 | 3907 | 739 | 3135 |
| 治理废气 | | 1818 | 8088 | 38555 | 8084 | 10035 | 51580 |
| 治理固体废物 | | 292 | 500 | 330 | 1000 | | |
| 治理噪声 | | 15 | | 622 | | | |
| 其他 | | 5 | | 361 | 180 | 3401 | 730 |
| **当年安排治理项目** | （个） | **84** | **105** | **54** | **34** | **19** | **35** |
| 治理废水 | | 42 | 26 | 34 | 11 | 2 | 3 |
| 治理废气 | | 36 | 78 | 38 | 21 | 14 | 27 |
| 治理固体废物 | | 3 | 1 | 3 | 1 | | |
| 治理噪声 | | 2 | | 3 | | | |
| 其他 | | 1 | | 6 | 1 | 3 | 5 |
| **当年竣工项目** | （个） | **61** | **58** | **73** | **20** | **19** | **23** |
| 治理废水 | | 21 | 13 | 27 | 6 | 2 | 1 |
| 治理废气 | | 35 | 44 | 35 | 14 | 14 | 19 |
| 治理固体废物 | | 2 | 1 | 3 | | | |
| 治理噪声 | | 2 | | 3 | | | |
| 其他 | | 1 | | 5 | | 3 | 3 |
| **当年竣工项目新增设计处理利用“三废”能力** | | | | | | | |
| 废水 | （吨/日） | 39453 | 31472 | 28122 | 215400 | 2000 | 2475 |
| 废气 | （万标立方米/时） | 84 | 130 | 234 | 129 | 128 | 12.3 |
| 固体废物 | （吨/日） | 358 | 180 | 305 | | | |
| **主要污染物减排情况** | | | | | | | |
| 化学需氧量（COD） | （万吨） | | | 6.35 | 5.54 | 1.05 | 1.14 |
| 二氧化硫（$SO_2$） | （万吨） | | | 20.01 | 8.96 | 9.85 | 10.22 |

注：2007 年及以后施工项目投资来源指标有调整，2010 年废气处理利用能力统计口径有调整，2011 年工业企业污染治理汇总单位数口径变化，与往年不可比。

# 11-9 重点调查工业企业污染治理设施情况

| 指　　标 | | 2016 | 2017 |
|---|---|---|---|
| 工业企业数 | （个） | 650 | 515 |
| 废水治理设施数 | （套） | 214 | 252 |
| 废水治理设施处理能力 | （万吨/日） | 210.47 | 55.19 |
| 废水治理设施运行费用 | （万元） | 32197.20 | 34755.73 |
| 工业废水处理量 | （万吨） | 98455.76 | 6884.53 |
| 工业废水排放量 | | 8693.94 | 3007.53 |
| 其中：直接排入环境的 | | 5367.92 | 786.96 |
| 　　排入污水处理厂的 | | 3326.02 | 2220.57 |
| 工业锅炉数 | （台） | 350 | 294 |
| 其中：20蒸吨以上的 | | 104 | 100 |
| 其中：安装脱硫设施的 | | 56 | 80 |
| 废气治理设施数 | （套） | 1167 | 2249 |
| 废气治理设施处理能力 | （万立方米/时） | 6668.39 | 898135.40 |
| 废气治理设施运行费用 | （万元） | 155592.90 | 153134.40 |
| 脱硫设施数 | （套） | 107 | 267 |
| 脱硝设施数 | | 73 | 149 |
| 除尘设施数 | | 290 | 1113 |
| VOCs处理设施数 | | 41 | 146 |
| 工业废气排放量 | （亿立方米） | 5782.57 | 3971.62 |

# 11-10 重点工业企业“三废”排放及处理情况

（2017 年）

| 指　　标 | 汇总工业企业数（个） | 工业废水排放总量（万吨） | 化学需氧量产生量（吨） | 化学需氧量排放量（吨） | 氨氮产生量（吨） |
|---|---|---|---|---|---|
| **总　计** | **515** | **3007.53** | **116684.79** | **2525.68** | **156593.89** |
| 农、林、牧、渔服务业 | 2 | 1.11 | 33.29 | 0.29 | 22.19 |
| 煤炭开采和洗选业 | 7 |  | 55.94 |  |  |
| 农副食品加工业 | 37 | 321.94 | 3986.55 | 628.74 | 291.32 |
| 食品制造业 | 14 | 114.22 | 1185.87 | 77.88 | 24.14 |
| 酒、饮料和精制茶制造业 | 13 | 236.07 | 83724.35 | 149.51 | 164.15 |
| 烟草制品业 | 1 | 13.86 | 49.24 | 14.77 | 54.16 |
| 纺织业 | 11 | 273.64 | 3864.51 | 238.76 | 36.10 |
| 皮革、毛皮、羽毛及其制品和制鞋业 | 2 | 102.81 | 2599.50 | 26.56 | 190.02 |
| 木材加工和木、竹、藤、棕、草制品业 | 74 | 2.56 | 23.34 | 5.83 | 0.30 |
| 家具制造业 | 24 | 0.07 | 0.18 | 0.02 | 0.04 |
| 造纸和纸制品业 | 7 | 160.96 | 3871.29 | 344.57 | 1416.63 |
| 印刷和记录媒介复制业 | 5 | 6.27 | 322.29 | 7.73 | 5.88 |
| 石油加工、炼焦和核燃料加工业 | 13 | 113.87 | 1819.69 | 269.59 | 207.80 |
| 化学原料和化学制品制造业 | 34 | 597.35 | 7729.57 | 340.67 | 1080.02 |
| 医药制造业 | 9 | 42.31 | 130.53 | 22.11 | 3.06 |
| 化学纤维制造业 | 1 |  |  |  |  |
| 橡胶和塑料制品业 | 7 | 11.62 | 225.90 | 22.63 | 5.92 |
| 非金属矿物制品业 | 126 | 10.71 | 26.33 | 10.45 | 9.51 |
| 黑色金属冶炼和压延加工业 | 15 | 29.28 | 2495.62 | 6.26 | 152780.72 |
| 有色金属冶炼和压延加工业 | 6 | 27.79 | 46.67 | 9.51 | 0.11 |
| 金属制品业 | 27 | 282.62 | 194.06 | 89.21 | 202.95 |
| 通用设备制造业 | 17 | 29.61 | 70.15 | 19.39 | 4.85 |
| 专用设备制造业 | 12 | 24.68 | 58.68 | 11.82 | 13.74 |
| 汽车制造业 | 2 | 7.15 | 17.91 | 2.22 | 1.29 |
| 铁路、船舶、航空航天和其他运输设备制造业 | 3 | 3.88 | 55.39 | 1.90 | 0.09 |
| 电气机械和器材制造业 | 12 | 111.48 | 214.85 | 85.65 | 41.35 |
| 计算机、通信和其他电子设备制造业 | 2 | 348.65 | 3476.02 | 87.16 | 25.80 |
| 其他制造业 | 2 | 8.39 | 2.65 | 2.65 | 0.15 |
| 废弃资源综合利用业 | 2 | 4.66 | 232.55 | 1.20 | 0.04 |
| 电力、热力生产和供应业 | 28 | 119.97 | 171.89 | 48.63 | 11.55 |

11-10 续表 1 （2017 年）

| 指　　标 | 氨氮排放量（吨） | 工业废气排放总量（亿标立方米） | 二氧化硫产生量（吨） | 二氧化硫排放量（吨） | 氮氧化物产生量（吨） | 氮氧化物排放量（吨） |
|---|---|---|---|---|---|---|
| **总　计** | **259.18** | **3971.62** | **394013.42** | **52637.73** | **162173.97** | **58156.59** |
| 农、林、牧、渔服务业 | | | | | | |
| 煤炭开采和洗选业 | | 3.64 | 2076.61 | 1054.06 | 563.16 | 563.16 |
| 农副食品加工业 | 76.68 | 2.91 | 98.66 | 59.42 | 30.18 | 29.44 |
| 食品制造业 | 3.16 | 6.85 | 133.50 | 41.54 | 11.72 | 10.12 |
| 酒、饮料和精制茶制造业 | 16.01 | 7.86 | 166.89 | 28.54 | 180.36 | 155.66 |
| 烟草制品业 | 10.83 | 1.55 | 3.00 | 3.00 | 6.36 | 6.36 |
| 纺织业 | 18.72 | 1.94 | 89.41 | 27.92 | 4.77 | 4.74 |
| 皮革、毛皮、羽毛及其制品和制鞋业 | 0.16 | | | | | |
| 木材加工和木、竹、藤、棕、草制品业 | 0.10 | 36.64 | 291.42 | 267.56 | 219.70 | 188.17 |
| 家具制造业 | | 1.94 | 0.02 | 0.02 | 0.06 | 0.06 |
| 造纸和纸制品业 | 31.71 | 0.76 | 64.36 | 20.26 | 22.68 | 20.50 |
| 印刷和记录媒介复制业 | 0.70 | 0.01 | | | | |
| 石油加工、炼焦和核燃料加工业 | 27.22 | 154.81 | 18795.67 | 9385.24 | 8217.23 | 4944.22 |
| 化学原料和化学制品制造业 | 14.91 | 78.24 | 6525.90 | 1598.88 | 1429.66 | 763.72 |
| 医药制造业 | 1.04 | 1.71 | 15.61 | 4.40 | 3.93 | 2.50 |
| 化学纤维制造业 | | | | | | |
| 橡胶和塑料制品业 | 3.99 | 22.92 | 282.24 | 84.67 | 164.64 | 164.64 |
| 非金属矿物制品业 | 2.25 | 580.39 | 25283.11 | 5752.22 | 19720.06 | 8218.19 |
| 黑色金属冶炼和压延加工业 | 0.82 | 898.37 | 29491.80 | 7170.86 | 12060.59 | 11652.45 |
| 有色金属冶炼和压延加工业 | 0.11 | 16.25 | 14253.48 | 744.18 | 88.66 | 88.66 |
| 金属制品业 | 25.38 | 49.82 | 156.84 | 30.11 | 148.04 | 39.93 |
| 通用设备制造业 | 2.59 | 50.82 | 119.14 | 14.28 | 2.53 | 1.46 |
| 专用设备制造业 | 2.52 | 20.36 | 3.15 | 0.36 | 16.82 | 2.31 |
| 汽车制造业 | 0.46 | 3.28 | | | | |
| 铁路、船舶、航空航天和其他运输设备制造业 | 0.07 | 18.98 | | | | |
| 电气机械和器材制造业 | 8.33 | 36.74 | 0.05 | 0.05 | 31.90 | 29.69 |
| 计算机、通信和其他电子设备制造业 | 8.37 | 15.43 | 13.26 | 1.33 | 500.71 | 5.12 |
| 其他制造业 | 0.15 | 6.70 | 705.74 | 56.46 | 42.03 | 31.52 |
| 废弃资源综合利用业 | 0.01 | 1.69 | | | | |
| 电力、热力生产和供应业 | 2.88 | 1951.02 | 295443.55 | 26292.37 | 118708.17 | 31233.94 |

11-10　续表 2　　　　（2017 年）

| 指　　标 | 烟(粉)尘产生量(吨) | 烟(粉)尘排放量(吨) | 工业固体废物产生量(吨) | 工业固体废物综合利用量(含往年贮存量)(吨) | 工业固体废物贮存量(吨) | 工业固体废物处置量(吨) |
|---|---|---|---|---|---|---|
| **总　计** | **3404156.78** | **34905.77** | **1510.20** | **1504.74** | **4.69** | **13.73** |
| 农、林、牧、渔服务业 | | | | | | |
| 煤炭开采和洗选业 | 777.92 | 232.44 | 383.18 | 391.15 | | |
| 农副食品加工业 | 254.03 | 44.77 | 0.52 | 0.47 | 0.08 | 0.13 |
| 食品制造业 | 100.28 | 13.04 | 1.09 | 1.09 | | |
| 酒、饮料和精制茶制造业 | 232.22 | 29.67 | 27.00 | 27.00 | | |
| 烟草制品业 | 0.51 | 0.51 | | | | |
| 纺织业 | 1414.49 | 141.63 | 1.49 | 1.22 | 0.02 | 0.22 |
| 皮革、毛皮、羽毛及其制品和制鞋业 | | | 1.48 | 0.84 | 0.22 | 0.55 |
| 木材加工和木、竹、藤、棕、草制品业 | 61055.58 | 663.86 | 2.26 | 2.26 | | |
| 家具制造业 | 4.60 | 0.78 | | | | |
| 造纸和纸制品业 | 435.07 | 4.70 | 1.15 | 1.14 | | 0.47 |
| 印刷和记录媒介复制业 | | | 3.00 | 3.00 | | |
| 石油加工、炼焦和核燃料加工业 | 9848.68 | 991.62 | 0.82 | 0.82 | | |
| 化学原料和化学制品制造业 | 54525.88 | 1371.52 | 27.88 | 29.75 | 0.89 | 1.46 |
| 医药制造业 | 46.92 | 1.60 | 0.22 | 0.14 | | 0.11 |
| 化学纤维制造业 | | | 0.22 | 0.20 | 0.02 | |
| 橡胶和塑料制品业 | 1283.67 | 160.22 | 1.08 | 1.08 | | |
| 非金属矿物制品业 | 934311.57 | 7598.80 | 42.53 | 42.34 | 0.02 | 0.18 |
| 黑色金属冶炼和压延加工业 | 585189.85 | 13550.65 | 313.11 | 313.11 | | |
| 有色金属冶炼和压延加工业 | 33571.39 | 53.67 | 0.88 | 0.25 | 0.63 | |
| 金属制品业 | 9471.53 | 68.78 | 12.44 | 12.31 | 0.03 | 0.13 |
| 通用设备制造业 | 3212.28 | 29.08 | 0.07 | 0.05 | | 0.02 |
| 专用设备制造业 | 409.20 | 16.59 | 0.59 | 0.19 | 0.01 | 0.40 |
| 汽车制造业 | 101.88 | 1.05 | 0.04 | 0.04 | | |
| 铁路、船舶、航空航天和其他运输设备制造业 | | | 0.01 | 0.01 | | |
| 电气机械和器材制造业 | 0.20 | 0.05 | 0.61 | | | 0.60 |
| 计算机、通信和其他电子设备制造业 | 575.71 | 7.90 | 2.47 | 0.03 | | 2.44 |
| 其他制造业 | 0.84 | 0.74 | 0.49 | 0.49 | | |
| 废弃资源综合利用业 | | | | | | |
| 电力、热力生产和供应业 | 1707332.48 | 9922.10 | 685.55 | 675.76 | 2.77 | 7.02 |

# 主要统计指标解释

**自来水综合生产能力** 指年底城建部门管理的自来水厂和各单位自备水源的取水、净化、送水、出厂输水干管等环节的实际生产能力。

**全年供水总量** 指公用自来水厂和社会单位自备水源全年的供水总量,包括有效供水量及损失水量。

**城市人口用水普及率** 指城市市区用水的非农业人口数(不包括临时人口和流动人口)与市区非农业人口总数之比。

**煤气供气总量** 指城市煤气企业向城市生产用户、生活用户和其他用户供应全部煤气量。包括外购煤气量的损失量。

**城市气化率** 指使用煤气(包括人工煤气、液化石油气)的市区非农业人口数(不包括临时人口和流动人口)与市区非农业人口总数之比。

**年末实有铺装道路长度** 指除土路外，路面经过铺装宽度在3.5米以上的道路,包括高级、次高级道路和普通道路。

**营运标准车台** 是指营运车数按标台换算系数折合的标准车台总数。用以综合反映公交企业的运输能力。标准车台是以每辆车长度10米为一标准台，如营运车长8.7米，折合0.87标台,营运车长14米,折合1.4标台。计算方法:

$$\text{标准车台(标　台)}=\frac{\text{各类营运车辆长度之和(米)}}{\text{标台换算系数(10米)}}$$

**营运车数** 是指经上级主管机关核准，可参加营运的全部车辆数。包括技术完好的、在修的、待修的、长期停驶的,以及拟报废尚未经上级主管机关批准的。但不包括非营运车辆，如架线车、货车、油灌车、工程车及其他专用车辆和借入的运客车辆。

**营运线路长度** 是指固定的营运线路长度，包括郊区营运线路长度,不包括临时行驾的线路长度。营运线路长度应以营运线路的起点站至终点站往返路程的二分之一长度计算。

**公共绿地** 指供游览休息的各种公园 (包括植物园、陵园、游乐园和风景名胜公园等)、动物园、广场绿地、河(湖)滨绿地和宽在八米以上设置有行人休息设施的林荫道绿地等。

**建成区绿化覆盖率** 反映建成区的绿化覆盖情况，其计算方法:

$$\text{建成区绿化覆盖率}(\%)=\frac{\text{建成区园林绿化面积}+\text{建成区道路绿化面积}}{\text{建成区面积}}\times 100\%$$

**工业废水排放总量** 指经过工业企业厂区所有排放口排到企业外部的工业废水量。包括外排的直接冷却水、超标排放的矿井地下水和与工业废水混排的厂区生活污水，不包括外排的间接冷却水(清污不分流的间接冷却水应计算在内)。

**工业废气排放总量** 指工业企业厂区内燃料燃烧和生产工艺过程中排放的各种废气总量。以标准状态下（0℃，101325Pa）每年万标立方米表示（每小时排放量的算术平均值×年排放小时数)。

**工业烟尘排放量** 指工业企业在厂区内的燃料燃烧过程中排入环境的烟尘量。

**工业粉尘排放量** 指工业企业在生产工艺过程中排放的固体微粒总重量。如钢铁企业的耐火材料粉尘,焦化企业的筛焦系统粉尘、烧结机的粉尘,石灰窑的粉尘、建材企业的水泥粉尘等。不包括电厂排入大气的烟尘。

# 农林牧渔业

## AGRICULTURE, FORESTRY, ANIMAL HUSBANDRY AND FISHERY

12

版面负责人：顾元林　迟　伶
编　　　辑：刘　畅　徐　勇　李银浩

# 企业统计信用管理办法(试行)

**第五条** 国家统计局负责全国企业统计信用管理工作,建立全国统一的企业统计信用信息管理系统,指导、监督全国企业统计信用管理工作。

省级统计机构负责建立健全本行政区域企业统计信用信息管理制度,组织、规范和监督本行政区域企业统计信用信息的采集、认定、公示和共享等工作。

市级、县级统计机构应当按照本办法以及省级统计机构的部署,负责采集并及时更新由其组织实施的统计调查活动中的企业统计信用信息,认定企业统计信用状况,依法依规公示企业统计失信情况。

国家统计局派出调查机构负责其组织实施的统计调查活动中所涉企业统计信用管理工作,及时将负责采集、认定的企业统计信用状况与所在地有关部门共享。

**第六条** 企业统计信用状况分为统计守信企业、统计信用异常企业、统计一般失信企业和统计严重失信企业,实施分类、动态管理。

**第七条** 企业统计信用状况的认定实行谁认定、谁公示、谁负责的原则。

国家统计局、省级统计机构可以根据统计执法检查、统计数据核查等方式获取的企业统计信用信息,直接认定企业的统计信用状况。

**第八条** 同时具备下列条件的企业,认定为统计守信企业:

(一)为履行法定的统计资料报送义务提供组织、人员和工作条件保障;

(二)按照国家有关规定设置原始记录、统计台账,建立健全统计资料的审核、签署、交接、归档等管理制度;

(三)执行统计调查制度,真实、准确、完整、及时地提供统计调查所需资料;

(四)积极配合统计执法检查和统计数据核查;

(五)未被其他部门列入联合惩戒失信名单,未发现有任何违反统计法律法规和统计调查制度的行为。

**第九条** 有下列情形之一的企业,认定为统计信用异常企业:

(一)未按照法定的统计资料报送义务提供组织、人员和工作条件保障;

(二)未按照国家有关规定设置原始记录、统计台账,未建立健全统计资料的审核、签署、交接、归档等管理制度;

(三)迟报统计资料;

(四)统计资料报送异常且不能做出合理解释;

(五)通过登记的住所或者经营场所无法联系。

# 12-1　主要年份农村基层组织情况

| 指　　标 | 1985 | 1990 | 1995 | 2000 | 2005 | 2010 | 2014 | 2015 | 2016 | 2017 |
|---|---|---|---|---|---|---|---|---|---|---|
| **农村组织情况　（个）** | | | | | | | | | | |
| 乡个数 | 173 | 147 | 128 | | | | | | | |
| 镇个数(含城关镇) | 9 | 35 | 55 | 107 | 114 | 113 | 98 | 98 | 97 | 97 |
| 村委会个数 | 3543 | 3517 | 3511 | 3493 | 2364 | 2166 | 2047 | 2030 | 2028 | 2030 |
| 村民小组个数 | 26723 | 27041 | 27028 | 26793 | 22033 | 21716 | 20256 | 20873 | 20951 | 20911 |
| **乡村户数、人口** | | | | | | | | | | |
| 乡村户数　（万户） | 135.83 | 204.39 | 170.02 | 174.45 | 178.83 | 187.25 | 176.97 | 176.47 | 175.79 | 175.68 |
| 乡村人口　（万人） | 595.82 | 656.06 | 674.08 | 680.81 | 690.39 | 703.90 | 677.02 | 675.28 | 674.82 | 680.77 |
| **乡村从业人员　（万人）** | **271.99** | **321.78** | **330.58** | **335.71** | **348.00** | **366.23** | **358.77** | **358.48** | **358.55** | **357.21** |
| 按性别分 | | | | | | | | | | |
| 男性 | 143.32 | 169.35 | 170.48 | 173.80 | 182.87 | 196.59 | 191.98 | 191.56 | 191.48 | 190.62 |
| 女性 | 128.67 | 152.43 | 160.10 | 161.91 | 165.13 | 169.64 | 166.79 | 166.92 | 167.07 | 166.59 |
| 按行业分 | | | | | | | | | | |
| 农林牧渔业 | 220.26 | 247.48 | 239.66 | 233.14 | 180.78 | 159.67 | 136.31 | 132.75 | 130.56 | 128.52 |
| # 农业 | 203.74 | 227.10 | 213.35 | 207.14 | 163.24 | 140.59 | 109.21 | 107.10 | 105.96 | 106.57 |
| 工业 | 19.75 | 27.03 | 31.52 | 30.05 | 56.71 | 89.34 | 101.07 | 103.32 | 104.30 | 104.62 |
| 建筑业 | 13.04 | 19.38 | 24.65 | 27.32 | 35.32 | 46.21 | 51.62 | 51.66 | 51.80 | 51.59 |
| 交通运输、仓储业和邮电业 | 4.38 | 6.68 | 8.77 | 9.31 | 10.41 | 14.17 | 15.00 | 15.32 | 15.63 | 15.82 |
| 批发与零售业 | 4.41 | 6.89 | 7.65 | 11.90 | 13.72 | 18.80 | 21.73 | 22.20 | 22.39 | 22.59 |
| 金融、保险业 | | 0.16 | 0.22 | 0.18 | 0.47 | 1.01 | 1.25 | 1.33 | 1.45 | 1.49 |
| 房地产、社会服务业 | 0.46 | 0.44 | 0.63 | 0.85 | 1.19 | 1.21 | 1.84 | 1.86 | 1.93 | 1.96 |
| 卫生、体育和社会福利业 | 1.06 | 1.09 | 1.18 | 1.32 | 1.41 | 1.74 | 2.00 | 2.06 | 2.09 | 2.16 |
| 教育、文化艺术和广播电视事业 | 2.43 | 2.61 | 2.39 | 2.50 | 2.11 | 2.74 | 2.95 | 3.00 | 3.01 | 3.13 |
| 科学研究和综合技术服务事业 | 0.12 | 0.20 | 0.17 | 0.15 | 0.24 | 0.42 | 0.52 | 0.53 | 0.59 | 0.60 |
| 乡经济组织管理业 | 0.46 | | 1.49 | 1.47 | 1.27 | 0.84 | 0.96 | 0.97 | 0.96 | 0.98 |
| 其他非农业行业 | 5.62 | 9.82 | 12.25 | 17.52 | 44.37 | 30.08 | 12.14 | 11.77 | 11.87 | 11.43 |

# 12-2 主要年份耕地面积

单位：千公顷

| 年　份 | 年末实有耕地面积 | 水田 | 水浇地 | 年内减少 | #国家基建占地 | 人均占有耕地(亩/人) 按乡村人口计算 | 人均占有耕地(亩/人) 按农林牧渔业劳动力计算 |
|---|---|---|---|---|---|---|---|
| 1949 | 836.89 | | | | | 3.68 | |
| 1952 | 859.85 | | | | | 3.56 | |
| 1957 | 834.76 | | | 25.09 | | 3.12 | |
| 1962 | 701.87 | | | 23.06 | | 2.56 | |
| 1965 | 678.81 | | | 5.90 | | 2.34 | |
| 1970 | 672.84 | | | 5.95 | | 1.99 | |
| 1975 | 651.79 | | | 21.05 | | 1.78 | |
| 1978 | 642.93 | | | 9.24 | | 1.69 | |
| 1979 | 640.61 | | | 1.87 | | 1.68 | |
| 1980 | 637.80 | | | 2.88 | | 1.66 | |
| 1981 | 635.89 | | | 1.65 | | 1.63 | |
| 1982 | 634.57 | | | 2.33 | | 1.60 | |
| 1983 | 633.74 | | | 0.34 | | 1.58 | 4.41 |
| 1984 | 632.69 | | | 0.66 | | 1.57 | 4.35 |
| 1985 | 630.46 | | | 2.82 | | 1.56 | 4.29 |
| 1986 | 626.84 | 143.02 | 483.82 | 3.06 | 2.10 | 1.54 | 4.21 |
| 1987 | 625.33 | 150.71 | 474.62 | 1.50 | 1.08 | 1.52 | 4.19 |
| 1988 | 623.13 | 145.97 | 477.16 | 2.20 | 1.49 | 1.50 | 4.16 |
| 1989 | 621.90 | 153.86 | 468.04 | 1.23 | 1.13 | 1.48 | 3.99 |
| 1990 | 619.58 | 170.25 | 449.33 | 2.32 | 1.88 | 1.39 | 3.75 |
| 1991 | 617.73 | 184.04 | 433.69 | 1.88 | 1.10 | 1.37 | 3.69 |
| 1992 | 613.77 | 191.94 | 421.83 | 4.01 | 3.07 | 1.36 | 3.58 |
| 1993 | 611.15 | 161.03 | 450.12 | 2.62 | 1.24 | 1.35 | 3.73 |
| 1994 | 608.12 | 156.38 | 451.74 | 3.12 | 1.34 | 1.34 | 3.71 |
| 1995 | 604.63 | 161.10 | 442.23 | 4.79 | 1.31 | 1.33 | 3.78 |
| 1996 | 602.65 | 170.39 | 432.26 | 2.16 | 0.96 | 1.32 | 3.81 |
| 1997 | 615.40 | 186.44 | 428.96 | 1.17 | 0.85 | 1.35 | 3.87 |
| 1998 | 616.07 | 191.99 | 424.08 | 1.38 | 0.52 | 1.36 | 3.85 |
| 1999 | 615.52 | 213.85 | 401.67 | 1.54 | 1.03 | 1.36 | 3.95 |
| 2000 | 611.77 | 200.59 | 411.18 | 3.81 | 0.59 | 1.35 | 3.94 |
| 2001 | 609.69 | 195.31 | 414.38 | 2.72 | 1.63 | 1.33 | 4.01 |
| 2002 | 609.51 | 185.33 | 424.18 | 1.05 | 0.43 | 1.33 | 4.27 |
| 2003 | 609.00 | 205.05 | 403.95 | 3.35 | 0.63 | 1.33 | 4.70 |
| 2004 | 606.65 | 205.04 | 401.61 | 2.53 | 1.55 | 1.32 | 4.84 |
| 2005 | 599.64 | 207.82 | 124.97 | 1.87 | 1.39 | 1.30 | 4.98 |
| 2006 | 596.21 | 214.34 | 132.51 | 3.47 | 2.30 | 1.29 | 5.10 |
| 2007 | 594.78 | 210.18 | 135.90 | 2.62 | 1.78 | 1.28 | 5.40 |
| 2008 | 595.00 | 199.64 | 140.02 | 5.29 | 3.85 | 1.28 | 5.55 |
| 2009 | 611.94 | 197.55 | 157.75 | 2.17 | 1.03 | 1.31 | 5.77 |
| 2010 | 610.73 | 190.53 | 410.73 | 2.02 | | 1.25 | 5.50 |
| 2011 | 610.65 | 190.07 | 411.00 | 2.01 | | 1.30 | 6.12 |
| 2012 | 609.48 | 189.56 | 410.54 | | | 1.33 | 6.33 |
| 2013 | 608.69 | 189.11 | 410.22 | | | 1.34 | 6.52 |
| 2014 | 609.06 | | | | | 1.35 | 6.70 |
| 2015 | 609.03 | | | | | 1.35 | 6.88 |
| 2016 | 608.03 | | | | | 1.35 | 6.99 |
| 2017 | 608.89 | | | | | 1.34 | 7.11 |

注："水浇地"在2004年及以前为"旱地"口径。

# 12-3 主要年份农林牧渔业总产值

（1990年不变价格）

单位：万元

| 年份 | 农林牧渔业总产值 | 农业 | 林业 | 牧业 | 渔业 | 农林牧渔服务业 |
|---|---|---|---|---|---|---|
| 1949 | 80236 | 65097 | 2218 | 12040 | 881 | |
| 1952 | 95905 | 78558 | 3212 | 12971 | 1164 | |
| 1957 | 102414 | 78186 | 4835 | 18055 | 1338 | |
| 1962 | 96791 | 72700 | 3662 | 19008 | 1421 | |
| 1965 | 125348 | 92907 | 8997 | 21106 | 2338 | |
| 1970 | 158029 | 118837 | 4644 | 32891 | 1657 | |
| 1975 | 228677 | 178457 | 10942 | 37175 | 2103 | |
| 1978 | 248804 | 191076 | 14128 | 40533 | 3067 | |
| 1979 | 288101 | 223399 | 16178 | 45551 | 2973 | |
| 1980 | 308986 | 243256 | 13413 | 48123 | 4194 | |
| 1981 | 329627 | 262760 | 10473 | 51967 | 4427 | |
| 1982 | 373565 | 289122 | 12941 | 66584 | 4918 | |
| 1983 | 432382 | 344386 | 13184 | 69111 | 5701 | |
| 1984 | 503683 | 388672 | 14530 | 94357 | 6124 | |
| 1985 | 509617 | 366471 | 15818 | 119353 | 7975 | |
| 1986 | 539701 | 388306 | 14658 | 125615 | 11122 | |
| 1987 | 558965 | 395672 | 15192 | 135192 | 12909 | |
| 1988 | 575531 | 383071 | 14627 | 163882 | 13951 | |
| 1989 | 584300 | 388451 | 15261 | 165123 | 15465 | |
| 1990 | 617106 | 388974 | 14882 | 196316 | 16934 | |
| 1991 | 653321 | 407091 | 11738 | 215982 | 18510 | |
| 1992 | 714847 | 435995 | 13686 | 244515 | 20651 | |
| 1993 | 796478 | 453399 | 21894 | 295714 | 25471 | |
| 1994 | 871817 | 482183 | 22290 | 337104 | 30240 | |
| 1995 | 1027284 | 555518 | 29108 | 401517 | 41141 | |
| 1996 | 1137525 | 605564 | 28439 | 459140 | 44382 | |
| 1997 | 1034702 | 659292 | 28712 | 300797 | 45901 | |
| 1998 | 1102308 | 688264 | 29955 | 331947 | 52142 | |
| 1999 | 1173788 | 724032 | 32957 | 359148 | 57651 | |
| 2000 | 1231562 | 754514 | 33273 | 379129 | 64646 | |
| 2001 | 1314282 | 804945 | 35204 | 405637 | 68496 | |
| 2002 | 1394896 | 862345 | 36692 | 423099 | 72760 | |
| 2003 | 1355438 | 730532 | 39101 | 455613 | 72950 | 57242 |
| 2004 | 1480373 | 868038 | 40318 | 468235 | 76990 | 26792 |
| 2005 | 1539166 | 878862 | 42879 | 499465 | 84986 | 32974 |
| 2006 | 1610241 | 936506 | 44729 | 477791 | 115570 | 35645 |
| 2007 | 1698325 | 988077 | 46628 | 499172 | 120259 | 44189 |
| 2008 | 1864125 | 1045344 | 49540 | 588406 | 131358 | 49477 |
| 2009 | 2027368 | 1135354 | 46615 | 650514 | 150175 | 44709 |
| 2010 | 2281034 | 1286430 | 47923 | 737808 | 155040 | 53834 |
| 2011 | 2740180 | 1496852 | 51747 | 961918 | 161547 | 68117 |
| 2012 | 3157689 | 1745489 | 58632 | 1093536 | 179682 | 80350 |
| 2013 | 3558253 | 1976164 | 66061 | 1212637 | 203191 | 100200 |
| 2014 | 4020839 | 2270183 | 71294 | 1335872 | 222247 | 121243 |
| 2015 | 4329292 | 2436033 | 76860 | 1437091 | 236240 | 143069 |
| 2016 | 4638739 | 2605223 | 86059 | 1526914 | 265088 | 156455 |
| 2017 | 5097132 | 2858899 | 93900 | 1667850 | 288339 | 188144 |

# 12-4　农林牧渔业分项产值

（2017 年）　　单位:万元

| 指　　标 | 总产值（当年价格） | 构　成（%） |
|---|---|---|
| **农林牧渔业总产值** | **11500108** | **100** |
| **农业总产值** | **7143373** | **62.12** |
| 种植业产值 | 7143373 | 62.12 |
| # 粮食 | 1369012 | 11.90 |
| 油料 | 105179 | 0.91 |
| 棉花 | 67961 | 0.59 |
| 麻类 | 60 | … |
| 其他农作物 | 66642 | 0.58 |
| 蔬菜园艺作物 | 4633098 | 40.29 |
| 茶、桑、水果 | 864361 | 7.52 |
| 药材 | 37060 | 0.32 |
| **林业产值** | **201565** | **1.75** |
| 林木培养和种植 | 104407 | 0.91 |
| 竹木采运 | 96538 | 0.84 |
| # 村及村以下竹木采伐 | 50768 | 0.44 |
| 林产品 | 620 | 0.01 |
| **牧业产值** | **3297707** | **28.68** |
| 牲畜 | 2133238 | 18.55 |
| # 牛 | 61200 | 0.53 |
| 羊 | 297636 | 2.59 |
| 猪 | 1702864 | 14.81 |
| 家禽的饲养 | 1045739 | 9.09 |
| 其他动物产品 | 118730 | 1.03 |
| **渔业产值** | **470085** | **4.09** |
| # 淡水产品 | 470085 | 4.09 |
| **农林牧渔服务业产值** | **387378** | **3.37** |

## 12–5 主要年份农林牧渔业总产值、中间消耗及增加值

（当年价格） 单位：万元

| 指标 | 1990 | 1995 | 2000 | 2005 | 2010 | 2014 | 2015 | 2016 | 2017 |
|---|---|---|---|---|---|---|---|---|---|
| **农林牧渔业总产值** | **648481** | **1909331** | **2258028** | **3330682** | **5147300** | **9073282** | **9769328** | **10467616** | **11500108** |
| 农业产值 | 421660 | 1133427 | 1483459 | 2087542 | 3224250 | 5671996 | 6089117 | 6509526 | 7143373 |
| 林业产值 | 14643 | 45823 | 58415 | 88590 | 102871 | 153040 | 164988 | 184734 | 201565 |
| 牧业产值 | 194679 | 669430 | 588828 | 905295 | 1458808 | 2641314 | 2841446 | 3019045 | 3297707 |
| 渔业产值 | 17499 | 60651 | 127326 | 181405 | 252765 | 362334 | 385147 | 432179 | 470085 |
| 农林牧渔服务业 | | | | 67850 | 108606 | 244598 | 288630 | 322132 | 387378 |
| **农林牧渔业中间消耗** | **265505** | **899941** | **1072317** | **1631111** | **2391135** | **4174550** | **4528360** | **4835571** | **5249836** |
| 农业中间消耗 | 139355 | 408638 | 606074 | 869347 | 1301285 | 2277613 | 2470776 | 2649776 | 2858644 |
| 林业中间消耗 | 5703 | 15207 | 21485 | 35128 | 53493 | 60011 | 66586 | 75789 | 82094 |
| 牧业中间消耗 | 116534 | 443072 | 386418 | 609154 | 875858 | 1617549 | 1748368 | 1825542 | 1990175 |
| 渔业中间消耗 | 3913 | 33024 | 58340 | 90200 | 120315 | 138112 | 147415 | 165426 | 176308 |
| 农林牧渔服务业 | | | | 27282 | 40184 | 81265 | 95215 | 119038 | 142615 |
| **农林牧渔业增加值** | **372976** | **1009390** | **1185711** | **1699571** | **2756165** | **4898732** | **5240968** | **5632045** | **6250272** |
| 农业增加值 | 271509 | 724789 | 877385 | 1218195 | 1922965 | 3394383 | 3618341 | 3859750 | 4284729 |
| 林业增加值 | 8939 | 30616 | 36930 | 53462 | 49378 | 93029 | 98402 | 108945 | 119471 |
| 牧业增加值 | 78145 | 226358 | 202410 | 296141 | 582950 | 1023765 | 1093078 | 1193503 | 1307532 |
| 渔业增加值 | 14383 | 27627 | 68986 | 91205 | 132450 | 224222 | 237732 | 266753 | 293777 |
| 农林牧渔服务业 | | | | 40568 | 68422 | 163333 | 193415 | 203094 | 244763 |

注：2003 年及以后农林牧渔业总产值、中间消耗、增加值含农林牧渔服务业（下同）。

## 12–6 主要年份农林牧渔业总产值、中间消耗及增加值构成

（当年价格） 单位：%

| 指标 | 1990 | 1995 | 2000 | 2005 | 2010 | 2014 | 2015 | 2016 | 2017 |
|---|---|---|---|---|---|---|---|---|---|
| **农林牧渔业总产值** | **100.0** | **100.0** | **100.0** | **100.0** | **100.0** | **100.0** | **100.0** | **100.0** | **100.0** |
| 农业产值 | 65.0 | 59.4 | 65.7 | 62.7 | 62.6 | 62.5 | 62.3 | 62.2 | 62.1 |
| 林业产值 | 2.3 | 2.4 | 2.6 | 2.7 | 2.0 | 1.7 | 1.7 | 1.8 | 1.7 |
| 牧业产值 | 30.0 | 35.0 | 26.1 | 27.2 | 28.3 | 29.1 | 29.1 | 28.8 | 28.7 |
| 渔业产值 | 2.7 | 3.2 | 5.6 | 5.4 | 5.0 | 4.0 | 3.9 | 4.1 | 4.1 |
| 农林牧渔服务业 | | | | 2.0 | 2.1 | 2.7 | 3.0 | 3.1 | 3.4 |
| **农林牧渔业中间消耗** | **100.0** | **100.0** | **100.0** | **100.0** | **100.0** | **100.0** | **100.0** | **100.0** | **100.0** |
| 农业中间消耗 | 52.5 | 45.4 | 56.5 | 53.3 | 54.4 | 54.6 | 54.6 | 54.8 | 54.4 |
| 林业中间消耗 | 2.1 | 1.7 | 2.0 | 2.2 | 2.2 | 1.4 | 1.5 | 1.6 | 1.6 |
| 牧业中间消耗 | 43.9 | 49.2 | 36.0 | 37.3 | 36.6 | 38.7 | 38.6 | 37.8 | 37.9 |
| 渔业中间消耗 | 1.5 | 3.7 | 5.5 | 5.5 | 5.1 | 3.3 | 3.3 | 3.4 | 3.4 |
| 农林牧渔服务业 | | | | 1.7 | 1.7 | 1.9 | 2.1 | 2.5 | 2.7 |
| **农林牧渔业增加值** | **100.0** | **100.0** | **100.0** | **100.0** | **100.0** | **100.0** | **100.0** | **100.0** | **100.0** |
| 农业增加值 | 72.8 | 71.8 | 74.0 | 71.7 | 69.8 | 69.3 | 69.0 | 68.5 | 68.6 |
| 林业增加值 | 2.4 | 3.0 | 3.1 | 3.1 | 1.8 | 1.9 | 1.9 | 1.9 | 1.9 |
| 牧业增加值 | 21.0 | 22.4 | 17.1 | 17.4 | 21.1 | 20.9 | 20.9 | 21.2 | 20.9 |
| 渔业增加值 | 3.8 | 2.8 | 5.8 | 5.4 | 4.8 | 4.6 | 4.5 | 4.7 | 4.7 |
| 农林牧渔服务业 | | | | 2.4 | 2.5 | 3.3 | 3.7 | 3.6 | 3.9 |

# 12-7 主要年份农作物播种面积

单位：千公顷

| 年 份 | 总播种面 积 | 粮食作物 | | 在粮食作物播种面积中 | | | | |
|---|---|---|---|---|---|---|---|---|
| | | 播种面积 | 占总播种面积(%) | 小麦 | 稻谷 | 薯类 | 玉米 | 大豆 |
| 1957 | 1177.89 | 908.19 | 77.1 | 430.05 | 16.85 | 102.38 | 73.84 | 262.07 |
| 1962 | 950.53 | 738.01 | 77.6 | 328.84 | 4.69 | 157.03 | 56.30 | 182.15 |
| 1965 | 948.59 | 678.22 | 71.5 | 259.94 | 22.67 | 139.35 | 46.67 | 146.59 |
| 1970 | 901.52 | 701.41 | 77.8 | 315.96 | 63.93 | 126.21 | 45.11 | 129.20 |
| 1975 | 947.18 | 713.49 | 75.3 | 309.46 | 58.41 | 119.87 | 39.87 | 130.48 |
| 1978 | 951.43 | 705.09 | 74.1 | 296.74 | 79.95 | 147.32 | 78.10 | 90.07 |
| 1979 | 968.45 | 729.18 | 75.3 | 318.46 | 125.48 | 113.87 | 47.08 | 71.39 |
| 1980 | 942.88 | 729.57 | 77.4 | 306.49 | 179.40 | 102.33 | 46.32 | 83.03 |
| 1981 | 979.52 | 814.85 | 83.2 | 298.89 | 168.43 | 92.35 | 41.24 | 76.57 |
| 1982 | 969.44 | 831.59 | 85.8 | 365.49 | 127.95 | 76.38 | 118.47 | 65.49 |
| 1983 | 984.09 | 852.18 | 86.6 | 388.61 | 133.06 | 89.93 | 137.95 | 86.32 |
| 1984 | 1014.64 | 872.44 | 86.0 | 417.20 | 150.06 | 77.11 | 136.81 | 74.39 |
| 1985 | 1029.63 | 855.12 | 83.1 | 412.26 | 141.52 | 62.80 | 157.29 | 68.23 |
| 1986 | 1037.58 | 873.57 | 84.2 | 417.35 | 137.65 | 60.62 | 172.19 | 72.44 |
| 1987 | 1045.15 | 874.63 | 83.7 | 419.93 | 132.73 | 58.12 | 186.04 | 66.87 |
| 1988 | 1023.02 | 845.62 | 82.7 | 414.33 | 134.01 | 56.93 | 163.01 | 56.63 |
| 1989 | 1023.21 | 867.63 | 84.8 | 423.58 | 141.54 | 51.87 | 186.99 | 52.18 |
| 1990 | 988.39 | 850.59 | 86.1 | 427.27 | 157.77 | 47.15 | 174.55 | 34.87 |
| 1991 | 1021.19 | 859.15 | 84.1 | 427.42 | 181.57 | 41.77 | 171.87 | 27.43 |
| 1992 | 1022.63 | 848.47 | 83.0 | 424.84 | 187.59 | 36.48 | 163.96 | 27.41 |
| 1993 | 1002.96 | 808.94 | 80.7 | 403.64 | 147.43 | 35.62 | 175.00 | 39.78 |
| 1994 | 988.14 | 768.44 | 77.8 | 378.34 | 141.85 | 30.96 | 168.50 | 39.72 |
| 1995 | 967.30 | 743.12 | 76.8 | 372.20 | 151.26 | 29.84 | 150.25 | 30.29 |
| 1996 | 967.11 | 744.03 | 77.0 | 370.00 | 164.40 | 31.91 | 139.52 | 29.53 |
| 1997 | 982.83 | 753.81 | 76.7 | 370.71 | 178.09 | 27.76 | 133.48 | 35.18 |
| 1998 | 1014.34 | 745.58 | 73.5 | 360.92 | 185.69 | 25.10 | 136.21 | 31.93 |
| 1999 | 990.28 | 686.62 | 69.3 | 326.16 | 203.25 | 21.95 | 105.35 | 21.74 |
| 2000 | 990.73 | 587.54 | 59.3 | 276.33 | 158.30 | 21.67 | 87.70 | 35.09 |
| 2001 | 999.24 | 536.91 | 53.7 | 256.38 | 140.67 | 18.51 | 83.51 | 30.91 |
| 2002 | 1001.78 | 512.26 | 51.1 | 240.85 | 134.71 | 18.36 | 82.19 | 28.91 |
| 2003 | 985.81 | 465.79 | 47.2 | 212.58 | 115.87 | 18.09 | 83.32 | 28.75 |
| 2004 | 1001.27 | 539.29 | 53.9 | 238.34 | 161.72 | 14.90 | 89.53 | 28.98 |
| 2005 | 1024.73 | 576.99 | 56.3 | 260.21 | 177.69 | 10.76 | 90.16 | 31.63 |
| 2006 | 1015.26 | 613.22 | 60.4 | 279.82 | 184.78 | 8.92 | 101.92 | 32.77 |
| 2007 | 1040.39 | 672.42 | 64.6 | 311.13 | 184.67 | 6.90 | 133.98 | 33.73 |
| 2008 | 1010.10 | 666.84 | 66.2 | 307.82 | 185.77 | 6.29 | 127.55 | 37.57 |
| 2009 | 1056.60 | 689.28 | 65.2 | 319.96 | 185.76 | 5.04 | 135.32 | 41.12 |
| 2010 | 1099.09 | 714.05 | 65.0 | 340.15 | 184.93 | 4.33 | 143.51 | 39.23 |
| 2011 | 1110.29 | 727.26 | 65.5 | 341.71 | 188.68 | 3.92 | 152.40 | 38.28 |
| 2012 | 1124.64 | 730.55 | 65.0 | 346.98 | 189.69 | 3.59 | 152.03 | 37.16 |
| 2013 | 1126.58 | 729.75 | 64.8 | 346.24 | 190.07 | 4.85 | 153.14 | 34.33 |
| 2014 | 1127.21 | 732.96 | 65.0 | 349.16 | 189.38 | 4.48 | 156.57 | 32.44 |
| 2015 | 1160.62 | 736.27 | 63.4 | 350.52 | 187.94 | 4.40 | 160.99 | 31.60 |
| 2016 | 1154.55 | 737.77 | 63.9 | 350.71 | 184.15 | 4.15 | 169.09 | 29.24 |
| 2017 | 1159.33 | 743.59 | 64.0 | 347.64 | 183.73 | 3.90 | 170.22 | 37.64 |

12-7 续表 单位：千公顷

| 年 份 | 经济作物 | | 在经济作物播种面积中 | | | | 其 它 作 物 | |
|---|---|---|---|---|---|---|---|---|
| | 播种面积 | 占总播种面积(%) | 棉花 | 油菜籽 | 花生 | 甜菜 | | #蔬菜 |
| 1957 | 210.40 | 17.9 | 49.93 | 0.87 | 25.17 | | 9.30 | 1.48 |
| 1962 | 200.32 | 21.3 | 29.04 | 0.29 | 14.23 | | 10.20 | 3.94 |
| 1965 | 256.34 | 27.0 | 42.17 | | 26.67 | | 14.03 | 11.04 |
| 1970 | 182.27 | 20.2 | 52.05 | | 8.75 | | 17.84 | 13.45 |
| 1975 | 214.48 | 22.6 | 54.84 | 0.92 | 10.43 | | 19.21 | |
| 1978 | 225.31 | 23.7 | 48.48 | 1.90 | 9.30 | | 21.03 | 17.92 |
| 1979 | 217.95 | 22.5 | 54.65 | 2.01 | 10.57 | | 20.87 | 14.80 |
| 1980 | 194.84 | 20.7 | 47.95 | 6.01 | 16.93 | | 18.47 | 14.59 |
| 1981 | 165.47 | 16.9 | 59.48 | 7.81 | 13.62 | | 23.59 | 17.25 |
| 1982 | 137.85 | 14.2 | 65.43 | 6.81 | 10.37 | | 25.47 | 20.18 |
| 1983 | 104.08 | 10.6 | 69.17 | 14.59 | 14.31 | | 27.83 | 18.02 |
| 1984 | 114.72 | 11.3 | 83.67 | 9.81 | 13.49 | | 27.48 | 20.93 |
| 1985 | 137.25 | 13.3 | 77.32 | 23.02 | 24.26 | 0.33 | 37.26 | 28.17 |
| 1986 | 118.57 | 11.4 | 57.81 | 30.76 | 22.31 | | 45.44 | 33.75 |
| 1987 | 123.99 | 11.9 | 68.53 | 30.92 | 18.62 | | 46.53 | 35.01 |
| 1988 | 125.32 | 12.3 | 90.30 | 11.62 | 16.79 | | 52.08 | 39.40 |
| 1989 | 100.59 | 9.8 | 64.83 | 9.37 | 16.08 | | 54.99 | 43.78 |
| 1990 | 87.19 | 8.8 | 61.68 | 4.65 | 13.91 | | 50.61 | 42.47 |
| 1991 | 114.15 | 11.2 | 77.80 | 9.83 | 15.55 | 0.40 | 47.89 | 39.99 |
| 1992 | 119.50 | 11.7 | 80.62 | 6.76 | 17.18 | | 54.99 | 44.93 |
| 1993 | 90.45 | 9.0 | 57.68 | 5.46 | 21.14 | | 103.57 | 73.81 |
| 1994 | 100.31 | 10.2 | 60.97 | 9.82 | 25.63 | 0.57 | 119.39 | 99.11 |
| 1995 | 95.85 | 9.9 | 62.15 | 7.10 | 23.81 | 0.17 | 128.33 | 113.38 |
| 1996 | 71.23 | 7.4 | 43.65 | 4.98 | 19.50 | 0.71 | 151.84 | 134.73 |
| 1997 | 67.17 | 6.8 | 37.54 | 3.35 | 21.64 | 0.08 | 161.85 | 138.68 |
| 1998 | 68.40 | 6.7 | 35.85 | 2.90 | 27.82 | 0.21 | 200.36 | 165.70 |
| 1999 | 68.55 | 6.9 | 23.48 | 2.90 | 38.33 | 0.05 | 235.11 | 215.05 |
| 2000 | 106.46 | 10.7 | 42.78 | 6.19 | 53.68 | 0.06 | 296.73 | 244.94 |
| 2001 | 131.18 | 13.1 | 61.51 | 7.54 | 57.26 | 0.20 | 331.15 | 299.16 |
| 2002 | 120.46 | 12.0 | 54.30 | 9.12 | 53.49 | 0.08 | 369.06 | 326.41 |
| 2003 | 141.16 | 14.3 | 72.23 | 9.96 | 50.83 | | 370.85 | 338.12 |
| 2004 | 154.29 | 15.4 | 70.17 | 8.19 | 32.03 | 0.07 | 307.69 | 301.98 |
| 2005 | 133.26 | 13.0 | 53.33 | 8.83 | 43.75 | | 314.48 | 310.97 |
| 2006 | 111.05 | 10.9 | 46.19 | 7.77 | 34.06 | | 290.99 | 288.24 |
| 2007 | 74.30 | 7.1 | 40.89 | 5.43 | 27.98 | | 293.67 | 270.63 |
| 2008 | 87.10 | 8.6 | 36.15 | 4.41 | 25.88 | | 276.58 | 254.58 |
| 2009 | 84.72 | 8.0 | 30.45 | 5.41 | 27.76 | | 282.08 | 280.08 |
| 2010 | 83.81 | 7.6 | 30.20 | 4.61 | 26.55 | | 301.23 | 293.30 |
| 2011 | 81.00 | 7.3 | 29.40 | 3.62 | 25.22 | | 302.03 | 297.20 |
| 2012 | 83.24 | 7.9 | 28.54 | 3.15 | 23.96 | | 310.85 | 304.97 |
| 2013 | 80.45 | 7.1 | 25.68 | 2.52 | 22.92 | | 316.38 | 310.67 |
| 2014 | 77.99 | 6.9 | 21.20 | 1.74 | 24.13 | | 316.26 | 311.84 |
| 2015 | 79.95 | 6.9 | 16.18 | 1.47 | 24.25 | | 344.40 | 339.12 |
| 2016 | 76.55 | 6.6 | 12.78 | 1.35 | 29.00 | | 340.23 | 338.57 |
| 2017 | 72.10 | 6.1 | 10.48 | 1.15 | 27.72 | | 343.64 | 339.18 |

# 12-8 农作物播种面积和产量

| 指 标 | 2015 | | | 2016 | | | 2017 | | |
|---|---|---|---|---|---|---|---|---|---|
| | 播种面积（千公顷） | 每公顷产量（公斤） | 总产量（吨） | 播种面积（千公顷） | 每公顷产量（公斤） | 总产量（吨） | 播种面积（千公顷） | 每公顷产量（公斤） | 总产量（吨） |
| **农作物总播种面积** | **1160.62** | | | **1154.55** | | | **1159.33** | | |
| 粮食 | 736.27 | 6396 | 4709188 | 737.77 | 6359 | 4691589 | 743.59 | 6492 | 4827238 |
| 夏收粮食 | 350.86 | 5774 | 2025997 | 351.07 | 5790 | 2032759 | 347.93 | 5870 | 2042387 |
| 夏收谷物 | 350.58 | 5777 | 2025254 | 350.71 | 5793 | 2031809 | 347.67 | 5873 | 2041750 |
| # 小麦 | 350.52 | 5777 | 2024959 | 350.71 | 5793 | 2031809 | 347.64 | 5873 | 2041596 |
| # 稻谷 | 187.94 | 8454 | 1588910 | 184.15 | 8375 | 1542316 | 183.73 | 8482 | 1558327 |
| # 籼稻 | 64.49 | 8116 | 523397 | 58.52 | 8116 | 474964 | 65.43 | 8324 | 544642 |
| 玉米 | 160.99 | 6048 | 973729 | 169.09 | 5965 | 1008556 | 170.22 | 6448 | 1097500 |
| 秋收豆类 | 31.91 | 2675 | 85355 | 29.31 | 2610 | 76511 | 37.82 | 2641 | 99880 |
| # 大豆 | 31.60 | 2676 | 84564 | 29.24 | 2611 | 76351 | 37.64 | 2642 | 99449 |
| 秋收薯类 | 4.40 | 7941 | 34941 | 4.15 | 7578 | 31447 | 3.90 | 7473 | 29144 |
| 棉花 | 16.18 | 1605 | 25973 | 12.78 | 1616 | 20653 | 10.48 | 1799 | 18857 |
| 油料 | 25.75 | 4349 | 111997 | 30.37 | 4430 | 134546 | 28.89 | 4447 | 128468 |
| # 花生 | 24.25 | 4484 | 108727 | 29.00 | 4531 | 131389 | 27.72 | 4538 | 125786 |
| 油菜籽 | 1.47 | 2206 | 3243 | 1.35 | 2325 | 3139 | 1.15 | 2317 | 2664 |
| 蔬菜瓜类 | 376.74 | 37219 | 14021952 | 371.53 | 37350 | 13876721 | 371.31 | 37424 | 13963246 |
| # 蔬菜（含菜用瓜） | 339.12 | 37109 | 12584436 | 338.57 | 37168 | 12583920 | 339.18 | 37210 | 12687793 |
| 瓜类（果用瓜） | 37.62 | 38211 | 1437516 | 32.96 | 39223 | 1292801 | 32.13 | 39697 | 1275453 |
| 其它农作物 | 5.28 | | | 1.66 | | | 4.46 | | |

# 12-9 主要年份主要农产品产量

| 年 份 | 粮 食（万吨） | 棉 花（万吨） | 油 料（万吨） | 蚕 茧（吨） | 水 果（万吨） | 大牲畜年末数（万头） | 生猪存栏（万头） | 猪牛羊肉（万吨） | 水产品（万吨） |
|---|---|---|---|---|---|---|---|---|---|
| 1949 | 74.66 | 0.20 | 1.95 | 70 | 1.01 | 32.71 | 22.19 | 0.51 | 0.29 |
| 1952 | 97.42 | 0.40 | 2.52 | 90 | 1.25 | 38.80 | 25.85 | 0.50 | 0.37 |
| 1957 | 84.23 | 0.75 | 1.62 | 245 | 1.01 | 39.63 | 46.65 | 1.60 | 0.34 |
| 1962 | 76.21 | 0.39 | 0.78 | 110 | 0.50 | 29.56 | 47.66 | 1.36 | 0.34 |
| 1965 | 90.95 | 0.95 | 1.82 | 320 | 0.75 | 32.12 | 68.92 | 2.17 | 0.49 |
| 1970 | 124.85 | 2.97 | 1.05 | 255 | 1.48 | 38.21 | 80.08 | 2.38 | 0.17 |
| 1975 | 174.66 | 3.41 | 1.21 | 485 | 2.37 | 35.28 | 129.15 | 4.77 | 0.52 |
| 1978 | 206.15 | 2.47 | 1.59 | 525 | 2.62 | 31.47 | 149.25 | 5.18 | 0.72 |
| 1979 | 235.53 | 2.00 | 2.07 | 705 | 3.93 | 30.09 | 148.45 | 6.15 | 1.03 |
| 1980 | 249.94 | 4.46 | 3.14 | 885 | 3.74 | 28.20 | 144.07 | 7.18 | 1.20 |
| 1981 | 275.10 | 4.32 | 5.04 | 915 | 4.67 | 27.52 | 144.07 | 7.80 | 1.18 |
| 1982 | 293.46 | 5.69 | 7.54 | 990 | 4.66 | 26.32 | 146.64 | 10.20 | 0.99 |
| 1983 | 367.85 | 7.32 | 5.68 | 1175 | 5.84 | 26.54 | 152.79 | 8.50 | 1.04 |
| 1984 | 405.71 | 9.32 | 5.09 | 1675 | 5.93 | 24.38 | 149.46 | 10.24 | 1.18 |
| 1985 | 379.70 | 7.05 | 10.48 | 2030 | 5.77 | 23.59 | 189.96 | 12.90 | 1.77 |
| 1986 | 410.34 | 6.24 | 10.63 | 2715 | 7.76 | 25.58 | 189.36 | 13.11 | 2.44 |
| 1987 | 403.42 | 7.48 | 10.60 | 3135 | 7.56 | 27.18 | 180.57 | 14.67 | 3.01 |
| 1988 | 370.10 | 8.84 | 4.81 | 3784 | 12.83 | 29.53 | 158.27 | 16.08 | 3.16 |
| 1989 | 404.40 | 4.69 | 4.99 | 5258 | 11.28 | 30.98 | 163.39 | 16.78 | 3.37 |
| 1990 | 399.00 | 5.57 | 4.77 | 6022 | 14.13 | 32.06 | 170.36 | 18.73 | 3.70 |
| 1991 | 411.83 | 7.96 | 6.32 | 7533 | 13.16 | 33.13 | 170.36 | 19.59 | 4.11 |
| 1992 | 418.87 | 5.45 | 5.52 | 11838 | 16.61 | 36.15 | 172.42 | 21.11 | 4.62 |
| 1993 | 407.30 | 4.79 | 7.12 | 14814 | 21.33 | 39.27 | 192.04 | 23.15 | 5.75 |
| 1994 | 378.99 | 4.23 | 9.33 | 22410 | 24.03 | 43.36 | 203.01 | 26.14 | 6.92 |
| 1995 | 406.13 | 5.91 | 8.35 | 22105 | 35.78 | 49.54 | 215.78 | 28.71 | 8.49 |
| 1996 | 423.01 | 4.94 | 6.38 | 14424 | 49.15 | 53.30 | 216.89 | 36.17 | 9.80 |
| 1997 | 436.51 | 4.27 | 7.87 | 14555 | 58.15 | 44.57 | 176.51 | 24.92 | 10.66 |
| 1998 | 386.00 | 3.92 | 9.55 | 14230 | 66.27 | 24.50 | 209.82 | 26.79 | 12.02 |
| 1999 | 418.96 | 2.50 | 14.35 | 14320 | 75.74 | 17.46 | 190.04 | 25.52 | 12.83 |
| 2000 | 319.50 | 5.08 | 20.28 | 15176 | 81.91 | 17.92 | 201.07 | 27.51 | 13.52 |
| 2001 | 309.43 | 6.79 | 23.10 | 16841 | 90.80 | 16.78 | 198.43 | 28.80 | 14.17 |
| 2002 | 297.55 | 6.34 | 22.23 | 16560 | 92.93 | 19.10 | 206.02 | 28.60 | 14.57 |
| 2003 | 210.44 | 4.43 | 10.29 | 15153 | 80.57 | 17.22 | 206.80 | 30.10 | 14.73 |
| 2004 | 319.02 | 8.37 | 19.91 | 14788 | 90.46 | 17.73 | 207.35 | 31.79 | 15.57 |
| 2005 | 314.13 | 4.17 | 16.26 | 13212 | 87.52 | 18.22 | 214.26 | 35.05 | 16.43 |
| 2006 | 357.87 | 4.92 | 14.63 | 14270 | 93.99 | 18.55 | 180.57 | 32.41 | 17.26 |
| 2007 | 374.74 | 4.19 | 11.19 | 13238 | 98.95 | 11.59 | 190.93 | 35.78 | 17.32 |
| 2008 | 389.34 | 4.17 | 10.70 | 9966 | 104.58 | 16.07 | 220.49 | 31.90 | 16.65 |
| 2009 | 427.67 | 3.84 | 12.56 | 10214 | 104.88 | 18.80 | 248.95 | 39.40 | 16.95 |
| 2010 | 440.20 | 3.23 | 12.11 | 6805 | 106.31 | 20.99 | 293.19 | 46.58 | 17.04 |
| 2011 | 455.30 | 3.39 | 11.45 | 7510 | 114.21 | 23.07 | 315.36 | 48.13 | 17.50 |
| 2012 | 471.73 | 3.67 | 10.63 | 6941 | 118.77 | 21.50 | 313.49 | 52.97 | 18.14 |
| 2013 | 451.13 | 3.63 | 9.96 | 6815 | 92.81 | 20.87 | 297.20 | 47.87 | 18.37 |
| 2014 | 469.18 | 3.24 | 10.62 | 7977 | 116.11 | 20.21 | 306.91 | 51.11 | 18.60 |
| 2015 | 470.92 | 2.60 | 11.20 | 6512 | 108.47 | 18.12 | 299.61 | 50.09 | 18.79 |
| 2016 | 469.16 | 2.07 | 13.45 | 3674 | 110.07 | 16.06 | 275.05 | 44.91 | 18.88 |
| 2017 | 482.72 | 1.89 | 12.85 | 4676 | 115.33 | 13.55 | 243.46 | 42.12 | 17.32 |

# 12-10 主要年份蚕桑、水果生产情况

单位：吨、公顷

| 指　标 | 1978 | 1980 | 1985 | 1990 | 1995 | 2000 | 2005 | 2010 | 2014 | 2015 | 2016 | 2017 |
|---|---|---|---|---|---|---|---|---|---|---|---|---|
| **蚕茧产量** | **525** | **885** | **2030** | **6022** | **22105** | **15176** | **13212** | **6805** | **7977** | **6512** | **3674** | **4676** |
| **水果产量** | **26210** | **37355** | **576545** | **141335** | **357761** | **819139** | **875179** | **1063147** | **1161138** | **1084712** | **1100677** | **1153296** |
| #苹果 | 8843 | 18874 | 33035 | 65638 | 236258 | 554403 | 465347 | 500570 | 532998 | 525887 | 503243 | 506273 |
| 梨 | 11339 | 10512 | 17441 | 21662 | 35992 | 131368 | 184550 | 229087 | 222207 | 172045 | 187277 | 201565 |
| 葡萄 | | | | 4909 | 5682 | 13423 | 28527 | 48548 | 101305 | 95742 | 105629 | 119908 |
| 桃子 | 1318 | 1747 | 1841 | 36875 | 59713 | 92833 | 152802 | 213566 | 256846 | 245448 | 259511 | 281691 |
| 红枣 | | | | 26 | 131 | 1360 | 5055 | 3476 | 5610 | 5555 | 4205 | 4327 |
| **桑园面积** | **1307** | **1467** | **2700** | **11100** | **43333** | **13667** | **13307** | **7734** | **7333** | **7333** | **3500** | **3557** |
| **果园面积** | **9233** | **9246** | **12700** | **43026** | **68967** | **82139** | **82056** | **75990** | **75827** | **75435** | **74377** | **73535** |
| #苹果园 | | 5760 | 6993 | 24900 | 49819 | 35720 | 32528 | 30909 | 28874 | 28824 | 27995 | 27692 |
| 梨园 | | | | | 7416 | 20136 | 19733 | 13305 | 11649 | 11425 | 10892 | 10802 |
| 葡萄园 | | | | | 380 | 1363 | 2793 | 2489 | 6887 | 7038 | 7189 | 7402 |

# 12-11 主要年份林业生产情况

单位：公顷

| 指　标 | 1978 | 1980 | 1985 | 1990 | 1995 | 2000 | 2005 | 2010 | 2014 | 2015 | 2016 | 2017 |
|---|---|---|---|---|---|---|---|---|---|---|---|---|
| 造林面积 | 4847 | 3747 | 7787 | 3353 | 5590 | 4300 | 7450 | 5999 | 5588 | 3408 | 3225 | 3213 |
| #用材林 | 3453 | 2006 | 4620 | 2240 | 2218 | 1893 | 2346 | 1459 | 152 | 307 | 420 | 361 |
| 经济林 | 993 | 313 | 2800 | 466 | 3354 | 2387 | 2538 | 1003 | 1582 | 1172 | 1842 | 1754 |
| 防护林 | 401 | 1428 | 367 | 620 | | 20 | 2566 | 3538 | 3831 | 1922 | 963 | 1098 |
| 林产品产量　（吨） | | | | | | | | | | | | |
| 板栗 | 23 | 650 | 380 | 465 | 1678 | 2203 | 3096 | 2690 | 1656 | 1704 | 1895 | 2256 |
| 白果 | 19 | 27 | 47 | 47 | 72 | 910 | 1260 | 2333 | 4726 | 4641 | 4673 | 6920 |
| 迹地更新面积 | | | 133 | 106 | 546 | 1230 | 972 | 802 | 357 | 257 | 177 | 385 |
| 四旁植树　（万株） | 4734 | 4208 | 3108 | 1776 | 1538 | 1493 | 1790 | 2202 | 1371 | 1195 | 1027 | 1121 |
| 林木种子采集量（吨） | | | | | | 80 | 80 | 350 | 510 | 4319 | 5421 | 5526 |
| 本年育苗面积 | 2800 | 1777 | 2180 | 940 | 921 | 931 | 2578 | 3818 | 604 | 8331 | 10023 | 9361 |
| 中、幼龄林抚育面积 | | | | | | | | | 9258 | | 8036 | |
| 低产林改造面积 | | | | | 187 | | 24 | | 1526 | 36 | | |
| 木材采伐量(万立方米) | 5.05 | 11.55 | 13.79 | 21.42 | 53.00 | 41.68 | | | 27.86 | 23.66 | 32.60 | 36.00 |
| 年末实有林地面积 | 57400 | 65386 | 76593 | 79413 | 87123 | 154458 | | | | | | |

# 12-12　主要年份畜牧业生产情况

| 指　　标 | 1978 | 1985 | 1990 | 1995 | 2000 | 2005 | 2010 | 2014 | 2015 | 2016 | 2017 |
|---|---|---|---|---|---|---|---|---|---|---|---|
| **牲畜年末头数（万头）** | | | | | | | | | | | |
| 大牲畜 | 31.47 | 23.59 | 32.06 | 49.54 | 17.92 | 18.22 | 20.99 | 19.77 | 18.12 | 16.06 | 13.55 |
| # 役畜 | | | | 26.60 | 7.43 | 2.59 | 3.84 | 2.70 | 2.46 | 0.88 | 0.80 |
| # 牛 | 21.00 | 11.27 | 17.17 | 33.70 | 8.82 | 15.34 | 17.54 | 17.37 | 16.12 | 14.10 | 11.79 |
| 马 | 3.88 | 3.03 | 1.70 | 1.68 | 0.63 | 0.21 | 0.20 | 0.12 | 0.11 | 0.10 | 0.09 |
| 驴 | 5.60 | 7.55 | 11.33 | 12.33 | 7.78 | 2.25 | 2.35 | 1.51 | 1.36 | 1.26 | 1.11 |
| 骡 | 0.99 | 1.74 | 1.86 | 1.83 | 0.69 | 0.42 | 0.90 | 0.77 | 0.65 | 0.60 | 0.56 |
| 猪 | 149.25 | 189.96 | 170.36 | 215.78 | 201.07 | 214.26 | 293.19 | 306.91 | 299.61 | 275.05 | 243.46 |
| 羊　（万只） | 82.79 | 80.71 | 206.01 | 353.98 | 175.48 | 263.68 | 208.14 | 232.9 | 228.85 | 147.73 | 129.44 |
| # 山羊 | 39.14 | 59.08 | 179.66 | 326.05 | 163.38 | 267.24 | 202.6 | 222.04 | 217.09 | 136.45 | 119.62 |
| 兔　（万只） | | 89.01 | 109.12 | 444.22 | 655.83 | 667.16 | 1056.77 | 1065.07 | 1023.82 | 954.85 | 502.58 |
| 家禽　（万只） | 491.8 | 1613.08 | 2403.44 | 4298.00 | 3545.39 | 4735.11 | 9270.77 | 9762.65 | 9618.31 | 8787.98 | 7401.41 |
| **畜产品产量** | | | | | | | | | | | |
| 肉猪出栏头数（万头） | 67.01 | 130.74 | 163.11 | 250.95 | 238.83 | 308.56 | 460.74 | 546.84 | 549.88 | 500.71 | 463.01 |
| 肉类总产量　（吨） | | 142336 | 217108 | 403509 | 366391 | 501563 | 885070 | 1014517 | 1014486 | 907696 | 852369 |
| # 猪肉 | 51847 | 123325 | 161363 | 248224 | 240487 | 293027 | 414173 | 441327 | 429977 | 398939 | 374033 |
| 牛肉 | | 1715 | 9243 | 2747 | 10958 | 15656 | 8864 | 12270 | 11645 | 11962 | 10378 |
| 羊肉 | | 3948 | 16685 | 36107 | 23665 | 41844 | 42736 | 57486 | 59302 | 38231 | 36800 |
| 禽肉 | | 11421 | 25876 | 67770 | 67528 | 113626 | 340256 | 431098 | 444393 | 392100 | 381329 |
| 兔肉 | | 1927 | 2635 | 18736 | 19739 | 24524 | 60603 | 64409 | 62528 | 60196 | 43048 |
| 其他畜产品产量（吨） | | | | | | | | | | | |
| 牛奶产量 | 3814 | 6997 | 9889 | 20821 | 59035 | 183851 | 266981 | 230554 | 166594 | 160797 | 158174 |
| 羊奶产量 | | | | | | | | | | | |
| 绵羊毛产量 | 1520 | 1059 | 1479 | 1730 | 743 | 386 | 272500 | 302805 | 299840 | 292345 | 269490 |
| 蜂蜜 | 121 | 283 | 1035 | 335 | 120 | 289 | 556 | 379 | 390 | 390 | 382 |
| 禽蛋 | | 71541 | 148806 | 325152 | 354001 | 422021 | 486249 | 564057 | 576481 | 518237 | 471720 |

# 12-13　主要年份水产品生产情况

| 指　　标 | 1978 | 1985 | 1990 | 1995 | 2000 | 2005 | 2010 | 2014 | 2015 | 2016 | 2017 |
|---|---|---|---|---|---|---|---|---|---|---|---|
| **水产品产量　（吨）** | **7160** | **17745** | **36897** | **84928** | **135168** | **164298** | **170395** | **186001** | **187919** | **188785** | **173152** |
| 按生产性质分 | | | | | | | | | | | |
| 捕捞产量 | 1825 | 4523 | 9574 | 18409 | 19061 | 25140 | 16306 | 15940 | 15511 | 15206 | 14536 |
| 养殖产量 | 5335 | 13222 | 27323 | 66519 | 116107 | 139158 | 154089 | 170061 | 172408 | 173579 | 158616 |
| 按类别分 | | | | | | | | | | | |
| 鱼类 | 6427 | 14258 | 37847 | 76287 | 116203 | 116952 | 151286 | 167708 | 168703 | 169756 | 155746 |
| 虾蟹类 | 39 | 41 | 72 | 177 | 14967 | 19665 | 15240 | 14546 | 15604 | 15479 | 13941 |
| 贝类 | 746 | 926 | 1587 | 2972 | 2957 | 629 | 1974 | 1971 | 1936 | 1857 | 1719 |
| 其它 | 53 | 97 | 201 | 342 | 1046 | 1912 | 1895 | 1776 | 1676 | 1693 | 1746 |
| **水产养殖面积（公顷）** | **9493** | **17309** | **16751** | **26787** | **31363** | **35879** | **25694** | **26425** | **26589** | **26466** | **23291** |

# 12-14 主要年份农业现代化情况

单位：千公顷

| 指标 | 1980 | 1985 | 1990 | 1995 | 2000 | 2005 | 2010 | 2014 | 2015 | 2016 | 2017 |
|---|---|---|---|---|---|---|---|---|---|---|---|
| **农业机械化情况** | | | | | | | | | | | |
| 机耕面积 | 490.4 | 520.11 | 515.45 | 549.51 | 534.16 | 685.76 | 637.73 | 737.84 | 791.89 | 801.44 | 812.60 |
| 机播面种 | 100 | 212 | 325.98 | 277.65 | 253.76 | 401.28 | 413.29 | 652.98 | 644.57 | 664.35 | 673.20 |
| # 机播小麦面积 | 161.38 | 198.74 | 325.55 | 254.22 | 231.76 | 282.3 | 275.05 | | 319.49 | 331.22 | 324.30 |
| 机械开沟面积 | | | 206.56 | 206.08 | 159.38 | | | | | | |
| 机械植保面积 | | | 227.29 | 522.48 | 575.64 | 683.64 | 625.67 | 722.75 | 764.02 | 794.86 | 750.12 |
| 机械收获面积 | | 160.67 | 286.39 | 367.64 | 419.9 | 516.46 | 505.42 | 682.08 | 685.38 | 707.60 | 702.32 |
| **农村电气化情况** | | | | | | | | | | | |
| 农村用电量（万千瓦时） | 29675 | 75513 | 185943 | 163273 | 297446 | 462664 | 502295 | 648155 | 663065 | 661057 | 680290 |
| **农业化学化情况** | | | | | | | | | | | |
| 农用化肥施用量(折纯量)（吨） | 250379 | 314738 | 440900 | 567001 | 671296 | 696985 | 703405 | 640757 | 621636 | 604558 | 587035 |
| # 氮肥 | 163916 | 194643 | 259564 | 299171 | 311692 | 316672 | 328439 | 294470 | 284806 | 277945 | 270324 |
| 磷肥 | 60658 | 94386 | 98522 | 114582 | 122556 | 104933 | 104733 | 89233 | 86001 | 83149 | 78686 |
| 钾肥 | 7374 | 5536 | 21899 | 36576 | 71045 | 71824 | 70820 | 64254 | 62284 | 60214 | 57816 |
| 复合肥 | 18430 | 17502 | 60916 | 116672 | 166003 | 203556 | 199413 | 192800 | 188545 | 183250 | 180209 |
| 每公顷耕地施用量（公斤） | 397 | 507 | 728 | 927 | 1120 | 1182 | 1201 | | | | |
| 农用塑料薄膜使用量（吨） | | 7343 | 6948 | 8583 | 9057 | 12150 | 12934 | 13380 | 13418 | 13545 | 13541 |
| 农药使用量（吨） | | 6268 | 15162 | 15047 | 14341 | 12556 | 12441 | 10567 | 10169 | 9983 | 9798 |
| **农田水利情况** | | | | | | | | | | | |
| 有效灌溉面积 | | 443.28 | 444.67 | 461.12 | 495.45 | 480.08 | 491.98 | 525.82 | 511.47 | 521.30 | 527.30 |
| 旱涝保收面积 | | | 360.51 | 395.89 | 348.12 | 420.7 | 428 | 476.53 | 463.47 | 469.53 | 468.3 |
| **农村基础设施情况（个）** | | | | | | | | | | | |
| 自来水受益村数 | | | 550 | 1270 | 1161 | 1813 | 1946 | 1963 | 1974 | 1975 | 1993 |
| 通电话村数 | | | 2228 | 3493 | 2364 | 2207 | 2166 | | | | |
| 通宽带村数 | | | | | | | | 2025 | 2015 | 2015 | 2024 |

# 12–15 主要年份主要农业机械拥有量

（年底数）

| 指标 | 1980 | 1985 | 1990 | 1995 | 2000 | 2005 | 2010 | 2014 | 2015 | 2016 | 2017 |
|---|---|---|---|---|---|---|---|---|---|---|---|
| **农业机械总动力（万千瓦）** | **186.19** | **253.03** | **205.11** | **374.66** | **437.73** | **547.63** | **563.71** | **757.01** | **684.57** | **712.33** | **733.48** |
| # 柴油机 | 118.13 | 160.85 | 134.87 | 295.07 | 350.53 | 469.94 | 483.25 | 545.93 | 570.03 | 595.05 | 616.82 |
| 电动机 | 56.71 | 79.51 | 62.09 | 76.34 | 83.01 | 71.97 | 6.68 | 94.85 | 97.22 | 98.84 | 98.06 |
| **主要农业机械** | | | | | | | | | | | |
| 大中型拖拉机（台） | 6285 | 6439 | 4335 | 7574 | 7101 | 11332 | 13772 | 23792 | 27922 | 31204 | 32168 |
| （万千瓦） | 22.57 | 23.97 | 16.43 | 25.43 | 25.39 | 44.51 | 57.28 | 113.66 | 137.95 | 161.26 | 171.33 |
| 小型拖拉机（台） | 86025 | 117000 | 86976 | 143011 | 156367 | 279005 | 274908 | 229508 | 203599 | 184363 | 155772 |
| （万千瓦） | 76.21 | 106.8 | 77.22 | 129.96 | 143.47 | 250.64 | 250.64 | 220.35 | 203.13 | 185.48 | 146.96 |
| 农用排灌动力机械（台） | 35681 | 51300 | 51576 | 52506 | 60907 | 59669 | 61047 | 81336 | 86320 | 86300 | 87255 |
| （万千瓦） | 42.77 | 54.37 | 53.79 | 60.91 | 70.15 | 66.23 | 67.61 | 84.03 | 88.60 | 91.80 | 93.30 |
| # 柴油机（台） | 7460 | 10800 | 12154 | 12339 | 18720 | 21553 | 22276 | 33034 | 33538 | 34649 | 34771 |
| （万千瓦） | 7.74 | 10.8 | 11.84 | 11.8 | 19.18 | 19.96 | 20.71 | 25.51 | 26.64 | 27.97 | 27.76 |
| 电动机（台） | 28221 | 40500 | 39422 | 40167 | 42116 | 38116 | 38771 | 48132 | 49386 | 51651 | 52337 |
| （万千瓦） | 35.07 | 43.57 | 41.94 | 49.11 | 50.76 | 46.27 | 46.91 | 58.11 | 61.53 | 63.88 | 64.26 |
| 农用水泵（台） | 34062 | 48000 | 50561 | 77396 | 71639 | 79572 | 82443 | 109288 | 111310 | 130291 | 132484 |
| 喷灌机械（套） | 804 | 3512 | 7012 | 17841 | 21406 | 21560 | 21866 | 31484 | 35304 | 33935 | 27134 |
| 联合收割机（台） | 98 | 149 | 426 | 6039 | 9822 | 14046 | 15435 | 23369 | 26008 | 28471 | 30225 |
| 机动脱粒机（台） | 35307 | 57227 | 8794 | 68050 | 31345 | 21445 | 21005 | 13911 | 12771 | 9664 | 9196 |
| 机动喷雾(粉)机（万部） | 0.44 | 0.45 | 0.88 | 1.62 | 1.87 | 2.24 | 2.5 | 5.05 | 5.21 | 5.28 | 5.41 |
| 农产品加工机械动力（万千瓦） | 19.36 | 37.49 | 21.37 | 22.11 | 22.48 | 25.83 | 25.33 | 31.1 | 31.51 | 31.49 | 31.44 |
| 农用载重汽车（辆） | 2654 | 3425 | 3346 | 6536 | | 17886 | 17897 | 16785 | 17109 | | |
| （万千瓦） | 16.85 | 25.24 | 25.14 | 11.69 | | 29.25 | 28.98 | 31.37 | 32.54 | | |

# 12-16 主要年份农林牧渔业主要经济效益指标

| 指标 | 1985 | 1990 | 1995 | 2000 | 2005 | 2010 | 2014 | 2015 | 2016 | 2017 |
|---|---|---|---|---|---|---|---|---|---|---|
| 每个农业劳动力创造的农林牧渔业总产值（元） | 1 446 | 2855 | 4815 | 9685 | 18424 | 32237 | 66563 | 73592 | 80175 | 88996 |
| 每个农业劳动力创造的农林牧渔业增加值（元） | | 1161 | 3053 | 5086 | 9401 | 17262 | 35938 | 39480 | 43138 | 48369 |
| 每公顷耕地创造的种植业产值（元） | | 5811 | 17876 | 22959 | 14498 | 52793 | 93127 | 99981 | 106884 | 117484 |
| 每公顷耕地创造的种植业增加值（元） | | 4380 | 12014 | 13927 | 20315 | 31486 | 55732 | 59412 | 63375 | 70469 |
| 每个农业劳动力生产的粮食产量（公斤） | 1724 | 1757 | 1904 | 1370 | 1738 | 2757 | 3442 | 3547 | 3593 | 3736 |
| 每个农业劳动力生产的棉花产量（公斤） | 32 | 25 | 28 | 22 | 23 | 20 | 24 | 20 | 15 | 15 |
| 每个农业劳动力生产的油料产量（公斤） | 47 | 21 | 39 | 87 | 81 | 76 | 78 | 84 | 103 | 99 |
| 每个农业劳动力生产的肉类产量（公斤） | 64 | 82 | 146 | 157 | 277 | 554 | 720 | 764 | 695 | 660 |
| 每个农业劳动力生产的水产品产量（公斤） | 8 | 16 | 40 | 58 | 91 | 107 | 136 | 142 | 145 | 134 |
| 农民人均收入（元） | 389 | 661 | 1800 | 3230 | 4443 | 7955 | 12811 | 13982 | 15274 | 13697 |

注：产值、增加值均为现行价格。

# 主要统计指标解释

**乡村劳动力** 是指乡村人口中经常参加合作经济组织（包括乡村办企业事业单位）和从事家庭经营生产劳动的整、半劳动力。凡是在农村由合作经济组织分配劳动任务或者承包各种生产任务，并从中直接取得实物、货币收入的劳动力，不管他们从事何种劳动，都统计为乡村劳动力。国家向乡村调用的建勤民工，由集体经费支付工资或补贴的乡村半脱产管理干部，乡村分配到全民所有制单位和城镇集体所有制单位工作而收入交合作经济组织，并从中取得实物、货币收入的合同工、临时工、亦工亦农人员；自行外出，但户口没有转出的劳动力，都包括在内。

16周岁以上的在校学生和由国家支付工资的职工都不统计为乡村劳动力。

**农林牧渔业总产值** 农林牧渔业总产值是以货币表现的农林牧渔业的全部产品总量和对农林牧渔业生产活动进行的各种支持性服务活动的价值。它反映一定时期内农林牧渔业生产总规模和总成果。

农林牧渔业的统计范围是：

（1）农业 包括谷物和其他作物种植业、蔬菜、园艺和水果、坚果、饮料、香料的生产经营，以及中药材种植业。

（2）林业 包括林木的培育和种植（不包括茶园、桑园和果园的栽培、管理和收获等活动）、林产品的采集和竹木采运。

（3）牧业 包括除渔业养殖以外的一切动物饲养和放牧以及野生动物的捕猎和饲养。

（4）渔业 包括水生动物和海藻类植物的养殖和捕捞。

从所有制看，包括国有经济的各种专业农（农、林、牧、渔）场以及国家各级机关团体学校、科研机构、部队经营的农业；集体所有制的乡镇村各级办农场；农村各种经济组织经营的农、林、牧、渔业以及工矿企业家属集体经营的农业；农民家庭自营的农林牧渔业及兼营商品性工业等。

农业总产值的计算方法通常是按农林牧渔业产品及其副产品的产量分别乘以各自单位产品价格求得，少数生产周期较长，当年没有产品或产品产量不易统计的，则采用间接方法匡算其产值，然后将四业产品产值相加即为农业总产值。

1957年以前的农业总产值中包括了厩肥和农民自给性手工业（如农民自制衣服、鞋、袜、自己从事粮食初步加工等）。1958年及以后的农业总产值，林业中增加了村及村以下竹木采伐产值；牧业中取消了厩肥产值；副业中取消了农民自给性手工业产值，增加了村及村以下办的工业产值；渔业中增加了海洋捕捞水产品产值。1980年及以后的农业总产值，在副业中增加了农民家庭兼营工业商品部分的产值。从1984年起村及村以下办工业产值划归工业。从1993年起，取消副业。将野生动物的捕猎划入牧业，野生植物采集和农民家庭兼营商品性工业划归农业。从2003年起，执行新的国民经济行业分类标准，农林牧渔业总产值中包括了农林牧渔服务业产值。林业中增加了森林采运业产值。农业中取消了家庭兼营商品性工业产值，将野生林产品的采集划归林业。

**农林牧渔业增加值** 指农、林、牧、渔及农林牧渔服务业在生产货物或提供服务活动的过程中而增加的价值，为农林牧渔业现价总产值扣除农林牧渔业现价中间投入后的余额，是指各单位生产经营的最终成果。

**农林牧渔业中间消耗** 是指当年在农林牧渔业生产过程中所投入或消耗的各种物质产品和劳务价值的总和。包括中间物质消耗和对非物质生产部门的劳务支出两部分。

**农作物总产量** 是指本年度内生产的各种农作物的总产量。不论计划内外，数量多少，耕地上还是非耕地〔包括荒山、坡及江、河、湖、海滩（涂）、十边隙地等〕上的农作物产量都统计在内。农作物产量是指全社会产量，不仅要把国营农场等全民所有制生产单位和乡、村集体所有制生产单位的农作物产量统计在内，农户自营地、工矿企业职工家属办的农场和其他经营单位的农作物产量也统计在内。不仅统计卖给国家的农作物产量，生产单位自产自用的农作物产量也统计在内。农作物产量只统计晒干入库的产量。

**粮食产量** 指全社会的产量。包括国有经济经营的、集体统一经营的和农民家庭经营的粮食产量，还包括工矿企业家属办的农场和其他生产单位的产量。粮食除包括稻谷、小麦、玉米、高粱、谷子及其他杂粮外，还包括薯类和大豆。其产量计算方法，豆类按去豆荚后的干豆计算；薯类（包括甘薯和马铃薯，不包括芋头和木薯）1963年以前按每4公斤鲜薯折1公斤粮食计算，从1964年开始及以后改为按5公斤鲜薯折1公斤粮食计算。城市郊区作为蔬菜的薯类（如马铃薯等）按鲜品计算，并且不作为粮食统计。其他粮食一律按脱粒后的原粮计算。

**油料产量** 指全部油料作物的生产量。包括花生、油菜籽、芝麻、向日葵籽、胡麻籽（亚麻籽）和其他油料。不包括大豆，也不包括木本油料和野生油料。花生以带壳干花生计算。

**蚕茧产量** 是指本年度内生产的全部蚕茧产量，不论自用的或出售的，都统计在内。在计算蚕茧产量时，把土茧、改良茧和种茧都包括在内。蚕茧产量均按鲜茧的重量计算。

**猪、牛、羊肉产量** 指当年出栏并已屠宰后除去头蹄下水后带骨肉（即胴体重）的重量。

**水产品产量** 是指人工养殖并捕捞的水产品和捕捞天然生产的水产品产量。不论自食的或出售的，都计算在内。用作继续扩大再生产的水产品（如鱼苗、苗种、亲鱼、鱼饵及转塘鱼、存塘鱼等）不作水产品产量统计。在渔业生产单位出售以前已经变质的水产品，不论是改作饲料、肥料还是其他用途，也不作水产品产量统计。

**生猪出栏量** 是指国营农场等全民所有制生产单位、乡(镇)、村各种合作经济组织和农户、机关、学校、工矿企业、部队以及城镇居民饲养的,可供屠宰并已出栏的全部肉猪数量。不仅包括卖给国家及其他购买者的肉猪，还包括集体和城乡居民自宰的肉猪。

**期初(末)畜禽存栏头(只)数** 指本期期初(末)农村各种合作经济组织和国营农场、农民个人、机关、团体、学校、工矿企业、部队等单位以及城镇居民饲养的大牲畜、猪、羊、家禽等畜禽的存栏头(只)数。

**谷物** 指籽实主要供作粮食的作物。这类作物包括稻谷、小麦、玉米、谷子、高粱和其他谷物,不包括豆类和薯类作物。

**林产品产量** 指不经砍伐竹木的根本而取得的各种林产品数量。包括生漆、棕片、五倍子、松脂、笋干、油桐籽、油茶籽、乌桕子、核桃、板栗、白果等各种林木籽实以及修剪竹木所获得的枝叶(如荆条、柳条、蒲葵叶)等。不包括桑叶、茶叶、水果。也不包括野生的林产品。

**耕地面积** 是指种植农作物,并经常进行耕锄的田地。统计范围包括熟地、当年新开荒地、连续撂荒未满三年的耕地和当年的休闲地(轮歇地)。以种植农作物为主并附带种植桑树、茶树、果树和其他林木的土地以及沿海、沿湖地区已围垦利用的“海涂”、“湖田”等也包括在内。但专业性的桑园、茶园、果园、果木苗圃、林地、芦苇地、天然草原等都不包括在内。

**农作物播种面积** 指实际播种或移植有农作物的面积。凡是实际种植有农作物的面积，不论种植在耕地上还是种植在非耕地上,均包括在农作物播种面积中,同时还包括因遭灾而重新改种和补种的农作物面积,种一公顷算一公顷。

**有效灌溉面积** 是指具有一定的水源,地块比较平整,灌溉工程或设备已经配套，在一般年景下当年能够进行正常灌溉的耕地面积。包括机灌、电灌和自流灌溉面积三部分。

**造林面积** 是指报告期内在荒山、荒地、沙丘等一切可以造林的土地上,采用人工播种、植苗、飞机播种等方法新植的成片乔木和灌木林面积,符合“造林技术规程”要求的株数,经过检查验收,成活率在85%以上的面积。四旁植树如一侧在四行以上,连续成片面积达一亩以上,也统计在造林面积内。在造林面积中,不包括补植面积、治沙种草面积、经济林复垦面积、迹地更新面积和低产林改造面积。

**农用化肥施用量** 指在本年度内实际用于农业生产的化肥数量。包括氮肥、磷肥、钾肥和复合肥。按折纯法计算化肥数量,即把氮肥、磷肥、钾肥分别按含氮、含五氧化二磷、含氧化钾100%折算。

**农村用电量** 是指在本年度内，扣除在农村中的全民所有制工业、交通、基建单位用电量以后农村生产和生活上的全年用电总量(按全年累计数统计)。从电的来源看,既包括国家电网的供电量,也包括农村自办电站的供电量。

**农业机械总动力** 是指主要用于农、林、牧、渔业生产和运输的所有动力机械的动力总和。包括耕作机械、排灌机械、收获机械、农产品加工机械、运输机械、植保机械、牧业机械、林业机械、渔业机械和其他机械[内燃机按引擎马力折成瓦(特)计算,电动机按功率折成瓦(特)计算]。不包括专门用于乡(镇)、村以及村以下办工业、基本建设、非农业运输、科学试验和教学等非农业生产方面用的动力机械和作业机械。但从事农副产品初级加工的村户工业的机械应统计在内。

**农业机械年末拥有量** 是指国有经济、集体经济农业生产单位和合作经济组织及农户在年末统计时实际拥有的各种农业机械设备数量。包括能用未用的、需要修复的(指中修、大修)、储存备用的。但已经损坏报废的、购买(或调进)而未提货的、从非农业生产单位调来临时支援的,均不包括在内。

# 工业

INDUSTRY

13

版面负责人：李　燕

编　　　辑：殷溪晨

# 企业统计信用管理办法(试行)

**第十条** 有下列情形之一的企业,认定为统计一般失信企业:

(一)提供不真实统计资料,违法数额占应报数额比例较低,违法数额较小;

(二)拒绝、阻碍统计调查、统计检查;

(三)多次迟报统计资料;

(四)被统计机构行政处罚后,一年内未按照《企业信息公示暂行条例》自行公示。

**第十一条** 有下列情形之一的企业,认定为统计严重失信企业:

(一)编造虚假统计数据;

(二)提供不真实统计资料,违法数额占应报数额比例较高,违法数额较大;

(三)拒绝、阻碍统计调查、统计检查,情节严重;

(四)转移、隐匿、篡改、毁弃或者拒绝提供原始记录和凭证、统计台账、统计调查表及其他相关证明和资料;

(五)有其他严重统计违法行为,应当受到行政处罚。

**第十二条** 认定机构将企业认定为统计信用异常、统计一般失信、统计严重失信的,应当作出认定决定。认定决定包括企业名称、统一社会信用代码、认定日期、认定事由、作出认定决定机构。

**第十三条** 认定机构应当自作出认定决定之日起10个工作日内,书面向被认定为统计信用异常、统计一般失信、统计严重失信的企业告知所被认定的事实、理由、依据以及享有陈述、申辩的权力。

通过登记的住所或者经营场所无法联系的企业,可以通过邮寄信函的方式与企业联系。经向企业登记的住所或者经营场所两次邮寄无人签收的,视为通过登记的住所或者经营场所无法取得联系。两次邮寄间隔时间不得少于15日,不得超过30日。

**第十四条** 认定机构应当自作出统计一般失信和统计严重失信决定之日起20个工作日内向社会公示。公示信息包括企业名称、地址、统一社会信用代码、法定代表人或者主要负责人、统计违法行为、依法处理情况等。

公示企业信用信息不得涉及国家秘密,不得危害国家安全和社会公共利益。

**第十五条** 国家统计局在其网站建立统计失信企业信息公示专栏,并与"信用中国"网站和国家企业信用信息公示系统联通,向社会公示统计一般失信和统计严重失信企业信息。

省级统计机构在其网站建立统计失信企业信息公示专栏,公示职责范围内统计一般失信和统计严重失信企业信息,并链接到国家统计局网站统计失信企业信息公示专栏。

市级、县级统计机构应当按照法定职责分工,在本级或者上级统计机构网站向社会公示统计一般失信和统计严重失信企业信息,同时加载到省级统计机构失信企业信息公示专栏。

**第十六条** 统计一般失信和统计严重失信企业信息公示期限为1年。公示期间,企业认真整改到位并提出申请,经履行公示职责的统计机构核实后,可以从公示网站提前移除企业信息,但公示时间不得少于6个月。

公示期间,企业整改不到位被查实的,公示期限延长至2年;再次发生统计违法行为并查实的,自查实之日起,公示2年。

# 13–1　规模以上工业企业主要经济指标

单位:万元

| 年　份 | 企业个数（个） | 利润总额 | 两项资金占用 |
|---|---|---|---|
| 1998 | 638 | 51295 | 1005882 |
| 1999 | 634 | 62171 | 1021559 |
| 2000 | 675 | 99135 | 950855 |
| 2001 | 662 | 124653 | 811298 |
| 2002 | 743 | 191770 | 939259 |
| 2003 | 835 | 289107 | 959127 |
| 2004 | 1223 | 434646 | 1143367 |
| 2005 | 1253 | 595317 | 1237961 |
| 2006 | 1586 | 870389 | 1462580 |
| 2007 | 1941 | 1256175 | 1814542 |
| 2008 | 2289 | 2156619 | 2569139 |
| 2009 | 3108 | 2941696 | 2848331 |
| 2010 | 3412 | 4578037 | 4196654 |
| 2011 | 2788 | 6435392 | 8717219 |
| 2012 | 2859 | 7433779 | 11235951 |
| 2013 | 2874 | 8560785 | 8734485 |
| 2014 | 2861 | 8997308 | 9270151 |
| 2015 | 2875 | 9785252 | 9678459 |
| 2016 | 2992 | 11088874 | 9608893 |
| 2017 | 2412 | 8730750 | 11252344 |

# 13-2 规模以上工业企业主要经济指标

（2017 年）

单位:万元

| 指　　标 | 企业个数（个） | 资产合计 | #流动资产合计 | #固定资产合计 | 负债合计 |
|---|---|---|---|---|---|
| **总　计** | **2412** | **68123771** | **28016058** | **28678034** | **31801091** |
| **按登记注册类型分** | | | | | |
| 内资企业 | 2255 | 58677176 | 24699131 | 24729532 | 27692529 |
| 国有企业 | 7 | 93551 | 49277 | 36972 | 72840 |
| 中央企业 | 3 | 63481 | 28063 | 29506 | 31746 |
| 地方企业 | 4 | 30070 | 21215 | 7466 | 41094 |
| 集体企业 | 6 | 93962 | 29587 | 57349 | 49355 |
| 股份合作企业 | 1 | 4998 | 2471 | 1774 | 1159 |
| 联营企业 | | | | | |
| 国有联营企业 | | | | | |
| 集体联营企业 | | | | | |
| 国有与集体联营企业 | | | | | |
| 其他联营企业 | | | | | |
| 有限责任公司 | 323 | 28885091 | 14663762 | 9513832 | 17023308 |
| 国有独资公司 | 16 | 18538655 | 10223666 | 5077919 | 11232980 |
| 其他有限责任公司 | 307 | 10346436 | 4440096 | 4435913 | 5790328 |
| 股份有限公司 | 60 | 5866053 | 3056756 | 1179367 | 2092705 |
| 私营企业 | 1858 | 23733522 | 6897278 | 13940239 | 8453163 |
| 私营独资企业 | 46 | 515738 | 99059 | 357902 | 185483 |
| 私营合伙企业 | 5 | 41328 | 3359 | 31292 | 3246 |
| 私营有限责任公司 | 1752 | 21627234 | 6528227 | 12649328 | 7808012 |
| 私营股份有限公司 | 55 | 1549221 | 266633 | 901717 | 456421 |
| 其他企业 | | | | | |
| 港、澳、台商投资企业 | 68 | 5910318 | 1662900 | 2510190 | 2490101 |
| 合资经营企业(港或澳、台资) | 27 | 4910994 | 1229790 | 2127178 | 2075758 |
| 合作经营企业(港或澳、台资) | | | | | |
| 港澳台商独资经营企业 | 38 | 902164 | 407022 | 331213 | 375935 |
| 港澳台商投资股份有限公司 | 3 | 97160 | 26088 | 51800 | 38408 |
| 外商投资企业 | 89 | 3536277 | 1654027 | 1438312 | 1618461 |
| 中外合资经营企业 | 47 | 1899459 | 762758 | 863745 | 809798 |
| 中外合作经营企业 | | | | | |
| 外资企业 | 37 | 1569230 | 863797 | 542776 | 781071 |
| 外商投资股份有限公司 | 3 | 34559 | 9363 | 22554 | 15559 |
| 其他外商投资企业 | 2 | 33029 | 18110 | 9237 | 12033 |

13-2　续表 1　　（2017 年）　　单位:万元

| 指　　标 | 企业个数（个） | 资产合计 | # 流动资产合计 | # 固定资产合计 | 负债合计 |
|---|---|---|---|---|---|
| **按经济组织类型分** | | | | | |
| 独资企业 | 134 | 3174645 | 1448741 | 1326211 | 1464684 |
| 国有企业 | 7 | 93551 | 49277 | 36972 | 72840 |
| 集体企业 | 6 | 93962 | 29587 | 57349 | 49355 |
| 私营独资企业 | 46 | 515738 | 99059 | 357902 | 185483 |
| 港澳台商独资经营企业 | 38 | 902164 | 407022 | 331213 | 375935 |
| 外资企业 | 37 | 1569230 | 863797 | 542776 | 781071 |
| 合作、合伙企业 | 8 | 79355 | 23940 | 42303 | 16438 |
| 股份合作企业 | 1 | 4998 | 2471 | 1774 | 1159 |
| 联营企业 | | | | | |
| 国有联营企业 | | | | | |
| 集体联营企业 | | | | | |
| 国有与集体联营企业 | | | | | |
| 其他联营企业 | | | | | |
| 私营合伙企业 | 5 | 41328 | 3359 | 31292 | 3246 |
| 合作经营企业(港或澳、台资) | | | | | |
| 中外合作经营企业 | | | | | |
| 其他企业(内资) | | | | | |
| 其他外商投资企业 | 2 | 33029 | 18110 | 9237 | 12033 |
| 股份有限公司 | 121 | 7546993 | 3358840 | 2155437 | 2603094 |
| 股份有限公司(内资) | 60 | 5866053 | 3056756 | 1179367 | 2092705 |
| 私营股份有限公司 | 55 | 1549221 | 266633 | 901717 | 456421 |
| 港澳台商投资股份有限公司 | 3 | 97160 | 26088 | 51800 | 38408 |
| 外商投资股份有限公司 | 3 | 34559 | 9363 | 22554 | 15559 |
| 有限责任公司 | 2149 | 57322778 | 23184537 | 25154083 | 27716875 |
| 国有独资公司 | 16 | 18538655 | 10223666 | 5077919 | 11232980 |
| 私营有限责任公司 | 1752 | 21627234 | 6528227 | 12649328 | 7808012 |
| 合资经营企业(港或澳、台资) | 27 | 4910994 | 1229790 | 2127178 | 2075758 |
| 中外合资经营企业 | 47 | 1899459 | 762758 | 863745 | 809798 |
| 其他有限责任公司 | 307 | 10346436 | 4440096 | 4435913 | 5790328 |
| 在总计中:亏损企业 | 138 | 3606107 | 1431541 | 1828410 | 2641124 |
| 在总计中:国有控股企业 | 55 | 23146784 | 11723429 | 7314622 | 14002795 |
| **按轻重工业分** | | | | | |
| 轻工业 | 923 | 16023816 | 7215997 | 6141997 | 5153546 |
| 重工业 | 1489 | 52099955 | 20800061 | 22536038 | 26647545 |
| **按企业规模分** | | | | | |
| 大型企业 | 48 | 33940167 | 16870433 | 10127875 | 18070789 |
| 中型企业 | 442 | 15853163 | 4830924 | 9295133 | 6696374 |
| 小型企业 | 1789 | 17459829 | 6049009 | 9084066 | 6712693 |
| 微型企业 | 133 | 870613 | 265693 | 170961 | 321236 |

13-2 续表 2 （2017 年） 单位:万元

| 指 标 | 企业个数（个） | 资产合计 | #流动资产合计 | #固定资产合计 | 负债合计 |
|---|---|---|---|---|---|
| **按行业分** | | | | | |
| 煤炭开采和洗选业 | 7 | 6561692 | 1642391 | 3125332 | 3943873 |
| 黑色金属矿采选业 | 3 | 148261 | 71924 | 76337 | 97976 |
| 非金属矿采选业 | 6 | 28099 | 14367 | 12944 | 4039 |
| 开采辅助活动 | 1 | 1865 | 1865 | | 364 |
| 农副食品加工业 | 196 | 2472912 | 741555 | 1475912 | 841302 |
| 食品制造业 | 50 | 528171 | 135290 | 292982 | 188624 |
| 酒、饮料和精制茶制造业 | 26 | 2627244 | 1568330 | 319130 | 788016 |
| 烟草制品业 | 1 | 2399063 | 1887072 | 239863 | 264943 |
| 纺织业 | 253 | 1982696 | 779085 | 1058418 | 764234 |
| 纺织服装、服饰业 | 79 | 601762 | 187948 | 326100 | 187057 |
| 皮革、毛皮、羽毛及其制品和制鞋业 | 18 | 327205 | 180279 | 83863 | 94183 |
| 木材加工和木、竹、藤、棕、草制品业 | 347 | 2977915 | 680829 | 1659315 | 625158 |
| 家具制造业 | 41 | 154569 | 45705 | 96449 | 52048 |
| 造纸和纸制品业 | 23 | 190241 | 48760 | 137860 | 106584 |
| 印刷和记录媒介复制业 | 21 | 191578 | 89502 | 89728 | 86950 |
| 文教、工美、体育和娱乐用品制造业 | 44 | 347718 | 117411 | 179493 | 128974 |
| 石油加工、炼焦和核燃料加工业 | 14 | 2518011 | 1381786 | 871063 | 1682698 |
| 化学原料和化学制品制造业 | 131 | 4363902 | 1362205 | 2434708 | 1641185 |
| 医药制造业 | 47 | 1857432 | 553805 | 910713 | 541668 |
| 化学纤维制造业 | 13 | 385107 | 146818 | 135393 | 113327 |
| 橡胶和塑料制品业 | 93 | 1087944 | 227902 | 788164 | 285556 |
| 非金属矿物制品业 | 238 | 3446073 | 1347743 | 1738582 | 1599443 |
| 黑色金属冶炼和压延加工业 | 73 | 2463718 | 997387 | 1170363 | 1366032 |
| 有色金属冶炼和压延加工业 | 36 | 990893 | 404335 | 497356 | 601965 |
| 金属制品业 | 94 | 1873442 | 627986 | 1037740 | 836379 |
| 通用设备制造业 | 104 | 1594198 | 657940 | 729220 | 633300 |
| 专用设备制造业 | 116 | 11788425 | 7515226 | 2436291 | 7539613 |
| 汽车制造业 | 40 | 991110 | 569093 | 245296 | 630782 |
| 铁路、船舶、航空航天和其他运输设备制造业 | 23 | 487546 | 240127 | 171204 | 219912 |
| 电气机械和器材制造业 | 126 | 2862638 | 1109409 | 1501048 | 1235306 |
| 计算机、通信和其他电子设备制造业 | 34 | 4582585 | 1199013 | 1691765 | 1853347 |
| 仪器仪表制造业 | 45 | 1427838 | 536192 | 832254 | 486191 |
| 其他制造业 | 4 | 46061 | 5866 | 22428 | 6809 |
| 废弃资源综合利用业 | 8 | 114370 | 48284 | 54120 | 39851 |
| 金属制品、机械和设备修理业 | 1 | 2854 | 2692 | 162 | 638 |
| 电力、热力生产和供应业 | 38 | 3020654 | 677153 | 2134866 | 1866293 |
| 燃气生产和供应业 | 8 | 157230 | 51853 | 67224 | 83543 |
| 水的生产和供应业 | 10 | 520752 | 160934 | 34349 | 362930 |

13-2 续表 3 （2017 年） 单位:万元

| 指 标 | 营业费用 | 管理费用 | 财务费用 | 利润总额 | 全部职工年平均人数（人） |
|---|---|---|---|---|---|
| **总 计** | **2798821** | **3789220** | **1211632** | **8730750** | **654249** |
| **按登记注册类型分** | | | | | |
| 内资企业 | 2600400 | 3369971 | 1069804 | 7787518 | 589501 |
| 国有企业 | 2453 | 3763 | 788 | -1321 | 1124 |
| 中央企业 | 897 | 2887 | 561 | -1981 | 429 |
| 地方企业 | 1556 | 876 | 228 | 659 | 695 |
| 集体企业 | 18027 | 19694 | 1834 | 36379 | 992 |
| 股份合作企业 | 91 | 1057 | | 904 | 148 |
| 联营企业 | | | | | |
| 国有联营企业 | | | | | |
| 集体联营企业 | | | | | |
| 国有与集体联营企业 | | | | | |
| 其他联营企业 | | | | | |
| 有限责任公司 | 651448 | 1058436 | 388779 | 1357873 | 166689 |
| 国有独资公司 | 325218 | 645782 | 207430 | 484445 | 60503 |
| 其他有限责任公司 | 326230 | 412654 | 181349 | 873428 | 106186 |
| 股份有限公司 | 417933 | 273763 | 98911 | 457175 | 44536 |
| 私营企业 | 1510448 | 2013258 | 579491 | 5936509 | 376012 |
| 私营独资企业 | 18201 | 32706 | 45705 | 240856 | 7923 |
| 私营合伙企业 | 5512 | 10562 | 376 | 24724 | 909 |
| 私营有限责任公司 | 1450866 | 1924033 | 504589 | 5418436 | 352925 |
| 私营股份有限公司 | 35868 | 45956 | 28822 | 252495 | 14255 |
| 其他企业 | | | | | |
| 港、澳、台商投资企业 | 71777 | 206920 | 88566 | 503413 | 32296 |
| 合资经营企业(港或澳、台资) | 26080 | 144478 | 80121 | 347366 | 16762 |
| 合作经营企业(港或澳、台资) | | | | | |
| 港澳台商独资经营企业 | 21805 | 36998 | 6467 | 99191 | 14159 |
| 港澳台商投资股份有限公司 | 23892 | 25443 | 1977 | 56856 | 1375 |
| 外商投资企业 | 126643 | 212330 | 53263 | 439818 | 32452 |
| 中外合资经营企业 | 81177 | 131071 | 26346 | 206348 | 17134 |
| 中外合作经营企业 | | | | | |
| 外资企业 | 44703 | 78117 | 26365 | 229916 | 14281 |
| 外商投资股份有限公司 | 502 | 1683 | -96 | 3751 | 335 |
| 其他外商投资企业 | 261 | 1459 | 649 | -196 | 702 |

13-2 续表 4 （2017 年） 单位:万元

| 指 标 | 营业费用 | 管理费用 | 财务费用 | 利润总额 | 全部职工年平均人数（人） |
|---|---|---|---|---|---|
| **按经济组织类型分** | | | | | |
| 独资企业 | 105189 | 171279 | 81159 | 605020 | 38479 |
| 国有企业 | 2453 | 3763 | 788 | -1321 | 1124 |
| 集体企业 | 18027 | 19694 | 1834 | 36379 | 992 |
| 私营独资企业 | 18201 | 32706 | 45705 | 240856 | 7923 |
| 港澳台商独资经营企业 | 21805 | 36998 | 6467 | 99191 | 14159 |
| 外资企业 | 44703 | 78117 | 26365 | 229916 | 14281 |
| 合作、合伙企业 | 5865 | 13078 | 1025 | 25431 | 1759 |
| 股份合作企业 | 91 | 1057 | | 904 | 148 |
| 联营企业 | | | | | |
| 国有联营企业 | | | | | |
| 集体联营企业 | | | | | |
| 国有与集体联营企业 | | | | | |
| 其他联营企业 | | | | | |
| 私营合伙企业 | 5512 | 10562 | 376 | 24724 | 909 |
| 合作经营企业(港或澳、台资) | | | | | |
| 中外合作经营企业 | | | | | |
| 其他企业(内资) | | | | | |
| 其他外商投资企业 | 261 | 1459 | 649 | -196 | 702 |
| 股份有限公司 | 478195 | 346845 | 129614 | 770276 | 60501 |
| 股份有限公司(内资) | 417933 | 273763 | 98911 | 457175 | 44536 |
| 私营股份有限公司 | 35868 | 45956 | 28822 | 252495 | 14255 |
| 港澳台商投资股份有限公司 | 23892 | 25443 | 1977 | 56856 | 1375 |
| 外商投资股份有限公司 | 502 | 1683 | -96 | 3751 | 335 |
| 有限责任公司 | 2209572 | 3258019 | 999835 | 7330022 | 553510 |
| 国有独资公司 | 325218 | 645782 | 207430 | 484445 | 60503 |
| 私营有限责任公司 | 1450866 | 1924033 | 504589 | 5418436 | 352925 |
| 合资经营企业(港或澳、台资) | 26080 | 144478 | 80121 | 347366 | 16762 |
| 中外合资经营企业 | 81177 | 131071 | 26346 | 206348 | 17134 |
| 其他有限责任公司 | 326230 | 412654 | 181349 | 873428 | 106186 |
| 在总计中:亏损企业 | 49525 | 143412 | 68354 | -220442 | 29791 |
| 在总计中:国有控股企业 | 388394 | 772513 | 273422 | 595603 | 93041 |
| **按轻重工业分** | | | | | |
| 轻工业 | 1042741 | 1069740 | 250566 | 3096641 | 231083 |
| 重工业 | 1756079 | 2719480 | 961066 | 5634109 | 423166 |
| **按企业规模分** | | | | | |
| 大型企业 | 922170 | 1309329 | 526466 | 1753738 | 182985 |
| 中型企业 | 1124966 | 1440024 | 336517 | 3463672 | 209282 |
| 小型企业 | 724334 | 1008179 | 329048 | 3366276 | 246749 |
| 微型企业 | 27351 | 31688 | 19602 | 147065 | 15233 |

13-2　续表 5　（2017 年）　单位:万元

| 指　　标 | 营业费用 | 管理费用 | 财务费用 | 利润总额 | 全部职工年平均人数（人） |
|---|---|---|---|---|---|
| **按行业分** | | | | | |
| 煤炭开采和洗选业 | 29645 | 275726 | 69357 | 111756 | 49739 |
| 黑色金属矿采选业 | 323 | 12241 | 1560 | 466 | 2757 |
| 非金属矿采选业 | 1373 | 1882 | 254 | 8270 | 426 |
| 开采辅助活动 | | 19 | 3 | 1855 | 55 |
| 农副食品加工业 | 167461 | 188593 | 56414 | 640677 | 38485 |
| 食品制造业 | 36114 | 31537 | 10334 | 99832 | 11420 |
| 酒、饮料和精制茶制造业 | 139044 | 136751 | 73482 | 327418 | 26247 |
| 烟草制品业 | 25339 | 72716 | -17820 | 312620 | 1999 |
| 纺织业 | 131680 | 187942 | 42857 | 426859 | 55367 |
| 纺织服装、服饰业 | 38672 | 44102 | 8608 | 152686 | 17701 |
| 皮革、毛皮、羽毛及其制品和制鞋业 | 5476 | 8520 | 1377 | 101484 | 8604 |
| 木材加工和木、竹、藤、棕、草制品业 | 152449 | 176348 | 71761 | 874024 | 67278 |
| 家具制造业 | 8764 | 5973 | 2260 | 40017 | 5177 |
| 造纸和纸制品业 | 3305 | 4153 | 2810 | 16411 | 2267 |
| 印刷和记录媒介复制业 | 14320 | 20627 | 2129 | 46445 | 3464 |
| 文教、工美、体育和娱乐用品制造业 | 27375 | 32562 | 6111 | 93941 | 9709 |
| 石油加工、炼焦和核燃料加工业 | 56354 | 67792 | 55982 | 248142 | 10969 |
| 化学原料和化学制品制造业 | 216730 | 288100 | 101917 | 851383 | 37384 |
| 医药制造业 | 296382 | 100260 | 14659 | 423348 | 15186 |
| 化学纤维制造业 | 22360 | 23567 | 16843 | 62495 | 3765 |
| 橡胶和塑料制品业 | 72804 | 101464 | 21496 | 207628 | 25756 |
| 非金属矿物制品业 | 171469 | 206721 | 65636 | 591335 | 41750 |
| 黑色金属冶炼和压延加工业 | 113981 | 184769 | 101988 | 185791 | 32267 |
| 有色金属冶炼和压延加工业 | 44865 | 56190 | 21442 | 158526 | 9829 |
| 金属制品业 | 71597 | 110926 | 24574 | 337640 | 21840 |
| 通用设备制造业 | 56350 | 85558 | 36413 | 284929 | 17465 |
| 专用设备制造业 | 362032 | 494196 | 182970 | 535814 | 50680 |
| 汽车制造业 | 21916 | 28166 | 10616 | 64737 | 8624 |
| 铁路、船舶、航空航天和其他运输设备制造业 | 22662 | 24935 | 5931 | 50176 | 7745 |
| 电气机械和器材制造业 | 266389 | 388597 | 47711 | 596415 | 31002 |
| 计算机、通信和其他电子设备制造业 | 41873 | 181002 | 76241 | 371429 | 15019 |
| 仪器仪表制造业 | 170745 | 183563 | 29330 | 392447 | 12727 |
| 其他制造业 | 2258 | 2215 | 971 | 11271 | 778 |
| 废弃资源综合利用业 | 1390 | 3666 | 1914 | 8564 | 1389 |
| 金属制品、机械和设备修理业 | | 234 | | 81 | 30 |
| 电力、热力生产和供应业 | 205 | 41283 | 58795 | 71324 | 6730 |
| 燃气生产和供应业 | 3523 | 8277 | 133 | 16123 | 880 |
| 水的生产和供应业 | 1596 | 8051 | 4576 | 6390 | 1739 |

# 13–3 国有控股工业企业主要经济指标

（2017 年）

单位:万元

| 指 标 | 企业个数（个） | 资产合计 | #流动资产合计 | #固定资产合计 | 负债合计 |
|---|---|---|---|---|---|
| **总 计** | **55** | **23146784** | **11723429** | **7314622** | **14002795** |
| 在总计中:亏损企业 | 16 | 1560628 | 379153 | 1103719 | 1094955 |
| **按隶属关系分** | | | | | |
| 中央企业 | 12 | 3039797 | 780676 | 1568090 | 1654632 |
| 地方企业 | 43 | 20106987 | 10942753 | 5746532 | 12348164 |
| **按轻重工业分** | | | | | |
| 轻工业 | 12 | 2849651 | 2072634 | 333087 | 582817 |
| 重工业 | 43 | 20297133 | 9650794 | 6981535 | 13419979 |
| **按企业规模分** | | | | | |
| 大型企业 | 7 | 19343349 | 10319803 | 5343640 | 11424965 |
| 中型企业 | 14 | 2508296 | 816320 | 1401954 | 1695384 |
| 小型企业 | 31 | 1221862 | 579354 | 504402 | 805185 |
| 微型企业 | 3 | 73277 | 7951 | 64626 | 77262 |
| **按行业分** | | | | | |
| 煤炭开采和洗选业 | 3 | 6462303 | 1618563 | 3049771 | 3905898 |
| 黑色金属矿采选业 | 1 | 145893 | 71674 | 74219 | 96789 |
| 农副食品加工业 | 2 | 41383 | 30461 | 9434 | 24288 |
| 食品制造业 | 1 | 22091 | 7880 | 6591 | 5793 |
| 酒、饮料和精制茶制造业 | 2 | 38678 | 17512 | 18297 | 18384 |
| 烟草制品业 | 1 | 2399063 | 1887072 | 239863 | 264943 |
| 化学原料和化学制品制造业 | 3 | 24731 | 17476 | 5102 | 11372 |
| 非金属矿物制品业 | 6 | 926832 | 395134 | 446517 | 593655 |
| 黑色金属冶炼和压延加工业 | 1 | 11145 | 819 | 10326 | 1625 |
| 有色金属冶炼和压延加工业 | 1 | 10747 | 1667 | 8211 | 5643 |
| 金属制品业 | 2 | 72088 | 60536 | 6586 | 54313 |
| 通用设备制造业 | 1 | 9952 | 9819 | | 5092 |
| 专用设备制造业 | 6 | 9516752 | 6514961 | 1448501 | 6597102 |
| 汽车制造业 | 1 | 555058 | 378941 | 101607 | 504507 |
| 铁路、船舶、航空航天和其他运输设备制造业 | 1 | 20576 | 13081 | 5818 | 14465 |
| 电气机械和器材制造业 | 2 | 169997 | 118920 | 37901 | 155318 |
| 废弃资源综合利用业 | 1 | 20230 | 8404 | 10343 | 904 |
| 电力、热力生产和供应业 | 13 | 2343587 | 451716 | 1803180 | 1485813 |
| 燃气生产和供应业 | 1 | 3932 | 408 | 2440 | 849 |
| 水的生产和供应业 | 6 | 351748 | 118386 | 29917 | 256044 |

13-3　续表　（2017年）　单位:万元

| 指　　标 | 营业费用 | 管理费用 | 财务费用 | 利润总额 | 全部职工年平均人数（人） |
|---|---|---|---|---|---|
| **总　计** | **388394** | **772513** | **273422** | **595603** | **93041** |
| 在总计中:亏损企业 | 5092 | 37299 | 32342 | –53441 | 7639 |
| **按隶属关系分** | | | | | |
| 中央企业 | 30346 | 102736 | 39429 | 44429 | 27662 |
| 地方企业 | 358048 | 669777 | 233993 | 551174 | 65379 |
| **按轻重工业分** | | | | | |
| 轻工业 | 33042 | 83302 | –12704 | 309012 | 4758 |
| 重工业 | 355352 | 689210 | 286126 | 286591 | 88283 |
| **按企业规模分** | | | | | |
| 大型企业 | 329206 | 699097 | 205279 | 489042 | 81205 |
| 中型企业 | 43488 | 50586 | 49210 | 91456 | 7380 |
| 小型企业 | 15347 | 22318 | 16121 | 14148 | 4083 |
| 微型企业 | 353 | 512 | 2813 | 957 | 373 |
| **按行业分** | | | | | |
| 煤炭开采和洗选业 | 29463 | 266350 | 64487 | 100780 | 48027 |
| 黑色金属矿采选业 | 258 | 12133 | 1535 | –781 | 2547 |
| 农副食品加工业 | 2262 | 983 | 103 | –1383 | 218 |
| 食品制造业 | 3093 | 728 | –5 | 1175 | 227 |
| 酒、饮料和精制茶制造业 | 259 | 1719 | 65 | 1731 | 730 |
| 烟草制品业 | 25339 | 72716 | –17820 | 312620 | 1999 |
| 化学原料和化学制品制造业 | 1357 | 1035 | 280 | 1532 | 173 |
| 非金属矿物制品业 | 38560 | 32688 | 19486 | 77507 | 3299 |
| 黑色金属冶炼和压延加工业 | 173 | 362 | 43 | 2305 | 172 |
| 有色金属冶炼和压延加工业 | 36 | 268 | 122 | 56 | 56 |
| 金属制品业 | 2404 | 2332 | 1172 | 542 | 268 |
| 通用设备制造业 | 173 | 610 | 101 | 817 | 50 |
| 专用设备制造业 | 275629 | 339681 | 144675 | 75858 | 27140 |
| 汽车制造业 | 4350 | 3735 | 2748 | 6447 | 1215 |
| 铁路、船舶、航空航天和其他运输设备制造业 | 443 | 686 | 121 | 1647 | 33 |
| 电气机械和器材制造业 | 3345 | 2869 | 5294 | –8388 | 630 |
| 废弃资源综合利用业 | 124 | 468 | –69 | –347 | 126 |
| 电力、热力生产和供应业 | 17 | 26372 | 47267 | 19036 | 4750 |
| 燃气生产和供应业 | 19 | 406 | –3 | 93 | 26 |
| 水的生产和供应业 | 1090 | 6373 | 3821 | 4355 | 1355 |

# 13-4 规模以上集体工业企业主要经济指标

（2017 年）

单位:万元

| 指 标 | 企业个数（个） | 资产合计 | #流动资产合计 | #固定资产合计 | 负债合计 |
|---|---|---|---|---|---|
| **总 计** | **6** | **93962** | **29587** | **57349** | **49355** |
| 在总计中:亏损企业 | | | | | |
| **按登记注册类型分** | | | | | |
| 内资企业 | 6 | 93962 | 29587 | 57349 | 49355 |
| #集体企业 | 6 | 93962 | 29587 | 57349 | 49355 |
| 按经济组织类型分 | | | | | |
| 独资企业 | 6 | 93962 | 29587 | 57349 | 49355 |
| #集体企业 | 6 | 93962 | 29587 | 57349 | 49355 |
| **按轻重工业分** | | | | | |
| 轻工业 | | | | | |
| 重工业 | 6 | 93962 | 29587 | 57349 | 49355 |
| **按企业规模分** | | | | | |
| 大型企业 | | | | | |
| 中型企业 | 2 | 75737 | 24869 | 44629 | 38752 |
| 小型企业 | 4 | 18226 | 4718 | 12720 | 10602 |
| 微型企业 | | | | | |
| **按行业分** | | | | | |
| 非金属矿采选业 | 1 | 5321 | 1511 | 3022 | 1368 |
| 橡胶和塑料制品业 | 1 | 6825 | 378 | 6447 | 5535 |
| 非金属矿物制品业 | 1 | 2813 | 2114 | 699 | 1475 |
| 通用设备制造业 | 1 | 3266 | 715 | 2551 | 2224 |
| 电气机械和器材制造业 | 1 | 41988 | 10985 | 31003 | 20874 |
| 仪器仪表制造业 | 1 | 33748 | 13884 | 13626 | 17878 |

13-4　续表　　（2017 年）　　单位:万元

| 指　　标 | 营业费用 | 管理费用 | 财务费用 | 利润总额 | 全部职工年平均人数（人） |
|---|---|---|---|---|---|
| **总　计** | **18027** | **19694** | **1834** | **36379** | **992** |
| 在总计中:亏损企业 | | | | | |
| **按登记注册类型分** | | | | | |
| 内资企业 | 18027 | 19694 | 1834 | 36379 | 992 |
| # 集体企业 | 18027 | 19694 | 1834 | 36379 | 992 |
| 按经济组织类型分 | | | | | |
| 独资企业 | 18027 | 19694 | 1834 | 36379 | 992 |
| # 集体企业 | 18027 | 19694 | 1834 | 36379 | 992 |
| **按轻重工业分** | | | | | |
| 轻工业 | | | | | |
| 重工业 | 18027 | 19694 | 1834 | 36379 | 992 |
| **按企业规模分** | | | | | |
| 大型企业 | | | | | |
| 中型企业 | 17394 | 18743 | 1545 | 33726 | 675 |
| 小型企业 | 633 | 951 | 290 | 2653 | 317 |
| 微型企业 | | | | | |
| **按行业分** | | | | | |
| 非金属矿采选业 | 129 | 569 | 192 | 1632 | 98 |
| 橡胶和塑料制品业 | 236 | 157 | | 125 | 87 |
| 非金属矿物制品业 | 108 | 92 | | 167 | 72 |
| 通用设备制造业 | 160 | 134 | 98 | 729 | 60 |
| 电气机械和器材制造业 | 16340 | 15946 | 597 | 27571 | 375 |
| 仪器仪表制造业 | 1054 | 2798 | 948 | 6155 | 300 |

# 13-5 规模以上“三资”工业企业主要经济指标

（2017 年）　　单位:万元

| 指标 | 企业个数（个） | 资产合计 | #流动资产合计 | #固定资产合计 | 负债合计 |
|---|---|---|---|---|---|
| **总　计** | **157** | **9446595** | **3316927** | **3948502** | **4108562** |
| 在总计中:亏损企业 | 20 | 614833 | 298268 | 204747 | 489918 |
| 在总计中:国有控股企业 | 4 | 704253 | 143858 | 535093 | 367065 |
| **按登记注册类型分** | | | | | |
| 港、澳、台商投资企业 | 68 | 5910318 | 1662900 | 2510190 | 2490101 |
| 合资经营企业(港或澳、台资) | 27 | 4910994 | 1229790 | 2127178 | 2075758 |
| 合作经营企业(港或澳、台资) | | | | | |
| 港澳台商独资经营企业 | 38 | 902164 | 407022 | 331213 | 375935 |
| 港澳台商投资股份有限公司 | 3 | 97160 | 26088 | 51800 | 38408 |
| 外商投资企业 | 89 | 3536277 | 1654027 | 1438312 | 1618461 |
| 中外合资经营企业 | 47 | 1899459 | 762758 | 863745 | 809798 |
| 中外合作经营企业 | | | | | |
| 外资企业 | 37 | 1569230 | 863797 | 542776 | 781071 |
| 外商投资股份有限公司 | 3 | 34559 | 9363 | 22554 | 15559 |
| 其他外商投资企业 | 2 | 33029 | 18110 | 9237 | 12033 |
| **按轻重工业分** | | | | | |
| 轻工业 | 69 | 1495222 | 758757 | 544597 | 574924 |
| 重工业 | 88 | 7951373 | 2558170 | 3403905 | 3533639 |
| **按企业规模分** | | | | | |
| 大型企业 | 15 | 5936691 | 2035073 | 2227281 | 2567355 |
| 中型企业 | 37 | 1546912 | 456082 | 897642 | 728741 |
| 小型企业 | 101 | 1922994 | 817502 | 822230 | 806791 |
| 微型企业 | 4 | 39998 | 8270 | 1349 | 5675 |
| **按行业分** | | | | | |
| 农副食品加工业 | 13 | 181491 | 59702 | 100561 | 89383 |
| 食品制造业 | 2 | 16350 | 10021 | 5491 | 9082 |
| 酒、饮料和精制茶制造业 | 3 | 51673 | 21502 | 22503 | 12056 |
| 纺织业 | 9 | 382595 | 247696 | 113733 | 149837 |
| 纺织服装、服饰业 | 8 | 171993 | 73552 | 59857 | 39329 |
| 皮革、毛皮、羽毛及其制品和制鞋业 | 6 | 187320 | 131280 | 44105 | 48360 |
| 木材加工和木、竹、藤、棕、草制品业 | 9 | 170352 | 21993 | 96585 | 25757 |
| 家具制造业 | 2 | 6911 | 4755 | 1535 | 2763 |
| 造纸和纸制品业 | 1 | 2343 | 1284 | 1060 | 484 |
| 印刷和记录媒介复制业 | 2 | 54192 | 37835 | 14621 | 8579 |
| 文教、工美、体育和娱乐用品制造业 | 11 | 112312 | 26175 | 59955 | 27354 |
| 石油加工、炼焦和核燃料加工业 | 2 | 364970 | 175089 | 107392 | 280603 |
| 化学原料和化学制品制造业 | 7 | 262295 | 80887 | 133803 | 58092 |
| 医药制造业 | 3 | 38536 | 17412 | 15475 | 7187 |
| 橡胶和塑料制品业 | 8 | 553023 | 87515 | 451557 | 72199 |
| 非金属矿物制品业 | 4 | 53828 | 13257 | 37845 | 4198 |
| 黑色金属冶炼和压延加工业 | 4 | 274742 | 154005 | 69469 | 290657 |
| 有色金属冶炼和压延加工业 | 2 | 80361 | 7511 | 41622 | 16065 |
| 金属制品业 | 1 | 62448 | 32954 | 29494 | 23230 |
| 通用设备制造业 | 9 | 383111 | 267400 | 93013 | 131845 |
| 专用设备制造业 | 11 | 680528 | 511633 | 156296 | 370871 |
| 汽车制造业 | 1 | 10336 | 4062 | 5280 | 1106 |
| 铁路、船舶、航空航天和其他运输设备制造业 | 3 | 141925 | 40235 | 77332 | 68897 |
| 电气机械和器材制造业 | 5 | 74117 | 13814 | 42561 | 85607 |
| 计算机、通信和其他电子设备制造业 | 8 | 3850976 | 900433 | 1436116 | 1635574 |
| 仪器仪表制造业 | 7 | 212380 | 162366 | 48867 | 102891 |
| 其他制造业 | 1 | 34651 | 2862 | 18227 | 1568 |
| 废弃资源综合利用业 | 1 | 10661 | 2580 | 7555 | 5893 |
| 电力、热力生产和供应业 | 7 | 837588 | 153291 | 592585 | 438255 |
| 燃气生产和供应业 | 6 | 150710 | 49814 | 63957 | 80612 |
| 水的生产和供应业 | 1 | 31878 | 4015 | 53 | 20230 |

13-5　续表　（2017 年）　单位:万元

| 指　　标 | 营业费用 | 管理费用 | 财务费用 | 利润总额 | 全部职工年平均人数（人） |
|---|---|---|---|---|---|
| **总　计** | **198420** | **419250** | **141829** | **943232** | **64748** |
| 在总计中:亏损企业 | 24497 | 44255 | 10758 | −108804 | 5902 |
| 在总计中:国有控股企业 | 773 | 7328 | 9231 | 47272 | 698 |
| **按登记注册类型分** | | | | | |
| 港、澳、台商投资企业 | 71777 | 206920 | 88566 | 503413 | 32296 |
| 合资经营企业(港或澳、台资) | 26080 | 144478 | 80121 | 347366 | 16762 |
| 合作经营企业(港或澳、台资) | | | | | |
| 港澳台商独资经营企业 | 21805 | 36998 | 6467 | 99191 | 14159 |
| 港澳台商投资股份有限公司 | 23892 | 25443 | 1977 | 56856 | 1375 |
| 外商投资企业 | 126643 | 212330 | 53263 | 439818 | 32452 |
| 中外合资经营企业 | 81177 | 131071 | 26346 | 206348 | 17134 |
| 中外合作经营企业 | | | | | |
| 外资企业 | 44703 | 78117 | 26365 | 229916 | 14281 |
| 外商投资股份有限公司 | 502 | 1683 | −96 | 3751 | 335 |
| 其他外商投资企业 | 261 | 1459 | 649 | −196 | 702 |
| **按轻重工业分** | | | | | |
| 轻工业 | 61406 | 100174 | 20972 | 305248 | 30092 |
| 重工业 | 137015 | 319076 | 120857 | 637983 | 34656 |
| **按企业规模分** | | | | | |
| 大型企业 | 85591 | 220080 | 99050 | 465726 | 31489 |
| 中型企业 | 65662 | 94395 | 21821 | 276913 | 18053 |
| 小型企业 | 46408 | 103916 | 20491 | 192809 | 14388 |
| 微型企业 | 759 | 858 | 467 | 7784 | 818 |
| **按行业分** | | | | | |
| 农副食品加工业 | 9156 | 7587 | 4495 | 42944 | 2428 |
| 食品制造业 | 590 | 924 | 457 | 3685 | 492 |
| 酒、饮料和精制茶制造业 | 965 | 1470 | 2672 | 16717 | 593 |
| 纺织业 | 10518 | 8605 | 2681 | 35566 | 7977 |
| 纺织服装、服饰业 | 9502 | 13975 | 1938 | 26031 | 2858 |
| 皮革、毛皮、羽毛及其制品和制鞋业 | 1735 | 4186 | 106 | 65642 | 4909 |
| 木材加工和木、竹、藤、棕、草制品业 | 3857 | 4469 | 2747 | 48422 | 2979 |
| 家具制造业 | 133 | 197 | 11 | 713 | 353 |
| 造纸和纸制品业 | 129 | 116 | 45 | 168 | 45 |
| 印刷和记录媒介复制业 | 477 | 5416 | −52 | 10713 | 388 |
| 文教、工美、体育和娱乐用品制造业 | 6161 | 10127 | 2502 | 28388 | 3069 |
| 石油加工、炼焦和核燃料加工业 | 9589 | 15916 | 11078 | 27445 | 1511 |
| 化学原料和化学制品制造业 | 9802 | 23280 | 1652 | −5162 | 1844 |
| 医药制造业 | 139 | 1407 | 149 | 21680 | 515 |
| 橡胶和塑料制品业 | 36047 | 22695 | 9117 | 53702 | 6993 |
| 非金属矿物制品业 | 4933 | 5991 | 51 | 26546 | 691 |
| 黑色金属冶炼和压延加工业 | 18353 | 22836 | 7509 | −21927 | 2924 |
| 有色金属冶炼和压延加工业 | 7262 | 9351 | 593 | 36765 | 1341 |
| 金属制品业 | 1560 | 2442 | 646 | 3650 | 253 |
| 通用设备制造业 | 9770 | 20838 | 583 | 34331 | 2904 |
| 专用设备制造业 | 4180 | 34079 | 9975 | 147548 | 3902 |
| 汽车制造业 | 160 | 849 | 75 | 68 | 64 |
| 铁路、船舶、航空航天和其他运输设备制造业 | 6369 | 7802 | 635 | 3895 | 1370 |
| 电气机械和器材制造业 | 4897 | 7378 | 603 | −9728 | 2004 |
| 计算机、通信和其他电子设备制造业 | 12162 | 140447 | 66458 | 206857 | 8455 |
| 仪器仪表制造业 | 26136 | 27992 | 2626 | 55873 | 1776 |
| 其他制造业 | 561 | 550 | 561 | 6946 | 294 |
| 废弃资源综合利用业 | | 536 | 209 | 754 | 53 |
| 电力、热力生产和供应业 | 4 | 9866 | 11309 | 58469 | 881 |
| 燃气生产和供应业 | 3274 | 7659 | 138 | 15923 | 818 |
| 水的生产和供应业 | | 264 | 263 | 611 | 64 |

# 13-6 主要年份主要工业产品产量

单位：万吨

| 年份 | 铁矿石（成品矿） | 生铁 | 原煤 | 发电量（亿千瓦时） | 铝锭（吨） | 硫酸（吨） | 合成氨 | 农用化肥（折100%） | 水泥 |
|---|---|---|---|---|---|---|---|---|---|
| 1949 | | | 81 | 0.07 | | | | | |
| 1952 | 21.93 | | 112 | 0.20 | | | | | |
| 1957 | 38.57 | 0.13 | 180 | 0.90 | | | | | |
| 1962 | 39.39 | 1.66 | 447 | 3.76 | 672 | | | 0.01 | 1.06 |
| 1965 | 45.98 | 1.63 | 472 | 4.43 | 930 | 5594 | 0.05 | 0.32 | 14.52 |
| 1970 | 31.69 | 4.61 | 633 | 7.24 | 1453 | 7746 | 1.03 | 0.89 | 23.09 |
| 1975 | 25.12 | 11.08 | 899 | 15.99 | 2103 | 10840 | 3.41 | 2.68 | 33.29 |
| 1978 | 40.95 | 15.19 | 1445 | 27.08 | 3135 | 22162 | 7.07 | 4.91 | 66.68 |
| 1979 | 44.49 | 18.16 | 1510 | 38.65 | 3616 | 21559 | 9.72 | 6.96 | 79.77 |
| 1980 | 29.55 | 16.36 | 1506 | 47.78 | 2721 | 31856 | 12.40 | 9.96 | 93.68 |
| 1981 | 23.36 | 12.18 | 1451 | 50.48 | 3686 | 21690 | 12.64 | 10.14 | 109.32 |
| 1982 | 24.74 | 11.71 | 1492 | 52.37 | 3614 | 34902 | 12.98 | 10.67 | 133.52 |
| 1983 | 30.02 | 14.73 | 1580 | 53.70 | 3378 | 50119 | 14.12 | 11.99 | 152.45 |
| 1984 | 30.80 | 15.74 | 1682 | 54.84 | 3210 | 44138 | 15.07 | 12.45 | 169.47 |
| 1985 | 30.48 | 16.52 | 1803 | 58.35 | 3062 | 35469 | 14.33 | 11.59 | 203.03 |
| 1986 | 30.75 | 19.90 | 1770 | 74.67 | 5629 | 34370 | 14.03 | 12.65 | 249.8 |
| 1987 | 33.59 | 22.82 | 1866 | 89.98 | 5649 | 46067 | 15.05 | 14.03 | 293.35 |
| 1988 | 47.35 | 24.80 | 1931 | 102.97 | 5574 | 51157 | 14.11 | 13.38 | 344.49 |
| 1989 | 51.57 | 23.39 | 2042 | 105.64 | 5929 | 56695 | 13.50 | 13.22 | 291.01 |
| 1990 | 27.62 | 29.22 | 2032 | 104.40 | 7568 | 62041 | 13.40 | 12.52 | 297.67 |
| 1991 | 26.25 | 28.60 | 2118 | 106.75 | 8096 | 83813 | 11.32 | 13.17 | 348.87 |
| 1992 | 32.33 | 31.84 | 2115 | 103.74 | 11241 | 77784 | 9.42 | 10.89 | 437.21 |
| 1993 | 98.53 | 35.63 | 2138 | 111.92 | 12081 | 60200 | 11.68 | 10.68 | 542.69 |
| 1994 | 113.60 | 41.34 | 1967 | 114.37 | 12347 | 65275 | 14.75 | 16.73 | 590.36 |
| 1995 | 95.00 | 52.00 | 2344 | 119.38 | 19385 | 85610 | 14.86 | 19.76 | 1031.48 |
| 1996 | 110.91 | 48.96 | 2301 | 118.91 | 11735 | 67841 | 14.28 | 24.60 | 1040.45 |
| 1997 | 49.62 | 55.78 | 2243 | 139.17 | 11294 | 87388 | 16.98 | 24.01 | 975.83 |
| 1998 | 17.82 | 49.89 | 2134 | 134.55 | 10321 | 81131 | 19.22 | 20.13 | 864.35 |
| 1999 | 17.82 | 40.36 | 2089 | 136.65 | 11828 | 3746 | 16.69 | 16.68 | 937.84 |
| 2000 | 43.30 | 37.10 | 2271 | 146.87 | 5002 | | 19.16 | 15.42 | 983.36 |
| 2001 | 15.34 | 51.05 | 2261 | 155.29 | 12055 | | 19.08 | 16.49 | 892.69 |
| 2002 | 14.63 | 48.75 | 2404 | 170.31 | 12354 | 45100 | 22.66 | 19.96 | 1008.34 |
| 2003 | 15.54 | 95.10 | 2572 | 198.95 | 12566 | 50000 | 21.55 | 17.89 | 1134.82 |
| 2004 | 24.77 | 136.69 | 2528 | 235.10 | 12866 | 72000 | 17.75 | 21.89 | 1285.58 |
| 2005 | 14.45 | 152.53 | 2597 | 309.97 | 10764 | 66600 | 36.96 | 29.58 | 1295.66 |
| 2006 | 19.69 | 230.72 | 2827 | 363.02 | 69741 | 116000 | 52.11 | 38.00 | 1538.60 |
| 2007 | 21.74 | 245.76 | 2363 | 316.56 | 98474 | 249105 | 55.97 | 38.15 | 1812.31 |
| 2008 | 23.86 | 194.85 | 2314 | 342.44 | 100007 | 181950 | 62.36 | 41.88 | 1867.36 |
| 2009 | 50.31 | 246.60 | 2236 | 330.77 | 106997 | 64400 | 61.11 | 43.93 | 2654.32 |
| 2010 | 65.64 | 304.92 | 2072 | 399.57 | 108668 | 37100 | 66.40 | 48.05 | 3205.35 |
| 2011 | 75.18 | 337.63 | 2025 | 453.66 | 109980 | 77200 | 82.35 | 52.73 | 2850.29 |
| 2012 | 74.44 | 375.37 | 2016 | 527.69 | 112506 | 95886 | 74.82 | 53.36 | 2778.85 |
| 2013 | 75.99 | 522.43 | 1972 | 574.70 | 57076 | 143983 | 98.61 | 53.98 | 2488.69 |
| 2014 | 78.72 | 437.80 | 1980 | 517.28 | 12194 | 180019 | 93.00 | 54.23 | 2749.01 |
| 2015 | 90.63 | 475.96 | 1885 | 497.22 | | 99295 | 93.21 | 45.76 | 2681.63 |
| 2016 | 98.35 | 607.09 | 1342 | 506.21 | | 140881 | 67.30 | 26.94 | 2755.19 |
| 2017 | 72.88 | 273.42 | 1278 | 522.50 | | 160104 | 55.29 | 4.60 | 2660.04 |

13-6　续表　　　　单位:万吨

| 年　份 | 纱 | 布<br>(万米) | 机制纸<br>及纸板 | 卷　烟<br>(万箱) | 饮料酒<br>(万千升) | 多晶硅<br>(吨) | 锻压机械<br>(吨) | 汽　车<br>起重机<br>(吨) | 装载机<br>(辆) | 压路机<br>(台) |
|---|---|---|---|---|---|---|---|---|---|---|
| 1949 | … | | | 0.86 | 0.02 | | | | | |
| 1952 | 0.03 | 129 | … | 2.73 | 0.15 | | | | | |
| 1957 | 0.04 | 291 | 0.23 | 2.47 | 0.30 | | | | | |
| 1962 | 0.10 | 493 | 0.40 | 2.60 | 0.35 | | | | | |
| 1965 | 0.41 | 796 | 0.36 | 6.89 | 0.31 | | | | | |
| 1970 | 0.84 | 1811 | 0.91 | 10.93 | 0.49 | | | | | |
| 1975 | 1.12 | 3474 | 1.12 | 12.00 | 0.90 | | | | | |
| 1978 | 1.68 | 5474 | 2.47 | 14.74 | 1.35 | | | | | |
| 1979 | 1.87 | 5873 | 2.56 | 16.72 | 1.64 | | | | | |
| 1980 | 2.11 | 7487 | 3.15 | 19.45 | 2.02 | | | | | |
| 1981 | 2.26 | 8604 | 3.35 | 22.26 | 2.51 | | | 321 | | 362 |
| 1982 | 2.45 | 8860 | 4.19 | 26.23 | 2.67 | | | 245 | | 485 |
| 1983 | 2.28 | 7979 | 4.85 | 23.03 | 2.82 | | | 256 | | 413 |
| 1984 | 2.29 | 7307 | 5.69 | 26.04 | 2.54 | | | 244 | | 520 |
| 1985 | 2.43 | 7350 | 6.48 | 26.10 | 2.84 | | | 325 | | 730 |
| 1986 | 2.67 | 7954 | 8.61 | 30.12 | 3.23 | | | 414 | | 957 |
| 1987 | 3.07 | 8981 | 11.62 | 31.02 | 3.88 | | | 382 | | 1247 |
| 1988 | 3.54 | 11032 | 13.87 | 32.22 | 4.38 | | | 438 | | 1224 |
| 1989 | 4.36 | 13504 | 15.31 | 33.00 | 4.96 | | | 428 | | 858 |
| 1990 | 3.63 | 12112 | 16.44 | 33.50 | 4.99 | | | 419 | | 802 |
| 1991 | 3.25 | 10769 | 17.66 | 34.00 | 5.66 | | | 496 | | 993 |
| 1992 | 3.93 | 11938 | 18.83 | 34.00 | 6.85 | | | 696 | 723 | 1392 |
| 1993 | 3.65 | 12790 | 22.36 | 35.06 | 7.66 | | | 1067 | 1026 | 2281 |
| 1994 | 4.20 | 11673 | 32.13 | 33.09 | 9.80 | | | 1005 | 929 | 2183 |
| 1995 | 4.64 | 13883 | 71.60 | 34.00 | 11.42 | | | 683 | 1298 | 1897 |
| 1996 | 5.16 | 12807 | 69.65 | 34.02 | 13.85 | | 14977 | 414 | 1358 | 1979 |
| 1997 | 5.48 | 9077 | 79.33 | 34.00 | 13.31 | | 12329 | 480 | 1739 | 2066 |
| 1998 | 4.49 | 7361 | 44.67 | 34.50 | 13.18 | | 9451 | 516 | 1706 | 2478 |
| 1999 | 5.70 | 7721 | 23.53 | 34.50 | 9.00 | | 7392 | 710 | 1890 | 3110 |
| 2000 | 7.16 | 8196 | 32.65 | 34.40 | 8.50 | | 11942 | 1087 | 1777 | 2466 |
| 2001 | 7.36 | 6954 | 28.41 | 36.50 | 14.47 | | 12669 | 1586 | 2791 | 2832 |
| 2002 | 8.89 | 6315 | 43.52 | 37.80 | 14.43 | | 13430 | 2961 | 3997 | 3816 |
| 2003 | 11.30 | 6884 | 48.88 | 40.00 | 16.69 | | 16297 | 4664 | 8098 | 5825 |
| 2004 | 47.38 | 7231 | 58.74 | 55.20 | 42.16 | | 12653 | 5264 | 10146 | 4724 |
| 2005 | 23.01 | 10551 | 48.91 | 57.57 | 20.28 | | 19847 | 5368 | 9442 | 2434 |
| 2006 | 33.64 | 7800 | 69.62 | 57.45 | 21.50 | | 24119 | 7298 | 8799 | 2697 |
| 2007 | 44.14 | 14832 | 129.81 | 60.48 | 27.26 | | 30218 | 10349 | 11010 | 2025 |
| 2008 | 48.84 | 13016 | 99.11 | 56.68 | 27.99 | 1849 | 22668 | 12932 | 11623 | 2721 |
| 2009 | 61.75 | 16591 | 122.40 | 59.00 | 30.11 | 7318 | 16353 | 16053 | 9494 | 4675 |
| 2010 | 81.58 | 16056 | 105.54 | 60.94 | 45.73 | 17799 | | 18623 | 15212 | 6874 |
| 2011 | 77.76 | 11064 | 79.13 | 64.01 | 52.37 | 29414 | | 18695 | 23895 | 5070 |
| 2012 | 83.89 | 16966 | 123.11 | 64.41 | 66.23 | 37097 | | 390261 | 19199 | 3604 |
| 2013 | 103.88 | 18059 | 38.34 | 68.46 | 68.02 | 50440 | | 319676 | 18967 | 4460 |
| 2014 | 152.92 | 27015 | 44.40 | 71.73 | 64.00 | 66876 | | 342894 | 11945 | 4048 |
| 2015 | 141.21 | 31490 | 27.58 | 66.50 | 58.85 | 74358 | | 194941 | 7142 | 2721 |
| 2016 | 156.63 | 34119 | 38.66 | 70.30 | 58.14 | 69345 | | 199038 | 8298 | 3379 |
| 2017 | 185.87 | 36141 | 32.31 | 71.38 | 59.40 | 74818 | | 412681 | 13103 | 7063 |

注:自 2012 年起,汽车起重机的单位由台改为吨。

# 13-7 主要工业产品产量

（2017年）

| 产品名称 | | 产量 | 产品名称 | | 产量 |
|---|---|---|---|---|---|
| 原煤 | （万吨） | 1278.47 | # 氮肥 | （万吨） | 4.60 |
| 洗煤 | | 970.82 | 磷肥 | | |
| 铁矿石成品矿 | | 72.88 | 化学农药 | | 42.96 |
| 发电量 | （亿千瓦时） | 522.50 | 塑料树脂及共聚物 | | 37.06 |
| 配合饲料 | （万吨） | 117.30 | 轮胎外胎 | （万条） | 19.95 |
| 发酵酒精（商品量） | | 35.19 | 塑料制品 | （万吨） | 149.67 |
| 饮料酒（商品量） | （万千升） | 59.40 | # 农业用薄膜 | | 0.39 |
| 卷烟 | （万箱） | 71.38 | 水泥 | | 2660.04 |
| 纱 | （万吨） | 185.87 | 生铁 | | 273.42 |
| 布 | （万米） | 36141 | 软饮料 | | 304.61 |
| # 棉布 | | 30391 | 成品钢材 | | 449.40 |
| 家用电冰箱 | （万台） | 31.78 | # 焊接钢管 | | 5.72 |
| 丝 | （吨） | 5121 | 铝材 | | 56.86 |
| 多晶硅 | | 74818 | 汽车起重机 | （吨） | 412681 |
| 服装 | （万件） | 13663 | 矿山设备 | | 3623 |
| 液体乳 | （吨） | 738756 | 人造板 | （万立方米） | 3226.26 |
| 机制纸及纸板 | （万吨） | 32.31 | 装载机 | （辆） | 13103 |
| 焦炭 | | 1043.18 | 压路机 | （台） | 7063 |
| 氢氧化钠（折100%） | （吨） | 72436 | 组合音响 | （万台） | 240.46 |
| 合成氨 | （万吨） | 55.29 | 摩托车 | （万辆） | 69.89 |
| 农用化学肥料 | | 4.60 | | | |

# 主要统计指标解释

**工业**　指从事自然资源的开采，对采掘品和农产品进行加工和再加工的物质生产部门。具体包括:(1)对自然资源的开采,如采矿、晒盐、森林采伐等(但不包括禽兽捕猎和水产捕捞);(2)对农副产品的加工、再加工,如粮油加工、食品加工、轧花、缫丝、纺织、制革等;(3)对采掘品的加工、再加工,如炼铁、炼钢、化工生产、石油加工、机器制造、木材加工等,以及电力、自来水、煤气的生产和供应等;(4)对工业品的修理、翻新,如机器设备的修理、交通运输工具(包括小卧车)的修理等。

1984年以前农村的村及村以下办工业归属农业,1984年以后划归工业。

**国有企业**　指企业全部资产归国家所有,并按《中华人民共和国企业法人登记管理条例》规定登记注册的非公司制的经济组织。不包括有限责任公司中的国有独资公司。

**国有控股企业**　包括:(1)在企业的全部实收资本中,国有经济成分的出资人拥有的实收资本(股本)所占企业全部实收资本(股本)的比例大于50%的国有绝对控股。(2)在企业的全部实收资本中,国有经济成分的出资人拥有的实收资本(股本)所占比例虽未大于50%,但相对大于其他任何一方经济成分的出资人所占比例的国有相对控股；或者虽不大于其他经济成分，但根据协议规定拥有企业实际控制权的国有协议控股。(3)投资双方各占50%,且未明确由谁绝对控股的企业,若其中一方为国有经济成分的,一律按国有控股处理。

**集体企业**　指企业资产归集体所有,并按《中华人民共和国企业法人登记管理条例》规定登记注册的经济组织。

**股份合作企业**　指以合作制为基础，由企业职工共同出资入股,吸收一定比例的社会资产投资组建,实行自主经营,自负盈亏,共同劳动,民主管理,按劳分配与按股分红相结合的一种集体经济组织。

**联营企业**　指两个及两个以上相同或不同所有制性质的企业法人或事业单位法人,按自愿、平等、互利的原则,共同投资组成的经济组织。联营企业包括国有联营企业、集体联营企业、国有与集体联营企业和其他联营企业。

**有限责任公司**　指根据《中华人民共和国公司登记管理条例》规定登记注册,由两个以上,五十个以下的股东共同出资,每个股东以其所认缴的出资额对公司承担有限责任,公司以其全部资产对其债务承担责任的经济组织。有限责任公司包括国有独资公司以及其他有限责任公司。

**股份有限公司**　指根据《中华人民共和国公司登记管理条例》规定登记注册,其全部注册资本由等额股份构成并通过发行股票筹集资本，股东以其认购的股份对公司承担有限责任,公司以其全部资产对其债务承担责任的经济组织。

**私营企业**　指由自然人投资设立或由自然人控股，以雇佣劳动为基础的营利性经济组织。包括按照《公司法》、《合伙企业法》、《私营企业暂行条例》以及《个人独资企业法》规定登记注册的私营独资企业、私营合伙企业、私营有限责任公司、私营股份有限公司和个人独资企业。

**与港澳台商合资经营企业**　指港澳台地区投资者与内地的企业依照《中华人民共和国中外合资经营企业法》及有关法律的规定,按合同规定的比例投资设立,分享利润和分担风险的企业。

**与港澳台商合作经营企业**　指港澳台地区投资者与内地企业依照《中华人民共和国中外合作经营企业法》及有关法律的规定,依照合作合同的约定进行投资或提供条件设立,分配利润、分担风险和亏损的企业。

**港澳台商独资经营企业**　指依照《中华人民共和国外资企业法》及有关法律的规定,在内地由港澳台地区投资者全额投资设立的企业。

**港澳台商投资股份有限公司**　指根据国家有关规定,经商务部(原外经贸部)批准设立,并且其中港、澳、台商的股本占公司注册资本的比例达25%以上的股份有限公司。凡其中港、澳、台商的股本占公司注册资本的比例小于25%的,属于内资中的股份有限公司。

**中外合资经营企业**　指外国企业或外国人与中国内地企业依照《中华人民共和国中外合资经营企业法》及有关法律的规定,按合同规定的比例投资设立,分享利润和分担风险的企业。

**中外合作经营企业**　指外国企业或外国人与中国内地企业依照《中华人民共和国中外合作经营企业法》及有关法律的规定,依照合作合同的约定进行投资或提供条件设立,分配利润、分担风险和亏损的企业。

**外资企业**　指依照《中华人民共和国外资企业法》及有关法律的规定,在中国内地由外国投资者全额投资设立的企业。

**外商投资股份有限公司**　指根据国家有关规定，经商务部(原外经贸部)批准设立,并且其中外资的股本占公司注册资本的比例达25%以上的股份有限公司。凡其中外资股本占公司注册资本的比例小于25%的，属于内资中的股份有限公司。

**轻工业**　指主要提供生活消费品和制作手工工具的工业。按其所使用的原料不同,可分为两大类:(1)以农产品为原料的轻工业是指直接或间接以农产品为基本原料的轻工业。主要包括食品制造、饮料制造、烟草加工、纺织、缝纫、皮革和毛皮制作,造纸以及印刷等工业;(2)以非农产品为原料的轻工业，是指以工业品为原料的轻工业。主要包括文教体育用品、化学药品制造、合成纤维制造、日用化学制品、日用玻璃制品、日用金属制品、手工工具制造、医疗器械制造、文化和办公用机械制造等工业。

**重工业**　是指为国民经济各部门提供物质技术基础的主要生产资料的工业。按其生产性质和产品用途,可以分为下列三类:(1)采掘(伐)工业,是指对自然资源的开采,包括石油开采、煤炭开采、金属矿开采、非金属矿开采和木材采伐等工业;(2)原材料工业,指向国民经济各部门提供基本材料、动力和燃料的工业。包括金属冶炼及加工、炼焦及焦炭化学、化工原料、水泥、人造板以及电力、石油和煤炭加工等工业;(3)加工工业,是指对工业原材料进行再加工制造的工业。包括装备国民经济各部门的机械设备制造工业、金属结构、水泥制品等工业,以及为农业提供的生产资料如化肥、农药等工业。

根据上述划分原则，修理业中以重工业产品为修理作业对象的划为重工业，反之划为轻工业。

**工业总产值（当年价格）** 指工业企业在报告期内生产的以货币形式表现的工业最终产品和提供工业劳务活动的总价值量。包括三部分：生产的成品价值、对外加工费收入、自制半成品在制品期末期初差额价值。

**新产品产值** 新产品是指采用新技术原理、新设计构思研制、生产的全新产品，或在结构、材质、工艺等某一方面比原有产品有明显改进，从而显著提高了产品性能或扩大了使用功能的产品。本报表中的新产品产值既包括经政府有关部门认定并在有效期内的新产品，也包括企业自行研制开发，未经政府有关部门认定，从投产之日起一年之内的新产品。

**工业销售产值（当年价格）** 指以货币形式表现的，工业企业在报告期内销售的本企业生产的工业产品或提供工业性劳务价值的总价值量。工业销售产值包括销售成品价值和对外加工费收入

**工业增加值** 是以货币形式表现的，工业企业在报告期内工业生产活动的最终成果，是企业生产过程中新增加的价值。

**固定资产原值** 固定资产原值指企业在建造、购置、安装、改建、扩建、技术改造某项固定资产时所支出的全部货币总额。它一般包括买价、包装费、运杂费和安装费等。

**固定资产净值** 是指固定资产原价减去历年已提折旧额后的净额。

**流动资产** 流动资产是指可以在一年或者超过一年的一个营业周期内变现或者耗用的资产，包括现金及各种存款、短期投资、应收及预付货款、存货等。

**利税总额** 指产品销售税金及附加和利润总额之和。

**资金利税率** 指在一定时期内已实现的利润、税金总额与同期的资产（固定资产净值和流动资产）之比。计算公式：

$$\text{资金利税率}(\%)=\frac{\text{报告期累计实现利税总额}}{\text{固定资产净值平均余额}+\text{流动资产平均余额}}\times 100\%$$

税率反映每单位（通常是每万元）资金所提供的利润税金额。它是考察和评价部门或企业资金运用的经济效益、分析资金投入效果的主要分析指标。

**工业成本利润率** 指在一定时期内实现的利润与成本费用之比，是反映工业生产成本及费用投入的经济效益指标，同时也是反映降低成本的经济效益的指标。计算公式：

$$\text{工业成本费用利润率}(\%)=\frac{\text{利润总额}}{\text{成本费用总额}}\times 100\%$$

**工业增加值率** 指在一定时期内工业增加值占工业总产值的比重，反映工业生产附加价值的高低。计算公式：

$$\text{工业增加值率}(\%)=\frac{\text{工业增加值}}{\text{工业总产值}}\times 100\%$$

**流动资产周转次数** 指在一定时期内流动资产的周转次数，反映流动资产的周转速度。计算公式：

$$\text{流动资金周转次数}=\frac{\text{产品销售收入}}{\text{全部流动资产平均余额}}\times 100\%$$

**产品销售率** 指一定时期内销售产值与同期全部工业总产值之比，反映工业产品生产已实现销售的程度。计算公式：

$$\text{工业产品销售率}(\%)=\frac{\text{报告期现价工业销售产值}}{\text{报告期现价工业总产值}}\times 100\%$$

**产品销售收入** 指企业销售产品的销售收入和提供劳务等主要经营业务取得的业务总额。

**产品销售工厂成本** 指企业销售产品和提供劳务等主要经营业务的实际成本。

**全员劳动生产率** 指根据产品的价值量指标计算的平均每一个职工在单位时间内的产品生产量。是考核企业经济活动的重要指标，是企业生产技术水平、经营管理水平、职工技术熟练程度和劳动积极性的综合表现。目前我国的全员劳动生产率是将工业企业的工业增加值除以同一时期全部职工的平均人数来计算的。计算公式：

$$\text{全员劳动生产率}=\frac{\text{工业增加值}}{\text{全部职工平均人数}}$$

**资本金** 指企业在工商行政管理部门登记的注册资金合计。企业资本金按投资主体可分为国家资本金、法人资本金、个人资本金和外商资本金等。资本金合计包括企业各种投资主体注册的全部资本金。

**总资产** 指企业拥有或控制的全部资产。包括流动资产、长期投资、固定资产、无形及递延资产、其他长期资产等，即为企业资产负债表的资产总计项。

（1）流动资产 指企业可以在一年内或者超过一年的一个生产周期内变现或耗用的资产合计。包括现金及各种存款、短期投资、应收及预付款项、存货等。

（2）固定资产 指企业固定资产净值、固定资产清理、在建工程、待处理固定资产损失所占用的资金合计。

（3）无形资产指企业长期使用而没有实物形态的资产。包括专利权、非专利技术、商标权、著作权、土地使用权、商誉等。

**总负债** 指企业承担并需要偿还的全部债务。包括流动负债和长期负债等，即为企业资产负债表的负债合计项。

（1）流动负债指企业在一年内或者超过一年的一个营业周期内需要偿还的债务合计，其中包括短期借款，应付及预收款项、应付工资、应交税金和应交利润等。

（2）长期负债指企业在一年以上或者超过一年的一个生产周期以上需要偿还的债务合计，其中包括长期借款、应付债务、长期应付款项等。

**所有者权益** 指企业投资人对企业净资产的所有权。企业净资产等于企业全部资产减去全部负债后的余额，其中包括投资者对企业的最初投入，以及资本公积金、盈余公积金和未分配利润，对股份制企业即为股东权益。

# 建筑业

# CONSTRUCTION

# 14

版面负责人：张　虹

编　　　辑：刘云祥

# 企业统计信用管理办法(试行)

**第十七条** 县级以上人民政府统计机构应当遵循诚信守法便利、失信违法惩戒原则，对统计守信企业予以激励；对统计信用异常企业、统计一般失信企业加强监督检查；将统计严重失信企业信息纳入金融、工商等行业和部门信用信息系统，并按照《关于加快推进失信被执行人信用监督、警示和惩戒机制建设的意见》，以及《关于对统计领域严重失信企业及其有关人员开展联合惩戒的合作备忘录》实施联合惩戒。

联合惩戒措施包括：

(一)对失信企业依法作出行政处罚；对负有责任的领导人员和直接责任人员，属于国家工作人员的，按照有关规定由任免机关、监察机关依纪依法给予组织处理或者处分。

(二)依法依规限制取得政府性资金支持。

(三)依法限制参与建设工程招投标。

(四)将失信企业及其相关人员有关信息作为公司债券和股票发行审核的参考，从严审核企业债券发行。

(五)暂停审批科技项目。

(六)依法限制参与政府采购活动。

(七)依法限制取得政府供应土地。

(八)严格、审慎审批新改扩建项目的环评事项。

(九)从严审核在银行间市场发行债券。

(十)依法限制境内上市公司实行股权激励计划或者限制成为股权激励对象。

(十一)对其进出口货物加大监管力度，加强单证审核和布控查验。

(十二)申请适用海关认证企业管理的，不予通过认证；已经成为认证企业的，按照规定下调企业信用等级。

(十三)将失信企业有关信息纳入检验检疫进出口企业信用管理系统，依据《出入境检验检疫企业信用管理办法》对其进行信用评级和监督。

(十四)认证机构暂停或者撤销相关认证证书。

(十五)在审批保险公司设立时，将统计领域严重失信企业及其有关人员的失信状况作为重要参考依据。

(十六)在核准与管理相关外汇额度时作审慎性参考。

(十七)依法限制招录(聘)为公务员或事业单位工作人员。

(十八)对企业和个人给予表彰奖励、授予荣誉称号时，应当参考其统计信用状况，对失信企业和失信人员，不予颁发政府荣誉；及时撤销失信企业和失信人员获得的荣誉称号。

(十九)依法限制登记为事业单位法定代表人。

(二十)依法限制担任国有企业法定代表人、董事、监事。

(二十一)将失信人员有关信息记入个人信用记录和统计从业人员诚信档案，在一定期限内不得从事与会计、统计等有关的工作，不能取得会计、统计等有关专业职称。

(二十二)依法限制设立融资性担保公司；在审批融资性担保公司或金融机构董事、监事及高级管理人员任职资格时，将统计领域严重失信企业及其有关人员失信状况作为重要参考依据。

# 14-1 全年建筑业企业主要经济指标

| 项　　目 | | 2009 | 2010 | 2011 | 2012 | 2013 | 2014 | 2015 | 2016 | 2017 |
|---|---|---|---|---|---|---|---|---|---|---|
| 企业个数 | （个） | 425 | 364 | 347 | 389 | 443 | 413 | 430 | 455 | 529 |
| #国有及国有控股企业 | | 54 | 45 | 48 | 36 | 41 | 39 | 35 | 34 | 33 |
| #内资企业 | | 424 | 363 | 345 | 385 | 437 | 409 | 426 | 451 | 525 |
| 港、澳、台商投资企业 | | 1 | 1 | 1 | 3 | 5 | 3 | 3 | 3 | 3 |
| 外商投资企业 | | | | 1 | 1 | 1 | 1 | 1 | 1 | 1 |
| 期末从业人数 | （人） | 314073 | 337490 | 403721 | 469181 | 476577 | 519304 | 496929 | 521047 | 545227 |
| 建筑业总产值 | （亿元） | 431.58 | 535.72 | 648.07 | 881.66 | 1089.66 | 1321.04 | 1361.22 | 1390.66 | 1493.02 |
| #建筑工程 | | 400.52 | 510.88 | 631.59 | 829.68 | 1020.97 | 1254.94 | 1299.00 | 133.90 | 143.72 |
| 安装工程 | | 28.38 | 22.55 | 11.85 | 30.46 | 59.68 | 48.25 | 41.93 | 34.00 | 38.36 |
| 竣工产值 | | 358.54 | 419.39 | 497.72 | 661.74 | 801.89 | 1069.93 | 1118.16 | 1164.20 | 1191.82 |
| 利润总额 | | 19.53 | 24.50 | 28.33 | 36.32 | 58.61 | 58.55 | 51.92 | 52.63 | 62.79 |
| 税金总额 | | 11.99 | 15.13 | 20.70 | 25.96 | 29.47 | 38.47 | 38.90 | 25.42 | 62.86 |
| 房屋建筑施工面积 | （万平方米） | 4381.23 | 4872.40 | 5517.02 | 7702.88 | 9578.95 | 11606.80 | 11718.43 | 11880.35 | 11642.81 |
| #本年新开工面积 | | 2795.05 | 3120.05 | 3145.48 | 4707.61 | 5115.57 | 4180.30 | 5373.14 | 5371.02 | 5036.01 |
| 房屋建筑竣工面积 | | 2414.14 | 2530.61 | 2584.80 | 3247.33 | 3853.46 | 5274.97 | 4970.80 | 4613.18 | 4355.87 |
| 房屋建筑面积竣工率 | （%） | 55.10 | 51.90 | 46.90 | 42.20 | 40.02 | 45.45 | 42.42 | 38.83 | 37.41 |

注：2017年税金总额包含应交增值税。

# 14–2 建筑业总承包和专业承包生产经营情况

（2017 年） 单位：千元

| 项目 | 单位个数（个） | 签订的建筑合同额 | 上年结转建筑合同额 | 本年新签建筑合同额 | 直接从建设单位承揽工程完成的产值 | 自行完成施工产值 | 分包出去工程的产值 |
|---|---|---|---|---|---|---|---|
| **总 计** | **507** | **211249399** | **62597334** | **148652065** | **143975402** | **143823276** | **152126** |
| **按行业分** | | | | | | | |
| 房屋建筑业 | 293 | 166738479 | 52913444 | 113825035 | 114880662 | 114806488 | 74174 |
| 土木工程建筑业 | 113 | 33776577 | 7738772 | 26037805 | 20590073 | 20529378 | 60695 |
| 建筑安装业 | 36 | 4331660 | 887761 | 3443899 | 3319738 | 3306439 | 13299 |
| 建筑装饰和其他建筑业 | 65 | 6402683 | 1057357 | 5345326 | 5184929 | 5180971 | 3958 |
| **按登记注册类型分** | | | | | | | |
| 内资企业 | 503 | 211032427 | 62573509 | 148458918 | 143782823 | 143630697 | 152126 |
| 国有企业 | 33 | 15288004 | 4626730 | 10661274 | 9391082 | 9391082 | |
| 集体企业 | 16 | 7864484 | 1714642 | 6149842 | 4254837 | 4254837 | |
| 股份合作企业 | 2 | 122337 | 50702 | 71635 | 113741 | 113741 | |
| 有限责任公司 | 148 | 78842165 | 27091005 | 51751160 | 54587510 | 54503082 | 84428 |
| 股份有限公司 | 33 | 14058892 | 2999570 | 11059322 | 11033172 | 11031494 | 1678 |
| 私营企业 | 271 | 94856545 | 26090860 | 68765685 | 64402481 | 64336461 | 66020 |
| 港、澳、台商投资企业 | 3 | 54715 | 21836 | 32879 | 30322 | 30322 | |
| 与港澳台商合资经营企业 | 2 | 1884 | | 1884 | 1884 | 1884 | |
| 与港澳台商合作经营企业 | 1 | 52831 | 21836 | 30995 | 28438 | 28438 | |
| 外商投资企业 | 1 | 162257 | 1989 | 160268 | 162257 | 162257 | |
| 中外合资经营企业 | 1 | 162257 | 1989 | 160268 | 162257 | 162257 | |
| **按企业控股情况分** | | | | | | | |
| 国有控股 | 54 | 31902319 | 8822394 | 23079925 | 21389755 | 21367480 | 22275 |
| 集体控股 | 29 | 10800379 | 2471624 | 8328755 | 6902576 | 6902418 | 158 |
| 私人控股 | 408 | 165090748 | 49329847 | 115760901 | 113815900 | 113696679 | 119221 |
| 港澳台商控股 | 1 | | | | | | |
| 其他 | 15 | 3455953 | 1973469 | 1482484 | 1867171 | 1856699 | 10472 |
| **按资质等级分** | | | | | | | |
| 施工总承包序列 | 365 | 200150443 | 60301635 | 139848808 | 136048904 | 135958184 | 90720 |
| 施工总承包序列特级工程 | 3 | 25106734 | 7337193 | 17769541 | 14508660 | 14508660 | |
| 施工总承包序列一级工程 | 48 | 81126909 | 25610402 | 55516507 | 58133910 | 58132910 | 1000 |
| 施工总承包序列二级工程 | 128 | 48577151 | 14575897 | 34001254 | 35114882 | 35081766 | 33116 |
| 施工总承包序列三级工程 | 186 | 45339649 | 12778143 | 32561506 | 28291452 | 28234848 | 56604 |
| 专业承包序列 | 142 | 11098956 | 2295699 | 8803257 | 7926498 | 7865092 | 61406 |
| 专业承包序列一级工程 | 29 | 4354063 | 1115119 | 3238944 | 2811862 | 2797339 | 14523 |
| 专业承包序列二级工程 | 54 | 4342938 | 976954 | 3365984 | 2742114 | 2705965 | 36149 |
| 专业承包序列三级工程 | 55 | 2354448 | 194002 | 2160446 | 2357365 | 2346631 | 10734 |
| 专业承包序列不分等级工程 | 4 | 47507 | 9624 | 37883 | 15157 | 15157 | |

14-2 续表 1 （2017 年） 单位：千元

| 项目 | 从建设单位以外承揽工程完成的产值 | 建筑业总产值 | 装饰装修产值 | 建筑工程产值 | 安装工程产值 | 其他建筑业产值 | 在外省完成的产值 |
|---|---|---|---|---|---|---|---|
| **总　计** | **5479511** | **149302787** | **2945504** | **143719358** | **3836197** | **1747232** | **58318185** |
| **按行业分** | | | | | | | |
| 房屋建筑业 | 3340264 | 118146752 | 888816 | 115919145 | 797357 | 1430250 | 45544556 |
| 土木工程建筑业 | 1550949 | 22080327 | 6306 | 21400708 | 383177 | 296442 | 8405695 |
| 建筑安装业 | 494339 | 3800778 | 90 | 1438735 | 2348513 | 13530 | 2492197 |
| 建筑装饰和其他建筑业 | 93959 | 5274930 | 2050292 | 4960770 | 307150 | 7010 | 1875737 |
| **按登记注册类型分** | | | | | | | |
| 内资企业 | 5479511 | 149110208 | 2917066 | 143526779 | 3836197 | 1747232 | 58289747 |
| 国有企业 | 153527 | 9544609 | 4306 | 9427529 | 100995 | 16085 | 1163448 |
| 集体企业 | 46879 | 4301716 | 14414 | 4253973 | 47743 | | 1465275 |
| 股份合作企业 | | 113741 | | 113741 | | | |
| 有限责任公司 | 686757 | 55189839 | 743344 | 54067176 | 796906 | 325757 | 26219941 |
| 股份有限公司 | 212637 | 11244131 | 93250 | 9363255 | 1873085 | 7791 | 5478913 |
| 私营企业 | 4379711 | 68716172 | 2061752 | 66301105 | 1017468 | 1397599 | 23962170 |
| 港、澳、台商投资企业 | | 30322 | 28438 | 30322 | | | 28438 |
| 与港澳台商合资经营企业 | | 1884 | | 1884 | | | |
| 与港澳台商合作经营企业 | | 28438 | 28438 | 28438 | | | 28438 |
| 外商投资企业 | | 162257 | | 162257 | | | |
| 中外合资经营企业 | | 162257 | | 162257 | | | |
| **按企业控股情况分** | | | | | | | |
| 国有控股 | 274633 | 21642113 | 32744 | 21287984 | 162678 | 191451 | 7511298 |
| 集体控股 | 158071 | 7060489 | 27847 | 6789818 | 270671 | | 1591257 |
| 私人控股 | 5036335 | 118733014 | 2884913 | 113820280 | 3358953 | 1553781 | 49158620 |
| 港澳台商控股 | | | | | | | |
| 其他 | 10472 | 1867171 | | 1821276 | 43895 | 2000 | 57010 |
| **按资质等级分** | | | | | | | |
| 施工总承包序列 | 4606098 | 140564282 | 876921 | 136490056 | 2503524 | 1570702 | 54810106 |
| 施工总承包序列特级工程 | 1827569 | 16336229 | 240242 | 15663403 | 340552 | 332274 | 12182582 |
| 施工总承包序列一级工程 | 551952 | 58684862 | 515448 | 57327123 | 356663 | 1001076 | 30099930 |
| 施工总承包序列二级工程 | 1312205 | 36393971 | 89911 | 34493136 | 1667036 | 233799 | 9426766 |
| 施工总承包序列三级工程 | 914372 | 29149220 | 31320 | 29006394 | 139273 | 3553 | 3100828 |
| 专业承包序列 | 873413 | 8738505 | 2068583 | 7229302 | 1332673 | 176530 | 3508079 |
| 专业承包序列一级工程 | 657152 | 3454491 | 1383976 | 2721185 | 588169 | 145137 | 2134332 |
| 专业承包序列二级工程 | 193445 | 2899410 | 536126 | 2598110 | 289141 | 12159 | 1003184 |
| 专业承包序列三级工程 | 22816 | 2369447 | 148481 | 1907602 | 442961 | 18884 | 370563 |
| 专业承包序列不分等级工程 | | 15157 | | 2405 | 12402 | 350 | |

14-2 续表2 （2017年） 单位:千元

| 项目 | 竣工产值 | 房屋施工面积（平方米） | 房屋新开工面积（平方米） |
|---|---|---|---|
| **总 计** | **119181756** | **116428106** | **50360079** |
| **按行业分** | | | |
| 房屋建筑业 | 94130027 | 114214657 | 48936473 |
| 土木工程建筑业 | 16868171 | 1763916 | 1210749 |
| 建筑安装业 | 4410547 | 449533 | 212857 |
| 建筑装饰和其他建筑业 | 3773011 | | |
| **按登记注册类型分** | | | |
| 内资企业 | 119097975 | 116275853 | 50207826 |
| 国有企业 | 6695093 | 7861867 | 5195216 |
| 集体企业 | 1992274 | 1216921 | 596627 |
| 股份合作企业 | 105980 | 70652 | 38251 |
| 有限责任公司 | 45587001 | 50666807 | 16318723 |
| 股份有限公司 | 10217392 | 6119490 | 4216708 |
| 私营企业 | 54500235 | 50340116 | 23842301 |
| 港、澳、台商投资企业 | 30322 | | |
| 与港澳台商合资经营企业 | 1884 | | |
| 与港澳台商合作经营企业 | 28438 | | |
| 外商投资企业 | 53459 | 152253 | 152253 |
| 中外合资经营企业 | 53459 | 152253 | 152253 |
| **按企业控股情况分** | | | |
| 国有控股 | 13562268 | 12561613 | 9019195 |
| 集体控股 | 5292700 | 1636889 | 622587 |
| 私人控股 | 99514714 | 100185338 | 39972070 |
| 港澳台商控股 | | | |
| 其他 | 812074 | 2044266 | 746227 |
| **按资质等级分** | | | |
| 施工总承包序列 | 111959721 | 115995297 | 50142603 |
| 施工总承包序列特级工程 | 9304750 | 6910399 | 3172205 |
| 施工总承包序列一级工程 | 55992760 | 57052197 | 20975659 |
| 施工总承包序列二级工程 | 29067416 | 27665606 | 14402272 |
| 施工总承包序列三级工程 | 17594795 | 24367095 | 11592467 |
| 专业承包序列 | 7222035 | 432809 | 217476 |
| 专业承包序列一级工程 | 3713220 | 107673 | |
| 专业承包序列二级工程 | 2062540 | 205443 | 144621 |
| 专业承包序列三级工程 | 1445055 | 118193 | 72855 |
| 专业承包序列不分等级工程 | 1220 | 1500 | |

# 14-3 建筑业总承包和专业承包从业人员情况

（2017 年） 单位：人

| 项目 | 单位个数（个） | 从业建筑业活动的从业人员平均数 | 工程技术人员 | 建筑业企业期末人数 |
|---|---|---|---|---|
| **总计** | **507** | **746671** | **57453** | **545227** |
| **按登记注册类型分** | | | | |
| 内资企业 | 503 | 745931 | 57388 | 544401 |
| 国有企业 | 33 | 44569 | 8556 | 46450 |
| 集体企业 | 16 | 14975 | 1141 | 9310 |
| 股份合作企业 | 2 | 518 | 125 | 509 |
| 有限责任公司 | 148 | 319315 | 23686 | 191683 |
| 股份有限公司 | 33 | 58167 | 3197 | 49348 |
| 私营企业 | 271 | 308387 | 20683 | 247101 |
| 港、澳、台商投资企业 | 3 | 154 | 40 | 144 |
| 与港澳台商合资经营企业 | 2 | 22 | 5 | 20 |
| 与港澳台商合作经营企业 | 1 | 132 | 35 | 124 |
| 外商投资企业 | 1 | 586 | 25 | 682 |
| 中外合资经营企业 | 1 | 586 | 25 | 682 |
| **按行业分** | | | | |
| 房屋建筑业 | 293 | 624869 | 44534 | 459198 |
| 土木工程建筑业 | 113 | 79850 | 8262 | 58899 |
| 建筑安装业 | 36 | 19649 | 2212 | 13199 |
| 建筑装饰和其他建筑业 | 65 | 22303 | 2445 | 13931 |

# 14–4 建筑业总承包和专业承包财务状况

（2017 年） 单位：千元

| 项目 | 单位数（个） | 年初存货 | 流动资产 | 应收工程款 | 存货 | 资产 | 负债 |
|---|---|---|---|---|---|---|---|
| **总 计** | **507** | **15269505** | **62175801** | **22546283** | **17780285** | **80381296** | **32232328** |
| **按所有制类型分** | | | | | | | |
| 国有控股 | 51 | 3954838 | 18401812 | 6713718 | 5078716 | 22670019 | 13378024 |
| 集体控股 | 31 | 604855 | 3281926 | 1507807 | 640104 | 3970793 | 1723473 |
| 私人控股 | 413 | 10516545 | 39927592 | 14169001 | 11855947 | 53017982 | 16916728 |
| 港澳台商控股 | 1 | 210 | 2123 | | | 3542 | 1766 |
| 其他 | 11 | 193057 | 562348 | 155757 | 205518 | 718960 | 212337 |
| **按企业资质等级分** | | | | | | | |
| 施工总承包序列 | 365 | 14301538 | 56135101 | 20058621 | 16769528 | 72158146 | 28706782 |
| 施工总承包序列特级工程 | 3 | 3023855 | 12090978 | 5696402 | 3249773 | 17032635 | 8464879 |
| 施工总承包序列一级工程 | 48 | 4910957 | 16164381 | 4569299 | 5236515 | 18982137 | 6334503 |
| 施工总承包序列二级工程 | 128 | 3869798 | 17908655 | 5095227 | 5502124 | 23292565 | 9191691 |
| 施工总承包序列三级工程 | 186 | 2496928 | 9971087 | 4697693 | 2781116 | 12850809 | 4715709 |
| 专业承包序列 | 142 | 967967 | 6040700 | 2487662 | 1010757 | 8223150 | 3525546 |
| 专业承包序列一级工程 | 29 | 400085 | 2817249 | 1116119 | 378752 | 3582089 | 2005990 |
| 专业承包序列二级工程 | 55 | 411673 | 1708400 | 519472 | 448121 | 2350173 | 859691 |
| 专业承包序列三级工程 | 54 | 152031 | 1468075 | 841175 | 180511 | 2218336 | 630671 |
| 专业承包序列不分等级工程 | 4 | 4178 | 46976 | 10896 | 3373 | 72552 | 29194 |
| **按行业分** | | | | | | | |
| 房屋建筑业 | 294 | 10712737 | 39888549 | 13396069 | 13388490 | 51116485 | 17531149 |
| 土木工程建筑业 | 112 | 3727725 | 16857486 | 7179041 | 3616137 | 21974401 | 11361367 |
| 建筑安装业 | 36 | 341901 | 1931268 | 646073 | 409117 | 2352400 | 769420 |
| 建筑装饰和其他建筑业 | 65 | 487142 | 3498498 | 1325100 | 366541 | 4938010 | 2570392 |
| **按登记注册类型分** | | | | | | | |
| 内资企业 | 503 | 15245674 | 62058379 | 22505864 | 17755724 | 80186331 | 32130487 |
| 国有企业 | 30 | 1262240 | 8154247 | 2120097 | 2457699 | 10065201 | 5471938 |
| 集体企业 | 17 | 335361 | 1654641 | 576390 | 367109 | 2027561 | 998152 |
| 股份合作企业 | 1 | 5822 | 23508 | 5100 | 3669 | 34632 | 21642 |
| 有限责任公司 | 152 | 6793142 | 25408573 | 9377566 | 7807753 | 30468322 | 13713159 |
| 股份有限公司 | 35 | 792351 | 2544640 | 581164 | 1070597 | 3905203 | 779983 |
| 私营企业 | 268 | 6056758 | 24272770 | 9845547 | 6048897 | 33685412 | 11145613 |
| 港、澳、台商投资企业 | 3 | 1645 | 38209 | 18393 | 1416 | 83393 | 47023 |
| 与港澳台商合资经营企业 | 2 | 1645 | 6205 | 1111 | 1416 | 9767 | 3309 |
| 与港澳台商合作经营企业 | 1 | | 32004 | 17282 | | 73626 | 43714 |
| 港澳台商独资经营企业 | 1 | 22186 | 79213 | 22026 | 23145 | 111572 | 54818 |
| 外商投资企业 | 1 | 22186 | 79213 | 22026 | 23145 | 111572 | 54818 |

14-4　续表 1　　（2017 年）　　单位：千元

| 项　目 | 营业收入 | 主　营<br>业务收入 | 营业成本 | 主　营<br>业务成本 | 税　金<br>及附加 | 主营业务<br>税金及附加 | 其　他<br>业务利润 |
|---|---|---|---|---|---|---|---|
| **总　计** | **128614344** | **128300897** | **113425767** | **113045667** | **2479431** | **2462910** | **41536** |
| **按所有制类型分** | | | | | | | |
| 国有控股 | 19501365 | 19257385 | 17064085 | 16834067 | 399880 | 393353 | 17416 |
| 集体控股 | 5019898 | 4975378 | 4120268 | 4060877 | 94253 | 89418 | 16929 |
| 私人控股 | 102297242 | 102272459 | 90537407 | 90446843 | 1951422 | 1946263 | 7154 |
| 港澳台商控股 | 305 | 305 | 199 | 199 | 7 | 7 | |
| 其他 | 1795534 | 1795370 | 1703808 | 1703681 | 33869 | 33869 | 37 |
| **按企业资质等级分** | | | | | | | |
| 施工总承包序列 | 117792615 | 117682307 | 104302442 | 104195656 | 2312582 | 2302766 | 20358 |
| 施工总承包序列特级工程 | 18593963 | 18541286 | 17375918 | 17326922 | 124538 | 124538 | |
| 施工总承包序列一级工程 | 49653276 | 49617746 | 43793847 | 43766499 | 899926 | 899454 | 9815 |
| 施工总承包序列二级工程 | 28793593 | 28776588 | 25225899 | 25206475 | 725814 | 721580 | 7873 |
| 施工总承包序列三级工程 | 20751783 | 20746687 | 17906778 | 17895760 | 562304 | 557194 | 2670 |
| 专业承包序列 | 10821729 | 10618590 | 9123325 | 8850011 | 166849 | 160144 | 21178 |
| 专业承包序列一级工程 | 5128377 | 5118623 | 4369692 | 4368089 | 59405 | 58686 | 3999 |
| 专业承包序列二级工程 | 3099402 | 3067701 | 2642234 | 2619106 | 53484 | 50775 | 7553 |
| 专业承包序列三级工程 | 2496826 | 2335654 | 2023658 | 1775440 | 52265 | 49038 | 9626 |
| 专业承包序列不分等级工程 | 97124 | 96612 | 87741 | 87376 | 1695 | 1645 | |
| **按行业分** | | | | | | | |
| 房屋建筑业 | 99315996 | 99291361 | 88218036 | 88192378 | 1975753 | 1971369 | 10858 |
| 土木工程建筑业 | 19263045 | 18984677 | 16577273 | 16262813 | 365445 | 363627 | 28214 |
| 建筑安装业 | 4362617 | 4361065 | 3735154 | 3697720 | 49924 | 46707 | 102 |
| 建筑装饰和其他建筑业 | 5672686 | 5663794 | 4895304 | 4892756 | 88309 | 81207 | 2362 |
| **按登记注册类型分** | | | | | | | |
| 内资企业 | 128369002 | 128055555 | 113232218 | 112852118 | 2473143 | 2456622 | 41536 |
| 国有企业 | 7918030 | 7890092 | 6892841 | 6866024 | 178853 | 176595 | 5373 |
| 集体企业 | 2217263 | 2178484 | 1898329 | 1872929 | 54615 | 52997 | 12042 |
| 股份合作企业 | 9784 | 9784 | 5369 | 5369 | 689 | 689 | |
| 有限责任公司 | 46667341 | 46439852 | 40645781 | 40351608 | 857156 | 849390 | 17726 |
| 股份有限公司 | 9727313 | 9726112 | 8650740 | 8644155 | 196602 | 196602 | 623 |
| 私营企业 | 61829271 | 61811231 | 55139158 | 55112033 | 1185228 | 1180349 | 5772 |
| 港、澳、台商投资企业 | 83085 | 83085 | 64017 | 64017 | 609 | 609 | |
| 与港澳台商合资经营企业 | 3759 | 3759 | 3633 | 3633 | 27 | 27 | |
| 与港澳台商合作经营企业 | 79326 | 79326 | 60384 | 60384 | 582 | 582 | |
| 港澳台商独资经营企业 | 162257 | 162257 | 129532 | 129532 | 5679 | 5679 | |
| 外商投资企业 | 162257 | 162257 | 129532 | 129532 | 5679 | 5679 | |

14-4 续表 2 （2017 年） 单位:千元

| 项目 | 销售费用 | 管理费用 | 财务费用 | 利润总额 | 营业利润 |
|---|---|---|---|---|---|
| **总 计** | **615062** | **5396681** | **392772** | **6278970** | **6288312** |
| **按所有制类型分** | | | | | |
| 国有控股 | 73207 | 725337 | 89947 | 1116595 | 1119614 |
| 集体控股 | 10571 | 484448 | 25398 | 281933 | 280959 |
| 私人控股 | 529884 | 4166123 | 274448 | 4848128 | 4855293 |
| 港澳台商控股 | 7 | 93 | | -1 | -1 |
| 其他 | 1393 | 20680 | 2979 | 32315 | 32447 |
| **按企业资质等级分** | | | | | |
| 施工总承包序列 | 545861 | 4588942 | 322114 | 5691769 | 5701986 |
| 施工总承包序列特级工程 | 50610 | 619308 | 19554 | 367144 | 369602 |
| 施工总承包序列一级工程 | 217833 | 2129633 | 117044 | 2507442 | 2511365 |
| 施工总承包序列二级工程 | 151516 | 977215 | 92777 | 1641090 | 1647525 |
| 施工总承包序列三级工程 | 125902 | 862786 | 92739 | 1176093 | 1173494 |
| 专业承包序列 | 69201 | 807739 | 70658 | 587201 | 586326 |
| 专业承包序列一级工程 | 11343 | 413683 | 54445 | 220583 | 221213 |
| 专业承包序列二级工程 | 24687 | 159312 | 5554 | 213668 | 214495 |
| 专业承包序列三级工程 | 32585 | 231621 | 9912 | 149774 | 147386 |
| 专业承包序列不分等级工程 | 586 | 3123 | 747 | 3176 | 3232 |
| **按行业分** | | | | | |
| 房屋建筑业 | 497257 | 3625665 | 217506 | 4753082 | 4763245 |
| 土木工程建筑业 | 50468 | 1179510 | 129978 | 947941 | 947874 |
| 建筑安装业 | 24444 | 315481 | 14401 | 220512 | 220465 |
| 建筑装饰和其他建筑业 | 42893 | 276025 | 30887 | 357435 | 356728 |
| **按登记注册类型分** | | | | | |
| 内资企业 | 611498 | 5390294 | 390580 | 6245226 | 6254950 |
| 国有企业 | 15572 | 345683 | 67177 | 413821 | 417940 |
| 集体企业 | 9347 | 113008 | 8484 | 134147 | 134078 |
| 股份合作企业 | | 3644 | -2 | 84 | 84 |
| 有限责任公司 | 235229 | 2093342 | 143676 | 2659031 | 2662130 |
| 股份有限公司 | 28257 | 382156 | 21467 | 447547 | 448091 |
| 私营企业 | 323093 | 2452461 | 149778 | 2590596 | 2592627 |
| 港、澳、台商投资企业 | 2237 | 4950 | 991 | 10663 | 10281 |
| 与港澳台商合资经营企业 | 7 | 467 | | 7 | -375 |
| 与港澳台商合作经营企业 | 2230 | 4483 | 991 | 10656 | 10656 |
| 港澳台商独资经营企业 | 1327 | 1437 | 1201 | 23081 | 23081 |
| 外商投资企业 | 1327 | 1437 | 1201 | 23081 | 23081 |

# 主要统计指标解释

**建筑业总产值(即自行完成施工产值)** 指建筑业企业或附属施工单位自行完成的按工程进度计算的建筑安装生产总值。施工产值包括:

①建筑工程产值:指列入建筑工程预算内的各种工程价值。

②设备安装工程产值:指设备安装工程价值。

③房屋、构筑物修理产值:指房屋、构筑物修理所完成的价值,但不包括被修理房屋、构筑物本身的价值和生产设备的修理价值。

④非标准设备制造产值:指加工制造没有定型的、非标准的生产设备的加工费和原材料价值,不论是现场还是附属加工厂为本单位承建工程制造的非标准设备的价值,都应计算产值。

**竣工产值** 指在报告期内,按照设计所规定的工程内容全部完成,达到了设计规定的交工条件,经有关部门检查验收鉴定合格的单位工程价值之和。

**房屋建筑施工面积** 指在报告期内施工的全部房屋建筑面积。包括本期内新开工的、上期施工跨入本期继续施工、上期停建本期复工的房屋建筑面积;不包括上期开工后又停工,本期未施工的房屋建筑面积。

**房屋建筑竣工面积** 指在报告期内,按照设计所规定的工程内容全部完成,达到了设计规定的交工条件,经有关部门检查验收鉴定合格的房屋建筑面积。

**住宅竣工面积** 指房屋建筑竣工面积中供居住用的房屋建筑竣工面积。

**自有机械设备年末总台数** 指归本企业(或单位)所有,属于本企业固定资产的生产性机械设备年末总台数。包括施工机械、生产设备、运输设备以及其他设备。

**自有机械设备年末总功率** 指本企业(或单位)自有施工机械、生产设备、运输设备以及其他设备等列为在册固定资产的生产性机械设备年末总功率,按设定能力或查定能力计算。包括机械本身的动力和为该机械服务的单独动力设备,如电动机等。计算单位用千瓦,动力换算可按 1 马力 =0.735 千瓦折合成千瓦数。电焊机、变压器、锅炉不计算动力。

**工程结算收入** 指企业(或单位)按工程的分部分项自行完成的建筑产品价值并已与甲方在报告期内办理结算手续的工程价款收入,以及向甲方收取的除工程价款以外的按规定列作营业收入的各种款项,如临时设施费、劳动保险费、施工机械调迁费等以及向甲方收取的各种索赔款。

**工程结算利润** 指已结算工程实现的利润,如为亏损以"–"号表示。其计算公式为:

工程结算利润 = 工程结算收入
– 工程结算成本
– 工程结算税金及附加

**企业总收入** 指与企业生产经营直接有关的各项收入,包括工程结算收入和其他业务收入,即:

企业总收入 = 工程结算收入
+ 其他业务收入

# 交通运输和邮电

# TRANSPORTATION, POSTAL AND TELECOMMUNICATIONS SERVICES

# 15

版面负责人：卢川川

编　　　辑：徐向忠

# 企业统计信用管理办法(试行)

(二十三)将统计上严重失信行为作为投资等优惠性政策认定,金融机构评级授信、信贷融资、管理和退出,审批证券、证券投资基金及期货公司设立、变更,私募基金管理人登记、重大事项变更以及基金备案,相关责任人考核、干部选任等的重要参考。

**第十八条** 企业可以向采集、认定本单位统计信用的政府统计机构提出书面查询申请,查询本单位的统计信用信息和统计信用状况。政府统计机构应于 15 个工作日内回复。

**第十九条** 县级以上人民政府统计机构发现采集、认定和公示的企业统计信用信息不准确的,应当及时更正。

上级统计机构发现下级统计机构采集、认定和公示的企业统计信用信息不准确的,应当要求下级及时更正。

公民、法人或者其他组织有证据证明统计机构采集和公示的企业统计信用信息不准确的,有权要求统计机构予以更正。经核查确有错误的,履行公示职责的统计机构应当及时予以更正或删除。

**第二十条** 企业对统计机构在公示企业统计信用信息工作中的具体行政行为或作出的认定决定不服的，可以依法申请行政复议或者提起行政诉讼。

**第二十一条** 县级以上人民政府统计机构应当与同级有关部门建立合作机制，推进信用信息互认互通、信息共享。

**第二十二条** 县级以上人民政府统计机构未按本办法履行职责的，由上一级政府统计机构责令改正；情节严重的,对负有责任的主管领导和其他直接责任人员依法依纪依规予以处分。

**第二十三条** 本办法中的各级统计机构是指县级以上人民政府统计局和国家调查队。

**第二十四条** 政府有关部门组织实施的统计调查活动参照本办法执行。

**第二十五条** 承担法定的政府统计资料报送义务的其他单位,其统计信用管理参照本办法执行。

**第二十六条** 民间统计调查单位统计信用管理参照本办法执行。

**第二十七条** 《统计上严重失信企业信息公示暂行办法》与本办法不一致的,执行本办法。

**第二十八条** 本办法由国家统计局负责解释。

**第二十九条** 本办法自 2017 年 8 月 1 日起施行。

# 15-1 全社会客、货运量

| 年 份 | 全社会客运量（万人） | #铁路 | 公路 | 全社会货运量（万吨） | #铁路 | 公路 | 水运 |
|---|---|---|---|---|---|---|---|
| 1978 | 2030 | 636 | 1394 | 2608 | 1480 | 652 | 93 |
| 1979 | 2305 | 671 | 1634 | 3154 | 1555 | 681 | 89 |
| 1980 | 2724 | 712 | 2012 | 3252 | 1588 | 724 | 75 |
| 1981 | 2958 | 741 | 2217 | 3026 | 1468 | 703 | 59 |
| 1982 | 3174 | 806 | 2368 | 3230 | 1561 | 825 | 72 |
| 1983 | 3133 | 859 | 2274 | 3605 | 1642 | 894 | 71 |
| 1984 | 3358 | 943 | 2415 | 5428 | 1727 | 2314 | 100 |
| 1985 | 3590 | 967 | 2617 | 6280 | 1814 | 2643 | 326 |
| 1986 | 3570 | 964 | 2600 | 7866 | 1850 | 4264 | 335 |
| 1987 | 3602 | 1073 | 2528 | 6962 | 1944 | 2966 | 649 |
| 1988 | 3790 | 1166 | 2624 | 7022 | 2007 | 2996 | 550 |
| 1989 | 3471 | 985 | 2486 | 6394 | 2078 | 2673 | 330 |
| 1990 | 3156 | 800 | 2356 | 6073 | 2021 | 2115 | 350 |
| 1991 | 2962 | 809 | 2153 | 6189 | 2040 | 2789 | 351 |
| 1992 | 3766 | 846 | 2920 | 11069 | 2041 | 7289 | 611 |
| 1993 | 4288 | 852 | 3435 | 8832 | 2127 | 4475 | 780 |
| 1994 | 4652 | 839 | 3811 | 10350 | 2051 | 6760 | 564 |
| 1995 | 6071 | 852 | 5216 | 10859 | 2022 | 6717 | 1182 |
| 1996 | 8396 | 703 | 7691 | 8792 | 1981 | 5184 | 1170 |
| 1997 | 7552 | 764 | 6786 | 7851 | 1736 | 4396 | 754 |
| 1998 | 6863 | 807 | 6048 | 8573 | 1558 | 4608 | 514 |
| 1999 | 6647 | 827 | 5812 | 8884 | 1663 | 4367 | 655 |
| 2000 | 7255 | 802 | 6443 | 9669 | 1700 | 4788 | 565 |
| 2001 | 7411 | 793 | 6610 | 9785 | 1613 | 4906 | 605 |
| 2002 | 7544 | 758 | 6775 | 9907 | 1561 | 5004 | 611 |
| 2003 | 7056 | 755 | 6292 | 10066 | 1543 | 5052 | 620 |
| 2004 | 7391 | 775 | 6601 | 11348 | 1535 | 5225 | 662 |
| 2005 | 8099 | 878 | 7202 | 14022 | 1487 | 6114 | 889 |
| 2006 | 8688 | 946 | 7712 | 16459 | 1635 | 7494 | 1006 |
| 2007 | 10007 | 1074 | 8892 | 18480 | 1924 | 8678 | 1211 |
| 2008 | 21787 | 1218 | 20529 | 23852 | 2264 | 11508 | 1982 |
| 2009 | 24042 | 1263 | 22728 | 25708 | 2191 | 12577 | 2133 |
| 2010 | 27761 | 1770 | 25926 | 37227 | 9944 | 14758 | 2548 |
| 2011 | 23238 | 1879 | 21275 | 35772 | 5582 | 16829 | 2870 |
| 2012 | 24892 | 1627 | 23168 | 34851 | 1300 | 18697 | 3268 |
| 2013 | 16758 | 1832 | 14814 | 33926 | 1054 | 15455 | 4799 |
| 2014 | 17282 | 2093 | 15063 | 35659 | 944 | 16967 | 5015 |
| 2015 | 15660 | 2182 | 13347 | 36408 | 979 | 16909 | 5656 |
| 2016 | 15660 | 2295 | 13217 | 37896 | 697 | 17586 | 5801 |
| 2017 | 13662 | 2207 | 11013 | 40152 | 598 | 19485 | 6287 |

注:铁路货运量统计口径为发货量;2008 年及以后公路客货运量统计口径变化,与往年不可比(下同)。2013 年公路和水路等交通行业开展专项调查,统计口径调整,与往年不可比。公路水运运输量均为营业性数据。

# 15-2 全社会客、货运周转量

| 年 份 | 全社会旅客周转量（万人公里） | # 铁路 | 公路 | 全社会货物周转量（万吨公里） | # 铁路 | 公路 | 水运 |
|---|---|---|---|---|---|---|---|
| 1978 | 249885 | 209321 | 40564 | 1461029 | 1211408 | 8148 | 4175 |
| 1979 | 280183 | 232768 | 47415 | 1945564 | 1257756 | 7108 | 4254 |
| 1980 | 328530 | 271097 | 27433 | 2035244 | 1306257 | 8292 | 5341 |
| 1981 | 354602 | 291774 | 62828 | 2014909 | 1313585 | 8012 | 6048 |
| 1982 | 396156 | 324347 | 71089 | 2153718 | 1427133 | 27578 | 27401 |
| 1983 | 446877 | 370740 | 76137 | 2443326 | 1550139 | 30261 | 29023 |
| 1984 | 524323 | 435110 | 89213 | 2769988 | 1659775 | 31759 | 39641 |
| 1985 | 636545 | 519962 | 116583 | 3972158 | 1885098 | 86866 | 60720 |
| 1986 | 700973 | 566359 | 134614 | 3357828 | 2028709 | 117208 | 64142 |
| 1987 | 761646 | 622238 | 139408 | 3513177 | 2166558 | 107961 | 159184 |
| 1988 | 863036 | 698324 | 164712 | 3757313 | 2292214 | 120665 | 157360 |
| 1989 | 811599 | 655742 | 155857 | 3692471 | 2411734 | 118930 | 75266 |
| 1990 | 731765 | 594649 | 137116 | 3646275 | 2440213 | 100950 | 85224 |
| 1991 | 765362 | 641282 | 124080 | 3640834 | 2448681 | 105308 | 129739 |
| 1992 | 876627 | 690096 | 186531 | 4104274 | 2616319 | 335316 | 247925 |
| 1993 | 952195 | 703043 | 249152 | 3982741 | 2585799 | 289800 | 294285 |
| 1994 | 975802 | 733088 | 241388 | 4387480 | 2751855 | 510032 | 357622 |
| 1995 | 1133265 | 722493 | 410772 | 4532499 | 2913515 | 418798 | 482039 |
| 1996 | 1255579 | 649085 | 606494 | 4351716 | 2881365 | 453610 | 303121 |
| 1997 | 1169395 | 672572 | 492123 | 4217829 | 2738316 | 374707 | 424301 |
| 1998 | 1124114 | 682681 | 433247 | 4347608 | 2616333 | 379284 | 262986 |
| 1999 | 1085420 | 750026 | 326643 | 4545083 | 2596163 | 315891 | 339687 |
| 2000 | 1245191 | 798664 | 436691 | 5144815 | 2932469 | 360929 | 290348 |
| 2001 | 1275512 | 798041 | 468827 | 5328880 | 2986021 | 380641 | 284023 |
| 2002 | 1320343 | 827071 | 482892 | 5442417 | 3133544 | 388254 | 288283 |
| 2003 | 1226127 | 777297 | 440100 | 5665478 | 3291712 | 380600 | 292100 |
| 2004 | 1433951 | 952020 | 466991 | 6287747 | 3387300 | 393350 | 313013 |
| 2005 | 910143 | 390075 | 500744 | 5472847 | 2043649 | 415973 | 322130 |
| 2006 | 983361 | 420286 | 533069 | 7882829 | 3247052 | 494458 | 370967 |
| 2007 | 1134788 | 477154 | 616228 | 9197322 | 3820996 | 576538 | 438112 |
| 2008 | 1894734 | 541130 | 1313499 | 10979772 | 4496224 | 1310599 | 595947 |
| 2009 | 2071224 | 560914 | 1459164 | 11297204 | 4351249 | 1435633 | 642617 |
| 2010 | 2525059 | 786149 | 1673070 | 27608783 | 19747916 | 1787616 | 781570 |
| 2011 | 2141370 | 891641 | 1165102 | 32106411 | 23393492 | 2173726 | 914555 |
| 2012 | 2153325 | 780924 | 1274989 | 15071042 | 5820209 | 2464381 | 1055362 |
| 2013 | 1796552 | 929866 | 805737 | 16143302 | 4717912 | 3686573 | 1545684 |
| 2014 | 3081596 | 1004496 | 809600 | 16141672 | 4225227 | 4057467 | 1695912 |
| 2015 | 1975600 | 1047125 | 796627 | 13037518 | 4381882 | 4279115 | 1944553 |

注：铁路客、货运周转量 2005 年以前为徐州铁路分局辖区数，2005 年及以后为徐州铁路段辖区数。自 2011 年起公路水路运输量数据为营业性数据

# 15-3 主要年份运输线路长度

单位:公里

| 指　　标 | 1990 | 1995 | 2000 | 2005 | 2010 | 2014 | 2015 | 2016 | 2017 |
|---|---|---|---|---|---|---|---|---|---|
| **民用航空** | | | | | | | | | |
| 民用航空线条数（条） | 4 | 2 | 13 | 13 | 22 | 25 | 25 | 25 | 25 |
| 民用航空线里程（万公里） | 0.2 | 0.13 | 1.3 | 1.3 | 2.2 | 2.5 | 2.5 | 2.5 | 2.5 |
| **铁路** | | | | | | | | | |
| 铁路正线延展里程 | 465 | 465 | 711 | 736 | | 672 | 672 | 949 | 964 |
| 铁路营业里程 | 258 | 258 | 359 | 381 | | 349 | 349 | 489 | 486 |
| **公路线路里程** | | | | | | | | | |
| 按技术级别分类 | | | | | | | | | |
| 等级公路里程 | 2964 | 2930 | 2658 | 10167 | 14965 | 15314 | 15396 | 15405 | 15519 |
| 高速 | | | | 299 | 412 | 459 | 459 | 459 | 464 |
| 一级 | | 435 | 634 | 732 | 1039 | 1164 | 1195 | 1214 | 1253 |
| 二级 | 616 | 378 | 581 | 1273 | 1527 | 1542 | 1539 | 1530 | 1542 |
| 三级 | 214 | 344 | 572 | 996 | 1195 | 1313 | 1324 | 1373 | 1559 |
| 四级 | 1781 | 1507 | 871 | 6867 | 10792 | 10837 | 10860 | 10828 | 10700 |
| 等外公路 | 353 | 266 | | 739 | 1210 | 1114 | 1116 | 873 | 832 |
| 按行政级别分类 | | | | | | | | | |
| 国道 | 307 | 306 | 362 | 589 | 730 | 730 | 730 | 961 | 961 |
| 省道 | 515 | 518 | 466 | 703 | 735 | 824 | 862 | 632 | 653 |
| 县道 | 892 | 872 | 842 | 693 | 2309 | 2311 | 2307 | 2308 | 2529 |
| 乡道 | 1049 | 1073 | 988 | 8921 | 5888 | 5887 | 5885 | 5884 | 5641 |
| **内河航道通航里程** | **534** | **540** | **639** | **1039** | **1039** | **1058** | **1058** | **1058** | **1058** |
| **输油管道里程** | | | | | | | | | |
| 管道条数（条） | 3 | 3 | 8 | 14 | 28 | 30 | 35 | 38 | 37 |
| 延展长度 | 1252 | 1252 | 2375 | 4652 | 5891 | 6326 | 6573 | 6758 | 7234 |

注:1.公路线路里程2000年以前为交通部门养管里程,2001年及以后为全社会口径;2007年开展县道网规划,将低级公路升级为县道;输油管道为中石化全公司口径。2.铁路里程为徐州市境内铁路线里程。

# 15-4　全社会交通运输量

（2017 年）

| 指　　标 | 客运量（万人） | 货运量（万吨） |
|---|---|---|
| **全市合计** | **13662** | **40152** |
| 航空 | 192 | 1 |
| 铁路 | 2457 | 598 |
| 公路 | 11013 | 19485 |
| 水运 | | 6287 |
| 管道 | | 13781 |
| **内河港口吞吐量** | | **7420** |

# 15-5　市区全社会交通运输量

（2017 年）

| 指　　标 | 客运量（万人） | 货运量（万吨） |
|---|---|---|
| **合计** | **10105** | **10727** |
| 航空 | 192 | 1 |
| 铁路 | 2457 | 598 |
| 公路 | 7456 | 9948 |
| 水运 | | 180 |
| 管道 | | |
| **内河港口吞吐量** | | **3150** |

注:铁路客、货运周转量是指徐州铁路段辖区数,管道运量及周转量为中石化储运公司全辖数;2010 年起根据区划调整市区范围包括贾汪区和铜山区。公路水运运输量均为营业性数据。

# 15-6　主要年份全社会民用车辆船舶数

| 指　　标 | 1990 | 1995 | 2000 | 2005 | 2010 | 2011 |
|---|---|---|---|---|---|---|
| **机动车总计　　（辆）** | **105958** | **194285** | **497359** | **752002** | **1136878** | **1128630** |
| # 私人车辆拥有量 | 78370 | 139813 | 433885 | 701767 | 1050715 | 1031943 |
| 汽车 | 39949 | 78185 | 214713 | 308628 | 432612 | 526776 |
| # 私人车辆拥有量 | 2872 | 7446 | 19412 | 262656 | 356532 | 441700 |
| # 载客汽车 | 7674 | 17748 | 29031 | 78349 | 160323 | 220992 |
| # 大(中)型 | 1390 | 1940 | 2574 | 8023 | 293120 | 383701 |
| 小(微)型 | 6282 | 15808 | 26457 | 70326 | 11865 | 12606 |
| 载货汽车 | 21773 | 39651 | 35666 | 36177 | 281255 | 371095 |
| # 重(中)型 | 16109 | 27592 | 24086 | 20319 | 87464 | 101461 |
| 轻(微)型 | 5664 | 12059 | 11580 | 15858 | 53111 | 61868 |
| 其他汽车 | 10502 | 20786 | 150016 | 194102 | 34353 | 39593 |
| 摩托车 | 14361 | 48131 | 253357 | 438479 | 687361 | 581717 |
| 全挂车 | 5655 | 7446 | 2955 | 658 | 545 | 457 |
| 半挂车 |  |  | 4465 | 4234 | 16357 | 19677 |
| **运输船舶总计　　（艘）** |  | **5751** | **6740** | **5428** | **4374** | **4356** |
| 机动船数 |  | 3045 | 2176 | 655 | 806 | 931 |
| # 货船 |  | 2705 | 1679 | 351 | 518 | 618 |
| 拖船 |  | 340 | 441 | 304 | 288 | 313 |
| 货船载重量　　（吨位） |  | 146701 | 177780 | 54583 | 311516 | 524603 |
| 驳船数　　（艘） |  | 2706 | 4564 | 4773 | 3568 | 3425 |
| 载重量　　（吨位） |  | 223321 | 645466 | 1625614 | 1591410 | 1631804 |

15-6　续表

| 指　　标 | 2012 | 2013 | 2014 | 2015 | 2016 | 2017 |
|---|---|---|---|---|---|---|
| **机动车总计　　（辆）** | **1263934** | **1339294** | **1402414** | **1402085** | **1366616** | **1438416** |
| # 私人车辆拥有量 | 1161686 | 1232192 | 1298413 | 1301094 | 1263543 | 1324326 |
| 汽车 | 624472 | 684546 | 756003 | 851541 | 1016085 | 1202546 |
| # 私人车辆拥有量 | 501796 | 591203 | 664639 | 763005 | 926406 | 1102910 |
| # 载客汽车 | 478173 | 532586 | 615452 | 722443 | 878035 | 1046296 |
| # 大(中)型 | 12768 | 12175 | 10614 | 9837 | 9317 | 9382 |
| 小(微)型 | 465405 | 520411 | 604838 | 712606 | 868718 | 1036914 |
| 载货汽车 | 112214 | 121542 | 117598 | 109264 | 115728 | 132399 |
| # 重(中)型 | 66632 | 73083 | 70304 | 64987 | 67511 | 77221 |
| 轻(微)型 | 45582 | 48459 | 47294 | 44277 | 48217 | 55178 |
| 其他汽车 | 34085 | 30418 | 22953 | 19834 | 22322 | 23851 |
| 摩托车 | 617291 | 630345 | 623305 | 526981 | 324023 | 204687 |
| 全挂车 | 438 | 406 |  |  |  |  |
| 半挂车 | 21730 | 23996 | 23105 | 23562 | 26508 | 31183 |
| **运输船舶总计　　（艘）** | **4310** | **4272** | **4084** | **4100** | **4154** | **3540** |
| 机动船数 | 1019 | 1146 | 1186 | 1297 | 1315 | 1220 |
| # 货船 | 711 | 843 | 857 | 958 | 977 | 896 |
| 拖船 | 430 | 303 | 329 | 339 | 338 | 324 |
| 货船载重量　　（吨位） | 681650 | 873700 | 988815 | 1203100 | 1281040 | 1264295 |
| 驳船数　　（艘） | 3291 | 3126 | 2898 | 2803 | 2839 | 2320 |
| 载重量　　（吨位） | 1621674 | 1593750 | 1552199 | 1747641 | 1956416 | 1801938 |

注：2004 年以前载客汽车和载货汽车均未含专用(特种)车。2007 年运输船舶按现有检验次数统计。

# 15–7 主要年份邮政电信情况

| 指　　标 | | 1990 | 1995 | 2000 | 2005 | 2010 | 2014 | 2015 | 2016 | 2017 |
|---|---|---|---|---|---|---|---|---|---|---|
| 邮电局总数 | （处） | 262 | 316 | 372 | 812 | | 235 | 235 | 235 | 235 |
| 邮路总长度 | （公里） | 4002 | 5047 | 5368 | 5900 | 5753 | 8193 | 10675 | 10923 | 14814 |
| 农村投递线路长度 | （公里） | 20477 | 21706 | 21961 | 21666 | 25495 | 26731 | 26903 | 22319 | 23291 |
| 电话局用交换机总容量 | （万门） | 5.04 | 45.35 | 136.25 | 348.78 | 1131.70 | | | | |
| 固定电话年末用户 | （万户） | 7.23 | 29.45 | 77.51 | 278.53 | 177.21 | 145.91 | 138.50 | 115.78 | 103.50 |
| #城市 | | 5.61 | 23.19 | 39.05 | 165.65 | 86.09 | 89.32 | 110.50 | 103.16 | 69.17 |
| 移动电话年末用户 | （万户） | | 1.36 | 32.27 | 154.97 | 600.72 | 751.01 | 756.44 | 762.01 | 811.09 |
| 互联网宽带接入用户数 | （万户） | | | | 21.41 | 70.10 | 107.65 | 188.29 | 223.61 | 268.59 |
| 邮电业务总量 | （亿元） | 0.62 | 3.88 | 17.73 | 36.26 | 73.39 | 180.88 | 193.39 | 246.69 | 208.77 |
| 邮电业务收入 | （亿元） | | | 13.06 | 27.05 | 48.14 | 70.30 | 74.11 | 84.55 | 92.30 |
| 计费函件(不含广告) | （万件） | 2463 | 2579 | 2289 | 2041 | 4728 | 1567.58 | 1488.17 | 850.30 | 496.19 |
| 包　件 | （万件） | 26 | 71 | 39 | 49 | 26 | 13.12 | 13.21 | 10.80 | 10.47 |
| 汇　票 | （万张） | 97 | 108 | 96 | 71 | 1267 | 98.46 | 70.99 | 64.00 | 43.09 |
| 订销报刊累计 | （万份） | 10291 | 17075 | 16451 | 9116 | 10845 | 8467.16 | 11014.99 | 10507.50 | 10223.28 |
| 集　邮 | （万枚） | 301 | 1257 | 4525 | 533 | | 432.19 | 480.99 | 492.89 | 428.51 |
| 特快专递 | （万件） | … | 44 | 34 | 78 | 306 | 38.24 | 955.02 | 1492.60 | 2374.40 |

注:1.1995 年以前本地电话年末用户为年末电话机数（下同）;2.2005 年前电话局用交换机总容量为电信局一家数据,2006 年及以后为所有电信部门的数据（下同）; 3.2006 年及以前邮电业务总量中电信业务总量为电信业务收入;2011 年 –2016 年邮电业务总量按 2010 年价格计算。2017 年邮电业务总量按 2015 年价格计算(下同);4.2013 年及以后邮政方面数据为市邮政管理局全辖数(下同)。

# 主要统计指标解释

**铁路营业里程** 又称营业长度，指办理客货运输业务的铁路正线总长度。凡是全线或部分建成双线及以上的线路，以第一线的实际长度计算；复线、站线、段管线、岔线和特殊用途线以及不计算运费的联络线都不计算营业里程。铁路营业里程是反映铁路运输业基础设施发展水平的重要指标，也是计算客货周转量、运输密度和机车车辆运用效率等指标的基础资料。

**公路里程** 指在一定时期内实际达到《公路工程技术标准 JTJO1-88》规定的等级公路，并经公路主管部门正式验收交付使用的公路里程数。它包括大中城市的郊区公路以及通过小城镇街道部分的公路里程，也包括桥梁、渡口的长度，但不包括大中城市的街道、厂矿、林区生产用道和农业生产用道的里程。两条或多条公路共同经由同一路段，只计算一次，不得重复计算里程长度。公路里程是反映公路建设发展规模的重要指标，也是计算运输网密度等指标的基础资料。

**内河航道里程** 也称“内河通航里程”，是反映内河水运网规模、水平和发展情况的主要指标，是指在一定时期内，能通航运输船舶及排筏的天然河流、湖泊水库、运河及通航渠道的长度。包括全年季节性通航累计三个月以上的航道，但不包括仅供零散流放竹、木排的河道。

**输油(气)管道长度** 也称“输油(气)里程”，是反映管道运输发展规模和水平的主要指标，是指油品(或天然气)的实际输送距离，一般按输油(气)管道的单线长度计算。若包括复线和备用线长度则称为输油(气)管道延展长度，是指管道铺设的实际长度。我们通常使用的是不包括复线的“输油(气)管道里程”。

**货(客)运量** 指在一定时期内，各运输部门实际运送的货(旅客)数量。是反映运输业为国民经济和人民生活服务的数量指标，也是制定和检查运输生产计划，研究运输发展规模和速度的重要指标。货运按吨计算，客运按人计算。货物不论运输距离长短，货物类别，均按实际重量统计；旅客不论行程远近或票价多少，均按一人一次作为客运量统计。半价票、小孩票也按一人统计。

**货物(旅客)周转量** 指在一定时期内，由各种运输工具运送的货物(旅客)数量与其相应运输距离的乘积之总和，是反映运输业生产总成果的重要指标，也是编制和检查运输生产计划，计算运输效率、劳动生产率以及核算运输单位成本的主要基础资料。通常以吨公里和人公里为计算单位。计算货物周转量通常按发出站与到达站之间的最短距离，也就是计费距离计算。

**内河主要港口货物吞吐量** 指由水运进出内河主要港区范围，并经过装卸的货物数量。吞吐量可以分为进口、出口，又可以分为国内贸易和对外贸易。货物吞吐量的货种分类及其主要流向流量，反映了港口在国内外物资交流和对外贸易运输中的地位和作用。

**邮电业务总量** 指以价值量形式表现的邮电通信企业为社会提供各类邮电通信服务的总数量。邮电业务量按专业分类包括函件、包件、汇票、报刊发行、邮政快件、特快专递，邮政储蓄、集邮、公众电报、用户电报、传真、长途电话、出租电路、无线寻呼、移动电话、分组交换数据通信、出租代维等。计算方法为各类产品乘以相应的平均单价(不变价)之和，再加上出租电路和设备、代用户维护电话交换机和线路等的服务收入。它综合反映了一定时期邮电业务发展的总成果，是研究邮电业务量构成和发展趋势的重要指标。计算公式为：

$$\begin{aligned}\text{邮电业务总量} &= \sum(\text{各类邮电业务量} \times \text{不变单价}) \\ &\quad + \text{出租代维及其他业务收入} \\ &= \text{邮政业务总量} + \text{电信业务总量}\end{aligned}$$

**移动电话用户** 是指通过移动电话交换机进入移动电话网、占用移动电话号码的电话用户。用户数量以报告期末在移动电话营业部门实际办理登记手续进入移动电话网的户数进行计算，一部移动电话统计为一户。

**电话用户** 指接入国家公众固定电话网，并按固定电话业务进行经营管理的电话用户。1997 年以前，电话用户分为市内电话用户和农村电话用户。从 1997 年起，电话用户数分组调整为以用户所在区域划分为“城市电话用户”和“乡村电话用户”，与过去的按市内电话和农村电话划分方法不同，而电话用户总数、电话机总部数统计范围不变。

**城市电话用户** 指直辖市、省辖市、地级市、县级市的市区、市郊区及县城(包括县人民政府所在地的县城关区或行政建制相当于县人民政府所在地的镇) 范围内接入局用交换机的电话用户数，包括分布在农村地区的独立工矿区、林区、驻军等接入局用交换机的电话用户数。

# 批发零售和住宿餐饮业

WHOLESALE, RETAIL AND ACCOMMDATIONS CATERING INDUSTRY

16

版面负责人：王廷宝

编　　　辑：吕延婷　柏　慧

# 国家统计局关于印发《统计从业人员统计信用档案管理办法（试行）》的通知

国统字〔2017〕98号

各省、自治区、直辖市统计局，新疆生产建设兵团统计局，国家统计局各调查总队：

《统计从业人员统计信用档案管理办法（试行）》已经1月24日国家统计局第3次常务会议审议通过。现印发给你们，请认真贯彻执行。

**国家统计局**

2017年6月30日

# 统计从业人员统计信用档案管理办法（试行）

**第一条** 为贯彻落实中央《关于深化统计管理体制改革提高统计数据真实性的意见》文件的要求，推进统计领域诚信建设，引导统计从业人员依法统计、诚信统计，提高统计数据真实性，根据《中华人民共和国统计法》《社会信用体系建设规划纲要（2014–2020年）》《国务院关于建立完善守信联合激励和失信联合惩戒制度加快推进社会诚信建设的指导意见》及其他有关规定，制定本办法。

**第二条** 本办法所称统计从业人员，是指国家机关、企业事业单位和其他组织中从事统计工作的人员。

**第三条** 本办法所称统计从业人员统计信用档案管理是指县级以上人民政府统计机构对统计从业人员统计信用信息的采集、公示和共享等活动。

统计从业人员统计信用档案是县级以上人民政府统计机构在依法履职过程中获取或制作的统计从业人员统计信用记录，包括统计从业人员的基本信息和统计信用行为信息。

（一）统计从业人员基本信息，包括姓名、性别、职务、学历或职称、身份证号码、单位名称、通信地址和联系方式等。

（二）统计从业人员统计信用行为信息包括：

1.遵守统计法律法规和国家有关规定情况；

2.执行统计调查制度情况；

3.提供统计资料及其质量情况；

4.执行国家统计政令情况；

5.统计违法违纪行为及处理情况；

6.其他与统计从业人员统计信用相关的信息。

**第四条** 统计从业人员统计信用档案管理应当遵循真实准确、客观公正的原则。

# 16–1　主要年份社会消费品零售总额

单位：万元

| 年　份 | 社会消费品零售总额 | 按地区分 | | | 按行业分 | | | | |
|---|---|---|---|---|---|---|---|---|---|
| | | 市的零售额 | 县的零售额 | 县以下的零售额 | 批发零售贸易业 | 餐饮业 | 住宿业 | 制造业 | 其他行业 |
| 1949 | 9756 | | 6521 | | | | | | |
| 1952 | 11421 | | 5531 | | | | | | |
| 1957 | 22284 | | 9574 | | | | | | |
| 1962 | 28486 | | 14124 | | | | | | |
| 1965 | 29808 | | 12426 | | | | | | |
| 1970 | 34332 | | 13706 | | | | | | |
| 1975 | 57492 | | 23318 | | | | | | |
| 1978 | 77058 | | 31480 | | 64672 | 2955 | | 6196 | 3235 |
| 1979 | 92351 | | 37555 | | 72497 | 4201 | | 10787 | 4866 |
| 1980 | 109523 | | 46069 | | 85005 | 4626 | | 14022 | 5870 |
| 1981 | 123791 | | 52831 | | 91751 | 5244 | | 17841 | 8955 |
| 1982 | 138439 | | 59336 | | 105869 | 5455 | | 15607 | 11508 |
| 1983 | 150638 | 64850 | 27128 | 58660 | 114633 | 6005 | | 18157 | 11843 |
| 1984 | 176386 | 77927 | 31616 | 66843 | 130149 | 7393 | | 25637 | 13207 |
| 1985 | 233620 | 106745 | 43967 | 82908 | 166598 | 12733 | | 33341 | 20948 |
| 1986 | 266086 | 119792 | 52153 | 94141 | 188243 | 14597 | | 36897 | 26349 |
| 1987 | 304226 | 137513 | 51646 | 115067 | 211763 | 17205 | | 44859 | 30399 |
| 1988 | 370405 | 173147 | 66514 | 130744 | 255523 | 19743 | | 56087 | 39052 |
| 1989 | 410589 | 202384 | 71509 | 136696 | 282528 | 20163 | | 60085 | 47813 |
| 1990 | 422271 | 227011 | 59028 | 136232 | 285048 | 19888 | | 58860 | 58475 |
| 1991 | 458294 | 255898 | 62850 | 139546 | 308487 | 22575 | | 60204 | 67028 |
| 1992 | 511243 | 320843 | 48975 | 141425 | 330716 | 26823 | | 71835 | 81869 |
| 1993 | 657693 | 413770 | 64829 | 179094 | 440102 | 32992 | | 78998 | 105601 |
| 1994 | 879531 | 597230 | 74582 | 207719 | 570080 | 66236 | | 85336 | 157879 |
| 1995 | 1150671 | 773854 | 104733 | 272084 | 728544 | 97733 | | 110399 | 213995 |
| 1996 | 1379729 | 918002 | 119829 | 341898 | 870375 | 116992 | | 136101 | 256261 |
| 1997 | 1526381 | 999463 | 134445 | 392473 | 958246 | 132721 | | 152337 | 283077 |
| 1998 | 1606304 | 1047323 | 153199 | 405782 | 1048472 | 145036 | | 135393 | 277403 |
| 1999 | 1714930 | 1109165 | 168614 | 437151 | 1152717 | 173997 | | 116007 | 272209 |
| 2000 | 1852142 | 1180955 | 177242 | 493945 | 1273493 | 209461 | | 101421 | 267767 |
| 2001 | 2020066 | 1260580 | 205746 | 553740 | 1423869 | 223782 | | 99677 | 272738 |
| 2002 | 2239285 | 1370267 | 236261 | 632756 | 1574478 | 258964 | | 110753 | 295088 |
| 2003 | 2354214 | 1478128 | 230347 | 645739 | 2022477 | 298711 | | | 33026 |
| 2004 | 3424611 | 2131470 | 381456 | 911685 | 2979537 | 407099 | 12733 | | 25242 |
| 2005 | 3960400 | 2472673 | 462407 | 1025320 | 3449516 | 452634 | 29385 | | 28865 |
| 2006 | 4600776 | 2883889 | 537190 | 1179697 | 3938344 | 590342 | 40767 | | 31323 |
| 2007 | 5430057 | 3421347 | 621082 | 1387628 | 4646839 | 683272 | 61987 | | 37959 |
| 2008 | 7005000 | 4414184 | 811491 | 1779325 | 5865763 | 974335 | 110408 | | 54494 |
| 2009 | 8059883 | 5085736 | 936828 | 2037319 | 6799143 | 1135550 | 125189 | | |
| 2010 | 9569888 | 7648059 | 1921829 | | 8516095 | 987888 | 65905 | | |
| 2011 | 11418882 | 9106061 | 2312821 | | 10161072 | 1152907 | 104903 | | |
| 2012 | 13124990 | 10527281 | 2597709 | | 11733102 | 1287490 | 104398 | | |
| 2013 | 14959079 | 11995093 | 2963986 | | 13358896 | 1481901 | 118282 | | |
| 2014 | 20991974 | 13157745 | 7834228 | | 19258892 | 1379422 | 353659 | | |
| 2015 | 23584483 | 14720569 | 8863914 | | 21664954 | 1532418 | 387111 | | |
| 2016 | 26593863 | 16552091 | 10041772 | | 24335185 | 1837656 | 421022 | | |
| 2017 | 28869207 | 17950894 | 10918313 | | 26458000 | 1973535 | 437672 | | |

注：2003 年及以后按行业划分的批发零售贸易业中包括原制造业和其它行业中原农民对非农业居民的零售额。2004 及 2008 年为经济普查数据。2010 年后的数据为省局年报修订数据。

# 16-2 市区社会消费品零售总额

单位:万元

| 年 份 | 社会消费品零售总额 | 按行业分 | | | | |
|---|---|---|---|---|---|---|
| | | 批发零售贸易业 | 餐饮业 | 住宿业 | 制造业 | 其他行业 |
| 1978 | 31480 | 25956 | 1373 | | 2327 | 1824 |
| 1979 | 37555 | 30176 | 1786 | | 3214 | 2379 |
| 1980 | 46069 | 34685 | 2398 | | 5835 | 3151 |
| 1981 | 52831 | 39758 | 2683 | | 6501 | 3889 |
| 1982 | 59336 | 46294 | 2709 | | 5775 | 4558 |
| 1983 | 63751 | 50417 | 2741 | | 5989 | 4604 |
| 1984 | 76175 | 57009 | 3099 | | 10318 | 5749 |
| 1985 | 104827 | 73051 | 6071 | | 14954 | 10751 |
| 1986 | 117965 | 82599 | 6462 | | 15130 | 13774 |
| 1987 | 135320 | 97190 | 7038 | | 14772 | 16320 |
| 1988 | 169583 | 120988 | 8250 | | 19756 | 20589 |
| 1989 | 198822 | 141665 | 8326 | | 19760 | 29071 |
| 1990 | 210156 | 148845 | 9103 | | 16750 | 35458 |
| 1991 | 236824 | 165088 | 10795 | | 17056 | 43885 |
| 1992 | 274203 | 186380 | 14520 | | 19042 | 54261 |
| 1993 | 361783 | 245956 | 16727 | | 23007 | 76093 |
| 1994 | 520845 | 345014 | 41842 | | 18521 | 115468 |
| 1995 | 677103 | 428043 | 57854 | | 36106 | 155100 |
| 1996 | 799102 | 499385 | 71500 | | 39889 | 188328 |
| 1997 | 866994 | 521321 | 81664 | | 53319 | 210690 |
| 1998 | 909671 | 553957 | 94665 | | 53159 | 207890 |
| 1999 | 959836 | 621498 | 109058 | | 31686 | 197594 |
| 2000 | 1019913 | 696416 | 133386 | | 13576 | 176535 |
| 2001 | 1081720 | 766967 | 130272 | | 8001 | 176480 |
| 2002 | 1168355 | 826551 | 144899 | | 7023 | 189882 |
| 2003 | 1252978 | 1068575 | 165293 | | | 19110 |
| 2004 | 1832812 | 1625315 | 177740 | 9229 | | 20528 |
| 2005 | 2144371 | 1875688 | 217815 | 28477 | | 22391 |
| 2006 | 2492194 | 2169774 | 268415 | 27827 | | 26178 |
| 2007 | 2965333 | 2597729 | 298245 | 43780 | | 25579 |
| 2008 | 3821000 | 3249861 | 457822 | 65386 | | 47931 |
| 2009 | 4392408 | 3784107 | 534994 | 73307 | | |
| 2010 | 6052895 | 5533213 | 483775 | 35907 | | |
| 2011 | 7210901 | 6579220 | 589311 | 42370 | | |
| 2012 | 8371586 | 7558073 | 761086 | 52427 | | |
| 2013 | 9532600 | 8458043 | 990800 | 83757 | | |
| 2014 | 13157745 | 12072129 | 876584 | 209032 | | |
| 2015 | 14720569 | 13561389 | 933938 | 225242 | | |
| 2016 | 16552091 | 15180587 | 1117863 | 253641 | | |
| 2017 | 17950894 | 16490550 | 1191537 | 268807 | | |

# 16-3 限额以上批发和零售业、住宿和餐饮业基本情况

（2017 年）

| 指　　　标 | 法人企业数（个） | 产业活动单位数（个） | 其他行业及外省法人所属限额以上批零住餐产业活动单位（个） | 餐饮或零售营业面积（平方米） | 年末从业人员（人） |
|---|---|---|---|---|---|
| **总　计** | **2708** | **3150** | **26** | **2750983** | **89627** |
| **批发和零售业小计** | **2475** | **2912** | **18** | **2331220** | **78183** |
| **批发业** | **995** | **1171** | **5** | **454803** | **29666** |
| # 国有控股 | 44 | 220 | | 32263 | 4104 |
| **按登记注册类型分** | | | | | |
| 内资企业 | 986 | 1162 | 5 | 453218 | 29402 |
| 国有企业 | 21 | 28 | | 12042 | 2505 |
| 集体企业 | 4 | 4 | | 3820 | 152 |
| 有限责任公司 | 121 | 122 | 4 | 57657 | 4433 |
| 股份有限公司 | 14 | 182 | | 17575 | 2609 |
| 联营企业 | | | | | |
| 私营企业 | 813 | 813 | 1 | 351766 | 18920 |
| # 私营有限责任公司 | 786 | 786 | 1 | 316306 | 17903 |
| 其他企业 | 13 | 13 | | 10358 | 783 |
| 港、澳、台商投资企业 | 3 | 3 | | 820 | 103 |
| 外商投资企业 | 6 | 6 | | 765 | 161 |
| **按国民经济行业分** | | | | | |
| 农畜产品批发 | 57 | 57 | | 38421 | 2089 |
| 食品、饮料及烟草制品批发 | 112 | 119 | 1 | 74618 | 5617 |
| # 米、面制品及食用油批发 | 22 | 22 | 1 | 14812 | 921 |
| 烟草制品批发 | 1 | 8 | | | 1240 |
| 纺织、服装及日用品批发 | 40 | 40 | 4 | 11078 | 1258 |
| # 纺织品、针织品及原料批发 | 13 | 13 | | 6389 | 295 |
| 文化、体育用品及器材批发 | 7 | 7 | | 320 | 129 |
| 医药及医疗器材批发 | 38 | 38 | | 11593 | 3978 |
| 矿产品、建材及化工产品批发 | 557 | 726 | | 218541 | 12198 |
| # 煤炭及制品批发 | 206 | 206 | | 90299 | 4395 |
| 石油及制品批发 | 15 | 183 | | 11605 | 714 |
| 金属及金属矿批发 | 157 | 158 | | 25170 | 2490 |
| 机械设备、五金交电及电子产品批发 | 134 | 134 | | 72930 | 2954 |
| # 农业机械批发 | 26 | 26 | | 25867 | 614 |
| 汽车、摩托车及零配件批发 | 16 | 16 | | 16857 | 311 |
| 其他批发 | 14 | 14 | | 7100 | 390 |
| **零售业** | **1480** | **1741** | **13** | **1876417** | **48517** |
| # 国有控股 | 18 | 57 | 4 | 85902 | 2945 |
| **按经济注册类型分** | | | | | |
| 内资企业 | 1468 | 1729 | 12 | 1806638 | 46817 |
| 国有企业 | 7 | 8 | 4 | 21725 | 1065 |

16-3 续表1 （2017年）

| 指　　标 | 法人企业数（个） | 产业活动单位数（个） | 其他行业及外省法人所属限额以上批零住餐产业活动单位(个) | 餐饮或零售营业面积（平方米） | 年末从业人员（人） |
|---|---|---|---|---|---|
| 集体企业 | 24 | 73 | 1 | 34418 | 1121 |
| 股份合作企业 | 2 | 2 |  | 5300 | 83 |
| 有限责任公司 | 146 | 257 | 1 | 388061 | 10561 |
| 股份有限公司 | 27 | 33 | 1 | 98561 | 1987 |
| 私营企业 | 1238 | 1329 | 4 | 1246035 | 31064 |
| 其他企业 | 22 | 22 | 1 | 11978 | 825 |
| 港、澳、台商投资企业 | 7 | 7 |  | 44532 | 1186 |
| 外商投资企业 | 5 | 5 | 1 | 25247 | 514 |
| **按国民经济行业分** |  |  |  |  |  |
| 综合零售 | 161 | 312 | 3 | 591507 | 13304 |
| #百货零售 | 99 | 151 | 1 | 311582 | 5463 |
| 超级市场零售 | 55 | 154 | 2 | 267154 | 7512 |
| 其他综合零售 | 7 | 7 |  | 12771 | 329 |
| 食品、饮料及烟草制品专门零售 | 145 | 147 | 1 | 95364 | 3760 |
| 纺织、服装及日用品专门零售 | 157 | 158 | 1 | 92987 | 3572 |
| 文化、体育用品及器材专门零售 | 64 | 64 | 2 | 114595 | 1924 |
| #图书零售 | 8 | 8 | 2 | 28410 | 600 |
| 医药及医疗器材专门零售 | 55 | 130 | 1 | 50092 | 3454 |
| 汽车、摩托车、燃料及零配件专门零售 | 353 | 356 |  | 478876 | 10062 |
| #汽车零售 | 264 | 267 |  | 418714 | 8468 |
| 家用电器及电子产品专门零售 | 209 | 237 | 1 | 160254 | 5075 |
| #家用电器零售 | 50 | 51 | 1 | 25684 | 1009 |
| 计算机、软件及辅助设备零售 | 65 | 65 |  | 21535 | 989 |
| 五金、家具及室内装修材料专门零售 | 212 | 212 | 1 | 216874 | 4461 |
| #五金零售 | 95 | 95 |  | 35419 | 1715 |
| 家具零售 | 46 | 46 |  | 91773 | 1157 |
| 无店铺及其他零售 | 124 | 125 | 3 | 75868 | 2905 |
| **按经营方式分** |  |  |  |  |  |
| 独立门店 | 1246 | 1392 | 9 | 1673429 | 39318 |
| 连锁总店（总部） | 12 | 89 |  | 23457 | 2078 |
| 连锁门店 | 2 | 31 | 2 | 16688 | 809 |
| 其他 | 220 | 229 | 2 | 162843 | 6312 |
| **按零售业态分** |  |  |  |  |  |
| 百货商店 | 101 | 153 | 1 | 266255 | 4804 |
| 超级市场 | 66 | 117 | 2 | 137623 | 4842 |
| 大型超市 | 19 | 51 |  | 218816 | 4201 |
| 仓储会员店 | 1 | 1 |  | 360 | 10 |
| 专业店 | 792 | 871 | 5 | 745807 | 20426 |
| 专卖店 | 298 | 311 | 4 | 344029 | 8903 |
| **住宿和餐饮业小计** | **233** | **238** | **8** | **419763** | **11444** |
| **住宿业** | **82** | **82** | **2** | **194687** | **4832** |
| #国有控股 | 12 | 12 |  | 29978 | 1231 |

16-3 续表 2

（2017 年）

| 指　　标 | 法人企业数（个） | 产业活动单位数（个） | 其他行业及外省法人所属限额以上批零住餐产业活动单位(个) | 餐饮或零售营业面积（平方米） | 年末从业人员（人） |
|---|---|---|---|---|---|
| **按登记注册类型分** | | | | | |
| 内资企业 | 81 | 81 | 2 | 168687 | 4662 |
| 国有企业 | 8 | 8 | | 19505 | 710 |
| 集体企业 | 3 | 3 | | 1510 | 146 |
| 有限责任公司 | 16 | 16 | 1 | 40613 | 1297 |
| 私营企业 | 51 | 51 | 1 | 105759 | 2420 |
| 其他企业 | | | | | |
| **按国民经济行业分** | | | | | |
| 旅游饭店 | 34 | 34 | 2 | 85259 | 3136 |
| 一般旅馆 | 46 | 46 | | 99928 | 1472 |
| **按星级等级分** | | | | | |
| 一星 | 1 | 1 | | 1200 | 34 |
| 二星 | 4 | 4 | | 9470 | 145 |
| 三星 | 17 | 17 | | 28141 | 951 |
| 四星 | 7 | 7 | | 46985 | 985 |
| 五星 | 2 | 2 | | 4938 | 685 |
| 其他 | 51 | 51 | 2 | 103953 | 2032 |
| **按经营方式分** | | | | | |
| # 独立门店 | 73 | 73 | 1 | 150472 | 4208 |
| **餐饮业** | **151** | **156** | **6** | **225076** | **6612** |
| # 国有控股 | 5 | 5 | | 7250 | 483 |
| **按登记注册类型分** | | | | | |
| 内资企业 | 150 | 155 | 4 | 224090 | 6488 |
| 国有企业 | 4 | 4 | | 5250 | 288 |
| 集体企业 | 3 | 3 | 1 | 6337 | 169 |
| 有限责任公司 | 15 | 15 | | 31340 | 1357 |
| 股份有限公司 | 2 | 2 | | 3580 | 137 |
| 私营企业 | 125 | 130 | 3 | 175883 | 4483 |
| # 私营独资企业 | 6 | 6 | 2 | 9750 | 223 |
| 私营有限责任公司 | 115 | 116 | 1 | 163276 | 4154 |
| 其他企业 | | | | | |
| 外商投资企业 | | | 2 | 636 | 41 |
| **按国民经济行业分** | | | | | |
| 正餐服务 | 138 | 142 | 3 | 212475 | 5965 |
| 快餐服务 | 7 | 8 | 1 | 6210 | 240 |
| 饮料及冷饮服务 | 3 | 3 | 2 | 1591 | 136 |
| 其他餐饮服务 | 3 | 3 | | 4800 | 271 |
| **按经营方式分** | | | | | |
| 独立经营 | 145 | 150 | 6 | 213291 | 5921 |
| 连锁店总店(总部) | | | | | |
| 连锁门店 | 1 | 1 | | 650 | 18 |
| 其他 | 5 | 5 | | 11135 | 673 |

# 16-4 限额以上批发和零售业商品销售、库存总额

（2017 年）

单位：万元

| 指标 | 销售总额 | 批发 | 零售 | 年末库存总额 |
|---|---|---|---|---|
| **总计** | **36182675** | **20542406** | **15640269** | **1224827** |
| **批发业** | **23568608** | **19997943** | **3570665** | **718558** |
| #国有控股 | 7884721 | 6920973 | 963749 | 264569 |
| **按登记注册类型分** | | | | |
| 内资企业 | 23292933 | 19793745 | 3499188 | 715094 |
| 国有企业 | 1145096 | 1000058 | 145037 | 49063 |
| 集体企业 | 23199 | 23199 | | 1685 |
| 股份合作企业 | | | | |
| 有限责任公司 | 8957634 | 8145641 | 811993 | 305534 |
| #其他有限责任公司 | 8356388 | 7563306 | 793082 | 191624 |
| 股份有限公司 | 1876725 | 1091006 | 785718 | 39490 |
| 私营企业 | 10934850 | 9328185 | 1606665 | 315913 |
| #私营有限责任公司 | 10512660 | 8969756 | 1542905 | 311294 |
| 港、澳、台商投资企业 | 209935 | 147908 | 62027 | 367 |
| 外商投资企业 | 65740 | 56290 | 9450 | 3097 |
| **按国民经济行业分** | | | | |
| 农畜产品批发 | 607059 | 461571 | 145488 | 21918 |
| 食品、饮料及烟草制品批发 | 2447881 | 2006379 | 441502 | 80560 |
| #米、面制品及食用油批发 | 382623 | 272651 | 109972 | 21281 |
| 烟草制品批发 | 730348 | 730348 | | 26543 |
| 纺织、服装及日用品批发 | 479102 | 431316 | 47786 | 18284 |
| #纺织品、针织品及原料批发 | 89218 | 61056 | 28162 | 1981 |
| 医药及医疗器材批发 | 1964014 | 1597500 | 366514 | 56213 |
| 矿产品、建材及化工产品批发 | 14038190 | 12084271 | 1953919 | 276996 |
| #煤炭及制品批发 | 6665139 | 6029480 | 635659 | 143586 |
| 石油及制品批发 | 988527 | 238169 | 750358 | 18485 |
| 机械设备、五金交电及电子产品批发 | 3376586 | 3015294 | 361292 | 248325 |
| 其他批发 | 444329 | 338683 | 105646 | 13975 |
| **零售业** | **12614067** | **544463** | **12069604** | **506269** |
| #国有控股 | 393752 | 79915 | 313837 | 34326 |
| **按登记注册类型分** | | | | |
| 内资企业 | 12243922 | 542612 | 11701310 | 491287 |
| 国有企业 | 41711 | 2224 | 39488 | 3389 |
| 集体企业 | 308741 | 44796 | 263946 | 6696 |

16-4 续表 （2017 年） 单位：万元

| 指　　标 | 销售总额 | 批 发 | 零 售 | 年末库存总额 |
|---|---|---|---|---|
| 股份合作企业 | 5404 | | 5404 | 195 |
| 有限责任公司 | 2835306 | 284449 | 2550857 | 117251 |
| #其他有限责任公司 | 2821397 | 284449 | 2536948 | 117147 |
| 股份有限公司 | 833236 | 84033 | 749203 | 48624 |
| 私营企业 | 8148180 | 124705 | 8023476 | 312254 |
| #私营有限责任公司 | 7722028 | 122380 | 7599649 | 300075 |
| 其他企业 | 65102 | 1960 | 63142 | 2641 |
| 港、澳、台商投资企业 | 171152 | 1751 | 169401 | 9918 |
| 外商投资企业 | 198993 | 100 | 198893 | 5064 |
| **按国民经济行业分** | | | | |
| 综合零售 | 2380207 | 50200 | 2330007 | 112614 |
| #百货零售 | 1511477 | 45772 | 1465705 | 26137 |
| 超级市场零售 | 834317 | 4388 | 829929 | 84808 |
| 食品、饮料及烟草制品专门零售 | 945695 | 29891 | 915804 | 58743 |
| 纺织、服装及日用品专门零售 | 811329 | 12121 | 799208 | 28189 |
| 文化、体育用品及器材专门零售 | 317753 | 4720 | 313033 | 32223 |
| #图书零售 | 72080 | 4719 | 67361 | 12728 |
| 医药及医疗器材专门零售 | 510783 | 74542 | 436241 | 25778 |
| 汽车、摩托车、燃料及零配件专门零售 | 3818702 | 27143 | 3791559 | 178913 |
| #汽车零售 | 3334368 | 4765 | 3329603 | 167381 |
| 家用电器及电子产品专门零售 | 1219791 | 43059 | 1176732 | 24656 |
| #家用电器零售 | 499722 | 5713 | 494008 | 7973 |
| 五金、家具及室内装修材料专门零售 | 2225452 | 299695 | 1925757 | 22300 |
| 无店铺及其他零售 | 384357 | 3092 | 381265 | 22853 |
| **按经营方式分** | | | | |
| 独立门店 | 10565356 | 448860 | 10116495 | 420582 |
| 连锁总店（总部） | 118450 | | 118450 | 18196 |
| 连锁门店 | 55424 | | 55424 | 10553 |
| 其他 | 1874837 | 95602 | 1779235 | 56939 |
| **按零售业态分** | | | | |
| 百货商店 | 1544187 | 36309 | 1507878 | 26124 |
| 超市 | 394443 | 7262 | 387180 | 29459 |
| 大型超市 | 573530 | 289 | 573240 | 58521 |
| 专业店 | 5802320 | 97856 | 5704464 | 227780 |
| 专卖店 | 2634714 | 102548 | 2532165 | 128319 |

# 16-5 限额以上住宿餐饮业经营情况

（2017 年）　　　　单位:万元

| 指　　标 | 营业额 | 客房收入 | 餐费收入 | 商品销售收入 | 其他收入 | 年末拥有客房数（间） | 年末拥有床位数（个） | 年末拥有餐位数（个） |
|---|---|---|---|---|---|---|---|---|
| **总　计** | **439884** | **114658** | **271335** | **45417** | **8475** | **12321** | **20683** | **78691** |
| **住宿业** | **154246** | **74598** | **57300** | **16249** | **6099** | **8076** | **13379** | **20166** |
| # 国有控股 | 31415 | 14364 | 14313 | 1087 | 1652 | 1504 | 2408 | 4952 |
| **按登记注册类型分** | | | | | | | | |
| 内资企业 | 151906 | 73428 | 56365 | 16038 | 6075 | 7805 | 12879 | 19166 |
| 国有企业 | 22039 | 9990 | 9720 | 1059 | 1270 | 977 | 1613 | 2952 |
| 集体企业 | 3633 | 1953 | 1522 | 154 | 4 | 128 | 222 | 410 |
| 有限责任公司 | 20489 | 9168 | 9687 | 672 | 962 | 1812 | 2758 | 5144 |
| # 其他有限责任公司 | 17495 | 7961 | 7930 | 650 | 954 | 1703 | 2608 | 4444 |
| 股份有限公司 | 630 | 508 | 45 | 13 | 63 | 109 | 211 | 53 |
| 私营企业 | 105117 | 51810 | 35391 | 14140 | 3777 | 4779 | 8075 | 10607 |
| # 私营有限责任公司 | 76706 | 38914 | 23311 | 11493 | 2988 | 4154 | 7108 | 9032 |
| 其他企业 | | | | | | | | |
| **按国民经济行业分** | | | | | | | | |
| 旅游饭店 | 94258 | 37602 | 39005 | 11640 | 6011 | 4018 | 6283 | 11530 |
| 一般旅馆 | 51180 | 31920 | 15563 | 3610 | 88 | 3722 | 6540 | 7978 |
| **按星级登记分** | | | | | | | | |
| 一星 | 2139 | 1028 | 1111 | 1 | | 40 | 80 | 340 |
| 二星 | 3797 | 1508 | 2214 | 75 | | 232 | 444 | 753 |
| 三星 | 33822 | 16515 | 13706 | 2273 | 1328 | 1531 | 2783 | 4050 |
| 四星 | 27338 | 13579 | 11811 | 1243 | 705 | 1363 | 2165 | 3802 |
| 五星 | 15712 | 8305 | 6461 | 55 | 891 | 595 | 855 | 1708 |
| 其他 | 71438 | 33663 | 21998 | 12603 | 3174 | 4315 | 7052 | 9513 |
| **餐饮业** | **285639** | **40060** | **214035** | **29168** | **2376** | **4245** | **7304** | **58525** |
| # 国有控股 | 10101 | 2361 | 7121 | 537 | 82 | 339 | 637 | 1800 |
| **按登记注册类型分** | | | | | | | | |
| 内资企业 | 279450 | 40060 | 207862 | 29152 | 2376 | 4245 | 7304 | 58245 |
| 国有企业 | 8719 | 2361 | 6238 | 38 | 82 | 339 | 637 | 1400 |
| 集体企业 | 4487 | 360 | 2131 | 564 | 1432 | 46 | 63 | 690 |
| 有限责任公司 | 33015 | 6506 | 24933 | 1462 | 114 | 879 | 1375 | 7694 |
| # 其他有限责任公司 | 31633 | 6506 | 24050 | 963 | 114 | 879 | 1375 | 7294 |
| 股份有限公司 | 7163 | | 7157 | 6 | | | | 1150 |
| 私营企业 | 225539 | 30738 | 166996 | 27058 | 747 | 2941 | 5169 | 47011 |
| # 私营独资企业 | 14216 | 2837 | 9878 | 1502 | | 110 | 235 | 2957 |
| 私营有限责任公司 | 202678 | 27901 | 150518 | 23512 | 747 | 2831 | 4934 | 42726 |
| 其他企业 | | | | | | | | |
| 外商投资企业 | 4869 | | 4869 | | | | | 250 |
| **按国民经济行业分** | | | | | | | | |
| 正餐服务 | 257493 | 38128 | 190939 | 26050 | 2376 | 3938 | 6759 | 54418 |
| 快餐服务 | 13365 | 517 | 12069 | 779 | | 77 | 155 | 1753 |
| 其他餐饮服务 | 10918 | 1415 | 7343 | 2160 | | 230 | 390 | 1774 |
| **按经营方式分** | | | | | | | | |
| 独立经营 | 269879 | 35862 | 205361 | 27723 | 933 | 3797 | 6612 | 56198 |
| 连锁总店(总部) | | | | | | | | |
| 连锁门店 | 2048 | | 1974 | 74 | | | | 625 |
| 其他 | 13712 | 4199 | 6700 | 1371 | 1442 | 448 | 692 | 1702 |

# 16–6 亿元以上商品交易市场基本情况

（2017 年）

| 指　　标 | 市场个数（个） | 营业面积（平方米） | 摊位总量（个） | 已出租摊位 | 出租率（%） |
|---|---|---|---|---|---|
| **合　计** | **28** | **2591184** | **40732** | **31180** | **76.5** |
| **按经营环境分** | | | | | |
| 露天式 | 5 | 464598 | 4805 | 3374 | 70.2 |
| 封闭式 | 20 | 1551086 | 31842 | 24596 | 77.2 |
| 其他 | 3 | 575500 | 4085 | 3210 | 78.6 |
| **按经营方式分** | | | | | |
| 批发 | 19 | 2055784 | 31758 | 24845 | 78.2 |
| 零售 | 9 | 535400 | 8974 | 6335 | 70.6 |
| **按市场类别分** | | | | | |
| 综合市场 | 3 | 625000 | 9599 | 6193 | 64.5 |
| 生产资料综合市场 | 1 | 75000 | 6799 | 4985 | 73.3 |
| 农产品综合市场 | 1 | 380000 | 1000 | 942 | 94.2 |
| 专业市场 | 25 | 1966184 | 31133 | 24987 | 80.3 |
| 生产资料市场 | 9 | 929484 | 7696 | 4514 | 58.7 |
| 农用生产资料市场 | 2 | 110500 | 290 | 237 | 81.7 |
| 木材市场 | 2 | 130000 | 502 | 141 | 28.1 |
| 建材市场 | 1 | 250000 | 1050 | 1020 | 97.1 |
| 金属材料市场 | 3 | 258984 | 3654 | 1871 | 51.2 |
| 农产品市场 | 5 | 383800 | 9075 | 7564 | 83.3 |
| 蔬菜市场 | 1 | 137200 | 2700 | 2215 | 82.0 |
| 干鲜果品市场 | 1 | 190000 | 2900 | 2125 | 73.3 |
| 其他农产品市场 | 2 | 50600 | 2945 | 2696 | 91.5 |
| 食品、饮料及烟酒市场 | | | | | |
| 其他食品、饮料及烟酒市场 | | | | | |
| 纺织、服装、鞋帽市场 | 3 | 202600 | 10301 | 9560 | 92.8 |
| 鞋帽市场 | 1 | 19700 | 366 | 340 | 92.9 |
| 其他纺织服装鞋帽市场 | 2 | 182900 | 9935 | 9220 | 92.8 |
| 电器、通讯器材、电子设备市场 | 1 | 2610 | 275 | 187 | 68.0 |
| 计算机及辅助设备市场 | 1 | 2610 | 275 | 187 | 68.0 |
| 家具、五金及装饰材料市场 | 4 | 270292 | 1568 | 1468 | 93.6 |
| 家具市场 | 2 | 84792 | 353 | 300 | 85.0 |
| 装饰材料市场 | 1 | 180000 | 1030 | 1025 | 99.5 |
| 五金材料市场 | 1 | 5500 | 185 | 143 | 77.3 |
| 汽车、摩托车及零配件市场 | 2 | 117398 | 2018 | 1530 | 75.8 |
| 汽车市场 | 1 | 17398 | 38 | 37 | 97.4 |
| 机动车零配件市场 | 1 | 100000 | 1980 | 1493 | 75.4 |
| 其他专业市场 | 1 | 60000 | 200 | 164 | 82.0 |

# 16-7 亿元以上商品交易市场成交情况

（2017 年）

单位:万元

| 指　　标 | 本期商品成交额 | 全年消费品零售额 | 本年市场交易业主缴纳税金总额 | 年末交易市场业主从业人员（人） |
|---|---|---|---|---|
| **合　计** | **8294483** | **2566272** | **17773** | **89376** |
| **按经营环境分** | | | | |
| 露天式 | 1849952 | 20085 | 2953 | 10578 |
| 封闭式 | 5754398 | 2489207 | 13899 | 71561 |
| 其他 | 690133 | 56980 | 921 | 7237 |
| **按经营方式分** | | | | |
| 批发 | 7915457 | 2339961 | 15134 | 71215 |
| 零售 | 379026 | 226311 | 2639 | 18161 |
| **按市场类别分** | | | | |
| 综合市场 | 417433 | 700 | 1016 | 6930 |
| 生产资料综合市场 | 121352 | | 981 | 4110 |
| 农产品综合市场 | 281542 | | 10 | 2500 |
| 专业市场 | 7877050 | 2565572 | 16757 | 82446 |
| 生产资料市场 | 3446895 | 298762 | 7706 | 14330 |
| 农用生产资料市场 | 291456 | 10160 | 660 | 1600 |
| 木材市场 | 172400 | | 450 | 160 |
| 建材市场 | 300636 | 288602 | 1256 | 2526 |
| 金属材料市场 | 1667155 | | 2616 | 5033 |
| 农产品市场 | 846682 | 167931 | 2089 | 24249 |
| 蔬菜市场 | 372800 | | 11 | 8500 |
| 干鲜果品市场 | 326040 | 56980 | 580 | 4180 |
| 其他农产品市场 | 89042 | 60951 | 1216 | 9547 |
| 食品、饮料及烟酒市场 | | | | |
| 其他食品、饮料及烟酒市场 | | | | |
| 纺织、服装、鞋帽市场 | 2728321 | 1865621 | 1431 | 33647 |
| 鞋帽市场 | 38200 | 7640 | | 732 |
| 其他纺织服装鞋帽市场 | 2690121 | 1857981 | 1431 | 32915 |
| 电器、通讯器材、电子设备市场 | 44199 | | 25 | 400 |
| 计算机及辅助设备市场 | 44199 | | 25 | 400 |
| 家具、五金及装饰材料市场 | 229831 | 106850 | 796 | 5340 |
| 家具市场 | 37680 | 33350 | 105 | 1023 |
| 装饰材料市场 | 109600 | 73500 | 360 | 3760 |
| 五金材料市场 | 82551 | | 331 | 557 |
| 汽车、摩托车及零配件市场 | 417771 | 116554 | 4252 | 3596 |
| 汽车市场 | 31897 | 20085 | 6 | 196 |
| 机动车零配件市场 | 385874 | 96469 | 4246 | 3400 |
| 其他专业市场 | 163351 | 9854 | 458 | 884 |

# 16-8 限额以上批发零售业企业财务状况

（2017 年）

单位：万元

| 指　　标 | 年末资产负债 | | | | | | |
|---|---|---|---|---|---|---|---|
| | 流动资产合计 | # 存货 | 固定资产原价 | 累计折旧 | # 本年折旧 | 资产总计 | 负债合计 |
| **总　计** | **7542378** | **1109857** | **2309363** | **604538** | **115530** | **10162712** | **6645277** |
| **批发业** | **5207826** | **664618** | **1210688** | **278977** | **45141** | **6711556** | **4560164** |
| # 国有控股 | 2089179 | 264776 | 285656 | 101218 | 8103 | 2481371 | 1692273 |
| **按登记注册类型分** | | | | | | | |
| 内资企业 | 5181388 | 661742 | 1204139 | 277711 | 45074 | 6675685 | 4545936 |
| 国有企业 | 330816 | 50283 | 98914 | 45404 | 3393 | 402104 | 91919 |
| 集体企业 | 2481 | 1032 | 7595 | 668 | 147 | 9802 | 2680 |
| 股份合作企业 | | | | | | | |
| 联营企业 | | | | | | | |
| 有限责任公司 | 2360864 | 287864 | 307384 | 47877 | 8393 | 2856841 | 2396281 |
| 股份有限公司 | 516970 | 33418 | 132865 | 51048 | 2655 | 679427 | 452835 |
| 私营企业 | 1959286 | 285718 | 633855 | 128394 | 29664 | 2696962 | 1592555 |
| # 私营有限责任公司 | 1906040 | 281357 | 610083 | 123729 | 28845 | 2620257 | 1546535 |
| 其他企业 | 10970 | 3427 | 23526 | 4321 | 822 | 30550 | 9665 |
| 港、澳、台商投资企业 | 11279 | 318 | 3750 | 345 | 20 | 18754 | 10590 |
| 外商投资企业 | 15160 | 2558 | 2800 | 921 | 48 | 17117 | 3637 |
| **按国民经济行业分** | | | | | | | |
| 农畜产品批发 | 71076 | 11668 | 74853 | 15615 | 3818 | 157569 | 74661 |
| 食品、饮料及烟草制品批发 | 614410 | 80883 | 326998 | 72871 | 7335 | 1011478 | 573608 |
| # 米、面制品及食用油批发 | 197566 | 22004 | 150674 | 10489 | 1319 | 417958 | 356219 |
| 烟草制品批发 | 273987 | 26634 | 62505 | 36761 | 1961 | 304777 | 37998 |
| 纺织、服装及日用品批发 | 66435 | 15154 | 12096 | 2751 | 764 | 77223 | 47757 |
| # 纺织品、针织品及原料批发 | 10168 | 1596 | 2334 | 571 | 129 | 12563 | 6907 |
| 医药及医疗器材批发 | 347992 | 61994 | 23668 | 6537 | 1991 | 401008 | 339725 |
| 矿产品、建材及化工产品批发 | 2507889 | 264484 | 643216 | 147980 | 24557 | 3219174 | 2072933 |
| # 煤炭及制品批发 | 1460837 | 135815 | 243106 | 45378 | 11735 | 1730172 | 1242049 |
| 金属及金属矿批发 | 645076 | 81367 | 144148 | 24688 | 4416 | 793280 | 541794 |
| 机械设备、五金交电及电子产品批发 | 1499367 | 216543 | 78201 | 21215 | 4382 | 1694042 | 1378209 |
| # 农业机械批发 | 34952 | 7265 | 16506 | 3243 | 701 | 52108 | 31951 |
| 汽车、摩托车及零配件批发 | 63932 | 19396 | 9439 | 1746 | 417 | 73708 | 55368 |
| 其他机械设备及电子产品批发 | 1349364 | 176433 | 34582 | 10281 | 2385 | 1497485 | 1255691 |
| 其他批发 | 69898 | 11981 | 47854 | 10830 | 2100 | 110696 | 51086 |
| **按经营方式分** | | | | | | | |
| 独立门店 | 2961559 | 336061 | 984158 | 216924 | 38181 | 4067732 | 2670473 |
| 连锁总店(总部) | 670 | 520 | 22 | 3 | 3 | 765 | 225 |
| 连锁门店 | | | | | | | |
| 其他 | 2245597 | 328038 | 226508 | 62050 | 6958 | 2643059 | 1889465 |

16-8 续表 1

（2017 年）

单位：万元

| 指标 | 年末资产负债 | | | | | | |
|---|---|---|---|---|---|---|---|
| | 流动资产合计 | # 存货 | 固定资产原价 | 累计折旧 | # 本年折旧 | 资产总计 | 负债合计 |
| **零售业** | **2334552** | **445239** | **1098675** | **325561** | **70389** | **3451156** | **2085114** |
| # 国有控股 | 178954 | 33888 | 49094 | 18807 | 1390 | 224267 | 195546 |
| **按登记注册类型分** | | | | | | | |
| 内资企业 | 2304765 | 440867 | 1051995 | 309989 | 67803 | 3375999 | 2047378 |
| 国有企业 | 13712 | 3671 | 7188 | 2383 | 171 | 20585 | 36249 |
| 集体企业 | 32144 | 14947 | 25438 | 10230 | 1568 | 54857 | 16503 |
| 股份合作企业 | 813 | 168 | 216 | 121 | 17 | 1111 | 699 |
| 联营企业 | 646 | 234 | 361 | 108 | 6 | 1477 | 542 |
| 有限责任公司 | 406823 | 108125 | 187992 | 63877 | 21412 | 599115 | 366262 |
| 股份有限公司 | 287339 | 30777 | 116056 | 55254 | 2271 | 375472 | 292681 |
| 私营企业 | 1555867 | 281580 | 690930 | 175571 | 41127 | 2294216 | 1327689 |
| # 私营有限责任公司 | 1513623 | 272427 | 656503 | 166851 | 38391 | 2213841 | 1297103 |
| 其他企业 | 7420 | 1365 | 23815 | 2445 | 1231 | 29166 | 6754 |
| 港、澳、台商投资企业 | 18381 | 3575 | 25114 | 7683 | 1926 | 41457 | 22264 |
| 外商投资企业 | 11406 | 798 | 21567 | 7889 | 660 | 33700 | 15471 |
| **按国民经济行业分** | | | | | | | |
| 综合零售 | 411261 | 77796 | 297590 | 112917 | 22686 | 677050 | 443954 |
| # 百货零售 | 233277 | 40514 | 161093 | 48177 | 16418 | 393232 | 222546 |
| 超级市场零售 | 169206 | 35769 | 128878 | 62155 | 5942 | 267668 | 216138 |
| 食品、饮料及烟草制品专门零售 | 511236 | 54946 | 70076 | 17701 | 3288 | 628805 | 482793 |
| 纺织、服装及日用品专门零售 | 85496 | 26003 | 101150 | 23101 | 5698 | 185022 | 79538 |
| 文化、体育用品及器材专门零售 | 93756 | 37935 | 44939 | 11892 | 2303 | 144224 | 66098 |
| # 图书零售 | 37364 | 13971 | 10613 | 4849 | 259 | 49129 | 25964 |
| 医药及医疗器材专门零售 | 160034 | 23443 | 55797 | 16283 | 2811 | 210031 | 165403 |
| 汽车、摩托车、燃料及零配件专门零售 | 711948 | 169126 | 269569 | 72363 | 18622 | 982573 | 594368 |
| # 汽车零售 | 646923 | 156615 | 229038 | 60879 | 16387 | 869972 | 545370 |
| 家用电器及电子产品专门零售 | 162451 | 26305 | 87057 | 23536 | 4864 | 260034 | 105443 |
| # 家用电器零售 | 56275 | 7459 | 28219 | 7868 | 1623 | 97689 | 30775 |
| 计算机、软件及辅助设备零售 | 25769 | 5893 | 18126 | 4944 | 1117 | 42301 | 18012 |
| 五金、家具及室内装修材料专门零售 | 155497 | 20308 | 112150 | 35331 | 6282 | 260873 | 115656 |
| # 五金零售 | 65894 | 6623 | 32465 | 7561 | 1609 | 101163 | 46783 |
| 家具零售 | 18284 | 3106 | 37477 | 7108 | 2339 | 53186 | 15891 |
| 无店铺及其他零售 | 42874 | 9378 | 60347 | 12437 | 3836 | 102545 | 31862 |
| **按经营方式分** | | | | | | | |
| 独立门店 | 2017168 | 396176 | 941296 | 279158 | 61966 | 2981596 | 1794857 |
| 连锁总店(总部) | 48907 | 7531 | 6036 | 2435 | 309 | 55339 | 56057 |
| 连锁门店 | 6511 | 5490 | 1116 | 151 | 34 | 7838 | 5485 |
| 其他 | 261966 | 36043 | 150227 | 43817 | 8080 | 406383 | 228715 |
| **按零售业态分** | | | | | | | |
| 超　市 | 82880 | 23985 | 86966 | 21284 | 3772 | 179645 | 93131 |
| 大型超市 | 114575 | 24691 | 103342 | 50058 | 4247 | 185710 | 150205 |
| 仓储会员店 | 572 | 34 | 31 | 5 | 2 | 598 | 96 |
| 百货店 | 220606 | 26062 | 126402 | 44805 | 15579 | 336116 | 204272 |
| 专业店 | 1154903 | 219932 | 490015 | 118468 | 26447 | 1683926 | 992752 |
| 专卖店 | 598003 | 122360 | 196065 | 55789 | 13930 | 804557 | 527168 |

16-8 续表2 （2017年） 单位:万元

| 指标 | 年末资产负债 | | | | | | | |
|---|---|---|---|---|---|---|---|---|
| | 所有者权益合计 | 实收资本 | 国家资本 | 集体资本 | 法人资本 | 个人资本 | 港澳台资本 | 外商资本 |
| **总计** | **3514434** | **1708851** | **216690** | **24184** | **331032** | **1107212** | **19327** | **10407** |
| **批发业** | **2148369** | **1054827** | **209973** | **10203** | **189997** | **634060** | **5996** | **4598** |
| #国有控股 | 789098 | 231066 | 199513 | 607 | 30449 | 497 | | |
| **按登记注册类型分** | | | | | | | | |
| 内资企业 | 2126726 | 1042962 | 209973 | 10203 | 189547 | 631239 | 1000 | 1000 |
| 国有企业 | 310185 | 15043 | 12409 | | 2584 | 50 | | |
| 集体企业 | 7122 | 2841 | | 2841 | | | | |
| 股份合作企业 | | | | | | | | |
| 联营企业 | | | | | | | | |
| 有限责任公司 | 460560 | 345139 | 187164 | 5352 | 97872 | 54752 | | |
| 股份有限公司 | 226592 | 40141 | | | 34991 | 5150 | | |
| 私营企业 | 1101384 | 630785 | 10400 | 2010 | 49551 | 566825 | 1000 | 1000 |
| #私营有限责任公司 | 1070699 | 617226 | 10400 | 2010 | 47851 | 554965 | 1000 | 1000 |
| 其他企业 | 20884 | 9013 | | | 4550 | 4463 | | |
| 港、澳、台商投资企业 | 8164 | 7694 | | | | 2698 | 4996 | |
| 外商投资企业 | 13480 | 4171 | | | 450 | 123 | | 3598 |
| **按国民经济行业分** | | | | | | | | |
| 农畜产品批发 | 82908 | 37638 | 7239 | 2841 | 3224 | 24334 | | |
| 食品、饮料及烟草制品批发 | 437871 | 122549 | 5633 | | 58600 | 55943 | | 2373 |
| #米、面制品及食用油批发 | 61739 | 28616 | 5633 | | 20243 | 2740 | | |
| 烟草制品批发 | 266779 | 2441 | | | 2441 | | | |
| 纺织、服装及日用品批发 | 29466 | 14371 | | | 1138 | 13233 | | |
| #纺织品、针织品及原料批发 | 5656 | 4503 | | | 80 | 4423 | | |
| 医药及医疗器材批发 | 61283 | 53806 | 397 | 2000 | 33006 | 18403 | | |
| 矿产品、建材及化工产品批发 | 1143218 | 541643 | 54404 | 5352 | 55497 | 418220 | 5996 | 2175 |
| #煤炭及制品批发 | 488124 | 223048 | 8572 | 1500 | 17718 | 193745 | 1513 | |
| 金属及金属矿批发 | 251486 | 214837 | 42071 | 2607 | 16393 | 147261 | 4483 | 2022 |
| 机械设备、五金交电及电子产品批发 | 315833 | 232887 | 142300 | | 36622 | 53914 | | 50 |
| #农业机械批发 | 20157 | 10444 | | | 3065 | 7379 | | |
| 汽车、摩托车及零配件批发 | 18340 | 14390 | | | 7950 | 6440 | | |
| 其他机械设备及电子产品批发 | 241795 | 193189 | 142300 | | 24696 | 26192 | | |
| 其他批发 | 59609 | 37583 | | 10 | 1200 | 36373 | | |
| **按经营方式分** | | | | | | | | |
| 独立门店 | 1397258 | 658377 | 50595 | 6062 | 116330 | 479462 | 3483 | 2445 |
| 连锁总店(总部) | 540 | 100 | | | | 100 | | |
| 连锁门店 | | | | | | | | |
| 其他 | 750571 | 396350 | 159378 | 4141 | 73668 | 154498 | 2513 | 2153 |

16-8 续表 3　　（2017 年）　　单位：万元

| 指标 | 年末资产负债 | | | | | | | |
|---|---|---|---|---|---|---|---|---|
| | 所有者权益合计 | 实收资本 | | | | | | |
| | | | 国家资本 | 集体资本 | 法人资本 | 个人资本 | 港澳台资本 | 外商资本 |
| **零售业** | **1366065** | **654024** | **6717** | **13981** | **141034** | **473152** | **13331** | **5809** |
| #国有控股 | 28721 | 16022 | 6657 | | 9167 | 198 | | |
| **按登记注册类型分** | | | | | | | | |
| 内资企业 | 1328643 | 634210 | 6717 | 13981 | 140666 | 472642 | 205 | |
| 国有企业 | -15664 | 1820 | 1754 | | 66 | | | |
| 集体企业 | 38355 | 12697 | 10 | 7966 | 1351 | 3370 | | |
| 股份合作企业 | 411 | 330 | | 170 | | 160 | | |
| 联营企业 | 936 | 585 | | 285 | | 300 | | |
| 有限责任公司 | 232853 | 120977 | 3000 | 4460 | 75955 | 37362 | 200 | |
| 股份有限公司 | 82791 | 24630 | 1903 | 463 | 18351 | 3913 | | |
| 私营企业 | 966549 | 461243 | 50 | 637 | 34900 | 425651 | 5 | |
| #私营有限责任公司 | 916761 | 440470 | 50 | 637 | 32502 | 407276 | 5 | |
| 其他企业 | 22413 | 11928 | | | 10043 | 1885 | | |
| 港、澳、台商投资企业 | 19193 | 13626 | | | 200 | 300 | 13126 | |
| 外商投资企业 | 18228 | 6188 | | | 169 | 210 | | 5809 |
| **按国民经济行业分** | | | | | | | | |
| 综合零售 | 233096 | 117309 | 1773 | 13000 | 41005 | 54683 | 5849 | 1000 |
| #百货零售 | 170686 | 69252 | 1273 | 11688 | 21828 | 33504 | 960 | |
| 超级市场零售 | 51530 | 46592 | 500 | 1208 | 19177 | 19819 | 4889 | 1000 |
| 食品、饮料及烟草制品专门零售 | 146013 | 87656 | 50 | 208 | 9206 | 77715 | 478 | |
| 纺织、服装及日用品专门零售 | 105484 | 33040 | | 70 | 4730 | 28235 | 5 | |
| 文化、体育用品及器材专门零售 | 78126 | 26028 | 3303 | | 1469 | 18885 | | 2371 |
| #图书零售 | 23165 | 3593 | 3303 | | 215 | 75 | | |
| 医药及医疗器材专门零售 | 44628 | 16097 | 1481 | 5 | 6375 | 7736 | 500 | |
| 汽车、摩托车、燃料及零配件专门零售 | 388205 | 216179 | 50 | 604 | 47109 | 161916 | 6500 | |
| #汽车零售 | 324602 | 186638 | | | 38797 | 141341 | 6500 | |
| 家用电器及电子产品专门零售 | 154615 | 65847 | 10 | 34 | 19880 | 45923 | | |
| #家用电器零售 | 66914 | 31756 | 10 | 19 | 17725 | 14002 | | |
| 计算机、软件及辅助设备零售 | 24313 | 10483 | | 15 | 516 | 9953 | | |
| 五金、家具及室内装修材料专门零售 | 145216 | 56054 | | | 3663 | 52262 | | 129 |
| #五金零售 | 54380 | 30204 | | | 3093 | 27111 | | |
| 家具零售 | 37295 | 10617 | | | 419 | 10069 | | 129 |
| 无店铺及其他零售 | 70682 | 35814 | 50 | 60 | 7597 | 25798 | | 2309 |
| **按经营方式分** | | | | | | | | |
| 独立门店 | 1186762 | 563382 | 5417 | 13698 | 114934 | 412632 | 13331 | 3371 |
| 连锁总店（总部） | -718 | 4047 | 1100 | | 720 | 2227 | | |
| 连锁门店 | 2353 | 12996 | | | 12586 | 410 | | |
| 其他 | 177668 | 73600 | 200 | 284 | 12795 | 57884 | | 2438 |
| **按零售业态分** | | | | | | | | |
| 超　市 | 86514 | 40277 | 20 | 1358 | 6865 | 32034 | | |
| 大型超市 | 35504 | 25058 | 500 | | 13399 | 5270 | 4889 | 1000 |
| 仓储会员店 | 501 | 500 | | | | 500 | | |
| 百货店 | 131844 | 50421 | 1253 | 7774 | 21241 | 19194 | 960 | |
| 专业店 | 691198 | 346554 | 4643 | 926 | 52905 | 285270 | 500 | 2309 |
| 专卖店 | 277389 | 119722 | 251 | 5 | 25384 | 84878 | 6705 | 2500 |

16-8 续表 4 (2017 年) 单位:万元

| 指 标 | 损益及分配 | | | | | | |
|---|---|---|---|---|---|---|---|
| | 主营业务收入 | 主营业务成本 | 主营业务税金及附加 | 其他业务利润 | 销售费用 | 管理费用 | #税金 |
| **总 计** | **31740317** | **28680627** | **231899** | **22572** | **897624** | **509780** | |
| **批发业** | **20648741** | **18976111** | **160947** | **4037** | **515781** | **257127** | |
| #国有控股 | 6855047 | 6527222 | 95854 | 777 | 95690 | 48640 | |
| **按登记注册类型分** | | | | | | | |
| 内资企业 | 20407613 | 18769892 | 157426 | 4037 | 511566 | 251953 | |
| 国有企业 | 976637 | 728570 | 90261 | 406 | 21181 | 31157 | |
| 集体企业 | 21653 | 18315 | 789 | | 423 | 313 | |
| 股份合作企业 | | | | | | | |
| 联营企业 | | | | | | | |
| 有限责任公司 | 7796429 | 7455937 | 11709 | 499 | 107626 | 49845 | |
| 股份有限公司 | 1674580 | 1564132 | 4107 | 859 | 170611 | 9768 | |
| 私营企业 | 9627704 | 8728506 | 48167 | 2273 | 206724 | 154789 | |
| #私营有限责任公司 | 9252171 | 8391339 | 46586 | 2273 | 198340 | 146270 | |
| 其他企业 | 310610 | 274432 | 2394 | | 5001 | 6081 | |
| 港、澳、台商投资企业 | 177996 | 146992 | 3426 | | 3528 | 4704 | |
| 外商投资企业 | 63132 | 59227 | 95 | | 687 | 469 | |
| **按国民经济行业分** | | | | | | | |
| 农畜产品批发 | 555398 | 466673 | 6111 | | 18347 | 15327 | |
| 食品、饮料及烟草制品批发 | 2127276 | 1764973 | 95233 | 1511 | 55048 | 51775 | |
| #米、面制品及食用油批发 | 310728 | 261449 | 984 | 308 | 5497 | 4940 | |
| 烟草制品批发 | 624230 | 440611 | 87946 | | 10706 | 20541 | |
| 纺织、服装及日用品批发 | 322482 | 292123 | 1892 | | 8155 | 5293 | |
| #纺织品、针织品及原料批发 | 82174 | 73308 | 1214 | | 1005 | 1083 | |
| 医药及医疗器材批发 | 1819927 | 1565782 | 5261 | 722 | 157776 | 14813 | |
| 矿产品、建材及化工产品批发 | 12238553 | 11528920 | 38957 | 1288 | 214648 | 128100 | |
| #煤炭及制品批发 | 5824029 | 5474851 | 15272 | 720 | 92021 | 42732 | |
| 金属及金属矿批发 | 3861822 | 3677320 | 11545 | 101 | 41058 | 39104 | |
| 机械设备、五金交电及电子产品批发 | 3008496 | 2849319 | 8086 | 513 | 50453 | 31586 | |
| #农业机械批发 | 310058 | 286015 | 804 | | 6420 | 5550 | |
| 汽车、摩托车及零配件批发 | 161493 | 150895 | 1029 | | 3280 | 1741 | |
| 其他机械设备及电子产品批发 | 2206585 | 2118265 | 3696 | -21 | 32969 | 17921 | |
| 其他批发 | 393377 | 333056 | 4768 | | 8957 | 8516 | |
| **按经营方式分** | | | | | | | |
| 独立门店 | 13877481 | 12588303 | 144104 | 3826 | 279160 | 203217 | |
| 连锁总店(总部) | 4465 | 4050 | 7 | | 71 | 74 | |
| 连锁门店 | | | | | | | |
| 其他 | 6766795 | 6383758 | 16836 | 211 | 236550 | 53836 | |

注:2017 年财务年报表取消管理费用下税金统计。

16-8　续表 5　　　　（2017 年）　　　　单位：万元

| 指　　标 | 损益及分配 | | | | | | |
|---|---|---|---|---|---|---|---|
| | 主营业务收入 | 主营业务成本 | 主营业务税金及附加 | 其他业务利润 | 销售费用 | 管理费用 | # 税金 |
| **零售业** | **11091576** | **9704516** | **70953** | **18535** | **381843** | **252653** | |
| # 国有控股 | 332488 | 293808 | 809 | 3646 | 15331 | 12473 | |
| **按登记注册类型分** | | | | | | | |
| 内资企业 | 10780150 | 9436101 | 70058 | 13990 | 359960 | 244439 | |
| 国有企业 | 22766 | 19504 | 143 | 1579 | 1392 | 2567 | |
| 集体企业 | 282890 | 228363 | 4246 | | 8722 | 7513 | |
| 股份合作企业 | 5166 | 4192 | 27 | | 205 | 273 | |
| 联营企业 | 5587 | 3982 | 109 | | 182 | 126 | |
| 有限责任公司 | 2506168 | 2280147 | 9436 | 3646 | 98337 | 44962 | |
| 股份有限公司 | 688696 | 601004 | 3007 | 1404 | 39001 | 17982 | |
| 私营企业 | 7212492 | 6251151 | 52881 | 7361 | 210835 | 169807 | |
| # 私营有限责任公司 | 6817756 | 5906723 | 49372 | 7281 | 204359 | 162785 | |
| 其他企业 | 56386 | 47759 | 210 | | 1287 | 1208 | |
| 港、澳、台商投资企业 | 150382 | 130143 | 530 | 4258 | 16602 | 1495 | |
| 外商投资企业 | 161045 | 138272 | 364 | 287 | 5281 | 6719 | |
| **按国民经济行业分** | | | | | | | |
| 综合零售 | 2036325 | 1756521 | 15509 | 9161 | 102631 | 53449 | |
| # 百货零售 | 1289495 | 1120625 | 12802 | 1820 | 27878 | 30928 | |
| 超级市场零售 | 713894 | 610002 | 2278 | 7341 | 73225 | 20581 | |
| 食品、饮料及烟草制品专门零售 | 837944 | 709157 | 6011 | 10 | 22946 | 20090 | |
| 纺织、服装及日用品专门零售 | 732969 | 623890 | 5686 | 8 | 21670 | 19742 | |
| 文化、体育用品及器材专门零售 | 278008 | 230490 | 2202 | 129 | 13249 | 13018 | |
| # 图书零售 | 61775 | 48181 | 310 | 64 | 4730 | 3226 | |
| 医药及医疗器材专门零售 | 427185 | 371083 | 2382 | 1230 | 18351 | 14262 | |
| 汽车、摩托车、燃料及零配件专门零售 | 3404540 | 3068813 | 15000 | 6410 | 92712 | 63859 | |
| # 汽车零售 | 2976012 | 2700007 | 11914 | 6339 | 82151 | 54030 | |
| 家用电器及电子产品专门零售 | 1080285 | 927499 | 8002 | 1245 | 41800 | 27043 | |
| # 家用电器零售 | 464893 | 397720 | 2949 | 1245 | 22405 | 10761 | |
| 计算机、软件及辅助设备零售 | 192748 | 161672 | 1252 | | 6802 | 6083 | |
| 五金、家具及室内装修材料专门零售 | 1950275 | 1727347 | 12081 | 54 | 60518 | 33315 | |
| # 五金零售 | 630348 | 562171 | 3979 | 54 | 17192 | 14257 | |
| 家具零售 | 251755 | 211811 | 1583 | | 7405 | 6963 | |
| 无店铺及其他零售 | 344046 | 289717 | 4080 | 287 | 7966 | 7876 | |
| **按经营方式分** | | | | | | | |
| 独立门店 | 9337147 | 8171637 | 62062 | 16914 | 315688 | 213020 | |
| 连锁总店（总部） | 106818 | 85363 | 403 | 67 | 15373 | 5499 | |
| 连锁门店 | 27837 | 24054 | 65 | | 4205 | 582 | |
| 其他 | 1619775 | 1423461 | 8423 | 1554 | 46577 | 33553 | |
| **按零售业态分** | | | | | | | |
| 超　市 | 329074 | 272386 | 2848 | 94 | 18263 | 14565 | |
| 大型超市 | 501462 | 429863 | 1119 | 6631 | 56226 | 11839 | |
| 仓储会员店 | 1697 | 1426 | 3 | | 69 | 168 | |
| 百货店 | 1316500 | 1146846 | 13041 | 1823 | 27559 | 31087 | |
| 专业店 | 5099601 | 4434773 | 34272 | 2495 | 157395 | 125800 | |
| 专卖店 | 2366425 | 2105283 | 11537 | 5632 | 69618 | 48177 | |

注：2017 年财务年报表取消管理费用下税金统计。

16-8 续表 6 （2017 年） 单位：万元

| 指　　标 | 损益及分配 | | | | |
| --- | --- | --- | --- | --- | --- |
| | 财务费用 | # 利息支出 | 营业利润 | 利润总额 | 应　交所得税 |
| **总　计** | **179061** | **31948** | **1316095** | **1323688** | **237991** |
| **批发业** | **101524** | **14691** | **660359** | **666823** | **118032** |
| # 国有控股 | 26221 | 5556 | 75239 | 79388 | 33573 |
| **按登记注册类型分** | | | | | |
| 内资企业 | 97703 | 14624 | 642179 | 648638 | 113742 |
| 国有企业 | −2318 | 661 | 107769 | 111591 | 20850 |
| 集体企业 | 67 | 61 | 1746 | 1746 | 740 |
| 股份合作企业 | | | | | |
| 联营企业 | | | | | |
| 有限责任公司 | 43217 | 5378 | 142669 | 143568 | 21201 |
| 股份有限公司 | 792 | 1244 | −75038 | −74903 | 1248 |
| 私营企业 | 55134 | 7238 | 443142 | 444745 | 67190 |
| # 私营有限责任公司 | 52928 | 7137 | 425444 | 426847 | 65245 |
| 其他企业 | 811 | 42 | 21892 | 21892 | 2512 |
| 港、澳、台商投资企业 | 3432 | | 15915 | 15915 | 3977 |
| 外商投资企业 | 389 | 68 | 2265 | 2270 | 314 |
| **按国民经济行业分** | | | | | |
| 农畜产品批发 | 7765 | 1163 | 41153 | 41313 | 7465 |
| 食品、饮料及烟草制品批发 | 3047 | 1267 | 158740 | 162586 | 29937 |
| # 米、面制品及食用油批发 | 3399 | 553 | 35869 | 39243 | 2990 |
| 烟草制品批发 | −6690 | | 71078 | 71251 | 18019 |
| 纺织、服装及日用品批发 | 1459 | 422 | 13628 | 13407 | 2012 |
| # 纺织品、针织品及原料批发 | 476 | 113 | 5087 | 5093 | 550 |
| 医药及医疗器材批发 | 3543 | 980 | 71664 | 72446 | 5067 |
| 矿产品、建材及化工产品批发 | 49638 | 5546 | 285886 | 286843 | 57895 |
| # 煤炭及制品批发 | 14577 | 1463 | 192724 | 194809 | 30404 |
| 金属及金属矿批发 | 19239 | 1969 | 73798 | 72994 | 11114 |
| 机械设备、五金交电及电子产品批发 | 29434 | 4949 | 54586 | 55305 | 8725 |
| # 农业机械批发 | 1473 | 7 | 9836 | 9829 | 968 |
| 汽车、摩托车及零配件批发 | 666 | 244 | 4014 | 3909 | 723 |
| 其他机械设备及电子产品批发 | 23999 | 4387 | 24498 | 25073 | 5766 |
| 其他批发 | 5941 | 295 | 32205 | 32422 | 6450 |
| **按经营方式分** | | | | | |
| 独立门店 | 64365 | 8260 | 603501 | 607319 | 89823 |
| 连锁总店（总部） | 14 | 10 | 289 | 289 | 72 |
| 连锁门店 | | | | | |
| 其他 | 37146 | 6422 | 56568 | 59215 | 28137 |

16-8 续表 7 （2017 年） 单位:万元

| 指标 | 损益及分配 | | | | |
|---|---|---|---|---|---|
| | 财务费用 | #利息支出 | 营业利润 | 利润总额 | 应交所得税 |
| **零售业** | **77537** | **17257** | **655736** | **656866** | **119958** |
| #国有控股 | 1380 | -163 | 12348 | 14740 | 2522 |
| **按登记注册类型分** | | | | | |
| 内资企业 | 77121 | 17122 | 636546 | 637392 | 116561 |
| 国有企业 | 70 | -9 | 670 | 692 | 162 |
| 集体企业 | 7468 | 5832 | 26468 | 26438 | 5515 |
| 股份合作企业 | 126 | | 343 | 343 | 60 |
| 联营企业 | 37 | | 1151 | 1151 | 77 |
| 有限责任公司 | 12984 | 2748 | 78688 | 78523 | 18460 |
| 股份有限公司 | 2312 | 1399 | 37181 | 39669 | 7051 |
| 私营企业 | 53550 | 6973 | 486697 | 485244 | 84588 |
| #私营有限责任公司 | 51802 | 6656 | 456255 | 454828 | 80273 |
| 其他企业 | 575 | 179 | 5347 | 5332 | 649 |
| 港、澳、台商投资企业 | 251 | | 8654 | 8724 | 2066 |
| 外商投资企业 | 164 | 134 | 10536 | 10751 | 1332 |
| **按国民经济行业分** | | | | | |
| 综合零售 | 17818 | 9341 | 117124 | 116918 | 23912 |
| #百货零售 | 11079 | 8437 | 91670 | 91928 | 20691 |
| 超级市场零售 | 5983 | 904 | 23077 | 22613 | 2856 |
| 食品、饮料及烟草制品专门零售 | 5870 | 796 | 74000 | 73889 | 12581 |
| 纺织、服装及日用品专门零售 | 5246 | 1109 | 57507 | 57519 | 10168 |
| 文化、体育用品及器材专门零售 | 1654 | 104 | 24389 | 24606 | 4809 |
| #图书零售 | -288 | -94 | 6192 | 6125 | 330 |
| 医药及医疗器材专门零售 | 3179 | 188 | 20025 | 22457 | 5576 |
| 汽车、摩托车、燃料及零配件专门零售 | 22699 | 3748 | 153125 | 152239 | 27029 |
| #汽车零售 | 19961 | 3276 | 120398 | 119776 | 20795 |
| 家用电器及电子产品专门零售 | 8142 | 796 | 70107 | 69859 | 13450 |
| #家用电器零售 | 2744 | 267 | 30288 | 30302 | 6657 |
| 计算机、软件及辅助设备零售 | 1357 | 240 | 15708 | 15697 | 2871 |
| 五金、家具及室内装修材料专门零售 | 10926 | 948 | 106685 | 106695 | 18484 |
| #五金零售 | 3344 | 243 | 30001 | 30002 | 4651 |
| 家具零售 | 2183 | 474 | 21807 | 21804 | 3449 |
| 无店铺及其他零售 | 2001 | 226 | 32774 | 32683 | 3949 |
| **按经营方式分** | | | | | |
| 独立门店 | 67639 | 16584 | 549138 | 547918 | 99330 |
| 连锁总店(总部) | 502 | 182 | -10 | -11 | 514 |
| 连锁门店 | 44 | | -1114 | -1085 | |
| 其他 | 9352 | 490 | 107722 | 110042 | 20115 |
| **按零售业态分** | | | | | |
| 超　市 | 5514 | 852 | 18598 | 18705 | 3163 |
| 大型超市 | 3886 | 513 | 18420 | 18324 | 1589 |
| 仓储会员店 | | | 31 | 31 | 8 |
| 百货店 | 9853 | 8400 | 91305 | 91592 | 20728 |
| 专业店 | 37734 | 5606 | 322646 | 321490 | 57256 |
| 专卖店 | 16161 | 1238 | 126420 | 129010 | 24924 |

16-8 续表 8 （2017 年） 单位:万元

| 指　　标 | 工资、增值税 | | 亏损企业数（个） | 亏损总额 |
|---|---|---|---|---|
| | 本年应付工　资 | 本年应交增值税 | | |
| **总　计** | **353161** | **479778** | **133** | **121174** |
| **批发业** | **153078** | **281760** | **70** | **106008** |
| # 国有控股 | 31815 | 63600 | 9 | 82405 |
| **按登记注册类型分** | | | | |
| 内资企业 | 151953 | 274247 | 69 | 105979 |
| 国有企业 | 16114 | 32153 | 1 | 185 |
| 集体企业 | 591 | 515 | | |
| 股份合作企业 | | | | |
| 联营企业 | | | | |
| 有限责任公司 | 23048 | 43590 | 24 | 21205 |
| 股份有限公司 | 29935 | 13015 | 3 | 79613 |
| 私营企业 | 79216 | 175833 | 41 | 4976 |
| # 私营有限责任公司 | 74934 | 172403 | 39 | 4923 |
| 其他企业 | 3049 | 9140 | | |
| 港、澳、台商投资企业 | 393 | 6950 | | |
| 外商投资企业 | 732 | 564 | 1 | 29 |
| **按国民经济行业分** | | | | |
| 农畜产品批发 | 7662 | 9965 | 1 | 115 |
| 食品、饮料及烟草制品批发 | 30848 | 56612 | 5 | 12028 |
| # 米、面制品及食用油批发 | 3981 | 1883 | 2 | 242 |
| 烟草制品批发 | 11261 | 29491 | | |
| 纺织、服装及日用品批发 | 3075 | 4422 | 1 | 1 |
| # 纺织品、针织品及原料批发 | 936 | 981 | 1 | 1 |
| 医药及医疗器材批发 | 32073 | 17925 | 3 | 5840 |
| 矿产品、建材及化工产品批发 | 57119 | 156501 | 48 | 86752 |
| # 煤炭及制品批发 | 20226 | 55718 | 25 | 3415 |
| 金属及金属矿批发 | 11435 | 60698 | 13 | 8527 |
| 机械设备、五金交电及电子产品批发 | 16056 | 24947 | 9 | 1260 |
| # 农业机械批发 | 2280 | 1408 | 3 | 120 |
| 汽车、摩托车及零配件批发 | 1348 | 1200 | 1 | 23 |
| 其他机械设备及电子产品批发 | 9959 | 18543 | 2 | 801 |
| 其他批发 | 5451 | 9610 | | |
| **按经营方式分** | | | | |
| 独立门店 | 97923 | 218682 | 51 | 25089 |
| 连锁总店（总部） | 267 | 6 | | |
| 连锁门店 | | | | |
| 其他 | 54888 | 63072 | 19 | 80919 |

16-8 续表 9 （2017 年） 单位:万元

| 指标 | 工资、增值税 | | 亏损企业数（个） | 亏损总额 |
|---|---|---|---|---|
| | 本年应付工资 | 本年应交增值税 | | |
| **零售业** | **200083** | **198018** | **63** | **15166** |
| #国有控股 | 14084 | 1914 | 3 | 558 |
| **按登记注册类型分** | | | | |
| 内资企业 | 190028 | 192334 | 62 | 15123 |
| 国有企业 | 2001 | 528 | 2 | 557 |
| 集体企业 | 4530 | 8103 | | |
| 股份合作企业 | 222 | 8 | | |
| 联营企业 | 568 | 98 | | |
| 有限责任公司 | 42071 | 30633 | 15 | 5435 |
| 股份有限公司 | 11510 | 9988 | | |
| 私营企业 | 125525 | 142304 | 45 | 9131 |
| #私营有限责任公司 | 117871 | 132069 | 44 | 8822 |
| 其他企业 | 3601 | 674 | | |
| 港、澳、台商投资企业 | 8422 | 4717 | | |
| 外商投资企业 | 1633 | 967 | 1 | 42 |
| **按国民经济行业分** | | | | |
| 综合零售 | 49779 | 33517 | 12 | 9504 |
| #百货零售 | 22145 | 24213 | 3 | 3606 |
| 超级市场零售 | 26130 | 8304 | 9 | 5899 |
| 食品、饮料及烟草制品专门零售 | 14636 | 15830 | 2 | 24 |
| 纺织、服装及日用品专门零售 | 13568 | 17897 | 5 | 230 |
| 文化、体育用品及器材专门零售 | 10079 | 8736 | 3 | 121 |
| #图书零售 | 4826 | 244 | | |
| 医药及医疗器材专门零售 | 13905 | 7910 | 6 | 236 |
| 汽车、摩托车、燃料及零配件专门零售 | 51167 | 60704 | 24 | 4893 |
| #汽车零售 | 44176 | 45434 | 20 | 4769 |
| 家用电器及电子产品专门零售 | 19867 | 24630 | 4 | 109 |
| #家用电器零售 | 8652 | 9145 | | |
| 计算机、软件及辅助设备零售 | 3969 | 3947 | 2 | 12 |
| 五金、家具及室内装修材料专门零售 | 16866 | 24284 | 5 | 18 |
| #五金零售 | 7244 | 8381 | 3 | 11 |
| 家具零售 | 4200 | 5355 | | |
| 无店铺及其他零售 | 10217 | 4510 | 2 | 30 |
| **按经营方式分** | | | | |
| 独立门店 | 164113 | 174241 | 54 | 11842 |
| 连锁总店（总部） | 7431 | 1261 | 5 | 2189 |
| 连锁门店 | 2252 | 134 | 2 | 1085 |
| 其他 | 26287 | 22382 | 2 | 50 |
| **按零售业态分** | | | | |
| 超　市 | 14056 | 7342 | 4 | 3537 |
| 大型超市 | 17440 | 5167 | 5 | 3635 |
| 仓储会员店 | 38 | 16 | | |
| 百货店 | 20269 | 24798 | 3 | 2422 |
| 专业店 | 87350 | 100305 | 27 | 2050 |
| 专卖店 | 40358 | 43140 | 17 | 3384 |

# 16-9 限额以上住宿餐饮业企业财务状况

（2017 年） 单位：万元

| 指　　标 | 年末资产负债 | | | | | 资产总计 | 负债合计 |
|---|---|---|---|---|---|---|---|
| | 流动资产合　计 | # 存货 | 固定资产原　价 | 累计折旧 | # 本年折旧 | | |
| **总　计** | **150084** | **7743** | **270298** | **94057** | **10597** | **396669** | **245730** |
| **住宿业** | **63223** | **2354** | **147987** | **60083** | **5268** | **188605** | **121470** |
| # 国有控股 | 14954 | 625 | 57546 | 19934 | 2181 | 67615 | 42983 |
| **按登记注册类型分** | | | | | | | |
| 内资企业 | 62357 | 2225 | 130055 | 55986 | 4449 | 173465 | 102194 |
| 　国有企业 | 11368 | 501 | 51940 | 16171 | 1770 | 61436 | 35580 |
| 　集体企业 | 1833 | 23 | 644 | 212 | 49 | 2527 | 2540 |
| 　有限责任公司 | 19176 | 597 | 19631 | 9073 | 1009 | 39036 | 22489 |
| 　股份有限公司 | 229 | 18 | 2283 | 976 | 13 | 1576 | 1463 |
| 　私营企业 | 29750 | 1087 | 55557 | 29555 | 1610 | 68891 | 40123 |
| 　其他企业 | | | | | | | |
| **按国民经济行业分** | | | | | | | |
| 旅游饭店 | 48417 | 1350 | 111290 | 52029 | 3531 | 131755 | 77486 |
| 一般旅馆 | 14454 | 999 | 35541 | 7725 | 1708 | 55272 | 43345 |
| **按星级等级分** | | | | | | | |
| 　一星 | 332 | 10 | 25 | 6 | 6 | 482 | 255 |
| 　二星 | 1249 | 63 | 4402 | 1796 | 179 | 4326 | 2635 |
| 　三星 | 30984 | 512 | 28913 | 15716 | 1233 | 53917 | 34540 |
| 　四星 | 9671 | 581 | 58519 | 15037 | 2217 | 67166 | 44991 |
| 　五星 | 3452 | 158 | 22138 | 11557 | 43 | 16932 | 11157 |
| 　其他 | 17536 | 1030 | 33991 | 15972 | 1591 | 45783 | 27893 |
| **餐饮业** | **86861** | **5389** | **122311** | **33974** | **5329** | **208064** | **124259** |
| # 国有控股 | 2488 | 472 | 16853 | 10734 | 850 | 11810 | 11035 |
| **按登记注册类型分** | | | | | | | |
| 内资企业 | 86689 | 5348 | 122197 | 33957 | 5316 | 207700 | 124026 |
| 　国有企业 | 2458 | 472 | 16303 | 10721 | 848 | 11241 | 11014 |
| 　集体企业 | 1019 | 115 | 308 | 241 | 18 | 1403 | 962 |
| 　有限责任公司 | 37310 | 279 | 6555 | 2123 | 469 | 51775 | 45680 |
| 　股份有限公司 | 2825 | 47 | 2908 | 1796 | 140 | 4682 | 1343 |
| 　私营企业 | 42849 | 4417 | 95553 | 18993 | 3826 | 137837 | 64686 |
| 　　私营独资企业 | 588 | 74 | 1514 | 761 | 101 | 1622 | 747 |
| 　　私营有限责任公司 | 41917 | 4285 | 93702 | 18143 | 3708 | 135470 | 63626 |
| 　其他 | | | | | | | |
| **按国民经济行业分** | | | | | | | |
| 正餐服务 | 80748 | 4761 | 114607 | 33228 | 4992 | 193421 | 117549 |
| 快餐服务 | 2781 | 125 | 2090 | 288 | 115 | 5436 | 1462 |
| 其他餐饮服务 | 2384 | 189 | 5214 | 428 | 205 | 7391 | 4017 |
| **按经营方式** | | | | | | | |
| 独立门店 | 52116 | 5106 | 113865 | 33057 | 4824 | 165641 | 89379 |
| 连锁总店(总部) | | | | | | | |
| 连锁门店 | 15 | 10 | 166 | 78 | 12 | 146 | 10 |
| 其他 | 34730 | 273 | 8281 | 839 | 493 | 42278 | 34870 |

16-9 续表 1 （2017 年） 单位：万元

| 指　标 | 年末资产负债 | | | | | | 港澳台资本 | 主营业务收入 |
|---|---|---|---|---|---|---|---|---|
| | 所有者权益合计 | 实收资本 | | | | | | |
| | | | 国家资本 | 集体资本 | 法人资本 | 个人资本 | | |
| **总　计** | **150940** | **123579** | **40391** | **4866** | **22188** | **55134** | **1000** | **386733** |
| **住宿业** | **67135** | **65169** | **32000** | **3260** | **14782** | **14126** | **1000** | **137272** |
| # 国有控股 | 24632 | 31488 | 31000 | | 488 | | | 29466 |
| **按登记注册类型分** | | | | | | | | |
| 内资企业 | 71271 | 64169 | 32000 | 3260 | 14782 | 14126 | | 135044 |
| 国有企业 | 25856 | 30719 | 30719 | | | | | 20164 |
| 集体企业 | -14 | 347 | | 347 | | | | 3586 |
| 有限责任公司 | 16547 | 12819 | 281 | 2900 | 8877 | 761 | | 19997 |
| 股份有限公司 | 113 | 113 | | 13 | | 100 | | 612 |
| 私营企业 | 28769 | 20171 | 1000 | | 5906 | 13265 | | 90685 |
| 其他企业 | | | | | | | | |
| **按国民经济行业分** | | | | | | | | |
| 旅游饭店 | 54269 | 54426 | 31900 | 2760 | 12355 | 7411 | | 82445 |
| 一般旅馆 | 11927 | 10523 | 100 | 500 | 2428 | 6496 | 1000 | 46979 |
| **按星级等级分** | | | | | | | | |
| 一星 | 227 | 100 | | | | 100 | | 1796 |
| 二星 | 1690 | 1480 | 80 | 600 | | 800 | | 3678 |
| 三星 | 19377 | 14453 | 1469 | 250 | 7255 | 5479 | | 30363 |
| 四星 | 22176 | 32200 | 29150 | 1850 | | 200 | 1000 | 24627 |
| 五星 | 5775 | 5100 | | | 5100 | | | 15118 |
| 其他 | 17890 | 11836 | 1301 | 560 | 2428 | 7547 | | 61690 |
| **餐饮业** | **83805** | **58410** | **8391** | **1606** | **7406** | **41007** | | **249461** |
| # 国有控股 | 775 | 6241 | 6241 | | | | | 9295 |
| **按登记注册类型分** | | | | | | | | |
| 内资企业 | 83674 | 58348 | 8391 | 1606 | 7343 | 41007 | | 248142 |
| 国有企业 | 227 | 5741 | 5741 | | | | | 8029 |
| 集体企业 | 441 | 311 | | 311 | | | | 4156 |
| 有限责任公司 | 6095 | 6749 | 500 | 185 | 2282 | 3782 | | 30388 |
| 股份有限公司 | 3339 | 1212 | | | 1206 | 6 | | 6732 |
| 私营企业 | 73151 | 43926 | 2150 | 900 | 3706 | 37170 | | 198340 |
| 私营独资企业 | 876 | 295 | | | | 295 | | 11980 |
| 私营有限责任公司 | 71844 | 43283 | 2150 | 900 | 3706 | 36527 | | 179195 |
| 其他 | | | | | | | | |
| **按国民经济行业分** | | | | | | | | |
| 正餐服务 | 75872 | 54249 | 8391 | 1606 | 5343 | 38909 | | 229419 |
| 快餐服务 | 3973 | 879 | | | | 879 | | 7650 |
| 其他餐饮服务 | 3374 | 2800 | | | 2000 | 800 | | 10319 |
| **按经营方式** | | | | | | | | |
| 独立门店 | 76261 | 53580 | 8391 | 1556 | 5406 | 38227 | | 234475 |
| 连锁总店（总部） | | | | | | | | |
| 连锁门店 | 136 | 105 | | | | 105 | | 1932 |
| 其他 | 7408 | 4726 | | 50 | 2000 | 2676 | | 13054 |

16-9　续表 2　　　　(2017 年)　　　　单位:万元

| 指　　标 | 损益及分配 | | | | | | |
|---|---|---|---|---|---|---|---|
| | 主　营<br>业务成本 | 主营业务<br>税金及附加 | 其他业务<br>利　润 | 销售费用 | 管理费用 | 税金 | 财务费用 |
| **总　计** | **267855** | **6093** | **178** | **42245** | **35300** | | **5710** |
| **住宿业** | **88308** | **1711** | **81** | **21473** | **17525** | | **2466** |
| #国有控股 | 14165 | 326 | 85 | 6834 | 8731 | | 905 |
| **按登记注册类型分** | | | | | | | |
| 内资企业 | 82392 | 1711 | 81 | 21411 | 17167 | | 2442 |
| 国有企业 | 11128 | 266 | 85 | 5063 | 4582 | | 734 |
| 集体企业 | 2452 | 111 | | 439 | 322 | | 6 |
| 有限责任公司 | 9244 | 143 | | 4040 | 6109 | | 366 |
| 股份有限公司 | 297 | 15 | | 175 | 110 | | 1 |
| 私营企业 | 59269 | 1176 | –5 | 11695 | 6045 | | 1335 |
| 其他企业 | | | | | | | |
| **按国民经济行业分** | | | | | | | |
| 旅游饭店 | 44520 | 1171 | 85 | 17217 | 13780 | | 1699 |
| 一般旅馆 | 36679 | 535 | –5 | 4196 | 3621 | | 707 |
| **按星级等级分** | | | | | | | |
| 一星 | 1253 | 12 | | 190 | 99 | | 1 |
| 二星 | 2942 | 26 | | 163 | 278 | | 13 |
| 三星 | 19324 | 483 | | 4095 | 3847 | | 433 |
| 四星 | 20880 | 263 | 85 | 3405 | 4344 | | 765 |
| 五星 | 2687 | 241 | | 6534 | 3541 | | 487 |
| 其他 | 41222 | 687 | –5 | 7086 | 5417 | | 768 |
| **餐饮业** | **179547** | **4382** | **98** | **20772** | **17775** | | **3244** |
| #国有控股 | 7646 | 205 | 95 | 709 | 995 | | 132 |
| **按登记注册类型分** | | | | | | | |
| 内资企业 | 179145 | 4381 | 97 | 20035 | 17741 | | 3243 |
| 国有企业 | 6559 | 194 | 95 | 708 | 904 | | 131 |
| 集体企业 | 2059 | 30 | | 1332 | 691 | | 8 |
| 有限责任公司 | 21791 | 631 | | 4347 | 2662 | | 545 |
| 股份有限公司 | 3192 | 37 | | 2139 | 1366 | | 30 |
| 私营企业 | 145292 | 3486 | 2 | 11367 | 12027 | | 2529 |
| 私营独资企业 | 8286 | 55 | | 495 | 1536 | | 107 |
| 私营有限责任公司 | 131869 | 3267 | 2 | 10630 | 10308 | | 2404 |
| 其他 | | | | | | | |
| **按国民经济行业分** | | | | | | | |
| 正餐服务 | 165781 | 4136 | 97 | 17992 | 16291 | | 3126 |
| 快餐服务 | 5463 | 180 | | 427 | 468 | | 79 |
| 其他餐饮服务 | 7363 | 61 | | 1575 | 950 | | 34 |
| **按经营方式** | | | | | | | |
| 独立门店 | 168075 | 4174 | 98 | 19227 | 16643 | | 3125 |
| 连锁总店(总部) | | | | | | | |
| 连锁门店 | 1668 | 8 | | 49 | 52 | | 5 |
| 其他 | 9804 | 200 | | 1496 | 1080 | | 114 |

注:2017 年财务年报表取消管理费用下税金统计。

16-9 续表 3 （2017 年） 单位:万元

| 指标 | 损益及分配 | | | | 本年应付工资 | 亏损企业数（个） | 亏损总额 |
|---|---|---|---|---|---|---|---|
| | 利息支出 | 营业利润 | 利润总额 | 应交所得税 | | | |
| **总　计** | **1693** | **30107** | **30001** | **6766** | **39113** | **35** | **10508** |
| **住宿业** | **439** | **5824** | **5906** | **2460** | **17996** | **18** | **7889** |
| # 国有控股 | -15 | -1497 | -1337 | 245 | 5068 | 5 | 2433 |
| **按登记注册类型分** | | | | | | | |
| 内资企业 | 439 | 9955 | 10042 | 2460 | 17282 | 17 | 3753 |
| 国有企业 | -15 | -1610 | -1441 | 136 | 2541 | 3 | 2158 |
| 集体企业 | 4 | 256 | 263 | 23 | 526 | 1 | 1 |
| 有限责任公司 | 9 | -62 | -64 | 221 | 4823 | 6 | 909 |
| 股份有限公司 | | 15 | 16 | 4 | 215 | 1 | 4 |
| 私营企业 | 441 | 11355 | 11268 | 2076 | 9178 | 6 | 682 |
| 其他企业 | | | | | | | |
| **按国民经济行业分** | | | | | | | |
| 旅游饭店 | 430 | 4081 | 4209 | 1403 | 12130 | 11 | 2936 |
| 一般旅馆 | 9 | 1253 | 1206 | 958 | 5229 | 7 | 4953 |
| **按星级等级分** | | | | | | | |
| 一星 | | 242 | 242 | 43 | 157 | | |
| 二星 | | 256 | 258 | 41 | 520 | | |
| 三星 | | 2343 | 2325 | 583 | 3131 | 5 | 952 |
| 四星 | -11 | -5029 | -4885 | 122 | 3633 | 2 | 5643 |
| 五星 | 437 | 1631 | 1655 | 429 | 4040 | | |
| 其他 | 13 | 6381 | 6312 | 1241 | 6517 | 11 | 1294 |
| **餐饮业** | **1253** | **24283** | **24095** | **4307** | **21116** | **17** | **2619** |
| # 国有控股 | 121 | -388 | -282 | 94 | 1546 | 2 | 827 |
| **按登记注册类型分** | | | | | | | |
| 内资企业 | 1253 | 24139 | 23951 | 4284 | 20798 | 17 | 2619 |
| 国有企业 | 121 | -462 | -356 | 75 | 992 | 2 | 827 |
| 集体企业 | 1 | 36 | 35 | 3 | 839 | | |
| 有限责任公司 | 367 | 561 | 687 | 179 | 4478 | 3 | 520 |
| 股份有限公司 | | 263 | 260 | 70 | 406 | | |
| 私营企业 | 766 | 23730 | 23315 | 3956 | 13921 | 12 | 1273 |
| 私营独资企业 | | 1304 | 1304 | 169 | 532 | 1 | 19 |
| 私营有限责任公司 | 766 | 21009 | 20593 | 3662 | 13153 | 11 | 1253 |
| 其他 | | | | | | | |
| **按国民经济行业分** | | | | | | | |
| 正餐服务 | 1253 | 22370 | 22179 | 3915 | 19183 | 16 | 2488 |
| 快餐服务 | | 1034 | 1034 | 287 | 620 | 1 | 131 |
| 其他餐饮服务 | | 601 | 604 | 77 | 930 | | |
| **按经营方式** | | | | | | | |
| 独立门店 | 1252 | 23514 | 23324 | 4202 | 18171 | 16 | 2613 |
| 连锁总店(总部) | | | | | | | |
| 连锁门店 | | 150 | 150 | 4 | 76 | | |
| 其他 | 1 | 620 | 621 | 101 | 2869 | 1 | 7 |

# 主要统计指标解释

**社会消费品零售额** 是指各种经济类型的批发零售贸易业、餐饮业、制造业和其他行业对城乡居民和社会集团的消费品零售额和农民对非农业居民的零售额总和。这个指标反映通过各种商品流通渠道向居民和社会集团供应生活消费品来满足他们生活需要的情况，是研究人民生活、社会消费品购买力、货币流通等问题的重要指标。

**批发零售贸易业** 是指专门从事批发和零售贸易活动的经济部门。

**批发零售贸易业商品购销存总额** 是指除个体经济以外的各种经济类型的独立核算批发零售贸易业法人企业以及其他独立核算法人企业和单位附营的各类批发零售贸易单位的商品购销存总额。

**商品购进总额** 指批发零售贸易业各企业（附营单位）从本企业(单位)以外的单位和个人购进(包括从国外直接进口)作为转卖或加工后转卖的商品。本指标由从生产者购进额、从批发零售贸易业购进额、进口额和其他购进额项目组成。这个指标反映批发零售贸易业从国内、国外市场上购进商品总量。

**商品销售总额** 指批发零售贸易业各企业(附营单位)对本企业(单位)以外的单位和个人出售(包括对国(境)外直接出口)的商品(包括售给本单位消费用的商品)。本指标由对生产经营单位批发额、对批发零售贸易业批发额、出口额和对居民和社会集团商品零售额项目组成。这个指标反映批发零售贸易业在国内市场上销售商品以及出口商品的总量。

**期末库存** 指批发零售贸易企业(附营单位)已取得所有权的全部商品。这个指标反映批发零售贸易企业的商品库存情况，对市场商品供应的保证程度。

**资本金总额** 是指批发零售贸易业、餐饮业企业在工商行政管理部门登记的注册资金。资本金按投资主体分为国家资本金、法人资本金、个人资本金和外商资本金等。

**流动资产** 指可以在一年内或者超过一年的一个营业周期内变现或者耗用的资产。包括货币资产、短期投资、应收票据、应收帐款、坏帐准备、应收帐款净额、预付帐款、其他应收款、存货、待转其他业务支出、待摊费用、待处理流动资产净损失、一年内到期的长期债券投资、其他流动资产等项。

**商品销售收入** 指批发零售贸易企业商品销售收入、接受其他单位委托代销商品的收入和餐饮企业的营业收入（包括餐费收入、冷热饮收入、服务收入和其他收入)。

**商品销售成本** 指批发零售贸易企业已销商品应负担的进货原价和餐饮企业的原材料成本，商品进价成本。

**利润总额** 指企业全年实现的利润。包括营业利润、投资净收益以及营业外收支净额。

# 科技和教育

SCIENCE AND TECHNOLOGY, EDUCATION

17

版面负责人：李跃东　卢川川

编　　　辑：董志娟　徐向忠

# 统计从业人员统计信用档案管理办法(试行)

**第五条** 国家统计局负责组织全国统计从业人员统计信用档案管理工作，建立全国统一的统计从业人员统计信用档案管理系统,指导、监督各级统计机构的统计从业人员统计信用档案管理工作。

省级统计机构负责建立健全本行政区域统计从业人员统计信用档案管理制度,组织、规范和监督本行政区域统计从业人员统计信用信息的采集、公示和共享等工作。

市级、县级统计机构应当按照本办法以及省级统计机构的部署,负责采集和及时更新由其组织实施的统计调查活动中的统计从业人员的基本信息,记录统计从业人员的统计信用行为信息,依法依规公示统计从业人员严重失信行为记录。

国家统计局派出调查机构负责其组织实施的统计调查活动中所涉统计从业人员的统计信用档案管理工作，及时将负责采集的统计从业人员统计信用行为信息与所在地有关部门共享。

**第六条** 县级以上人民政府统计机构应当依法保障统计从业人员统计信用档案的安全，不得将统计从业人员的统计信用档案信息用于统计信用管理以外的目的。

**第七条** 统计从业人员统计信用行为信息分为统计守信行为信息、统计警示行为信息和统计严重失信行为信息。

**第八条** 统计从业人员统计信用行为信息管理实行谁采集、谁公示、谁负责的原则。

国家统计局、省级统计机构可以根据统计执法检查、统计数据核查等方式获取的统计从业人员严重失信行为信息,直接进行公示。

**第九条** 调查单位中的统计从业人员的下列行为为统计守信行为:

(一)按照统计法律法规、统计调查制度和国家有关规定,真实、准确、完整、及时地提供统计资料;

(二)遵守统计资料审核、签署、交接、归档等管理制度;

(三)主动配合统计机构依法开展统计调查、统计检查;

(四)未被其他部门列入联合惩戒失信人员名单,也未发现有任何违反统计法律法规和统计调查制度行为。

**第十条** 政府统计中的统计从业人员的下列行为为统计守信行为:

(一)坚持实事求是,恪守职业道德,独立行使统计调查、统计报告、统计监督职权;

(二)依法履行职责,按照统计调查制度规定,真实、准确、完整、及时地搜集、报送统计资料;

(三)搜集、审核、录入的统计资料与统计调查对象报送的原始统计资料的一致性;

(四)对在统计工作中知悉的国家秘密、商业秘密和个人信息予以保密,未将统计调查中获得的能够识别或推断单个统计调查对象身份的资料提供、泄露给其他单位或个人;

(五)依法开展统计调查、统计检查;

(六)主动配合上级统计机构依法开展的统计执法检查和统计数据核查;

(七)未被其他部门列入联合惩戒失信人员名单,也未发现有任何违反统计法律法规和统计调查制度行为。

# 17-1　主要年份科学技术事业情况

| 指　　　　标 | 1985 | 1990 | 1995 | 2000 | 2005 | 2007 | 2008 | 2009 |
|---|---|---|---|---|---|---|---|---|
| **科学研究机构　　　（个）** | | | | | | | | |
| 国有独立科研机构 | 21 | 28 | 26 | 30 | 25 | 22 | 24 | 23 |
| 民办科技型企业 | 3 | 76 | 139 | 460 | 896 | 986 | 1196 | 1498 |
| **各类专业技术人员　　（人）** | **60726** | **125300** | **184010** | **228441** | **217572** | **265856** | **248283** | **248915** |
| # 中级职称以上人员 | 5992 | 32568 | 55036 | 87954 | 76264 | 100951 | 102022 | 102682 |
| **科学研究成果　　　（项）** | | | | | | | | |
| 通过鉴定成果 | 48 | 61 | 55 | 192 | 131 | 128 | 152 | 186 |
| # 达到国际水平 | 1 | 1 | 1 | 15 | 12 | 18 | 12 | 75 |
| 填补国内空白 | 3 | 12 | 18 | 37 | 96 | 49 | 54 | 32 |
| 达到省内先进水平 | 8 | 32 | 51 | 76 | 20 | 52 | 82 | 78 |
| 填补省内空白 | 10 | 2 | 47 | 17 | 3 | 9 | 4 | 1 |
| 专利申请受理量 | 38 | 143 | 456 | 474 | 2205 | 6174 | 6839 | 6898 |

17-1　续表

| 指　　　　标 | 2010 | 2011 | 2012 | 2013 | 2014 | 2015 | 2016 | 2017 |
|---|---|---|---|---|---|---|---|---|
| **科学研究机构　　　（个）** | | | | | | | | |
| 国有独立科研机构 | 20 | 19 | 19 | 19 | 19 | 29 | 34 | 39 |
| 民办科技型企业 | 1470 | 2534 | 4846 | 6546 | 7307 | 7912 | 9915 | 10279 |
| **各类专业技术人员　　（人）** | **271799** | **396344** | **419953** | **436000** | **454900** | **441000** | **452500** | **478000** |
| # 中级职称以上人员 | 113977 | 134448 | 149644 | | | | | |
| **科学研究成果　　　（项）** | | | | | | | | |
| 通过鉴定成果 | 203 | 179 | 172 | 297 | 199 | 179 | 240 | |
| # 达到国际水平 | 66 | 39 | 43 | 65 | 46 | 34 | 72 | |
| 填补国内空白 | 52 | 51 | 62 | 90 | 60 | 75 | 61 | |
| 达到省内先进水平 | 81 | | 4 | 5 | 5 | 8 | 12 | |
| 填补省内空白 | 4 | | | | 4 | | | |
| 专利申请受理量 | 9927 | 14729 | 18014 | 23472 | 14014 | 12481 | 21511 | 18548 |

注:2013 年及以后各类专业技术人员数统计口径由全社会改为国有、集体单位(下同)。2017 年起,通过鉴定成果及其中项不再统计。

# 17–2 规模以上工业企业科技机构情况

（2017 年）

| 指标 | 机构数（个） | 机构人员合计（人） | 博士毕业 | 硕士毕业 | 机构经费支出（万元） | 仪器和设备原价（万元） | #进口 |
|---|---|---|---|---|---|---|---|
| **总 计** | **1166** | **30114** | **606** | **4159** | **940828** | **845800** | **65391** |
| **按企业规模分组** | | | | | | | |
| 大型 | 45 | 8219 | 127 | 2493 | 288752 | 403930 | 56351 |
| 中型 | 396 | 10758 | 214 | 724 | 334453 | 236578 | 3848 |
| 小型 | 712 | 11057 | 263 | 940 | 315670 | 204384 | 5185 |
| 微型 | 13 | 80 | 2 | 2 | 1953 | 908 | 7 |
| **按隶属关系分组** | | | | | | | |
| 中央 | 7 | 492 | 11 | 76 | 5354 | 14597 | 830 |
| 省(自治区、直辖市) | 5 | 165 | 10 | 48 | 3332 | 7524 | 2927 |
| 市(地、州、盟) | 34 | 6794 | 99 | 2318 | 231868 | 255732 | 45232 |
| 县级及以下 | | | | | | | |
| 其他 | 1103 | 22081 | 465 | 1647 | 690418 | 556116 | 14447 |
| **按登记注册类型分组** | | | | | | | |
| 内资企业 | 1074 | 26758 | 562 | 3915 | 806209 | 724874 | 55901 |
| 国有企业 | 1 | 6 | 1 | 3 | 187 | 60 | |
| 集体企业 | 2 | 70 | 2 | 1 | 8580 | 6678 | |
| 股份合作企业 | | | | | | | |
| 联营企业 | | | | | | | |
| 国有联营企业 | | | | | | | |
| 集体联营企业 | | | | | | | |
| 国有与集体联营企业 | | | | | | | |
| 其他联营企业 | | | | | | | |
| 有限责任公司 | 163 | 8040 | 148 | 2349 | 222189 | 238705 | 38809 |
| 国有独资公司 | 7 | 3480 | 54 | 1980 | 111865 | 144098 | 37359 |
| 其他有限责任公司 | 156 | 4560 | 94 | 369 | 110324 | 94607 | 1450 |
| 股份有限公司 | 39 | 2776 | 58 | 353 | 73687 | 157591 | 9789 |
| 私营企业 | 869 | 15866 | 353 | 1209 | 501566 | 321840 | 7304 |
| 私营独资企业 | 15 | 168 | 6 | 21 | 6179 | 3097 | 300 |
| 私营合伙企业 | 1 | 21 | | | 75 | 200 | |
| 私营有限责任公司 | 817 | 14742 | 330 | 1122 | 461174 | 293318 | 6548 |
| 私营股份有限公司 | 36 | 935 | 17 | 66 | 34139 | 25226 | 455 |
| 其他企业 | | | | | | | |
| 港、澳、台商投资企业 | 41 | 1925 | 21 | 151 | 92165 | 77154 | 4736 |
| 与港澳台商合资经营企业 | 21 | 1219 | 14 | 131 | 68996 | 61171 | 4736 |
| 与港澳台商合作经营企业 | | | | | | | |
| 港澳台商独资经营企业 | 17 | 615 | 4 | 17 | 13333 | 8331 | |
| 港澳台商投资股份有限公司 | 3 | 91 | 3 | 3 | 9837 | 7651 | |
| 其他港澳台投资企业 | | | | | | | |
| 外商投资企业 | 51 | 1431 | 23 | 93 | 42455 | 43772 | 4754 |
| 中外合资经营企业 | 30 | 1029 | 15 | 58 | 29858 | 33604 | 4648 |
| 中外合作经营企业 | | | | | | | |
| 外资企业 | 19 | 386 | 8 | 35 | 12500 | 10122 | 106 |
| 外商投资股份有限公司 | | | | | | | |
| 其他外商投资企业 | 2 | 16 | | | 97 | 46 | |

17-2 续表 （2017 年）

| 指　　标 | 机构数（个） | 机构人员合计（人） | 博士毕业 | 硕士毕业 | 机构经费支出（万元） | 仪器和设备原价（万元） | # 进口 |
|---|---|---|---|---|---|---|---|
| **按国民经济行业大类分组** | | | | | | | |
| 采矿业 | 6 | 451 | 16 | 78 | 7268 | 14918 | 560 |
| 煤炭开采和洗选业 | 4 | 421 | 16 | 77 | 6064 | 10940 | 560 |
| 石油和天然气开采业 | | | | | | | |
| 黑色金属矿采选业 | | | | | | | |
| 有色金属矿采选业 | | | | | | | |
| 非金属矿采选业 | 2 | 30 | | 1 | 1204 | 3978 | |
| 开采辅助活动 | | | | | | | |
| 其他采矿业 | | | | | | | |
| 制造业 | 1148 | 29487 | 589 | 4068 | 926622 | 823746 | 64051 |
| 农副食品加工业 | 93 | 1705 | 52 | 170 | 59656 | 33489 | |
| 食品制造业 | 32 | 716 | 8 | 57 | 15695 | 11055 | 691 |
| 酒、饮料和精制茶制造业 | 15 | 568 | 7 | 53 | 21856 | 113009 | 5482 |
| 烟草制品业 | 1 | 33 | | 9 | 2097 | 3802 | 2927 |
| 纺织业 | 102 | 1585 | 20 | 110 | 43197 | 18145 | 675 |
| 纺织服装、服饰业 | 33 | 329 | 4 | 17 | 5481 | 2590 | 8 |
| 皮革、毛皮、羽毛及其制品和制鞋业 | 10 | 135 | 3 | 7 | 4083 | 2352 | |
| 木材加工和木、竹、藤、棕、草制品业 | 161 | 2701 | 18 | 109 | 75759 | 36388 | 204 |
| 家具制造业 | 13 | 93 | 4 | 12 | 496 | 939 | 77 |
| 造纸和纸制品业 | 5 | 30 | 2 | | 259 | 513 | |
| 印刷和记录媒介复制业 | 7 | 116 | 1 | 3 | 1690 | 814 | |
| 文教、工美、体育和娱乐用品制造业 | 25 | 507 | 13 | 40 | 7961 | 7100 | 92 |
| 石油加工、炼焦和核燃料加工业 | 10 | 334 | 13 | 40 | 10220 | 11194 | |
| 化学原料和化学制品制造业 | 67 | 1805 | 41 | 153 | 63152 | 35809 | 2035 |
| 医药制造业 | 33 | 1509 | 44 | 289 | 51475 | 35770 | 3338 |
| 化学纤维制造业 | 8 | 180 | 5 | 12 | 2998 | 1764 | |
| 橡胶和塑料制品业 | 55 | 1163 | 20 | 61 | 34188 | 15049 | 176 |
| 非金属矿物制品业 | 81 | 1538 | 71 | 168 | 54858 | 40951 | 1396 |
| 黑色金属冶炼和压延加工业 | 48 | 1044 | 23 | 76 | 26370 | 26441 | |
| 有色金属冶炼和压延加工业 | 16 | 390 | 14 | 34 | 18674 | 10534 | |
| 金属制品业 | 34 | 700 | 14 | 40 | 20976 | 18807 | |
| 通用设备制造业 | 47 | 1204 | 22 | 78 | 25781 | 21345 | 2289 |
| 专用设备制造业 | 64 | 4307 | 74 | 2026 | 132056 | 159674 | 34282 |
| 汽车制造业 | 27 | 758 | 5 | 92 | 18656 | 13346 | 279 |
| 铁路、船舶、航空航天和其他运输设备制造业 | 14 | 976 | 1 | 19 | 20903 | 11400 | 886 |
| 电气机械和器材制造业 | 79 | 2276 | 49 | 157 | 74715 | 56737 | 1812 |
| 计算机、通信和其他电子设备制造业 | 27 | 1578 | 22 | 135 | 81514 | 82001 | 7236 |
| 仪器仪表制造业 | 33 | 1093 | 37 | 87 | 48286 | 49920 | 92 |
| 其他制造业 | 3 | 59 | 1 | 6 | 1579 | 218 | 75 |
| 废弃资源综合利用业 | 5 | 55 | 1 | 8 | 1991 | 2590 | |
| 金属制品、机械和设备修理业 | | | | | | | |
| 电力、热力、燃气及水生产和供应业 | 12 | 176 | 1 | 13 | 6938 | 7135 | 780 |
| 电力、热力生产和供应业 | 10 | 161 | 1 | 12 | 6417 | 7042 | 780 |
| 燃气生产和供应业 | 1 | 9 | | 1 | 496 | 68 | |
| 水的生产和供应业 | 1 | 6 | | | 25 | 25 | |
| **按经济成分分组** | | | | | | | |
| 公有经济 | 28 | 4764 | 76 | 2140 | 159285 | 283970 | 43271 |
| 非公有经济 | 1138 | 25350 | 530 | 2019 | 781543 | 561829 | 22120 |
| **按企业控股情况分组** | | | | | | | |
| 国有控股 | 23 | 4298 | 70 | 2100 | 130272 | 165342 | 37424 |
| 集体控股 | 5 | 466 | 6 | 40 | 29012 | 118628 | 5847 |
| 私人控股 | 1055 | 21861 | 490 | 1780 | 664329 | 452336 | 12604 |
| 港澳台商控股 | 29 | 1511 | 14 | 120 | 75389 | 65515 | 4500 |
| 外商控股 | 29 | 898 | 13 | 50 | 26653 | 35349 | 4516 |
| 其他 | 25 | 1080 | 13 | 69 | 15172 | 8630 | 500 |

# 17-3 规模以上工业企业科技活动人员情况

（2017 年） 单位:人

| 指　　标 | 科技活动人员 | 参加项目人员 | 管理和服务人员 |
|---|---|---|---|
| **总　计** | **35064** | **33335** | **1729** |
| **按企业规模分组** | | | |
| 大型 | 12914 | 12207 | 707 |
| 中型 | 10838 | 10327 | 511 |
| 小型 | 11206 | 10699 | 507 |
| 微型 | 106 | 102 | 4 |
| **按隶属关系分组** | | | |
| 中央 | 1973 | 1647 | 326 |
| 省(自治区、直辖市) | 456 | 444 | 12 |
| 市(地、州、盟) | 7644 | 7376 | 268 |
| 县级及以下 | | | |
| 其他 | 24371 | 23270 | 1101 |
| **按登记注册类型分组** | | | |
| 内资企业 | 32131 | 30534 | 1597 |
| 国有企业 | 82 | 71 | 11 |
| 集体企业 | 74 | 69 | 5 |
| 股份合作企业 | | | |
| 联营企业 | | | |
| 国有联营企业 | | | |
| 集体联营企业 | | | |
| 国有与集体联营企业 | | | |
| 其他联营企业 | | | |
| 有限责任公司 | 10907 | 10237 | 670 |
| 国有独资公司 | 4318 | 4289 | 29 |
| 其他有限责任公司 | 6589 | 5948 | 641 |
| 股份有限公司 | 3569 | 3379 | 190 |
| 私营企业 | 17499 | 16778 | 721 |
| 私营独资企业 | 179 | 169 | 10 |
| 私营合伙企业 | 21 | 21 | |
| 私营有限责任公司 | 16395 | 15710 | 685 |
| 私营股份有限公司 | 904 | 878 | 26 |
| 其他企业 | | | |
| 港、澳、台商投资企业 | 1385 | 1298 | 87 |
| 与港澳台商合资经营企业 | 851 | 789 | 62 |
| 与港澳台商合作经营企业 | | | |
| 港澳台商独资经营企业 | 431 | 406 | 25 |
| 港澳台商投资股份有限公司 | 103 | 103 | |
| 其他港澳台投资企业 | | | |
| 外商投资企业 | 1548 | 1503 | 45 |
| 中外合资经营企业 | 1094 | 1058 | 36 |
| 中外合作经营企业 | | | |
| 外资企业 | 439 | 433 | 6 |
| 外商投资股份有限公司 | | | |
| 其他外商投资企业 | 15 | 12 | 3 |

17-3　续表　　（2017 年）　　单位：人

| 指　　标 | 科技活动人员 | 参加项目人员 | 管理和服务人员 |
| --- | --- | --- | --- |
| **按国民经济行业大类分组** | | | |
| 采矿业 | 2248 | 1930 | 318 |
| 煤炭开采和洗选业 | 2227 | 1912 | 315 |
| 石油和天然气开采业 | | | |
| 黑色金属矿采选业 | | | |
| 有色金属矿采选业 | | | |
| 非金属矿采选业 | 21 | 18 | 3 |
| 开采辅助活动 | | | |
| 其他采矿业 | | | |
| 制造业 | 32726 | 31317 | 1409 |
| 农副食品加工业 | 2036 | 1919 | 117 |
| 食品制造业 | 852 | 771 | 81 |
| 酒、饮料和精制茶制造业 | 1071 | 1037 | 34 |
| 烟草制品业 | 11 | 9 | 2 |
| 纺织业 | 1643 | 1567 | 76 |
| 纺织服装、服饰业 | 375 | 363 | 12 |
| 皮革、毛皮、羽毛及其制品和制鞋业 | 110 | 106 | 4 |
| 木材加工和木、竹、藤、棕、草制品业 | 2699 | 2658 | 41 |
| 家具制造业 | 106 | 90 | 16 |
| 造纸和纸制品业 | 26 | 21 | 5 |
| 印刷和记录媒介复制业 | 87 | 83 | 4 |
| 文教、工美、体育和娱乐用品制造业 | 560 | 532 | 28 |
| 石油加工、炼焦和核燃料加工业 | 180 | 178 | 2 |
| 化学原料和化学制品制造业 | 2134 | 1930 | 204 |
| 医药制造业 | 1686 | 1666 | 20 |
| 化学纤维制造业 | 335 | 335 | |
| 橡胶和塑料制品业 | 1008 | 949 | 59 |
| 非金属矿物制品业 | 1500 | 1390 | 110 |
| 黑色金属冶炼和压延加工业 | 2168 | 2139 | 29 |
| 有色金属冶炼和压延加工业 | 512 | 418 | 94 |
| 金属制品业 | 747 | 687 | 60 |
| 通用设备制造业 | 1058 | 983 | 75 |
| 专用设备制造业 | 4875 | 4793 | 82 |
| 汽车制造业 | 703 | 661 | 42 |
| 铁路、船舶、航空航天和其他运输设备制造业 | 976 | 963 | 13 |
| 电气机械和器材制造业 | 2492 | 2380 | 112 |
| 计算机、通信和其他电子设备制造业 | 1492 | 1450 | 42 |
| 仪器仪表制造业 | 1171 | 1130 | 41 |
| 其他制造业 | 58 | 56 | 2 |
| 废弃资源综合利用业 | 55 | 53 | 2 |
| 金属制品、机械和设备修理业 | | | |
| 电力、热力、燃气及水生产和供应业 | 90 | 88 | 2 |
| 电力、热力生产和供应业 | 50 | 50 | |
| 燃气生产和供应业 | 40 | 38 | 2 |
| 水的生产和供应业 | | | |
| **按经济成分分组** | | | |
| 公有经济 | 7662 | 7266 | 396 |
| 非公有经济 | 27402 | 26069 | 1333 |
| **按企业控股情况分组** | | | |
| 国有控股 | 6569 | 6178 | 391 |
| 集体控股 | 1093 | 1088 | 5 |
| 私人控股 | 24196 | 22977 | 1219 |
| 港澳台商控股 | 1110 | 1048 | 62 |
| 外商控股 | 986 | 975 | 11 |
| 其他 | 1110 | 1069 | 41 |

# 17–4 规模以上工业企业 R&D 经费情况

（2017 年）

单位：万元

| 指标 | R&D 经费内部支出合计 | 按支出类型分组 | | | 按资金来源分组 | | | |
|---|---|---|---|---|---|---|---|---|
| | | 经常费支出 | 人员劳务费 | 资产性支出 | 政府资金 | 企业资金 | 境外资金 | 其他资金 |
| **总计** | **1219715** | **941488** | **258696** | **278227** | **4495** | **1204906** | **6378** | **3937** |
| **按企业规模分组** | | | | | | | | |
| 大型 | 369392 | 313986 | 84751 | 55406 | 1588 | 366616 | 1189 | |
| 中型 | 407755 | 297565 | 86003 | 110190 | 922 | 404878 | 1941 | 16 |
| 小型 | 440540 | 328161 | 87574 | 112380 | 1942 | 431442 | 3248 | 3908 |
| 微型 | 2027 | 1775 | 368 | 252 | 44 | 1970 | | 13 |
| **按隶属关系分组** | | | | | | | | |
| 中央 | 22732 | 20454 | 10914 | 2277 | 181 | 22551 | | |
| 省（自治区、直辖市） | 7663 | 7491 | 2390 | 172 | 11 | 7653 | | |
| 市（地、州、盟） | 248284 | 223112 | 49206 | 25172 | 1135 | 247137 | 12 | |
| 县级及以下 | | | | | | | | |
| 其他 | 924953 | 676556 | 191753 | 248397 | 2935 | 911716 | 6366 | 3937 |
| **按登记注册类型分组** | | | | | | | | |
| 内资企业 | 1086727 | 830486 | 231945 | 256241 | 4079 | 1072847 | 6366 | 3436 |
| 国有企业 | 1391 | 1331 | 368 | 60 | 181 | 1210 | | |
| 集体企业 | 8690 | 4638 | 1809 | 4053 | 12 | 8678 | | |
| 股份合作企业 | | | | | | | | |
| 联营企业 | | | | | | | | |
| 国有联营企业 | | | | | | | | |
| 集体联营企业 | | | | | | | | |
| 国有与集体联营企业 | | | | | | | | |
| 其他联营企业 | | | | | | | | |
| 有限责任公司 | 288127 | 248262 | 67749 | 39865 | 916 | 285078 | 1941 | 193 |
| 国有独资公司 | 127145 | 118362 | 22504 | 8783 | 750 | 126395 | | |
| 其他有限责任公司 | 160982 | 129900 | 45246 | 31082 | 165 | 158683 | 1941 | 193 |
| 股份有限公司 | 106608 | 93482 | 31506 | 13126 | 731 | 105877 | | |
| 私营企业 | 681912 | 482774 | 130514 | 199138 | 2240 | 672004 | 4425 | 3243 |
| 私营独资企业 | 6701 | 4908 | 1392 | 1794 | 6 | 5810 | 542 | 343 |
| 私营合伙企业 | 200 | 114 | 7 | 86 | | 200 | | |
| 私营有限责任公司 | 631136 | 445527 | 120426 | 185609 | 2229 | 622125 | 3882 | 2900 |
| 私营股份有限公司 | 43874 | 32225 | 8689 | 11649 | 6 | 43869 | | |
| 其他企业 | | | | | | | | |
| 港、澳、台商投资企业 | 74508 | 62590 | 14397 | 11918 | 335 | 73990 | 12 | 172 |
| 与港澳台商合资经营企业 | 51998 | 45958 | 8627 | 6040 | 333 | 51481 | 12 | 172 |
| 与港澳台商合作经营企业 | | | | | | | | |
| 港澳台商独资经营企业 | 13346 | 11697 | 3859 | 1649 | | 13346 | | |
| 港澳台商投资股份有限公司 | 9165 | 4936 | 1911 | 4229 | 2 | 9163 | | |
| 其他港澳台投资企业 | | | | | | | | |
| 外商投资企业 | 58479 | 48411 | 12354 | 10068 | 81 | 58069 | | 329 |
| 中外合资经营企业 | 38981 | 34517 | 8873 | 4464 | 81 | 38571 | | 329 |
| 中外合作经营企业 | | | | | | | | |
| 外资企业 | 19295 | 13769 | 3441 | 5526 | | 19295 | | |
| 外商投资股份有限公司 | | | | | | | | |
| 其他外商投资企业 | 203 | 125 | 40 | 78 | | 203 | | |

17-4 续表　　　　（2017 年）　　　　单位：万元

| 指　　标 | R&D经费内部支出合计 | 按支出类型分组 | | | 按资金来源分组 | | | |
|---|---|---|---|---|---|---|---|---|
| | | 经常费支出 | 人员劳务费 | 资产性支出 | 政府资金 | 企业资金 | 境外资金 | 其他资金 |
| **按国民经济行业大类分组** | | | | | | | | |
| 采矿业 | 29583 | 26298 | 12875 | 3285 | 11 | 27750 | 1823 | |
| 煤炭开采和洗选业 | 29112 | 25981 | 12717 | 3132 | 11 | 27279 | 1823 | |
| 石油和天然气开采业 | | | | | | | | |
| 黑色金属矿采选业 | | | | | | | | |
| 有色金属矿采选业 | | | | | | | | |
| 非金属矿采选业 | 471 | 318 | 158 | 153 | | 471 | | |
| 开采辅助活动 | | | | | | | | |
| 其他采矿业 | | | | | | | | |
| 制造业 | 1188354 | 913628 | 245512 | 274726 | 4485 | 1175378 | 4555 | 3937 |
| 农副食品加工业 | 76463 | 53502 | 17833 | 22961 | 303 | 74797 | 1295 | 68 |
| 食品制造业 | 18001 | 13819 | 4890 | 4182 | 335 | 17605 | | 62 |
| 酒、饮料和精制茶制造业 | 28385 | 26198 | 10572 | 2187 | 86 | 28299 | | |
| 烟草制品业 | 118 | 80 | 13 | 38 | | 118 | | |
| 纺织业 | 55292 | 43376 | 12483 | 11917 | 98 | 54921 | 273 | |
| 纺织服装、服饰业 | 10836 | 8269 | 2072 | 2567 | | 10836 | | |
| 皮革、毛皮、羽毛及其制品和制鞋业 | 5832 | 4835 | 861 | 997 | | 5832 | | |
| 木材加工和木、竹、藤、棕、草制品业 | 90561 | 66992 | 18437 | 23569 | 35 | 88124 | 1680 | 722 |
| 家具制造业 | 2546 | 2304 | 548 | 242 | | 2546 | | |
| 造纸和纸制品业 | 520 | 520 | 185 | | | 520 | | |
| 印刷和记录媒介复制业 | 3970 | 3251 | 429 | 719 | | 3970 | | |
| 文教、工美、体育和娱乐用品制造业 | 12846 | 10655 | 2950 | 2191 | 24 | 12131 | 139 | 553 |
| 石油加工、炼焦和核燃料加工业 | 14561 | 11519 | 1919 | 3042 | 85 | 14477 | | |
| 化学原料和化学制品制造业 | 90372 | 70092 | 18555 | 20280 | 277 | 89731 | 313 | 50 |
| 医药制造业 | 69960 | 58765 | 15203 | 11195 | 501 | 69383 | | 76 |
| 化学纤维制造业 | 7863 | 6140 | 2106 | 1722 | | 7320 | 542 | |
| 橡胶和塑料制品业 | 36019 | 28184 | 8434 | 7835 | 13 | 36005 | | |
| 非金属矿物制品业 | 66448 | 39337 | 9313 | 27111 | 690 | 65627 | 131 | |
| 黑色金属冶炼和压延加工业 | 58423 | 30368 | 8479 | 28055 | | 58423 | | |
| 有色金属冶炼和压延加工业 | 28383 | 22954 | 6020 | 5429 | 192 | 28192 | | |
| 金属制品业 | 28480 | 20738 | 6838 | 7742 | 204 | 27998 | | 278 |
| 通用设备制造业 | 26510 | 21665 | 7091 | 4845 | 132 | 25889 | | 488 |
| 专用设备制造业 | 158516 | 141421 | 30626 | 17096 | 875 | 157380 | 182 | 79 |
| 汽车制造业 | 21052 | 16418 | 4002 | 4634 | 10 | 20809 | | 233 |
| 铁路、船舶、航空航天和其他运输设备制造业 | 15100 | 14236 | 4909 | 864 | 206 | 14894 | | |
| 电气机械和器材制造业 | 96178 | 69727 | 21596 | 26451 | 43 | 94943 | | 1192 |
| 计算机、通信和其他电子设备制造业 | 84274 | 70431 | 15500 | 13843 | 124 | 84015 | | 135 |
| 仪器仪表制造业 | 77088 | 55069 | 12746 | 22019 | 253 | 76836 | | |
| 其他制造业 | 1555 | 1371 | 544 | 184 | | 1555 | | |
| 废弃资源综合利用业 | 2203 | 1394 | 357 | 808 | | 2203 | | |
| 金属制品、机械和设备修理业 | | | | | | | | |
| 电力、热力、燃气及水生产和供应业 | 1778 | 1562 | 310 | 216 | | 1777 | | |
| 电力、热力生产和供应业 | 562 | 472 | 95 | 90 | | 562 | | |
| 燃气生产和供应业 | 1216 | 1090 | 215 | 126 | | 1216 | | |
| 水的生产和供应业 | | | | | | | | |
| **按经济成分分组** | | | | | | | | |
| 公有经济 | 194157 | 176585 | 47997 | 17571 | 1023 | 193134 | | |
| 非公有经济 | 1025558 | 764902 | 210698 | 260656 | 3473 | 1011771 | 6378 | 3937 |
| **按企业控股情况分组** | | | | | | | | |
| 国有控股 | 157996 | 145594 | 35239 | 12402 | 931 | 157065 | | |
| 集体控股 | 36161 | 30991 | 12758 | 5170 | 91 | 36069 | | |
| 私人控股 | 901324 | 662645 | 183940 | 238679 | 3236 | 887921 | 6247 | 3921 |
| 港澳台商控股 | 66769 | 56060 | 11998 | 10709 | 126 | 66630 | 12 | |
| 外商控股 | 35818 | 27735 | 7179 | 8083 | 3 | 35815 | | |
| 其他 | 21648 | 18463 | 7582 | 3185 | 108 | 21406 | 119 | 16 |

# 17-5 规模以上工业企业新产品产出情况

（2017年） 单位：万元

| 指标 | 新产品开发项目数（项） | 新产品开发经费支出 | 新产品产值 | 新产品销售收入 | #出口 |
|---|---|---|---|---|---|
| **总计** | **2245** | **1202652** | **9906997** | **9948083** | **954454** |
| **按企业规模分组** | | | | | |
| 大型 | 726 | 401586 | 6302471 | 6388553 | 830400 |
| 中型 | 663 | 415881 | 1724942 | 1747501 | 78309 |
| 小型 | 842 | 383211 | 1877555 | 1810051 | 45745 |
| 微型 | 14 | 1975 | 2029 | 1978 | |
| **按隶属关系分组** | | | | | |
| 中央 | 38 | 12381 | 88141 | 88141 | |
| 省（自治区、直辖市） | 12 | 6726 | 28815 | 29973 | |
| 市（地、州、盟） | 650 | 302787 | 4532746 | 4638319 | 698168 |
| 县级及以下 | | | | | |
| 其他 | 1506 | 864644 | 4981984 | 4929801 | 113042 |
| **按登记注册类型分组** | | | | | |
| 内资企业 | 1955 | 1045184 | 8187970 | 8139561 | 861300 |
| 国有企业 | 4 | 1606 | 399 | 399 | |
| 集体企业 | 12 | 8691 | 56934 | 56263 | |
| 股份合作企业 | | | | | |
| 联营企业 | | | | | |
| 国有联营企业 | | | | | |
| 集体联营企业 | | | | | |
| 国有与集体联营企业 | | | | | |
| 其他联营企业 | | | | | |
| 有限责任公司 | 782 | 314738 | 4168208 | 4210208 | 618238 |
| 国有独资公司 | 460 | 169282 | 2604989 | 2606404 | 604614 |
| 其他有限责任公司 | 322 | 145457 | 1563220 | 1603804 | 13624 |
| 股份有限公司 | 224 | 106197 | 1286946 | 1261958 | 162156 |
| 私营企业 | 933 | 613953 | 2675482 | 2610734 | 80907 |
| 私营独资企业 | 14 | 4411 | 18072 | 19097 | 2531 |
| 私营合伙企业 | 1 | 338 | 1600 | 1875 | |
| 私营有限责任公司 | 870 | 576937 | 2537106 | 2474930 | 77831 |
| 私营股份有限公司 | 48 | 32268 | 118705 | 114832 | 545 |
| 其他企业 | | | | | |
| 港、澳、台商投资企业 | 114 | 96239 | 1272590 | 1273566 | 66404 |
| 与港澳台商合资经营企业 | 56 | 71825 | 1136102 | 1141347 | 59945 |
| 与港澳台商合作经营企业 | | | | | |
| 港澳台商独资经营企业 | 38 | 14293 | 109947 | 108432 | 6459 |
| 港澳台商投资股份有限公司 | 20 | 10121 | 26540 | 23787 | |
| 其他港澳台投资企业 | | | | | |
| 外商投资企业 | 176 | 61229 | 446437 | 534956 | 26750 |
| 中外合资经营企业 | 142 | 47024 | 375812 | 466658 | 21941 |
| 中外合作经营企业 | | | | | |
| 外资企业 | 33 | 13862 | 69064 | 66736 | 4809 |
| 外商投资股份有限公司 | | | | | |
| 其他外商投资企业 | 1 | 344 | 1562 | 1562 | |

17-5 续表 （2017 年） 单位:万元

| 指标 | 新产品开发项目数（项） | 新产品开发经费支出 | 新产品产值 | 新产品销售收入 | 出口 |
|---|---|---|---|---|---|
| **按国民经济行业大类分组** | | | | | |
| 采矿业 | 38 | 15303 | 128046 | 120470 | |
| 煤炭开采和洗选业 | 37 | 14832 | 127394 | 119883 | |
| 石油和天然气开采业 | | | | | |
| 黑色金属矿采选业 | | | | | |
| 有色金属矿采选业 | | | | | |
| 非金属矿采选业 | 1 | 471 | 652 | 587 | |
| 开采辅助活动 | | | | | |
| 其他采矿业 | | | | | |
| 制造业 | 2206 | 1187291 | 9769535 | 9820244 | 954454 |
| 农副食品加工业 | 105 | 71130 | 295427 | 295023 | 2705 |
| 食品制造业 | 31 | 19491 | 51806 | 49237 | |
| 酒、饮料和精制茶制造业 | 44 | 33436 | 545792 | 539807 | |
| 烟草制品业 | 3 | 1408 | 272 | 272 | |
| 纺织业 | 85 | 43981 | 198010 | 197621 | 3970 |
| 纺织服装、服饰业 | 22 | 8726 | 31873 | 33687 | |
| 皮革、毛皮、羽毛及其制品和制鞋业 | 6 | 5896 | 1948 | 1872 | |
| 木材加工和木、竹、藤、棕、草制品业 | 120 | 90696 | 128873 | 131758 | |
| 家具制造业 | 8 | 3047 | 63452 | 60279 | |
| 造纸和纸制品业 | | | 280 | 248 | |
| 印刷和记录媒介复制业 | 7 | 4525 | 2972 | 2545 | |
| 文教、工美、体育和娱乐用品制造业 | 29 | 11286 | 35540 | 28423 | 2746 |
| 石油加工、炼焦和核燃料加工业 | 1 | 321 | 93271 | 90056 | |
| 化学原料和化学制品制造业 | 99 | 78698 | 945050 | 923567 | 151853 |
| 医药制造业 | 93 | 68103 | 439775 | 448356 | 292 |
| 化学纤维制造业 | 6 | 5272 | 171123 | 168275 | 130 |
| 橡胶和塑料制品业 | 49 | 27284 | 73601 | 69120 | |
| 非金属矿物制品业 | 90 | 55036 | 330622 | 323699 | 643 |
| 黑色金属冶炼和压延加工业 | 54 | 36277 | 84803 | 82481 | 856 |
| 有色金属冶炼和压延加工业 | 31 | 27416 | 571310 | 584573 | 110 |
| 金属制品业 | 49 | 30634 | 65247 | 63875 | 42 |
| 通用设备制造业 | 144 | 28333 | 284138 | 286550 | 21965 |
| 专用设备制造业 | 539 | 184437 | 2586371 | 2587334 | 608391 |
| 汽车制造业 | 71 | 28973 | 299142 | 301169 | 10720 |
| 铁路、船舶、航空航天和其他运输设备制造业 | 26 | 21767 | 288203 | 286829 | 11722 |
| 电气机械和器材制造业 | 188 | 118173 | 462926 | 429829 | 3288 |
| 计算机、通信和其他电子设备制造业 | 108 | 96333 | 1384159 | 1478147 | 79199 |
| 仪器仪表制造业 | 190 | 84205 | 300414 | 322854 | 55821 |
| 其他制造业 | 4 | 1635 | 4980 | 4769 | |
| 废弃资源综合利用业 | 4 | 773 | 28155 | 27990 | |
| 金属制品、机械和设备修理业 | | | | | |
| 电力、热力、燃气及水生产和供应业 | 1 | 58 | 9417 | 7369 | |
| 电力、热力生产和供应业 | | | 9417 | 7369 | |
| 燃气生产和供应业 | 1 | 58 | | | |
| 水的生产和供应业 | | | | | |
| **按经济成分分组** | | | | | |
| 公有经济 | 580 | 232184 | 3372270 | 3364387 | 674166 |
| 非公有经济 | 1665 | 970468 | 6534727 | 6583696 | 280288 |
| **按企业控股情况分组** | | | | | |
| 国有控股 | 525 | 188867 | 2731769 | 2730271 | 604614 |
| 集体控股 | 55 | 43317 | 640501 | 634116 | 69552 |
| 私人控股 | 1372 | 830242 | 4910595 | 4861281 | 181463 |
| 港澳台商控股 | 86 | 83578 | 1190186 | 1185914 | 66404 |
| 外商控股 | 126 | 35962 | 313439 | 405091 | 22547 |
| 其他 | 81 | 20686 | 120507 | 131411 | 9874 |

# 17-6 规模以上工业企业自主知识产权保护情况

（2017 年）

| 指标 | 专利申请数（件） | 发明专利 | 有效发明专利数（件） | 境外授权 |
|---|---|---|---|---|
| **总计** | **5863** | **2179** | **5926** | **67** |
| **按企业规模分组** | | | | |
| 大型 | 1907 | 721 | 3338 | 48 |
| 中型 | 1686 | 719 | 1314 | 16 |
| 小型 | 2179 | 716 | 1236 | 3 |
| 微型 | 91 | 23 | 38 | |
| **按隶属关系分组** | | | | |
| 中央 | 53 | 19 | 61 | |
| 省(自治区、直辖市) | 67 | 16 | 193 | |
| 市(地、州、盟) | 1869 | 735 | 3546 | 50 |
| 县级及以下 | | | | |
| 其他 | 3764 | 1373 | 2090 | 17 |
| **按登记注册类型分组** | | | | |
| 内资企业 | 5390 | 1994 | 5581 | 58 |
| 国有企业 | 11 | 9 | 15 | |
| 集体企业 | 78 | 42 | 30 | 1 |
| 股份合作企业 | | | | |
| 联营企业 | | | | |
| 国有联营企业 | | | | |
| 集体联营企业 | | | | |
| 国有与集体联营企业 | | | | |
| 其他联营企业 | | | | |
| 有限责任公司 | 2518 | 917 | 3960 | 26 |
| 国有独资公司 | 1586 | 601 | 2975 | 24 |
| 其他有限责任公司 | 932 | 316 | 985 | 2 |
| 股份有限公司 | 288 | 118 | 402 | 18 |
| 私营企业 | 2495 | 908 | 1174 | 13 |
| 私营独资企业 | 33 | 5 | 3 | |
| 私营合伙企业 | | | | |
| 私营有限责任公司 | 2282 | 839 | 1105 | 13 |
| 私营股份有限公司 | 180 | 64 | 66 | |
| 其他企业 | | | | |
| 港、澳、台商投资企业 | 259 | 96 | 200 | 9 |
| 与港澳台商合资经营企业 | 143 | 51 | 116 | 8 |
| 与港澳台商合作经营企业 | | | | |
| 港澳台商独资经营企业 | 24 | 4 | 54 | |
| 港澳台商投资股份有限公司 | 92 | 41 | 30 | 1 |
| 其他港澳台投资企业 | | | | |
| 外商投资企业 | 214 | 89 | 145 | |
| 中外合资经营企业 | 145 | 54 | 99 | |
| 中外合作经营企业 | | | | |
| 外资企业 | 69 | 35 | 46 | |
| 外商投资股份有限公司 | | | | |
| 其他外商投资企业 | | | | |

17-6 续表 （2017 年）

| 指　　标 | 专利申请数（件） | #发明专利 | 有效发明专利数（件） | #境外授权 |
|---|---|---|---|---|
| **按国民经济行业大类分组** | | | | |
| 采矿业 | 77 | 23 | 97 | |
| 煤炭开采和洗选业 | 65 | 17 | 93 | |
| 石油和天然气开采业 | | | | |
| 黑色金属矿采选业 | | | | |
| 有色金属矿采选业 | | | | |
| 非金属矿采选业 | 12 | 6 | 4 | |
| 开采辅助活动 | | | | |
| 其他采矿业 | | | | |
| 制造业 | 5730 | 2134 | 5793 | 67 |
| 农副食品加工业 | 255 | 106 | 117 | 2 |
| 食品制造业 | 126 | 23 | 38 | |
| 酒、饮料和精制茶制造业 | 12 | 3 | 3 | |
| 烟草制品业 | 10 | 3 | 87 | |
| 纺织业 | 46 | 17 | 39 | |
| 纺织服装、服饰业 | 84 | 13 | 32 | |
| 皮革、毛皮、羽毛及其制品和制鞋业 | 3 | 1 | | |
| 木材加工和木、竹、藤、棕、草制品业 | 176 | 58 | 71 | 1 |
| 家具制造业 | 123 | 15 | 52 | |
| 造纸和纸制品业 | 36 | 9 | 12 | |
| 印刷和记录媒介复制业 | | | | |
| 文教、工美、体育和娱乐用品制造业 | 96 | 22 | 38 | |
| 石油加工、炼焦和核燃料加工业 | | | 3 | |
| 化学原料和化学制品制造业 | 254 | 102 | 186 | |
| 医药制造业 | 147 | 91 | 153 | 16 |
| 化学纤维制造业 | 32 | 1 | 14 | |
| 橡胶和塑料制品业 | 117 | 52 | 57 | |
| 非金属矿物制品业 | 261 | 123 | 220 | 8 |
| 黑色金属冶炼和压延加工业 | 79 | 27 | 45 | 1 |
| 有色金属冶炼和压延加工业 | 126 | 55 | 74 | |
| 金属制品业 | 110 | 41 | 100 | |
| 通用设备制造业 | 296 | 78 | 287 | |
| 专用设备制造业 | 1928 | 739 | 3289 | 25 |
| 汽车制造业 | 192 | 74 | 64 | |
| 铁路、船舶、航空航天和其他运输设备制造业 | 119 | 15 | 43 | |
| 电气机械和器材制造业 | 508 | 208 | 442 | 3 |
| 计算机、通信和其他电子设备制造业 | 187 | 76 | 150 | 8 |
| 仪器仪表制造业 | 387 | 176 | 167 | 3 |
| 其他制造业 | 7 | 4 | 4 | |
| 废弃资源综合利用业 | 13 | 2 | 6 | |
| 金属制品、机械和设备修理业 | | | | |
| 电力、热力、燃气及水生产和供应业 | 56 | 22 | 36 | |
| 电力、热力生产和供应业 | 53 | 21 | 36 | |
| 燃气生产和供应业 | 3 | 1 | | |
| 水的生产和供应业 | | | | |
| **按经济成分分组** | | | | |
| 公有经济 | 1811 | 697 | 3399 | 25 |
| 非公有经济 | 4052 | 1482 | 2527 | 42 |
| **按企业控股情况分组** | | | | |
| 国有控股 | 1729 | 651 | 3360 | 24 |
| 集体控股 | 82 | 46 | 39 | 1 |
| 私人控股 | 3515 | 1278 | 1996 | 32 |
| 港澳台商控股 | 167 | 73 | 154 | 9 |
| 外商控股 | 120 | 56 | 82 | |
| 其他 | 250 | 75 | 295 | 1 |

# 17-7 规模以上工业企业技术改造、技术获取情况

（2017年） 单位：万元

| 指　　标 | 引进技术经费支出 | 消化吸收经费支出 | 购买国内技术经费支出 | 技术改造经费支出 |
|---|---|---|---|---|
| **总　计** | **16369** | **1586** | **2401** | **157124** |
| **按企业规模分组** | | | | |
| 大型 | 16201 | 1151 | 1413 | 118104 |
| 中型 | … | 342 | 11 | 12381 |
| 小型 | 167 | 92 | 978 | 26630 |
| 微型 | | | | 10 |
| **按隶属关系分组** | | | | |
| 中央 | | | | 11310 |
| 省(自治区、直辖市) | | | | |
| 市(地、州、盟) | 16201 | 1032 | 1111 | 102828 |
| 县级及以下 | | | | |
| 其他 | 167 | 553 | 1038 | 33770 |
| **按登记注册类型分组** | | | | |
| 内资企业 | 1027 | 1586 | 1500 | 115401 |
| 国有企业 | | | | 52 |
| 集体企业 | | | | 469 |
| 股份合作企业 | | | | |
| 联营企业 | | | | |
| 国有联营企业 | | | | |
| 集体联营企业 | | | | |
| 国有与集体联营企业 | | | | |
| 其他联营企业 | | | | |
| 有限责任公司 | | | 63 | 68135 |
| 国有独资公司 | | | | 51943 |
| 其他有限责任公司 | | | 63 | 16192 |
| 股份有限公司 | 860 | 1032 | 462 | 30721 |
| 私营企业 | 167 | 553 | 976 | 16024 |
| 私营独资企业 | | | | |
| 私营合伙企业 | | | | 5 |
| 私营有限责任公司 | 167 | 553 | 976 | 15057 |
| 私营股份有限公司 | | | | 962 |
| 其他企业 | | | | |
| 港、澳、台商投资企业 | 15341 | | 901 | 36661 |
| 与港澳台商合资经营企业 | 15341 | | 901 | 31906 |
| 与港澳台商合作经营企业 | | | | |
| 港澳台商独资经营企业 | | | | 4215 |
| 港澳台商投资股份有限公司 | | | | 540 |
| 其他港澳台投资企业 | | | | |
| 外商投资企业 | | | | 5061 |
| 中外合资经营企业 | | | | 4805 |
| 中外合作经营企业 | | | | |
| 外资企业 | | | | 256 |
| 外商投资股份有限公司 | | | | |
| 其他外商投资企业 | | | | |

17-7 续表 （2017 年） 单位:万元

| 指　　标 | 引进技术经费支出 | 消化吸收经费支出 | 购买国内技术经费支出 | 技术改造经费支出 |
|---|---|---|---|---|
| **按国民经济行业大类分组** | | | | |
| 采矿业 | | | | **11445** |
| 煤炭开采和洗选业 | | | | 11445 |
| 石油和天然气开采业 | | | | |
| 黑色金属矿采选业 | | | | |
| 有色金属矿采选业 | | | | |
| 非金属矿采选业 | | | | |
| 开采辅助活动 | | | | |
| 其他采矿业 | | | | |
| 制造业 | 16369 | 1586 | 2401 | 128886 |
| 农副食品加工业 | | | 544 | 3829 |
| 食品制造业 | | 119 | 50 | 1665 |
| 酒、饮料和精制茶制造业 | | | | |
| 烟草制品业 | | | | |
| 纺织业 | 124 | | 32 | 4045 |
| 纺织服装、服饰业 | | | 34 | 275 |
| 皮革、毛皮、羽毛及其制品和制鞋业 | | | | |
| 木材加工和木、竹、藤、棕、草制品业 | | | | 118 |
| 家具制造业 | | | | |
| 造纸和纸制品业 | | | | |
| 印刷和记录媒介复制业 | | | | |
| 文教、工美、体育和娱乐用品制造业 | | | | 500 |
| 石油加工、炼焦和核燃料加工业 | | | | |
| 化学原料和化学制品制造业 | | | 252 | 26297 |
| 医药制造业 | 860 | 1032 | 211 | 5296 |
| 化学纤维制造业 | | | | 132 |
| 橡胶和塑料制品业 | | | | 1685 |
| 非金属矿物制品业 | | 338 | 59 | 869 |
| 黑色金属冶炼和压延加工业 | | 0 | 0 | 1208 |
| 有色金属冶炼和压延加工业 | | 0 | 0 | 422 |
| 金属制品业 | | 0 | 221 | 687 |
| 通用设备制造业 | 43 | 10 | 52 | 1216 |
| 专用设备制造业 | | 82 | 12 | 49796 |
| 汽车制造业 | … | 4 | 11 | 87 |
| 铁路、船舶、航空航天和其他运输设备制造业 | | | | 1008 |
| 电气机械和器材制造业 | | | | 7525 |
| 计算机、通信和其他电子设备制造业 | 15341 | 0 | 901 | 18122 |
| 仪器仪表制造业 | | | 25 | 4106 |
| 其他制造业 | | | | |
| 废弃资源综合利用业 | | | | |
| 金属制品、机械和设备修理业 | | | | |
| 电力、热力、燃气及水生产和供应业 | | | | 16792 |
| 电力、热力生产和供应业 | | | | 16792 |
| 燃气生产和供应业 | | | | |
| 水的生产和供应业 | | | | |
| **按经济成分分组** | | | | |
| 公有经济 | | | 50 | 80876 |
| 非公有经济 | 16369 | 1586 | 2351 | 76248 |
| **按企业控股情况分组** | | | | |
| 国有控股 | | | | 74420 |
| 集体控股 | | | 50 | 6456 |
| 私人控股 | 1027 | 1586 | 1450 | 51428 |
| 港澳台商控股 | 15341 | | 901 | 22077 |
| 外商控股 | | | | 2334 |
| 其他 | | | | 409 |

# 17-8 规模以上工业企业政府相关政策落实情况

（2017 年） 单位：万元

| 指 标 | 来自政府部门的科技活动资金 | 研究开发费用加计扣除减免税 | 高新技术企业减免税 |
|---|---|---|---|
| **总 计** | **6107** | **59258** | **59412** |
| **按企业规模分组** | | | |
| 大型 | 2546 | 45698 | 30387 |
| 中型 | 1174 | 6908 | 23804 |
| 小型 | 2339 | 6645 | 5181 |
| 微型 | 49 | 7 | 40 |
| **按隶属关系分组** | | | |
| 中央 | 181 | 925 | 40 |
| 省（自治区、直辖市） | 40 | 652 | |
| 市（地、州、盟） | 1502 | 44813 | 27629 |
| 县级及以下 | | | |
| 其他 | 3965 | 12439 | 29865 |
| **按登记注册类型分组** | | | |
| 内资企业 | 5302 | 55629 | 49685 |
| 国有企业 | 181 | | |
| 集体企业 | 12 | 375 | 2757 |
| 股份合作企业 | | | |
| 联营企业 | | | |
| 国有联营企业 | | | |
| 集体联营企业 | | | |
| 国有与集体联营企业 | | | |
| 其他联营企业 | | | |
| 有限责任公司 | 1408 | 45783 | 23329 |
| 国有独资公司 | 1020 | 41652 | 11282 |
| 其他有限责任公司 | 388 | 4131 | 12047 |
| 股份有限公司 | 958 | 2910 | 8826 |
| 私营企业 | 2744 | 6561 | 14772 |
| 私营独资企业 | 6 | | |
| 私营合伙企业 | | 5 | |
| 私营有限责任公司 | 2732 | 6240 | 14421 |
| 私营股份有限公司 | 6 | 317 | 351 |
| 其他企业 | | | |
| 港、澳、台商投资企业 | 717 | 1787 | 7940 |
| 与港澳台商合资经营企业 | 715 | 1400 | 7940 |
| 与港澳台商合作经营企业 | | | |
| 港澳台商独资经营企业 | | | |
| 港澳台商投资股份有限公司 | 3 | 386 | |
| 其他港澳台投资企业 | | | |
| 外商投资企业 | 88 | 1842 | 1788 |
| 中外合资经营企业 | 88 | 925 | 1414 |
| 中外合作经营企业 | | | |
| 外资企业 | | 918 | 374 |
| 外商投资股份有限公司 | | | |
| 其他外商投资企业 | | | |

17-8 续表 (2017年) 单位:万元

| 指　　标 | 来自政府部门的科技活动资金 | 研究开发费用加计扣除减免税 | 高新技术企业减免税 |
|---|---|---|---|
| **按国民经济行业大类分组** | | | |
| 采矿业 | 40 | 1605 | |
| 煤炭开采和洗选业 | 40 | 1577 | |
| 石油和天然气开采业 | | | |
| 黑色金属矿采选业 | | | |
| 有色金属矿采选业 | | | |
| 非金属矿采选业 | | 28 | |
| 开采辅助活动 | | | |
| 其他采矿业 | | | |
| 制造业 | 6067 | 57651 | 59412 |
| 农副食品加工业 | 337 | 1343 | 48 |
| 食品制造业 | 399 | 103 | |
| 酒、饮料和精制茶制造业 | 126 | | |
| 烟草制品业 | | | |
| 纺织业 | 101 | 60 | 35 |
| 纺织服装、服饰业 | 120 | 40 | |
| 皮革、毛皮、羽毛及其制品和制鞋业 | | | |
| 木材加工和木、竹、藤、棕、草制品业 | 35 | 93 | 1 |
| 家具制造业 | | 53 | 1 |
| 造纸和纸制品业 | | 10 | |
| 印刷和记录媒介复制业 | | | |
| 文教、工美、体育和娱乐用品制造业 | 24 | | |
| 石油加工、炼焦和核燃料加工业 | 330 | | |
| 化学原料和化学制品制造业 | 302 | 1783 | 3940 |
| 医药制造业 | 508 | 1871 | 6687 |
| 化学纤维制造业 | | 36 | |
| 橡胶和塑料制品业 | 14 | 438 | 1501 |
| 非金属矿物制品业 | 821 | 1189 | 666 |
| 黑色金属冶炼和压延加工业 | | 124 | 3498 |
| 有色金属冶炼和压延加工业 | 197 | 495 | 375 |
| 金属制品业 | 206 | 207 | 855 |
| 通用设备制造业 | 190 | 742 | 1089 |
| 专用设备制造业 | 1297 | 41651 | 13311 |
| 汽车制造业 | 10 | 93 | 50 |
| 铁路、船舶、航空航天和其他运输设备制造业 | 468 | 263 | 2911 |
| 电气机械和器材制造业 | 48 | 2350 | 9893 |
| 计算机、通信和其他电子设备制造业 | 255 | 2141 | 6506 |
| 仪器仪表制造业 | 280 | 2510 | 7927 |
| 其他制造业 | | 31 | |
| 废弃资源综合利用业 | | 25 | 119 |
| 金属制品、机械和设备修理业 | | | |
| 电力、热力、燃气及水生产和供应业 | | 2 | |
| 电力、热力生产和供应业 | | 2 | |
| 燃气生产和供应业 | | | |
| 水的生产和供应业 | | | |
| **按经济成分分组** | | | |
| 公有经济 | 1333 | 43154 | 14525 |
| 非公有经济 | 4775 | 16104 | 44887 |
| **按企业控股情况分组** | | | |
| 国有控股 | 1201 | 42577 | 11282 |
| 集体控股 | 132 | 577 | 3243 |
| 私人控股 | 4355 | 12472 | 34629 |
| 港澳台商控股 | 246 | 1066 | 6710 |
| 外商控股 | 3 | 1006 | 655 |
| 其他 | 171 | 1560 | 2893 |

# 17-9 主要年份各类学校数

单位:所

| 年份 | 普通高等学校 | 中等专业学校 | 技工学校 | 职业高中 | 普通中学 | 小学 |
|---|---|---|---|---|---|---|
| 1949 | | 4 | | | 16 | 1803 |
| 1952 | | 8 | | | 21 | 2641 |
| 1957 | | 5 | | | 62 | 3109 |
| 1962 | 3 | 7 | | | 140 | 3773 |
| 1965 | 2 | 11 | | | 142 | 4390 |
| 1970 | 2 | 2 | | | 179 | 5183 |
| 1975 | 2 | 9 | | | 228 | 5113 |
| 1978 | 2 | 14 | 9 | | 234 | 4260 |
| 1979 | 2 | 14 | 9 | | 236 | 4115 |
| 1980 | 2 | 13 | 10 | | 274 | 3446 |
| 1981 | 3 | 13 | 10 | | 395 | 4316 |
| 1982 | 3 | 14 | 10 | | 478 | 3964 |
| 1983 | 4 | 14 | 10 | | 494 | 3822 |
| 1984 | 5 | 15 | 11 | 18 | 512 | 3674 |
| 1985 | 5 | 17 | 11 | 36 | 551 | 3618 |
| 1986 | 5 | 16 | 11 | 28 | 612 | 3490 |
| 1987 | 5 | 17 | 11 | 29 | 643 | 3413 |
| 1988 | 5 | 17 | 11 | 31 | 648 | 3472 |
| 1989 | 4 | 17 | 12 | 41 | 654 | 3441 |
| 1990 | 4 | 16 | 12 | 43 | 640 | 3409 |
| 1991 | 4 | 15 | 11 | 45 | 639 | 3408 |
| 1992 | 4 | 15 | 14 | 55 | 621 | 3391 |
| 1993 | 4 | 15 | 14 | 49 | 610 | 3390 |
| 1994 | 4 | 16 | 14 | 51 | 581 | 3347 |
| 1995 | 4 | 16 | 14 | 52 | 553 | 3338 |
| 1996 | 4 | 16 | 14 | 50 | 546 | 3305 |
| 1997 | 4 | 16 | 14 | 52 | 525 | 3288 |
| 1998 | 4 | 16 | 13 | 48 | 523 | 3250 |
| 1999 | 5 | 14 | 14 | 47 | 513 | 3147 |
| 2000 | 5 | 13 | 13 | 42 | 492 | 2902 |
| 2001 | 5 | 12 | 10 | 41 | 498 | 2710 |
| 2002 | 6 | 11 | 10 | 35 | 476 | 2333 |
| 2003 | 6 | 11 | 11 | 31 | 371 | 945 |
| 2004 | 7 | 11 | 11 | 28 | 366 | 908 |
| 2005 | 7 | 11 | 11 | 21 | 367 | 902 |
| 2006 | 7 | 12 | 8 | 25 | 369 | 907 |
| 2007 | 7 | 12 | 8 | 26 | 367 | 917 |
| 2008 | 7 | 12 | 8 | 25 | 357 | 899 |
| 2009 | 7 | 12 | 8 | 25 | 350 | 879 |
| 2010 | 7 | 11 | 8 | 21 | 331 | 871 |
| 2011 | 8 | 11 | 8 | 18 | 326 | 856 |
| 2012 | 9 | 10 | 8 | 9 | 321 | 860 |
| 2013 | 9 | 10 | 8 | 14 | 321 | 870 |
| 2014 | 9 | 14 | 6 | 14 | 319 | 906 |
| 2015 | 9 | 13 | 8 | 12 | 328 | 924 |
| 2016 | 10 | 14 | 8 | 10 | 337 | 928 |
| 2017 | 10 | 14 | 5 | 11 | 344 | 932 |

注:2006年及以前职业高中为农职业中学口径,下同。

# 17-10 主要年份各类学校在校学生数

单位:人

| 年 份 | 普通高等学校 | 中等专业学校 | 技工学校 | 职业高中 | 普通中学 | 小学（万人） |
|---|---|---|---|---|---|---|
| 1949 | | 737 | | | 6679 | 14.31 |
| 1952 | | 1645 | | | 13117 | 27.25 |
| 1957 | | 2312 | | | 37302 | 40.85 |
| 1962 | 2797 | 2402 | | | 59064 | 44.14 |
| 1965 | 1027 | 1913 | | | 59971 | 67.94 |
| 1970 | | | | | 175039 | 61.87 |
| 1975 | 1455 | 2903 | | | 224829 | 103.54 |
| 1978 | 2080 | 2869 | 1826 | | 459841 | 95.62 |
| 1979 | 2704 | 5063 | 2070 | | 408046 | 98.81 |
| 1980 | 2585 | 6382 | 3510 | | 362789 | 96.94 |
| 1981 | 5634 | 4573 | 2919 | | 298335 | 95.27 |
| 1982 | 4260 | 4810 | 2859 | | 289862 | 91.28 |
| 1983 | 6109 | 5606 | 2580 | | 290956 | 91.98 |
| 1984 | 7173 | 6884 | 2716 | 6913 | 292253 | 90.41 |
| 1985 | 9955 | 8708 | 2915 | 10369 | 311015 | 88.01 |
| 1986 | 10486 | 8880 | 3659 | 13577 | 328873 | 85.69 |
| 1987 | 11410 | 9711 | 3454 | 14355 | 327280 | 83.44 |
| 1988 | 11886 | 10339 | 3609 | 11882 | 314401 | 81.65 |
| 1989 | 11783 | 11101 | 4151 | 12344 | 317647 | 81.92 |
| 1990 | 11586 | 11091 | 4898 | 14440 | 313758 | 84.77 |
| 1991 | 12507 | 11670 | 5086 | 17497 | 309649 | 89.9 |
| 1992 | 12962 | 12176 | 5918 | 20398 | 313487 | 93.66 |
| 1993 | 14238 | 12918 | 7639 | 20098 | 327372 | 97.07 |
| 1994 | 16354 | 16127 | 10211 | 20401 | 374698 | 103.31 |
| 1995 | 18590 | 24480 | 10971 | 22459 | 424685 | 110.34 |
| 1996 | 19720 | 36831 | 11181 | 24848 | 463226 | 118.08 |
| 1997 | 21162 | 43831 | 11793 | 24969 | 481154 | 127.42 |
| 1998 | 24763 | 45113 | 11970 | 22549 | 512475 | 130.99 |
| 1999 | 32236 | 42072 | 10133 | 19832 | 543390 | 129.32 |
| 2000 | 46091 | 34072 | 10317 | 19334 | 584255 | 126.06 |
| 2001 | 58730 | 29616 | 11362 | 21425 | 638488 | 119.84 |
| 2002 | 67863 | 31610 | 14175 | 21222 | 718597 | 109.43 |
| 2003 | 71811 | 33368 | 18500 | 21821 | 802270 | 96.28 |
| 2004 | 86858 | 40989 | 23117 | 27028 | 831882 | 83.06 |
| 2005 | 92666 | 51166 | 23000 | 40492 | 815113 | 72.24 |
| 2006 | 104140 | 59648 | 26900 | 65365 | 777895 | 64.62 |
| 2007 | 113774 | 59787 | 26086 | 72768 | 733413 | 58.75 |
| 2008 | 120094 | 62043 | 27421 | 56712 | 670459 | 53.72 |
| 2009 | 125676 | 57091 | 26922 | 57385 | 593875 | 51.79 |
| 2010 | 118828 | 57543 | 24553 | 60233 | 520662 | 53.02 |
| 2011 | 131747 | 39331 | 23936 | 53811 | 463610 | 57.10 |
| 2012 | 133631 | 47217 | 22005 | 45498 | 426055 | 62.85 |
| 2013 | 136313 | 48143 | 22707 | 47906 | 375213 | 66.18 |
| 2014 | 137239 | 47125 | 22221 | 46227 | 359258 | 75.45 |
| 2015 | 137631 | 43627 | 19540 | 45734 | 347417 | 84.13 |
| 2016 | 140825 | 42515 | 20311 | 37623 | 361022 | 90.54 |
| 2017 | 142630 | 41370 | 21006 | 35239 | 399373 | 94.02 |

注:2015 年及以后普通高等学校在校学生数不包含成人高等教育学生数。

# 17-11 各类学校专任教师数

单位:人

| 年 份 | 普通高等学校 | 中等专业学校 | 技工学校 | 职业高中 | 普通中学 | 小学 |
|---|---|---|---|---|---|---|
| 1978 | 423 | | 83 | | | |
| 1979 | 444 | | 184 | | 16932 | 37511 |
| 1980 | 451 | | 336 | | | |
| 1981 | 1178 | 591 | 364 | | 15910 | 38804 |
| 1982 | 1441 | 686 | 398 | | 15341 | 38004 |
| 1983 | 1512 | 813 | 419 | | 14643 | 32669 |
| 1984 | 1740 | 843 | 444 | 270 | 14568 | 32295 |
| 1985 | 1803 | 984 | 444 | 528 | 15785 | 31831 |
| 1986 | 2073 | 1053 | 476 | 661 | 16859 | 33445 |
| 1987 | 2210 | 1173 | 441 | 759 | 17162 | 32519 |
| 1988 | 2135 | 1142 | 596 | 862 | 17668 | 32948 |
| 1989 | 2170 | 1114 | 659 | 890 | 18380 | 33787 |
| 1990 | 2086 | 1087 | 642 | 1047 | 19097 | 34520 |
| 1991 | 2065 | 1112 | 661 | 1144 | 19371 | 35723 |
| 1992 | 2020 | 1110 | 725 | 1377 | 19502 | 36367 |
| 1993 | 2037 | 1083 | 677 | 1348 | 19741 | 36499 |
| 1994 | 2028 | 1074 | 848 | 1440 | 20416 | 37915 |
| 1995 | 2160 | 1102 | 845 | 1575 | 21642 | 38649 |
| 1996 | 2045 | 1165 | 843 | 1688 | 22987 | 39911 |
| 1997 | 2117 | 1204 | 762 | 1983 | 24222 | 40670 |
| 1998 | 2244 | 1270 | 951 | 2053 | 24944 | 42305 |
| 1999 | 2681 | 1242 | 820 | 1965 | 26165 | 44577 |
| 2000 | 2883 | 1236 | 801 | 1816 | 27658 | 45798 |
| 2001 | 3198 | 1357 | 807 | 1586 | 29200 | 46575 |
| 2002 | 3635 | 1133 | 587 | 1461 | 32131 | 44837 |
| 2003 | 4061 | 1041 | 680 | 1575 | 34232 | 41806 |
| 2004 | 4686 | 1114 | 789 | 1431 | 35744 | 39864 |
| 2005 | 5298 | 1251 | 785 | 1718 | 37644 | 39156 |
| 2006 | 5586 | 1456 | 711 | 2185 | 38821 | 38719 |
| 2007 | 6203 | 1693 | 966 | 2375 | 39686 | 38350 |
| 2008 | 6433 | 1766 | 957 | 2556 | 39514 | 36999 |
| 2009 | 6670 | 1959 | 1005 | 2489 | 39112 | 36553 |
| 2010 | 6257 | 1926 | 987 | 2524 | 38379 | 33991 |
| 2011 | 7015 | 1808 | 1047 | 2279 | 37714 | 33517 |
| 2012 | 7418 | 1642 | 1147 | 2557 | 37179 | 35419 |
| 2013 | 7596 | 1704 | 1161 | 2487 | 34591 | 36511 |
| 2014 | 7734 | 1834 | 1187 | 2395 | 34013 | 38210 |
| 2015 | 7879 | 2537 | 1074 | 1856 | 33673 | 40445 |
| 2016 | 8217 | 2139 | 1351 | 1874 | 33695 | 42716 |
| 2017 | 8366 | 2077 | 1329 | 1798 | 34781 | 44606 |

# 17-12 每一专任教师平均负担在校学生数

单位：人

| 年 份 | 普通高等学 校 | 中等专业学 校 | 技 工学 校 | 职 业高 中 | 普 通中 学 | 小 学 |
|---|---|---|---|---|---|---|
| 1978 | 4.9 | | 22.0 | | | |
| 1979 | 6.1 | | 11.3 | | | |
| 1980 | 5.7 | | 10.4 | | 21.4 | 25.8 |
| 1981 | 4.8 | 7.7 | 8.0 | | 18.8 | 24.6 |
| 1982 | 3.0 | 7.0 | 7.2 | | 18.9 | 24.0 |
| 1983 | 4.0 | 6.9 | 6.2 | | 19.9 | 28.2 |
| 1984 | 4.1 | 8.2 | 6.1 | 25.6 | 20.1 | 28.0 |
| 1985 | 5.5 | 8.8 | 6.6 | 19.6 | 19.7 | 27.6 |
| 1986 | 5.1 | 8.4 | 7.7 | 20.5 | 19.5 | 25.6 |
| 1987 | 5.2 | 8.3 | 7.8 | 18.9 | 19.1 | 25.7 |
| 1988 | 5.6 | 9.1 | 16.1 | 13.8 | 17.8 | 24.8 |
| 1989 | 5.4 | 10.0 | 6.3 | 13.9 | 17.3 | 24.2 |
| 1990 | 5.6 | 10.2 | 7.6 | 13.8 | 16.4 | 24.6 |
| 1991 | 6.1 | 10.5 | 7.7 | 15.3 | 16.0 | 25.2 |
| 1992 | 6.4 | 11.0 | 8.2 | 14.8 | 16.1 | 25.8 |
| 1993 | 7.0 | 11.9 | 11.3 | 15.0 | 16.6 | 26.6 |
| 1994 | 8.1 | 15.0 | 12.0 | 14.2 | 18.4 | 27.2 |
| 1995 | 8.6 | 22.2 | 13.0 | 14.3 | 19.6 | 28.5 |
| 1996 | 9.6 | 31.6 | 13.3 | 14.7 | 20.2 | 29.6 |
| 1997 | 10.0 | 36.4 | 15.5 | 12.6 | 19.9 | 31.3 |
| 1998 | 11.0 | 35.5 | 12.6 | 11.0 | 20.5 | 31.0 |
| 1999 | 12.1 | 33.9 | 12.4 | 10.1 | 20.8 | 29.0 |
| 2000 | 16.0 | 27.6 | 12.9 | 10.6 | 21.1 | 27.5 |
| 2001 | 18.4 | 21.8 | 14.1 | 13.5 | 21.9 | 25.7 |
| 2002 | 18.7 | 27.9 | 24.1 | 14.5 | 22.4 | 24.4 |
| 2003 | 17.7 | 32.1 | 27.2 | 13.9 | 23.4 | 23.0 |
| 2004 | 18.5 | 36.8 | 29.3 | 18.9 | 23.3 | 20.8 |
| 2005 | 17.5 | 40.9 | 29.3 | 23.6 | 21.7 | 18.4 |
| 2006 | 18.6 | 41.0 | 37.8 | 26.6 | 20.0 | 16.7 |
| 2007 | 18.3 | 35.3 | 27.0 | 30.6 | 18.5 | 15.3 |
| 2008 | 18.7 | 35.1 | 28.7 | 22.2 | 17.0 | 14.5 |
| 2009 | 18.8 | 29.1 | 26.8 | 23.1 | 15.2 | 14.2 |
| 2010 | 19.0 | 29.9 | 24.9 | 23.9 | 13.6 | 15.6 |
| 2011 | 18.8 | 21.8 | 22.9 | 23.6 | 12.3 | 17.0 |
| 2012 | 18.0 | 28.8 | 19.2 | 17.8 | 11.5 | 17.7 |
| 2013 | 17.9 | 28.3 | 14.9 | 19.3 | 10.8 | 18.1 |
| 2014 | 17.6 | 25.7 | 18.7 | 19.3 | 10.6 | 19.7 |
| 2015 | 20.6 | 17.2 | 18.2 | 24.6 | 10.3 | 20.8 |
| 2016 | 17.1 | 19.9 | 15.0 | 20.1 | 10.7 | 21.2 |
| 2017 | 21.4 | 20.5 | | 19.6 | 11.5 | 21.1 |

# 17-13 各级各类教育事业

（2017 年） 单位：人

| 指 标 | 学校数（所） | 毕业生数 | 招生数 | 在校学生数 | 教职工数 | #专任教师 |
|---|---|---|---|---|---|---|
| **基础教育合计** | 2238 | 399213 | 450349 | 1767100 | 120922 | 100486 |
| 学前教育 | 932 | 139020 | 113282 | 347880 | 30131 | 17224 |
| 小学 | 937 | 118463 | 155656 | 940238 | 41934 | 44606 |
| 普通中学 | 344 | 113785 | 152055 | 399373 | 44018 | 34781 |
| 初中 | 258 | 71241 | 115760 | 286870 | 27009 | 23243 |
| 高中 | 86 | 42544 | 36295 | 112503 | 17009 | 11538 |
| **中等职业教育** | 25 | 27945 | 29356 | 79609 | 4839 | 3875 |
| 调整后中职业学校 | 3 | 4648 | 6156 | 17769 | 786 | 647 |
| 普通中专学校 | 8 | 5963 | 8164 | 21152 | 1470 | 1113 |
| 成人中专学校 | 3 | 1949 | 1258 | 5449 | 279 | 183 |
| 职业高中学校 | 11 | 15385 | 13778 | 35239 | 2061 | 1798 |
| **中等技工学校** | **5** | **5673** | **9629** | **21006** | **1329** | |
| **普通高等学校** | **10** | **55601** | **59323** | **179353** | **12275** | **8366** |
| **职业技术培训机构** | **659** | **151520** | **153211** | | **7049** | **5526** |

# 17-14 普通高等学校和中等专业学校基本情况

（2017 年） 单位：人

| 指 标 | 毕业生数 | 招生数 | 在校学生数 | 教职工数 | # 专任教师 |
|---|---|---|---|---|---|
| **普通高等学校** | **55601** | **59193** | **178133** | **12275** | **8366** |
| 中国矿业大学 | 16302 | 13390 | 39893 | 3096 | 1916 |
| 徐州医科大学 | 5758 | 6337 | 19544 | 1336 | 788 |
| 江苏师范大学 | 7932 | 10636 | 31437 | 2412 | 1505 |
| 徐州工程学院 | 9162 | 9627 | 30556 | 1407 | 1180 |
| 九州职业技术学院 | 831 | 1967 | 5286 | 278 | 215 |
| 徐州工业职业技术学院 | 3202 | 3176 | 9445 | 652 | 481 |
| 中国矿业大学徐海学院 | 1854 | 2142 | 8037 | 554 | 414 |
| 徐州医科大学华方学院 | 270 | | 401 | 0 | 0 |
| 徐州幼儿师范高等专科学校 | 1385 | 1613 | 4140 | 362 | 231 |
| 徐州生物工程职业技术学院 | 1229 | 720 | 2430 | 314 | 215 |
| 江苏师范大学科文学院 | 2406 | 2611 | 9412 | 644 | 496 |
| 江苏建筑职业技术学院 | 5270 | 6222 | 16551 | 753 | 585 |
| 江苏安全技术职业学院 | | 752 | 1001 | 467 | 340 |
| **中等专业学校** | **4761** | **5808** | **16835** | **1710** | **1328** |
| 江苏省徐州医药高等职业学校 | 993 | 1335 | 3694 | 285 | 240 |
| 江苏省徐州财经高等职业技术学校 | 996 | 1565 | 4367 | 253 | 208 |
| 徐州经贸高等职业学校 | 1496 | 1579 | 4696 | 248 | 199 |
| 江苏省徐州市中等专业学校 | 121 | 182 | 734 | 176 | 153 |
| 徐州体育运动学校 | 158 | 126 | 353 | 131 | 24 |
| 江苏模特艺术学校 | 202 | 465 | 1278 | 232 | 205 |
| 运河高等师范学校 | 386 | 247 | 766 | 175 | 111 |
| 徐州高等师范学校 | 409 | 309 | 947 | 210 | 188 |

# 17-15　各阶段教育入学、升学情况

（2017 年）

单位：%

| 地　区 | 入学率 | | 升学率 | |
|---|---|---|---|---|
| | 小学阶段入学率 | 初中阶段入学率 | 小学毕业生升学率 | 初中毕业生升学率 |
| 全　市 | 100 | 100 | 100 | 100 |
| 市　区 | 100 | 100 | 100 | 100 |
| 丰　县 | 100 | 100 | 100 | 100 |
| 沛　县 | 100 | 100 | 100 | 100 |
| 铜山区 | 100 | 100 | 100 | 100 |
| 睢宁县 | 100 | 100 | 100 | 100 |
| 新沂市 | 100 | 100 | 100 | 100 |
| 邳州市 | 100 | 100 | 100 | 100 |

# 主要统计指标解释

**独立研究与开发机构** 指有明确的任务和研究方向，有一定学术水平的业务骨干和一定数量的研究人员，具有研究、开发、开展学术工作的基本条件，主要进行科学研究与技术开发活动，并且在行政上有独立的组织形式，财务上独立核算盈亏，有权与其他单位签订合同，在银行有单独户头的单位。包括国务院各部门、中国科学院、中国社会科学院和各省、自治区、直辖市以及地(市)以上[含地(市)]各部门所属的国有独立的科学研究与技术开发机构。

**独立研究与开发机构职工** 指在科学研究与技术开发机构工作，并由其支付工资的各种人员。包括长期职工和临时职工，不包括编制以外的离休、退休人员和停薪留职人员，但包括招聘人员。

**研究与发展经费支出** 指报告期内用于研究与试验发展课题活动(基础研究、应用研究、试验发展)的全部实支出。包括用于研究与发展课题活动的直接支出，还包括间接用于研究与发展活动的一切支出(院、所管理费及维持院、所正常运转的必需费用和与研究发展有关的基本建设支出)。

**其他科技人员** 指大专、中专毕业和具有初级职称的从事科技活动人员。

**自然科学技术人员** 指已取得科学技术职称，或大学、中专的理、工、农、医科系毕业，以及国民经济各部门从工作实践中提拔，从事理、工、农、医等自然科学技术的研究、教学、生产的专业人员和在机关、企业、事业中从事科学技术业务管理工作的专业人员。

**工程技术人员** 指在国民经济各行业从事工程技术工作的自然科学技术专业人员，包括：高级工程师、工程师、助理工程师、技术员和未评定职称的技术人员。

**农业技术人员** 指在国民经济各行业从事农业技术工作的自然科学技术专业人员，包括：高级农艺师、农艺师、助理农艺师、技术员和未评定职称的技术人员。

**科学研究人员** 指在国民经济各行业从事科学技术活动的自然科学技术专业人员，包括：正副研究员、助理研究员、研究实习员、技术员和未评定职称的技术人员。

**教学人员** 指在国民经济各行业从事自然科学技术方面教学活动的专业人员，包括：正副教授、讲师、助教、教师和在中学从事自然科学技术方面教学活动的人员。

**发明** 专利法及其实施细则所称的发明是指对有关产品、方法或其改进所提出的新的技术方案。

**普通高等学校** 指按照国家规定的设置标准和审批程序批准举办，通过国家统一招生考试，招收高中毕业生为主要培养对象，实施高等教育的全日制大学、独立设置的学院和高等专科学校、短期职业大学。

**成人高等学校** 指按照国家有关规定审批，招收通过全国成人高教统一招生考试的具有高中毕业或同等学历的在职从业人员利用脱产、半脱产、业余或函授等多种形式对其实施高等学历教育，培养高等教育专科或本科毕业水平的专门人才，修业年限、课程设置和总学时数均按高等学历教育要求付诸实施的学校。包括广播电视大学、职工高等学校、农民高等学校、管理干部学院、教育学院、独立设置的函授学院等。

**招生数** 指新学年开学时，一年级实际招收入学的新生数。不包括留级生和复学生数。

**在校学生数** 指学年初具有学籍的在校学生总数。

**专任教师数** 指主要从事教育工作的人员数。包括临时(一年以内)调去帮助做其他工作的教学人员。高等学校函授部、夜大学的专任教师和承担科研任务、未担任教学工作仍属教师编制的人员，也计入专任教师中。专任教师不包括调离教学岗位，担任行政领导工作或其他工作的原教学人员。

# 卫生和社会服务

## PUBLIC HEALTH AND SOCIAL SERVICES

18

版面负责人：卢川川
编　　　辑：徐向忠

# 统计从业人员统计信用档案管理办法(试行)

**第十一条** 调查单位中的统计从业人员的下列行为为统计警示行为:

(一)提供统计资料不及时、不完整;

(二)未遵守统计资料的审核、签署、交接、归档等管理制度;

(三)统计资料报送异常且不能做出合理解释;

(四)拒绝、阻碍统计调查、统计检查,情节较轻;

(五)其他未遵守统计调查制度和国家有关规定的行为。

**第十二条** 政府统计中的统计从业人员的下列行为为统计警示行为:

(一)负责搜集、整理的统计数据资料不及时、不完整;

(二)对调查对象报送的不真实、不准确的统计数据未及时纠正;

(三)拒绝、阻碍统计调查、统计检查,情节较轻;

(四)将统计调查中获得的能够识别或推断单个统计调查对象身份的资料提供、泄露给其他单位或个人,未造成不良影响;

(五)其他未遵守统计调查制度和国家有关规定的行为。

**第十三条** 调查单位中的统计从业人员的下列行为为统计严重失信行为:

(一)伪造、篡改统计资料,编造虚假统计数据;

(二)提供不真实统计资料,违法数额占应报数额比例较高,违法数额较大;

(三)拒绝答复或者不如实答复统计检查查询书;

(四)拒绝、阻碍统计调查、统计检查,情节严重;

(五)转移、隐匿、篡改、毁弃或者拒绝提供原始记录和凭证、统计台账、统计调查表及其他相关证明和资料;

(六)警示行为未在规定期限内改正;

(七)其他严重统计违法行为。

# 18-1 卫生机构数

单位:个

| 年份 | 总计 | 医院卫生院 | #医院 | 疗养院、所 | 门诊部、所 |
| --- | --- | --- | --- | --- | --- |
| 1978 | 652 | | | | |
| 1979 | 683 | | | | |
| 1980 | 858 | | | | |
| 1981 | 952 | | | | |
| 1982 | 969 | 231 | 35 | 1 | 678 |
| 1983 | 1004 | 232 | 42 | 1 | 712 |
| 1984 | 1027 | 233 | 43 | 1 | 734 |
| 1985 | 1053 | 237 | 48 | 1 | 753 |
| 1986 | 1030 | 236 | 47 | 1 | 731 |
| 1987 | 1024 | 234 | 47 | 1 | 727 |
| 1988 | 1023 | 228 | 47 | 1 | 732 |
| 1989 | 1042 | 229 | 47 | 1 | 751 |
| 1990 | 1058 | 228 | 46 | 1 | 767 |
| 1991 | 1088 | 228 | 46 | 1 | 798 |
| 1992 | 1049 | 228 | 46 | 1 | 759 |
| 1993 | 1051 | 228 | 46 | 1 | 761 |
| 1994 | 1051 | 231 | 46 | 1 | 758 |
| 1995 | 1052 | 231 | 46 | 1 | 758 |
| 1996 | 1052 | 231 | 45 | 1 | 757 |
| 1997 | 1053 | 232 | 42 | 1 | 757 |
| 1998 | 1261 | 233 | 43 | 1 | 966 |
| 1999 | 954 | 275 | 43 | 1 | 456 |
| 2000 | 993 | 274 | 42 | 1 | 473 |
| 2001 | 1071 | 211 | 43 | 1 | 449 |
| 2002 | 1047 | 226 | 113 | | 778 |
| 2003 | 1120 | 229 | 116 | 1 | 847 |
| 2004 | 1344 | 232 | 119 | 1 | 926 |
| 2005 | 1384 | 230 | 119 | 1 | 1105 |
| 2006 | 1327 | 227 | 116 | 1 | 917 |
| 2007 | 1483 | 238 | 117 | 1 | 921 |
| 2008 | 1116 | 251 | 108 | 1 | 732 |
| 2009 | 1169 | 268 | 102 | 1 | 828 |
| 2010 | 1213 | 256 | 99 | 1 | 864 |
| 2011 | 1365 | 266 | 108 | 1 | 1009 |
| 2012 | 1311 | 274 | 114 | 1 | 948 |
| 2013 | 4454 | 277 | 118 | 1 | 815 |
| 2014 | 4620 | 281 | 122 | 1 | 835 |
| 2015 | 4601 | 283 | 124 | 1 | 983 |
| 2016 | 4584 | 291 | 131 | 1 | 971 |
| 2017 | 4509 | 296 | 135 | 1 | 935 |

18-1 续表 单位:个

| 年　份 | 专科防治所、站 | 卫生防疫站 | 妇幼保健院、所、站 | 药品检验所、站 | 医学研究机构 | 其他卫生机构 |
|---|---|---|---|---|---|---|
| 1978 | | | | | | |
| 1979 | | | | | | |
| 1980 | | | | | | |
| 1981 | | | | | | |
| 1982 | | 14 | | | | |
| 1983 | 4 | 15 | 10 | 7 | 2 | 17 |
| 1984 | 4 | 15 | 10 | 7 | 2 | 17 |
| 1985 | 9 | 15 | 12 | 7 | 2 | 13 |
| 1986 | 10 | 15 | 12 | 7 | 2 | 12 |
| 1987 | 10 | 14 | 12 | 7 | 2 | 13 |
| 1988 | 10 | 14 | 12 | 7 | 2 | 13 |
| 1989 | 9 | 14 | 12 | 7 | 2 | 13 |
| 1990 | 10 | 14 | 12 | 7 | 2 | 13 |
| 1991 | 10 | 15 | 12 | 7 | 2 | 12 |
| 1992 | 10 | 14 | 12 | 7 | 2 | 13 |
| 1993 | 9 | 14 | 13 | 7 | 2 | 7 |
| 1994 | 8 | 14 | 14 | 7 | 2 | 7 |
| 1995 | 8 | 14 | 14 | 7 | 2 | 8 |
| 1996 | 9 | 14 | 13 | 7 | 3 | 8 |
| 1997 | 9 | 14 | 13 | 7 | 3 | 8 |
| 1998 | 8 | 14 | 13 | 7 | 3 | 8 |
| 1999 | 8 | 14 | 14 | 7 | 3 | 9 |
| 2000 | 8 | 14 | 14 | 7 | 3 | 9 |
| 2001 | 8 | 14 | 14 | | 3 | 9 |
| 2002 | 8 | 14 | 13 | | 3 | 5 |
| 2003 | 6 | 14 | 14 | | 3 | 6 |
| 2004 | | 14 | 14 | | 3 | 154 |
| 2005 | | 14 | 14 | | 3 | 17 |
| 2006 | | 14 | 14 | | 3 | 151 |
| 2007 | | 14 | 13 | | 3 | 293 |
| 2008 | | 14 | 13 | | 3 | 102 |
| 2009 | | 14 | 13 | | 3 | 42 |
| 2010 | | 13 | 12 | | 3 | 64 |
| 2011 | | 13 | 12 | | 3 | 61 |
| 2012 | 1 | 13 | 12 | | 3 | 925 |
| 2013 | 1 | 13 | 12 | | 3 | 5 |
| 2014 | 1 | 13 | 12 | | 3 | 7 |
| 2015 | 1 | 12 | 12 | | 3 | 6 |
| 2016 | 1 | 11 | 13 | | 3 | 7 |
| 2017 | 2 | 11 | 13 | | 3 | 6 |

注:1998 年以后门诊部所中包括个体开业,2009 年包括卫生所、医务室、社区卫生服务站等;2001 年以前医院为县及县以上医院数;2008 年及以后村卫生室不再作为卫生机构统计。

# 18-2 卫生机构人员数

单位：人

| 年份 | 总计 | 卫生技术人员 | #医生 | | | | #护师护士 | 每千人口医生数 |
|---|---|---|---|---|---|---|---|---|
| | | | | #中医 | 中医师 | 西医士 | | |
| 1978 | | 15690 | 4857 | | | | | 0.9 |
| 1979 | | 16477 | 4982 | | | | | 0.8 |
| 1980 | | 17095 | 5765 | | | | | 0.8 |
| 1981 | 22581 | 17696 | 6542 | | 3117 | | 2888 | 1.0 |
| 1982 | 23956 | 18539 | 7203 | 574 | 3310 | | 3496 | 1.1 |
| 1983 | 25237 | 19267 | 7635 | 1079 | 3639 | 2917 | 4298 | 1.1 |
| 1984 | 25885 | 19694 | 7671 | 1085 | 3668 | 2918 | 4366 | 1.1 |
| 1985 | 27354 | 20602 | 7881 | 1080 | 3679 | 3122 | 4603 | 1.1 |
| 1986 | 28234 | 21295 | 8097 | 1094 | 3747 | 3256 | 4799 | 1.1 |
| 1987 | 28710 | 21337 | 8023 | 1017 | 3677 | 3329 | 4917 | 1.1 |
| 1988 | 29477 | 22381 | 8804 | 1176 | 5174 | 2454 | 5438 | 1.2 |
| 1989 | 30960 | 23615 | 9598 | 1158 | 6715 | 1725 | 6430 | 1.3 |
| 1990 | 32029 | 24427 | 9888 | 1169 | 6965 | 1754 | 6914 | 1.2 |
| 1991 | 33771 | 25818 | 10298 | 1108 | 7205 | 1985 | 7289 | 1.3 |
| 1992 | 35051 | 26825 | 10216 | 1062 | 7101 | 2053 | 7351 | 1.2 |
| 1993 | 36383 | 27895 | 10488 | 1101 | 7211 | 2176 | 7617 | 1.3 |
| 1994 | 37741 | 28928 | 10891 | 1074 | 7474 | 2343 | 7881 | 1.3 |
| 1995 | 38533 | 29380 | 11204 | 1082 | 7605 | 2517 | 8167 | 1.3 |
| 1996 | 39027 | 29771 | 11525 | 1046 | 7762 | 2717 | 8277 | 1.3 |
| 1997 | 40472 | 31125 | 12025 | 1044 | 7998 | 2938 | 8424 | 1.4 |
| 1998 | 40454 | 31188 | 11756 | 986 | 7897 | 2810 | 8350 | 1.3 |
| 1999 | 39411 | 30394 | 11349 | 933 | 7843 | 2515 | 8421 | 1.3 |
| 2000 | 39366 | 30481 | 11622 | 925 | 8077 | 2529 | 8720 | 1.3 |
| 2001 | 39099 | 30275 | 11635 | 963 | 8041 | 2536 | 8863 | 1.3 |
| 2002 | 36997 | 29282 | 11396 | | | | | 1.3 |
| 2003 | 35369 | 28030 | 10692 | | 725 | | 8421 | 1.2 |
| 2004 | 36163 | 28297 | 10480 | | 705 | | 8479 | 1.1 |
| 2005 | 35809 | 28284 | 10494 | 721 | 597 | 124 | 8574 | 1.1 |
| 2006 | 36174 | 28922 | 10532 | 723 | 604 | | 8677 | 1.2 |
| 2007 | 38048 | 29668 | 11137 | | | | 9329 | 1.2 |
| 2008 | 38746 | 30396 | 11557 | | | | 9985 | 1.2 |
| 2009 | 39408 | 30821 | 11613 | | | | 10801 | 1.0 |
| 2010 | 41238 | 32368 | 12165 | | | | 11961 | 1.0 |
| 2011 | 43623 | 34543 | 12273 | 80 | | | 13411 | 1.4 |
| 2012 | 47429 | 38091 | 13167 | 1250 | | | 15909 | 1.5 |
| 2013 | 51601 | 43573 | 14578 | 1448 | 348 | 1203 | 17859 | 1.9 |
| 2014 | 67552 | 47007 | 17518 | 1558 | 809 | 1205 | 19687 | 2.3 |
| 2015 | 71316 | 51567 | 20172 | 1863 | 884 | 1260 | 21355 | 2.3 |
| 2016 | 75957 | 55523 | 21836 | 1965 | 1005 | 2913 | 24349 | 2.5 |
| 2017 | 77117 | 57537 | 22870 | 2209 | 1818 | 5023 | 25334 | 2.6 |

# 18-3 卫生机构床位数

单位:张

| 年份 | 总计 | 医院卫生院 | #医院 | 疗养院 | 门诊部、所 | 其他卫生机构 | 每千人口医院病床位数 |
|---|---|---|---|---|---|---|---|
| 1978 | 11325 | | | | | | |
| 1979 | 11971 | | | | | | |
| 1980 | 12299 | | | | | | |
| 1981 | 13392 | | | | | | |
| 1982 | 13644 | | | | | | |
| 1983 | 14067 | 12167 | 7185 | 200 | 1550 | 150 | 1.8 |
| 1984 | 15046 | 13133 | 8109 | 200 | 1473 | 240 | 1.9 |
| 1985 | 15432 | 13269 | 8608 | 200 | 1762 | 200 | 1.9 |
| 1986 | 15771 | 13653 | 8925 | 200 | 1718 | 200 | 1.9 |
| 1987 | 16147 | 13845 | 9107 | 200 | 1802 | 300 | 1.9 |
| 1988 | 16809 | 14390 | 9549 | 200 | 1919 | 300 | 1.9 |
| 1989 | 17004 | 14483 | 9609 | 200 | 1921 | 400 | 1.9 |
| 1990 | 17303 | 14660 | 9630 | 200 | 2043 | 400 | 1.8 |
| 1991 | 17557 | 15059 | 10186 | 200 | 1898 | 400 | 1.8 |
| 1992 | 18100 | 15490 | 10459 | 200 | 1987 | 400 | 1.9 |
| 1993 | 18747 | 15813 | 10668 | 200 | 2310 | 400 | 1.9 |
| 1994 | 18650 | 15686 | 10791 | 200 | 2310 | 400 | 1.9 |
| 1995 | 18596 | 15647 | 10783 | 200 | 2310 | 400 | 1.8 |
| 1996 | 18733 | 15814 | 10883 | 200 | 2310 | 370 | 1.8 |
| 1997 | 18700 | 15751 | 10713 | 200 | 2310 | 400 | 1.8 |
| 1998 | 18637 | 15703 | 10645 | 200 | 2310 | 400 | 1.8 |
| 1999 | 17992 | 17368 | 10621 | 200 | | 400 | 2.0 |
| 2000 | 17736 | 17091 | 10562 | 200 | | 400 | 1.9 |
| 2001 | 17505 | 16964 | 10417 | 200 | | 317 | 1.9 |
| 2002 | 18210 | 18210 | 13944 | | | | 2.0 |
| 2003 | 18487 | 17961 | 13650 | 200 | | 326 | 2.0 |
| 2004 | 18792 | 18252 | 13905 | 200 | | 340 | 2.1 |
| 2005 | 19888 | 19287 | 14647 | 200 | 5 | 104 | 2.2 |
| 2006 | 20264 | 19749 | 14975 | 40 | | 475 | 2.2 |
| 2007 | 21488 | 20238 | 15737 | 40 | | 1210 | 2.3 |
| 2008 | 24430 | 23248 | 17614 | 40 | | 1142 | 2.6 |
| 2009 | 26600 | 25081 | 18852 | 40 | 28 | 1451 | 2.8 |
| 2010 | 30500 | 27783 | 21496 | 40 | 130 | 2547 | 2.9 |
| 2011 | 32960 | 30283 | 23119 | 40 | 148 | 2601 | 2.7 |
| 2012 | 38489 | 35703 | 27091 | 40 | 60 | 2686 | 3.2 |
| 2013 | 43138 | 40179 | 30829 | 40 | 57 | 40 | 3.3 |
| 2014 | 46213 | 43175 | 33532 | 40 | 21 | 40 | 3.9 |
| 2015 | 47949 | 44550 | 34552 | 40 | 20 | 40 | 4.0 |
| 2016 | 52247 | 48926 | 38223 | 40 | 40 | 40 | 4.4 |
| 2017 | 55589 | 51444 | 39764 | 40 | | 40 | 4.5 |

# 18–4 卫生机构、床位、人员数

（2017 年）

| 机构类别 | 机构数（个） | 床位数（张） | 诊疗人数（万人） | 入院人数（万人） | 工作人员数（人） | #卫生技术人员 | |
|---|---|---|---|---|---|---|---|
| | | | | | | | 执业医师数 |
| **总计** | **4509** | **55589** | **6384.64** | **189.18** | **77117** | **57537** | **17055** |
| 医院合计 | 135 | 39764 | 2306.13 | 138.72 | 410922 | 33902 | 10594 |
| 综合医院 | 82 | 27758 | 1563.42 | 102.26 | 27818 | 23284 | 7250 |
| 中医医院 | 12 | 4860 | 385.44 | 16.81 | 6173 | 5177 | 1627 |
| 中西医结合医院 | 2 | 118 | 1.99 | 0.24 | 132 | 101 | 20 |
| 专科医院 | 36 | 6708 | 354.98 | 19.39 | 6716 | 5270 | 1676 |
| #口腔医院 | 6 | 95 | 33.89 | 0.2 | 499 | 388 | 192 |
| 耳鼻喉科医院 | 1 | 88 | 1.20 | 0.08 | 78 | 60 | 19 |
| 肿瘤医院 | 1 | 1134 | 124.51 | 4.14 | 1009 | 780 | 315 |
| 儿童医院 | 2 | 1518 | 107.66 | 8.28 | 1711 | 1422 | 372 |
| 精神病医院 | 6 | 1545 | 22.53 | 1.54 | 1015 | 748 | 213 |
| 传染病医院 | 1 | 499 | 10.52 | 0.93 | 432 | 330 | 84 |
| 皮肤病医院 | 1 | 80 | 6.24 | 0.08 | 82 | 64 | 17 |
| 职业病医院 | 1 | 55 | 4.10 | 0.09 | 34 | 25 | 19 |
| 康复医院 | 4 | 566 | 9.34 | 0.61 | 479 | 372 | 116 |
| 美容医院 | 2 | 40 | 0.52 | 0.02 | 81 | 71 | 19 |
| 其他专科医院 | 11 | 1088 | 34.47 | 3.42 | 1296 | 1010 | 310 |
| 疗养院 | 1 | 40 | 2.01 | 0.05 | 43 | 17 | 5 |
| 社区卫生服务中心 | 52 | 2824 | 424.04 | 6.21 | 4294 | 3496 | 991 |
| 卫生院 | 161 | 11680 | 1382.51 | 39.79 | 14660 | 11651 | 2739 |
| 门诊部、所 | 935 | | 380.33 | | 2845 | 2666 | 1314 |
| #私营门诊部、所 | 717 | | 280.76 | | 1962 | 1833 | 944 |
| 急救中心（站） | 5 | 5 | 7.95 | | 142 | 64 | 28 |
| 采供血机构 | 1 | | | | 72 | 63 | |
| 妇幼保健院（所、站） | 13 | 929 | 130.5 | 4.16 | 1424 | 1154 | 407 |
| 妇幼保健院 | 4 | 896 | 116.11 | 4.08 | 1202 | 988 | 307 |
| 妇幼保健所 | 9 | 33 | 14.39 | 0.08 | 222 | 166 | 100 |
| 疾病预防控制中心（防疫站） | 11 | | | | 634 | 412 | 237 |
| 卫生监督所 | 11 | | | | 300 | 238 | |
| 医学科学研究机构 | 3 | | | | 120 | 85 | 49 |
| 其他卫生机构 | 6 | 40 | 2.01 | 0.05 | 224 | 112 | 57 |

18-4 续表 （2017 年）

| 机构类别 | 执业助理医师数 | 注册护士 | 药剂人员 | 技师 | 其他 | 其他技术人员（人） | 管理人员（人） | 工勤人员（人） |
|---|---|---|---|---|---|---|---|---|
| **总计** | **5815** | **25334** | **2784** | **2461** | **4088** | **3427** | **3326** | **6359** |
| 医院合计 | 591 | 17557 | 1666 | 1449 | 2045 | 1927 | 1728 | 3365 |
| 综合医院 | 391 | 12398 | 1072 | 1018 | 1155 | 1230 | 1118 | 2186 |
| 中医医院 | 95 | 2417 | 353 | 198 | 487 | 378 | 184 | 434 |
| 中西医结合医院 | 1 | 42 | 4 | 4 | 30 |  | 12 | 19 |
| 专科医院 | 102 | 2659 | 235 | 225 | 373 | 314 | 409 | 723 |
| # 口腔医院 | 26 | 139 | 8 | 12 | 11 | 8 | 34 | 69 |
| 耳鼻喉科医院 | 1 | 29 | 4 | 3 | 4 |  | 12 | 6 |
| 肿瘤医院 | 2 | 372 | 23 | 46 | 22 | 25 | 95 | 109 |
| 儿童医院 | 3 | 786 | 56 | 45 | 160 | 30 | 80 | 179 |
| 精神病医院 | 15 | 400 | 45 | 29 | 46 | 97 | 33 | 137 |
| 传染病医院 |  | 200 | 26 | 18 | 2 | 32 | 10 | 60 |
| 皮肤病医院 | 2 | 40 | 4 | 1 |  | 6 | 7 | 5 |
| 职业病医院 |  | 2 | 2 | 2 |  | 9 |  |  |
| 康复医院 | 13 | 161 | 28 | 19 | 35 | 29 | 22 | 56 |
| 美容医院 | 1 | 46 | 3 | 2 |  | 2 | 5 | 3 |
| 其他专科医院 | 39 | 484 | 36 | 48 | 93 | 76 | 111 | 99 |
| 疗养院 |  | 6 |  | 2 | 4 | 4 | 6 | 16 |
| 社区卫生服务中心 | 357 | 1393 | 249 | 191 | 345 | 181 | 190 | 427 |
| 卫生院 | 2383 | 4099 | 691 | 584 | 1155 | 763 | 470 | 1776 |
| 门诊部、所 | 213 | 944 | 57 | 27 | 111 | 24 | 66 | 89 |
| # 私营门诊部、所 | 142 | 627 | 28 | 14 | 78 | 16 | 54 | 59 |
| 急救中心（站） | 3 | 33 |  |  |  | 32 | 17 | 29 |
| 采供血机构 |  | 18 | 1 | 29 |  | 14 | 3 | 13 |
| 妇幼保健院（所、站） | 44 | 543 | 48 | 71 | 41 | 116 | 33 | 121 |
| 妇幼保健院 | 36 | 514 | 47 | 60 | 24 | 96 | 11 | 107 |
| 妇幼保健所 | 8 | 29 | 1 | 11 | 17 | 20 | 22 | 14 |
| 疾病预防控制中心（防疫站） | 19 | 32 | 11 | 69 | 44 | 90 | 56 | 76 |
| 卫生监督所 |  |  |  |  | 238 | 13 | 30 | 19 |
| 医学科学研究机构 | 2 | 6 | 2 | 15 | 11 | 14 | 13 | 8 |
| 其他卫生机构 | 3 | 17 | 3 | 17 | 15 | 31 | 48 | 33 |

# 18-5 市区卫生机构、床位、人员数

| 指标 | 2015 | 2016 | 2017 | 指标 | 2015 | 2016 | 2017 |
|---|---|---|---|---|---|---|---|
| **卫生机构数（个）** | **2827** | **2822** | **2748** | #疗养院、所 | 40 | 40 | 40 |
| 医院 | 98 | 102 | 104 | 卫生院 | 4968 | 5439 | 6052 |
| #疗养院、所 | 1 | 1 | 1 | **卫生机构人员（人）** | **50941** | **54081** | **55518** |
| 卫生院 | 84 | 85 | 86 | 卫生技术人员 | 37795 | 40590 | 42439 |
| 门诊部、所 | 746 | 736 | 705 | 执业医师 | 11065 | 12205 | 13055 |
| 专科防治所、站 | 1 | 1 | 1 | 执业助理医师 | 3049 | 3024 | 3293 |
| 疾病预防控制中心 | 9 | 8 | 8 | 注册护士 | 16119 | 18509 | 19308 |
| 妇幼保健院(所、站) | 9 | 10 | 10 | 药剂人员 | 1792 | 1956 | 2028 |
| 卫生监督所 | 8 | 8 | 8 | 技师 | 1573 | 1763 | 1784 |
| 医学科学研究机构 | 3 | 3 | 3 | 其他卫生技术人员 | 4197 | 3133 | 2971 |
| 急救站和采供血机构 | 3 | 1 | 4 | 其他技术人员 | 1643 | 2256 | 2377 |
| **病床数（张）** | **35613** | **38778** | **41728** | 管理人员 | 2849 | 2510 | 2420 |
| 医院 | 21661 | 30344 | 31881 | 工勤人员 | 4390 | 4760 | 4540 |

# 18-6 医院诊疗基本情况

（2017 年）

| 指标 | 县及县以上医院合计 | 非营利性 | 营利性 | 乡(镇)卫生院合计 |
|---|---|---|---|---|
| 诊疗人次（万人次） | 2306.13 | 2121.99 | 184.14 | 1382.51 |
| #门、急诊 | 2212.37 | 2033.56 | 178.78 | 1345.09 |
| 入院人数（人） | 1387219 | 1285056 | 102163 | 397957 |
| 每百门急诊的入院人数 | 6.27 | 6.32 | 5.71 | 2.90 |
| 病床周转次数（次） | 36.00 | 36.60 | 30.10 | 36.70 |
| 病床工作日（日） | 344.20 | 352.70 | 256.40 | 274.50 |
| 病床使用率（%） | 94.3 | 96.6 | 70.2 | 75.3 |
| 出院者平均住院日（日） | 9.3 | 9.5 | 8.0 | 7.0 |

# 18-7 城市(市区)前十位疾病死亡原因和构成

(2016 年)

| 顺位 | 合计 | | 男性 | | 女性 | |
|---|---|---|---|---|---|---|
| | 死因 | 占死亡总数(%) | 死因 | 占死亡总数(%) | 死因 | 占死亡总数(%) |
| | **十种死因合计** | **96.64** | **十种死因合计** | **96.95** | **十种死因合计** | **96.24** |
| 1 | 心脏病 | 25.39 | 肿瘤 | 24.65 | 心脏病 | 27.85 |
| 2 | 脑血管病 | 24.31 | 心脏病 | 23.54 | 脑血管病 | 25.40 |
| 3 | 肿瘤 | 21.97 | 脑血管病 | 23.49 | 肿瘤 | 18.43 |
| 4 | 呼吸系统疾病 | 10.97 | 呼吸系统疾病 | 10.63 | 呼吸系统疾病 | 11.43 |
| 5 | 损伤和中毒 | 6.10 | 损伤和中毒 | 7.15 | 内分泌、营养和代谢疾病 | 4.85 |
| 6 | 内分泌、营养和代谢疾病 | 4.02 | 内分泌、营养和代谢疾病 | 3.39 | 损伤和中毒 | 4.71 |
| 7 | 消化系统疾病 | 1.38 | 消化系统疾病 | 1.43 | 消化系统疾病 | 1.32 |
| 8 | 泌尿生殖系统疾病 | 1.01 | 泌尿生殖系统疾病 | 1.06 | 泌尿生殖系统疾病 | 0.95 |
| 9 | 传染病和寄生虫病 | 0.85 | 传染病和寄生虫病 | 0.98 | 传染病和寄生虫病 | 0.67 |
| 10 | 神经系统疾病 | 0.64 | 神经系统疾病 | 0.64 | 神经系统疾病 | 0.63 |

# 18-8 城市(市区)前十位疾病死亡原因和构成

(2017 年)

| 顺位 | 合计 | | 男性 | | 女性 | |
|---|---|---|---|---|---|---|
| | 死因 | 占死亡总数(%) | 死因 | 占死亡总数(%) | 死因 | 占死亡总数(%) |
| | **十种死因合计** | **96.56** | **十种死因合计** | **97.29** | **十种死因合计** | **95.60** |
| 1 | 心脏病 | 24.39 | 肿瘤 | 27.64 | 心脏病 | 26.66 |
| 2 | 脑血管病 | 23.91 | 心脏病 | 23.04 | 脑血管病 | 24.82 |
| 3 | 肿瘤 | 23.80 | 脑血管病 | 21.86 | 肿瘤 | 20.04 |
| 4 | 呼吸系统疾病 | 10.01 | 呼吸系统疾病 | 9.57 | 呼吸系统疾病 | 10.60 |
| 5 | 损伤和中毒 | 6.24 | 损伤和中毒 | 7.37 | 内分泌、营养和代谢疾病 | 5.57 |
| 6 | 内分泌、营养和代谢疾病 | 4.51 | 内分泌、营养和代谢疾病 | 3.71 | 损伤和中毒 | 4.73 |
| 7 | 消化系统疾病 | 1.30 | 消化系统疾病 | 1.55 | 消化系统疾病 | 1.19 |
| 8 | 泌尿生殖系统疾病 | 1.04 | 泌尿生殖系统疾病 | 0.95 | 泌尿生殖系统疾病 | 0.95 |
| 9 | 传染病和寄生虫病 | 0.72 | 传染病和寄生虫病 | 0.93 | 传染病和寄生虫病 | 0.63 |
| 10 | 神经系统疾病 | 0.64 | 神经系统疾病 | 0.65 | 神经系统疾病 | 0.40 |

# 18-9 主要年份民政事业发展情况

| 指标 | | 2000 | 2005 | 2010 | 2013 | 2014 | 2015 | 2016 | 2017 |
|---|---|---|---|---|---|---|---|---|---|
| **民政事业、企业情况** | | | | | | | | | |
| 收养类单位数 | （个） | 368 | 230 | 250 | 244 | 300 | 260 | 247 | 236 |
| 职工人数 | （人） | 1812 | 1416 | 2458 | 3189 | 3702 | 3473 | 3256 | 3086 |
| 社会福利企业单位数 | （个） | 297 | 196 | 117 | 92 | 87 | 84 | 73 | |
| 职工人数 | （人） | 14824 | 7430 | 10952 | 7068 | 6389 | 6246 | 5546 | |
| 优抚安置单位数 | （个） | 18 | 20 | 22 | 23 | 23 | 22 | 20 | 19 |
| 职工人数 | （人） | 280 | 199 | 314 | 288 | 261 | 257 | 250 | 248 |
| 救助类单位数 | （个） | 2 | 2 | 3 | 5 | 11 | 10 | 10 | 10 |
| 职工人数 | （人） | 76 | 65 | 72 | 76 | 105 | 110 | 106 | 114 |
| 殡仪服务事业单位数 | （个） | 11 | 19 | 20 | 22 | 28 | 27 | 25 | 21 |
| 职工人数 | （人） | 335 | 405 | 486 | 511 | 514 | 501 | 497 | 455 |
| 彩票募捐单位数 | （个） | 8 | 10 | 8 | 8 | 8 | 8 | 8 | 8 |
| 职工人数 | （人） | 45 | 67 | 76 | 80 | 81 | 81 | 81 | 81 |
| 社区服务单位数 | （个） | 30 | 40 | 84 | 2949 | 3420 | 4169 | 4124 | 4100 |
| 职工人数 | （人） | 655 | 321 | 519 | 11942 | 22195 | 30408 | 28906 | 28641 |
| 老龄事业单位数 | （个） | | | 11 | 10 | 11 | 9 | 9 | 9 |
| 职工人数 | （人） | | | 62 | 61 | 66 | 60 | 60 | 60 |
| 婚姻登记服务单位 | （个） | | | 4 | 4 | 17 | 6 | 5 | 5 |
| 职工人数 | （人） | | | 67 | 75 | 131 | 96 | 51 | 51 |
| **优抚对象优待抚恤情况** | | | | | | | | | |
| 享受定期抚恤金人数 | （人） | 3506 | 2873 | 2143 | 1116 | 1137 | 977 | 1204 | 1327 |
| # 城镇 | | | 377 | 272 | 266 | 162 | 177 | 136 | 160 |
| # 烈属 | | 2271 | 2065 | 1349 | 850 | 566 | 424 | 848 | 770 |
| 享受定期补助人数 | | 16491 | 14027 | 21550 | 42801 | 45220 | 47757 | 41046 | 45545 |
| # 在乡复员军人 | | 12937 | 9301 | 8784 | 3950 | 3956 | 3130 | 2910 | 2000 |
| 优待优抚对象户数 | （户） | 34696 | 31597 | 21404 | 48788 | 25142 | 63633 | 55373 | 53481 |
| **社会救济情况** | | | | | | | | | |
| 城镇居民最低生活保障人数 | （人） | 7496 | 49437 | 43193 | 35320 | 30915 | 27327 | 25536 | 22683 |
| # 失业人员 | | 1154 | 9959 | 9573 | 14091 | 12607 | 10412 | 10761 | 7885 |
| 城镇居民最低生活保障家庭数 | （户） | | 18460 | 18729 | 16548 | 15277 | 13905 | 13309 | 11946 |
| 农村居民最低生活保障人数 | （人） | 30136 | 122710 | 231938 | 220045 | 166252 | 155694 | 155171 | 142445 |
| 农村居民最低生活保障家庭数 | （户） | | 65051 | 116162 | 109240 | 85744 | 82112 | 81407 | 72399 |
| 城镇临时救济人次数 | （人次） | 19578 | 7206 | 199 | 1340 | 1874 | 1224 | | |
| 农村临时救济人次数 | | 187629 | 152990 | 796 | 3302 | 5890 | 6569 | | |
| 农村定期救济人数 | （人） | 4227 | 33413 | 4524 | | | | | |
| 农村五保供养户数 | （户） | | 25289 | 42580 | 35517 | 34018 | 33656 | 33366 | 32941 |
| **城镇社区服务情况** | | | | | | | | | |
| 城镇社区服务设施数 | （个） | 1033 | 2872 | 3462 | 7949 | 3420 | 4169 | 4124 | 4100 |
| 城镇社区服务从业人员 | （人） | 7767 | 45409 | 5561 | 11942 | 22195 | 30408 | 28906 | 28641 |
| 城镇便民、利民服务网点数 | （个） | 4809 | 7255 | 11756 | 19344 | 14809 | 7658 | 3358 | 3358 |
| **社会团体机构情况** | | | | | | | | | |
| 年末实有社团数 | （个） | 721 | 1061 | 1727 | 1834 | 7351 | 7122 | 6823 | 6080 |
| # 地级社团机构数 | | 274 | 333 | 400 | 439 | 481 | 512 | 534 | 558 |

注：2007 年及以后社会救济城镇低保失业人员为登记失业人员、彩票募捐单位数为福利彩票发行单位数。2016 年起不再统计城乡临时救济人次数。2017 年起不再统计社会福利企业单位数和职工人数。

# 18-10 社会福利事业基本情况

（2017 年）

| 指　　标 | 机构数（个） | 年末职工人数（人） | 年末床位（张） | 年末在院人员（人） |
|---|---|---|---|---|
| **总　计** | **238** | **3351** | **47830** | **31994** |
| 社会福利院 | 5 | 125 | 1331 | 691 |
| 光荣院 | 4 | 58 | 292 | 155 |
| 社会福利医院 | 2 | 265 | 650 | 646 |
| 城镇收养性老年福利机构 | 49 | 943 | 8876 | 3442 |
| 农村五保供养服务机构 | 178 | 1960 | 36681 | 27060 |

# 18-11 主要年份自然灾害情况

| 指　　标 | 1990 | 1995 | 2000 | 2005 | 2013 | 2014 | 2015 | 2016 | 2017 |
|---|---|---|---|---|---|---|---|---|---|
| **受灾面积（千公顷）** | **383.43** | **303.98** | **463.18** | **48.19** | **74.51** | **267.40** | **65.74** | **13.01** | **19.71** |
| # 旱灾 | 88.93 | 54.88 | 359.45 | | 0.20 | 230.00 | | | |
| 水灾 | 249.43 | 22.52 | 26.5 | 19.42 | 21.26 | | | 6.78 | 5.81 |
| 风雹灾 | 27.13 | 133.67 | 54.57 | 4.67 | 26.6 | 12.4 | 40.86 | 5.89 | 13.9 |
| 霜冻 | 7.47 | 34.33 | 22.66 | | 26.44 | 25 | 24.88 | 0.34 | |
| 病虫 | 60.43 | 28.49 | | | | | | | |
| **成灾面积（千公顷）** | **317.05** | **235.2** | **256.01** | **31.13** | **55.3** | **112.7** | **33.15** | **4.64** | **9.44** |
| # 旱灾 | 32.39 | 45.87 | 188.57 | | 0.05 | 104.6 | | | |
| 水灾 | 205.88 | 17.54 | 19.67 | 12.93 | 14.24 | | | 1.31 | 4.96 |
| 风雹灾 | 21.69 | 103.36 | 33.77 | 2.64 | 19.26 | 8 | 22.21 | 3.12 | 4.48 |
| 霜冻 | 5.53 | 25.67 | 14 | | 21.76 | | 10.94 | 0.21 | |
| 病虫 | 54.54 | 19.06 | | | | | | | |
| **因灾损失情况** | | | | | | | | | |
| 经济损失总值（万元） | | 86146 | 18448 | 155890 | 73778 | 88952 | 82976 | 10399.3 | 19040 |
| 死亡人口（人） | 22 | 8 | 7 | | 1 | | | 1 | 1 |
| 减产粮食（万吨） | 39.03 | 35.95 | 52.07 | 22.65 | | | | | |
| 死亡大牲畜（头） | 893 | 424 | 4 | 15 | | | | 5 | 11 |
| 倒塌房屋（间） | 45814 | 5289 | 2841 | 6972 | 249 | 3 | 174 | 115 | 19 |
| 损坏房屋（间） | 52870 | 15521 | 6498 | 24183 | 3517 | 62 | 724 | 1336 | 328 |
| **成灾人口（万人）** | **353.58** | **238.83** | **370.96** | **139.66** | | **369.2** | **72.93** | **29.55** | **27.67** |
| 因灾缺粮人口（万人） | 123.33 | 123.64 | 119.82 | 65.12 | 48.7 | | | | 8.99 |
| 因灾缺粮数量（吨） | 67360 | 81778 | 51168 | 13681 | 20000 | | | | |
| **得到国家救济人次数（人次）** | **1087266** | **764550** | **328076** | **96080** | | **400000** | **102678** | **36809** | **34467** |

# 18-12　职工基本养老保险情况

单位：人

| 年份 | 在职职工人数 | 企业 | 事业、机关 | 其他 | 离休、退休退职人员数 | 企业 | 事业、机关 | 其他 |
|---|---|---|---|---|---|---|---|---|
| 1987 | 377943 | 377943 | | | 65317 | 65317 | | |
| 1988 | 500278 | 500278 | | | 82466 | 82466 | | |
| 1989 | 576379 | 572999 | | 3380 | 93430 | 93430 | | |
| 1990 | 580996 | 574437 | | 6559 | 95435 | 95435 | | |
| 1991 | 635907 | 626848 | | 9059 | 100668 | 100668 | | |
| 1992 | 593063 | 592998 | | 65 | 105992 | 105992 | | |
| 1993 | 464939 | 464939 | | | 97979 | 97979 | | |
| 1994 | 606073 | 605999 | | 74 | 119593 | 119593 | | |
| 1995 | 601093 | 601020 | | 73 | 121249 | 121249 | | |
| 1996 | 588555 | 588482 | | 73 | 128265 | 128265 | | |
| 1997 | 779430 | 589567 | 189790 | 73 | 168099 | 135144 | 32955 | |
| 1998 | 759978 | 567398 | 191890 | 690 | 180354 | 143652 | 36702 | |
| 1999 | 745830 | 573526 | 168664 | 3640 | 184275 | 151910 | 32307 | 58 |
| 2000 | 691112 | 558247 | 121154 | 11711 | 188876 | 161900 | 26733 | 243 |
| 2001 | 692144 | 535201 | 112134 | 44809 | 193605 | 170241 | 23195 | 169 |
| 2002 | 673307 | 498608 | 87419 | 87280 | 200480 | 181011 | 19217 | 252 |
| 2003 | 661950 | 471888 | 64099 | 125963 | 207514 | 190284 | 16455 | 775 |
| 2004 | 633583 | 410727 | 55236 | 167620 | 217615 | 199374 | 15991 | 2250 |
| 2005 | 654863 | 602574 | 52289 | | 227905 | 211607 | 16298 | |
| 2006 | 713907 | 661822 | 52085 | | 237805 | 221466 | 16339 | |
| 2007 | 769214 | 714570 | 54644 | | 259488 | 240812 | 18676 | |
| 2008 | 824778 | 770052 | 54726 | | 273659 | 254314 | 19345 | |
| 2009 | 886247 | 832302 | 53945 | | 287908 | 268259 | 19649 | |
| 2010 | 928684 | 875018 | 53666 | | 300249 | 280125 | 20124 | |
| 2011 | 1005339 | 951248 | 54091 | | 313181 | 292477 | 20704 | |
| 2012 | 1015065 | 539611 | 64686 | 475454 | 312400 | 268869 | 31891 | 43531 |
| 2013 | 1081964 | 560531 | 64696 | 521433 | 521433 | 322510 | 28224 | 50068 |
| 2014 | 1142559 | 578912 | 54253 | 563647 | 348609 | 288718 | 21682 | 59891 |
| 2015 | 1164834 | 594646 | 63441 | 570188 | 364916 | 294873 | 33215 | 70034 |
| 2016 | 1238177 | 616418 | 61939 | 559820 | 413964 | 300700 | 34461 | 78803 |
| 2017 | 1344829 | 633675 | 158527 | 552627 | 474083 | 307433 | 78249 | 88401 |

# 18-13 农村养老保险基本情况

| 年 份 | 基金积累（万元） | 当年保费收入（万元） | 当年参保人数（万人） | 总参保人数（万人） | 当年领取人数（万人） |
|---|---|---|---|---|---|
| 1992 | 610 | 570 | 3.24 | 3.24 | 0.01 |
| 1993 | 1668 | 1090 | 8.52 | 11.76 | 0.04 |
| 1994 | 4014 | 2163 | 14.32 | 26.08 | 0.10 |
| 1995 | 9051 | 3556 | 18.16 | 44.24 | 0.11 |
| 1996 | 11660 | 1558 | 16.89 | 61.13 | 0.13 |
| 1997 | 13238 | 1327 | 7.47 | 68.60 | 0.14 |
| 1998 | 14367 | 670 | 1.35 | 69.95 | 0.15 |
| 1999 | 14899 | 322 | 0.60 | 70.55 | 0.18 |
| 2000 | 14960 | 180 | 0.20 | 70.75 | 0.20 |
| 2001 | 14963 | 165 | 0.16 | 70.91 | 0.23 |
| 2002 | 15160 | 162 | 0.56 | 71.47 | 0.36 |
| 2003 | 15375 | 149 | 0.14 | 71.61 | 0.56 |
| 2004 | 15625 | 236 | 0.25 | 71.86 | 0.70 |
| 2005 | 15887 | 385 | 0.18 | 72.04 | 0.86 |
| 2006 | 17041 | 1290 | 0.38 | 72.03 | 1.03 |
| 2007 | 20155 | 3154 | 0.18 | 73.22 | 1.25 |
| 2008 | 22517 | 3012 | 4.68 | 77.33 | 1.40 |
| 2009 | 30314 | 8646 | 28.80 | 95.69 | 1.92 |
| 2010 | 80886 | 52488 | 119.67 | 215.37 | 88.21 |
| 2011 | 123331 | 35626 | 5.31 | 220.69 | 97.32 |
| 2012 | 161707 | 35415 | | 203.38 | 107.29 |
| 2013 | 196674 | 33621 | 208.52 | 327.03 | 118.51 |
| 2014 | 229825 | 33342 | 198.87 | 317.31 | 118.44 |
| 2015 | 279490 | 49155 | 193.86 | 318.03 | 124.17 |
| 2016 | 363006 | 79833 | 194.70 | 322.02 | 127.32 |
| 2017 | 435696 | 76447 | 193.08 | 322.54 | 129.46 |

# 18-14 婚姻登记和离婚情况

| 年　份 | 登记结婚（对） | 初　婚（人） | 再　婚（人） | 离婚数（对） | 结婚离婚比（%） |
|---|---|---|---|---|---|
| 1985 | 52770 | 104502 | 1038 | 669 | 1.27 |
| 1986 | 49855 | 98120 | 1590 | 419 | 0.84 |
| 1987 | 61529 | 121365 | 1653 | 571 | 0.93 |
| 1988 | 55849 | 110225 | 1473 | 652 | 1.17 |
| 1989 | 54392 | 106673 | 2111 | 665 | 1.22 |
| 1990 | 68904 | 135874 | 1934 | 442 | 0.64 |
| 1991 | 64793 | 127810 | 1777 | 495 | 0.76 |
| 1992 | 64821 | 127488 | 2154 | 646 | 1.00 |
| 1993 | 58176 | 114149 | 2203 | 907 | 1.56 |
| 1994 | 66369 | 130332 | 2406 | 877 | 1.32 |
| 1995 | 65505 | 127837 | 2173 | 1056 | 1.61 |
| 1996 | 57001 | 111626 | 2376 | 862 | 1.51 |
| 1997 | 54954 | 107133 | 2775 | 1196 | 2.18 |
| 1998 | 56604 | 109832 | 3376 | 1699 | 3.00 |
| 1999 | 55743 | 108213 | 3273 | 1424 | 2.55 |
| 2000 | 55664 | 106774 | 4438 | 1514 | 2.72 |
| 2001 | 48820 | 93764 | 3708 | 1729 | 3.54 |
| 2002 | 45622 | 87011 | 4113 | 3459 | 7.58 |
| 2003 | 46016 | 88199 | 3695 | 2342 | 5.09 |
| 2004 | 51629 | 96765 | 6493 | 5051 | 9.80 |
| 2005 | 53419 | 98829 | 8009 | 6085 | 11.40 |
| 2006 | 62626 | 118172 | 7080 | 7131 | 11.39 |
| 2007 | 68003 | 127551 | 8455 | 8658 | 12.73 |
| 2008 | 78814 | 149336 | 8292 | 9614 | 12.20 |
| 2009 | 93612 | 172923 | 14301 | 10261 | 10.96 |
| 2010 | 101907 | 193626 | 10188 | 11101 | 10.89 |
| 2011 | 117345 | 214029 | 20661 | 12820 | 10.93 |
| 2012 | 127280 | 240760 | 13800 | 14269 | 8.92 |
| 2013 | 119843 | 221051 | 18635 | 17802 | 6.73 |
| 2014 | 107098 | 190617 | 23579 | 18952 | 5.65 |
| 2015 | 98203 | 167832 | 28582 | 21889 | 4.49 |
| 2016 | 98590 | 163391 | 33789 | 25186 | 3.90 |
| 2017 | 87555 | 140659 | 34447 | 27349 | 3.20 |

# 主要统计指标解释

**医院** 指名称为医院,设有固定床位、能收容病人住院并能为病人提供医疗、护理服务的医疗机构。包括县及县以上医院、农村乡卫生院、其他医院三部分。按所属性质分为卫生部门、工业及其他部门,集体经济单位三类。其中县及县以上医院按业务性质分为综合医院和专科医院。

**卫生技术人员** 指卫生事业机构支付工资的全部固定职工和合同制职工中现任职务为卫生技术工作的专业人员。包括中医师、西医师、中西医结合高级医师、护师、中药师、西药师、检验师、其他技师、中医士、西医士、助产士、中药剂士、西药剂士、检验士、其他技士、其他中医、护理员、中药剂员、西药剂员、检验员,其他初级卫生技术人员。

**医生** 指经卫生部门审查合格,从事医疗工作的专业人员。分为中医医生和西医医生。包括卫生技术人员中的中医师、西医师、中西医结合高级医师、中医士、西医士和其他中医。

**卫生机构床位** 指年末卫生机构实有固定床位数,包括正规、简易和正在消毒、修理的床位以及因扩建或大修而停用的床位,不包括产科的新生儿床、库存床、观察床、临时增设的床位、病人家属的陪侍床、接产室的待产床。

**社会福利事业单位** 指集中收养社会孤、老、残、幼的机构。包括由民政部门管理的社会福利院、儿童福利院、精神病人福利院和城镇集体办的福利院,以及农村集体举办的敬老院。

**社会福利事业单位收养人数** 包括民政部门管理的和城镇及农村集体举办的社会福利事业单位中收养的老人、少年儿童、缺乏生活自理能力的残疾人员和精神病人。

**社会福利企业单位** 指以安置城镇有一定劳动能力的盲、聋、哑和肢体残疾人员就业为目的,享受国家减免税待遇的国有或集体经济性质的企业。包括福利工厂、福利商业服务业、假肢厂和安置农场等单位。

# 文化和体育

# CULTURE AND SPORTS

# 19

版面负责人：卢川川

编　　　辑：徐向忠

# 统计从业人员统计信用档案管理办法(试行)

**第十四条** 政府统计中的统计从业人员的下列行为为统计严重失信行为：

(一)自行修改单个统计调查对象的统计资料；

(二)伪造、篡改统计资料，编造虚假统计数据；

(三)强令、授意统计调查对象提供不真实统计资料或者伪造、篡改统计资料；

(四)明知统计数据不实，不履行职责调查核实，造成不良后果；

(五)违反规定代填代报统计资料，冒名报送统计数据；

(六)拒绝、阻碍统计调查、统计检查，情节严重；

(七)包庇、纵容统计违法违纪行为；

(八)向有统计违法行为的单位或者个人通风报信，帮助其逃避查处；

(九)泄露统计调查、统计检查中知悉的国家秘密、商业秘密和个人信息；

(十)将统计调查中获得的能够识别或推断单个统计调查对象身份的资料提供、泄露给其他单位或个人，造成不良影响或情节较重；

(十一)其他严重统计违法行为。

**第十五条** 县级以上人民政府统计机构应当自获取统计从业人员警示行为、严重失信行为信息之日起 10 个工作日内，书面告知其警示和严重失信行为信息，并抄送其所在单位。

**第十六条** 县级以上人民政府统计机构应当自获取统计从业人员严重失信行为信息之日起 20 个工作日内，向社会公示。公示内容包括统计从业人员的姓名、性别、单位名称、职务、严重失信行为信息等。

**第十七条** 国家统计局在其网站建立统计从业人员严重失信行为信息公示专栏，并链接到“信用中国”网站向社会公示。

省级统计机构在其网站建立公示专栏，公示职责范围内统计从业人员的严重失信行为信息，并链接到国家统计局网站统计从业人员严重失信行为信息公示专栏。

市级、县级统计机构应当按照法定的职责分工，在本级或者上级统计机构网站向社会公示统计从业人员严重失信行为信息，同时加载到省级统计机构统计从业人员严重失信行为信息公示专栏。

**第十八条** 统计从业人员严重失信行为信息公示期限为 1 年。公示期间，统计从业人员认真整改并提出申请，经履行公示职责的统计机构核实后，可以从公示网站提前移除，但公示时间不得少于 6 个月。

公示期间，整改不到位的，公示期限延长至 2 年；再次发生统计违法行为并查实的，自查实之日起，公示 2 年。

# 19-1 文化事业情况

单位：个

| 年 份 | 公办文化馆 站 | 公 共 图书馆 | 公共图书馆藏 书（千册） | 博物馆 | 新华书店 |
|---|---|---|---|---|---|
| 1982 | 105 | 7 | | 1 | 9 |
| 1983 | 105 | 7 | | 2 | 7 |
| 1984 | 112 | 7 | 1022 | 2 | 7 |
| 1985 | 112 | 7 | 1085 | 4 | 7 |
| 1986 | 101 | 7 | 1036 | 4 | 7 |
| 1987 | 101 | 7 | 1079 | 5 | 7 |
| 1988 | 101 | 7 | 1097 | 6 | 7 |
| 1989 | 101 | 7 | 1128 | 8 | 7 |
| 1990 | 101 | 7 | 1182 | 8 | 10 |
| 1991 | 118 | 7 | 1240 | 9 | 7 |
| 1992 | 113 | 7 | 1375 | 9 | 7 |
| 1993 | 113 | 7 | 1398 | 9 | 14 |
| 1994 | 125 | 7 | 1432 | 9 | 14 |
| 1995 | 113 | 7 | 1464 | 10 | 7 |
| 1996 | 113 | 7 | 1476 | 10 | 7 |
| 1997 | 113 | 7 | 1473 | 10 | 7 |
| 1998 | 113 | 7 | 1509 | 10 | 7 |
| 1999 | 113 | 7 | 1520 | 10 | 7 |
| 2000 | 85 | 7 | 1565 | 10 | 7 |
| 2001 | 86 | 7 | 1587 | 10 | 7 |
| 2002 | 86 | 7 | 1639 | 10 | 7 |
| 2003 | 114 | 7 | 1501 | 10 | 7 |
| 2004 | 127 | 7 | 1533 | 11 | 7 |
| 2005 | 127 | 7 | 1533 | 11 | 7 |
| 2006 | 125 | 7 | 1518 | 13 | 7 |
| 2007 | 125 | 7 | 1542 | 11 | 7 |
| 2008 | 126 | 7 | 1626 | 14 | 7 |
| 2009 | 130 | 7 | 1691 | 16 | 68 |
| 2010 | 157 | 7 | 2698 | 17 | 68 |
| 2011 | 157 | 8 | 2416 | 21 | 68 |
| 2012 | 157 | 8 | 6935 | 21 | 68 |
| 2013 | 158 | 8 | 8186 | 21 | 68 |
| 2014 | 158 | 8 | 5304 | 21 | 68 |
| 2015 | 158 | 8 | 5544 | 21 | 68 |
| 2016 | 158 | 8 | 3296 | 21 | 68 |
| 2017 | 158 | 8 | 3725 | 21 | 68 |

注：1.2009 年及以后新华书店为全社会口径，与往年不可比；2.2009 年及以后电影放映单位为市文化局备案单位数。3.2010–2015 年公共图书馆藏书量含电子书。

# 19-2 主要年份广播、电视事业情况

| 指 标 | 1990 | 1995 | 2000 | 2005 | 2010 | 2013 | 2014 | 2015 | 2016 | 2017 |
|---|---|---|---|---|---|---|---|---|---|---|
| **广播电视台 (座)** | **1** | **8** | **1** | **7** | **8** | **8** | **8** | **8** | **8** | **8** |
| **广播事业** | | | | | | | | | | |
| 发射台及转播台(中波) (座) | 1 | 2 | 2 | 2 | 2 | 2 | 2 | 2 | 2 | 2 |
| 发射机功率(中波) (部 / 千瓦) | 3/21 | 4/22 | 4/31 | 2/31 | 5/65 | 2/36 | 2/36 | 2/36 | 2/36 | 2/36 |
| 节目 (套) | 2 | 10 | 9 | 9 | 10 | 11 | 11 | 11 | 11 | 11 |
| 平均每日播音时间 (小时) | 18 | 92 | 97 | 139 | 189 | 206 | 207 | 189 | 191 | 183 |
| 广播人口覆盖率 (%) | 93 | 88.3 | 100 | 100 | 100 | 100 | 100 | 100 | 100 | 100 |
| 制作节目时间 (小时) | 1323 | 8235 | 20754 | 32913 | 50415 | 47159 | 50114 | 45847 | 47620 | 44783 |
| # 新闻节目 | 193 | 1249 | 1317 | 4125 | 7075 | 7191 | 7280 | 4903 | 5106 | 5921 |
| 文艺节目 | 379 | 3869 | 9595 | 5427 | 28159 | 20901 | 24298 | 29816 | 26518 | 25612 |
| 教育节目 | 183 | 26 | 96 | | 1126 | 1689 | 1806 | 1092 | 1108 | 1269 |
| **电视事业** | | | | | | | | | | |
| 发射台及转播台 (座) | 6 | 1 | 8 | | 8 | 8 | 8 | 8 | 8 | 8 |
| 发射机功率(全部) (部 / 千瓦) | 20/19.55 | 28/50.20 | 30/53.25 | | 33/60.55 | 33/60.56 | 33/60.56 | 33/60.56 | 33/60.56 | 33/60.56 |
| 节目 (套) | 1 | 8 | 8 | 10 | 11 | 11 | 11 | 11 | 11 | 11 |
| 平均每周播出时间 (小时) | 83 | 444 | 572 | 1019 | 1134 | 201 | 202 | 189 | 193 | 186 |
| 电视人口覆盖率 (%) | 77 | 99.3 | 98.7 | 100 | 100 | 100 | 100 | 100 | 100 | 100 |
| 制作节目时间 (小时) | 307 | 3509 | 3694 | 13696 | 11160 | 19622 | 19767 | 19605 | 19316 | 15799 |
| # 新闻节目 | 75 | 387 | 555 | 2827 | 3196 | 2862 | 2359 | 2720 | 2631 | 2539 |
| 文艺节目 | 62 | 485 | 518 | 2242 | 2051 | 2909 | 2301 | 2383 | 2269 | 1875 |
| 教育节目 | | 13 | 9 | | 639 | 1533 | 1596 | 1501 | 1561 | 1631 |
| 有线电视用户 (万户) | | 12.66 | 25.52 | 80.7 | 218.11 | 269.76 | 271.36 | 264.79 | 263.77 | 122.43 |
| 有线电视入户率 (%) | | | | | 78.3 | 98.4 | 98.5 | 95.3 | 95.0 | 44.0 |
| 县级广播电视台 (座) | | | 6 | 6 | 7 | 7 | 7 | 7 | 7 | 7 |
| 数字电视用户 (万户) | | | | | 43.80 | 147.43 | 163.25 | 156.42 | 157.90 | 97.20 |

注:1998 年及以后广播电台、电视台数根据省广播电视厅要求只统计地市级,县级电台、电视台合并统计为广播电视台。有线电视用户数、数字电视用户数 2016 年及之前为注册用户数,2017 年以后为实际缴费用户数。

# 19-3 主要年份体育事业基本情况

| 指　　标 | 1990 | 1995 | 2000 | 2005 | 2010 | 2013 | 2014 | 2015 | 2016 | 2017 |
|---|---|---|---|---|---|---|---|---|---|---|
| **体育设施　（所）** | | | | | | | | | | |
| 体育场 | 1 | 1 | 7 | 2 | 13 | 40 | 41 | 41 | 41 | 41 |
| 体育馆 | 1 | 1 | | 1 | 12 | 14 | 15 | 15 | 15 | 15 |
| 游泳馆 | | 1 | 3 | 2 | 9 | 28 | 27 | 27 | 29 | 31 |
| **体育教育** | | | | | | | | | | |
| 体育运动学校　（所） | 1 | 1 | 1 | 1 | 1 | 1 | 1 | 1 | 1 | 1 |
| 普通业余体校　（所） | 6 | 6 | 12 | 14 | 1 | 4 | 10 | 12 | 13 | 5 |
| 在校学生数　（人） | 350 | 680 | 1506 | 2603 | 1617 | 2705 | 2437 | 1709 | 1703 | 1575 |
| **体委系统职工人数　（人）** | **289** | **295** | **411** | | **352** | **520** | **509** | **575** | **394** | **541** |
| 注册运动员 | | | 1556 | 2612 | 3555 | 2705 | 2053 | 2431 | 2721 | 2721 |
| 专职教练员 | 82 | 79 | 130 | 206 | 49 | 114 | 128 | 109 | 115 | 132 |
| 专职文化教师 | 31 | 42 | 46 | 204 | 89 | 46 | 74 | 65 | 65 | 30 |
| 科技人员 | 2 | 2 | 6 | 8 | 2 | 1 | 4 | 10 | 7 | 8 |
| 医务人员 | 4 | 4 | 2 | 8 | 1 | 2 | 3 | 3 | 3 | 3 |
| 管理人员 | 83 | 79 | 141 | 264 | 123 | 167 | 150 | 142 | 91 | 141 |
| 其他 | 87 | 89 | 86 | 216 | 88 | 211 | 150 | 246 | 113 | 168 |
| **等级运动员　（人）** | **135** | **200** | **1120** | | **110** | **283** | **264** | **159** | **192** | **219** |
| # 一级 | 5 | 50 | 65 | | 6 | 24 | 25 | 47 | 35 | 21 |
| 二级 | 130 | 150 | 320 | 329 | 104 | 259 | 239 | 112 | 157 | 198 |
| **等级裁判员　（人）** | **44** | **72** | **1106** | | **448** | **2378** | **2639** | **1966** | **2242** | **2279** |
| # 一级 | 6 | 17 | 162 | | 54 | 721 | 756 | 714 | 778 | 815 |
| 二级 | 38 | 25 | 295 | 190 | 394 | 1325 | 1486 | 1246 | 1464 | 1464 |
| 三级 | | 30 | 638 | | | 332 | 397 | 6 | | |
| **各级体委举办运动会情况** | | | | | | | | | | |
| 运动会次数　（次） | 65 | 85 | 110 | | | 29 | 30 | 15 | 8 | |
| 参加运动会的运动员人数（万人） | 0.6 | 0.96 | 12 | | | 0.7 | 1.5 | 0.4 | 5.1 | |
| **获国内外奖章(牌)** | | | | | | | | | | |
| 金质奖章(牌)　（枚） | 5 | 7 | | 11 | 104 | 202 | 235 | 21 | 36 | 161 |
| 银质奖章(牌)　（枚） | 2 | 5 | | | 66 | 130 | 122 | 8 | 1 | 114 |
| 铜质奖章(牌)　（枚） | 6 | 4 | | | 98.5 | 110 | 131 | 10 | 5 | 149 |
| **体彩情况** | | | | | | | | | | |
| 体育彩票销售点个数　（个） | | | | | 1000 | 988 | 1043 | 1118 | 1050 | 1100 |
| 年从业人员数　（人） | | | | | 2000 | 1976 | 1565 | 2200 | 2100 | 2000 |
| 体育彩票发行额　（万元） | | | | | 1149 | 1970 | 1352 | | 1554 | 844 |
| 体彩全年销售额　（亿元） | | | | | 5.36 | 10.01 | 10.30 | 9.02 | 9.47 | 12.33 |
| 百万以上大奖个数　（个） | | | | | 6 | 6 | 4 | | 7 | 3 |

注：1.一、二级运动员2001年以后为当年新晋升数；2007、2008年奖章数为省级以上比赛奖牌数（含国际性比赛）；2008年部分指标由于统计口径变化，数据相应调整。等级裁判员为当年新增数；2013年数据依照全国第六次体育场地普查数据。2.2015年底国家体育总局取消年报金银铜统计，以后国家级比赛的金银铜无法准确统计，国家级比赛只能统计到金牌数。3.体育彩票发行额以后改成发行费。三级裁判员由县级审批，不在市级数据库，无法统计。4.2017年起，年度运动会次数，参加运动会和运动员人数仅统计届赛，不再统计年赛，往年数含年赛。

# 主要统计指标解释

**文化事业机构** 指从事专业文化工作和为专业文化工作服务的独立建制的单独核算的单位。不包括这些单位另外举办独立核算的其他机构和各部门的业余文化组织。

**公共图书馆** 文化部门举办的面向社会服务的独立的图书馆。不包括文化馆的图书室。

**电视人口覆盖率** 指电视覆盖人口与总人口的比率。电视覆盖人口是指能够用普通电视接收机、室外天线在离地面四米高处，在晚上收看电视，并且收视效果能达到图像基本稳定、清晰，能看清人物的形象、动作的地区内的人口数。计算公式为：

$$\text{电视人口覆盖率}(\%)=\frac{\text{年末电视覆盖人口数}}{\text{年末总人口数}}\times 100\%$$

**广播人口覆盖率** 指广播覆盖人口与总人口的比率。广播覆盖(或中波覆盖)人口是指能够用普通收音机在中午收听中波广播节目，并且收听效果能达到听清完整的节目内容的地区的人口数，包括只能收听外省中波广播的人口数在内。计算公式为：

$$\text{广播人口覆盖率}(\%)=\frac{\text{年末广播覆盖人口数}}{\text{年末总人口数}}\times 100\%$$

**等级运动员人数** 指经考核正式批准授予等级运动员称号的人数。运动员等级分为国际级运动健将、运动健将、一级运动员、二级运动员、三级运动员、少年级运动员。

**等级裁判员人数** 指经考核正式批准授予等级裁判员称号的人数。裁判员等级分为国际裁判、国家级裁判、一级裁判、二级裁判、三级裁判。

**体育场** 指有400米跑道(中心含足球场)，有固定道牙，跑道6条以上，并有固定看台的室外田径场地。以看台容纳观众人数分：甲级25000人以上，乙级15000-25000人，丙级5000-15000人，丁级5000人以下。

**体育馆** 指有固定看台，可供篮球、排球、羽毛球、乒乓球、体操等项目比赛活动用的室内运动场地。以看台容纳观众人数分：甲级6000人以上，乙级4000-6000人，丙级2000-4000人，丁级2000人以下。

# 公共管理及其他

PUBLIC MANAGEMENT AND OTHERS

20

版面负责人：卢川川

编　　　辑：徐向忠

# 统计从业人员统计信用档案管理办法(试行)

**第十九条** 县级以上人民政府统计机构应当遵循诚信守法便利、失信违法惩戒原则,对守信行为予以激励,对出现警示和严重失信行为的统计从业人员应当加强监督检查。对存在严重失信行为的统计从业人员应当按照《关于加快推进失信被执行人信用监督、警示和惩戒机制建设的意见》,以及《关于对统计领域严重失信企业及其有关人员开展联合惩戒的合作备忘录》实施联合惩戒。

联合惩戒措施包括:

(一)对统计严重失信行为负有责任的领导人员和直接责任人员,属于国家工作人员的,按照有关规定由任免机关、监察机关依纪依法给予组织处理或者处分;

(二)依法限制担任国有企业法定代表人、董事、监事;

(三)依法限制登记为事业单位法定代表人;

(四)在审批金融机构董事、监事及高级管理人员任职资格时,将统计领域失信状况作为重要参考依据;

(五)将统计上严重失信行为作为私募基金管理人登记,金融机构、证券投资基金、期货公司相关责任人考核、干部选任等的重要参考;

(六)依法限制招录(聘)为公务员或事业单位工作人员;

(七)依法限制成为境内上市公司股权激励对象;

(八)将失信人员有关信息记入个人信用记录和统计从业人员诚信档案,在一定期限内不得从事与会计、统计有关的工作,不能取得会计、统计有关专业职称;

(九)对个人给予表彰奖励、授予荣誉称号时,应当参考其统计信用状况,对失信人员,不予颁发政府荣誉;及时撤销失信人员获得的荣誉称号。

**第二十条** 统计从业人员可以向采集、公示本人统计信用信息的政府统计机构提出书面查询申请,查询本人的统计信用信息。政府统计机构应当于 15 个工作日内回复。

**第二十一条** 县级以上人民政府统计机构发现采集和公示的统计从业人员统计信用信息不准确的,应当及时更正。

上级统计机构发现下级统计机构采集和公示的统计从业人员统计信用信息不准确的,应当要求下级及时更正。

公民、法人或者其他组织有证据证明统计机构采集和公示的统计从业人员统计信用信息不准确的,有权要求统计机构予以更正。经核查确有错误的,履行公示职责的统计机构应当及时予以更正或删除。

**第二十二条** 统计从业人员认为统计机构在公示统计从业人员统计信用档案信息工作中的具体行政行为侵犯其合法权益的,可以依法申请行政复议或者提起行政诉讼。

**第二十三条** 县级以上人民政府统计机构应当与同级有关部门建立合作机制,推进统计从业人员统计信用信息互认互用、协同共享。

# 20-1　主要年份律师、公证、调解工作情况

单位:件

| 项　　目 | 1990 | 1995 | 2000 | 2005 | 2010 | 2014 | 2015 | 2016 | 2017 |
|---|---|---|---|---|---|---|---|---|---|
| **律师工作** | | | | | | | | | |
| 律师事务所　（个） | 14 | 36 | 44 | 59 | 86 | 108 | 116 | 126 | 132 |
| 律师　（人） | 151 | 224 | 543 | 736 | 999 | 1392 | 1462 | 1602 | 1772 |
| # 专职律师 | 123 | 143 | 247 | 650 | 976 | 1333 | 1381 | 1531 | 1691 |
| # 女性 | 27 | 31 | 31 | 93 | 164 | 362 | 362 | 444 | 503 |
| 兼职律师 | 7 | 52 | 25 | 15 | 23 | 24 | 30 | 32 | 31 |
| 聘任担任常年法律顾问的单位(处) | 507 | 1659 | 1494 | 1347 | 1664 | 4631 | 4668 | 5121 | 4203 |
| 民事诉讼代理 | 784 | 1755 | 4026 | 6045 | 9483 | 29925 | 38432 | 43415 | 47700 |
| 经济诉讼代理 | 348 | 1157 | 2065 | 1712 | 4306 | 13822 | 16545 | 20710 | 20817 |
| 刑事辩护 | 1281 | 1145 | 1850 | 1662 | 2320 | 4304 | 3569 | 4182 | 4495 |
| 行政诉讼代理 | 22 | 103 | 242 | 102 | 518 | 35 | 40 | 81 | 66 |
| 非诉讼法律事务 | 159 | 1269 | 1107 | 1154 | 2232 | 22071 | 24589 | 26150 | 15899 |
| 涉外法律事务 | 29 | 3 | 5 | 11 | | | | | |
| 解答法律咨询 | 7748 | 15459 | 32156 | 45350 | 25210 | 99860 | 99989 | 113084 | 102791 |
| 代写法律事务文书 | 1192 | 2577 | 3132 | 5195 | 2930 | 2253 | 2451 | 3506 | 4524 |
| **公证工作** | | | | | | | | | |
| 公证处　（个） | 8 | 10 | 12 | 12 | 13 | 11 | 15 | 11 | 11 |
| 公证人员　（人） | 59 | 56 | 76 | 87 | 111 | 121 | 132 | 127 | 119 |
| # 公证员 | 30 | 38 | 52 | 50 | 56 | 62 | 60 | 50 | 53 |
| 公证员助理 | 13 | 7 | 24 | 30 | 28 | 40 | 40 | 34 | 40 |
| 办理公证文书 | 20702 | 23006 | 44501 | 60805 | 58572 | 31593 | 30912 | 42281 | 37359 |
| **人民调解工作** | | | | | | | | | |
| 专职司法助理人员　（人） | 215 | 183 | 182 | 388 | | | | 533 | |
| 人民调解委员会　（个） | 4648 | 4595 | 4800 | 3212 | 3185 | 3268 | 3211 | 3109 | 3105 |
| 调解人员　（人） | 94920 | 116844 | 98456 | 73216 | 35494 | 13472 | 10224 | 9892 | 6836 |
| 调解民事纠纷 | 32719 | 31160 | 25562 | 16449 | 32621 | 49206 | 30809 | 36708 | 122943 |

注:调解人员 2008 年及以后不包括调解信息员。

# 20-2 主要年份国内公证文书分类

| 分 类 | 办证件数(件) | | | | | | |
|---|---|---|---|---|---|---|---|
| | 1995 | 2000 | 2010 | 2014 | 2015 | 2016 | 2017 |
| **经济公证合计** | **13727** | **27696** | **27445** | **9712** | **10250** | **4859** | **23012** |
| 购 销 | 185 | 223 | 16876 | | | | |
| 联 营 | | | 3 | | | | |
| 拍 卖 | 3 | 519 | | | | | |
| 贷 款 | 3299 | 7196 | 6779 | 3393 | 2714 | 3645 | 3650 |
| 担 保 | 42 | 560 | 147 | 81 | 71 | 78 | 80 |
| 招标、投标 | 6 | 606 | 553 | 109 | 169 | 153 | 158 |
| 科技合同 | 18 | 23 | | | | | |
| 供用电 | 66 | 43 | | | | | |
| 劳务合同 | 4058 | 1210 | 224 | | | | |
| 建筑工程承包 | 106 | 302 | 543 | | 36 | | |
| 工商服务业承包 | 272 | 594 | | | | | |
| 农林牧渔业承包 | 1443 | 1489 | 1 | | | | |
| 企业承包 | 96 | 136 | | | | | |
| 财产租赁 | 1098 | 4716 | 1 | | | 1 | |
| 企业租赁 | 34 | 643 | | 1 | 5 | | |
| 资产经营协议 | 16 | 20 | | | | | |
| 其他经济合同 | 1265 | 2426 | 330 | 1247 | 358 | 308 | 10780 |
| 法人(代表人)资格 | 249 | 119 | 1 | 30 | 82 | | |
| 法人委托书 | 83 | 118 | 234 | | | 1 | 340 |
| 公司章程 | 5 | 51 | 164 | | 15 | | 4 |
| 执行许可证明 | 3 | 12 | | | | 226 | |
| 提 存 | 5 | 12 | 3 | | | | |
| 其 他 | 1267 | 6543 | 1586 | 4850 | 6800 | 447 | 8000 |
| **民事法律关系公证** | **7262** | **13811** | **23087** | **21881** | **20662** | **26622** | **14347** |
| 收 养 | 151 | 100 | 93 | | | 58 | |
| 解除收养 | 18 | 6 | | | | | |
| 继承权 | 121 | 313 | 1353 | 3454 | 3121 | 4522 | 720 |
| 遗 嘱 | 96 | 227 | 381 | 318 | 333 | 192 | 277 |
| 产 权 | 78 | 152 | 130 | | | | |
| 亲属关系 | 39 | 114 | 163 | 204 | 271 | 252 | 260 |
| 死 亡 | 4 | 12 | 4 | | | 4 | |
| 房屋买卖 | 187 | 367 | 887 | | | 127 | |
| 房屋租赁 | 326 | 142 | 12 | | | 1 | |
| 留学协议 | 9 | 32 | 43 | 57 | 31 | 298 | 320 |
| 遗赠扶养协议 | 87 | 162 | 25 | | | 9 | |
| 其他民事协议 | 1241 | 1221 | | 490 | 294 | 150 | 32 |
| 委托书 | 299 | 201 | 6985 | 6469 | 5385 | 8165 | 8100 |
| 赠与书 | 328 | 533 | 480 | 120 | 56 | 40 | |
| 声明书 | 800 | 203 | 4285 | 3992 | 2719 | 1929 | 2080 |
| 现场监督 | 94 | 82 | 385 | 158 | 223 | 59 | 20 |
| 副本等与原本相符 | 31 | 90 | 528 | | | 3969 | 40 |
| 宅基地使用权 | 126 | 47 | 15 | | | | |
| 证据保全 | 20 | 96 | 207 | 460 | 443 | 644 | |
| 其 他 | 3205 | 9711 | 7111 | 6159 | 7790 | 6203 | 2498 |

# 20-3 主要年份涉外(含港澳台)公证文书分类

| 分　类 | 办证件数(件) | | | | | | |
|---|---|---|---|---|---|---|---|
| | 1995 | 2000 | 2010 | 2014 | 2015 | 2016 | 2017 |
| **合　计** | **2007** | **2994** | **8037** | **11429** | **12457** | **10800** | **10662** |
| 收　养 | 3 | 3 | | | | | |
| 遗　嘱 | | | 12 | | | | |
| 出　生 | 193 | 347 | 1682 | 1498 | 602 | 1595 | 1573 |
| 死　亡 | 30 | 15 | 18 | 10 | 3 | 12 | 5 |
| 生存、居住 | 60 | 76 | 84 | 7 | 1 | 9 | |
| 学　历 | 162 | 312 | 1306 | 246 | 1523 | 1836 | 1832 |
| 经　历 | 116 | 123 | 68 | 32 | 5 | 31 | 2310 |
| 国　籍 | 5 | 10 | 3 | | | | |
| 婚姻状况 | 124 | 201 | 928 | 77 | 321 | 292 | 281 |
| 亲属关系 | 316 | 337 | 1321 | 1041 | 561 | 366 | 293 |
| 继承权 | | 2 | 31 | 2 | | 2 | 2 |
| 受、未受刑事处分 | 678 | 284 | 1352 | 1426 | 1533 | 2099 | 2140 |
| 声明书 | 8 | 17 | 330 | 100 | 185 | 55 | 41 |
| 委托书 | 58 | 54 | 180 | 103 | 296 | 398 | 373 |
| 营业证书 | 2 | 5 | 47 | | | 1023 | 1081 |
| 公司章程 | 1 | | 2 | 4 | 273 | | 5 |
| 其他法律文书 | | 4 | 16 | | | | 726 |
| 职　称 | 10 | 9 | | 13 | 5 | | |
| 法人资格 | 2 | 2 | 15 | 27 | 270 | | |
| 商标注册 | | 1 | | | | | |
| 贷　款 | | | | | | | |
| 担　保 | 1 | 6 | 2 | | | | |
| 其他经济合同 | 10 | 25 | | 352 | 15 | 1 | |
| 副本等与原本相等 | 38 | 199 | 201 | 1703 | 1937 | 1054 | |
| 其　他 | 190 | 962 | 439 | 4788 | 4927 | 2027 | |

# 20-4 主要年份调解民间纠纷分类

| 分　类 | 调解纠纷(件) | | | | | | | |
|---|---|---|---|---|---|---|---|---|
| | 1995 | 2000 | 2010 | 2013 | 2014 | 2015 | 2016 | 2017 |
| **合　计** | **31160** | **25562** | **32621** | **45558** | **39383** | **35898** | **36708** | **122943** |
| 婚姻家庭 | 10805 | 10143 | 8860 | 11352 | 11323 | 10072 | 7693 | 28103 |
| 婚　姻 | 4136 | 3870 | | 10802 | | 10072 | 6053 | 22483 |
| 继　承 | 1179 | 1327 | | 550 | | | 393 | 843 |
| 赡养扶养 | 2892 | 2466 | | | | | 726 | 2191 |
| 其　他 | 2598 | 2480 | | | | | 521 | 2586 |
| 房屋、宅基地 | 4815 | 2706 | 3703 | 4824 | 3981 | 3232 | 3020 | 7807 |
| 合　同 | 2848 | 3039 | 2003 | 2498 | 2169 | 1548 | 1208 | 3785 |
| 工地承包 | | | 2696 | 2492 | 1965 | 1360 | 2282 | 4221 |
| 邻　里 | 6169 | 3548 | 8877 | 12475 | 11164 | 12313 | 11701 | 45725 |
| 损害赔偿 | 1832 | 2225 | 3562 | 3677 | 4142 | 3485 | 2776 | 8824 |
| 其　他 | 4691 | 3901 | 2920 | 8240 | 4639 | 3888 | 8028 | 24478 |

# 20-5 政治协商会议徐州市委员会历届委员人数

| 届　次 | 委员总数（人） | 中国共产党代表（人） | 占代表总数比重（%） | 少数民族代表（人） | 占代表总数比重（%） |
|---|---|---|---|---|---|
| 一届(1955 年 7 月) | 83 | 6 | 7.2 | 1 | 1.2 |
| 二届(1957 年 5 月) | 130 | 10 | 7.7 | 2 | 1.5 |
| 三届(1959 年 12 月) | 170 | 12 | 7.1 | 5 | 2.9 |
| 四届(1961 年 5 月) | 190 | 12 | 6.3 | 5 | 2.6 |
| 五届(1963 年 11 月) | 190 | 12 | 6.3 | 4 | 2.1 |
| 六届(1966 年 2 月) | 210 | 12 | 5.7 | 5 | 2.4 |
| 七届(1981 年 4 月) | 357 | 18 | 5.0 | 10 | 2.8 |
| 八届(1983 年 12 月) | 456 | 21 | 4.6 | 11 | 2.4 |
| 九届(1988 年 1 月) | 461 | 20 | 4.3 | 11 | 2.4 |
| 十届(1993 年 3 月) | 459 | 22 | 4.8 | 13 | 2.8 |
| 十一届(1998 年 1 月) | 460 | 26 | 5.7 | 13 | 2.8 |
| 十二届(2003 年 1 月) | 480 | 21 | 4.4 | 8 | 1.7 |
| 十三届(2008 年 1 月) | 558 | 24 | 4.3 | 8 | 1.4 |
| 十四届(2012 年 6 月) | 576 | 23 | 4.0 | 11 | 1.9 |
| 十五届(2017 年 2 月) | 574 | 29 | 5.1 | 12 | 2.1 |

# 20-6 妇联组织情况

单位:个

| 年份 | 各级妇联总计 | #镇、街道级 | 基层妇代会总计 | #农村 | 机关及事业单位妇委会数 | 各类妇女联谊组织数 |
|---|---|---|---|---|---|---|
| 1988 | 229 | 218 | | | | |
| 1989 | 236 | 218 | | | 7 | |
| 1990 | 236 | 218 | | | 7 | |
| 1991 | 236 | 218 | | | 7 | 1 |
| 1992 | 236 | 218 | | | 7 | 1 |
| 1993 | 236 | 218 | 3775 | 3429 | 7 | 1 |
| 1994 | 236 | 217 | 3775 | 3429 | 7 | 1 |
| 1995 | 238 | 217 | 3778 | 3429 | 10 | 2 |
| 1996 | 233 | 221 | 3820 | 3440 | 10 | 2 |
| 1997 | 230 | 218 | 3754 | 3430 | 11 | 2 |
| 1998 | 231 | 219 | 4101 | 3430 | 71 | 6 |
| 1999 | 235 | 223 | 4097 | 3430 | 71 | 6 |
| 2000 | 169 | 157 | 3527 | 3062 | 71 | 6 |
| 2001 | 176 | 164 | 2727 | 2255 | 72 | 6 |
| 2002 | 176 | 164 | 2727 | 2255 | 76 | 6 |
| 2003 | 181 | 169 | 2616 | 2264 | 92 | 6 |
| 2004 | 174 | 162 | 2617 | 2295 | 92 | 6 |
| 2005 | 166 | 154 | 2842 | 2295 | 393 | 322 |
| 2006 | 164 | 152 | 2980 | 2294 | 396 | 216 |
| 2007 | 167 | 155 | 2853 | 2262 | 290 | 234 |
| 2008 | 167 | 155 | 2619 | 2271 | 320 | 30 |
| 2009 | 167 | 155 | 2776 | 2257 | 281 | 23 |
| 2010 | 167 | 155 | 1649 | 2250 | 316 | 13 |
| 2011 | 167 | 155 | 2672 | 2318 | 282 | 43 |
| 2012 | 168 | 156 | 2678 | 2238 | 320 | 70 |
| 2013 | 168 | 156 | 2678 | 2234 | 320 | 70 |
| 2014 | 173 | 161 | 2690 | 2192 | 313 | 70 |
| 2015 | 173 | 161 | 2696 | 2192 | 379 | 145 |
| 2016 | 2356 | 163 | 2181 | 2079 | 404 | 2331 |
| 2017 | 2867 | 163 | 2692 | 2267 | 430 | 2369 |

注:从2016年起,各级妇联组织个数包含市、县(市、区)、镇(街道)妇联和基层妇代会,往年不含基层妇代会数量。

# 20–7 交通事故发生情况

| 年　份 | 交通事故发生数（起） | 交通事故死伤人数（人） | #死亡人数 | 每十万人交通事故发生数（起） | 每起交通事故死伤人数(人) |
|---|---|---|---|---|---|
| 1984 | 518 | 520 | 156 | 7.4 | 1.0 |
| 1985 | 541 | 501 | 156 | 7.6 | 0.9 |
| 1986 | 529 | 576 | 199 | 7.4 | 1.1 |
| 1996 | 1107 | 1167 | 319 | 12.9 | 1.1 |
| 1997 | 1094 | 1253 | 319 | 12.6 | 1.1 |
| 1998 | 1063 | 1271 | 360 | 12.1 | 1.2 |
| 1999 | 775 | 1095 | 326 | 8.8 | 1.4 |
| 2000 | 3557 | 3700 | 773 | 39.7 | 1.0 |
| 2001 | 2099 | 2407 | 518 | 23.3 | 1.1 |
| 2002 | 1730 | 2100 | 459 | 19.2 | 1.2 |
| 2003 | 1569 | 1993 | 458 | 17.3 | 1.3 |
| 2004 | 1506 | 1824 | 521 | 16.5 | 1.2 |
| 2005 | 1289 | 1619 | 487 | 13.9 | 1.3 |
| 2006 | 1123 | 1431 | 448 | 12 | 1.3 |
| 2007 | 1007 | 1336 | 373 | 10.7 | 1.3 |
| 2008 | 1038 | 1425 | 374 | 11 | 1.4 |
| 2009 | 969 | 1343 | 371 | 10.1 | 1.4 |
| 2010 | 852 | 1140 | 357 | 8.8 | 1.3 |
| 2011 | 733 | 994 | 364 | 8.6 | 1.4 |
| 2012 | 839 | 1084 | 350 | 9.8 | 1.3 |
| 2013 | 914 | 1154 | 348 | 10.7 | 1.3 |
| 2014 | 913 | 1154 | 348 | 10.6 | 1.3 |
| 2015 | 912 | 1152 | 347 | 10.5 | 1.3 |
| 2016 | 900 | 1136 | 341 | 10.4 | 1.3 |
| 2017 | 899 | 785 | 337 | 10.3 | 1.3 |

# 20-8 主要年份火灾事故发生情况

| 年 份 | 火灾发生数（起） | 火灾死伤人数（人） | #死亡人数 | 直接经济损失（万元） | 平均每起火灾损失（元） |
|---|---|---|---|---|---|
| 1985 | 118 | 35 | 11 | 47.72 | 4044 |
| 1990 | 284 | 21 | 5 | 205.80 | 7246 |
| 1991 | 142 | 19 | 7 | 122.40 | 8620 |
| 1992 | 162 | 24 | 6 | 223.04 | 13768 |
| 1993 | 108 | 81 | 23 | 192.45 | 17819 |
| 1994 | 140 | 53 | 20 | 271.71 | 19408 |
| 1995 | 185 | 75 | 13 | 345.42 | 18671 |
| 1996 | 204 | 34 | 8 | 394.36 | 19331 |
| 1997 | 903 | 33 | 15 | 449.65 | 4980 |
| 1998 | 841 | 55 | 23 | 307.41 | 3655 |
| 1999 | 799 | 60 | 11 | 289.74 | 3626 |
| 2000 | 858 | 62 | 12 | 322.25 | 3756 |
| 2001 | 1122 | 42 | 15 | 244.52 | 2179 |
| 2002 | 1360 | 46 | 19 | 293.29 | 2157 |
| 2003 | 1103 | 22 | 10 | 417.76 | 3787 |
| 2004 | 1346 | 46 | 18 | 394.66 | 2932 |
| 2005 | 1728 | 36 | 21 | 488.26 | 2826 |
| 2006 | 1504 | 23 | 14 | 348.03 | 2314 |
| 2007 | 1123 | 20 | 17 | 408.91 | 3641 |
| 2008 | 1029 | 7 | 4 | 314.82 | 3059 |
| 2009 | 884 | 11 | 8 | 544.95 | 6165 |
| 2010 | 856 | 10 | 7 | 447.45 | 5227 |
| 2011 | 763 | 9 | 9 | 387.30 | 5076 |
| 2012 | 717 | 10 | 7 | 562.68 | 7848 |
| 2013 | 2140 | 18 | 10 | 1480.30 | 6917 |
| 2014 | 2312 | 23 | 14 | 2225.00 | 9624 |
| 2015 | 2417 | 23 | 14 | 2081.34 | 8611 |
| 2016 | 1954 | 5 | 5 | 1459.10 | 7467 |
| 2017 | 1838 | 7 | 5 | 1777.00 | 9668 |

# 20-9 火灾事故发生情况

（2017 年）

| 项 目 | 合 计 | 按事故发生程度分 | | | 按事故发生地区分 |
|---|---|---|---|---|---|
| | | 特大 | 重大 | 一般 | 市区 |
| 火灾发生数（起） | 1838 | | | 1838 | 524 |
| 死伤人数（人） | 7 | | | 7 | 1 |
| #死亡人数 | 5 | | | 5 | 1 |
| 直接经济损失（万元） | 1777 | | | 1777 | 619 |
| 平均每起火灾损失（元） | 9668 | | | 9668 | 11813 |

# 主要统计指标解释

**律师**　指受聘参加法律顾问处工作，担任法律顾问、刑(民)事代理人、刑事辩护人,办理非诉讼事件、解答法律询问、代定法律事务文书等主要从事律师业务的专职法律工作者和兼职律师。

**公证人员**　指在国家公证机关依法办理公证事务的司法人员。包括公证员、助理公证员和在公证处工作的其他人员。

**办理公证文书**　指公证处在一定时期内办结的公证文书件数。公证文书系按司法部门规定或批准的格式制作。包括国内公证和涉外公证两部分。其中国内公证分为经济合同公证和民事法律关系公证两大类。

**调解人员**　在人民调解委员会担负调解民间一般民事纠纷和轻微违法行为所引起的纠纷的工作人员。包括调解委员会的委员和调解小组的调解员。

**调解民间纠纷**　指调解委员会依照法律规定，根据自愿原则，用说服教育的方法调解民间发生的有关民事权利和义务的争执,促成当事双方达到协议的谅解,解决纠纷。包括婚姻家庭纠纷,财产权益纠纷等。不包括法院受理调解的民事案件数。

# 县(市)社会经济(1978–2017)

SOCLAL ECONOMIC OF COUNTIES( CITIES)

# 21

版面负责人：卢川川　卓卫华　李跃东
顾元林　李　燕　张　虹
王廷宝　徐　康　迟　伶
编　　辑：马　萍　王　楠　闫礼建
董志娟　唐子午　刘　畅
殷溪晨　柏　慧　柳　震
李银浩

# 统计从业人员统计信用档案管理办法(试行)

**第二十四条** 县级以上人民政府统计机构未按本办法履行职责的，由上一级政府统计机构责令改正；情节严重的,对负有责任的主管领导和其他直接责任人员依法依纪依规予以处分。

**第二十五条** 本办法中的政府统计是指各级人民政府、县级以上人民政府统计机构和有关部门组织实施的统计活动。

**第二十六条** 本办法中的各级统计机构是指县级以上人民政府统计局和国家调查队。

**第二十七条** 从事民间统计调查的统计从业人员统计信用档案管理参照本办法执行。

**第二十八条** 本办法由国家统计局负责解释。

**第二十九条** 本办法自 2017 年 10 月 1 日起施行

# 21-1 历年地区生产总值

(当年价格) 单位:亿元

| 年 份 | 丰 县 | 沛 县 | 铜山区 | 睢宁县 | 新沂市 | 邳州市 |
|---|---|---|---|---|---|---|
| 1978 | 1.72 | 2.04 | 2.07 | 2.12 | 2.21 | 2.42 |
| 1979 | 1.99 | 2.24 | 2.66 | 2.21 | 2.24 | 2.82 |
| 1980 | 2.32 | 2.54 | 2.73 | 2.69 | 2.38 | 3.11 |
| 1981 | 2.42 | 2.80 | 3.14 | 2.91 | 2.62 | 3.23 |
| 1982 | 3.04 | 3.39 | 3.79 | 3.41 | 2.82 | 3.73 |
| 1983 | 3.53 | 3.78 | 4.57 | 3.61 | 3.55 | 4.93 |
| 1984 | 4.14 | 4.85 | 5.27 | 4.90 | 4.27 | 5.69 |
| 1985 | 3.87 | 5.88 | 6.16 | 5.30 | 5.02 | 6.46 |
| 1986 | 4.48 | 6.36 | 7.19 | 5.58 | 5.80 | 7.99 |
| 1987 | 4.86 | 7.11 | 8.75 | 5.70 | 6.85 | 8.94 |
| 1988 | 5.37 | 8.96 | 9.67 | 6.26 | 8.46 | 11.29 |
| 1989 | 7.06 | 8.59 | 11.23 | 6.88 | 9.49 | 12.04 |
| 1990 | 7.51 | 9.37 | 12.13 | 8.49 | 10.10 | 13.55 |
| 1991 | 9.28 | 13.18 | 13.53 | 9.46 | 11.42 | 14.70 |
| 1992 | 9.77 | 15.56 | 16.38 | 11.45 | 12.69 | 17.10 |
| 1993 | 12.42 | 20.16 | 21.79 | 15.28 | 18.85 | 20.75 |
| 1994 | 14.61 | 27.27 | 32.37 | 22.07 | 28.50 | 29.79 |
| 1995 | 16.36 | 36.23 | 45.67 | 29.53 | 32.51 | 34.59 |
| 1996 | 17.13 | 42.99 | 50.37 | 32.59 | 36.50 | 38.94 |
| 1997 | 17.91 | 46.12 | 55.55 | 30.29 | 39.51 | 44.48 |
| 1998 | 19.47 | 51.59 | 60.70 | 32.69 | 43.30 | 50.71 |
| 1999 | 22.78 | 56.36 | 64.65 | 34.31 | 44.53 | 55.96 |
| 2000 | 26.28 | 60.15 | 70.91 | 36.61 | 38.91 | 62.68 |
| 2001 | 30.40 | 68.00 | 77.75 | 41.35 | 43.66 | 69.05 |
| 2002 | 34.91 | 76.41 | 86.21 | 47.03 | 47.96 | 76.46 |
| 2003 | 40.50 | 86.57 | 99.00 | 53.20 | 54.24 | 88.07 |
| 2004 | 48.89 | 104.75 | 117.39 | 54.04 | 64.55 | 102.26 |
| 2005 | 57.94 | 125.22 | 147.69 | 64.26 | 83.02 | 128.93 |
| 2006 | 68.58 | 150.82 | 181.08 | 78.12 | 103.83 | 161.98 |
| 2007 | 81.08 | 179.50 | 229.31 | 95.58 | 129.32 | 198.55 |
| 2008 | 102.43 | 218.89 | 290.58 | 129.93 | 168.66 | 257.13 |
| 2009 | 120.15 | 249.98 | 338.11 | 151.15 | 195.53 | 298.46 |
| 2010 | 150.58 | 301.60 | 462.75 | 200.10 | 241.20 | 366.39 |
| 2011 | 190.61 | 376.98 | 570.57 | 252.36 | 301.37 | 448.86 |
| 2012 | 228.73 | 431.30 | 647.60 | 302.45 | 350.16 | 513.49 |
| 2013 | 300.73 | 503.80 | 749.73 | 360.16 | 412.22 | 610.68 |
| 2014 | 341.63 | 564.96 | 835.27 | 419.97 | 473.54 | 684.48 |
| 2015 | 370.33 | 605.84 | 900.42 | 451.89 | 507.63 | 731.71 |
| 2016 | 405.19 | 665.03 | 974.81 | 497.38 | 562.06 | 804.14 |
| 2017 | 456.94 | 756.32 | 1085.30 | 560.07 | 644.26 | 917.65 |

注:1993-2004 年为按 2004 年经济普查调整修订数据;2006-2008 年数据是全国第二次经济普查调整修订后的数据;2013 年数据根据全国第三次经济普查调整结果进行了修订。

# 21-2 历年地区生产总值指数

（按可比价格计算、以 1978 年为 100）

| 年　份 | 丰　县 | 沛　县 | 铜山区 | 睢宁县 | 新沂市 | 邳州市 |
|---|---|---|---|---|---|---|
| 1978 | 100.0 | 100.0 | 100.0 | 100.0 | 100.0 | 100.0 |
| 1979 | 99.0 | 95.5 | 110.3 | 90.8 | 89.5 | 99.9 |
| 1980 | 114.1 | 107.5 | 113.7 | 109.2 | 93.8 | 108.5 |
| 1981 | 117.5 | 117.6 | 128.3 | 115.8 | 101.1 | 110.1 |
| 1982 | 140.8 | 138.1 | 150.4 | 129.6 | 105.9 | 122.6 |
| 1983 | 161.0 | 151.6 | 181.0 | 134.8 | 129.7 | 159.3 |
| 1984 | 181.9 | 188.0 | 200.2 | 174.3 | 151.6 | 175.9 |
| 1985 | 158.6 | 210.8 | 209.6 | 173.2 | 165.0 | 189.4 |
| 1986 | 170.4 | 219.0 | 226.2 | 178.9 | 180.5 | 215.1 |
| 1987 | 171.9 | 228.4 | 256.3 | 173.1 | 195.7 | 224.0 |
| 1988 | 167.7 | 254.6 | 289.7 | 169.6 | 221.8 | 241.7 |
| 1989 | 199.1 | 221.2 | 249.8 | 169.8 | 240.8 | 238.1 |
| 1990 | 202.1 | 224.3 | 261.3 | 195.9 | 254.7 | 248.8 |
| 1991 | 241.7 | 304.8 | 283.8 | 212.9 | 277.1 | 269.7 |
| 1992 | 245.3 | 347.5 | 359.3 | 249.7 | 312.3 | 308.0 |
| 1993 | 274.5 | 376.0 | 395.6 | 283.9 | 360.7 | 363.7 |
| 1994 | 326.4 | 418.9 | 447.0 | 343.5 | 445.8 | 432.1 |
| 1995 | 378.0 | 517.8 | 596.3 | 401.6 | 465.9 | 523.7 |
| 1996 | 408.6 | 577.3 | 647.6 | 425.6 | 515.3 | 573.5 |
| 1997 | 455.6 | 665.6 | 736.3 | 435.9 | 563.7 | 543.1 |
| 1998 | 506.2 | 752.1 | 832.8 | 471.6 | 635.3 | 608.8 |
| 1999 | 569.5 | 843.1 | 934.4 | 509.3 | 688.7 | 679.4 |
| 2000 | 632.1 | 936.7 | 1047.5 | 547.0 | 739.7 | 754.8 |
| 2001 | 704.8 | 1041.6 | 1153.3 | 618.1 | 828.5 | 841.6 |
| 2002 | 787.3 | 1172.8 | 1287.1 | 685.5 | 927.1 | 943.4 |
| 2003 | 866.0 | 1322.9 | 1455.7 | 760.9 | 1043.0 | 1069.8 |
| 2004 | 976.0 | 1504.1 | 1669.7 | 858.3 | 1185.9 | 1227.1 |
| 2005 | 1107.8 | 1729.7 | 1928.5 | 974.2 | 1361.4 | 1422.2 |
| 2006 | 1275.1 | 2006.5 | 2250.6 | 1120.3 | 1575.1 | 1659.7 |
| 2007 | 1469.9 | 2321.0 | 2604.9 | 1290.7 | 1816.0 | 1920.2 |
| 2008 | 1678.6 | 2664.5 | 2993.0 | 1474.0 | 2077.5 | 2204.4 |
| 2009 | 1916.9 | 3056.2 | 3439.0 | 1690.7 | 2385.0 | 2532.9 |
| 2010 | 2183.8 | 3508.5 | 3941.0 | 1937.5 | 2740.1 | 2904.7 |
| 2011 | 2476.7 | 4003.3 | 4504.6 | 2204.8 | 3136.0 | 3314.3 |
| 2012 | 2816.0 | 4559.8 | 5148.8 | 2506.9 | 3578.2 | 3781.6 |
| 2013 | 3182.1 | 5138.9 | 5807.6 | 2835.3 | 4505.5 | 4273.2 |
| 2014 | 3551.2 | 5724.7 | 6481.3 | 3175.5 | 5028.1 | 4773.2 |
| 2015 | 3920.5 | 6325.8 | 7135.9 | 3508.9 | 5561.1 | 5269.6 |
| 2016 | 4230.2 | 6901.4 | 7706.8 | 3807.2 | 6083.8 | 5727.9 |
| 2017 | 4540.6 | 7493.8 | 8258.1 | 4100.3 | 6610.1 | 6209.6 |

# 21-3 历年地区生产总值指数

（按可比价格计算、以上年为100）

| 年 份 | 丰 县 | 沛 县 | 铜山区 | 睢宁县 | 新沂市 | 邳州市 |
|---|---|---|---|---|---|---|
| 1978 | | | | | | |
| 1979 | 99.0 | 95.5 | 110.3 | 90.8 | 89.5 | 99.9 |
| 1980 | 115.3 | 112.6 | 103.1 | 120.3 | 104.8 | 108.6 |
| 1981 | 103.0 | 109.4 | 112.8 | 106.0 | 107.8 | 101.5 |
| 1982 | 119.8 | 117.4 | 117.2 | 111.9 | 104.7 | 111.4 |
| 1983 | 114.3 | 109.8 | 120.3 | 104.0 | 122.5 | 129.9 |
| 1984 | 113.0 | 124.0 | 110.6 | 129.3 | 116.9 | 110.4 |
| 1985 | 87.2 | 112.1 | 104.7 | 99.4 | 108.8 | 107.7 |
| 1986 | 107.4 | 103.9 | 107.9 | 103.3 | 109.4 | 113.6 |
| 1987 | 100.9 | 104.3 | 113.3 | 96.8 | 108.4 | 104.1 |
| 1988 | 97.6 | 111.5 | 113.0 | 98.0 | 113.3 | 107.9 |
| 1989 | 118.7 | 86.9 | 86.2 | 100.1 | 108.6 | 98.5 |
| 1990 | 101.5 | 101.4 | 104.6 | 115.4 | 106.5 | 104.5 |
| 1991 | 119.6 | 135.9 | 108.6 | 108.7 | 113.0 | 108.4 |
| 1992 | 101.5 | 114.0 | 126.6 | 117.3 | 111.1 | 114.2 |
| 1993 | 111.9 | 108.2 | 110.1 | 113.7 | 122.7 | 118.1 |
| 1994 | 118.9 | 111.4 | 113.0 | 121.0 | 123.6 | 118.8 |
| 1995 | 115.8 | 123.6 | 133.4 | 116.9 | 104.5 | 121.2 |
| 1996 | 108.1 | 111.5 | 108.6 | 106.0 | 110.6 | 109.5 |
| 1997 | 111.5 | 115.3 | 113.7 | 102.4 | 109.4 | 89.9 |
| 1998 | 111.1 | 113.0 | 113.1 | 108.2 | 112.7 | 112.1 |
| 1999 | 112.5 | 112.1 | 112.2 | 108.0 | 108.4 | 111.6 |
| 2000 | 111.0 | 111.1 | 112.1 | 107.4 | 107.4 | 111.1 |
| 2001 | 111.5 | 111.2 | 110.1 | 113.0 | 112.0 | 111.5 |
| 2002 | 111.7 | 112.6 | 111.6 | 110.9 | 111.9 | 112.1 |
| 2003 | 110.0 | 112.8 | 113.1 | 111.0 | 112.5 | 113.4 |
| 2004 | 112.7 | 113.7 | 114.7 | 112.8 | 113.7 | 114.7 |
| 2005 | 113.5 | 115.0 | 115.5 | 113.5 | 114.8 | 115.9 |
| 2006 | 115.1 | 116.0 | 116.7 | 115.0 | 115.7 | 121.2 |
| 2007 | 115.3 | 115.7 | 115.7 | 115.2 | 115.3 | 115.7 |
| 2008 | 114.2 | 114.8 | 114.9 | 114.2 | 114.4 | 114.9 |
| 2009 | 114.2 | 114.7 | 114.9 | 114.7 | 114.8 | 135.5 |
| 2010 | 113.9 | 114.8 | 114.6 | 114.6 | 114.9 | 114.7 |
| 2011 | 113.4 | 114.1 | 114.3 | 113.8 | 114.4 | 114.1 |
| 2012 | 113.7 | 113.9 | 114.3 | 113.7 | 114.1 | 114.1 |
| 2013 | 113.0 | 112.7 | 112.8 | 113.1 | 113.2 | 113.0 |
| 2014 | 111.6 | 111.4 | 111.6 | 112.0 | 111.6 | 111.7 |
| 2015 | 110.4 | 110.5 | 110.1 | 110.5 | 110.6 | 110.4 |
| 2016 | 107.9 | 109.1 | 108.0 | 108.5 | 109.4 | 108.7 |
| 2017 | 107.3 | 108.6 | 107.2 | 107.7 | 108.6 | 108.4 |

# 21-4 历年人均地区生产总值

（当年价格）

单位:元

| 年 份 | 丰 县 | 沛 县 | 铜山区 | 睢宁县 | 新沂市 | 邳州市 |
|---|---|---|---|---|---|---|
| 1978 | 215 | 254 | 234 | 224 | 310 | 213 |
| 1979 | 246 | 274 | 299 | 232 | 313 | 246 |
| 1980 | 284 | 307 | 306 | 280 | 330 | 269 |
| 1981 | 294 | 332 | 347 | 300 | 359 | 277 |
| 1982 | 363 | 292 | 411 | 347 | 381 | 315 |
| 1983 | 417 | 429 | 488 | 364 | 474 | 410 |
| 1984 | 486 | 546 | 557 | 490 | 562 | 367 |
| 1985 | 451 | 660 | 645 | 526 | 653 | 524 |
| 1986 | 518 | 700 | 750 | 550 | 746 | 641 |
| 1987 | 557 | 777 | 903 | 557 | 872 | 707 |
| 1988 | 608 | 951 | 975 | 603 | 1058 | 874 |
| 1989 | 785 | 879 | 1113 | 649 | 1248 | 913 |
| 1990 | 805 | 916 | 1147 | 767 | 1289 | 985 |
| 1991 | 960 | 1241 | 1217 | 817 | 1398 | 1025 |
| 1992 | 997 | 1445 | 1464 | 973 | 1612 | 1234 |
| 1993 | 1250 | 1846 | 1938 | 1287 | 2094 | 1415 |
| 1994 | 1451 | 2299 | 2862 | 1845 | 3150 | 2013 |
| 1995 | 1611 | 2880 | 4003 | 2447 | 3577 | 2320 |
| 1996 | 1677 | 3169 | 4387 | 2679 | 3941 | 2598 |
| 1997 | 1718 | 3427 | 4819 | 2471 | 4177 | 2960 |
| 1998 | 1845 | 3834 | 5221 | 2647 | 4515 | 3375 |
| 1999 | 2149 | 4263 | 5529 | 2776 | 4718 | 3691 |
| 2000 | 2403 | 4776 | 6044 | 2917 | 4075 | 4066 |
| 2001 | 2770 | 5465 | 6592 | 3221 | 4511 | 4429 |
| 2002 | 3179 | 6302 | 7293 | 3648 | 4949 | 4888 |
| 2003 | 3698 | 7328 | 8379 | 4108 | 5646 | 5774 |
| 2004 | 4811 | 8991 | 9926 | 4130 | 6723 | 6892 |
| 2005 | 5745 | 10928 | 13207 | 4856 | 9001 | 8766 |
| 2006 | 6784 | 13091 | 16303 | 6616 | 11038 | 10903 |
| 2007 | 7994 | 15789 | 20789 | 8193 | 13941 | 13542 |
| 2008 | 10226 | 19402 | 26603 | 11285 | 18439 | 17531 |
| 2009 | 12130 | 22322 | 31289 | 13328 | 21480 | 20616 |
| 2010 | 15454 | 26727 | 41317 | 18498 | 26360 | 25186 |
| 2011 | 19867 | 33335 | 50293 | 24366 | 32861 | 30972 |
| 2012 | 24021 | 38633 | 58873 | 29427 | 38443 | 35736 |
| 2013 | 31709 | 45271 | 67791 | 35177 | 45414 | 41799 |
| 2014 | 36086 | 50772 | 77674 | 41087 | 52195 | 47761 |
| 2015 | 39124 | 54394 | 86123 | 44210 | 55891 | 51015 |
| 2016 | 42739 | 59604 | 93025 | 48556 | 61765 | 55960 |
| 2017 | 48084 | 67634 | 103101 | 54529 | 70623 | 63690 |

# 21-5 历年年末总人口

单位:万人

| 年 份 | 丰 县 | 沛 县 | 铜山区 | 睢宁县 | 新沂市 | 邳州市 |
|---|---|---|---|---|---|---|
| 1978 | 80.53 | 81.07 | 135.85 | 95.06 | 71.53 | 114.30 |
| 1979 | 81.10 | 82.03 | 136.27 | 95.71 | 71.85 | 114.92 |
| 1980 | 81.78 | 83.46 | 137.36 | 96.22 | 72.38 | 115.81 |
| 1981 | 83.00 | 85.64 | 139.90 | 97.56 | 73.38 | 117.58 |
| 1982 | 84.21 | 87.43 | 142.58 | 98.95 | 74.48 | 119.51 |
| 1983 | 84.94 | 88.88 | 143.99 | 99.74 | 75.22 | 120.89 |
| 1984 | 85.50 | 88.59 | 145.73 | 100.48 | 76.31 | 122.79 |
| 1985 | 86.13 | 89.66 | 146.90 | 101.07 | 77.25 | 124.07 |
| 1986 | 86.68 | 90.93 | 147.97 | 101.96 | 78.28 | 125.51 |
| 1987 | 87.62 | 92.20 | 150.68 | 102.96 | 79.38 | 127.47 |
| 1988 | 89.08 | 96.18 | 154.90 | 104.84 | 80.69 | 130.89 |
| 1989 | 90.78 | 99.28 | 160.13 | 107.03 | 82.36 | 132.96 |
| 1990 | 95.78 | 105.36 | 170.35 | 114.40 | 88.37 | 142.22 |
| 1991 | 97.61 | 107.16 | 172.16 | 117.23 | 89.44 | 144.71 |
| 1992 | 98.51 | 108.15 | 172.38 | 118.26 | 89.74 | 146.06 |
| 1993 | 99.39 | 109.29 | 173.29 | 119.15 | 90.33 | 147.32 |
| 1994 | 100.67 | 111.84 | 128.56 | 120.09 | 90.62 | 148.59 |
| 1995 | 101.51 | 112.66 | 129.90 | 121.21 | 91.13 | 149.60 |
| 1996 | 102.14 | 113.32 | 130.30 | 122.12 | 94.10 | 150.11 |
| 1997 | 104.28 | 113.62 | 131.34 | 123.08 | 95.05 | 150.45 |
| 1998 | 105.57 | 115.16 | 132.77 | 124.25 | 96.15 | 150.02 |
| 1999 | 106.04 | 115.79 | 133.00 | 122.96 | 94.59 | 152.74 |
| 2000 | 109.38 | 118.13 | 128.34 | 128.06 | 96.34 | 155.59 |
| 2001 | 109.74 | 118.48 | 128.90 | 128.71 | 97.22 | 156.25 |
| 2002 | 109.80 | 118.92 | 128.94 | 129.09 | 96.58 | 156.56 |
| 2003 | 109.51 | 119.50 | 128.80 | 129.93 | 95.55 | 158.04 |
| 2004 | 110.24 | 120.34 | 129.19 | 131.76 | 96.48 | 161.43 |
| 2005 | 111.03 | 120.48 | 119.60 | 132.89 | 97.47 | 163.96 |
| 2006 | 112.11 | 121.74 | 120.72 | 134.04 | 99.06 | 165.46 |
| 2007 | 113.30 | 123.59 | 120.47 | 132.89 | 99.11 | 168.66 |
| 2008 | 114.03 | 123.80 | 122.11 | 132.51 | 100.31 | 169.70 |
| 2009 | 114.58 | 125.81 | 124.21 | 132.91 | 101.95 | 171.93 |
| 2010 | 116.49 | 127.94 | 129.27 | 133.12 | 104.01 | 178.62 |
| 2011 | 115.08 | 127.12 | 131.07 | 135.46 | 104.70 | 178.63 |
| 2012 | 116.62 | 128.66 | 134.51 | 137.35 | 107.15 | 179.86 |
| 2013 | 118.23 | 128.91 | 137.06 | 140.74 | 109.66 | 182.95 |
| 2014 | 120.05 | 130.63 | 131.56 | 143.58 | 111.89 | 185.89 |
| 2015 | 120.67 | 130.92 | 131.36 | 144.28 | 112.66 | 187.49 |
| 2016 | 121.41 | 130.74 | 132.26 | 144.16 | 113.56 | 193.87 |
| 2017 | 120.97 | 129.92 | 132.07 | 144.00 | 112.93 | 193.76 |

# 21-6 历年年末农业人口

单位:万人

| 年 份 | 丰 县 | 沛 县 | 铜山区 | 睢宁县 | 新沂市 | 邳州市 |
|---|---|---|---|---|---|---|
| 1978 | 78.34 | 76.75 | 132.80 | 92.61 | 68.32 | 111.00 |
| 1979 | 78.77 | 77.47 | 133.36 | 93.08 | 68.45 | 111.23 |
| 1980 | 79.32 | 78.39 | 134.26 | 93.45 | 68.85 | 112.03 |
| 1981 | 80.39 | 79.99 | 136.72 | 94.61 | 69.69 | 113.56 |
| 1982 | 81.40 | 81.42 | 139.37 | 95.74 | 70.66 | 115.27 |
| 1983 | 81.98 | 82.04 | 140.96 | 96.45 | 71.22 | 116.55 |
| 1984 | 82.29 | 81.39 | 142.46 | 96.95 | 72.01 | 118.15 |
| 1985 | 82.28 | 81.39 | 143.21 | 97.13 | 72.49 | 118.85 |
| 1986 | 82.64 | 82.12 | 143.88 | 97.90 | 73.27 | 120.38 |
| 1987 | 83.13 | 82.80 | 145.43 | 98.59 | 74.26 | 122.01 |
| 1988 | 83.61 | 85.46 | 145.78 | 98.90 | 74.88 | 123.42 |
| 1989 | 84.68 | 87.23 | 148.35 | 99.98 | 75.10 | 124.39 |
| 1990 | 89.28 | 92.58 | 156.87 | 106.85 | 80.56 | 132.65 |
| 1991 | 90.74 | 92.83 | 156.98 | 109.39 | 81.11 | 134.64 |
| 1992 | 91.28 | 93.41 | 155.94 | 110.19 | 81.06 | 135.39 |
| 1993 | 91.78 | 94.01 | 155.17 | 110.64 | 80.98 | 136.11 |
| 1994 | 92.77 | 95.73 | 116.63 | 111.30 | 80.90 | 136.69 |
| 1995 | 93.12 | 95.89 | 116.09 | 111.74 | 80.68 | 136.36 |
| 1996 | 93.22 | 95.88 | 115.72 | 112.30 | 82.85 | 135.79 |
| 1997 | 94.82 | 95.57 | 115.94 | 112.93 | 83.21 | 135.14 |
| 1998 | 95.62 | 96.11 | 117.04 | 113.70 | 83.40 | 134.10 |
| 1999 | 95.75 | 95.95 | 116.88 | 112.04 | 81.24 | 135.60 |
| 2000 | 94.02 | 96.88 | 111.68 | 111.56 | 77.95 | 121.74 |
| 2001 | 93.62 | 97.27 | 110.92 | 111.67 | 76.27 | 120.89 |
| 2002 | 93.48 | 97.42 | 110.85 | 111.68 | 75.92 | 121.32 |
| 2003 | 90.54 | 87.09 | 101.09 | 113.29 | 75.80 | 124.46 |
| 2004 | 88.15 | 87.56 | 101.00 | 110.86 | 76.35 | 121.62 |
| 2005 | 88.40 | 87.48 | 94.56 | 109.91 | 77.14 | 121.72 |
| 2006 | 89.47 | 88.69 | 95.92 | 110.95 | 78.13 | 122.92 |
| 2007 | 90.20 | 94.09 | 91.06 | 109.99 | 79.70 | 125.60 |
| 2008 | 80.75 | 93.64 | 91.82 | 110.26 | 80.89 | 126.45 |
| 2009 | 65.10 | 81.04 | 85.55 | 110.68 | 82.30 | 127.49 |
| 2010 | 65.22 | 79.67 | 83.65 | 100.83 | 43.69 | 129.62 |
| 2011 | 50.45 | 54.62 | 52.69 | 60.95 | 46.11 | 68.45 |
| 2012 | 50.49 | 52.54 | 51.87 | 60.03 | 43.88 | 47.43 |
| 2013 | 49.20 | 52.01 | 24.96 | 55.02 | 41.94 | 47.16 |
| 2014 | 48.63 | 53.69 | 21.70 | 55.32 | 42.53 | 47.08 |
| 2015 | 72.30 | 67.38 | 64.87 | 55.80 | 61.02 | 88.82 |
| 2016 | 72.77 | 61.77 | 65.41 | 55.18 | 61.38 | 91.68 |
| 2017 | 72.07 | 60.09 | 64.47 | 54.91 | 59.55 | 90.41 |

注:2015 年起,城乡人口划分与往年不可比。

# 21-7 历年人口出生率

单位:‰

| 年份 | 丰县 | 沛县 | 铜山区 | 睢宁县 | 新沂市 | 邳州市 |
|---|---|---|---|---|---|---|
| 1978 | 18.96 | 19.40 | 15.94 | 15.36 | 16.94 | 14.67 |
| 1979 | 13.03 | 15.91 | 13.58 | 12.35 | 12.34 | 11.93 |
| 1980 | 17.51 | 25.44 | 22.86 | 17.35 | 15.19 | 17.48 |
| 1981 | 16.88 | 19.30 | 21.51 | 14.19 | 18.08 | 16.79 |
| 1982 | 15.41 | 17.87 | 20.46 | 14.64 | 17.58 | 18.05 |
| 1983 | 13.44 | 12.81 | 16.46 | 12.05 | 14.46 | 15.63 |
| 1984 | 12.52 | 16.54 | 14.42 | 11.71 | 15.99 | 15.28 |
| 1985 | 11.79 | 11.50 | 12.50 | 9.99 | 14.91 | 12.86 |
| 1986 | 13.25 | 13.34 | 13.48 | 11.14 | 16.98 | 13.72 |
| 1987 | 15.89 | 15.08 | 16.52 | 12.02 | 16.30 | 15.33 |
| 1988 | 19.13 | 44.33 | 25.48 | 13.18 | 19.01 | 22.87 |
| 1989 | 21.83 | 31.63 | 31.69 | 15.49 | 19.22 | 18.90 |
| 1990 | 19.77 | 23.92 | 28.08 | 17.19 | 18.90 | 18.50 |
| 1991 | 21.24 | 19.90 | 18.31 | 26.21 | 16.72 | 20.93 |
| 1992 | 13.20 | 13.29 | 12.22 | 14.08 | 11.52 | 12.77 |
| 1993 | 13.78 | 15.92 | 12.37 | 10.76 | 10.08 | 11.26 |
| 1994 | 16.73 | 22.94 | 14.20 | 10.78 | 9.26 | 10.96 |
| 1995 | 12.67 | 10.68 | 10.75 | 9.90 | 8.29 | 8.75 |
| 1996 | 10.64 | 9.28 | 8.88 | 10.85 | 12.57 | 7.92 |
| 1997 | 23.83 | 8.28 | 13.83 | 10.74 | 9.03 | 7.77 |
| 1998 | 13.64 | 9.60 | 13.54 | 8.88 | 8.23 | 9.67 |
| 1999 | 9.49 | 7.73 | 8.32 | 7.49 | 8.00 | 8.44 |
| 2000 | 35.54 | 24.04 | 13.86 | 18.66 | 13.15 | 15.28 |
| 2001 | 7.74 | 8.17 | 7.85 | 6.96 | 8.10 | 8.47 |
| 2002 | 7.31 | 7.17 | 8.72 | 7.04 | 6.65 | 9.59 |
| 2003 | 6.45 | 8.92 | 8.85 | 13.76 | 6.91 | 13.18 |
| 2004 | 15.74 | 11.69 | 9.18 | 19.10 | 15.70 | 22.63 |
| 2005 | 13.07 | 9.23 | 14.50 | 14.01 | 15.32 | 19.52 |
| 2006 | 15.24 | 15.58 | 14.68 | 15.03 | 16.50 | 17.92 |
| 2007 | 20.13 | 21.01 | 18.86 | 14.67 | 22.31 | 32.02 |
| 2008 | 17.09 | 18.93 | 20.62 | 13.85 | 21.24 | 23.21 |
| 2009 | 17.34 | 19.14 | 20.67 | 14.30 | 16.24 | 30.79 |
| 2010 | 26.31 | 24.14 | 18.09 | 15.69 | 23.33 | 26.77 |
| 2011 | 19.17 | 18.51 | 26.52 | 25.46 | 20.70 | 9.13 |
| 2012 | 21.96 | 19.75 | 23.79 | 21.26 | 25.64 | 15.78 |
| 2013 | 20.44 | 20.75 | 24.69 | 26.43 | 25.69 | 18.46 |
| 2014 | 21.55 | 20.45 | 19.05 | 25.67 | 23.61 | 18.30 |
| 2015 | 14.07 | 14.71 | 14.74 | 16.05 | 18.03 | 14.30 |
| 2016 | 12.71 | 14.04 | 13.60 | 12.88 | 13.21 | 37.68 |
| 2017 | 14.48 | 18.39 | 15.37 | 16.17 | 14.92 | 14.85 |

注:各县(市、区)出生人口中包含往年补报出生人口,下同。

# 21-8 历年人口自然增长率

单位:‰

| 年 份 | 丰 县 | 沛 县 | 铜山区 | 睢宁县 | 新沂市 | 邳州市 |
|---|---|---|---|---|---|---|
| 1978 | 13.44 | 14.30 | 10.35 | 9.50 | 10.82 | 9.11 |
| 1979 | 7.55 | 11.13 | 8.16 | 6.60 | 6.36 | 6.52 |
| 1980 | 11.53 | 17.81 | 15.24 | 9.61 | 8.65 | 11.07 |
| 1981 | 11.76 | 14.10 | 15.00 | 9.05 | 11.86 | 11.88 |
| 1982 | 10.71 | 13.13 | 15.66 | 9.54 | 12.50 | 13.12 |
| 1983 | 8.55 | 7.72 | 11.59 | 7.16 | 9.38 | 11.13 |
| 1984 | 7.09 | 11.01 | 9.23 | 6.31 | 10.98 | 10.75 |
| 1985 | 6.62 | 6.81 | 7.29 | 5.20 | 9.96 | 8.31 |
| 1986 | 8.08 | 8.74 | 8.47 | 6.63 | 11.93 | 9.17 |
| 1987 | 10.76 | 10.73 | 11.38 | 7.49 | 11.36 | 11.06 |
| 1988 | 13.77 | 39.92 | 20.19 | 8.80 | 13.80 | 18.23 |
| 1989 | 16.48 | 27.40 | 27.02 | 11.28 | 14.38 | 14.61 |
| 1990 | 15.14 | 19.70 | 23.08 | 12.51 | 13.70 | 14.27 |
| 1991 | 17.07 | 15.42 | 13.00 | 20.70 | 11.60 | 15.66 |
| 1992 | 8.16 | 8.65 | 6.60 | 8.67 | 6.36 | 7.34 |
| 1993 | 8.93 | 11.42 | 6.93 | 5.20 | 4.79 | 5.94 |
| 1994 | 11.43 | 18.14 | 8.44 | 5.44 | 4.06 | 5.55 |
| 1995 | 7.83 | 6.42 | 5.97 | 5.02 | 3.42 | 3.63 |
| 1996 | 5.82 | 4.90 | 2.96 | 5.67 | 8.25 | 2.46 |
| 1997 | 19.26 | 4.42 | 7.81 | 5.55 | 4.93 | 2.84 |
| 1998 | 9.09 | 6.17 | 8.04 | 3.82 | 3.52 | 5.47 |
| 1999 | 5.69 | 4.80 | 2.86 | 3.22 | 4.18 | 5.04 |
| 2000 | 30.15 | 18.83 | 7.50 | 14.38 | 9.06 | 11.18 |
| 2001 | 4.37 | 4.29 | 4.14 | 4.03 | 4.99 | 5.32 |
| 2002 | 3.51 | 4.27 | 4.63 | 4.18 | 0.68 | 5.71 |
| 2003 | 2.85 | 5.47 | 2.97 | 10.06 | 4.67 | 9.29 |
| 2004 | 10.18 | 6.84 | 4.32 | 14.54 | 11.13 | 17.91 |
| 2005 | 10.58 | 5.92 | 11.83 | 12.22 | 13.91 | 17.33 |
| 2006 | 10.82 | 12.64 | 10.66 | 12.40 | 14.86 | 11.60 |
| 2007 | 11.82 | 14.06 | -2.70 | -6.91 | 1.37 | 17.24 |
| 2008 | 7.01 | 1.66 | 11.93 | -2.16 | 11.50 | 9.56 |
| 2009 | 5.54 | 15.37 | 16.11 | 2.85 | 14.97 | 17.57 |
| 2010 | 17.19 | 16.66 | 2.84 | 5.89 | 17.79 | 21.40 |
| 2011 | 11.59 | 13.53 | 20.97 | 20.80 | 12.32 | -3.36 |
| 2012 | 18.85 | 14.49 | 19.98 | 14.48 | 22.78 | 8.51 |
| 2013 | 13.97 | 16.17 | 21.24 | 25.13 | 23.69 | 15.78 |
| 2014 | 16.32 | 18.33 | 15.77 | 21.97 | 21.95 | 16.14 |
| 2015 | 8.76 | 7.77 | 6.14 | 10.98 | 10.72 | 10.21 |
| 2016 | 9.22 | 9.20 | 10.30 | 2.88 | 11.77 | 35.71 |
| 2017 | 3.37 | 0.61 | 3.01 | 5.79 | -0.05 | 3.78 |

注:2007 年及以后死亡人口中含有往年未销户人口。

# 21-9 历年从业人员

单位:万人

| 年 份 | 丰 县 | 沛 县 | 铜山区 | 睢宁县 | 新沂市 | 邳州市 |
|---|---|---|---|---|---|---|
| 1978 | 34.29 | 32.05 | 57.76 | 40.84 | 29.23 | 45.71 |
| 1979 | 31.55 | 31.76 | 57.82 | 40.14 | 29.59 | 45.20 |
| 1980 | 32.83 | 34.16 | 59.44 | 41.92 | 30.15 | 46.46 |
| 1981 | 34.33 | 36.01 | 61.67 | 43.22 | 30.45 | 47.78 |
| 1982 | 35.75 | 38.04 | 62.54 | 44.42 | 32.74 | 50.07 |
| 1983 | 36.00 | 39.20 | 64.85 | 44.83 | 32.37 | 51.67 |
| 1984 | 38.19 | 41.00 | 68.50 | 46.10 | 34.02 | 53.93 |
| 1985 | 39.44 | 41.72 | 70.57 | 48.16 | 34.37 | 56.64 |
| 1986 | 39.98 | 43.20 | 72.07 | 49.64 | 36.18 | 57.70 |
| 1987 | 41.69 | 43.83 | 72.48 | 52.21 | 37.06 | 60.27 |
| 1988 | 43.18 | 46.23 | 75.02 | 53.25 | 38.46 | 63.87 |
| 1989 | 44.02 | 47.28 | 77.43 | 54.45 | 40.58 | 65.20 |
| 1990 | 46.85 | 49.73 | 80.08 | 57.42 | 42.66 | 69.25 |
| 1991 | 47.98 | 50.97 | 81.50 | 59.21 | 42.76 | 73.44 |
| 1992 | 48.65 | 51.39 | 82.72 | 58.40 | 43.12 | 74.17 |
| 1993 | 49.49 | 49.25 | 81.91 | 60.03 | 43.78 | 74.98 |
| 1994 | 50.34 | 49.81 | 61.46 | 59.55 | 46.18 | 75.89 |
| 1995 | 50.75 | 48.46 | 58.56 | 60.95 | 47.23 | 76.59 |
| 1996 | 51.22 | 49.64 | 58.67 | 61.28 | 47.74 | 77.50 |
| 1997 | 51.60 | 51.42 | 59.47 | 61.14 | 48.41 | 77.99 |
| 1998 | 50.93 | 51.45 | 58.22 | 61.28 | 47.10 | 77.72 |
| 1999 | 51.69 | 50.24 | 58.01 | 62.73 | 45.86 | 78.83 |
| 2000 | 52.03 | 55.75 | 55.60 | 63.62 | 44.79 | 73.71 |
| 2001 | 54.01 | 55.21 | 54.10 | 61.92 | 44.68 | 73.05 |
| 2002 | 54.02 | 52.73 | 52.44 | 57.15 | 41.37 | 70.88 |
| 2003 | 53.77 | 51.74 | 50.23 | 52.69 | 39.82 | 71.03 |
| 2004 | 53.43 | 51.85 | 52.51 | 52.91 | 42.30 | 71.13 |
| 2005 | 58.09 | 56.39 | 52.48 | 66.72 | 48.65 | 78.77 |
| 2006 | 58.74 | 57.52 | 54.37 | 68.38 | 48.67 | 80.73 |
| 2007 | 58.97 | 58.55 | 59.13 | 71.12 | 50.47 | 82.55 |
| 2008 | 59.71 | 57.01 | 62.28 | 72.85 | 50.10 | 84.93 |
| 2009 | 61.30 | 58.18 | 64.69 | 73.32 | 52.43 | 87.41 |
| 2010 | 62.76 | 60.80 | 68.38 | 73.09 | 55.57 | 89.61 |
| 2011 | 66.17 | 62.09 | 70.40 | 72.63 | 58.19 | 90.26 |
| 2012 | 66.58 | 62.61 | 70.80 | 72.92 | 59.09 | 90.55 |
| 2013 | 56.05 | 66.25 | 65.33 | 59.66 | 54.05 | 77.19 |
| 2014 | 56.31 | 66.55 | 65.63 | 59.93 | 54.30 | 77.54 |
| 2015 | 55.69 | 64.54 | 56.11 | 62.88 | 55.27 | 87.75 |
| 2016 | 55.78 | 64.77 | 56.27 | 62.89 | 55.35 | 87.79 |
| 2017 | 55.41 | 64.41 | 55.79 | 62.46 | 55.13 | 87.37 |

注:从业人员口径发生变化,2012 年以前是全社会口径,2013 年起改为劳动力抽样调查推算数。

# 21-10 历年在岗职工人数

单位:万人

| 年 份 | 丰 县 | 沛 县 | 铜山区 | 睢宁县 | 新沂市 | 邳州市 |
|---|---|---|---|---|---|---|
| 1978 | 2.72 | 3.46 | 4.44 | 3.30 | 3.11 | 3.89 |
| 1979 | 2.72 | 2.86 | 4.02 | 3.31 | 3.23 | 3.68 |
| 1980 | 2.95 | 3.66 | 4.58 | 3.73 | 3.58 | 3.76 |
| 1981 | 3.21 | 3.86 | 4.82 | 3.89 | 3.55 | 3.89 |
| 1982 | 3.29 | 4.04 | 5.03 | 3.86 | 3.61 | 3.99 |
| 1983 | 3.29 | 4.00 | 5.04 | 3.97 | 3.53 | 3.97 |
| 1984 | 3.61 | 4.37 | 5.52 | 4.00 | 4.12 | 5.02 |
| 1985 | 3.77 | 4.52 | 5.39 | 4.28 | 4.06 | 4.62 |
| 1986 | 3.71 | 4.97 | 5.56 | 4.48 | 4.27 | 4.73 |
| 1987 | 3.86 | 4.90 | 5.68 | 4.83 | 4.41 | 5.13 |
| 1988 | 4.25 | 5.41 | 5.84 | 5.21 | 4.70 | 6.40 |
| 1989 | 4.32 | 5.14 | 5.92 | 5.15 | 4.86 | 5.99 |
| 1990 | 4.73 | 5.24 | 6.14 | 5.14 | 4.91 | 6.14 |
| 1991 | 4.84 | 5.55 | 6.46 | 5.42 | 4.86 | 6.41 |
| 1992 | 4.80 | 5.79 | 6.69 | 5.44 | 4.91 | 6.44 |
| 1993 | 5.00 | 6.15 | 7.16 | 5.10 | 5.47 | 6.81 |
| 1994 | 5.15 | 6.05 | 6.49 | 5.39 | 5.56 | 7.00 |
| 1995 | 5.22 | 6.04 | 7.00 | 5.45 | 5.87 | 6.89 |
| 1996 | 4.99 | 6.53 | 7.53 | 5.63 | 5.99 | 7.36 |
| 1997 | 5.03 | 6.32 | 7.51 | 5.56 | 6.03 | 7.42 |
| 1998 | 3.86 | 5.61 | 7.11 | 4.65 | 5.14 | 6.64 |
| 1999 | 3.76 | 5.40 | 6.76 | 4.48 | 5.12 | 6.70 |
| 2000 | 3.80 | 5.06 | 6.41 | 4.31 | 4.94 | 6.41 |
| 2001 | 3.41 | 4.84 | 6.03 | 4.03 | 4.94 | 6.27 |
| 2002 | 3.28 | 4.44 | 5.46 | 3.58 | 4.73 | 5.93 |
| 2003 | 3.13 | 4.44 | 5.17 | 3.41 | 4.77 | 5.56 |
| 2004 | 3.03 | 4.03 | 5.04 | 3.44 | 4.88 | 5.17 |
| 2005 | 3.11 | 4.14 | 4.82 | 3.51 | 4.90 | 5.24 |
| 2006 | 3.25 | 4.17 | 5.17 | 3.66 | 5.11 | 5.36 |
| 2007 | 3.62 | 4.12 | 5.25 | 3.73 | 4.86 | 5.44 |
| 2008 | 3.67 | 4.07 | 5.63 | 3.84 | 4.97 | 5.85 |
| 2009 | 3.76 | 4.04 | 5.39 | 4.06 | 4.89 | 6.15 |
| 2010 | 3.84 | 3.99 | 5.48 | 4.16 | 4.95 | 6.23 |
| 2011 | 3.99 | 3.85 | 5.52 | 4.34 | 5.29 | 6.47 |
| 2012 | 4.07 | 4.05 | 5.70 | 4.54 | 5.73 | 6.38 |
| 2013 | 8.11 | 11.38 | 18.39 | 7.69 | 7.85 | 11.66 |
| 2014 | 8.26 | 11.46 | 17.21 | 8.14 | 8.25 | 10.94 |
| 2015 | 8.49 | 11.79 | 16.64 | 7.62 | 9.02 | 10.08 |
| 2016 | 8.37 | 12.44 | 14.99 | 7.64 | 8.68 | 9.95 |
| 2017 | 8.22 | 10.27 | 14.88 | 6.92 | 8.84 | 10.34 |

# 21-11　历年乡村劳动力

单位:万人

| 年　份 | 丰　县 | 沛　县 | 铜山区 | 睢宁县 | 新沂市 | 邳州市 |
|---|---|---|---|---|---|---|
| 1978 | 31.57 | 28.59 | 53.32 | 37.54 | 26.12 | 41.82 |
| 1979 | 28.79 | 28.81 | 53.80 | 36.82 | 26.36 | 41.49 |
| 1980 | 29.84 | 30.36 | 54.86 | 38.00 | 23.54 | 42.69 |
| 1981 | 31.02 | 31.92 | 56.85 | 39.21 | 26.81 | 43.88 |
| 1982 | 32.43 | 33.96 | 57.51 | 40.53 | 29.10 | 46.06 |
| 1983 | 32.68 | 35.14 | 59.81 | 40.80 | 28.80 | 46.69 |
| 1984 | 34.55 | 36.52 | 62.98 | 41.99 | 29.83 | 48.88 |
| 1985 | 35.64 | 37.14 | 65.18 | 43.77 | 30.17 | 51.98 |
| 1986 | 36.24 | 38.13 | 66.51 | 45.04 | 31.78 | 52.92 |
| 1987 | 37.79 | 33.80 | 66.81 | 47.24 | 32.55 | 55.08 |
| 1988 | 38.89 | 40.73 | 69.18 | 47.95 | 33.66 | 57.40 |
| 1989 | 39.65 | 41.91 | 71.51 | 49.20 | 34.74 | 59.13 |
| 1990 | 42.07 | 44.27 | 73.94 | 52.15 | 36.78 | 63.04 |
| 1991 | 43.02 | 45.21 | 75.04 | 53.64 | 37.79 | 66.95 |
| 1992 | 43.76 | 45.35 | 75.87 | 52.78 | 37.90 | 67.63 |
| 1993 | 44.26 | 42.65 | 74.71 | 54.73 | 37.63 | 67.98 |
| 1994 | 44.96 | 43.06 | 54.86 | 53.90 | 39.66 | 68.63 |
| 1995 | 45.19 | 41.80 | 51.46 | 55.18 | 39.96 | 69.01 |
| 1996 | 45.85 | 42.33 | 51.00 | 55.11 | 40.03 | 69.44 |
| 1997 | 46.43 | 44.21 | 51.93 | 57.54 | 41.46 | 71.06 |
| 1998 | 46.62 | 44.34 | 51.13 | 58.26 | 41.51 | 71.06 |
| 1999 | 46.48 | 42.43 | 50.41 | 56.71 | 39.35 | 70.01 |
| 2000 | 46.59 | 47.84 | 48.33 | 57.68 | 38.16 | 66.55 |
| 2001 | 49.04 | 47.79 | 47.62 | 56.29 | 37.61 | 65.64 |
| 2002 | 49.90 | 48.73 | 48.73 | 59.33 | 38.33 | 69.56 |
| 2003 | 50.87 | 49.61 | 46.87 | 60.18 | 38.31 | 68.66 |
| 2004 | 51.50 | 50.24 | 50.37 | 61.48 | 39.55 | 70.30 |
| 2005 | 53.24 | 49.99 | 45.83 | 61.64 | 40.36 | 68.75 |
| 2006 | 53.48 | 50.40 | 46.73 | 62.76 | 40.37 | 68.76 |
| 2007 | 51.38 | 49.74 | 49.91 | 63.96 | 40.40 | 69.76 |
| 2008 | 51.53 | 47.26 | 51.46 | 64.38 | 40.36 | 69.71 |
| 2009 | 52.00 | 47.61 | 52.62 | 63.66 | 41.72 | 69.70 |
| 2010 | 52.81 | 49.46 | 54.41 | 62.83 | 43.43 | 69.50 |
| 2011 | 54.36 | 49.64 | 55.42 | 60.87 | 43.71 | 67.65 |
| 2012 | 55.77 | 52.33 | 58.63 | 62.11 | 47.46 | 72.40 |
| 2013 | 54.14 | 49.89 | 55.42 | 59.28 | 46.63 | 68.22 |
| 2014 | 53.18 | 48.94 | 51.65 | 59.97 | 45.46 | 67.02 |
| 2015 | 53.21 | 49.25 | 52.20 | 59.83 | 44.38 | 66.22 |
| 2016 | 53.11 | 49.57 | 52.77 | 59.72 | 44.42 | 65.49 |
| 2017 | 53.07 | 50.02 | 52.41 | 59.66 | 44.56 | 64.13 |

# 21-12 历年固定资产投资

单位:万元

| 年 份 | 丰 县 | 沛 县 | 铜山区 | 睢宁县 | 新沂市 | 邳州市 |
|---|---|---|---|---|---|---|
| 1978 | 846 | 381 | 932 | 257 | 721 | 927 |
| 1979 | 830 | 575 | 1394 | 468 | 1040 | 1036 |
| 1980 | 654 | 795 | 1817 | 1054 | 810 | 844 |
| 1981 | 456 | 552 | 1226 | 577 | 726 | 613 |
| 1982 | 811 | 956 | 2377 | 637 | 846 | 1134 |
| 1983 | 640 | 1255 | 2114 | 538 | 1137 | 1485 |
| 1984 | 572 | 2036 | 1871 | 863 | 946 | 1530 |
| 1985 | 1016 | 1917 | 4021 | 1034 | 1609 | 2983 |
| 1986 | 5058 | 8509 | 30918 | 6564 | 16901 | 6136 |
| 1987 | 6794 | 9879 | 26961 | 8976 | 18966 | 26902 |
| 1988 | 8435 | 11978 | 31727 | 10496 | 23567 | 14313 |
| 1989 | 6587 | 11901 | 35441 | 8836 | 24988 | 30930 |
| 1990 | 9373 | 12345 | 38817 | 10194 | 30595 | 15335 |
| 1991 | 14560 | 16841 | 52059 | 11899 | 34845 | 17397 |
| 1992 | 19873 | 19901 | 71959 | 15199 | 36754 | 41934 |
| 1993 | 30578 | 30026 | 94013 | 45751 | 46133 | 55851 |
| 1994 | 46867 | 42717 | 141040 | 62722 | 66874 | 84525 |
| 1995 | 63137 | 79776 | 190435 | 82607 | 92935 | 88830 |
| 1996 | 80677 | 94540 | 238234 | 91157 | 94616 | 163509 |
| 1997 | 86698 | 113573 | 239240 | 84216 | 91756 | 116662 |
| 1998 | 96895 | 112588 | 211505 | 76037 | 129451 | 137538 |
| 1999 | 109440 | 144693 | 214600 | 102185 | 155269 | 165504 |
| 2000 | 125324 | 159146 | 229307 | 110264 | 129970 | 195998 |
| 2001 | 142671 | 175018 | 260666 | 132805 | 173082 | 227638 |
| 2002 | 172107 | 208096 | 295093 | 175419 | 197020 | 258616 |
| 2003 | 247625 | 310271 | 395956 | 240029 | 236778 | 383732 |
| 2004 | 323756 | 480920 | 537958 | 301340 | 461986 | 523462 |
| 2005 | 310470 | 607311 | 717791 | 325584 | 608550 | 950910 |
| 2006 | 413310 | 750129 | 1050982 | 402385 | 785000 | 1082000 |
| 2007 | 505000 | 1001518 | 1469954 | 508178 | 922500 | 1465814 |
| 2008 | 516480 | 1138254 | 1819519 | 617000 | 1184300 | 1816780 |
| 2009 | 650120 | 1586504 | 2397838 | 1058325 | 1583500 | 2602000 |
| 2010 | 901750 | 2140020 | 3351370 | 1345338 | 2101912 | 3349981 |
| 2011 | 1039371 | 2372031 | 3473398 | 1247240 | 2207210 | 3213528 |
| 2012 | 1273340 | 2923210 | 4267923 | 1532206 | 2706367 | 3938766 |
| 2013 | 1449732 | 3312973 | 4869369 | 1747941 | 3075835 | 4490608 |
| 2014 | 1801402 | 4090561 | 5665406 | 2185526 | 3862929 | 5459584 |
| 2015 | 2158322 | 4870889 | 6755075 | 2697732 | 4736939 | 6526898 |
| 2016 | 2511004 | 5603481 | 7834538 | 3204884 | 5500480 | 7631214 |
| 2017 | 2797603 | 6236338 | 8660972 | 3599716 | 5965297 | 8370098 |

注:2011 年起不再统计全社会固定资产投资,统计口径改为 500 万元以上固定资产投资。

# 21-13 历年财政收入

单位:万元

| 年 份 | 丰 县 | 沛 县 | 铜山区 | 睢宁县 | 新沂市 | 邳州市 |
|---|---|---|---|---|---|---|
| 1978 | 1326 | 1612 | 1831 | 1839 | 1491 | 1625 |
| 1979 | 962 | 1417 | 1611 | 1538 | 1377 | 1498 |
| 1980 | 1003 | 1322 | 1818 | 1604 | 1546 | 1608 |
| 1981 | 1014 | 1400 | 2251 | 1879 | 1617 | 1615 |
| 1982 | 1341 | 1751 | 3609 | 1820 | 1800 | 2123 |
| 1983 | 1441 | 2008 | 4025 | 2029 | 1736 | 2156 |
| 1984 | 1503 | 2132 | 4841 | 2285 | 1954 | 2489 |
| 1985 | 1852 | 2829 | 5401 | 2692 | 2375 | 2941 |
| 1986 | 2195 | 2944 | 6336 | 2960 | 2622 | 3400 |
| 1987 | 2509 | 3517 | 6316 | 3275 | 3045 | 3726 |
| 1988 | 2853 | 4465 | 7737 | 3778 | 3819 | 4264 |
| 1989 | 2483 | 4552 | 11609 | 3769 | 3434 | 3927 |
| 1990 | 2831 | 5227 | 12021 | 3879 | 3721 | 4309 |
| 1991 | 3004 | 5928 | 12122 | 3672 | 4151 | 4375 |
| 1992 | 3570 | 6579 | 12551 | 3886 | 4431 | 4963 |
| 1993 | 5331 | 9350 | 16627 | 5212 | 7367 | 7462 |
| 1994 | 7851 | 13335 | 18225 | 7574 | 10702 | 11575 |
| 1995 | 12054 | 18003 | 23454 | 11252 | 12468 | 15183 |
| 1996 | 14308 | 21534 | 30026 | 14002 | 15125 | 19222 |
| 1997 | 15559 | 26208 | 34911 | 14259 | 16772 | 22055 |
| 1998 | 16586 | 28004 | 38507 | 15360 | 18204 | 24271 |
| 1999 | 17620 | 30039 | 43062 | 16906 | 19410 | 26726 |
| 2000 | 17886 | 33018 | 48118 | 16330 | 20605 | 29060 |
| 2001 | 18508 | 36320 | 55685 | 18008 | 24463 | 34442 |
| 2002 | 19662 | 44582 | 62452 | 21137 | 27284 | 42168 |
| 2003 | 25318 | 50609 | 76398 | 26139 | 33342 | 56998 |
| 2004 | 27724 | 63601 | 92668 | 29502 | 40227 | 80058 |
| 2005 | 35221 | 85008 | 116500 | 35016 | 50576 | 95826 |
| 2006 | 49318 | 120271 | 156800 | 47073 | 75278 | 131022 |
| 2007 | 59755 | 157645 | 185086 | 55122 | 89561 | 150777 |
| 2008 | 81671 | 203279 | 236725 | 78109 | 114918 | 188589 |
| 2009 | 122515 | 261124 | 295654 | 115424 | 153260 | 253046 |
| 2010 | 169252 | 353923 | 387417 | 183819 | 236023 | 307900 |
| 2011 | 252468 | 481652 | 568925 | 282610 | 346516 | 463876 |
| 2012 | 305518 | 539131 | 663088 | 337728 | 404448 | 525325 |
| 2013 | 365891 | 579056 | 778290 | 406591 | 457312 | 583166 |
| 2014 | 438794 | 649830 | 859746 | 482701 | 529191 | 653571 |
| 2015 | 513049 | 705687 | 950743 | 560283 | 584543 | 731382 |
| 2016 | 433177 | 700806 | 856028 | 554716 | 620801 | 735946 |
| 2017 | 349195 | 715508 | 893843 | 553491 | 639803 | 772925 |

注:2007 年及以后财政收入及支出中不包括基金性收入和支出,与往年不可比(下同)。

# 21-14 历年财政支出

单位:万元

| 年 份 | 丰 县 | 沛 县 | 铜山区 | 睢宁县 | 新沂市 | 邳州市 |
|---|---|---|---|---|---|---|
| 1978 | 1590 | 1314 | 2088 | 1680 | 1447 | 1684 |
| 1979 | 2018 | 1675 | 2529 | 1840 | 1531 | 2237 |
| 1980 | 1667 | 1709 | 2315 | 1973 | 1479 | 2125 |
| 1981 | 1693 | 1724 | 2174 | 1951 | 1522 | 2160 |
| 1982 | 1896 | 2182 | 3082 | 2127 | 2016 | 2371 |
| 1983 | 2429 | 2554 | 3416 | 2629 | 2256 | 2858 |
| 1984 | 2840 | 3802 | 3706 | 2738 | 2531 | 3153 |
| 1985 | 2742 | 3950 | 4536 | 2940 | 2682 | 3488 |
| 1986 | 3653 | 5073 | 5628 | 4067 | 3538 | 4495 |
| 1987 | 4290 | 5118 | 6212 | 4199 | 3975 | 4661 |
| 1988 | 5181 | 6501 | 7952 | 5170 | 5187 | 5465 |
| 1989 | 5924 | 7687 | 10851 | 6605 | 6168 | 6678 |
| 1990 | 6896 | 8989 | 13543 | 7252 | 6811 | 7556 |
| 1991 | 7614 | 9556 | 15276 | 7886 | 7771 | 8476 |
| 1992 | 7586 | 9506 | 15621 | 8056 | 8303 | 9014 |
| 1993 | 10265 | 13261 | 16591 | 10324 | 10355 | 10811 |
| 1994 | 12891 | 13324 | 16611 | 12675 | 11454 | 14275 |
| 1995 | 16217 | 18621 | 20332 | 16013 | 14375 | 16403 |
| 1996 | 20248 | 21725 | 27532 | 19392 | 17820 | 21464 |
| 1997 | 24032 | 25682 | 32493 | 21162 | 19223 | 24898 |
| 1998 | 26558 | 27162 | 35526 | 23762 | 21683 | 29529 |
| 1999 | 26651 | 29588 | 39390 | 26580 | 24986 | 34094 |
| 2000 | 29667 | 31180 | 40284 | 26386 | 28064 | 36627 |
| 2001 | 35393 | 36889 | 44391 | 33568 | 34858 | 42889 |
| 2002 | 37866 | 45020 | 50338 | 39808 | 39122 | 49543 |
| 2003 | 45639 | 53456 | 62569 | 46134 | 48682 | 66217 |
| 2004 | 55325 | 67373 | 78394 | 54676 | 58307 | 84928 |
| 2005 | 72979 | 88488 | 107780 | 77545 | 79123 | 113430 |
| 2006 | 91672 | 116118 | 145418 | 96865 | 99903 | 143508 |
| 2007 | 116415 | 168273 | 162830 | 117449 | 113104 | 173183 |
| 2008 | 157929 | 203316 | 224738 | 167227 | 157278 | 237026 |
| 2009 | 208700 | 271959 | 285893 | 217116 | 221451 | 311689 |
| 2010 | 276883 | 360103 | 382972 | 284511 | 303498 | 411118 |
| 2011 | 403976 | 507852 | 521982 | 423914 | 431830 | 534465 |
| 2012 | 476067 | 611756 | 616370 | 482555 | 547278 | 679840 |
| 2013 | 541357 | 672191 | 824175 | 571385 | 617017 | 777384 |
| 2014 | 627100 | 731506 | 945903 | 675628 | 684991 | 886240 |
| 2015 | 747200 | 923535 | 1077401 | 788948 | 825003 | 1034275 |
| 2016 | 709000 | 948558 | 1080029 | 802093 | 918229 | 1100768 |
| 2017 | 650058 | 890877 | 1119644 | 831154 | 930036 | 1105205 |

# 21-15 历年常用耕地面积

（年底数） 单位：千公顷

| 年份 | 丰县 | 沛县 | 铜山区 | 睢宁县 | 新沂市 | 邳州市 |
|---|---|---|---|---|---|---|
| 1978 | 89.29 | 83.81 | 159.38 | 103.04 | 84.12 | 118.23 |
| 1979 | 89.07 | 83.64 | 158.77 | 102.47 | 84.04 | 117.75 |
| 1980 | 88.30 | 83.03 | 157.90 | 102.43 | 83.76 | 117.66 |
| 1981 | 87.80 | 82.87 | 157.07 | 102.27 | 83.73 | 117.60 |
| 1982 | 87.76 | 82.73 | 156.29 | 102.22 | 83.55 | 117.57 |
| 1983 | 88.00 | 82.67 | 156.00 | 102.00 | 83.33 | 117.33 |
| 1984 | 88.03 | 82.46 | 155.15 | 102.08 | 83.49 | 117.23 |
| 1985 | 88.01 | 81.19 | 154.73 | 102.03 | 83.48 | 117.01 |
| 1986 | 88.01 | 81.12 | 151.88 | 102.03 | 83.35 | 116.53 |
| 1987 | 87.93 | 80.86 | 151.32 | 101.95 | 83.21 | 116.32 |
| 1988 | 87.81 | 80.77 | 150.63 | 101.91 | 82.54 | 115.79 |
| 1989 | 87.63 | 80.73 | 149.94 | 101.89 | 82.32 | 115.73 |
| 1990 | 87.61 | 80.62 | 148.89 | 101.82 | 82.15 | 114.83 |
| 1991 | 87.51 | 80.45 | 148.33 | 101.25 | 82.10 | 114.67 |
| 1992 | 86.01 | 80.38 | 147.53 | 100.79 | 81.63 | 114.16 |
| 1993 | 86.00 | 80.20 | 146.79 | 100.52 | 81.55 | 112.86 |
| 1994 | 85.85 | 79.97 | 115.52 | 100.09 | 81.42 | 112.45 |
| 1995 | 85.85 | 77.97 | 115.38 | 99.92 | 81.07 | 111.88 |
| 1996 | 85.68 | 77.91 | 115.15 | 99.62 | 80.47 | 111.44 |
| 1997 | 76.65 | 77.44 | 117.47 | 100.79 | 79.37 | 122.66 |
| 1998 | 76.60 | 77.03 | 117.40 | 100.67 | 80.65 | 122.83 |
| 1999 | 76.64 | 77.05 | 117.66 | 100.63 | 80.14 | 122.48 |
| 2000 | 76.70 | 77.22 | 115.99 | 100.63 | 80.57 | 121.37 |
| 2001 | 76.25 | 77.13 | 116.05 | 100.10 | 79.90 | 121.16 |
| 2002 | 76.41 | 76.93 | 116.31 | 100.05 | 79.85 | 121.17 |
| 2003 | 76.10 | 76.72 | 113.19 | 100.08 | 79.70 | 112.70 |
| 2004 | 76.09 | 76.56 | 108.97 | 100.08 | 79.57 | 111.84 |
| 2005 | 76.28 | 76.44 | 109.43 | 100.08 | 79.37 | 111.39 |
| 2006 | 75.34 | 75.92 | 109.31 | 99.84 | 79.02 | 112.38 |
| 2007 | 75.51 | 75.80 | 109.37 | 99.76 | 79.00 | 111.79 |
| 2008 | 75.72 | 75.48 | 106.52 | 100.00 | 78.76 | 110.68 |
| 2009 | 75.67 | 73.57 | 105.10 | 99.40 | 78.64 | 111.86 |
| 2010 | 75.67 | 75.51 | 106.52 | 97.46 | 78.43 | 111.96 |
| 2011 | 79.58 | 81.09 | 106.53 | 103.47 | 80.41 | 116.31 |
| 2012 | 79.75 | 80.92 | 107.02 | 103.41 | 80.23 | 116.33 |
| 2013 | 79.57 | 80.90 | 106.91 | 103.30 | 80.30 | 116.30 |
| 2014 | 79.57 | 81.20 | 106.85 | 103.42 | 80.33 | 116.32 |
| 2015 | 79.52 | 81.30 | 106.81 | 103.49 | 80.16 | 116.60 |
| 2016 | 79.49 | 81.57 | 106.50 | 103.39 | 80.22 | 116.42 |
| 2017 | 80.31 | 81.54 | 106.07 | 103.92 | 80.32 | 116.58 |

# 21-16 历年农业机械总动力

（年底数） 单位:万千瓦

| 年 份 | 丰 县 | 沛 县 | 铜山区 | 睢宁县 | 新沂市 | 邳州市 |
|---|---|---|---|---|---|---|
| 1978 | 12.44 | 12.95 | 23.21 | 11.44 | 10.47 | 13.70 |
| 1979 | 12.86 | 14.47 | 26.21 | 12.64 | 14.28 | 14.87 |
| 1980 | 15.96 | 15.65 | 29.45 | 14.10 | 15.65 | 16.74 |
| 1981 | 16.77 | 17.27 | 30.82 | 16.04 | 17.15 | 18.35 |
| 1982 | 18.95 | 19.29 | 35.35 | 18.84 | 18.47 | 22.39 |
| 1983 | 20.59 | 21.80 | 40.13 | 20.18 | 20.05 | 25.99 |
| 1984 | 24.02 | 23.91 | 49.46 | 21.56 | 19.99 | 29.12 |
| 1985 | 25.74 | 24.32 | 56.19 | 22.93 | 19.91 | 30.07 |
| 1986 | 27.61 | 25.54 | 60.61 | 25.00 | 21.27 | 34.61 |
| 1987 | 30.40 | 28.50 | 72.00 | 26.84 | 22.76 | 36.96 |
| 1988 | 32.50 | 29.16 | 86.62 | 28.11 | 23.23 | 38.18 |
| 1989 | 34.39 | 27.70 | 93.14 | 26.25 | 23.44 | 39.96 |
| 1990 | 30.27 | 34.42 | 93.52 | 25.27 | 23.15 | 39.81 |
| 1991 | 30.49 | 34.29 | 72.86 | 25.19 | 22.34 | 40.40 |
| 1992 | 28.09 | 33.17 | 65.23 | 24.79 | 22.66 | 36.61 |
| 1993 | 29.56 | 32.81 | 63.29 | 25.59 | 22.73 | 34.90 |
| 1994 | 29.51 | 32.73 | 39.84 | 25.89 | 23.66 | 33.58 |
| 1995 | 30.34 | 34.52 | 36.93 | 23.55 | 24.74 | 29.72 |
| 1996 | 31.80 | 35.32 | 36.37 | 24.55 | 25.02 | 31.54 |
| 1997 | 44.92 | 40.34 | 54.86 | 26.98 | 29.97 | 38.24 |
| 1998 | 47.90 | 41.96 | 58.19 | 29.92 | 32.61 | 41.47 |
| 1999 | 50.58 | 43.30 | 72.20 | 31.33 | 36.55 | 46.83 |
| 2000 | 57.51 | 65.59 | 70.67 | 45.85 | 41.18 | 57.97 |
| 2001 | 58.11 | 67.20 | 71.06 | 48.66 | 43.09 | 65.02 |
| 2002 | 57.81 | 68.52 | 73.14 | 50.93 | 44.58 | 70.80 |
| 2003 | 59.37 | 69.07 | 73.85 | 53.43 | 46.42 | 75.55 |
| 2004 | 59.98 | 70.25 | 73.95 | 55.83 | 46.62 | 78.06 |
| 2005 | 60.44 | 74.62 | 67.30 | 60.02 | 49.76 | 83.15 |
| 2006 | 61.66 | 78.44 | 70.46 | 65.01 | 53.91 | 88.34 |
| 2007 | 62.13 | 79.94 | 71.50 | 66.99 | 56.71 | 94.46 |
| 2008 | 66.25 | 82.31 | 91.90 | 82.07 | 60.40 | 96.80 |
| 2009 | 69.13 | 84.10 | 93.90 | 86.26 | 65.84 | 101.40 |
| 2010 | 69.93 | 85.65 | 96.20 | 89.37 | 69.03 | 104.10 |
| 2011 | 73.80 | 89.13 | 98.79 | 96.96 | 72.61 | 111.13 |
| 2012 | 76.77 | 92.41 | 98.76 | 103.00 | 77.18 | 116.04 |
| 2013 | 77.83 | 95.94 | 98.92 | 106.30 | 81.13 | 113.25 |
| 2014 | 80.27 | 97.80 | 199.44 | 111.80 | 94.93 | 116.02 |
| 2015 | 81.73 | 100.09 | 102.63 | 117.99 | 105.08 | 117.34 |
| 2016 | 82.84 | 102.08 | 111.65 | 122.05 | 115.86 | 118.52 |
| 2017 | 83.05 | 103.60 | 113.50 | 123.06 | 121.99 | 127.91 |

# 21-17　历年农林牧渔业总产值

（当年价格）　　单位:万元

| 年　份 | 丰　县 | 沛　县 | 铜山区 | 睢宁县 | 新沂市 | 邳州市 |
|---|---|---|---|---|---|---|
| 1978 | 15810 | 18382 | 31848 | 18356 | 18265 | 24491 |
| 1979 | 20724 | 19705 | 42217 | 18880 | 18612 | 28479 |
| 1980 | 23182 | 21854 | 37976 | 23603 | 18598 | 31461 |
| 1981 | 24163 | 24754 | 37987 | 26421 | 21157 | 34168 |
| 1982 | 29770 | 27695 | 47763 | 33934 | 26418 | 38514 |
| 1983 | 35419 | 33163 | 60996 | 35885 | 33330 | 43581 |
| 1984 | 43388 | 40732 | 66347 | 47968 | 37414 | 55344 |
| 1985 | 41474 | 42583 | 75225 | 49402 | 41786 | 59884 |
| 1986 | 45200 | 55998 | 85209 | 51449 | 50860 | 76645 |
| 1987 | 52613 | 62592 | 94380 | 51600 | 63375 | 83140 |
| 1988 | 64426 | 73268 | 146023 | 54879 | 78355 | 110264 |
| 1989 | 69328 | 73819 | 147659 | 66570 | 87884 | 110596 |
| 1990 | 78230 | 91721 | 163381 | 80470 | 94180 | 128027 |
| 1991 | 91766 | 93687 | 175889 | 89271 | 104601 | 135059 |
| 1992 | 91465 | 91402 | 209745 | 102009 | 119878 | 142777 |
| 1993 | 131067 | 122049 | 257302 | 135878 | 154151 | 171199 |
| 1994 | 180928 | 197257 | 320311 | 217635 | 213544 | 292885 |
| 1995 | 239818 | 247827 | 399924 | 269129 | 256031 | 384102 |
| 1996 | 280443 | 324758 | 454553 | 317969 | 293759 | 461242 |
| 1997 | 256802 | 333973 | 384232 | 296479 | 285292 | 426967 |
| 1998 | 266865 | 348366 | 401055 | 282536 | 303556 | 450727 |
| 1999 | 279736 | 354591 | 381167 | 278597 | 312216 | 459072 |
| 2000 | 300605 | 363461 | 400294 | 273376 | 321307 | 486340 |
| 2001 | 320867 | 381637 | 431471 | 289274 | 339682 | 516544 |
| 2002 | 342465 | 405504 | 460307 | 314341 | 360180 | 552480 |
| 2003 | 366826 | 422362 | 405606 | 325021 | 308914 | 580636 |
| 2004 | 414977 | 483373 | 478627 | 399044 | 380824 | 599434 |
| 2005 | 355373 | 566218 | 464871 | 389692 | 414548 | 695374 |
| 2006 | 395859 | 594072 | 501253 | 413557 | 446353 | 779016 |
| 2007 | 437125 | 651825 | 541433 | 442820 | 507574 | 830250 |
| 2008 | 530887 | 673930 | 599778 | 519253 | 503328 | 882368 |
| 2009 | 580693 | 751617 | 670996 | 665887 | 615434 | 991811 |
| 2010 | 649355 | 903156 | 684373 | 787066 | 694783 | 1100101 |
| 2011 | 775231 | 1090245 | 856960 | 950728 | 806247 | 1327479 |
| 2012 | 886899 | 1207167 | 981564 | 1046895 | 916229 | 1494402 |
| 2013 | 1027733 | 1352225 | 1152242 | 1182998 | 1028666 | 1628505 |
| 2014 | 1232193 | 1501940 | 1286776 | 1342580 | 1175475 | 1873621 |
| 2015 | 1371308 | 1618628 | 1452086 | 1463121 | 1281589 | 2054161 |
| 2016 | 1479144 | 1738438 | 1546741 | 1586230 | 1360946 | 2233015 |
| 2017 | 1628580 | 1921838 | 1703707 | 1754373 | 1500399 | 2474180 |

# 21-18 历年粮食产量

单位:万吨

| 年 份 | 丰 县 | 沛 县 | 铜山区 | 睢宁县 | 新沂市 | 邳州市 |
|---|---|---|---|---|---|---|
| 1978 | 24.82 | 29.08 | 51.50 | 30.57 | 31.47 | 36.94 |
| 1979 | 28.59 | 33.87 | 60.73 | 32.04 | 36.83 | 41.14 |
| 1980 | 30.81 | 32.71 | 63.44 | 37.69 | 38.98 | 44.22 |
| 1981 | 31.30 | 35.49 | 69.80 | 45.39 | 41.40 | 49.93 |
| 1982 | 35.09 | 36.30 | 68.95 | 52.62 | 45.55 | 53.33 |
| 1983 | 42.13 | 49.79 | 95.67 | 57.79 | 55.16 | 65.35 |
| 1984 | 49.19 | 56.51 | 103.18 | 64.08 | 58.77 | 71.22 |
| 1985 | 49.41 | 48.94 | 94.84 | 62.97 | 54.68 | 67.14 |
| 1986 | 51.27 | 55.30 | 105.80 | 66.17 | 57.32 | 72.59 |
| 1987 | 45.11 | 54.20 | 100.12 | 68.25 | 58.89 | 74.99 |
| 1988 | 38.92 | 52.38 | 94.04 | 59.29 | 52.50 | 71.34 |
| 1989 | 43.55 | 55.97 | 104.71 | 68.58 | 54.27 | 75.44 |
| 1990 | 43.72 | 55.69 | 107.60 | 67.29 | 51.54 | 71.20 |
| 1991 | 48.70 | 55.82 | 108.48 | 66.88 | 55.30 | 74.62 |
| 1992 | 46.11 | 55.63 | 111.70 | 68.27 | 55.47 | 79.67 |
| 1993 | 50.15 | 59.30 | 105.65 | 60.79 | 54.54 | 74.86 |
| 1994 | 46.64 | 52.62 | 72.63 | 61.02 | 50.61 | 70.92 |
| 1995 | 51.24 | 58.58 | 76.75 | 63.66 | 54.20 | 76.10 |
| 1996 | 52.24 | 62.25 | 79.94 | 69.76 | 54.29 | 78.25 |
| 1997 | 53.44 | 62.50 | 82.56 | 73.80 | 56.55 | 81.10 |
| 1998 | 44.19 | 51.91 | 75.87 | 64.62 | 49.79 | 73.00 |
| 1999 | 54.93 | 56.89 | 81.88 | 73.62 | 50.74 | 75.66 |
| 2000 | 40.34 | 45.60 | 56.63 | 53.92 | 39.00 | 64.57 |
| 2001 | 38.25 | 44.43 | 54.17 | 51.53 | 37.55 | 65.30 |
| 2002 | 38.06 | 45.22 | 48.88 | 49.49 | 37.69 | 60.38 |
| 2003 | 23.83 | 36.22 | 33.28 | 39.70 | 25.74 | 36.80 |
| 2004 | 43.17 | 47.35 | 51.32 | 58.48 | 35.07 | 62.03 |
| 2005 | 38.08 | 48.19 | 53.30 | 53.68 | 36.80 | 60.65 |
| 2006 | 42.77 | 48.03 | 61.58 | 65.47 | 41.98 | 60.30 |
| 2007 | 40.03 | 46.29 | 65.43 | 61.34 | 49.12 | 66.11 |
| 2008 | 43.91 | 51.76 | 65.43 | 74.67 | 52.94 | 69.93 |
| 2009 | 49.43 | 55.62 | 71.37 | 84.29 | 59.93 | 73.75 |
| 2010 | 46.01 | 58.11 | 79.20 | 85.31 | 62.67 | 75.88 |
| 2011 | 51.10 | 59.89 | 81.61 | 88.51 | 63.58 | 79.50 |
| 2012 | 52.89 | 61.17 | 84.22 | 91.62 | 65.68 | 82.77 |
| 2013 | 51.76 | 58.99 | 83.33 | 85.03 | 62.68 | 78.74 |
| 2014 | 53.49 | 60.71 | 78.94 | 90.98 | 65.97 | 80.85 |
| 2015 | 52.99 | 61.63 | 79.32 | 92.03 | 65.95 | 80.64 |
| 2016 | 52.54 | 60.27 | 79.37 | 92.78 | 66.06 | 80.75 |
| 2017 | 55.29 | 62.32 | 81.08 | 93.92 | 69.62 | 82.34 |

注:2006 年数据根据农普资料进行了调整。

# 21-19 历年棉花产量

单位:万吨

| 年　份 | 丰　县 | 沛　县 | 铜山区 | 睢宁县 | 新沂市 | 邳州市 |
|---|---|---|---|---|---|---|
| 1978 | 0.25 | 0.37 | 0.73 | 0.64 | 0.07 | 0.41 |
| 1979 | 0.32 | 0.31 | 0.60 | 0.41 | 0.01 | 0.35 |
| 1980 | 0.71 | 0.73 | 1.22 | 1.00 | 0.01 | 0.79 |
| 1981 | 0.63 | 0.75 | 1.26 | 0.93 | 0.01 | 0.75 |
| 1982 | 1.15 | 1.07 | 1.73 | 0.94 |  | 0.80 |
| 1983 | 1.43 | 1.25 | 2.33 | 1.28 |  | 1.04 |
| 1984 | 2.33 | 1.40 | 2.56 | 1.68 |  | 1.36 |
| 1985 | 1.45 | 1.04 | 1.97 | 1.06 |  | 1.53 |
| 1986 | 1.77 | 0.77 | 1.63 | 0.76 |  | 1.31 |
| 1987 | 2.05 | 1.09 | 1.94 | 0.85 |  | 1.56 |
| 1988 | 1.94 | 1.18 | 2.55 | 1.15 | 0.04 | 1.97 |
| 1989 | 1.25 | 0.30 | 1.23 | 0.72 | 0.03 | 1.16 |
| 1990 | 1.62 | 0.42 | 1.51 | 0.84 | 0.01 | 1.18 |
| 1991 | 1.98 | 0.86 | 2.36 | 1.05 |  | 1.70 |
| 1992 | 1.00 | 0.41 | 1.81 | 0.98 |  | 1.26 |
| 1993 | 1.12 | 0.55 | 1.74 | 0.60 |  | 0.78 |
| 1994 | 0.80 | 0.32 | 1.04 | 0.71 |  | 1.10 |
| 1995 | 1.01 | 0.55 | 1.54 | 0.85 |  | 1.69 |
| 1996 | 0.90 | 0.61 | 1.25 | 0.68 |  | 1.17 |
| 1997 | 0.80 | 0.40 | 0.86 | 0.68 |  | 1.20 |
| 1998 | 0.71 | 0.23 | 1.02 | 0.57 |  | 1.07 |
| 1999 | 0.36 | 0.09 | 0.71 | 0.39 |  | 0.70 |
| 2000 | 1.53 | 0.26 | 1.24 | 0.62 |  | 1.12 |
| 2001 | 1.66 | 0.47 | 1.43 | 1.02 |  | 1.80 |
| 2002 | 1.71 | 0.49 | 1.16 | 1.10 |  | 1.51 |
| 2003 | 1.45 | 0.31 | 0.78 | 0.58 |  | 1.03 |
| 2004 | 2.31 | 1.02 | 1.65 | 0.99 |  | 1.95 |
| 2005 | 0.95 | 0.39 | 0.84 | 0.62 |  | 1.04 |
| 2006 | 1.05 | 0.31 | 0.54 | 0.37 |  | 0.78 |
| 2007 | 1.60 | 0.52 | 0.63 | 0.34 |  | 0.86 |
| 2008 | 1.68 | 0.45 | 0.81 | 0.25 |  | 0.86 |
| 2009 | 1.61 | 0.42 | 0.80 | 0.14 |  | 0.77 |
| 2010 | 1.10 | 0.34 | 0.79 | 0.21 |  | 0.68 |
| 2011 | 1.30 | 0.38 | 0.71 | 0.17 |  | 0.70 |
| 2012 | 1.54 | 0.39 | 0.74 | 0.15 |  | 0.74 |
| 2013 | 1.62 | 0.46 | 0.70 | 0.16 |  | 0.58 |
| 2014 | 1.69 | 0.16 | 0.63 | 0.14 |  | 0.52 |
| 2015 | 1.58 | 0.17 | 0.47 | 0.11 |  | 0.17 |
| 2016 | 1.02 | 0.40 | 0.39 | 0.09 |  | 0.07 |
| 2017 | 1.13 | 0.29 | 0.32 | 0.05 |  | 0.06 |

# 21-20 历年油料产量

单位:万吨

| 年 份 | 丰 县 | 沛 县 | 铜山区 | 睢宁县 | 新沂市 | 邳州市 |
|---|---|---|---|---|---|---|
| 1978 | 0.11 | 0.08 | 0.35 | 0.19 | 0.73 | 0.12 |
| 1979 | 0.17 | 0.12 | 0.32 | 0.29 | 0.99 | 0.18 |
| 1980 | 0.28 | 0.23 | 0.50 | 0.44 | 1.37 | 0.33 |
| 1981 | 0.41 | 0.24 | 0.67 | 0.96 | 2.20 | 0.56 |
| 1982 | 0.44 | 0.21 | 0.83 | 2.63 | 2.67 | 0.77 |
| 1983 | 0.27 | 0.11 | 0.53 | 1.86 | 2.49 | 0.43 |
| 1984 | 0.30 | 0.26 | 0.52 | 1.69 | 1.92 | 0.41 |
| 1985 | 0.79 | 0.74 | 1.41 | 3.67 | 3.09 | 0.79 |
| 1986 | 1.00 | 0.78 | 1.29 | 3.75 | 3.05 | 0.76 |
| 1987 | 0.68 | 0.61 | 1.28 | 4.53 | 2.71 | 0.80 |
| 1988 | 0.36 | 0.46 | 0.40 | 0.61 | 2.67 | 0.31 |
| 1989 | 0.44 | 0.47 | 0.50 | 0.87 | 2.34 | 0.38 |
| 1990 | 0.51 | 0.57 | 0.57 | 0.62 | 2.08 | 0.41 |
| 1991 | 0.49 | 0.60 | 0.70 | 1.18 | 2.53 | 0.82 |
| 1992 | 0.50 | 0.43 | 0.66 | 0.97 | 2.21 | 0.75 |
| 1993 | 0.62 | 0.50 | 0.86 | 1.44 | 3.14 | 0.57 |
| 1994 | 0.68 | 0.40 | 0.45 | 2.15 | 4.04 | 1.33 |
| 1995 | 0.63 | 0.55 | 0.35 | 1.42 | 3.91 | 1.22 |
| 1996 | 0.68 | 0.70 | 0.32 | 0.96 | 2.75 | 0.70 |
| 1997 | 0.86 | 0.75 | 0.36 | 1.22 | 3.83 | 0.58 |
| 1998 | 1.18 | 1.01 | 0.23 | 2.11 | 4.03 | 0.61 |
| 1999 | 1.73 | 1.07 | 1.00 | 3.43 | 5.79 | 0.78 |
| 2000 | 2.68 | 1.44 | 1.40 | 5.28 | 7.65 | 1.21 |
| 2001 | 3.50 | 1.46 | 1.13 | 4.83 | 8.78 | 2.54 |
| 2002 | 2.20 | 1.60 | 1.42 | 5.52 | 9.09 | 1.92 |
| 2003 | 1.12 | 0.86 | 0.93 | 3.01 | 2.78 | 1.09 |
| 2004 | 1.56 | 0.81 | 1.78 | 4.73 | 8.67 | 1.97 |
| 2005 | 0.60 | 0.62 | 1.19 | 3.33 | 8.43 | 1.62 |
| 2006 | 0.70 | 0.68 | 0.95 | 2.20 | 6.11 | 1.33 |
| 2007 | 0.68 | 0.35 | 0.96 | 1.75 | 5.76 | 1.60 |
| 2008 | 0.62 | 0.36 | 0.73 | 1.95 | 5.40 | 1.47 |
| 2009 | 0.61 | 0.40 | 0.68 | 2.06 | 7.04 | 1.49 |
| 2010 | 0.51 | 0.24 | 0.64 | 1.60 | 7.44 | 1.48 |
| 2011 | 0.47 | 0.20 | 0.68 | 1.58 | 6.57 | 1.76 |
| 2012 | 0.47 | 0.20 | 0.69 | 1.66 | 5.83 | 1.63 |
| 2013 | 0.45 | 0.27 | 0.56 | 1.46 | 5.51 | 1.50 |
| 2014 | 0.48 | 0.26 | 0.49 | 1.49 | 6.23 | 1.47 |
| 2015 | 0.51 | 0.28 | 0.51 | 2.04 | 6.26 | 1.42 |
| 2016 | 0.44 | 0.24 | 0.56 | 3.07 | 7.54 | 1.40 |
| 2017 | 0.43 | 0.38 | 0.56 | 3.14 | 6.70 | 1.39 |

# 21–21　历年肉类总产量

单位:万吨

| 年　份 | 丰　县 | 沛　县 | 铜山区 | 睢宁县 | 新沂市 | 邳州市 |
|---|---|---|---|---|---|---|
| 1978 | | | | | | |
| 1979 | | | | | | |
| 1980 | | | | | | |
| 1981 | | | | | | |
| 1982 | | | | | | |
| 1983 | | | | | | |
| 1984 | | | | | | |
| 1985 | 1.71 | 1.83 | 2.65 | 2.53 | 2.39 | 2.81 |
| 1986 | 1.79 | 1.70 | 2.86 | 2.88 | 2.40 | 2.36 |
| 1987 | 2.52 | 1.68 | 3.58 | 2.72 | 2.49 | 3.01 |
| 1988 | 2.78 | 2.27 | 4.33 | 3.25 | 2.72 | 3.05 |
| 1989 | 2.83 | 2.27 | 4.48 | 3.17 | 2.58 | 3.38 |
| 1990 | 3.03 | 2.61 | 5.12 | 3.56 | 2.86 | 4.13 |
| 1991 | 3.66 | 2.86 | 5.37 | 3.65 | 2.90 | 4.54 |
| 1992 | 3.98 | 2.96 | 6.09 | 4.14 | 3.16 | 5.10 |
| 1993 | 4.45 | 3.49 | 7.32 | 4.99 | 3.64 | 5.30 |
| 1994 | 4.55 | 3.81 | 6.56 | 6.17 | 4.93 | 6.23 |
| 1995 | 5.03 | 4.67 | 8.15 | 7.25 | 5.32 | 7.67 |
| 1996 | 7.48 | 6.32 | 9.16 | 8.92 | 5.15 | 8.98 |
| 1997 | 3.14 | 5.19 | 4.78 | 6.06 | 5.29 | 6.20 |
| 1998 | 4.76 | 5.67 | 4.55 | 4.82 | 5.58 | 7.26 |
| 1999 | 4.35 | 5.49 | 5.06 | 4.06 | 5.01 | 6.84 |
| 2000 | 4.56 | 6.30 | 5.63 | 3.97 | 6.20 | 7.45 |
| 2001 | 5.10 | 6.87 | 5.79 | 4.36 | 6.89 | 8.06 |
| 2002 | 5.23 | 6.94 | 6.03 | 5.32 | 6.11 | 8.26 |
| 2003 | 5.60 | 6.94 | 6.61 | 5.34 | 6.30 | 8.81 |
| 2004 | 5.63 | 7.15 | 6.82 | 6.22 | 6.30 | 9.38 |
| 2005 | 6.32 | 8.17 | 6.40 | 7.06 | 6.86 | 10.17 |
| 2006 | 4.29 | 11.36 | 7.14 | 6.43 | 7.34 | 10.56 |
| 2007 | 4.23 | 9.90 | 6.42 | 5.48 | 5.89 | 8.83 |
| 2008 | 7.86 | 11.94 | 7.30 | 7.22 | 7.80 | 13.36 |
| 2009 | 10.57 | 12.67 | 8.74 | 9.24 | 9.88 | 17.48 |
| 2010 | 12.01 | 17.61 | 10.23 | 11.04 | 12.70 | 20.42 |
| 2011 | 13.32 | 19.54 | 11.49 | 12.91 | 12.63 | 19.55 |
| 2012 | 15.14 | 19.49 | 12.47 | 15.57 | 14.92 | 20.43 |
| 2013 | 16.19 | 18.55 | 11.09 | 14.34 | 13.28 | 20.62 |
| 2014 | 15.93 | 18.96 | 10.59 | 14.93 | 13.89 | 21.08 |
| 2015 | 16.72 | 19.38 | 10.41 | 14.17 | 12.91 | 20.68 |
| 2016 | 13.85 | 17.55 | 9.89 | 12.15 | 11.68 | 19.93 |
| 2017 | 13.80 | 17.62 | 9.75 | 10.39 | 10.33 | 16.86 |

# 21-22 历年邮电业务总量

单位:万元

| 年　份 | 丰　县 | 沛　县 | 铜山区 | 睢宁县 | 新沂市 | 邳州市 |
|---|---|---|---|---|---|---|
| 1978 | 53 | 66 | 72 | 65 | 67 | 72 |
| 1979 | 56 | 74 | 70 | 70 | 78 | 73 |
| 1980 | 63 | 79 | 80 | 76 | 84 | 82 |
| 1981 | 68 | 88 | 89 | 82 | 97 | 94 |
| 1982 | 69 | 92 | 95 | 82 | 101 | 97 |
| 1983 | 74 | 100 | 107 | 87 | 106 | 99 |
| 1984 | 81 | 113 | 107 | 98 | 110 | 114 |
| 1985 | 93 | 130 | 122 | 112 | 126 | 128 |
| 1986 | 97 | 148 | 128 | 119 | 148 | 142 |
| 1987 | 108 | 165 | 128 | 138 | 162 | 163 |
| 1988 | 131 | 199 | 153 | 176 | 199 | 216 |
| 1989 | 139 | 213 | 172 | 193 | 217 | 222 |
| 1990 | 325 | 483 | 206 | 430 | 477 | 480 |
| 1991 | 386 | 529 | 593 | 544 | 543 | 596 |
| 1992 | 511 | 763 | 774 | 752 | 840 | 829 |
| 1993 | 722 | 1207 | 1154 | 1008 | 1259 | 1227 |
| 1994 | 1356 | 1750 | 1398 | 1598 | 1834 | 2090 |
| 1995 | 2200 | 2594 | 2335 | 2575 | 3405 | 3354 |
| 1996 | 2994 | 3779 | 3735 | 3464 | 4087 | 4463 |
| 1997 | 4520 | 5628 | 4880 | 5169 | 5614 | 6272 |
| 1998 | 5851 | 6986 | 1084 | 6756 | 7227 | 8534 |
| 1999 | 6981 | 9140 | 1164 | 8144 | 8275 | 10724 |
| 2000 | 10487 | 14645 | 1638 | 10763 | 13269 | 17517 |
| 2001 | 10308 | 12875 | 2010 | 11297 | 11784 | 16573 |
| 2002 | 10742 | 13486 | 2488 | 11767 | 11986 | 16611 |
| 2003 | 12905 | 15924 | 9207 | 13946 | 14313 | 19077 |
| 2004 | 6234 | 8340 | 11043 | 7227 | 7245 | 10789 |
| 2005 | 7235 | 9905 | 5233 | 8630 | 9111 | 12756 |
| 2006 | 10181 | 13059 | 14502 | 11904 | 11399 | 16508 |
| 2007 | 26922 | 37403 | 45696 | 33023 | 33868 | 49353 |
| 2008 | 30719 | 38781 | 58462 | 37780 | 39634 | 56284 |
| 2009 | 40988 | 51202 | 46242 | 46782 | 44708 | 59252 |
| 2010 | 56228 | 69137 | 58455 | 60394 | 60718 | 79485 |
| 2011 | 42916 | 55635 | 55410 | 49128 | 50933 | 65536 |
| 2012 | 51983 | 64783 |  | 57971 | 57155 | 74320 |
| 2013 | 153394 | 192013 |  | 183881 | 166383 | 235569 |
| 2014 | 149084 | 186814 |  | 188957 | 171454 | 227140 |
| 2015 | 165129 | 200653 |  | 205099 | 188432 | 240449 |
| 2016 | 193859 | 222595 |  | 269623 | 249448 | 299179 |
| 2017 | 142061 | 164419 |  | 202066 | 223788 | 222121 |

注:2006 年及以前邮电业务总量中电信业务总量以电信业务收入代替;2011 年 -2016 年邮电业务总量按 2010 年价格计算;2017 年起电信业务总量使用“2015 年电信业务不变单价”计算,与往年不可比。

# 21-23 历年年末固定电话用户

单位:户

| 年 份 | 丰 县 | 沛 县 | 铜山区 | 睢宁县 | 新沂市 | 邳州市 |
|---|---|---|---|---|---|---|
| 1978 | 992 | 2044 | | 1517 | 1391 | 1716 |
| 1979 | 1110 | 2130 | | 1563 | 1483 | 1809 |
| 1980 | 1186 | 2130 | | 1674 | 1705 | 1881 |
| 1981 | 1250 | 2162 | | 1729 | 1774 | 1898 |
| 1982 | 1229 | 2237 | | 1799 | 2132 | 1863 |
| 1983 | 1152 | 2374 | | 1815 | 2253 | 1917 |
| 1984 | 1224 | 2500 | | 1907 | 2508 | 2076 |
| 1985 | 1353 | 2744 | | 2028 | 2833 | 2310 |
| 1986 | 1462 | 3122 | | 2167 | 2965 | 2348 |
| 1987 | 1547 | 3579 | | 2304 | 3288 | 2611 |
| 1988 | 1800 | 4141 | | 2625 | 3650 | 2946 |
| 1989 | 1961 | 5059 | | 3189 | 4060 | 3418 |
| 1990 | 2256 | 6011 | | 3659 | 4316 | 3791 |
| 1991 | 2848 | 6767 | | 4779 | 4953 | 4502 |
| 1992 | 3133 | 8601 | | 5393 | 7452 | 5845 |
| 1993 | 3627 | 11141 | | 6763 | 9206 | 7883 |
| 1994 | 6910 | 16834 | | 10704 | 11529 | 11767 |
| 1995 | 12173 | 22799 | | 16219 | 20675 | 22594 |
| 1996 | 21588 | 33719 | | 29817 | 39309 | 34371 |
| 1997 | 36893 | 53963 | | 40811 | 54080 | 48738 |
| 1998 | 49871 | 70380 | | 61097 | 75566 | 82685 |
| 1999 | 44267 | 59464 | | 52052 | 58453 | 70343 |
| 2000 | 65944 | 81326 | | 73890 | 80146 | 100162 |
| 2001 | 94810 | 106240 | | 106927 | 98699 | 134368 |
| 2002 | 124422 | 140187 | | 134598 | 129540 | 175820 |
| 2003 | 165988 | 187204 | 198979 | 177939 | 168802 | 229143 |
| 2004 | 208672 | 239275 | 282600 | 228993 | 209109 | 293284 |
| 2005 | 239468 | 275750 | 295707 | 273883 | 257232 | 353097 |
| 2006 | 248726 | 288165 | 270251 | 298558 | 266937 | 372969 |
| 2007 | 242158 | 235777 | 272056 | 297598 | 270527 | 353257 |
| 2008 | 220611 | 230571 | 241018 | 270364 | 237400 | 312135 |
| 2009 | 145540 | 167392 | 180008 | 199079 | 160805 | 202749 |
| 2010 | 137603 | 157466 | 173708 | 188348 | 150520 | 190971 |
| 2011 | 140462 | 197216 | 239038 | 187160 | 207733 | 221426 |
| 2012 | 100803 | 146045 | 161416 | 155666 | 132020 | 154129 |
| 2013 | 100036 | 146919 | 170089 | 155292 | 133787 | 157783 |
| 2014 | 88545 | 146269 | 154977 | 146843 | 120367 | 144323 |
| 2015 | 82152 | 113449 | 133088 | 128151 | 100704 | 130520 |
| 2016 | 79027 | 99583 | 121435 | 115086 | 91685 | 113514 |
| 2017 | 72952 | 90954 | 113004 | 110607 | 85811 | 108390 |

# 21–24 历年社会消费品零售总额

单位:万元

| 年 份 | 丰 县 | 沛 县 | 铜山区 | 睢宁县 | 新沂市 | 邳州市 |
|---|---|---|---|---|---|---|
| 1978 | 5581 | 6587 | 11569 | 7448 | 6594 | 7799 |
| 1979 | 6981 | 8136 | 12704 | 9037 | 7842 | 10096 |
| 1980 | 8962 | 9357 | 13144 | 10741 | 8968 | 12282 |
| 1981 | 10167 | 10934 | 14478 | 11616 | 10625 | 13140 |
| 1982 | 11883 | 12036 | 16486 | 12343 | 12169 | 14186 |
| 1983 | 12191 | 13541 | 18637 | 13945 | 13490 | 15083 |
| 1984 | 14000 | 16071 | 21802 | 16575 | 14216 | 17547 |
| 1985 | 18465 | 19762 | 27613 | 21199 | 18869 | 22883 |
| 1986 | 20579 | 22168 | 32365 | 23307 | 22833 | 26869 |
| 1987 | 23555 | 26658 | 37441 | 25849 | 25821 | 29582 |
| 1988 | 28620 | 31213 | 43827 | 30628 | 30630 | 35904 |
| 1989 | 31599 | 33343 | 44445 | 31893 | 31650 | 38837 |
| 1990 | 32267 | 32521 | 42464 | 31685 | 32118 | 40060 |
| 1991 | 32403 | 34096 | 49490 | 31180 | 32383 | 41918 |
| 1992 | 34881 | 35409 | 53118 | 32751 | 34459 | 46422 |
| 1993 | 41004 | 50429 | 67999 | 38870 | 42663 | 54945 |
| 1994 | 54011 | 61581 | 64651 | 51600 | 58291 | 68552 |
| 1995 | 74978 | 85502 | 85414 | 63669 | 77231 | 86774 |
| 1996 | 91807 | 104356 | 110087 | 72042 | 90872 | 111463 |
| 1997 | 105186 | 119155 | 129757 | 77511 | 102264 | 125514 |
| 1998 | 115033 | 128715 | 135971 | 76110 | 110139 | 130665 |
| 1999 | 123018 | 137866 | 151757 | 78839 | 119568 | 144046 |
| 2000 | 134526 | 156215 | 164494 | 82276 | 131226 | 163492 |
| 2001 | 153120 | 173339 | 182109 | 93115 | 147012 | 189651 |
| 2002 | 173596 | 191614 | 200440 | 127452 | 163521 | 214305 |
| 2003 | 168067 | 185347 | 191502 | 140192 | 178210 | 237918 |
| 2004 | 190284 | 347448 | 281052 | 233373 | 228244 | 295771 |
| 2005 | 218489 | 401302 | 322648 | 268379 | 262708 | 342503 |
| 2006 | 253188 | 465918 | 374434 | 310894 | 304810 | 399337 |
| 2007 | 294141 | 545168 | 438068 | 362246 | 355990 | 469111 |
| 2008 | 374000 | 701000 | 575000 | 460000 | 455000 | 619000 |
| 2009 | 429748 | 807965 | 664348 | 528884 | 523198 | 713333 |
| 2010 | 508844 | 921280 | 871283 | 629654 | 613273 | 843942 |
| 2011 | 613797 | 1094873 | 1024992 | 757458 | 738148 | 1003705 |
| 2012 | 685764 | 1244249 | 1164333 | 852198 | 831300 | 1140613 |
| 2013 | 782456 | 1419689 | 1329669 | 974063 | 947691 | 1302580 |
| 2014 | 1180588 | 1921264 | 1902559 | 1396217 | 1357182 | 1978977 |
| 2015 | 1333593 | 2172181 | 2151033 | 1585544 | 1537144 | 2235452 |
| 2016 | 1510427 | 2455868 | 2421203 | 1795788 | 1745581 | 2534109 |
| 2017 | 1641058 | 2670633 | 2632940 | 1951066 | 1899894 | 2755662 |

注:2004 及 2009 年数据为经济普查调整数。

# 21-25 历年实际利用外资

单位:万美元

| 年份 | 丰县 | 沛县 | 铜山区 | 睢宁县 | 新沂市 | 邳州市 |
|---|---|---|---|---|---|---|
| 1978 | | | | | | |
| 1979 | | | | | | |
| 1980 | | | | | | |
| 1981 | | | | | | |
| 1982 | | | | | | |
| 1983 | | | | | | |
| 1984 | | | | | | |
| 1985 | | | | | | |
| 1986 | | | | | | |
| 1987 | | | | | | |
| 1988 | | | | | | |
| 1989 | | | | | | |
| 1990 | | 58 | | | | 10 |
| 1991 | | 61 | 19 | | 143 | |
| 1992 | 531 | 62 | 154 | 29 | 44 | 52 |
| 1993 | | 142 | | 127 | 528 | 150 |
| 1994 | 112 | 330 | 552 | 47 | 711 | 265 |
| 1995 | 23 | 316 | 1734 | 659 | 1067 | 70 |
| 1996 | 520 | 878 | 1544 | 604 | 608 | 820 |
| 1997 | 42 | 632 | 878 | 253 | 717 | 118 |
| 1998 | 426 | 759 | 1294 | 91 | 762 | 280 |
| 1999 | 377 | 821 | 1624 | 10 | 143 | 15 |
| 2000 | 3477 | 5240 | 3448 | 1164 | 453 | 464 |
| 2001 | 1843 | 1345 | 2360 | 881 | 913 | 784 |
| 2002 | 1518 | 1840 | 2458 | 1242 | 1828 | 2586 |
| 2003 | 2129 | 3110 | 3817 | 1750 | 1945 | 4030 |
| 2004 | 701 | 2037 | 3254 | 1998 | 2859 | 4811 |
| 2005 | 453 | 793 | 3709 | 1698 | 914 | 3337 |
| 2006 | 669 | 1813 | 3006 | 385 | 1197 | 3940 |
| 2007 | 119 | 955 | 4279 | 1310 | 1930 | 3910 |
| 2008 | 482 | 2394 | 6073 | 1134 | 1326 | 3012 |
| 2009 | 1098 | 1981 | 8080 | 2667 | 2604 | 6653 |
| 2010 | 3548 | 8186 | 5013 | 5351 | 4214 | 4227 |
| 2011 | 4240 | 10677 | 16287 | 10472 | 6599 | 16734 |
| 2012 | 6889 | 17022 | 10225 | 12932 | 18450 | 17991 |
| 2013 | 13288 | 9444 | 20099 | 11177 | 6240 | 25193 |
| 2014 | 10016 | 7174 | 22040 | 12239 | 3390 | 18803 |
| 2015 | 5093 | 8306 | 6524 | 10609 | 661 | 18802 |
| 2016 | 4121 | 13038 | 14924 | 11068 | 9993 | 18344 |
| 2017 | 7332 | 17282 | 22732 | 9899 | 17281 | 20308 |

# 21-26 历年金融机构存款余额

（年底数） 单位：万元

| 年　份 | 丰　县 | 沛　县 | 铜山区 | 睢宁县 | 新沂市 | 邳州市 |
|---|---|---|---|---|---|---|
| 1978 | 1837 | 3136 | 5345 | | 2316 | 3106 |
| 1979 | 2399 | 3284 | 4902 | | 3120 | 3100 |
| 1980 | 2875 | 4200 | 9832 | | 4069 | 1961 |
| 1981 | 5022 | 6940 | 14116 | 4877 | 5027 | 6553 |
| 1982 | 5088 | 7023 | 20008 | 4838 | 6008 | 6372 |
| 1983 | 6797 | 10208 | 22421 | 6141 | 7317 | 8638 |
| 1984 | 8901 | 14301 | 29211 | 8842 | 8902 | 13061 |
| 1985 | 9533 | 15979 | 27026 | 8953 | 7778 | 12967 |
| 1986 | 14755 | 23518 | 36338 | 13134 | 13392 | 18106 |
| 1987 | 21314 | 31463 | 42162 | 15096 | 16638 | 23157 |
| 1988 | 33930 | 50916 | 101302 | 26576 | 24604 | 38244 |
| 1989 | 41592 | 54235 | 101385 | 30909 | 28825 | 45297 |
| 1990 | 45540 | 72942 | 130105 | 30578 | 37086 | 51235 |
| 1991 | 58389 | 91595 | 163671 | 43924 | 44799 | 63715 |
| 1992 | 68038 | 109118 | 191854 | 56667 | 53151 | 76573 |
| 1993 | 82111 | 138413 | 235212 | 69903 | 65805 | 98074 |
| 1994 | 101203 | 177476 | 227397 | 89463 | 84266 | 133823 |
| 1995 | 126259 | 228300 | 299449 | 108597 | 114259 | 170289 |
| 1996 | 160051 | 282481 | 397126 | 129704 | 144377 | 212096 |
| 1997 | 184294 | 334381 | 466258 | 155819 | 172473 | 265491 |
| 1998 | 202842 | 375402 | 479798 | 176429 | 189829 | 290241 |
| 1999 | 214309 | 399968 | 447114 | 195967 | 200851 | 327727 |
| 2000 | 234947 | 435149 | | 232361 | 211738 | 376325 |
| 2001 | 267706 | 515503 | | 277154 | 238487 | 416461 |
| 2002 | 313444 | 591085 | | 328267 | 286770 | 465173 |
| 2003 | 342292 | 650666 | 782659 | 376152 | 339602 | 531812 |
| 2004 | 381379 | 766597 | 1005189 | 450926 | 401685 | 640338 |
| 2005 | 464517 | 894761 | 1227538 | 541638 | 459154 | 714438 |
| 2006 | 579389 | 1022218 | 1448235 | 648257 | 542146 | 832182 |
| 2007 | 685879 | 1160059 | 1673637 | 748577 | 634831 | 965045 |
| 2008 | 818346 | 1449307 | 2102891 | 874589 | 762853 | 1117426 |
| 2009 | 1012609 | 1802697 | 2713274 | 1203225 | 1022393 | 1412470 |
| 2010 | 1237618 | 2105658 | 3500298 | 1552054 | 1367829 | 1777676 |
| 2011 | 1456157 | 2464859 | 3757705 | 1868564 | 1580320 | 2053286 |
| 2012 | 1744220 | 2929076 | | 2155969 | 1800078 | 2514837 |
| 2013 | 2058711 | 3231849 | | 2446515 | 2181317 | 2976061 |
| 2014 | 2398365 | 3365344 | | 2827866 | 2353682 | 3463384 |
| 2015 | 2973594 | 3788786 | | 3299813 | 2658207 | 4117882 |
| 2016 | 3541443 | 4541010 | | 4018965 | 3869686 | 5253351 |
| 2017 | 3833062 | 5125386 | | 4841221 | 4444041 | 6018152 |

# 21-27 历年金融机构贷款余额

（年底数） 单位:万元

| 年 份 | 丰 县 | 沛 县 | 铜山区 | 睢宁县 | 新沂市 | 邳州市 |
|---|---|---|---|---|---|---|
| 1978 | 5797 | 5147 | 7531 | | 6539 | 7389 |
| 1979 | 6557 | 6056 | 507 | | 9046 | 8416 |
| 1980 | 8608 | 8320 | 11041 | | 11117 | 5693 |
| 1981 | 10657 | 10164 | 14552 | 14950 | 12047 | 12502 |
| 1982 | 11838 | 11047 | 18971 | 16873 | 12806 | 13666 |
| 1983 | 14961 | 14973 | 23631 | 18659 | 15731 | 17608 |
| 1984 | 22800 | 20272 | 33537 | 26554 | 20597 | 23621 |
| 1985 | 23955 | 21811 | 30849 | 26556 | 21967 | 24260 |
| 1986 | 23619 | 25493 | 34318 | 30139 | 25202 | 28473 |
| 1987 | 30051 | 34615 | 43078 | 35710 | 27659 | 35065 |
| 1988 | 40078 | 42129 | 72414 | 42454 | 33682 | 45529 |
| 1989 | 42760 | 48419 | 30092 | 45644 | 39567 | 51291 |
| 1990 | 54344 | 60156 | 97147 | 48158 | 47492 | 63296 |
| 1991 | 68054 | 75465 | 122990 | 65786 | 60662 | 78020 |
| 1992 | 71953 | 87955 | 137975 | 72499 | 70518 | 82859 |
| 1993 | 83172 | 104424 | 165564 | 81590 | 82763 | 93846 |
| 1994 | 101478 | 123824 | 172538 | 101536 | 99263 | 119778 |
| 1995 | 122433 | 156109 | 229780 | 119301 | 116298 | 146597 |
| 1996 | 139456 | 199805 | 288921 | 127800 | 144036 | 165083 |
| 1997 | 162500 | 270044 | 340406 | 154744 | 194145 | 210939 |
| 1998 | 177176 | 290329 | 389318 | 174750 | 214116 | 228154 |
| 1999 | 185233 | 300287 | 356499 | 169663 | 211732 | 232973 |
| 2000 | 172863 | 290188 | | 143036 | 192087 | 221341 |
| 2001 | 186201 | 302386 | | 158528 | 200594 | 358097 |
| 2002 | 186511 | 317655 | | 175184 | 208252 | 416690 |
| 2003 | 196355 | 378965 | 541456 | 193408 | 243692 | 461613 |
| 2004 | 180528 | 372238 | 586723 | 201152 | 269633 | 500891 |
| 2005 | 190997 | 344037 | 630614 | 217166 | 275663 | 495003 |
| 2006 | 245075 | 357974 | 721496 | 271389 | 353228 | 567831 |
| 2007 | 238736 | 347166 | 873131 | 312390 | 435818 | 619833 |
| 2008 | 289367 | 346410 | 990968 | 369949 | 539993 | 679753 |
| 2009 | 466892 | 520922 | 1471172 | 593081 | 842694 | 975664 |
| 2010 | 638501 | 706312 | 2075650 | 808866 | 1067845 | 1241637 |
| 2011 | 848770 | 892845 | 2426655 | 982607 | 1304818 | 1498377 |
| 2012 | 966398 | 1087704 | | 1172305 | 1571333 | 1889226 |
| 2013 | 1146818 | 1417916 | | 1392059 | 1862149 | 2260353 |
| 2014 | 1280908 | 1573277 | | 1693980 | 2020852 | 2713875 |
| 2015 | 1474972 | 1873874 | | 1926127 | 2218496 | 3195690 |
| 2016 | 1773131 | 2225951 | | 2243856 | 2463821 | 3661281 |
| 2017 | 2118672 | 2690136 | | 2816990 | 2800329 | 4275196 |

# 21-28 历年各类专业技术人员

单位:万人

| 年份 | 丰县 | 沛县 | 铜山区 | 睢宁县 | 新沂市 | 邳州市 |
|---|---|---|---|---|---|---|
| 1978 | 0.24 | 0.21 | 0.32 | 0.16 | 0.18 | 0.25 |
| 1979 | 0.27 | 0.24 | 0.35 | 0.18 | 0.20 | 0.27 |
| 1980 | 0.29 | 0.27 | 0.39 | 0.21 | 0.23 | 0.30 |
| 1981 | 0.32 | 0.30 | 0.43 | 0.24 | 0.26 | 0.33 |
| 1982 | 0.36 | 0.33 | 0.47 | 0.27 | 0.29 | 0.36 |
| 1983 | 0.39 | 0.38 | 0.52 | 0.30 | 0.32 | 0.39 |
| 1984 | 0.43 | 0.42 | 0.57 | 0.34 | 0.36 | 0.43 |
| 1985 | 0.44 | 0.44 | 0.65 | 0.41 | 0.31 | 0.51 |
| 1986 | 0.45 | 0.49 | 0.68 | 0.44 | 0.38 | 0.50 |
| 1987 | 0.55 | 0.51 | 0.77 | 0.52 | 0.45 | 0.57 |
| 1988 | 0.65 | 0.63 | 0.79 | 0.63 | 0.53 | 0.66 |
| 1989 | 0.78 | 0.81 | 0.93 | 0.87 | 0.66 | 0.84 |
| 1990 | 0.82 | 0.82 | 0.98 | 0.91 | 0.68 | 0.89 |
| 1991 | 0.97 | 0.94 | 1.08 | 0.92 | 0.72 | 0.99 |
| 1992 | 1.00 | 0.93 | 1.18 | 0.98 | 0.77 | 0.85 |
| 1993 | 1.01 | 1.04 | 1.29 | 1.04 | 0.86 | 1.08 |
| 1994 | 1.01 | 1.16 | 1.12 | 1.04 | 0.88 | 1.12 |
| 1995 | 1.18 | 1.50 | 1.57 | 1.29 | 1.00 | 1.28 |
| 1996 | 1.40 | 1.56 | 1.70 | 1.43 | 1.43 | 1.29 |
| 1997 | 1.53 | 1.81 | 1.76 | 1.65 | 1.58 | 1.77 |
| 1998 | 1.58 | 2.00 | 1.83 | 1.79 | 1.69 | 2.05 |
| 1999 | 1.62 | 2.05 | 1.87 | 1.81 | 1.74 | 2.23 |
| 2000 | 1.67 | 2.16 | 1.95 | 1.86 | 1.91 | 2.39 |
| 2001 | 1.67 | 2.06 | 1.93 | 1.88 | 1.89 | 2.57 |
| 2002 | 1.71 | 2.04 | 1.86 | 1.76 | 1.94 | 2.46 |
| 2003 | 1.63 | 2.05 | 1.87 | 1.80 | 1.77 | 2.38 |
| 2004 | 1.40 | 2.87 | 1.88 | 1.80 | 1.65 | 2.10 |
| 2005 | 1.51 | 1.92 | 2.13 | 1.79 | 2.09 | 2.60 |
| 2006 | 1.83 | 3.30 | 2.59 | 1.83 | 2.57 | 3.29 |
| 2007 | 1.84 | 3.31 | 2.59 | 1.84 | 2.58 | 3.30 |
| 2008 | 2.27 | 2.51 | 2.25 | 2.60 | 3.39 | 2.55 |
| 2009 | 2.27 | 2.52 | 2.25 | 2.61 | 3.40 | 2.56 |
| 2010 | 2.53 | 2.74 | 2.65 | 2.74 | 3.76 | 2.79 |
| 2011 | 3.17 | 3.98 | 4.77 | 3.98 | 3.84 | 4.52 |
| 2012 | 3.29 | 4.08 | 4.88 | 4.09 | 3.96 | 4.71 |
| 2013 | 3.54 | 4.28 | 5.13 | 4.32 | 4.17 | 5.10 |
| 2014 | 3.83 | 4.45 | 5.86 | 4.50 | 4.35 | 5.38 |
| 2015 | 4.00 | 5.50 | 4.60 | 4.60 | 4.90 | 5.40 |
| 2016 | 4.13 | 5.61 | 4.73 | 4.72 | 5.03 | 5.60 |
| 2017 | 4.90 | 6.10 | 5.57 | 5.02 | 5.29 | 6.10 |

注:2013年及以后各类专业技术人员口径调整,仅含国有、集体口径,不再是全社会口径。

# 21-29 历年普通中学在校学生

单位:万人

| 年 份 | 丰 县 | 沛 县 | 铜山区 | 睢宁县 | 新沂市 | 邳州市 |
|---|---|---|---|---|---|---|
| 1978 | 9.57 | 5.64 | 7.31 | 5.54 | 4.21 | 6.52 |
| 1979 | 8.45 | 5.28 | 6.34 | 5.00 | 4.02 | 5.48 |
| 1980 | 7.69 | 4.32 | 5.74 | 4.61 | 3.80 | 4.40 |
| 1981 | 4.28 | 4.18 | 5.45 | 3.88 | 3.16 | 3.60 |
| 1982 | 4.05 | 3.75 | 5.45 | 3.52 | 3.09 | 3.51 |
| 1983 | 3.73 | 3.61 | 5.71 | 3.39 | 3.13 | 4.01 |
| 1984 | 3.71 | 3.65 | 6.18 | 3.57 | 3.06 | 4.08 |
| 1985 | 4.00 | 3.88 | 6.77 | 3.95 | 3.47 | 4.44 |
| 1986 | 4.16 | 4.16 | 6.98 | 4.24 | 3.57 | 5.31 |
| 1987 | 4.16 | 4.28 | 6.90 | 4.11 | 3.43 | 5.18 |
| 1988 | 3.94 | 4.32 | 6.73 | 3.84 | 3.31 | 5.10 |
| 1989 | 3.90 | 4.50 | 6.96 | 3.82 | 3.23 | 5.15 |
| 1990 | 3.69 | 4.15 | 7.45 | 3.72 | 3.02 | 5.15 |
| 1991 | 3.20 | 3.79 | 7.71 | 3.48 | 3.22 | 5.50 |
| 1992 | 3.31 | 3.89 | 7.74 | 3.61 | 3.38 | 5.51 |
| 1993 | 3.41 | 4.20 | 7.89 | 3.76 | 3.51 | 5.84 |
| 1994 | 4.06 | 5.49 | 6.56 | 4.20 | 3.57 | 6.73 |
| 1995 | 4.72 | 6.30 | 7.29 | 4.85 | 3.95 | 7.80 |
| 1996 | 5.28 | 7.05 | 8.18 | 5.66 | 4.49 | 7.67 |
| 1997 | 5.84 | 7.00 | 8.76 | 6.10 | 5.15 | 7.08 |
| 1998 | 6.25 | 7.22 | 9.53 | 6.73 | 5.70 | 7.67 |
| 1999 | 6.65 | 7.65 | 9.04 | 7.23 | 6.14 | 8.96 |
| 2000 | 7.14 | 8.06 | 8.21 | 7.82 | 5.89 | 10.85 |
| 2001 | 7.59 | 8.51 | 8.21 | 8.94 | 7.72 | 12.15 |
| 2002 | 8.20 | 9.45 | 9.53 | 10.24 | 8.84 | 13.94 |
| 2003 | 8.83 | 10.69 | 11.30 | 11.62 | 9.71 | 15.86 |
| 2004 | 9.42 | 11.49 | 11.92 | 12.62 | 9.97 | 15.80 |
| 2005 | 9.69 | 11.78 | 10.26 | 12.54 | 9.48 | 15.18 |
| 2006 | 10.17 | 11.34 | 10.29 | 12.21 | 8.83 | 13.94 |
| 2007 | 10.47 | 10.63 | 9.60 | 11.55 | 7.93 | 12.64 |
| 2008 | 10.12 | 9.93 | 8.28 | 10.95 | 6.93 | 11.27 |
| 2009 | 8.99 | 8.57 | 7.01 | 10.00 | 5.78 | 10.02 |
| 2010 | 7.94 | 7.17 | 5.85 | 8.95 | 4.72 | 9.00 |
| 2011 | 6.72 | 5.97 | 4.68 | 8.34 | 4.08 | 8.20 |
| 2012 | 5.80 | 5.25 | 4.35 | 7.42 | 3.85 | 7.94 |
| 2013 | 4.87 | 3.94 | 4.23 | 6.29 | 3.40 | 7.04 |
| 2014 | 4.45 | 3.72 | 4.12 | 5.73 | 3.20 | 6.87 |
| 2015 | 4.18 | 3.58 | 4.12 | 5.05 | 3.13 | 6.90 |
| 2016 | 4.27 | 3.74 | 4.37 | 4.72 | 3.58 | 7.49 |
| 2017 | 4.38 | 4.16 | 5.17 | 4.79 | 4.52 | 8.58 |

# 21–30 历年小学在校学生

单位:万人

| 年 份 | 丰 县 | 沛 县 | 铜山区 | 睢宁县 | 新沂市 | 邳州市 |
|---|---|---|---|---|---|---|
| 1978 | 8.85 | 13.91 | 21.36 | 14.47 | 12.32 | 16.60 |
| 1979 | 9.72 | 13.61 | 21.67 | 14.57 | 12.34 | 18.80 |
| 1980 | 9.99 | 12.86 | 22.34 | 14.11 | 12.50 | 17.17 |
| 1981 | 12.75 | 12.67 | 21.26 | 12.96 | 11.61 | 16.29 |
| 1982 | 12.09 | 12.15 | 20.58 | 12.59 | 10.68 | 15.52 |
| 1983 | 11.97 | 11.82 | 19.96 | 13.21 | 10.55 | 16.82 |
| 1984 | 11.67 | 11.59 | 19.65 | 12.45 | 10.27 | 16.84 |
| 1985 | 11.29 | 11.14 | 19.63 | 12.23 | 9.72 | 16.38 |
| 1986 | 10.92 | 10.82 | 18.67 | 12.15 | 9.32 | 16.10 |
| 1987 | 10.57 | 11.18 | 17.41 | 11.84 | 9.28 | 15.53 |
| 1988 | 10.38 | 11.48 | 16.93 | 11.50 | 9.10 | 14.51 |
| 1989 | 10.55 | 11.75 | 16.84 | 11.30 | 9.21 | 14.30 |
| 1990 | 10.40 | 12.66 | 16.87 | 12.19 | 9.58 | 15.03 |
| 1991 | 11.35 | 14.01 | 17.80 | 13.15 | 10.00 | 15.45 |
| 1992 | 11.56 | 14.31 | 18.73 | 13.78 | 10.59 | 16.51 |
| 1993 | 11.76 | 14.34 | 19.56 | 13.90 | 11.41 | 17.61 |
| 1994 | 12.30 | 14.79 | 15.04 | 15.05 | 12.46 | 19.09 |
| 1995 | 12.73 | 15.32 | 15.94 | 16.43 | 13.51 | 21.12 |
| 1996 | 13.24 | 15.94 | 16.51 | 17.50 | 14.72 | 24.18 |
| 1997 | 13.86 | 16.69 | 17.46 | 19.13 | 15.79 | 27.42 |
| 1998 | 14.38 | 17.41 | 17.98 | 20.29 | 16.00 | 27.95 |
| 1999 | 14.56 | 17.96 | 17.77 | 20.33 | 14.89 | 27.29 |
| 2000 | 14.69 | 17.82 | 18.29 | 20.17 | 13.92 | 25.05 |
| 2001 | 14.90 | 17.68 | 17.16 | 19.32 | 12.89 | 22.25 |
| 2002 | 14.55 | 16.46 | 15.51 | 17.96 | 11.43 | 19.39 |
| 2003 | 13.53 | 14.73 | 13.37 | 16.04 | 9.60 | 16.15 |
| 2004 | 12.24 | 12.70 | 11.01 | 13.95 | 7.97 | 13.47 |
| 2005 | 10.83 | 10.59 | 8.09 | 12.27 | 7.00 | 11.78 |
| 2006 | 9.63 | 8.73 | 6.89 | 10.97 | 6.21 | 11.21 |
| 2007 | 8.32 | 7.42 | 5.90 | 9.88 | 5.78 | 10.70 |
| 2008 | 7.11 | 6.78 | 5.36 | 8.62 | 4.96 | 10.68 |
| 2009 | 6.43 | 6.37 | 5.22 | 7.60 | 4.88 | 11.17 |
| 2010 | 6.34 | 6.53 | 5.53 | 7.19 | 5.37 | 11.87 |
| 2011 | 6.50 | 6.98 | 6.30 | 7.54 | 6.25 | 12.82 |
| 2012 | 6.81 | 7.70 | 7.31 | 7.85 | 7.44 | 14.18 |
| 2013 | 7.02 | 7.75 | 8.56 | 7.24 | 8.55 | 14.58 |
| 2014 | 7.81 | 8.96 | 10.09 | 8.17 | 10.09 | 16.53 |
| 2015 | 8.52 | 10.02 | 11.57 | 9.44 | 11.42 | 18.19 |
| 2016 | 8.93 | 10.76 | 12.70 | 10.26 | 12.21 | 19.18 |
| 2017 | 9.33 | 11.36 | 13.30 | 10.82 | 12.32 | 19.32 |

# 21-31 历年卫生机构数

单位:个

| 年 份 | 丰 县 | 沛 县 | 铜山区 | 睢宁县 | 新沂市 | 邳州市 |
|---|---|---|---|---|---|---|
| 1978 | 50 | 28 | 46 | 15 | 51 | 44 |
| 1979 | 50 | 28 | 46 | 15 | 51 | 46 |
| 1980 | 51 | 57 | 98 | 58 | 62 | 70 |
| 1981 | 59 | 66 | 102 | 69 | 67 | 76 |
| 1982 | 64 | 66 | 105 | 69 | 65 | 76 |
| 1983 | 64 | 71 | 96 | 71 | 77 | 74 |
| 1984 | 67 | 70 | 96 | 72 | 76 | 73 |
| 1985 | 71 | 70 | 101 | 74 | 77 | 73 |
| 1986 | 74 | 70 | 96 | 73 | 62 | 72 |
| 1987 | 74 | 70 | 92 | 74 | 62 | 73 |
| 1988 | 74 | 70 | 102 | 66 | 63 | 73 |
| 1989 | 74 | 79 | 102 | 70 | 69 | 77 |
| 1990 | 74 | 79 | 111 | 70 | 65 | 77 |
| 1991 | 74 | 79 | 149 | 72 | 65 | 77 |
| 1992 | 74 | 77 | 132 | 72 | 68 | 78 |
| 1993 | 82 | 109 | 144 | 72 | 68 | 82 |
| 1994 | 82 | 109 | 123 | 71 | 68 | 82 |
| 1995 | 82 | 109 | 123 | 71 | 68 | 82 |
| 1996 | 82 | 109 | 123 | 69 | 67 | 83 |
| 1997 | 82 | 109 | 123 | 69 | 67 | 84 |
| 1998 | 94 | 169 | 136 | 67 | 67 | 86 |
| 1999 | 86 | 69 | 61 | 56 | 47 | 86 |
| 2000 | 85 | 80 | 72 | 68 | 50 | 111 |
| 2001 | 91 | 89 | 65 | 56 | 40 | 101 |
| 2002 | 85 | 102 | 73 | 30 | 46 | 94 |
| 2003 | 152 | 125 | 71 | 22 | 51 | 91 |
| 2004 | 192 | 217 | 66 | 29 | 50 | 149 |
| 2005 | 192 | 192 | 63 | 29 | 60 | 149 |
| 2006 | 159 | 192 | 64 | 29 | 62 | 149 |
| 2007 | 154 | 188 | 63 | 28 | 187 | 149 |
| 2008 | 144 | 67 | 63 | 27 | 61 | 96 |
| 2009 | 177 | 66 | 63 | 37 | 60 | 138 |
| 2010 | 194 | 70 | 90 | 51 | 64 | 136 |
| 2011 | 530 | 487 | 498 | 647 | 440 | 807 |
| 2012 | 521 | 506 | 497 | 629 | 439 | 778 |
| 2013 | 515 | 598 | 515 | 623 | 447 | 739 |
| 2014 | 559 | 613 | 511 | 650 | 468 | 773 |
| 2015 | 558 | 608 | 511 | 608 | 480 | 767 |
| 2016 | 554 | 612 | 507 | 596 | 483 | 768 |
| 2017 | 550 | 614 | 470 | 597 | 478 | 773 |

注:2011 年及以后卫生机构数包括村卫生室。

# 21-32 历年卫生技术人员

单位：万人

| 年份 | 丰县 | 沛县 | 铜山区 | 睢宁县 | 新沂市 | 邳州市 |
|---|---|---|---|---|---|---|
| 1978 | 0.11 | 0.12 | 0.14 | 0.14 | 0.12 | 0.14 |
| 1979 | 0.10 | 0.13 | 0.14 | 0.14 | 0.12 | 0.18 |
| 1980 | 0.10 | 0.13 | 0.13 | 0.14 | 0.13 | 0.16 |
| 1981 | 0.10 | 0.13 | 0.15 | 0.14 | 0.13 | 0.12 |
| 1982 | 0.11 | 0.13 | 0.15 | 0.14 | 0.13 | 0.15 |
| 1983 | 0.11 | 0.13 | 0.15 | 0.14 | 0.14 | 0.14 |
| 1984 | 0.11 | 0.13 | 0.17 | 0.14 | 0.14 | 0.15 |
| 1985 | 0.12 | 0.14 | 0.19 | 0.14 | 0.14 | 0.16 |
| 1986 | 0.12 | 0.15 | 0.20 | 0.14 | 0.15 | 0.17 |
| 1987 | 0.12 | 0.15 | 0.20 | 0.15 | 0.14 | 0.17 |
| 1988 | 0.14 | 0.16 | 0.23 | 0.15 | 0.14 | 0.18 |
| 1989 | 0.14 | 0.18 | 0.24 | 0.16 | 0.16 | 0.18 |
| 1990 | 0.15 | 0.19 | 0.26 | 0.17 | 0.16 | 0.18 |
| 1991 | 0.16 | 0.21 | 0.29 | 0.18 | 0.17 | 0.20 |
| 1992 | 0.17 | 0.21 | 0.31 | 0.19 | 0.18 | 0.23 |
| 1993 | 0.18 | 0.33 | 0.32 | 0.19 | 0.19 | 0.24 |
| 1994 | 0.18 | 0.35 | 0.26 | 0.19 | 0.20 | 0.29 |
| 1995 | 0.19 | 0.36 | 0.27 | 0.19 | 0.20 | 0.31 |
| 1996 | 0.19 | 0.37 | 0.27 | 0.19 | 0.20 | 0.34 |
| 1997 | 0.19 | 0.38 | 0.28 | 0.21 | 0.21 | 0.40 |
| 1998 | 0.19 | 0.39 | 0.28 | 0.21 | 0.22 | 0.40 |
| 1999 | 0.19 | 0.38 | 0.28 | 0.21 | 0.22 | 0.43 |
| 2000 | 0.19 | 0.37 | 0.28 | 0.20 | 0.22 | 0.47 |
| 2001 | 0.20 | 0.37 | 0.27 | 0.20 | 0.22 | 0.48 |
| 2002 | 0.18 | 0.35 | 0.27 | 0.19 | 0.21 | 0.48 |
| 2003 | 0.19 | 0.33 | 0.28 | 0.19 | 0.16 | 0.47 |
| 2004 | 0.20 | 0.34 | 0.27 | 0.19 | 0.18 | 0.48 |
| 2005 | 0.18 | 0.31 | 0.26 | 0.19 | 0.21 | 0.46 |
| 2006 | 0.19 | 0.32 | 0.27 | 0.19 | 0.22 | 0.47 |
| 2007 | 0.20 | 0.33 | 0.25 | 0.19 | 0.22 | 0.48 |
| 2008 | 0.22 | 0.32 | 0.25 | 0.20 | 0.23 | 0.47 |
| 2009 | 0.22 | 0.32 | 0.26 | 0.19 | 0.24 | 0.47 |
| 2010 | 0.22 | 0.34 | 0.28 | 0.22 | 0.27 | 0.46 |
| 2011 | 0.23 | 0.36 | 0.29 | 0.24 | 0.29 | 0.53 |
| 2012 | 0.34 | 0.38 | 0.30 | 0.28 | 0.34 | 0.56 |
| 2013 | 0.38 | 0.43 | 0.33 | 0.31 | 0.37 | 0.56 |
| 2014 | 0.39 | 0.47 | 0.36 | 0.34 | 0.41 | 0.63 |
| 2015 | 0.42 | 0.49 | 0.38 | 0.46 | 0.46 | 0.69 |
| 2016 | 0.46 | 0.54 | 0.41 | 0.49 | 0.48 | 0.72 |
| 2017 | 0.46 | 0.55 | 0.41 | 0.49 | 0.50 | 0.79 |

# 21-33 历年医院、卫生院床位数

单位:万张

| 年 份 | 丰 县 | 沛 县 | 铜山区 | 睢宁县 | 新沂市 | 邳州市 |
|---|---|---|---|---|---|---|
| 1978 | 0.06 | 0.10 | 0.15 | 0.11 | 0.10 | 0.10 |
| 1979 | 0.06 | 0.11 | 0.15 | 0.12 | 0.11 | 0.11 |
| 1980 | 0.06 | 0.11 | 0.15 | 0.12 | 0.11 | 0.10 |
| 1981 | 0.08 | 0.11 | 0.15 | 0.12 | 0.11 | 0.10 |
| 1982 | 0.08 | 0.11 | 0.15 | 0.13 | 0.11 | 0.10 |
| 1983 | 0.08 | 0.11 | 0.15 | 0.13 | 0.11 | 0.09 |
| 1984 | 0.08 | 0.11 | 0.15 | 0.11 | 0.11 | 0.10 |
| 1985 | 0.08 | 0.10 | 0.16 | 0.11 | 0.12 | 0.10 |
| 1986 | 0.08 | 0.12 | 0.16 | 0.11 | 0.12 | 0.10 |
| 1987 | 0.09 | 0.11 | 0.16 | 0.11 | 0.11 | 0.10 |
| 1988 | 0.10 | 0.11 | 0.17 | 0.11 | 0.12 | 0.10 |
| 1989 | 0.10 | 0.11 | 0.17 | 0.11 | 0.12 | 0.10 |
| 1990 | 0.10 | 0.11 | 0.17 | 0.11 | 0.13 | 0.10 |
| 1991 | 0.10 | 0.12 | 0.17 | 0.12 | 0.13 | 0.10 |
| 1992 | 0.11 | 0.13 | 0.18 | 0.12 | 0.12 | 0.11 |
| 1993 | 0.10 | 0.17 | 0.18 | 0.12 | 0.12 | 0.13 |
| 1994 | 0.11 | 0.17 | 0.15 | 0.11 | 0.11 | 0.12 |
| 1995 | 0.10 | 0.17 | 0.15 | 0.11 | 0.12 | 0.13 |
| 1996 | 0.10 | 0.17 | 0.15 | 0.12 | 0.12 | 0.12 |
| 1997 | 0.10 | 0.17 | 0.14 | 0.11 | 0.11 | 0.12 |
| 1998 | 0.11 | 0.17 | 0.15 | 0.12 | 0.11 | 0.13 |
| 1999 | 0.10 | 0.20 | 0.14 | 0.11 | 0.12 | 0.15 |
| 2000 | 0.10 | 0.20 | 0.14 | 0.11 | 0.12 | 0.16 |
| 2001 | 0.10 | 0.20 | 0.14 | 0.11 | 0.13 | 0.15 |
| 2002 | 0.10 | 0.19 | 0.14 | 0.12 | 0.12 | 0.14 |
| 2003 | 0.10 | 0.19 | 0.13 | 0.12 | 0.12 | 0.15 |
| 2004 | 0.11 | 0.19 | 0.14 | 0.12 | 0.12 | 0.15 |
| 2005 | 0.11 | 0.20 | 0.14 | 0.12 | 0.13 | 0.15 |
| 2006 | 0.11 | 0.21 | 0.15 | 0.12 | 0.14 | 0.15 |
| 2007 | 0.11 | 0.23 | 0.14 | 0.12 | 0.15 | 0.18 |
| 2008 | 0.15 | 0.25 | 0.16 | 0.13 | 0.14 | 0.19 |
| 2009 | 0.18 | 0.26 | 0.17 | 0.15 | 0.18 | 0.21 |
| 2010 | 0.20 | 0.29 | 0.21 | 0.18 | 0.17 | 0.25 |
| 2011 | 0.23 | 0.32 | 0.24 | 0.24 | 0.17 | 0.32 |
| 2012 | 0.33 | 0.38 | 0.27 | 0.29 | 0.25 | 0.41 |
| 2013 | 0.36 | 0.41 | 0.28 | 0.35 | 0.28 | 0.45 |
| 2014 | 0.40 | 0.45 | 0.28 | 0.36 | 0.31 | 0.49 |
| 2015 | 0.40 | 0.45 | 0.30 | 0.39 | 0.31 | 0.54 |
| 2016 | 0.41 | 0.49 | 0.34 | 0.45 | 0.35 | 0.57 |
| 2017 | 0.41 | 0.52 | 0.36 | 0.46 | 0.39 | 0.63 |

# 21-34 历年职工平均工资

单位:元

| 年 份 | 丰 县 | 沛 县 | 铜山区 | 睢宁县 | 新沂市 | 邳州市 |
|---|---|---|---|---|---|---|
| 1978 | 403 | 381 | 442 | 364 | 472 | 471 |
| 1979 | 503 | 454 | 464 | 451 | 496 | 501 |
| 1980 | 584 | 547 | 598 | 551 | 564 | 565 |
| 1981 | 609 | 548 | 581 | 541 | 571 | 587 |
| 1982 | 640 | 596 | 608 | 578 | 621 | 625 |
| 1983 | 635 | 606 | 616 | 576 | 641 | 634 |
| 1984 | 870 | 902 | 936 | 786 | 971 | 861 |
| 1985 | 943 | 1101 | 960 | 914 | 995 | 941 |
| 1986 | 1106 | 1072 | 1134 | 1079 | 1106 | 1124 |
| 1987 | 1164 | 1141 | 1160 | 1132 | 1217 | 1174 |
| 1988 | 1541 | 1487 | 1416 | 1355 | 1517 | 1590 |
| 1989 | 1558 | 1520 | 1568 | 1551 | 1549 | 1480 |
| 1990 | 1691 | 1647 | 1751 | 1700 | 1787 | 1653 |
| 1991 | 1725 | 1837 | 1838 | 1742 | 1928 | 1777 |
| 1992 | 2159 | 2118 | 1961 | 2042 | 2243 | 2047 |
| 1993 | 2676 | 2328 | 2339 | 2328 | 2638 | 2506 |
| 1994 | 3422 | 3081 | 3464 | 3203 | 3841 | 3755 |
| 1995 | 4071 | 3890 | 4442 | 3964 | 4580 | 3964 |
| 1996 | 4789 | 4411 | 5379 | 4416 | 5151 | 5035 |
| 1997 | 4719 | 5111 | 5997 | 4193 | 5024 | 4832 |
| 1998 | 5625 | 6108 | 6678 | 5148 | 5974 | 5972 |
| 1999 | 6264 | 6687 | 7260 | 5476 | 6533 | 6382 |
| 2000 | 6669 | 7234 | 7862 | 5693 | 7047 | 7002 |
| 2001 | 7200 | 7765 | 8441 | 5868 | 7519 | 7560 |
| 2002 | 7568 | 8202 | 9012 | 7331 | 7998 | 8085 |
| 2003 | 8254 | 8838 | 9708 | 8242 | 8313 | 8659 |
| 2004 | 9455 | 9950 | 10938 | 8987 | 9525 | 9485 |
| 2005 | 11220 | 11950 | 13235 | 10658 | 11659 | 11625 |
| 2006 | 12530 | 13688 | 15604 | 11984 | 13423 | 13412 |
| 2007 | 14406 | 16128 | 18725 | 13825 | 15855 | 15746 |
| 2008 | 17389 | 18688 | 21845 | 17136 | 18483 | 18722 |
| 2009 | 20791 | 22166 | 25393 | 20694 | 22156 | 22168 |
| 2010 | 24090 | 25786 | 30525 | 22993 | 26061 | 26130 |
| 2011 | 29872 | 30713 | 36726 | 26606 | 31986 | 30633 |
| 2012 | 34189 | 35433 | 40977 | 31094 | 35337 | 35535 |
| 2013 | 35951 | 44659 | 44758 | 34836 | 38647 | 40092 |
| 2014 | 41980 | 46251 | 46321 | 37683 | 45212 | 42793 |
| 2015 | 45126 | 48454 | 49664 | 44057 | 48540 | 50108 |
| 2016 | 49302 | 52247 | 51606 | 45877 | 51464 | 55182 |
| 2017 | 53797 | 59005 | 55218 | 52687 | 54632 | 56692 |

# 21-35　历年城乡居民储蓄存款余额

（年底数）　　　　单位:万元

| 年　份 | 丰　县 | 沛　县 | 铜山区 | 睢宁县 | 新沂市 | 邳州市 |
|---|---|---|---|---|---|---|
| 1978 | 586 | 624 | 1507 | 539 | 632 | 734 |
| 1979 | 1336 | 898 | 2432 | 777 | 1101 | 937 |
| 1980 | 1615 | 1810 | 3539 | 1512 | 1649 | 1603 |
| 1981 | 2382 | 2559 | 4856 | 2133 | 2130 | 2326 |
| 1982 | 2958 | 3404 | 7008 | 2539 | 2681 | 3036 |
| 1983 | 4103 | 5190 | 12165 | 3434 | 3964 | 4214 |
| 1984 | 6131 | 7736 | 17268 | 5428 | 4794 | 6706 |
| 1985 | 8368 | 10594 | 21242 | 6057 | 5823 | 7973 |
| 1986 | 12708 | 16225 | 30893 | 8861 | 8585 | 12290 |
| 1987 | 16501 | 23200 | 41731 | 11992 | 11733 | 16771 |
| 1988 | 21174 | 32136 | 52867 | 15390 | 14500 | 22296 |
| 1989 | 25950 | 41532 | 70538 | 19006 | 18521 | 26550 |
| 1990 | 34202 | 56573 | 94683 | 25825 | 25157 | 35367 |
| 1991 | 43926 | 72169 | 117328 | 32366 | 31235 | 44820 |
| 1992 | 49950 | 86495 | 139644 | 41025 | 37116 | 55914 |
| 1993 | 66718 | 113260 | 178720 | 55765 | 47034 | 76298 |
| 1994 | 80922 | 142420 | 167956 | 76328 | 63093 | 103133 |
| 1995 | 99477 | 184149 | 223857 | 90917 | 87749 | 136143 |
| 1996 | 123305 | 232008 | 275204 | 107658 | 108385 | 169884 |
| 1997 | 147178 | 278504 | 313763 | 126611 | 125355 | 201070 |
| 1998 | 165461 | 314558 | 344175 | 147203 | 136191 | 220552 |
| 1999 | 177192 | 347884 | 322766 | 161323 | 140484 | 244637 |
| 2000 | 198535 | 374997 |  | 190522 | 159261 | 274035 |
| 2001 | 229579 | 416814 |  | 227229 | 186972 | 313571 |
| 2002 | 264249 | 474533 |  | 268767 | 222142 | 345541 |
| 2003 | 289921 | 535110 | 660774 | 308658 | 261334 | 402443 |
| 2004 | 330664 | 611413 | 778962 | 372365 | 310294 | 492403 |
| 2005 | 395565 | 710275 | 896873 | 457046 | 362101 | 583793 |
| 2006 | 479684 | 786261 | 1030057 | 532538 | 404096 | 648887 |
| 2007 | 544418 | 863847 | 1197030 | 592255 | 463567 | 736551 |
| 2008 | 659610 | 1065308 | 1526967 | 719016 | 559798 | 890588 |
| 2009 | 764610 | 1222173 | 1509486 | 857904 | 611631 | 1030206 |
| 2010 | 924204 | 1439169 |  | 1065322 | 710413 | 1195898 |
| 2011 | 1038767 | 1615171 | 1946720 | 1281978 | 978517 | 1355304 |
| 2012 | 1292601 | 1918117 |  | 1525560 | 1240984 | 1677574 |
| 2013 | 1560756 | 2214804 |  | 1807558 | 1398079 | 2082612 |
| 2014 | 1902973 | 2523432 |  | 2142900 | 1690732 | 2544222 |
| 2015 | 2251179 | 2893774 |  | 2516866 | 1926070 | 3021499 |
| 2016 | 2517502 | 3243499 |  | 2856726 | 2178744 | 3613507 |
| 2017 | 2690210 | 3457738 |  | 3115436 | 2465755 | 3924299 |

注:2015 年起居民储蓄调整为住户存款,与往年不可比。

# 21-36 历年农民人均收入

单位:元

| 年 份 | 丰 县 | 沛 县 | 铜山区 | 睢宁县 | 新沂市 | 邳州市 |
|---|---|---|---|---|---|---|
| 1978 | 84 | 131 | 120 | 54 | 72 | 55 |
| 1979 | 121 | 149 | 176 | 56 | 77 | 64 |
| 1980 | 117 | 170 | 205 | 74 | 163 | 76 |
| 1981 | 129 | 193 | 268 | 109 | 199 | 92 |
| 1982 | 144 | 215 | 342 | 164 | 282 | 123 |
| 1983 | 307 | 373 | 377 | 325 | 308 | 257 |
| 1984 | 419 | 425 | 478 | 379 | 424 | 345 |
| 1985 | 422 | 428 | 412 | 316 | 356 | 345 |
| 1986 | 412 | 451 | 522 | 378 | 426 | 427 |
| 1987 | 454 | 498 | 567 | 369 | 443 | 476 |
| 1988 | 462 | 578 | 646 | 460 | 535 | 576 |
| 1989 | 491 | 682 | 785 | 448 | 624 | 639 |
| 1990 | 504 | 613 | 832 | 519 | 610 | 648 |
| 1991 | 595 | 739 | 873 | 559 | 729 | 783 |
| 1992 | 669 | 758 | 982 | 638 | 760 | 815 |
| 1993 | 777 | 919 | 1142 | 761 | 890 | 893 |
| 1994 | 1067 | 1170 | 1451 | 1022 | 1291 | 1259 |
| 1995 | 1545 | 1751 | 2038 | 1513 | 1764 | 1706 |
| 1996 | 2162 | 2362 | 2770 | 2121 | 2301 | 2360 |
| 1997 | 2561 | 2852 | 3202 | 2427 | 2643 | 2604 |
| 1998 | 2807 | 3109 | 3428 | 2551 | 2857 | 2847 |
| 1999 | 3003 | 3241 | 3590 | 2661 | 3016 | 3001 |
| 2000 | 3129 | 3365 | 3748 | 2664 | 2814 | 3121 |
| 2001 | 3034 | 3544 | 3943 | 2850 | 2959 | 3295 |
| 2002 | 3479 | 3735 | 3780 | 3050 | 3123 | 3475 |
| 2003 | 3611 | 3880 | 3930 | 3163 | 3231 | 3613 |
| 2004 | 4027 | 4325 | 4402 | 3465 | 3613 | 4004 |
| 2005 | 4026 | 4550 | 4920 | 3845 | 4025 | 4477 |
| 2006 | 4537 | 5143 | 5591 | 4314 | 4516 | 5088 |
| 2007 | 5104 | 5831 | 6340 | 4849 | 5076 | 5770 |
| 2008 | 5724 | 6593 | 7167 | 5452 | 5698 | 6526 |
| 2009 | 6369 | 7342 | 7988 | 6077 | 6340 | 7267 |
| 2010 | 7258 | 8378 | 9173 | 7022 | 7231 | 8331 |
| 2011 | 8642 | 10001 | 10934 | 8384 | 8634 | 9931 |
| 2012 | 9783 | 11351 | 12421 | 9541 | 9808 | 11282 |
| 2013 | 10957 | 12725 | 13924 | 10686 | 10979 | 12635 |
| 2014 | 11757 | 13249 | 15100 | 11600 | 12140 | 12846 |
| 2015 | 12850 | 14441 | 16459 | 12656 | 13281 | 14028 |
| 2016 | 14026 | 15791 | 17970 | 13822 | 14526 | 15321 |
| 2017 | 15335 | 17269 | 19634 | 15130 | 15886 | 16725 |

注:2013 年及之前为农民人均纯收入,自 2014 年起为农民人均可支配收入。

# 21-37 历年农民人均消费支出

单位:元

| 年 份 | 丰 县 | 沛 县 | 铜山区 | 睢宁县 | 新沂市 | 邳州市 |
|---|---|---|---|---|---|---|
| 1978 | 71 | | 109 | | 65 | |
| 1979 | 85 | | 148 | | 71 | |
| 1980 | 116 | | 160 | | 148 | |
| 1981 | 175 | | 221 | | 177 | |
| 1982 | 211 | | 239 | | 225 | |
| 1983 | 253 | 210 | 272 | 247 | 289 | 223 |
| 1984 | 294 | 272 | 311 | 278 | 350 | 247 |
| 1985 | 363 | 343 | 353 | 269 | 347 | 285 |
| 1986 | 398 | 362 | 390 | 334 | 424 | 353 |
| 1987 | 418 | 415 | 443 | 370 | 400 | 448 |
| 1988 | 500 | 511 | 544 | 386 | 450 | 447 |
| 1989 | 585 | 611 | 622 | 423 | 590 | 598 |
| 1990 | 565 | 510 | 575 | 425 | 537 | 550 |
| 1991 | 663 | 622 | 536 | 497 | 530 | 603 |
| 1992 | 526 | 579 | 582 | 546 | 512 | 684 |
| 1993 | 594 | 955 | 690 | 499 | 606 | 679 |
| 1994 | 864 | 938 | 927 | 891 | 1039 | 992 |
| 1995 | 917 | 1227 | 1040 | 1073 | 1361 | 1192 |
| 1996 | 1455 | 1699 | 1610 | 1325 | 1344 | 1467 |
| 1997 | 1605 | 1714 | 1943 | 1555 | 1393 | 1311 |
| 1998 | 1586 | 1576 | 1258 | 1466 | 1538 | 1227 |
| 1999 | 1685 | 1603 | 1459 | 1286 | 1496 | 1258 |
| 2000 | 1468 | 1741 | 1384 | 1429 | 1358 | 1583 |
| 2001 | 1596 | 1913 | 1582 | 1395 | 1453 | 1381 |
| 2002 | 1912 | 2296 | 1674 | 1588 | 1552 | 1311 |
| 2003 | 1933 | 2510 | 1881 | 1648 | 1915 | 1361 |
| 2004 | 2230 | 2110 | 2200 | 1861 | 1862 | 1257 |
| 2005 | 3082 | 3282 | 2961 | 2567 | 2501 | 2630 |
| 2006 | 3118 | 3666 | 3515 | 2932 | 3145 | 3027 |
| 2007 | 3461 | 4695 | 4311 | 3432 | 3565 | 3528 |
| 2008 | 4085 | 5318 | 4807 | 3746 | 3756 | 4218 |
| 2009 | 4695 | 5814 | 4957 | 4079 | 3951 | 4761 |
| 2010 | 5306 | 6572 | 5513 | 4436 | 4651 | 4937 |
| 2011 | 6288 | 7587 | 6496 | 4987 | 5766 | 5188 |
| 2012 | 7095 | 8558 | 7149 | 5616 | 6481 | 5866 |
| 2013 | 8325 | 7207 | 7858 | 6190 | 7141 | 6969 |
| 2014 | 7641 | 8682 | 8066 | 7292 | 8201 | 7990 |
| 2015 | 8296 | 9473 | 8927 | 8054 | 9025 | 8674 |
| 2016 | 9277 | 10573 | 10000 | 9064 | 10101 | 9699 |
| 2017 | 10032 | 11491 | 11024 | 9884 | 11015 | 10580 |

注:2013 年及之前为农民人均生活消费支出,自 2014 年起为农民人均消费支出。

# 21-38 县(市)社会经济主要指标

(2017 年)

| 指　　标 | | 丰　县 | 沛　县 | 铜山区 | 睢宁县 | 新沂市 | 邳州市 |
|---|---|---|---|---|---|---|---|
| **人口、就业及土地面积** | | | | | | | |
| 年末总人口 | (万人) | 120.97 | 129.92 | 132.07 | 144.00 | 112.93 | 193.76 |
| 年平均人口 | | 121.19 | 130.33 | 132.16 | 144.08 | 113.24 | 193.81 |
| 当年出生人口 | (人) | 17547 | 23962 | 20313 | 23302 | 16895 | 28789 |
| 当年死亡人口 | | 13468 | 23167 | 16329 | 14966 | 16956 | 21465 |
| 年末总户数 | (万户) | 32.45 | 36.66 | 35.32 | 33.38 | 31.43 | 46.03 |
| 从业人员 | (万人) | 55.41 | 64.41 | 55.79 | 62.46 | 55.13 | 87.37 |
| 第一产业 | | 18.32 | 20.67 | 19.74 | 20.89 | 16.67 | 27.26 |
| 第二产业 | | 19.36 | 22.49 | 17.71 | 21.65 | 19.21 | 30.31 |
| 第三产业 | | 17.73 | 21.26 | 18.35 | 19.92 | 19.24 | 29.80 |
| 年末单位从业人员 | (人) | 85693 | 115657 | 167272 | 71403 | 95207 | 106243 |
| 按国民经济行业分 | | | | | | | |
| 第一产业(农林牧渔业) | | 99 | 7231 | 4874 | | 302 | 293 |
| 第二产业 | | 49014 | 65413 | 129678 | 36997 | 60230 | 60091 |
| 第三产业 | | 36580 | 43013 | 32720 | 34406 | 34675 | 45859 |
| 按登记注册类型分 | | | | | | | |
| #国有单位 | | 31640 | 44799 | 34621 | 39043 | 27495 | 36223 |
| 城镇集体单位 | | 4360 | 8128 | 2844 | 2123 | 3361 | 9669 |
| 港澳台商投资单位 | | 2184 | 842 | 2641 | 10634 | 2341 | 7664 |
| 外商投资单位 | | 1374 | 1945 | 2917 | 1096 | 2571 | 4261 |
| 在岗职工人数 | | 82223 | 102739 | 148835 | 69151 | 88367 | 103389 |
| 在岗职工平均人数 | | 79539 | 98643 | 139620 | 64343 | 87529 | 101491 |
| 私营企业从业人员 | | 116615 | 163232 | 135000 | 206423 | 204837 | 184225 |
| 个体从业人员 | | 76252 | 57189 | 82743 | 95236 | 81960 | 171412 |
| 年末城镇登记失业人员数 | | 1914 | 2778 | 3509 | 2283 | 2763 | 3874 |
| 行政区域土地面积 | (平方公里) | 1446 | 1349 | 1777 | 1767 | 1571 | 2088 |
| **综合经济** | | | | | | | |
| 地区生产总值 | (亿元) | 456.94 | 756.32 | 1085.30 | 560.07 | 644.26 | 917.65 |
| 第一产业 | | 82.60 | 99.64 | 86.50 | 91.28 | 71.08 | 122.35 |
| 第二产业 | | 196.10 | 359.36 | 562.24 | 238.06 | 269.30 | 403.81 |
| #工业 | | 151.58 | 261.69 | 521.37 | 186.68 | 229.03 | 354.15 |
| 第三产业 | | 178.24 | 297.32 | 436.56 | 230.73 | 303.88 | 391.49 |
| 人均地区生产总值(按常住人口计算) | | 48084 | 67634 | 103101 | 54529 | 70623 | 63690 |
| 地区生产总值指数(上年=100) | | 107.3 | 108.6 | 107.2 | 107.7 | 108.6 | 108.4 |
| 第一产业 | | 102.6 | 101.8 | 103.3 | 102.6 | 102.0 | 101.8 |
| 第二产业 | | 108.9 | 111.1 | 107.0 | 108.7 | 109.8 | 110.0 |
| #工业 | | 110.6 | 108.4 | 110.2 | 109.4 | 110.2 | 111.5 |
| 第三产业 | | 107.7 | 107.9 | 108.1 | 108.7 | 109.3 | 108.8 |
| 人均地区生产总值 | | 107.1 | 108.3 | 113.2 | 107.4 | 114.3 | 108.1 |
| **固定资产投资** | | | | | | | |
| 固定资产投资 | (亿元) | 279.76 | 623.63 | 866.10 | 359.97 | 596.53 | 837.01 |
| #房地产开发投资 | | 40.68 | 28.86 | 38.55 | 39.23 | 52.11 | 76.79 |

21-38 续表 1 (2017 年)

| 指 标 | 丰 县 | 沛 县 | 铜山区 | 睢宁县 | 新沂市 | 邳州市 |
|---|---|---|---|---|---|---|
| 商品房销售面积 (万平方米) | 115.69 | 75.39 | 60.31 | 151.79 | 157.59 | 165.51 |
| #住宅 | 106.41 | 66.83 | 57.82 | 137.26 | 143.17 | 158.00 |
| **财政、金融、保险** | | | | | | |
| 上划中央收入 (亿元) | 9.92 | 17.09 | 23.56 | 15.43 | 16.52 | 17.24 |
| 公共财政预算收入 | 25.00 | 54.46 | 65.82 | 39.92 | 47.46 | 60.05 |
| #税收收入 | 17.96 | 36.37 | 45.46 | 26.80 | 32.88 | 40.92 |
| #增值税 | 7.13 | 12.66 | 14.36 | 11.29 | 10.30 | 11.38 |
| 营业税 | 0.01 | 0.28 | 0.07 | 0.16 | –0.23 | –0.22 |
| 企业所得税(40%) | 1.00 | 1.37 | 3.89 | 1.51 | 2.33 | 2.63 |
| 个人所得税(40%) | 0.36 | 0.73 | 1.56 | 0.56 | 1.46 | 0.66 |
| 公共财政预算支出 | 65.01 | 89.09 | 111.96 | 83.12 | 93.00 | 110.52 |
| #一般公共服务 | 3.75 | 6.57 | 8.58 | 7.28 | 5.52 | 9.59 |
| 科学技术 | 1.09 | 2.97 | 3.04 | 1.82 | 1.53 | 1.32 |
| 教育 | 14.52 | 18.60 | 19.46 | 16.02 | 24.92 | 31.21 |
| 文化体育与传媒 | 0.67 | 0.84 | 0.52 | 0.54 | 2.46 | 2.32 |
| 社会保障和就业 | 6.79 | 7.85 | 11.11 | 8.23 | 7.42 | 11.39 |
| 医疗卫生 | 6.90 | 8.95 | 9.72 | 7.79 | 6.45 | 10.78 |
| 节能环保 | 0.86 | 3.57 | 3.59 | 1.50 | 0.72 | 2.15 |
| 城乡社区事务 | 9.14 | 14.84 | 17.24 | 16.38 | 17.77 | 15.34 |
| 农林水事务 | 9.50 | 14.46 | 19.36 | 11.46 | 10.20 | 9.35 |
| 交通运输 | 3.47 | 2.13 | 4.28 | 2.77 | 5.06 | 6.76 |
| 住房保障 | 1.42 | 1.17 | 3.98 | 2.67 | 2.96 | 2.24 |
| 年末金融机构各项存款余额 | 383.31 | 512.54 | | 484.12 | 444.40 | 601.82 |
| #住户存款 | 269.02 | 345.77 | | 311.54 | 246.58 | 392.43 |
| 年末金融机构各项贷款余额 | 211.87 | 269.01 | | 281.70 | 280.03 | 427.52 |
| 保费收入 | 12.90 | 19.04 | | 12.39 | 12.20 | 15.97 |
| 财产险 | 4.39 | 4.41 | | 4.12 | 5.19 | 6.70 |
| 人寿险 | 8.51 | 14.63 | | 8.27 | 7.01 | 9.27 |
| 赔款和给付 | 3.61 | 6.12 | | 4.05 | 3.64 | 5.63 |
| 财产险 | 1.94 | 2.35 | | 1.99 | 2.78 | 3.31 |
| 人寿险 | 1.67 | 3.77 | | 2.06 | 0.86 | 2.32 |
| **农业** | | | | | | |
| 乡村户数 (万户) | 25.55 | 24.05 | 28.41 | 25.09 | 21.14 | 33.35 |
| 乡村人口数 (万人) | 100.26 | 93.2 | 101.52 | 103.34 | 81.65 | 125.97 |
| 乡村从业人数 | 53.07 | 50.02 | 52.41 | 59.66 | 44.56 | 64.13 |
| #农林牧渔业 | 22.62 | 16.76 | 19.69 | 22.96 | 17.81 | 20.01 |

21-38 续表 2 （2017 年）

| 指　　标 | | 丰　县 | 沛　县 | 铜山区 | 睢宁县 | 新沂市 | 邳州市 |
|---|---|---|---|---|---|---|---|
| 农林牧渔业总产值(当年价) | （万元） | 1628580 | 1921838 | 1703707 | 1754373 | 1500399 | 2474180 |
| 农业 | | 1176963 | 1209245 | 1065248 | 1032016 | 755917 | 1601222 |
| 林业 | | 12025 | 11284 | 16063 | 39336 | 52856 | 43205 |
| 牧业 | | 372548 | 523849 | 485693 | 562155 | 432811 | 614323 |
| 渔业 | | 11986 | 72310 | 82568 | 56288 | 195319 | 91874 |
| 农林牧渔服务业 | | 55058 | 105150 | 54135 | 64578 | 63496 | 123556 |
| 农作物总播种面积 | （千公顷） | 145.23 | 153.82 | 173.89 | 188.39 | 191.4 | 230.64 |
| #粮食作物 | | 88.79 | 94.55 | 121.18 | 148.85 | 102.62 | 125.17 |
| 粮食总产量 | （万吨） | 55.29 | 62.32 | 81.08 | 93.92 | 69.62 | 82.34 |
| 油料产量 | | 0.43 | 0.38 | 0.56 | 3.14 | 6.70 | 1.39 |
| 棉花产量 | | 1.13 | 0.29 | 0.32 | 0.05 | | 0.06 |
| 肉类总产量 | | 13.80 | 17.62 | 9.75 | 10.39 | 10.33 | 16.86 |
| #猪肉 | | 5.55 | 5.39 | 5.32 | 4.91 | 5.91 | 5.91 |
| 牛肉 | | 0.12 | 0.19 | 0.17 | 0.10 | 0.13 | 0.17 |
| 羊肉 | | 0.83 | 0.45 | 0.47 | 1.29 | 0.21 | 0.25 |
| 水产品产量(万吨) | | 0.30 | 1.80 | 3.16 | 2.25 | 5.90 | 2.62 |
| **规模以上工业、建筑业** | | | | | | | |
| 规模以上工业企业单位数 | （个） | 290 | 407 | 361 | 258 | 306 | 428 |
| 内资企业 | | 272 | 399 | 345 | 240 | 289 | 404 |
| 港澳台商投资企业 | | 8 | 4 | 6 | 12 | 5 | 9 |
| 外商投资企业 | | 10 | 4 | 10 | 6 | 12 | 15 |
| 主营业务收入 | | 698.99 | 1503.25 | 2769.41 | 775.17 | 1173.96 | 2262.00 |
| 利润总额 | | 50.86 | 82.64 | 251.21 | 75.12 | 95.89 | 170.34 |
| 建筑企业单位数 | （个） | 42 | 81 | 60 | 38 | 50 | 61 |
| 建筑企业期末从业人员 | （万人） | 5.10 | 11.55 | 5.21 | 4.61 | 5.85 | 6.94 |
| 建筑业总产值 | （亿元） | 155.46 | 356.58 | 108.83 | 196.64 | 151.23 | 165.40 |

21-38 续表 3 (2017 年)

| 指　　标 | | 丰　县 | 沛　县 | 铜山区 | 睢宁县 | 新沂市 | 邳州市 |
|---|---|---|---|---|---|---|---|
| **交通运输、邮电通信、电力** | | | | | | | |
| 公路里程 | (公里) | 1825 | 2366 | 2427 | 2440 | 2674 | 3144 |
| #等级公路 | | 1825 | 2366 | 2362 | 2331 | 2340 | 2835 |
| #高速公路 | | 33 | 34 | 159 | 64 | 112 | 39 |
| 一级公路 | | 107 | 150 | 241 | 163 | 188 | 190 |
| 公路客运量 | (万人) | 476.46 | 724.67 | | 941.89 | 752.58 | 661.21 |
| 公路货运量 | (万吨) | 1913.84 | 1798.02 | | 2131.23 | 1420.28 | 2273.39 |
| 民用汽车拥有量 | (辆) | 105168 | 107857 | 183292 | 119804 | 74569 | 129619 |
| #私人汽车拥有量 | | 100532 | 100496 | 174644 | 111925 | 68497 | 123532 |
| 邮政局所数 | (处) | 26 | 29 | 36 | 32 | 33 | 42 |
| 邮电业务总量 | (亿元) | 14.21 | 16.44 | | 20.21 | 22.38 | 22.21 |
| #邮政业务总量 | | 3.00 | 2.91 | | 5.05 | 9.91 | 4.82 |
| 邮政业务收入 | | 2.10 | 1.84 | | 2.67 | 2.99 | 3.10 |
| 电信业务收入 | | 5.16 | 6.16 | 2.39 | 6.78 | 5.69 | 7.86 |
| 固定电话用户 | (万户) | 7.30 | 9.10 | 11.30 | 11.06 | 8.58 | 10.84 |
| #农村电话用户 | | 3.66 | 5.36 | 8.78 | 6.04 | 4.16 | 6.64 |
| 移动电话年末用户 | | 86.12 | 99.97 | 99.85 | 100.21 | 88.78 | 124.98 |
| 互联网宽带接入用户 | | 22.14 | 25.21 | 26.63 | 25.81 | 25.05 | 31.56 |
| 全年用电量 | (亿千瓦时) | 22.62 | 38.04 | 49.24 | 20.80 | 34.75 | 30.30 |
| #工业用电 | | 12.93 | 27.00 | 35.13 | 9.20 | 25.53 | 16.19 |
| 城乡居民生活用电 | | 6.08 | 6.47 | 7.74 | 6.45 | 5.19 | 8.06 |
| **批发零售贸易、外经** | | | | | | | |
| 社会消费品零售总额 | (亿元) | 164.11 | 267.06 | 263.29 | 195.11 | 189.99 | 275.57 |
| 批发和零售业 | | 151.25 | 240.30 | 240.23 | 180.30 | 172.47 | 252.42 |
| 住宿和餐饮业 | | 12.86 | 26.77 | 23.06 | 14.81 | 17.52 | 23.14 |
| 进出口总额 | (亿元) | 15.71 | 32.53 | 49.53 | 36.31 | 45.46 | 79.18 |
| #出口总额 | | 11.32 | 31.46 | 44.61 | 29.57 | 34.46 | 72.72 |
| 外商投资项目个数 | (个) | 11 | 23 | 24 | 13 | 12 | 29 |
| 协议注册外资 | (亿美元) | 1.86 | 3.78 | 4.55 | 1.90 | 3.12 | 9.15 |
| 实际使用外资 | | 0.73 | 1.73 | 2.27 | 0.99 | 1.73 | 2.03 |

注:此表中的公路客货运量为营业性口径,下同;2011 年 -2016 年邮电业务总量按 2010 年价格计算,2017 年邮电业务总量按 2015 年价格计算,与往年不可比。

21-38 续表4 (2017年)

| 指　　标 | 丰　县 | 沛　县 | 铜山区 | 睢宁县 | 新沂市 | 邳州市 |
|---|---|---|---|---|---|---|
| **市政公用事业、环境保护(城市)** | | | | | | |
| 供水综合生产能力(包括自备水源)(万吨/日) | 8.3 | 16 | | 8 | 26 | 35 |
| 供水总量(万吨) | 2409 | 3760 | | 2306 | 3055 | 3802 |
| 售水量 | 1536 | 1693 | | 1335 | 1684 | 1907 |
| #居民生活用水 | 762 | 958 | | 1188 | 1105 | 1343 |
| 公共汽(电)车运营车辆数(辆) | 369 | 466 | | 150 | 281 | 384 |
| 公共汽(电)车客运总量(万人次) | 622 | 1127 | | 450 | 726 | 3448 |
| 出租汽车数(辆) | 302 | 626 | | 598 | 458 | 536 |
| 煤气(人工煤气、天然气)供气总量(万立方米) | 2739 | 2798 | | 1000 | 2049 | 6156 |
| #家庭用量 | 2512 | 2596 | | 560 | 395 | 1834 |
| 液化石油气供气总量(吨) | | 1461.8 | | 7083 | 7290 | 3686 |
| #家庭用量 | | 1457 | | 7050 | 6561 | 3650 |
| 道路面积(万平方米) | 544 | 903 | | 525 | 701 | 614 |
| 排水管道长度(公里) | 340 | 779 | | 271 | 656 | 631 |
| 绿化覆盖面积(公顷) | 1567 | 1630 | | 1405 | 2418 | 2486 |
| #建成区绿化覆盖面积 | 1240 | 1630 | | 1405 | 1553 | 2038 |
| 绿地面积 | 1394 | 1555 | | 1316 | 2180 | 1936 |
| #建成区绿地覆盖面积 | 1139 | 1555 | | 1316 | 1479 | 1845 |
| 公园绿地面积(公顷) | 215 | 442 | | 374 | 320 | 566 |
| 污水处理厂数(座) | 1 | 2 | | 2 | 1 | 2 |
| 垃圾处理站数(个) | 2 | 2 | | 1 | 1 | 1 |
| 生活垃圾无害化处理率(%) | 100.0 | 100.0 | | 100.0 | 100.0 | 100.0 |
| 污水集中处理率 | 87.6 | 91.0 | 88.9 | 91.0 | 87.5 | 87.2 |
| 自然保护区面积(公顷) | | | 14930 | | 22591 | 4230 |
| 工业废水排放量(万吨) | 183 | 277 | 172 | 341 | 442 | 91 |
| 工业废气排放量(亿立方米) | 66.24 | 309.64 | 1657.53 | 8.39 | 521.68 | 219.87 |
| 工业二氧化硫排放量(吨) | 1552 | 17046 | 16135 | 88 | 1783 | 5542 |
| 工业氮氧化物排放量 | 767 | 8082 | 23108 | 67 | 6142 | 5156 |
| 工业烟(粉)尘排放量 | 372 | 7575 | 11813 | 347 | 2492 | 2753 |
| 一般工业固体废物综合利用率(%) | 71.3 | 100.0 | 99.4 | 86.8 | 100.0 | 99.2 |

21-38 续表5 （2017年）

| 指　　标 | 丰　县 | 沛　县 | 铜山区 | 睢宁县 | 新沂市 | 邳州市 |
|---|---|---|---|---|---|---|
| **教育、科技、卫生** | | | | | | |
| 学校总数 （个） | | | | | | |
| # 中等职业教育学校 | 1 | 2 | 3 | 2 | 1 | 2 |
| 普通中学 | 39 | 44 | 43 | 44 | 37 | 56 |
| 小学 | 109 | 117 | 137 | 138 | 111 | 198 |
| 在校学生总数 （万人） | | | | | | |
| # 中等职业教育学校 | 0.51 | 0.54 | 0.70 | 0.74 | 0.64 | 1.87 |
| 普通中学 | 4.38 | 4.16 | 5.17 | 4.79 | 4.52 | 8.58 |
| 小学 | 9.33 | 11.36 | 13.30 | 10.82 | 12.32 | 19.32 |
| 专任教师总数 （人） | | | | | | |
| # 中等职业教育学校 | 278 | 500 | 487 | 287 | 175 | 274 |
| 普通中学 | 4592 | 3893 | 4944 | 4470 | 3576 | 6292 |
| 小学 | 4673 | 5277 | 5012 | 6116 | 3926 | 9896 |
| 幼儿园数 （个） | 104 | 86 | 120 | 109 | 139 | 121 |
| 在园幼儿数 （万人） | 4.22 | 4.64 | 5.53 | 4.31 | 4.32 | 5.60 |
| 小学毕业生升学率 （%） | 100.0 | 100.0 | 100.0 | 100.0 | 100.0 | 100.0 |
| 各类专业技术人员数 （万人） | 4.90 | 6.10 | 5.57 | 5.02 | 5.29 | 6.10 |
| 专利申请受理量 （件） | 1215 | 1037 | 3260 | 1483 | 1123 | 1091 |
| 专利申请授权量 | 552 | 317 | 2193 | 951 | 704 | 714 |
| # 发明 | 24 | 17 | 348 | 18 | 135 | 114 |

21-38 续表 6 （2017 年）

| 指 标 | | 丰 县 | 沛 县 | 铜山区 | 睢宁县 | 新沂市 | 邳州市 |
|---|---|---|---|---|---|---|---|
| 剧场、影剧院数(个) | | 3 | 6 | 4 | 3 | 2 | 5 |
| 公共图书馆 | | 1 | 1 | 1 | 1 | 1 | 1 |
| 公共图书馆图书总藏量 | （千册、千件） | 224.67 | 363.58 | 360.93 | 438.45 | 476.63 | 542.53 |
| 卫生机构数 | （个） | 550 | 614 | 470 | 597 | 478 | 773 |
| # 医院 | | 5 | 14 | 11 | 12 | 12 | 18 |
| 卫生院 | | 25 | 26 | 24 | 24 | 20 | 32 |
| 卫生机构床位数 | （张） | 4137 | 5168 | 3588 | 4556 | 3856 | 6322 |
| # 医院 | | 1928 | 3388 | 1501 | 2567 | 2781 | 3609 |
| 卫生院 | | 2159 | 1780 | 1917 | 1689 | 922 | 2206 |
| 卫生技术人员 | （人） | 4623 | 5528 | 4092 | 4947 | 5001 | 7900 |
| # 执业(助理)医师 | | 2176 | 2434 | 1659 | 1912 | 2151 | 3375 |
| 注册护士 | | 1718 | 2316 | 1682 | 1992 | 2146 | 2976 |
| **人民生活** | | | | | | | |
| 在岗职工工资总额 | （亿元） | 44.72 | 58.20 | 77.10 | 33.90 | 47.82 | 57.54 |
| 在岗职工平均工资 | （元） | 53797 | 59005 | 55218 | 52687 | 54632 | 56692 |
| 全体居民人均可支配收入 | | 19843 | 23313 | 27620 | 19916 | 20673 | 22725 |
| 工资性收入 | | 11327 | 13067 | 17624 | 8637 | 11361 | 12323 |
| 经营净收入 | | 5305 | 5399 | 5961 | 7709 | 4933 | 5897 |
| 财产净收入 | | 738 | 1249 | 1060 | 1413 | 1115 | 1044 |
| 转移净收入 | | 2474 | 3597 | 2975 | 2157 | 3263 | 3462 |
| 人均生活消费支出 | | 13462 | 14649 | 17224 | 11770 | 13621 | 12997 |
| 食品烟酒 | | 4127 | 4119 | 5606 | 3763 | 4445 | 3920 |
| 衣着 | | 1099 | 1303 | 1715 | 844 | 1254 | 995 |
| 居住 | | 2305 | 3214 | 1959 | 2597 | 2668 | 2663 |
| 生活用品及服务 | | 1065 | 1003 | 1059 | 645 | 978 | 923 |
| 交通通信 | | 1460 | 2139 | 2343 | 1043 | 1509 | 1756 |
| 教育文化娱乐 | | 2491 | 1630 | 3182 | 2161 | 1949 | 1607 |
| 医疗保健 | | 655 | 884 | 1113 | 595 | 608 | 868 |
| 其他用品和服务 | | 259 | 358 | 247 | 123 | 211 | 264 |
| 人均期末拥有房屋面积 | （平方米） | 46 | 48 | 56 | 55 | 49 | 76 |
| 人均现住房建筑面积 | | 46 | 46 | 46 | 50 | 48 | 76 |
| 城镇居民人均可支配收入 | （元） | 25117 | 29776 | 34888 | 25540 | 27261 | 31189 |
| 工资性收入 | | 16829 | 17653 | 23201 | 12721 | 16624 | 18730 |
| 经营净收入 | | 3135 | 4530 | 5350 | 8474 | 4293 | 4773 |
| 财产净收入 | | 1285 | 2418 | 1732 | 2771 | 2182 | 2176 |
| 转移净收入 | | 3868 | 5175 | 4605 | 1574 | 4163 | 5510 |

21-38 续表 7 (2017 年)

| 指 标 | 丰 县 | 沛 县 | 铜山区 | 睢宁县 | 新沂市 | 邳州市 |
|---|---|---|---|---|---|---|
| 人均生活消费支出 | 17458 | 18025 | 22868 | 13985 | 13621 | 16405 |
| 食品烟酒 | 5250 | 4972 | 7083 | 4442 | 4445 | 4965 |
| 衣着 | 1548 | 1738 | 2541 | 1092 | 1254 | 1315 |
| 居住 | 3013 | 4087 | 2078 | 3297 | 2668 | 3634 |
| 生活用品及服务 | 1396 | 1128 | 1523 | 741 | 978 | 1188 |
| 交通通信 | 1889 | 2372 | 3354 | 1123 | 1509 | 1934 |
| 教育文化娱乐 | 3250 | 2061 | 4474 | 2568 | 1949 | 1860 |
| 医疗保健 | 716 | 1159 | 1437 | 565 | 608 | 1090 |
| 其他用品和服务 | 395 | 509 | 378 | 156 | 211 | 419 |
| 人均期末拥有房屋面积 (平方米) | 42 | 47 | 49 | 55 | 49 | 65 |
| 人均现住房建筑面积 | 41 | 43 | 40 | 46 | 48 | 65 |
| 农村居民人均可支配收入 (元) | 15335 | 17269 | 19634 | 15130 | 15886 | 16725 |
| 工资性收入 | 6623 | 8778 | 11495 | 5162 | 7537 | 7781 |
| 经营净收入 | 7159 | 6212 | 6633 | 7058 | 5398 | 6693 |
| 财产净收入 | 270 | 157 | 322 | 257 | 340 | 241 |
| 转移净收入 | 1282 | 2122 | 1184 | 2654 | 2609 | 2010 |
| 人均生活消费支出 | 10032 | 11491 | 11024 | 9884 | 11015 | 50580 |
| 食品烟酒 | 3161 | 3321 | 3984 | 3185 | 3643 | 3180 |
| 衣着 | 715 | 895 | 807 | 632 | 878 | 768 |
| 居住 | 1696 | 2398 | 1828 | 2000 | 2007 | 1975 |
| 生活用品及服务 | 781 | 886 | 549 | 562 | 746 | 735 |
| 交通通信 | 1093 | 1921 | 1233 | 974 | 1347 | 1630 |
| 教育文化娱乐 | 1840 | 1227 | 1763 | 1813 | 1572 | 1428 |
| 医疗保健 | 602 | 626 | 757 | 620 | 655 | 710 |
| 其他用品和服务 | 143 | 216 | 103 | 95 | 166 | 154 |
| 人均期末拥有房屋面积 (平方米) | 49 | 49 | 63 | 55 | 50 | 83 |
| 人均现住房建筑面积 | 49 | 48 | 53 | 53 | 50 | 83 |
| 城乡居民基本养老保险参保人数 (万人) | 45.94 | 45.13 | | 47.63 | 38.05 | 63.67 |
| 城镇职工基本养老保险参保人数 | 10.42 | 13.81 | | 11.77 | 10.78 | 16.78 |
| 城镇职工基本医疗保险参保人数 | 7.45 | 10.46 | 9.73 | 7.05 | 9.34 | 13.51 |
| 城乡居民基本医疗保险参保人数 | 96.11 | 105.45 | 114.42 | 124.59 | 84.01 | 145.89 |
| 失业保险参保人数 | 4.03 | 8.46 | 6.91 | 5.25 | 5.72 | 8.52 |
| 工伤保险参保人数 | 3.20 | 6.90 | 5.30 | 4.94 | 5.46 | 6.77 |
| 生育保险参保人数 | 3.00 | 4.60 | 5.60 | 5.24 | 5.14 | 5.53 |
| 提供住宿的各类社会服务机构数 (个) | 20 | 25 | 63 | 24 | 30 | 32 |
| 提供住宿的各类社会服务机构床位数(张) | 4747 | 4923 | 9411 | 7825 | 4248 | 8111 |
| **社会治安** | | | | | | |
| 刑事案件立案数 (件) | 678 | 860 | 976 | 991 | 958 | 1139 |
| 犯罪人数 (人) | 909 | 1154 | 1159 | 1267 | 1321 | 1405 |
| 火灾事故死亡人数 (人) | 2 | | | | 1 | |
| 火灾损失金额 (万元) | 279 | 188 | 106 | 84 | 571 | 201 |

# 乡镇基本情况

## BASIC CONDITIONS OF COUNTRY AND TOWN

22

版面负责人：顾元林

编　　　辑：刘　畅

# 国家统计局印发《关于统计机构负责人防范和惩治统计造假弄虚作假责任制规定(试行)》的通知

国统字〔2017〕101号

各省、自治区、直辖市统计局,新疆生产建设兵团统计局,国家统计局各调查总队,各司级行政单位、在京直属事业单位、出版社:

《关于统计机构负责人防范和惩治统计造假弄虚作假责任制规定(试行)》已经2017年6月2日国家统计局第11次常务会议审议通过。现印发给你们,请按照要求贯彻执行。

**国家统计局**

2017年6月30日

# 关于统计机构负责人防范和惩治统计造假弄虚作假责任制规定(试行)

**第一条** 为深入贯彻执行中央《关于深化统计管理体制改革提高统计数据真实性的意见》,全面防范和严肃惩治统计造假、弄虚作假,健全落实统计机构领导责任制,保障统计数据质量,根据《中国共产党纪律处分条例》《中国共产党问责条例》《中华人民共和国统计法》《中华人民共和国统计法实施条例》《行政机关公务员处分条例》和《统计违法违纪行为处分规定》及其他有关法律、行政法规,制定本规定。

**第二条** 本规定适用于县级以上人民政府统计机构领导班子及其成员。

**第三条** 健全防范和惩治统计造假、弄虚作假责任制,应当坚持标本兼治、综合治理,坚持惩防并举、注重预防,完善统计法律制度,健全统计管理体制,推动改革干部政绩考核机制,强化统计普法宣传教育,严惩统计违纪违法行为,严肃追究对统计造假、弄虚作假责任人责任,努力形成不敢、不能、不想统计造假、弄虚作假的工作氛围,为提高统计数据真实性、准确性、完整性和及时性提供扎实的体制机制保障。

**第四条** 健全防范和惩治统计造假、弄虚作假责任制,应当在国家统计局的统一部署和地方党委政府监督下,坚持集体领导与个人分工负责相结合,坚持与统计业务工作、党风廉政建设一起部署、一起落实、一起检查、一起考核,建立上级统计机构履行领导、指导和督导责任,统计机构领导班子承担全面领导责任,主要负责人承担第一责任,班子成员承担主体责任,纪检监察工作负责人承担监督责任,谁主管、谁负责,一级抓一级、层层抓落实的责任体系。

# 22-1 分镇主要经济指标

（2017 年）

| 乡　镇 | 乡镇行政区域面积（公顷） | 居委会数（个） | 村委会数（个） | 常住户数（户） | 常住人口（人） | #外来人口 |
|---|---|---|---|---|---|---|
| **贾汪区** | | | | | | |
| 大泉街道 | 8632 | 2 | 11 | 15870 | 50480 | 625 |
| 大吴街道 | 3840 | 11 | 6 | 14289 | 52256 | 249 |
| 潘安湖街道 | 2063 | 5 | 4 | 5770 | 17680 | 425 |
| 青山泉镇 | 6647 | 5 | 11 | 15924 | 47652 | 511 |
| 紫庄镇 | 6668 | 4 | 15 | 16175 | 61668 | 1414 |
| 塔山镇 | 9468 | 3 | 20 | 17832 | 74181 | 132 |
| 汴塘镇 | 10080 | | 17 | 13816 | 54381 | 125 |
| 江庄镇 | 7496 | | 11 | 10189 | 34102 | 2510 |
| **徐州经济技术开发区** | | | | | | |
| 金山桥街道 | 400 | 6 | | 11382 | 38969 | 13762 |
| 东环街道 | 2280 | 5 | | 7858 | 27466 | 5560 |
| 大黄山街道 | 4300 | 10 | 12 | 16083 | 65763 | 2567 |
| 大庙街道 | 9526 | 3 | 20 | 48297 | 141162 | 33677 |
| 徐庄镇 | 13259 | | 22 | 19126 | 73277 | 557 |
| **丰　县** | | | | | | |
| 中阳里街道 | 990 | 17 | | 24892 | 70018 | 3524 |
| 凤城街道 | 8773 | 12 | 11 | 17896 | 65617 | 1182 |
| 孙楼街道 | 6608 | 4 | 19 | 13982 | 52890 | 510 |
| 首羡镇 | 12232 | 5 | 33 | 23095 | 92431 | 1875 |
| 顺河镇 | 9404 | | 22 | 13137 | 55576 | 1395 |
| 常店镇 | 8187 | 3 | 27 | 16596 | 62783 | 1365 |
| 欢口镇 | 10751 | 3 | 27 | 26545 | 103940 | 1333 |
| 师寨镇 | 8518 | 2 | 28 | 15811 | 63855 | 448 |
| 华山镇 | 10100 | 3 | 25 | 23710 | 75526 | 780 |
| 梁寨镇 | 8680 | 3 | 20 | 16236 | 59032 | 110 |
| 范楼镇 | 11610 | 3 | 31 | 23106 | 83896 | 186 |
| 宋楼镇 | 12214 | 3 | 32 | 23122 | 89906 | 125 |
| 大沙河镇 | 8631 | 2 | 19 | 16285 | 61852 | 1474 |
| 王沟镇 | 12621 | 3 | 31 | 25111 | 90530 | 1183 |
| 赵庄镇 | 9100 | 3 | 18 | 16489 | 62930 | 1095 |
| **沛　县** | | | | | | |
| 沛城街道 | 6240 | 23 | 7 | 59756 | 176259 | 14098 |
| 大屯街道 | 5430 | 15 | 10 | 19123 | 70036 | 5568 |
| 汉源街道 | 3403 | 11 | 3 | 19898 | 65057 | 26415 |
| 汉兴街道 | 5310 | 19 | | 12693 | 46175 | 1050 |
| 龙固镇 | 5302 | 14 | 9 | 15075 | 60126 | 795 |
| 杨屯镇 | 5165 | 12 | 9 | 15813 | 59678 | 867 |
| 胡寨镇 | 4594 | 4 | 10 | 10421 | 37296 | 365 |
| 魏庙镇 | 6014 | 3 | 14 | 14501 | 53654 | 483 |
| 五段镇 | 4977 | 3 | 14 | 11753 | 40814 | 339 |
| 张庄镇 | 11200 | 8 | 24 | 24130 | 86320 | 176 |
| 张寨镇 | 10634 | 3 | 26 | 21548 | 79983 | 658 |
| 敬安镇 | 9600 | 8 | 18 | 17526 | 61872 | 150 |
| 河口镇 | 8257 | 2 | 16 | 15426 | 51095 | 438 |
| 栖山镇 | 8951 | 4 | 18 | 15283 | 51774 | 477 |
| 鹿楼镇 | 12540 | 2 | 22 | 18992 | 72605 | 261 |
| 朱寨镇 | 7900 | 2 | 20 | 15551 | 60868 | 361 |
| 安国镇 | 10294 | 8 | 23 | 22066 | 83804 | 1160 |

22-1 续表 1 （2017 年）

| 乡 镇 | 乡镇行政区域面积（公顷） | 居委会数（个） | 村委会数（个） | 常住户数（户） | 常住人口（人） | # 外来人口 |
|---|---|---|---|---|---|---|
| **铜山区** | | | | | | |
| 新区街道 | 6450 | 5 | 7 | 11760 | 41500 | 8860 |
| 三堡镇街道 | 3540 | 4 | 2 | 6983 | 26051 | 2236 |
| 何桥镇 | 7400 | | 15 | 13155 | 50487 | 309 |
| 黄集镇 | 8340 | | 18 | 16584 | 62184 | 625 |
| 马坡镇 | 6900 | | 12 | 12280 | 44460 | 2220 |
| 郑集镇 | 6710 | | 10 | 12629 | 48033 | 5277 |
| 柳新镇 | 9606 | | 19 | 20484 | 76047 | 6780 |
| 刘集镇 | 8360 | | 15 | 17068 | 63577 | 465 |
| 大彭镇 | 7600 | | 14 | 16349 | 65957 | 3727 |
| 汉王镇 | 6393 | | 9 | 10662 | 40622 | 258 |
| 棠张镇 | 8060 | | 17 | 15449 | 54675 | 405 |
| 张集镇 | 14800 | 1 | 19 | 26097 | 93148 | 1688 |
| 房村镇 | 13600 | | 20 | 19885 | 76187 | 2401 |
| 伊庄镇 | 8565 | | 15 | 11020 | 45180 | 700 |
| 单集镇 | 13210 | | 21 | 14800 | 59511 | 580 |
| 利国镇 | 7769 | 3 | 10 | 19382 | 58624 | 2761 |
| 大许镇 | 12917 | | 23 | 18819 | 81604 | 4955 |
| 茅村镇 | 8324 | | 13 | 23190 | 65742 | 2945 |
| 柳泉镇 | 10520 | 1 | 17 | 17104 | 64563 | 1253 |
| **睢宁县** | | | | | | |
| 睢城街道 | 10242 | 28 | | 69530 | 249510 | 39462 |
| 金城街道 | 6366 | 13 | | 12711 | 54088 | 4894 |
| 睢河街道 | 4261 | 11 | 1 | 10475 | 41768 | 979 |
| 王集镇 | 13152 | 6 | 22 | 17783 | 72564 | 1266 |
| 双沟镇 | 9530 | 4 | 16 | 15965 | 59336 | 1322 |
| 岚山镇 | 12837 | 3 | 17 | 18646 | 73046 | 1449 |
| 李集镇 | 6298 | 4 | 11 | 12958 | 51853 | 3378 |
| 桃园镇 | 9489 | 4 | 21 | 16202 | 68213 | 892 |
| 官山镇 | 12528 | 8 | 16 | 19935 | 76084 | 951 |
| 高作镇 | 4171 | 5 | 8 | 9664 | 35751 | 637 |
| 沙集镇 | 6518 | 4 | 13 | 13107 | 59885 | 2012 |
| 凌城镇 | 9365 | 6 | 19 | 17325 | 73164 | 675 |
| 邱集镇 | 14079 | 5 | 28 | 24073 | 97886 | 754 |
| 古邳镇 | 10666 | 6 | 20 | 15578 | 64373 | 822 |
| 姚集镇 | 16780 | 7 | 29 | 20321 | 88224 | 1567 |
| 魏集镇 | 13000 | 6 | 20 | 18234 | 75311 | 56 |
| 梁集镇 | 12134 | 6 | 11 | 14678 | 62115 | 936 |
| 庆安镇 | 11571 | 6 | 16 | 14080 | 57240 | 729 |

22-1 续表 2

（2017 年）

| 乡 镇 | 乡镇行政区域面积（公顷） | 居委会数（个） | 村委会数（个） | 常住户数（户） | 常住人口（人） | #外来人口 |
|---|---|---|---|---|---|---|
| **新沂市** | | | | | | |
| 新安街道 | 8295 | 30 | 4 | 79709 | 234576 | 13246 |
| 北沟街道 | 4164 | 12 | | 18515 | 56704 | 2506 |
| 墨河街道 | 7281 | 10 | | 13976 | 47392 | 3226 |
| 唐店街道 | 5953 | 5 | 4 | 9871 | 36356 | 3021 |
| 瓦窑镇 | 6203 | | 12 | 9733 | 37192 | 1688 |
| 港头镇 | 6810 | 7 | 4 | 10288 | 38920 | 302 |
| 合沟镇 | 6734 | | 20 | 14493 | 60487 | 181 |
| 草桥镇 | 10122 | 1 | 16 | 17232 | 67016 | 5100 |
| 窑湾镇 | 11636 | 1 | 21 | 14352 | 52252 | 266 |
| 棋盘镇 | 15770 | | 26 | 18096 | 69151 | 2826 |
| 马陵山镇 | 9528 | | 16 | 15029 | 52672 | 3610 |
| 新店镇 | 11199 | | 15 | 11488 | 44528 | 3478 |
| 邵店镇 | 5849 | | 14 | 9263 | 38031 | 326 |
| 时集镇 | 13887 | | 18 | 13027 | 54730 | 485 |
| 高流镇 | 12189 | | 14 | 15867 | 59193 | 1221 |
| 阿湖镇 | 12527 | | 18 | 17037 | 61836 | 1578 |
| 双唐镇 | 9484 | | 14 | 9674 | 36859 | 1250 |
| **邳州市** | | | | | | |
| 东湖街道 | 3410 | 4 | 3 | 7580 | 30379 | 1966 |
| 运河街道 | 7831 | 15 | 12 | 83478 | 288041 | 11892 |
| 戴圩街道 | 8000 | 5 | 19 | 21242 | 106206 | 5377 |
| 炮车街道 | 5700 | 3 | 12 | 18356 | 57612 | 162 |
| 邳城镇 | 9028 | 1 | 22 | 18565 | 80483 | 657 |
| 官湖镇 | 8888 | | 27 | 25960 | 110153 | 1328 |
| 四户镇 | 8156 | | 17 | 11056 | 47985 | 129 |
| 宿羊山镇 | 9013 | 1 | 24 | 17707 | 77365 | 604 |
| 八义集镇 | 10562 | 1 | 25 | 17584 | 76915 | 654 |
| 土山镇 | 7015 | | 21 | 12046 | 48639 | 2091 |
| 碾庄镇 | 12088 | 1 | 27 | 21520 | 95274 | 583 |
| 港上镇 | 6470 | 3 | 19 | 14221 | 65112 | 223 |
| 邹庄镇 | 7036 | 1 | 16 | 11722 | 57630 | 7 |
| 占城镇 | 8900 | | 18 | 11295 | 44611 | 876 |
| 新河镇 | 11800 | | 19 | 13804 | 57623 | 586 |
| 八路镇 | 6700 | | 14 | 10547 | 43329 | 245 |
| 铁富镇 | 12447 | | 30 | 28080 | 122560 | 2100 |
| 岔河镇 | 7088 | | 12 | 8102 | 36821 | 102 |
| 陈楼镇 | 4341 | | 17 | 11739 | 50502 | 197 |
| 邢楼镇 | 9684 | | 18 | 13501 | 57617 | 95 |
| 戴庄镇 | 6845 | | 16 | 11955 | 55426 | 225 |
| 车辐山镇 | 9488 | | 16 | 12818 | 60559 | 3155 |
| 燕子埠镇 | 7700 | | 16 | 8313 | 35674 | 393 |
| 赵墩镇 | 12081 | 1 | 27 | 23225 | 100286 | 3155 |
| 议堂镇 | 5442 | 3 | 12 | 8392 | 35930 | 180 |

22-1 续表 3 （2017 年）

| 乡 镇 | 公共财政收入（万元） | 公共财政支出（万元） | 年末资产总额（万元） | 年末负债总额（万元） |
|---|---|---|---|---|
| **贾汪区** | | | | |
| 大泉街道 | 15303 | 4943 | 7132 | 7370 |
| 大吴街道 | 6736 | 1670 | 7882 | 6786 |
| 潘安湖街道 | 2815 | 1610 | 4783 | 834 |
| 青山泉镇 | 26125 | 17054 | 2512 | 1366 |
| 紫庄镇 | 6160 | 5513 | 3348 | 4754 |
| 塔山镇 | 5789 | 6652 | 2489 | 29296 |
| 汴塘镇 | 1146 | 1464 | 2826 | 7188 |
| 江庄镇 | 10511 | 3776 | 22918 | 25026 |
| **徐州经济技术开发区** | | | | |
| 金山桥街道 | 14500 | 5345 | 2531 | 400 |
| 东环街道 | 32004 | 5620 | 6852 | 940 |
| 大黄山街道 | 46768 | 9914 | 4889 | 2240 |
| 大庙街道 | 76562 | 12056 | 5387 | 1239 |
| 徐庄镇 | 1163 | 9247 | 8978 | 9085 |
| **丰 县** | | | | |
| 中阳里街道 | 22842 | 6523 | 4126 | 3662 |
| 凤城街道 | 171342 | 98524 | 223415 | 218961 |
| 孙楼街道 | 7115 | 7251 | 8249 | |
| 首羡镇 | 15498 | 11410 | 22731 | 20415 |
| 顺河镇 | 5304 | 3968 | 12350 | 9623 |
| 常店镇 | 4578 | 6911 | 3710 | |
| 欢口镇 | 9432 | 9238 | 645 | 210 |
| 师寨镇 | 9889 | 8273 | 12390 | 689 |
| 华山镇 | 15137 | 8763 | 8369 | 3520 |
| 梁寨镇 | 6986 | 5246 | 1493 | 1264 |
| 范楼镇 | 6435 | 4755 | 11233 | 8737 |
| 宋楼镇 | 8687 | 6828 | 17758 | 25018 |
| 大沙河镇 | 4307 | 3362 | 13778 | 13689 |
| 王沟镇 | 6076 | 4470 | 19495 | 19559 |
| 赵庄镇 | 6123 | 4681 | 2532 | 2441 |
| **沛 县** | | | | |
| 沛城街道 | 32025 | 32010 | 1807 | 3568 |
| 大屯街道 | 35887 | 40456 | 18684 | 15370 |
| 汉源街道 | 11362 | 11250 | 2890 | 2533 |
| 汉兴街道 | 420 | 415 | 1751 | 18583 |
| 龙固镇 | 25840 | 28105 | 8378 | 1412 |
| 杨屯镇 | 20512 | 2830 | 45726 | |
| 胡寨镇 | 7723 | 9348 | 3300 | 2000 |
| 魏庙镇 | 5869 | 7704 | 10356 | 1355 |
| 五段镇 | 10702 | 4931 | 1287 | 1016 |
| 张庄镇 | 11118 | 14047 | 19348 | 27864 |
| 张寨镇 | 8159 | 10532 | 5313 | 14866 |
| 敬安镇 | 25632 | 22519 | 11135 | 11135 |
| 河口镇 | 7422 | 7422 | 6295 | 6038 |
| 栖山镇 | 11896 | 11885 | 9801 | 7715 |
| 鹿楼镇 | 13107 | 14672 | 11502 | 12107 |
| 朱寨镇 | 8014 | 10038 | 4369 | 9516 |
| 安国镇 | 24762 | 24760 | 15896 | 16001 |

22-1 续表 4 （2017 年）

| 乡　　镇 | 公共财政收入（万元） | 公共财政支出（万元） | 年末资产总额（万元） | 年末负债总额（万元） |
|---|---|---|---|---|
| **铜山区** | | | | |
| 新区街道 | 6000 | 5966 | 2742 | 2542 |
| 三堡镇街道 | 3245 | 3929 | 4305 | 3703 |
| 何桥镇 | 3537 | 3991 | 7594 | 13092 |
| 黄集镇 | 53065 | 599 | 12758 | 14624 |
| 马坡镇 | 7368 | 7268 | 7059 | 14756 |
| 郑集镇 | 10615 | 9588 | 2718 | 20789 |
| 柳新镇 | 17600 | 9962 | 31121 | 28120 |
| 刘集镇 | 11555 | 8295 | 7929 | 15287 |
| 大彭镇 | 9050 | 7028 | 8489 | 7689 |
| 汉王镇 | 13752 | 6681 | 12249 | 5433 |
| 棠张镇 | 9420 | 9360 | 11665 | 9256 |
| 张集镇 | 6850 | 5329 | 18901 | 32208 |
| 房村镇 | 5146 | 5557 | 13670 | 21614 |
| 伊庄镇 | 3850 | 4150 | 3490 | 15950 |
| 单集镇 | 2743 | 3846 | 9390 | 24140 |
| 利国镇 | 42378 | 26271 | 58124 | 69539 |
| 大许镇 | 3259 | 3887 | 4612 | 3682 |
| 茅村镇 | 8356 | 6586 | 47712 | 61505 |
| 柳泉镇 | 14539 | 12141 | 17855 | 11671 |
| **睢宁县** | | | | |
| 睢城街道 | 70320 | 20857 | 80523 | 72085 |
| 金城街道 | 58737 | 56768 | 67149 | 77341 |
| 睢河街道 | 18743 | 19448 | 32313 | 22218 |
| 王集镇 | 4512 | 962 | 1904 | 11450 |
| 双沟镇 | 19643 | 19254 | 8625 | 7641 |
| 岚山镇 | 9386 | 6935 | 14924 | 15174 |
| 李集镇 | 23344 | 21234 | 62786 | 10690 |
| 桃园镇 | 9155 | 9100 | 6748 | 5222 |
| 官山镇 | 9857 | 8532 | 13725 | 15739 |
| 高作镇 | 10925 | 8547 | 19590 | 19323 |
| 沙集镇 | 4191 | 1553 | 12459 | 6353 |
| 凌城镇 | 10794 | 10794 | 7434 | 7054 |
| 邱集镇 | 5543 | 3495 | 3601 | 20054 |
| 古邳镇 | 11583 | 11634 | 16985 | 1780 |
| 姚集镇 | 8241 | 8241 | 8560 | 9929 |
| 魏集镇 | 8800 | 8974 | 15019 | 9840 |
| 梁集镇 | 20054 | 20003 | 29885 | 4388 |
| 庆安镇 | 9025 | 5880 | 1920 | 5020 |

22-1 续表 5 （2017 年）

| 乡 镇 | 公共财政收入（万元） | 公共财政支出（万元） | 年末资产总额（万元） | 年末负债总额（万元） |
|---|---|---|---|---|
| **新沂市** | | | | |
| 新安街道 | 46365 | 25472 | 16366 | 16025 |
| 北沟街道 | 13507 | 1371 | 465 | 6133 |
| 墨河街道 | 6214 | 1367 | 569 | 312 |
| 唐店街道 | 13601 | 12694 | 4438 | 1844 |
| 瓦窑镇 | 11362 | 10925 | 1491 | 1138 |
| 港头镇 | 8543 | 7141 | 1949 | 932 |
| 合沟镇 | 9737 | 7309 | 3865 | 2625 |
| 草桥镇 | 11818 | 11818 | 1680 | 921 |
| 窑湾镇 | 10844 | 10359 | 17551 | 14282 |
| 棋盘镇 | 20841 | 18151 | 3660 | 7854 |
| 马陵山镇 | 9591 | 8738 | 952 | 1992 |
| 新店镇 | 8952 | 9980 | 2360 | 4660 |
| 邵店镇 | 12548 | 16491 | 4893 | 2822 |
| 时集镇 | 10153 | 10060 | 3922 | 1129 |
| 高流镇 | 12750 | 12541 | 21464 | 2451 |
| 阿湖镇 | 9227 | 8612 | 7735 | 14734 |
| 双唐镇 | 10377 | 10377 | 4925 | 4570 |
| **邳州市** | | | | |
| 东湖街道 | 3947 | 5469 | 4857 | 4450 |
| 运河街道 | 81734 | 39082 | 6490 | 9448 |
| 戴圩街道 | 42616 | 42944 | 7311 | 3712 |
| 炮车街道 | 78585 | 32187 | 6521 | 6311 |
| 邳城镇 | 8100 | 3015 | 6056 | 2985 |
| 官湖镇 | 64000 | 35265 | 11635 | 9722 |
| 四户镇 | 9899 | 8865 | 1544 | 622 |
| 宿羊山镇 | 12153 | 14809 | 6023 | 5786 |
| 八义集镇 | 9635 | 10207 | 5043 | 2079 |
| 土山镇 | 8014 | 9165 | 603 | 4051 |
| 碾庄镇 | 27548 | 21343 | 6385 | 4846 |
| 港上镇 | 7909 | 10827 | 2775 | 3384 |
| 邹庄镇 | 9650 | 9450 | 1252 | 580 |
| 占城镇 | 5395 | 4927 | 1932 | 2153 |
| 新河镇 | 7140 | 6557 | 2426 | 1829 |
| 八路镇 | 6031 | 5837 | 1264 | 1134 |
| 铁富镇 | 38750 | 19840 | 14580 | 6500 |
| 岔河镇 | 12880 | 6201 | 3610 | 1398 |
| 陈楼镇 | 2268 | 2379 | 7294 | 5168 |
| 邢楼镇 | 11900 | 11923 | 3090 | 2216 |
| 戴庄镇 | 6100 | 7600 | 4780 | 330 |
| 车辐山镇 | 10768 | 10768 | 3615 | 3352 |
| 燕子埠镇 | 7854 | 5913 | 1412 | 1412 |
| 赵墩镇 | 10675 | 10007 | 2076 | 962 |
| 议堂镇 | 21632 | 11246 | 2481 | 3107 |

22-1 续表6 (2017年)

| 乡 镇 | 企业个数（个） | 企 业 从业人员（人） | 企 业 实缴税金（万元） | 工业企业单 位 数（个） | # 规模以上工业企业单 位 数 |
|---|---|---|---|---|---|
| **贾汪区** | | | | | |
| 大泉街道 | 842 | 8020 | 20020 | 94 | 4 |
| 大吴街道 | 317 | 20346 | 16630 | 199 | 25 |
| 潘安湖街道 | 56 | 4102 | 3125 | 31 | 11 |
| 青山泉镇 | 264 | 24166 | 74356 | 155 | 50 |
| 紫庄镇 | 279 | 8858 | 7280 | 167 | 12 |
| 塔山镇 | 219 | 6778 | 2457 | 135 | 11 |
| 汴塘镇 | 255 | 4055 | 1350 | 149 | 4 |
| 江庄镇 | 260 | 6780 | 16514 | 20 | 7 |
| **徐州经济技术开发区** | | | | | |
| 金山桥街道 | 833 | 125774 | 30124 | 234 | 15 |
| 东环街道 | 955 | 12103 | 26155 | 402 | 39 |
| 大黄山街道 | 254 | 18060 | 31234 | 138 | 34 |
| 大庙街道 | 265 | 20632 | 70022 | 198 | 30 |
| 徐庄镇 | 302 | 5812 | 3562 | 75 | 5 |
| **丰 县** | | | | | |
| 中阳里街道 | 2614 | 35329 | 46987 | 1586 | 20 |
| 凤城街道 | 1280 | 43952 | 68142 | 851 | 53 |
| 孙楼街道 | 1690 | 21530 | 13000 | 1360 | 27 |
| 首羡镇 | 1731 | 31452 | 124414 | 838 | 21 |
| 顺河镇 | 2419 | 30320 | 15530 | 779 | 14 |
| 常店镇 | 825 | 20530 | 7223 | 370 | 21 |
| 欢口镇 | 1936 | 26950 | 40033 | 1620 | 22 |
| 师寨镇 | 1311 | 22851 | 51837 | 573 | 19 |
| 华山镇 | 2842 | 29120 | 7810 | 1857 | 33 |
| 梁寨镇 | 1192 | 14293 | 6213 | 492 | 21 |
| 范楼镇 | 1198 | 18065 | 26159 | 792 | 17 |
| 宋楼镇 | 2365 | 32240 | 22693 | 1780 | 21 |
| 大沙河镇 | 841 | 14231 | 13842 | 728 | 14 |
| 王沟镇 | 1632 | 15678 | 2917 | 1058 | 17 |
| 赵庄镇 | 1269 | 27371 | 12949 | 795 | 15 |
| **沛 县** | | | | | |
| 沛城街道 | 5781 | 56172 | 36573 | 1819 | 41 |
| 大屯街道 | 1060 | 60850 | 93280 | 515 | 65 |
| 汉源街道 | 239 | 2258 | 82 | 25 | |
| 汉兴街道 | 52 | 2908 | 1152 | 36 | |
| 龙固镇 | 685 | 18815 | 33256 | 529 | 53 |
| 杨屯镇 | 1061 | 24714 | 18242 | 669 | 65 |
| 胡寨镇 | 698 | 10094 | 32154 | 448 | 9 |
| 魏庙镇 | 737 | 21197 | 3703 | 392 | 14 |
| 五段镇 | 812 | 6994 | 1912 | 621 | 20 |
| 张庄镇 | 686 | 16135 | 11540 | 136 | 20 |
| 张寨镇 | 273 | 5021 | 3270 | 138 | 7 |
| 敬安镇 | 1623 | 20378 | 6210 | 725 | 30 |
| 河口镇 | 968 | 10597 | 38650 | 503 | 11 |
| 栖山镇 | 925 | 10962 | 21450 | 635 | 9 |
| 鹿楼镇 | 702 | 15698 | 2667 | 146 | 26 |
| 朱寨镇 | 1301 | 14173 | 44802 | 875 | 16 |
| 安国镇 | 134 | 7270 | 4790 | 97 | 30 |

22-1 续表 7 （2017 年）

| 乡 镇 | 企业个数（个） | 企业从业人员（人） | 企业实缴税金（万元） | 工业企业单位数（个） | # 规模以上工业企业单位数 |
|---|---|---|---|---|---|
| **铜山区** | | | | | |
| 新区街道 | 1040 | 35988 | 222153 | 496 | 84 |
| 三堡镇街道 | 241 | 9786 | 24203 | 133 | 24 |
| 何桥镇 | 92 | 7195 | 17298 | 29 | 6 |
| 黄集镇 | 212 | 3325 | 3131 | 92 | 5 |
| 马坡镇 | 272 | 9192 | 14062 | 196 | 12 |
| 郑集镇 | 248 | 20743 | 9266 | 107 | 18 |
| 柳新镇 | 968 | 21066 | 76100 | 268 | 42 |
| 刘集镇 | 812 | 13095 | 22147 | 735 | 15 |
| 大彭镇 | 380 | 8100 | 5365 | 250 | 17 |
| 汉王镇 | 520 | 11968 | 1098 | 99 | 1 |
| 棠张镇 | 573 | 14668 | 12608 | 498 | 28 |
| 张集镇 | 1321 | 28004 | 7874 | 1007 | 25 |
| 房村镇 | 827 | 8611 | 16072 | 405 | 5 |
| 伊庄镇 | 290 | 4165 | 5590 | 80 | 10 |
| 单集镇 | 396 | 6225 | 2650 | 251 | 4 |
| 利国镇 | 2180 | 25139 | 62152 | 1305 | 26 |
| 大许镇 | 671 | 20125 | 2010 | 452 | 10 |
| 茅村镇 | 850 | 18650 | 8297 | 215 | 27 |
| 柳泉镇 | 620 | 24080 | 65280 | 482 | 21 |
| **睢宁县** | | | | | |
| 睢城街道 | 3051 | 95852 | 117306 | 806 | 28 |
| 金城街道 | 330 | 23105 | 70263 | 188 | 73 |
| 睢河街道 | 1253 | 11895 | 29907 | 246 | 41 |
| 王集镇 | 163 | 16205 | 725 | 90 | 6 |
| 双沟镇 | 507 | 4202 | 45686 | 73 | 22 |
| 岚山镇 | 215 | 6457 | 5612 | 136 | 11 |
| 李集镇 | 463 | 14028 | 8536 | 242 | 16 |
| 桃园镇 | 182 | 11243 | 7435 | 156 | 11 |
| 官山镇 | 221 | 4065 | 4003 | 141 | 8 |
| 高作镇 | 162 | 4752 | 5174 | 86 | 3 |
| 沙集镇 | 3470 | 33880 | 17635 | 527 | 23 |
| 凌城镇 | 180 | 10995 | 9530 | 115 | 16 |
| 邱集镇 | 235 | 3575 | 4220 | 166 | 9 |
| 古邳镇 | 496 | 8452 | 5566 | 232 | 8 |
| 姚集镇 | 363 | 6135 | 3754 | 202 | 7 |
| 魏集镇 | 957 | 8067 | 3101 | 362 | 10 |
| 梁集镇 | 197 | 6696 | 4843 | 97 | 4 |
| 庆安镇 | 162 | 30800 | 7120 | 110 | 15 |

22-1 续表 8 （2017 年）

| 乡 镇 | 企业个数（个） | 企 业 从业人员（人） | 企 业 实缴税金（万元） | 工业企业单位数（个） | #规模以上工业企业单位数 |
|---|---|---|---|---|---|
| **新沂市** | | | | | |
| 新安街道 | 8846 | 114396 | 16435 | 601 | 45 |
| 北沟街道 | 1226 | 21405 | 30376 | 236 | 11 |
| 墨河街道 | 1328 | 22291 | 4471 | 494 | 54 |
| 唐店街道 | 670 | 17685 | 10615 | 109 | 36 |
| 瓦窑镇 | 1020 | 9174 | 14594 | 284 | 27 |
| 港头镇 | 546 | 8810 | 2720 | 106 | 27 |
| 合沟镇 | 673 | 6433 | 3946 | 167 | 40 |
| 草桥镇 | 933 | 25866 | 104374 | 248 | 24 |
| 窑湾镇 | 1283 | 21733 | 57528 | 221 | 20 |
| 棋盘镇 | 809 | 10022 | 20126 | 248 | 34 |
| 马陵山镇 | 784 | 10023 | 6238 | 127 | 23 |
| 新店镇 | 793 | 4875 | 3776 | 94 | 20 |
| 邵店镇 | 690 | 5431 | 6724 | 73 | 21 |
| 时集镇 | 2238 | 19280 | 6100 | 169 | 31 |
| 高流镇 | 1139 | 10874 | 83451 | 98 | 35 |
| 阿湖镇 | 1050 | 13865 | 13128 | 415 | 24 |
| 双唐镇 | 808 | 17645 | 12404 | 272 | 34 |
| **邳州市** | | | | | |
| 东湖街道 | 178 | 6376 | 1410 | 30 | 6 |
| 运河街道 | 5269 | 89466 | 62933 | 825 | 13 |
| 戴圩街道 | 510 | 23710 | 56102 | 458 | 42 |
| 炮车街道 | 1542 | 39928 | 62108 | 223 | 43 |
| 邳城镇 | 18 | 2753 | 5008 | 12 | 10 |
| 官湖镇 | 1540 | 33626 | 31265 | 1100 | 93 |
| 四户镇 | 171 | 2988 | 1022 | 70 | 15 |
| 宿羊山镇 | 461 | 11652 | 7203 | 302 | 25 |
| 八义集镇 | 2221 | 20918 | 2558 | 697 | 10 |
| 土山镇 | 247 | 11083 | 12324 | 185 | 14 |
| 碾庄镇 | 1745 | 23585 | 61548 | 328 | 33 |
| 港上镇 | 46 | 1372 | 1016 | 21 | 6 |
| 邹庄镇 | 107 | 4620 | 1805 | 61 | 8 |
| 占城镇 | 96 | 2757 | 781 | 66 | 2 |
| 新河镇 | 286 | 5716 | 3418 | 42 | 9 |
| 八路镇 | 227 | 26328 | 5035 | 154 | 4 |
| 铁富镇 | 1025 | 26760 | 3320 | 140 | 20 |
| 岔河镇 | 353 | 4921 | 5633 | 232 | 16 |
| 陈楼镇 | 1411 | 15522 | 28514 | 746 | 26 |
| 邢楼镇 | 348 | 10150 | 8636 | 259 | 4 |
| 戴庄镇 | 220 | 4011 | 1480 | 6 | 4 |
| 车辐山镇 | 541 | 13672 | 1802 | 270 | 11 |
| 燕子埠镇 | 124 | 1724 | 1053 | 104 | 9 |
| 赵墩镇 | 186 | 14537 | 7866 | 134 | 25 |
| 议堂镇 | 261 | 7887 | 12018 | 231 | 20 |

22-1 续表 9 （2017 年）

| 乡 镇 | 建筑业企业单位数（个） | 建筑业总产值（万元） | 住宿餐饮业企业个数（个） | 社会消费品零售总额（万元） | #限上社会消费品零售总额 | 市场个数（个） | 集贸市场成交额（万元） |
|---|---|---|---|---|---|---|---|
| **贾汪区** | | | | | | | |
| 大泉街道 | 29 | 37515 | 15 | 69874 | 42632 | 2 | 22448 |
| 大吴街道 | 1 | 2052 | | 25898 | 6414 | 3 | 85631 |
| 潘安湖街道 | 2 | 6221 | 4 | 4687 | | 1 | 1542 |
| 青山泉镇 | 1 | 1810 | 1 | 11639 | 1442 | 2 | 9068 |
| 紫庄镇 | 1 | 3149 | 1 | 51761 | 18608 | 2 | 15890 |
| 塔山镇 | 2 | 12624 | 1 | 13233 | 10301 | 5 | 51255 |
| 汴塘镇 | | | 3 | 4500 | 2501 | 3 | 551 |
| 江庄镇 | 3 | 850 | 26 | 18133 | 8215 | 2 | 17210 |
| **徐州经济技术开发区** | | | | | | | |
| 金山桥街道 | 31 | 107054 | 5 | 1297561 | 956441 | | |
| 东环街道 | 18 | 8006 | 7 | 891955 | 631718 | 2 | 331157 |
| 大黄山街道 | 3 | 16507 | | 35428 | 23589 | 1 | 6037 |
| 大庙街道 | 10 | 4310 | 6 | 324500 | 165681 | 5 | 61057 |
| 徐庄镇 | | | | 20254 | 18632 | 5 | 8720 |
| **丰 县** | | | | | | | |
| 中阳里街道 | 36 | 881402 | 50 | 401257 | 261193 | 8 | 451587 |
| 凤城街道 | 8 | 91423 | 9 | 189378 | 159374 | 4 | 43972 |
| 孙楼街道 | 2 | 3100 | 1 | 129610 | 119678 | 1 | 10110 |
| 首羡镇 | 4 | 4487 | 9 | 148361 | 128960 | 4 | 36149 |
| 顺河镇 | 4 | 66478 | 2 | 62651 | 35202 | 4 | 34940 |
| 常店镇 | 5 | 15460 | 15 | 125130 | 42710 | 3 | 15060 |
| 欢口镇 | | | 2 | 137540 | 88855 | 3 | 55388 |
| 师寨镇 | 1 | 3638 | 15 | 69346 | 22805 | 2 | 15231 |
| 华山镇 | 12 | 37226 | 84 | 110641 | 61725 | 5 | 54977 |
| 梁寨镇 | 6 | 91245 | 13 | 38583 | 24935 | 4 | 49512 |
| 范楼镇 | | | 32 | 167505 | 109572 | 3 | 45411 |
| 宋楼镇 | 4 | 26960 | | 1288630 | 48260 | 4 | 30128 |
| 大沙河镇 | 2 | 4827 | | 215724 | 40379 | 2 | 22758 |
| 王沟镇 | | | 1 | 94286 | 15839 | 2 | 20531 |
| 赵庄镇 | 2 | 1972 | 6 | 220177 | 112025 | 2 | 33288 |
| **沛 县** | | | | | | | |
| 沛城街道 | 48 | 205217 | 92 | 642735 | 501137 | 8 | 96527 |
| 大屯街道 | 6 | 58190 | 6 | 517908 | 220813 | 8 | 270908 |
| 汉源街道 | | | 4 | 14495 | 11793 | 1 | 10500 |
| 汉兴街道 | | | | 43870 | | 2 | 18665 |
| 龙固镇 | 6 | 19708 | 2 | 143109 | 111089 | 1 | 53852 |
| 杨屯镇 | 4 | 24211 | 1 | 170463 | 153416 | 4 | 61455 |
| 胡寨镇 | 2 | 9457 | | 34498 | 21876 | 1 | 4452 |
| 魏庙镇 | 2 | 49879 | 4 | 230021 | 216445 | 7 | 1366 |
| 五段镇 | 1 | 32323 | 8 | 194016 | 168341 | 2 | 2546 |
| 张庄镇 | 1 | 29774 | | 427260 | 203840 | 3 | 86979 |
| 张寨镇 | 5 | 32890 | | 29412 | 24083 | 4 | 23212 |
| 敬安镇 | 1 | 2312 | 2 | 196598 | 172235 | 3 | 33213 |
| 河口镇 | 2 | 2215 | | 63763 | 51852 | 2 | 24965 |
| 栖山镇 | 1 | 27880 | | 107544 | 94653 | 3 | 4573 |
| 鹿楼镇 | 1 | 31949 | 2 | 215021 | 121056 | 2 | 25036 |
| 朱寨镇 | | | | 112458 | 106717 | 4 | 83 |
| 安国镇 | 1 | 7023 | 14 | 151463 | 129510 | 3 | 68674 |

22-1 续表 10 (2017 年)

| 乡 镇 | 建筑业企业单位数（个） | 建筑业总产值（万元） | 住宿餐饮业企业个数（个） | 社会消费品零售总额（万元） | #限上社会消费品零售总额 | 市场个数（个） | 集贸市场成交额（万元） |
|---|---|---|---|---|---|---|---|
| **铜山区** | | | | | | | |
| 新区街道 | 22 | 902578 | 13 | 557232 | 546085 | | |
| 三堡镇街道 | 4 | 10928 | 1 | 265438 | 183031 | 3 | 17356 |
| 何桥镇 | 3 | 1542 | | 81235 | 62310 | 4 | 13890 |
| 黄集镇 | 6 | 5530 | 5 | 166483 | 116626 | 4 | 23980 |
| 马坡镇 | 11 | 15542 | 2 | 90543 | 51218 | 3 | 2241 |
| 郑集镇 | 10 | 18469 | 6 | 19841 | 16902 | 2 | 915 |
| 柳新镇 | 7 | 85102 | 17 | 224226 | 158827 | 6 | 351000 |
| 刘集镇 | 1 | 6105 | 1 | 226415 | 183225 | 4 | 28350 |
| 大彭镇 | 18 | 13482 | 11 | 56375 | 52983 | 3 | 10205 |
| 汉王镇 | 25 | 65278 | 7 | 144652 | 131552 | 2 | 14007 |
| 棠张镇 | 28 | 4665 | 10 | 104805 | 81563 | 3 | 74000 |
| 张集镇 | 3 | 1733 | 2 | 970090 | 171027 | 2 | 8317 |
| 房村镇 | 27 | 2409 | 72 | 380642 | 302756 | 6 | 27749 |
| 伊庄镇 | 3 | 195 | 3 | 82560 | 57522 | 5 | 370 |
| 单集镇 | 8 | 64141 | | 157863 | 70551 | 4 | 28039 |
| 利国镇 | 2 | 3926 | 16 | 115256 | 98275 | 2 | 226457 |
| 大许镇 | | | 10 | 86648 | 72798 | 4 | 41754 |
| 茅村镇 | 4 | 64950 | 25 | 257520 | 138314 | 1 | 39 |
| 柳泉镇 | 1 | 5400 | 28 | 331853 | 213698 | 3 | 45900 |
| **睢宁县** | | | | | | | |
| 睢城街道 | 40 | 891658 | 131 | 669665 | 569212 | 15 | 2177859 |
| 金城街道 | 4 | 84300 | 3 | 138520 | 102649 | 2 | 25680 |
| 睢河街道 | 81 | 12086 | 53 | 98053 | 78442 | 2 | 3659 |
| 王集镇 | | | 1 | 188315 | 29136 | 10 | 95774 |
| 双沟镇 | 1 | 26483 | 3 | 42512 | 35421 | 3 | 28241 |
| 岚山镇 | 1 | 7234 | | 123688 | 29587 | 8 | 41402 |
| 李集镇 | | | 5 | 90130 | 75160 | 6 | 20202 |
| 桃园镇 | 3 | 4670 | 6 | 39685 | 34688 | 5 | 35495 |
| 官山镇 | | | | 22351 | 20004 | 4 | 12463 |
| 高作镇 | 9 | 5611 | | 39567 | 27499 | 1 | 1286 |
| 沙集镇 | 14 | 5634 | 61 | 93415 | 56589 | 2 | 44431 |
| 凌城镇 | 1 | 8390 | 1 | 54237 | 22415 | 3 | 32680 |
| 邱集镇 | | | 10 | 2125 | 618 | 5 | 36130 |
| 古邳镇 | | | 98 | 52123 | 41225 | 3 | 22451 |
| 姚集镇 | 4 | 3349 | 32 | 14687 | 10967 | | |
| 魏集镇 | 9 | 13750 | | 131777 | 64451 | 3 | 43324 |
| 梁集镇 | 2 | 31289 | | 19014 | 11072 | 13 | 9837 |
| 庆安镇 | | | 25 | 58620 | 35210 | 7 | 31250 |

22-1 续表 11 （2017 年）

| 乡 镇 | 建筑业企业单位数（个） | 建筑业总产值（万元） | 住宿餐饮业企业个数（个） | 社会消费品零售总额（万元） | #限上社会消费品零售总额 | 市场个数（个） | 集贸市场成交额（万元） |
|---|---|---|---|---|---|---|---|
| **新沂市** | | | | | | | |
| 新安街道 | 67 | 161256 | 60 | 251682 | 198829 | 15 | 2042173 |
| 北沟街道 | 11 | 8879 | 16 | 272961 | 164582 | 3 | 579042 |
| 墨河街道 | 3 | 6732 | 14 | 77852 | 21735 | 6 | 22534 |
| 唐店街道 | 3 | 16234 | 56 | 132405 | 110368 | 5 | 42301 |
| 瓦窑镇 | 12 | 17821 | 11 | 126247 | 25233 | 5 | 102298 |
| 港头镇 | 12 | 31846 | 29 | 70976 | 41261 | 5 | 2477 |
| 合沟镇 | 8 | 5549 | 43 | 56957 | 44963 | 4 | 4292 |
| 草桥镇 | 12 | 73608 | 6 | 172475 | 164800 | 6 | 48886 |
| 窑湾镇 | 4 | 11396 | 38 | 122892 | 93746 | 8 | 56366 |
| 棋盘镇 | 3 | 3062 | 7 | 83719 | 78608 | 8 | 1372 |
| 马陵山镇 | 15 | 863 | 16 | 52189 | 20146 | 2 | 48138 |
| 新店镇 | 11 | 1679 | 33 | 556347 | 128168 | 4 | 23731 |
| 邵店镇 | 7 | 51362 | 6 | 52364 | 32564 | 2 | 71639 |
| 时集镇 | 5 | 73550 | 7 | 63640 | 13600 | 3 | 6468 |
| 高流镇 | 1 | 3614 | 6 | 34142 | 31451 | 4 | 34516 |
| 阿湖镇 | 5 | 9845 | 9 | 14554 | 12819 | 6 | 253035 |
| 双唐镇 | 10 | 10255 | 5 | 87075 | 12325 | 6 | 62350 |
| **邳州市** | | | | | | | |
| 东湖街道 | 13 | 45622 | 12 | 5014 | 3018 | 6 | 3775 |
| 运河街道 | 125 | 752769 | 82 | 316924 | 231829 | 23 | 329189 |
| 戴圩街道 | 16 | 87414 | 2 | 65187 | 37894 | 3 | 13741 |
| 炮车街道 | | | 9 | 32515 | 31505 | 3 | 38854 |
| 邳城镇 | 1 | 1605 | 3 | 10482 | 9018 | 3 | 3850 |
| 官湖镇 | 6 | 279164 | 1 | 321869 | 36216 | 6 | 751894 |
| 四户镇 | | | 7 | 6988 | 5344 | 7 | 1730 |
| 宿羊山镇 | 10 | 83006 | 52 | 101506 | 91759 | 5 | 9986 |
| 八义集镇 | 2 | 18161 | 4 | 104871 | 61657 | 5 | 18921 |
| 土山镇 | 3 | 40932 | 6 | 49738 | 27389 | 6 | 7601 |
| 碾庄镇 | | | 6 | 33844 | 25737 | 5 | 217366 |
| 港上镇 | 1 | 1356 | 10 | 139080 | 45405 | 4 | 2105 |
| 邹庄镇 | 1 | 1250 | 32 | 18654 | 10254 | 5 | 1498 |
| 占城镇 | 1 | 5618 | 2 | 32746 | 6743 | 3 | 4864 |
| 新河镇 | | | 1 | 8095 | 6681 | 2 | 2091 |
| 八路镇 | 2 | 985 | 2 | 9376 | 7830 | 3 | 884 |
| 铁富镇 | 3 | 20210 | 13 | 422450 | 388990 | 9 | 480000 |
| 岔河镇 | | | 4 | 20061 | 13120 | 4 | 10210 |
| 陈楼镇 | 1 | 1032 | 1 | 33164 | 25937 | 5 | 15942 |
| 邢楼镇 | 1 | 3235 | | 99450 | 4285 | 8 | 15600 |
| 戴庄镇 | | | | 29035 | | 3 | 19682 |
| 车辐山镇 | | | 13 | 113523 | 24158 | 2 | 3155 |
| 燕子埠镇 | | | 2 | 4878 | 3913 | 2 | 9964 |
| 赵墩镇 | 3 | 1467 | 1 | 12213 | 11320 | 6 | 1885 |
| 议堂镇 | | | 2 | 34100 | 26284 | 1 | 1620 |

22–1　续表 12　　（2017 年）

| 乡　镇 | 50 平方米以上超市个数（个） | 幼儿园、托儿所个数（个） | 小学校数（个） | 小学专任教师数（人） | 小学在校学生数（人） | 图书馆、文化站个数（个） | 剧场、影剧院个数（个） | 体育场馆个数（个） |
|---|---|---|---|---|---|---|---|---|
| **贾汪区** | | | | | | | | |
| 大泉街道 | 20 | 17 | 4 | 254 | 3900 | 13 | 2 | 1 |
| 大吴街道 | 40 | 20 | 7 | 287 | 5706 | 1 | 1 | 1 |
| 潘安湖街道 | 21 | 6 | 1 | 32 | 215 | 6 | | |
| 青山泉镇 | 35 | 19 | 5 | 271 | 3463 | 1 | 1 | 1 |
| 紫庄镇 | 101 | 15 | 8 | 254 | 4526 | 1 | | |
| 塔山镇 | 56 | 17 | 7 | 337 | 6413 | 2 | | |
| 汴塘镇 | 23 | 9 | 5 | 177 | 3250 | 1 | | |
| 江庄镇 | 86 | 7 | 4 | 109 | 2012 | 1 | 1 | |
| **徐州经济技术开发区** | | | | | | | | |
| 金山桥街道 | 3 | 3 | | | | 6 | | 2 |
| 东环街道 | 15 | 6 | 2 | 127 | 1904 | 1 | | |
| 大黄山街道 | 46 | 6 | 3 | 234 | 3917 | 1 | | |
| 大庙街道 | 115 | 42 | 8 | 565 | 8610 | 1 | 1 | 1 |
| 徐庄镇 | 56 | 10 | 10 | 413 | 6970 | 1 | | 1 |
| **丰　县** | | | | | | | | |
| 中阳里街道 | 111 | 41 | 6 | 485 | 9647 | 2 | 3 | |
| 凤城街道 | 112 | 6 | 5 | 192 | 12354 | 1 | | |
| 孙楼街道 | 138 | 9 | 4 | 123 | 2310 | 3 | | |
| 首羡镇 | 12 | 19 | 11 | 242 | 5300 | 1 | | 1 |
| 顺河镇 | 128 | 7 | 6 | 200 | 3002 | 1 | 1 | |
| 常店镇 | 135 | 12 | 6 | 190 | 2650 | 1 | | |
| 欢口镇 | 113 | 14 | 9 | 346 | 6090 | 1 | 1 | 2 |
| 师寨镇 | 136 | 11 | 7 | 226 | 3820 | 1 | | |
| 华山镇 | 220 | 13 | 10 | 331 | 8610 | 2 | 1 | 1 |
| 梁寨镇 | 113 | 14 | 10 | 291 | 3143 | 2 | 1 | 1 |
| 范楼镇 | 160 | 12 | 9 | 226 | 4700 | 2 | | |
| 宋楼镇 | 195 | 21 | 8 | 293 | 5600 | 1 | | |
| 大沙河镇 | 110 | 15 | 6 | 211 | 3358 | 1 | | |
| 王沟镇 | 174 | 11 | 10 | 310 | 3837 | 1 | | |
| 赵庄镇 | 138 | 19 | 8 | 245 | 3185 | 1 | 1 | 2 |
| **沛　县** | | | | | | | | |
| 沛城街道 | 120 | 46 | 12 | 1126 | 9678 | 1 | 2 | 2 |
| 大屯街道 | 93 | 56 | 10 | 308 | 4986 | 1 | 3 | 1 |
| 汉源街道 | 45 | 18 | 3 | 179 | 3885 | 6 | 1 | |
| 汉兴街道 | 57 | 10 | 2 | 144 | 915 | 15 | | |
| 龙固镇 | 110 | 25 | 5 | 157 | 3026 | 1 | | |
| 杨屯镇 | 67 | 5 | 5 | 203 | 5542 | 1 | 1 | 1 |
| 胡寨镇 | 28 | 10 | 5 | 219 | 1532 | 1 | | |
| 魏庙镇 | 28 | 26 | 5 | 198 | 4973 | 1 | | 1 |
| 五段镇 | 25 | 15 | 6 | 237 | 4028 | 1 | 1 | |
| 张庄镇 | 77 | 29 | 14 | 344 | 7570 | 1 | 1 | |
| 张寨镇 | 117 | 27 | 11 | 337 | 6879 | 1 | | |
| 敬安镇 | 75 | 27 | 7 | 202 | 3832 | 1 | 1 | 2 |
| 河口镇 | 89 | 35 | 6 | 182 | 3479 | 1 | | |
| 栖山镇 | 59 | 29 | 9 | 162 | 3457 | 1 | | |
| 鹿楼镇 | 150 | 26 | 9 | 217 | 3697 | 1 | | |
| 朱寨镇 | 40 | 18 | 5 | 253 | 3012 | 1 | | |
| 安国镇 | 122 | 28 | 8 | 278 | 5632 | 1 | | |

22-1　续表 13　　　　　　　　　　　　　　　　　　　　（2017 年）

| 乡　　镇 | 50 平方米以上超市个　数（个） | 幼儿园、托儿所个数（个） | 小学校数（个） | 小学专任教师数（人） | 小学在校学生数（人） | 图书馆、文化站个数（个） | 剧场、影剧院个数（个） | 体育场馆个　数（个） |
|---|---|---|---|---|---|---|---|---|
| **铜山区** | | | | | | | | |
| 新区街道 | 80 | 20 | 5 | 185 | 4800 | 8 | | |
| 三堡镇街道 | 45 | 10 | 3 | 108 | 3327 | 1 | | |
| 何桥镇 | 108 | 18 | 7 | 141 | 4176 | 1 | | 2 |
| 黄集镇 | 60 | 15 | 7 | 195 | 3395 | 3 | 1 | 2 |
| 马坡镇 | 48 | 19 | 8 | 195 | 4075 | 1 | | 1 |
| 郑集镇 | 15 | 24 | 8 | 190 | 5345 | 11 | | |
| 柳新镇 | 13 | 40 | 9 | 296 | 6672 | 1 | 1 | |
| 刘集镇 | 107 | 14 | 10 | 240 | 6005 | 1 | | 1 |
| 大彭镇 | 67 | 24 | 8 | 259 | 6672 | 1 | 1 | 4 |
| 汉王镇 | 83 | 19 | 5 | 133 | 3640 | 1 | | |
| 棠张镇 | 55 | 18 | 7 | 198 | 5912 | 1 | 1 | 1 |
| 张集镇 | 60 | 29 | 15 | 299 | 8587 | 21 | | |
| 房村镇 | 138 | 33 | 6 | 247 | 3855 | 9 | | 3 |
| 伊庄镇 | 60 | 15 | 5 | 180 | 2920 | 15 | | 1 |
| 单集镇 | 57 | 12 | 10 | 198 | 4615 | 1 | | 3 |
| 利国镇 | 8 | 21 | 6 | 354 | 7041 | 5 | | 1 |
| 大许镇 | 42 | 25 | 11 | 242 | 6877 | 1 | | 4 |
| 茅村镇 | 96 | 43 | 6 | 262 | 7273 | 16 | | 1 |
| 柳泉镇 | 56 | 13 | 6 | 202 | 5379 | 18 | 1 | 3 |
| **睢宁县** | | | | | | | | |
| 睢城街道 | 535 | 69 | 15 | 1368 | 23755 | 28 | 5 | 2 |
| 金城街道 | 90 | 10 | 5 | 99 | 1480 | 13 | | |
| 睢河街道 | 43 | 13 | 3 | 150 | 2981 | 12 | | 1 |
| 王集镇 | 56 | 10 | 12 | 259 | 5934 | 1 | | |
| 双沟镇 | 44 | 7 | 8 | 226 | 6914 | 1 | 1 | 2 |
| 岚山镇 | 57 | 23 | 13 | 242 | 4903 | 1 | | |
| 李集镇 | 15 | 12 | 8 | 210 | 5380 | 1 | 1 | 1 |
| 桃园镇 | 109 | 11 | 13 | 330 | 5238 | 1 | | 1 |
| 官山镇 | 119 | 21 | 8 | 190 | 3536 | 1 | | |
| 高作镇 | 43 | 5 | 3 | 143 | 1668 | 1 | | |
| 沙集镇 | 42 | 18 | 6 | 137 | 2806 | 18 | | |
| 凌城镇 | 170 | 12 | 6 | 238 | 4886 | 1 | | 1 |
| 邱集镇 | 40 | 25 | 10 | 232 | 5214 | 1 | 1 | |
| 古邳镇 | 63 | 16 | 17 | 189 | 4283 | 26 | | |
| 姚集镇 | 142 | 9 | 14 | 227 | 4156 | 1 | | 1 |
| 魏集镇 | 74 | 11 | 10 | 179 | 2476 | 22 | | |
| 梁集镇 | 65 | 13 | 9 | 346 | 6709 | 1 | 1 | 1 |
| 庆安镇 | 62 | 26 | 10 | 373 | 4900 | 1 | | |

22-1 续表 14 （2017 年）

| 乡　　镇 | 50平方米以上超市个数（个） | 幼儿园、托儿所个数（个） | 小学校数（个） | 小学专任教师数（人） | 小学在校学生数（人） | 图书馆、文化站个数（个） | 剧场、影剧院个数（个） | 体育场馆个数（个） |
|---|---|---|---|---|---|---|---|---|
| **新沂市** | | | | | | | | |
| 新安街道 | 485 | 73 | 11 | 751 | 10536 | 4 | 4 | 2 |
| 北沟街道 | 71 | 6 | 4 | 345 | 5109 | 1 | 1 | |
| 墨河街道 | 39 | 19 | 7 | 216 | 5431 | 1 | | |
| 唐店街道 | 144 | 20 | 3 | 175 | 4752 | 1 | | 1 |
| 瓦窑镇 | 60 | 8 | 4 | 165 | 4516 | 2 | | |
| 港头镇 | 64 | 10 | 5 | 167 | 5009 | 1 | 1 | 1 |
| 合沟镇 | 42 | 20 | 8 | 202 | 5627 | 1 | | |
| 草桥镇 | 258 | 27 | 9 | 237 | 6178 | 10 | 1 | 1 |
| 窑湾镇 | 270 | 14 | 7 | 229 | 6083 | 22 | | |
| 棋盘镇 | 92 | 22 | 10 | 291 | 9812 | 1 | 1 | 1 |
| 马陵山镇 | 202 | 17 | 7 | 323 | 5500 | 1 | 1 | |
| 新店镇 | 113 | 10 | 8 | 223 | 4570 | 1 | 1 | |
| 邵店镇 | 56 | 7 | 6 | 170 | 3233 | 1 | 1 | 1 |
| 时集镇 | 95 | 17 | 9 | 252 | 7265 | 1 | | |
| 高流镇 | 34 | 10 | 7 | 282 | 6025 | 1 | | |
| 阿湖镇 | 110 | 22 | 8 | 255 | 6834 | 1 | | |
| 双唐镇 | 48 | 11 | 7 | 254 | 4450 | 1 | | |
| **邳州市** | | | | | | | | |
| 东湖街道 | 22 | 20 | 5 | 290 | 12150 | 7 | 2 | 1 |
| 运河街道 | 251 | 29 | 17 | 1297 | 35308 | 10 | 3 | 4 |
| 戴圩街道 | 159 | 32 | 9 | 569 | 11658 | 1 | | |
| 炮车街道 | 6 | 20 | 6 | 246 | 5217 | 1 | | 2 |
| 邳城镇 | 7 | 14 | 9 | 135 | 3845 | 1 | | |
| 官湖镇 | 498 | 45 | 12 | 486 | 14446 | 1 | 2 | 1 |
| 四户镇 | 6 | 9 | 5 | 168 | 5899 | 1 | 1 | |
| 宿羊山镇 | 76 | 27 | 8 | 333 | 8143 | 1 | 1 | 1 |
| 八义集镇 | 5 | 29 | 13 | 401 | 6951 | 19 | 1 | 1 |
| 土山镇 | 121 | 6 | 7 | 271 | 3976 | 1 | 1 | 2 |
| 碾庄镇 | 7 | 29 | 16 | 343 | 9163 | 1 | | 1 |
| 港上镇 | 83 | 21 | 8 | 193 | 5005 | 2 | | |
| 邹庄镇 | 45 | 13 | 9 | 201 | 4056 | 1 | | 1 |
| 占城镇 | 21 | 13 | 7 | 139 | 3317 | 14 | | |
| 新河镇 | 45 | 15 | 8 | 195 | 4991 | 1 | 1 | 1 |
| 八路镇 | 5 | 14 | 6 | 236 | 2276 | 14 | | 4 |
| 铁富镇 | 6 | 29 | 26 | 585 | 13850 | 1 | | 3 |
| 岔河镇 | 5 | 7 | 7 | 176 | 4230 | 1 | 1 | 1 |
| 陈楼镇 | 19 | 15 | 8 | 312 | 5850 | 1 | | |
| 邢楼镇 | 76 | 25 | 5 | 167 | 6350 | 1 | | |
| 戴庄镇 | 46 | 20 | 9 | 240 | 6085 | 17 | | 1 |
| 车辐山镇 | 100 | 26 | 7 | 254 | 9122 | 18 | | |
| 燕子埠镇 | 75 | 20 | 6 | 127 | 3158 | 2 | | |
| 赵墩镇 | 108 | 37 | 12 | 495 | 8637 | 21 | | |
| 议堂镇 | 39 | 16 | 7 | 201 | 3104 | 1 | | |

22-1 续表 15 （2017 年）

| 乡　镇 | 医疗卫生机构个数（个） | 医疗卫生机构床位数（张） | 执业（助理）医师数（人） | 各种社会福利收养性单位数（个） | 各种社会福利收养性单位床位数（张） | 各种社会福利收养性单位收养人数（人） |
|---|---|---|---|---|---|---|
| **贾汪区** | | | | | | |
| 大泉街道 | 2 | 150 | 123 | 3 | 127 | 121 |
| 大吴街道 | 4 | 126 | 123 | 1 | 150 | 48 |
| 潘安湖街道 | 6 | 61 | 10 | | | |
| 青山泉镇 | 16 | 234 | 139 | 2 | 165 | 131 |
| 紫庄镇 | 2 | 120 | 110 | 1 | 160 | 60 |
| 塔山镇 | 2 | 120 | 68 | 2 | 310 | 310 |
| 汴塘镇 | 1 | 132 | 62 | 2 | 180 | 120 |
| 江庄镇 | 13 | 80 | 50 | 1 | 80 | 80 |
| **徐州经济技术开发区** | | | | | | |
| 金山桥街道 | 4 | 350 | 106 | | | |
| 东环街道 | 1 | 50 | 21 | | | |
| 大黄山街道 | 2 | 56 | 25 | | | |
| 大庙街道 | 3 | 550 | 157 | 2 | 150 | 90 |
| 徐庄镇 | 2 | 50 | 48 | 5 | 400 | 264 |
| **丰　县** | | | | | | |
| 中阳里街道 | 18 | 1076 | 489 | | | |
| 凤城街道 | 40 | 145 | 145 | 1 | 200 | 65 |
| 孙楼街道 | 22 | 220 | 70 | 2 | 200 | 150 |
| 首羡镇 | 35 | 138 | 133 | 1 | 108 | 57 |
| 顺河镇 | 24 | 246 | 121 | 1 | 220 | 210 |
| 常店镇 | 2 | 190 | 118 | 2 | 235 | 201 |
| 欢口镇 | 30 | 119 | 107 | 1 | 330 | 85 |
| 师寨镇 | 37 | 138 | 83 | 2 | 264 | 77 |
| 华山镇 | 30 | 196 | 103 | 2 | 340 | 110 |
| 梁寨镇 | 30 | 212 | 113 | 1 | 320 | 102 |
| 范楼镇 | 43 | 160 | 69 | 2 | 230 | 79 |
| 宋楼镇 | 34 | 222 | 159 | 1 | 346 | 180 |
| 大沙河镇 | 21 | 132 | 63 | 1 | 130 | 43 |
| 王沟镇 | 33 | 160 | 99 | 1 | 270 | 81 |
| 赵庄镇 | 46 | 128 | 77 | 1 | 278 | 65 |
| **沛　县** | | | | | | |
| 沛城街道 | 46 | 2586 | 2187 | 3 | 359 | 179 |
| 大屯街道 | 29 | 363 | 241 | 2 | 337 | 66 |
| 汉源街道 | 17 | 128 | 120 | 1 | 10 | 10 |
| 汉兴街道 | 19 | 195 | 39 | 1 | 10 | 4 |
| 龙固镇 | 22 | 295 | 61 | 1 | 100 | 60 |
| 杨屯镇 | 24 | 230 | 62 | 1 | 70 | 37 |
| 胡寨镇 | 17 | 175 | 81 | 2 | 74 | 43 |
| 魏庙镇 | 18 | 201 | 39 | 1 | 149 | 138 |
| 五段镇 | 18 | 200 | 117 | 1 | 80 | 78 |
| 张庄镇 | 29 | 100 | 96 | 2 | 210 | 76 |
| 张寨镇 | 35 | 308 | 135 | 2 | 220 | 110 |
| 敬安镇 | 27 | 310 | 48 | 1 | 200 | 112 |
| 河口镇 | 26 | 230 | 148 | 2 | 136 | 136 |
| 栖山镇 | 26 | 265 | 145 | 1 | 245 | 135 |
| 鹿楼镇 | 31 | 312 | 125 | 1 | 155 | 78 |
| 朱寨镇 | 27 | 275 | 96 | 1 | 190 | 160 |
| 安国镇 | 32 | 363 | 156 | 1 | 108 | 76 |

22-1 续表 16 （2017 年）

| 乡　镇 | 医疗卫生机构个数（个） | 医疗卫生机构床位数（张） | 执业（助理）医师数（人） | 各种社会福利收养性单位数（个） | 各种社会福利收养性单位床位数（张） | 各种社会福利收养性单位收养人数（人） |
| --- | --- | --- | --- | --- | --- | --- |
| **铜山区** | | | | | | |
| 新区街道 | 14 | | 30 | | | |
| 三堡镇街道 | 7 | 50 | 43 | 3 | 410 | 105 |
| 何桥镇 | 1 | 50 | 58 | 3 | 178 | 142 |
| 黄集镇 | 1 | 68 | 50 | 2 | 260 | 240 |
| 马坡镇 | 1 | 38 | 60 | 4 | 265 | 265 |
| 郑集镇 | 1 | 260 | 69 | 1 | 220 | 79 |
| 柳新镇 | 1 | 79 | 60 | 5 | 175 | 175 |
| 刘集镇 | 1 | 60 | 45 | 4 | 245 | 144 |
| 大彭镇 | 18 | 182 | 35 | 1 | 109 | 84 |
| 汉王镇 | 11 | 111 | 80 | 3 | 122 | 116 |
| 棠张镇 | 1 | 90 | 66 | 1 | 115 | 110 |
| 张集镇 | 2 | 200 | 127 | 2 | 200 | 140 |
| 房村镇 | 2 | 125 | 69 | 5 | 330 | 292 |
| 伊庄镇 | 2 | 56 | 40 | 2 | 305 | 280 |
| 单集镇 | 2 | 170 | 47 | 4 | 450 | 205 |
| 利国镇 | 15 | 115 | 146 | 3 | 298 | 227 |
| 大许镇 | 3 | 304 | 224 | 8 | 770 | 415 |
| 茅村镇 | 1 | 100 | 88 | 1 | 76 | 20 |
| 柳泉镇 | 13 | 51 | 48 | 3 | 164 | 86 |
| **睢宁县** | | | | | | |
| 睢城街道 | 70 | 1255 | 978 | 1 | 310 | 140 |
| 金城街道 | 19 | 289 | 94 | 2 | 340 | 144 |
| 睢河街道 | 18 | 40 | 25 | | | |
| 王集镇 | 18 | 240 | 95 | 2 | 230 | 205 |
| 双沟镇 | 21 | 220 | 50 | 1 | 240 | 88 |
| 岚山镇 | 52 | 669 | 63 | 3 | 41 | 41 |
| 李集镇 | 17 | 170 | 43 | 1 | 267 | 146 |
| 桃园镇 | 36 | 110 | 42 | 3 | 185 | 97 |
| 官山镇 | 2 | 85 | 58 | 1 | 90 | 60 |
| 高作镇 | 2 | 120 | 33 | 1 | 96 | 22 |
| 沙集镇 | 24 | 53 | 32 | 1 | 145 | 45 |
| 凌城镇 | 29 | 195 | 168 | 2 | 305 | 218 |
| 邱集镇 | 3 | 294 | 155 | 2 | 200 | 196 |
| 古邳镇 | 30 | 312 | 86 | 2 | 225 | 78 |
| 姚集镇 | 40 | 460 | 82 | 3 | 310 | 156 |
| 魏集镇 | 2 | 130 | 66 | 1 | 400 | 80 |
| 梁集镇 | 31 | 367 | 166 | 2 | 225 | 218 |
| 庆安镇 | 39 | 405 | 197 | 1 | 190 | 179 |

22-1 续表 17 （2017 年）

| 乡　　镇 | 医疗卫生机构个数（个） | 医疗卫生机构床位数（张） | 执业（助理）医师数（人） | 各种社会福利收养性单位数（个） | 各种社会福利收养性单位床位数（张） | 各种社会福利收养性单位收养人数（人） |
|---|---|---|---|---|---|---|
| **新沂市** | | | | | | |
| 新安街道 | 75 | 2642 | 1287 | 5 | 225 | 201 |
| 北沟街道 | 11 | 167 | 129 | 4 | 180 | 167 |
| 墨河街道 | 22 | 92 | 39 | 1 | 76 | 76 |
| 唐店街道 | 17 | 128 | 121 | 2 | 181 | 177 |
| 瓦窑镇 | 20 | 104 | 72 | 1 | 123 | 75 |
| 港头镇 | 15 | 86 | 46 | 1 | 110 | 65 |
| 合沟镇 | 1 | 141 | 46 | 2 | 92 | 58 |
| 草桥镇 | 20 | 229 | 101 | 2 | 239 | 228 |
| 窑湾镇 | 28 | 124 | 56 | 1 | 230 | 86 |
| 棋盘镇 | 35 | 320 | 195 | 2 | 270 | 145 |
| 马陵山镇 | 17 | 166 | 75 | 2 | 270 | 170 |
| 新店镇 | 17 | 165 | 108 | 1 | 198 | 86 |
| 邵店镇 | 15 | 155 | 62 | 1 | 140 | 38 |
| 时集镇 | 20 | 86 | 95 | 2 | 246 | 112 |
| 高流镇 | 27 | 124 | 62 | 1 | 225 | 52 |
| 阿湖镇 | 24 | 101 | 87 | 3 | 255 | 137 |
| 双唐镇 | 16 | 145 | 128 | 1 | 128 | 115 |
| **邳州市** | | | | | | |
| 东湖街道 | 19 | 465 | 110 | 1 | 131 | 111 |
| 运河街道 | 12 | 1231 | 2231 | 2 | 60 | 47 |
| 戴圩街道 | 28 | 792 | 46 | 2 | 385 | 385 |
| 炮车街道 | 16 | 161 | 94 | 2 | 145 | 141 |
| 邳城镇 | 23 | 240 | 58 | 1 | 93 | 87 |
| 官湖镇 | 35 | 255 | 175 | 1 | 90 | 45 |
| 四户镇 | 1 | 52 | 36 | 1 | 26 | 21 |
| 宿羊山镇 | 29 | 296 | 168 | 1 | 161 | 123 |
| 八义集镇 | 31 | 197 | 269 | 2 | 345 | 136 |
| 土山镇 | 23 | 416 | 229 | 1 | 182 | 175 |
| 碾庄镇 | 27 | 281 | 251 | 2 | 368 | 368 |
| 港上镇 | 1 | 40 | 60 | 1 | 120 | 95 |
| 邹庄镇 | 27 | 78 | 88 | 1 | 51 | 21 |
| 占城镇 | 21 | 100 | 88 | 1 | 66 | 48 |
| 新河镇 | 20 | 90 | 119 | 1 | 150 | 54 |
| 八路镇 | 15 | 151 | 34 | 1 | 128 | 122 |
| 铁富镇 | 33 | 380 | 122 | 1 | 180 | 128 |
| 岔河镇 | 15 | 160 | 32 | 1 | 186 | 25 |
| 陈楼镇 | 13 | 30 | 140 | 1 | 43 | 21 |
| 邢楼镇 | 18 | 46 | 72 | 1 | 100 | 31 |
| 戴庄镇 | 1 | 60 | 32 | 1 | 152 | 26 |
| 车辐山镇 | 17 | 171 | 95 | 1 | 261 | 261 |
| 燕子埠镇 | 16 | 48 | 30 | 1 | 141 | 121 |
| 赵墩镇 | 31 | 113 | 71 | 2 | 83 | 61 |
| 议堂镇 | 14 | 148 | 138 | 1 | 154 | 102 |

22-1 续表 18 （2017 年）

| 乡 镇 | 自来水用水户数（户） | 金融机构网点数（个） | 公园及休闲健身广场个数（个） |
|---|---|---|---|
| **贾汪区** | | | |
| 大泉街道 | 14945 | 6 | 13 |
| 大吴街道 | 14168 | 5 | 14 |
| 潘安湖街道 | 5770 | 2 | 2 |
| 青山泉镇 | 15914 | 7 | 7 |
| 紫庄镇 | 14909 | 4 | 1 |
| 塔山镇 | 14206 | 6 | 32 |
| 汴塘镇 | 9280 | 3 | |
| 江庄镇 | 8510 | 3 | 18 |
| **徐州经济技术开发区** | | | |
| 金山桥街道 | 10279 | 6 | 2 |
| 东环街道 | 7855 | 2 | 7 |
| 大黄山街道 | 15976 | 3 | 15 |
| 大庙街道 | 48297 | 7 | 10 |
| 徐庄镇 | 15263 | 5 | 22 |
| **丰 县** | | | |
| 中阳里街道 | 19923 | 15 | 5 |
| 凤城街道 | 7273 | 5 | 2 |
| 孙楼街道 | 13000 | 2 | 1 |
| 首羡镇 | 21980 | 6 | 2 |
| 顺河镇 | 12495 | 2 | 1 |
| 常店镇 | 13084 | 3 | 10 |
| 欢口镇 | 21080 | 6 | 3 |
| 师寨镇 | 13444 | 4 | 1 |
| 华山镇 | 23016 | 4 | 2 |
| 梁寨镇 | 14738 | 3 | 3 |
| 范楼镇 | 6051 | 4 | 2 |
| 宋楼镇 | 23100 | 4 | 1 |
| 大沙河镇 | 12512 | 4 | 2 |
| 王沟镇 | 21085 | 4 | |
| 赵庄镇 | 16489 | 3 | 5 |
| **沛 县** | | | |
| 沛城街道 | 40211 | 28 | 42 |
| 大屯街道 | 19080 | 7 | 6 |
| 汉源街道 | 19898 | 5 | 3 |
| 汉兴街道 | 8712 | 2 | 1 |
| 龙固镇 | 9761 | 3 | 6 |
| 杨屯镇 | 15796 | 3 | 1 |
| 胡寨镇 | 9235 | 2 | 3 |
| 魏庙镇 | 14501 | 4 | 1 |
| 五段镇 | 10653 | 2 | 3 |
| 张庄镇 | 24036 | 5 | 1 |
| 张寨镇 | 16037 | 5 | 1 |
| 敬安镇 | 13912 | 3 | 3 |
| 河口镇 | 6975 | 3 | 2 |
| 栖山镇 | 14445 | 3 | 1 |
| 鹿楼镇 | 16556 | 3 | 4 |
| 朱寨镇 | 1030 | 4 | |
| 安国镇 | 21265 | 5 | 2 |

22-1 续表 19 （2017 年）

| 乡　　镇 | 自来水用水户数（户） | 金融机构网点数（个） | 公园及休闲健身广场个数（个） |
|---|---|---|---|
| **铜山区** | | | |
| 新区街道 | 11560 | 1 | 4 |
| 三堡镇街道 | 6284 | 4 | 19 |
| 何桥镇 | 6975 | 3 | 21 |
| 黄集镇 | 16287 | 3 | 38 |
| 马坡镇 | 12280 | 2 | 1 |
| 郑集镇 | 8681 | 3 | 24 |
| 柳新镇 | 13510 | 6 | 12 |
| 刘集镇 | 6345 | 5 | 19 |
| 大彭镇 | 14559 | 3 | 35 |
| 汉王镇 | 9628 | 3 | 20 |
| 棠张镇 | 15350 | 4 | 2 |
| 张集镇 | 15027 | 3 | 20 |
| 房村镇 | 6882 | 4 | 10 |
| 伊庄镇 | 10935 | 3 | 10 |
| 单集镇 | 9530 | 4 | 6 |
| 利国镇 | 18762 | 7 | 13 |
| 大许镇 | 12363 | 3 | 4 |
| 茅村镇 | 19938 | 5 | 41 |
| 柳泉镇 | 16401 | 4 | 3 |
| **睢宁县** | | | |
| 睢城街道 | 62370 | 60 | 21 |
| 金城街道 | 11037 | 7 | 21 |
| 睢河街道 | 5567 | 0 | 14 |
| 王集镇 | 11463 | 5 | 2 |
| 双沟镇 | 9625 | 4 | 6 |
| 岚山镇 | 14761 | 6 | 24 |
| 李集镇 | 12958 | 3 | 3 |
| 桃园镇 | 16135 | 5 | 1 |
| 官山镇 | 10621 | 4 | 1 |
| 高作镇 | 8652 | 3 | 1 |
| 沙集镇 | 10700 | 4 | 1 |
| 凌城镇 | 17265 | 3 | 2 |
| 邱集镇 | 22680 | 4 | 1 |
| 古邳镇 | 12640 | 2 | 24 |
| 姚集镇 | 20130 | 4 | 1 |
| 魏集镇 | 13764 | 5 | |
| 梁集镇 | 9288 | 4 | 1 |
| 庆安镇 | 14065 | 4 | 1 |

22-1　续表 20　　　　　　　　　　（2017 年）

| 乡　　镇 | 自来水用水户数（户） | 金融机构网点数（个） | 公园及休闲健身广场个数（个） |
|---|---|---|---|
| **新沂市** | | | |
| 新安街道 | 79574 | 73 | 8 |
| 北沟街道 | 11429 | 5 | 1 |
| 墨河街道 | 14593 | 2 | 1 |
| 唐店街道 | 9895 | 2 | 1 |
| 瓦窑镇 | 9418 | 2 | 14 |
| 港头镇 | 11174 | 2 | 3 |
| 合沟镇 | 11249 | 2 | 1 |
| 草桥镇 | 17236 | 4 | 6 |
| 窑湾镇 | 13036 | 6 | 2 |
| 棋盘镇 | 18206 | 5 | 2 |
| 马陵山镇 | 13216 | 4 | 2 |
| 新店镇 | 11733 | 4 | 1 |
| 邵店镇 | 9622 | 3 | 8 |
| 时集镇 | 12900 | 4 | 1 |
| 高流镇 | 14845 | 4 | 1 |
| 阿湖镇 | 17134 | 4 | 1 |
| 双唐镇 | 9730 | 3 | 2 |
| **邳州市** | | | |
| 东湖街道 | 6492 | 6 | 3 |
| 运河街道 | 75083 | 86 | 31 |
| 戴圩街道 | 13998 | 8 | 6 |
| 炮车街道 | 13628 | 2 | 2 |
| 邳城镇 | 18565 | 3 | |
| 官湖镇 | 25960 | 6 | 3 |
| 四户镇 | 9655 | 1 | 10 |
| 宿羊山镇 | 12343 | 4 | 1 |
| 八义集镇 | 17494 | 4 | 2 |
| 土山镇 | 12046 | 5 | 4 |
| 碾庄镇 | 20975 | 6 | 4 |
| 港上镇 | 10552 | 3 | 4 |
| 邹庄镇 | 9954 | 3 | 23 |
| 占城镇 | 7947 | 2 | 14 |
| 新河镇 | 9235 | 4 | 18 |
| 八路镇 | 10527 | 2 | 14 |
| 铁富镇 | 21340 | 8 | 2 |
| 岔河镇 | 7853 | 1 | 4 |
| 陈楼镇 | 11621 | 4 | 13 |
| 邢楼镇 | 13500 | 2 | 1 |
| 戴庄镇 | 11882 | 2 | 18 |
| 车辐山镇 | 12153 | 2 | 1 |
| 燕子埠镇 | 8230 | 2 | |
| 赵墩镇 | 19234 | 5 | 1 |
| 议堂镇 | 7550 | 4 | 10 |

# 22–2 分镇建成区主要经济指标

（2017 年）

| 乡 镇 | 城镇建成区面积（公顷） | #绿化面积 | 建成区总户数（户） | 建成区总人口（人） |
|---|---|---|---|---|
| **贾汪区** | | | | |
| 大泉街道 | 230 | 81 | 3851 | 8429 |
| 大吴街道 | 560 | 323 | 8798 | 35180 |
| 潘安湖街道 | 360 | 225 | 1325 | 3201 |
| 青山泉镇 | 785 | 431 | 10696 | 33105 |
| 紫庄镇 | 780 | 248 | 5695 | 20157 |
| 塔山镇 | 605 | 168 | 5577 | 22213 |
| 汴塘镇 | 361 | 90 | 2516 | 8935 |
| 江庄镇 | 275 | 80 | 1129 | 4510 |
| **徐州经济技术开发区** | | | | |
| 金山桥街道 | 400 | | 11382 | 38969 |
| 东环街道 | 2280 | 52 | 7858 | 27466 |
| 大黄山街道 | 400 | 135 | 6396 | 23652 |
| 大庙街道 | 660 | 380 | 17981 | 65510 |
| 徐庄镇 | 378 | 76 | 7957 | 28215 |
| **丰 县** | | | | |
| 中阳里街道 | 95 | 48 | 2870 | 8157 |
| 凤城街道 | 182 | 92 | 4453 | 16241 |
| 孙楼街道 | 220 | 75 | 3130 | 8962 |
| 首羡镇 | 61 | 10 | 3823 | 12209 |
| 顺河镇 | 430 | 162 | 4561 | 20453 |
| 常店镇 | 582 | 120 | 2906 | 11390 |
| 欢口镇 | 980 | 251 | 18390 | 58300 |
| 师寨镇 | 170 | 67 | 3514 | 14893 |
| 华山镇 | 656 | 275 | 13680 | 49162 |
| 梁寨镇 | 440 | 190 | 8327 | 30372 |
| 范楼镇 | 158 | 55 | 3442 | 11809 |
| 宋楼镇 | 310 | 105 | 4269 | 11466 |
| 大沙河镇 | 450 | 152 | 5881 | 32771 |
| 王沟镇 | 300 | 37 | 4781 | 17611 |
| 赵庄镇 | 519 | 226 | 10276 | 40665 |
| **沛 县** | | | | |
| 沛城街道 | 1356 | 189 | 51695 | 138009 |
| 大屯街道 | 580 | 280 | 12446 | 51605 |
| 汉源街道 | 1314 | 353 | 16156 | 47691 |
| 汉兴街道 | 92 | 31 | 930 | 3029 |
| 龙固镇 | 586 | 269 | 9933 | 43662 |
| 杨屯镇 | 320 | 124 | 8883 | 31221 |
| 胡寨镇 | 208 | 12 | 1244 | 6824 |
| 魏庙镇 | 248 | 145 | 7436 | 25996 |
| 五段镇 | 125 | 16 | 1894 | 7591 |
| 张庄镇 | 819 | 302 | 10045 | 41250 |
| 张寨镇 | 105 | 11 | 1796 | 9974 |
| 敬安镇 | 678 | 185 | 11213 | 43286 |
| 河口镇 | 135 | 40 | 1416 | 5865 |
| 栖山镇 | 70 | 20 | 1787 | 6805 |
| 鹿楼镇 | 195 | 23 | 3960 | 14614 |
| 朱寨镇 | 205 | 30 | 3567 | 12891 |
| 安国镇 | 618 | 296 | 7932 | 43140 |

22-2　续表 1　　　　　　　　　　　　　　（2017 年）

| 乡　　镇 | 城镇建成区面积（公顷） | #绿化面积 | 建成区总户数（户） | 建成区总人口（人） |
|---|---|---|---|---|
| **铜山区** | | | | |
| 新区街道 | | | | |
| 三堡镇街道 | 140 | 52 | 1258 | 5640 |
| 何桥镇 | 270 | 74 | 2372 | 6945 |
| 黄集镇 | 514 | 88 | 4385 | 20134 |
| 马坡镇 | 240 | 26 | 2771 | 9536 |
| 郑集镇 | 432 | 148 | 6513 | 25868 |
| 柳新镇 | 615 | 253 | 4720 | 25421 |
| 刘集镇 | 721 | 60 | 3135 | 11830 |
| 大彭镇 | 280 | 10 | 9500 | 33710 |
| 汉王镇 | 302 | 93 | 1277 | 6115 |
| 棠张镇 | 495 | 180 | 8305 | 17500 |
| 张集镇 | 410 | 50 | 3291 | 7602 |
| 房村镇 | 230 | 32 | 2576 | 9692 |
| 伊庄镇 | 243 | 21 | 2460 | 7553 |
| 单集镇 | 225 | 16 | 4788 | 13990 |
| 利国镇 | 330 | 106 | 6423 | 30792 |
| 大许镇 | 410 | 104 | 9253 | 39826 |
| 茅村镇 | 225 | 108 | 14125 | 37852 |
| 柳泉镇 | 210 | 28 | 2918 | 16300 |
| **睢宁县** | | | | |
| 睢城街道 | 4450 | 508 | 69530 | 249510 |
| 金城街道 | 2776 | 866 | 8212 | 37733 |
| 睢河街道 | 1569 | 267 | 4102 | 15525 |
| 王集镇 | 573 | 80 | 3981 | 19006 |
| 双沟镇 | 536 | 134 | 14023 | 59236 |
| 岚山镇 | 833 | 9 | 7199 | 28927 |
| 李集镇 | 542 | 288 | 6896 | 25017 |
| 桃园镇 | 460 | 5 | 4289 | 17932 |
| 官山镇 | 484 | 10 | 2238 | 7124 |
| 高作镇 | 280 | 53 | 5998 | 18264 |
| 沙集镇 | 656 | 187 | 6059 | 21206 |
| 凌城镇 | 510 | 265 | 6416 | 26298 |
| 邱集镇 | 445 | 55 | 6420 | 26625 |
| 古邳镇 | 936 | 388 | 7315 | 35126 |
| 姚集镇 | 1675 | 45 | 5302 | 23506 |
| 魏集镇 | 2400 | 4 | 3141 | 13379 |
| 梁集镇 | 271 | 39 | 3325 | 8874 |
| 庆安镇 | 365 | 96 | 4460 | 17892 |

注：铜山新区街道部分数据暂时无法取得。

22-2 续表 2

（2017 年）

| 乡　　镇 | 城镇建成区面积（公顷） | #绿化面积 | 建成区总户数（户） | 建成区总人口（人） |
|---|---|---|---|---|
| **新沂市** | | | | |
| 新安街道 | 6473 | 1022 | 62245 | 192857 |
| 北沟街道 | 1118 | 224 | 16389 | 49357 |
| 墨河街道 | 4198 | 1251 | 8329 | 25985 |
| 唐店街道 | 1660 | 531 | 7162 | 25429 |
| 瓦窑镇 | 296 | 78 | 4733 | 18091 |
| 港头镇 | 210 | 140 | 2738 | 11225 |
| 合沟镇 | 445 | 145 | 1657 | 6493 |
| 草桥镇 | 898 | 329 | 10992 | 35208 |
| 窑湾镇 | 481 | 221 | 9007 | 29516 |
| 棋盘镇 | 803 | 385 | 8576 | 32176 |
| 马陵山镇 | 402 | 162 | 6508 | 28717 |
| 新店镇 | 698 | 88 | 2470 | 9100 |
| 邵店镇 | 418 | 155 | 3796 | 10128 |
| 时集镇 | 182 | 47 | 2841 | 10689 |
| 高流镇 | 510 | 158 | 5784 | 21456 |
| 阿湖镇 | 1050 | 325 | 5130 | 18500 |
| 双唐镇 | 375 | 120 | 2740 | 8165 |
| **邳州市** | | | | |
| 东湖街道 | 287 | 152 | 4324 | 12815 |
| 运河街道 | 4087 | 457 | 67266 | 227143 |
| 戴圩街道 | 1539 | 702 | 6305 | 26171 |
| 炮车街道 | 2013 | 96 | 8101 | 28353 |
| 邳城镇 | 55 | 44 | 7012 | 34123 |
| 官湖镇 | 870 | 190 | 9421 | 45625 |
| 四户镇 | 560 | 46 | 2268 | 10401 |
| 宿羊山镇 | 446 | 34 | 3727 | 12415 |
| 八义集镇 | 284 | 33 | 2114 | 8772 |
| 土山镇 | 422 | 294 | 6803 | 26972 |
| 碾庄镇 | 583 | 162 | 10638 | 45442 |
| 港上镇 | 401 | 112 | 4522 | 23268 |
| 邹庄镇 | 690 | 80 | 2268 | 8659 |
| 占城镇 | 204 | 37 | 736 | 2511 |
| 新河镇 | 367 | 22 | 1957 | 8416 |
| 八路镇 | 210 | 37 | 2521 | 11863 |
| 铁富镇 | 1080 | 413 | 18995 | 83980 |
| 岔河镇 | 124 | 33 | 2450 | 9282 |
| 陈楼镇 | 200 | 96 | 2860 | 8517 |
| 邢楼镇 | 233 | 31 | 1095 | 4160 |
| 戴庄镇 | 270 | 92 | 1570 | 5621 |
| 车辐山镇 | 413 | 29 | 2013 | 8425 |
| 燕子埠镇 | 120 | 15 | 906 | 3721 |
| 赵墩镇 | 562 | 123 | 2732 | 10354 |
| 议堂镇 | 350 | 130 | 1670 | 7715 |

# 22–3　分镇主要经济指标排序(2017年)

## 行政区域面积

| 排序 | 乡　镇 | 绝对量（公顷） | 排序 | 乡　镇 | 绝对量（公顷） | 排序 | 乡　镇 | 绝对量（公顷） |
|---|---|---|---|---|---|---|---|---|
| 1 | 睢宁县姚集镇 | 16780 | 43 | 睢宁县双沟镇 | 9530 | 85 | 邳州市戴庄镇 | 6845 |
| 2 | 新沂市棋盘镇 | 15770 | 44 | 新沂市马陵山镇 | 9528 | 86 | 新沂市港头镇 | 6810 |
| 3 | 铜山区张集镇 | 14800 | 45 | 徐州经济技术开发区大庙街道 | 9526 | 87 | 新沂市合沟镇 | 6734 |
| 4 | 睢宁县邱集镇 | 14079 | 46 | 睢宁县桃园镇 | 9489 | 88 | 铜山区郑集镇 | 6710 |
| 5 | 新沂市时集镇 | 13887 | 47 | 邳州市车辐山镇 | 9488 | 89 | 邳州市八路镇 | 6700 |
| 6 | 铜山区房村镇 | 13600 | 48 | 新沂市双塘镇 | 9484 | 90 | 贾汪区紫庄镇 | 6668 |
| 7 | 徐州经济技术开发区徐庄镇 | 13259 | 49 | 贾汪区塔山镇 | 9468 | 91 | 贾汪区青山泉镇 | 6647 |
| 8 | 铜山区单集镇 | 13210 | 50 | 丰县顺河镇 | 9404 | 92 | 丰县孙楼街道办事处 | 6608 |
| 9 | 睢宁县王集镇 | 13152 | 51 | 睢宁县凌城镇 | 9365 | 93 | 睢宁县沙集镇 | 6518 |
| 10 | 睢宁县魏集镇 | 13000 | 52 | 丰县赵庄镇 | 9100 | 94 | 邳州市港上镇 | 6470 |
| 11 | 铜山区大许镇 | 12917 | 53 | 邳州市邳城镇 | 9028 | 95 | 铜山区新区街道办事处 | 6450 |
| 12 | 睢宁县岚山镇 | 12837 | 54 | 邳州市宿羊山镇 | 9013 | 96 | 铜山区汉王镇 | 6393 |
| 13 | 丰县王沟镇 | 12621 | 55 | 沛县栖山镇 | 8951 | 97 | 睢宁县金城街道办事处 | 6366 |
| 14 | 沛县鹿楼镇 | 12540 | 56 | 邳州市占城镇 | 8900 | 98 | 睢宁县李集镇 | 6298 |
| 15 | 睢宁县官山镇 | 12528 | 57 | 邳州市官湖镇 | 8888 | 99 | 沛县沛城街道办事处 | 6240 |
| 16 | 新沂市阿湖镇 | 12527 | 58 | 丰县凤城街道办事处 | 8773 | 100 | 新沂市瓦窑镇 | 6203 |
| 17 | 邳州市铁富镇 | 12447 | 59 | 丰县梁寨镇 | 8680 | 101 | 沛县魏庙镇 | 6014 |
| 18 | 丰县首羡镇 | 12232 | 60 | 贾汪区大泉街道 | 8632 | 102 | 新沂市唐店街道办事处 | 5953 |
| 19 | 丰县宋楼镇 | 12214 | 61 | 丰县大沙河镇 | 8631 | 103 | 新沂市邵店镇 | 5849 |
| 20 | 新沂市高流镇 | 12189 | 62 | 铜山区伊庄镇 | 8565 | 104 | 邳州市炮车街道办事处 | 5700 |
| 21 | 睢宁县梁集镇 | 12134 | 63 | 丰县师寨镇 | 8518 | 105 | 邳州市议堂镇 | 5442 |
| 22 | 邳州市碾庄镇 | 12088 | 64 | 铜山区刘集镇 | 8360 | 106 | 沛县大屯街道办事处 | 5430 |
| 23 | 邳州市赵墩镇 | 12081 | 65 | 铜山区黄集镇 | 8340 | 107 | 沛县汉兴街道办事处 | 5310 |
| 24 | 邳州市新河镇 | 11800 | 66 | 铜山区茅村镇 | 8324 | 108 | 沛县龙固镇 | 5302 |
| 25 | 新沂市窑湾镇 | 11636 | 67 | 新沂市新安街道办事处 | 8295 | 109 | 沛县杨屯镇 | 5165 |
| 26 | 丰县范楼镇 | 11610 | 68 | 沛县河口镇 | 8257 | 110 | 沛县五段镇 | 4977 |
| 27 | 睢宁县庆安镇 | 11571 | 69 | 丰县常店镇 | 8187 | 111 | 沛县胡寨镇 | 4594 |
| 28 | 沛县张庄镇 | 11200 | 70 | 邳州市四户镇 | 8156 | 112 | 邳州市陈楼镇 | 4341 |
| 29 | 新沂市新店镇 | 11199 | 71 | 铜山区棠张镇 | 8060 | 113 | 徐州经济技术开发区大黄山街道 | 4300 |
| 30 | 丰县欢口镇 | 10751 | 72 | 邳州市戴圩街道办事处 | 8000 | 114 | 睢宁县睢河街道办事处 | 4261 |
| 31 | 睢宁县古邳镇 | 10666 | 73 | 沛县朱寨镇 | 7900 | 115 | 睢宁县高作镇 | 4171 |
| 32 | 沛县张寨镇 | 10634 | 74 | 邳州市运河街道办事处 | 7831 | 116 | 新沂市北沟街道办事处 | 4164 |
| 33 | 邳州市八义集镇 | 10562 | 75 | 铜山区利国镇 | 7769 | 117 | 贾汪区大吴街道 | 3840 |
| 34 | 铜山区柳泉镇 | 10520 | 76 | 邳州市燕子埠镇 | 7700 | 118 | 铜山区三堡街道办事处 | 3540 |
| 35 | 沛县安国镇 | 10294 | 77 | 铜山区大彭镇 | 7600 | 119 | 邳州市东湖街道办事处 | 3410 |
| 36 | 睢宁县睢城街道办事处 | 10242 | 78 | 贾汪区江庄镇 | 7496 | 120 | 沛县汉源街道办事处 | 3403 |
| 37 | 新沂市草桥镇 | 10122 | 79 | 铜山区何桥镇 | 7400 | 121 | 徐州经济技术开发区东环街道 | 2280 |
| 38 | 丰县华山镇 | 10100 | 80 | 新沂市墨河街道办事处 | 7281 | 122 | 贾汪区潘安湖街道 | 2063 |
| 39 | 贾汪区汴塘镇 | 10080 | 81 | 邳州市岔河镇 | 7088 | 123 | 丰县中阳里街道办事处 | 990 |
| 40 | 邳州市邢楼镇 | 9684 | 82 | 邳州市邹庄镇 | 7036 | 124 | 徐州经济技术开发区金山桥街道 | 400 |
| 41 | 铜山区柳新镇 | 9606 | 83 | 邳州市土山镇 | 7015 | | | |
| 42 | 沛县敬安镇 | 9600 | 84 | 铜山区马坡镇 | 6900 | | | |

22-3 续表 1

# 公共财政收入

| 排序 | 乡　　镇 | 绝对量（万元） |
| --- | --- | --- |
| 1 | 丰县凤城街道办事处 | 171342 |
| 2 | 邳州市运河街道办事处 | 81734 |
| 3 | 邳州市炮车街道办事处 | 78585 |
| 4 | 徐州经济技术开发区大庙街道 | 76562 |
| 5 | 睢宁县睢城街道办事处 | 70320 |
| 6 | 邳州市官湖镇 | 64000 |
| 7 | 睢宁县金城街道办事处 | 58737 |
| 8 | 铜山区黄集镇 | 53065 |
| 9 | 徐州经济技术开发区大黄山街道 | 46768 |
| 10 | 新沂市新安街道办事处 | 46365 |
| 11 | 邳州市戴圩街道办事处 | 42616 |
| 12 | 铜山区利国镇 | 42378 |
| 13 | 邳州市铁富镇 | 38750 |
| 14 | 沛县大屯街道办事处 | 35887 |
| 15 | 沛县沛城街道办事处 | 32025 |
| 16 | 徐州经济技术开发区东环街道 | 32004 |
| 17 | 邳州市碾庄镇 | 27548 |
| 18 | 贾汪区青山泉镇 | 26125 |
| 19 | 沛县龙固镇 | 25840 |
| 20 | 沛县敬安镇 | 25632 |
| 21 | 沛县安国镇 | 24762 |
| 22 | 睢宁县李集镇 | 23344 |
| 23 | 丰县中阳里街道办事处 | 22842 |
| 24 | 邳州市议堂镇 | 21632 |
| 25 | 新沂市棋盘镇 | 20841 |
| 26 | 沛县杨屯镇 | 20512 |
| 27 | 睢宁县梁集镇 | 20054 |
| 28 | 睢宁县双沟镇 | 19643 |
| 29 | 睢宁县睢河街道办事处 | 18743 |
| 30 | 铜山区柳新镇 | 17600 |
| 31 | 丰县首羡镇 | 15498 |
| 32 | 贾汪区大泉街道 | 15303 |
| 33 | 丰县华山镇 | 15137 |
| 34 | 铜山区柳泉镇 | 14539 |
| 35 | 徐州经济技术开发区金山桥街道 | 14500 |
| 36 | 铜山区汉王镇 | 13752 |
| 37 | 新沂市唐店街道办事处 | 13601 |
| 38 | 新沂市北沟街道办事处 | 13507 |
| 39 | 沛县鹿楼镇 | 13107 |
| 40 | 邳州市岔河镇 | 12880 |
| 41 | 新沂市高流镇 | 12750 |
| 42 | 新沂市邵店镇 | 12548 |
| 43 | 邳州市宿羊山镇 | 12153 |
| 44 | 邳州市邢楼镇 | 11900 |
| 45 | 沛县栖山镇 | 11896 |
| 46 | 新沂市草桥镇 | 11818 |
| 47 | 睢宁县古邳镇 | 11583 |
| 48 | 铜山区刘集镇 | 11555 |
| 49 | 新沂市瓦窑镇 | 11362 |
| 50 | 沛县汉源街道办事处 | 11362 |
| 51 | 沛县张庄镇 | 11118 |
| 52 | 睢宁县高作镇 | 10925 |
| 53 | 新沂市窑湾镇 | 10844 |
| 54 | 睢宁县凌城镇 | 10794 |
| 55 | 邳州市车辐山镇 | 10768 |
| 56 | 沛县五段镇 | 10702 |
| 57 | 邳州市赵墩镇 | 10675 |
| 58 | 铜山区郑集镇 | 10615 |
| 59 | 贾汪区江庄镇 | 10511 |
| 60 | 新沂市双塘镇 | 10377 |
| 61 | 新沂市时集镇 | 10153 |
| 62 | 邳州市四户镇 | 9899 |
| 63 | 丰县师寨镇 | 9889 |
| 64 | 睢宁县官山镇 | 9857 |
| 65 | 新沂市合沟镇 | 9737 |
| 66 | 邳州市邹庄镇 | 9650 |
| 67 | 邳州市八义集镇 | 9635 |
| 68 | 新沂市马陵山镇 | 9591 |
| 69 | 丰县欢口镇 | 9432 |
| 70 | 铜山区棠张镇 | 9420 |
| 71 | 睢宁县岚山镇 | 9386 |
| 72 | 新沂市阿湖镇 | 9227 |
| 73 | 睢宁县桃园镇 | 9155 |
| 74 | 铜山区大彭镇 | 9050 |
| 75 | 睢宁县庆安镇 | 9025 |
| 76 | 新沂市新店镇 | 8952 |
| 77 | 睢宁县魏集镇 | 8800 |
| 78 | 丰县宋楼镇 | 8687 |
| 79 | 新沂市港头镇 | 8543 |
| 80 | 铜山区茅村镇 | 8356 |
| 81 | 睢宁县姚集镇 | 8241 |
| 82 | 沛县张寨镇 | 8159 |
| 83 | 邳州市邳城镇 | 8100 |
| 84 | 沛县朱寨镇 | 8014 |
| 85 | 邳州市土山镇 | 8014 |
| 86 | 邳州市港上镇 | 7909 |
| 87 | 邳州市燕子埠镇 | 7854 |
| 88 | 沛县胡寨镇 | 7723 |
| 89 | 沛县河口镇 | 7422 |
| 90 | 铜山区马坡镇 | 7368 |
| 91 | 邳州市新河镇 | 7140 |
| 92 | 丰县孙楼街道办事处 | 7115 |
| 93 | 丰县梁寨镇 | 6986 |
| 94 | 铜山区张集镇 | 6850 |
| 95 | 贾汪区大吴街道 | 6736 |
| 96 | 丰县范楼镇 | 6435 |
| 97 | 新沂市墨河街道办事处 | 6214 |
| 98 | 贾汪区紫庄镇 | 6160 |
| 99 | 丰县赵庄镇 | 6123 |
| 100 | 邳州市戴庄镇 | 6100 |
| 101 | 丰县王沟镇 | 6076 |
| 102 | 邳州市八路镇 | 6031 |
| 103 | 铜山区新区街道办事处 | 6000 |
| 104 | 沛县魏庙镇 | 5869 |
| 105 | 贾汪区塔山镇 | 5789 |
| 106 | 睢宁县邱集镇 | 5543 |
| 107 | 邳州市占城镇 | 5395 |
| 108 | 丰县顺河镇 | 5304 |
| 109 | 铜山区房村镇 | 5146 |
| 110 | 丰县常店镇 | 4578 |
| 111 | 睢宁县王集镇 | 4512 |
| 112 | 丰县大沙河镇 | 4307 |
| 113 | 睢宁县沙集镇 | 4191 |
| 114 | 邳州市东湖街道办事处 | 3947 |
| 115 | 铜山区伊庄镇 | 3850 |
| 116 | 铜山区何桥镇 | 3537 |
| 117 | 铜山区大许镇 | 3259 |
| 118 | 铜山区三堡街道办事处 | 3245 |
| 119 | 贾汪区潘安湖街道 | 2815 |
| 120 | 铜山区单集镇 | 2743 |
| 121 | 邳州市陈楼镇 | 2268 |
| 122 | 徐州经济技术开发区徐庄镇 | 1163 |
| 123 | 贾汪区汴塘镇 | 1146 |
| 124 | 沛县汉兴街道办事处 | 420 |

# 江苏省市、县主要经济指标(2017年)

# MAJOR ECONOMIC INDICATORS OF CITIES AND COUNTIES OF JIANGSU

# 附录一

版面负责人：卢川川

编　　辑：马　萍

# 关于统计机构负责人防范和惩治统计造假弄虚作假责任制规定(试行)

**第五条** 领导班子要深入贯彻党中央、国务院关于依法统计的各项部署和要求,对防范和惩治统计造假、弄虚作假负全面领导责任。

(一)统筹谋划部署。认真落实上级统计机构关于防范和惩治统计造假、弄虚作假的工作安排,结合本单位、本系统的工作实际,研究制定统计法治建设工作规划、目标要求和具体措施,明确班子成员及各职能部门在防范和惩治统计造假、弄虚作假工作中的责任,始终把依法统计依法治统贯穿统计工作各个方面和各个环节,始终把防范和惩治统计造假、弄虚作假作为政治任务落到实处。

(二)强化领导推动。把防范和惩治统计造假、弄虚作假列为班子重要议事日程。建立本单位防范和惩治统计造假、弄虚作假责任制和问责制。定期召开党组(领导班子)会议,听取、研究、部署防范和惩治统计造假、弄虚作假工作,讨论、确定统计法治建设的重大事项,督导检查本单位防范和惩治统计造假、弄虚作假责任制的落实。确保本单位严格执行统计法律法规,确保按照统计调查制度组织实施统计调查。

(三)严惩违法行为。严肃查处统计违纪违法行为,对统计造假、弄虚作假实行"零容忍"。健全统计违纪违法行为举报工作制度,完善统计违纪违法行为查处机制,严格落实统计违纪违法责任人处分处理建议制度,全面推动统计执法检查"双随机"抽查制度,建立企业统计信用制度和统计从业人员信用档案管理制度,支持统计执法机构和执法人员依法查处统计违纪违法案件,严肃追究统计人员统计造假、弄虚作假党纪政纪责任,全面落实统计失信企业公示和联合惩戒制度。

(四)加强宣传教育。贯彻落实全国统计法治宣传教育规划,抓好领导干部、统计人员、调查对象和社会公众的统计法治宣传教育,积极配合党校、行政学院、干部学院和社会主义学院将统计法纳入干部教育培训的必修内容。建立完善党组(领导班子)中心组和领导干部学法用法制度,增强领导干部统计法律意识,提高运用法治思维和法治方式解决问题的能力,建立统计机构全员普法机制。

(五)强化队伍建设。加强对统计法治工作领导,建立专门统计执法机构,配强统计执法人员,充实统计执法骨干人才库,提高统计执法人员素质和装备水平,保障统计执法经费和条件,推动树立统计执法权威,增强统计执法机构直接查处统计违纪违法行为能力。

# 江苏省市、县主要经济指标

（2017 年）

| 市(县)名称 | 土地面积（平方公里） | 年末户籍人口（万人） | 当年出生人口（人） | 当年死亡人口（人） | 年末总户数（万户） | 年末常住人口（万人） | 人口密度（人/平方公里） | 从业人员（万人） | | |
|---|---|---|---|---|---|---|---|---|---|---|
| | | | | | | | | 第一产业 | 第二产业 | 第三产业 |
| **南京市** | **6587** | **680.67** | **90768** | **44362** | **238.88** | **833.50** | **1265** | **496.10** | **25.88** | **172.50** | **297.72** |
| **无锡市** | **4627** | **493.05** | **49809** | **39277** | **166.85** | **655.30** | **1416** | **388.30** | **15.80** | **214.40** | **158.10** |
| 江阴市 | 987 | 125.49 | 12249 | 9077 | 37.65 | 165.02 | 1672 | 99.33 | 4.68 | 60.89 | 33.76 |
| 宜兴市 | 1997 | 108.33 | 10347 | 9091 | 37.54 | 125.47 | 628 | 74.17 | 7.96 | 40.26 | 25.95 |
| **徐州市** | **11259** | **1039.42** | **161550** | **146280** | **278.05** | **876.35** | **778** | **482.70** | **135.00** | **162.80** | **184.90** |
| 丰　县 | 1446 | 120.97 | 17547 | 13468 | 32.45 | 95.17 | 658 | 55.41 | 18.32 | 19.36 | 17.73 |
| 沛　县 | 1349 | 129.92 | 23962 | 23167 | 36.66 | 111.97 | 830 | 64.41 | 20.67 | 22.49 | 21.26 |
| 睢宁县 | 1767 | 144.00 | 23302 | 14966 | 33.38 | 102.83 | 582 | 62.46 | 20.89 | 21.65 | 19.92 |
| 新沂市 | 1571 | 112.93 | 16895 | 16956 | 31.43 | 91.36 | 582 | 55.13 | 16.67 | 19.21 | 19.24 |
| 邳州市 | 2088 | 193.76 | 28789 | 21465 | 46.03 | 144.29 | 691 | 87.37 | 27.26 | 30.31 | 29.80 |
| **常州市** | **4374** | **378.84** | **35613** | **34180** | **133.22** | **471.73** | **1078** | **281.70** | **29.30** | **138.50** | **113.90** |
| 溧阳市 | 1535 | 79.11 | 7252 | 13456 | 26.23 | 76.25 | 497 | 49.87 | 11.56 | 24.60 | 13.71 |
| **苏州市** | **8657** | **691.07** | **82241** | **49334** | **226.58** | **1068.36** | **1234** | **691.60** | **22.70** | **409.00** | **259.90** |
| 常熟市 | 1276 | 106.91 | 8679 | 9325 | 32.48 | 151.61 | 1188 | 104.44 | 3.81 | 63.59 | 37.04 |
| 张家港市 | 987 | 92.90 | 8959 | 7092 | 32.64 | 125.78 | 1274 | 77.19 | 4.26 | 46.09 | 26.84 |
| 昆山市 | 932 | 86.27 | 14156 | 4931 | 29.29 | 166.24 | 1784 | 116.58 | 1.67 | 73.93 | 40.98 |
| 太仓市 | 810 | 48.69 | 4110 | 4181 | 15.37 | 71.58 | 884 | 45.80 | 2.53 | 26.60 | 16.67 |
| **南通市** | **10549** | **764.47** | **61204** | **81737** | **283.06** | **730.50** | **692** | **456.00** | **89.30** | **212.70** | **154.00** |
| 海安县 | 1183 | 93.25 | 7094 | 10798 | 33.95 | 86.55 | 732 | 54.00 | 11.10 | 28.50 | 14.40 |
| 如东县 | 2791 | 102.79 | 6618 | 10923 | 36.68 | 98.03 | 351 | 61.60 | 12.95 | 30.65 | 18.00 |
| 启东市 | 1715 | 111.59 | 7524 | 10060 | 45.68 | 95.18 | 555 | 66.60 | 16.60 | 29.20 | 20.80 |
| 如皋市 | 1576 | 142.55 | 12767 | 20251 | 44.70 | 124.74 | 791 | 73.80 | 17.80 | 34.55 | 21.45 |
| 海门市 | 1144 | 99.82 | 7194 | 10273 | 37.86 | 90.60 | 792 | 64.20 | 14.80 | 31.10 | 18.30 |
| **连云港市** | **7615** | **532.53** | **76116** | **70147** | **142.44** | **451.84** | **593** | **250.60** | **77.90** | **81.50** | **91.20** |
| 东海县 | 2037 | 123.91 | 18159 | 8429 | 29.24 | 97.11 | 477 | 56.61 | 18.47 | 17.98 | 20.15 |
| 灌云县 | 1538 | 104.10 | 13564 | 15663 | 26.18 | 80.90 | 526 | 47.88 | 18.36 | 13.07 | 16.46 |
| 灌南县 | 1028 | 81.91 | 11102 | 12544 | 20.82 | 63.72 | 620 | 36.46 | 14.98 | 11.08 | 10.40 |

注：部分城市经济指标数据为快报数。（下同）

续表 1

（2017 年）

| 市(县)名称 | 土地面积（平方公里） | 年末户籍人口（万人） | 当年出生人口（人） | 当年死亡人口（人） | 年末总户数（万户） | 年末常住人口（万人） | 人口密度（人/平方公里） | 从业人员（万人） | 第一产业 | 第二产业 | 第三产业 |
|---|---|---|---|---|---|---|---|---|---|---|---|
| **淮安市** | **10030** | **560.90** | **69832** | **118636** | **164.90** | **491.40** | **490** | **284.50** | **77.10** | **89.60** | **117.80** |
| 涟水县 | 1679 | 113.61 | 16688 | 24252 | 30.19 | 84.92 | 506 | 48.64 | 16.95 | 11.66 | 20.03 |
| 盱眙县 | 2497 | 79.86 | 10114 | 12174 | 21.52 | 65.58 | 263 | 38.47 | 11.54 | 12.74 | 14.19 |
| 金湖县 | 1378 | 35.19 | 3593 | 8795 | 12.51 | 33.21 | 241 | 19.26 | 5.44 | 6.62 | 7.20 |
| **盐城市** | **16931** | **826.15** | **106022** | **104929** | **269.61** | **724.22** | **428** | **441.60** | **101.60** | **162.60** | **177.40** |
| 响水县 | 1474 | 62.40 | 10406 | 7117 | 16.82 | 50.10 | 340 | 28.30 | 7.48 | 10.18 | 10.64 |
| 滨海县 | 1950 | 122.52 | 17355 | 14306 | 34.17 | 93.45 | 479 | 55.96 | 15.45 | 19.39 | 21.12 |
| 阜宁县 | 1439 | 112.72 | 16304 | 10647 | 35.48 | 83.17 | 578 | 50.98 | 14.20 | 17.84 | 18.94 |
| 射阳县 | 2606 | 95.61 | 12652 | 12150 | 31.15 | 88.45 | 339 | 56.57 | 14.75 | 20.08 | 21.74 |
| 建湖县 | 1157 | 78.77 | 9172 | 10415 | 28.97 | 73.07 | 632 | 43.74 | 9.90 | 17.36 | 16.48 |
| 东台市 | 3176 | 110.56 | 11121 | 23306 | 38.57 | 98.04 | 309 | 64.73 | 14.90 | 23.70 | 26.13 |
| **扬州市** | **6591** | **459.98** | **45401** | **52784** | **148.00** | **450.82** | **684** | **265.00** | **42.00** | **117.00** | **106.00** |
| 宝应县 | 1462 | 89.49 | 8971 | 19983 | 27.27 | 75.96 | 520 | 41.81 | 6.63 | 18.00 | 17.00 |
| 仪征市 | 902 | 59.44 | 5740 | 4932 | 18.49 | 56.78 | 629 | 39.41 | 6.25 | 17.00 | 16.00 |
| 高邮市 | 1922 | 81.18 | 8086 | 7612 | 25.36 | 74.42 | 387 | 45.80 | 7.26 | 20.00 | 18.00 |
| **镇江市** | **3840** | **270.90** | **25266** | **31935** | **101.16** | **318.63** | **830** | **194.50** | **22.10** | **85.90** | **86.50** |
| 丹阳市 | 1047 | 80.83 | 6698 | 7541 | 27.76 | 98.33 | 939 | 63.62 | 5.77 | 33.14 | 24.71 |
| 扬中市 | 327 | 28.19 | 2844 | 2442 | 10.56 | 34.33 | 1050 | 21.74 | 1.32 | 11.51 | 8.91 |
| 句容市 | 1378 | 58.95 | 6380 | 8295 | 22.77 | 62.65 | 455 | 39.34 | 9.52 | 15.28 | 14.54 |
| **泰州市** | **5787** | **505.19** | **52072** | **67095** | **166.53** | **465.19** | **804** | **278.70** | **57.40** | **113.60** | **107.70** |
| 兴化市 | 2395 | 156.55 | 17997 | 26415 | 51.07 | 125.58 | 524 | 75.20 | 22.20 | 26.30 | 26.70 |
| 靖江市 | 655 | 66.17 | 5601 | 8727 | 21.10 | 68.73 | 1049 | 41.20 | 6.40 | 20.90 | 13.90 |
| 泰兴市 | 1170 | 118.56 | 11554 | 14755 | 39.13 | 107.80 | 921 | 64.50 | 15.10 | 26.50 | 22.90 |
| **宿迁市** | **8524** | **591.01** | **90905** | **64434** | **150.36** | **491.46** | **577** | **285.00** | **86.90** | **106.50** | **91.60** |
| 沭阳县 | 2299 | 197.72 | 33905 | 17602 | 49.37 | 156.52 | 681 | 94.64 | 27.32 | 38.00 | 30.00 |
| 泗阳县 | 1378 | 107.06 | 13250 | 8049 | 26.90 | 84.58 | 614 | 49.74 | 18.57 | 17.00 | 14.00 |
| 泗洪县 | 2694 | 109.90 | 16190 | 16465 | 29.33 | 89.83 | 333 | 48.77 | 16.93 | 17.00 | 15.00 |

续表 2　　（2017 年）

| 市(县)名称 | 法人单位数(个) | 企业 | 事业单位 | 机关 | 社会团体 | 民办非企业单位 | 其他组织机构 |
|---|---|---|---|---|---|---|---|
| **南京市** | **292304** | **275107** | **3409** | **1151** | **2145** | **3840** | **6652** |
| **无锡市** | **258664** | **246168** | **3057** | **766** | **1519** | **1444** | **5710** |
| 江阴市 | 53712 | 50781 | 637 | 138 | 327 | 225 | 1604 |
| 宜兴市 | 43626 | 40045 | 668 | 138 | 272 | 273 | 2230 |
| **徐州市** | **168586** | **144992** | **3591** | **1005** | **2888** | **2916** | **13194** |
| 丰　县 | 12999 | 10526 | 510 | 110 | 253 | 226 | 1374 |
| 沛　县 | 11698 | 9641 | 412 | 101 | 144 | 106 | 1294 |
| 睢宁县 | 18113 | 14733 | 370 | 85 | 655 | 278 | 1992 |
| 新沂市 | 20033 | 17253 | 334 | 84 | 294 | 299 | 1769 |
| 邳州市 | 21827 | 17650 | 498 | 140 | 279 | 196 | 3064 |
| **常州市** | **169285** | **155351** | **2200** | **516** | **4652** | **1509** | **5057** |
| 溧阳市 | 15014 | 12053 | 408 | 85 | 826 | 152 | 1490 |
| **苏州市** | **558651** | **540396** | **3963** | **947** | **3056** | **2769** | **7520** |
| 常熟市 | 50510 | 47990 | 526 | 99 | 396 | 273 | 1226 |
| 张家港市 | 46424 | 43997 | 490 | 139 | 444 | 336 | 1018 |
| 昆山市 | 114692 | 112027 | 608 | 112 | 461 | 577 | 907 |
| 太仓市 | 28884 | 27183 | 377 | 83 | 251 | 137 | 853 |
| **南通市** | **177416** | **159565** | **3670** | **878** | **2178** | **2878** | **8247** |
| 海安县 | 22375 | 19932 | 589 | 103 | 230 | 632 | 889 |
| 如东县 | 14644 | 12589 | 584 | 104 | 267 | 298 | 802 |
| 启东市 | 18671 | 15806 | 397 | 127 | 290 | 293 | 1758 |
| 如皋市 | 23681 | 20894 | 540 | 115 | 195 | 240 | 1697 |
| 海门市 | 16894 | 14255 | 473 | 114 | 238 | 454 | 1360 |
| **连云港市** | **79306** | **67759** | **2283** | **627** | **1095** | **1091** | **6451** |
| 东海县 | 13203 | 10919 | 472 | 109 | 87 | 162 | 1454 |
| 灌云县 | 10301 | 7872 | 412 | 93 | 145 | 150 | 1629 |
| 灌南县 | 7609 | 5022 | 439 | 98 | 422 | 376 | 1252 |

注:法人单位数据由于汇总和操作时间不同,省市汇总数据略有差异。(下同)

续表 3 （2017 年）

| 市(县)名称 | 法人单位数(个) | 企业 | 事业单位 | 机关 | 社会团体 | 民办非企业单位 | 其他组织机构 |
|---|---|---|---|---|---|---|---|
| **淮安市** | **101581** | **83548** | **3660** | **1108** | **2287** | **1221** | **9757** |
| 涟水县 | 14362 | 11029 | 638 | 141 | 186 | 234 | 2134 |
| 盱眙县 | 11275 | 8333 | 484 | 186 | 665 | 151 | 1456 |
| 金湖县 | 9270 | 7129 | 350 | 96 | 236 | 70 | 1389 |
| **盐城市** | **169315** | **146517** | **3412** | **902** | **4115** | **4495** | **9874** |
| 响水县 | 11137 | 9027 | 297 | 76 | 515 | 228 | 994 |
| 滨海县 | 12410 | 9880 | 366 | 70 | 561 | 532 | 1001 |
| 阜宁县 | 18418 | 15553 | 241 | 79 | 643 | 644 | 1258 |
| 射阳县 | 14381 | 12113 | 372 | 108 | 338 | 458 | 992 |
| 建湖县 | 16973 | 14826 | 425 | 98 | 395 | 389 | 840 |
| 东台市 | 26035 | 21881 | 443 | 82 | 684 | 646 | 2299 |
| **扬州市** | **112628** | **98996** | **3152** | **794** | **1401** | **1044** | **7241** |
| 宝应县 | 11871 | 9313 | 521 | 85 | 150 | 111 | 1691 |
| 仪征市 | 14588 | 12470 | 525 | 145 | 270 | 98 | 1080 |
| 高邮市 | 19329 | 16836 | 470 | 130 | 157 | 117 | 1619 |
| **镇江市** | **94810** | **84682** | **2195** | **528** | **2060** | **1026** | **4319** |
| 丹阳市 | 24697 | 22199 | 480 | 101 | 321 | 199 | 1397 |
| 扬中市 | 13278 | 12131 | 320 | 73 | 153 | 133 | 468 |
| 句容市 | 14085 | 11901 | 388 | 86 | 306 | 144 | 1260 |
| **泰州市** | **85949** | **71943** | **2867** | **578** | **1658** | **1774** | **7129** |
| 兴化市 | 11282 | 7803 | 522 | 98 | 234 | 398 | 2227 |
| 靖江市 | 15311 | 13256 | 430 | 85 | 199 | 227 | 1114 |
| 泰兴市 | 17737 | 15406 | 526 | 83 | 165 | 113 | 1444 |
| **宿迁市** | **87540** | **73312** | **2020** | **674** | **1967** | **2075** | **7492** |
| 沭阳县 | 27663 | 24968 | 465 | 126 | 75 | 360 | 1669 |
| 泗阳县 | 13963 | 10791 | 272 | 103 | 885 | 476 | 1436 |
| 泗洪县 | 14030 | 10371 | 417 | 144 | 209 | 783 | 2106 |

续表 4　　　　（2017 年）

| 市(县)名称 | 在岗职工人数（万人） | #国有单位 | #城镇集体单位 | #港澳台商投资单位 | #外商投资单位 | 私营企业就业人员（万人） | 个体就业人员（万人） | 乡村就业人员（万人） | #农林牧渔业 |
|---|---|---|---|---|---|---|---|---|---|
| **南京市** | **191.07** | **45.49** | **1.78** | **10.82** | **24.17** | **389.80** | **130.16** | **114.60** | **22.14** |
| **无锡市** | **102.83** | **16.60** | **1.87** | **15.15** | **30.10** | **279.14** | **70.10** | **111.64** | **15.90** |
| 江阴市 | 22.86 | 3.27 | 1.25 | 4.97 | 3.76 | 69.33 | 20.31 | 35.79 | 4.68 |
| 宜兴市 | 12.56 | 2.70 | 0.08 | 1.47 | 1.24 | 60.61 | 8.61 | 35.96 | 7.96 |
| **徐州市** | **90.43** | **31.30** | **3.04** | **4.19** | **3.12** | **150.91** | **86.83** | **357.21** | **128.52** |
| 丰　县 | 8.22 | 2.92 | 0.40 | 0.22 | 0.14 | 11.66 | 7.63 | 53.07 | 22.62 |
| 沛　县 | 10.27 | 3.67 | 0.63 | 0.08 | 0.19 | 16.32 | 5.72 | 50.02 | 16.76 |
| 睢宁县 | 6.92 | 3.83 | 0.20 | 1.06 | 0.11 | 20.64 | 9.52 | 59.66 | 22.96 |
| 新沂市 | 8.84 | 2.63 | 0.33 | 0.23 | 0.26 | 20.48 | 8.20 | 44.56 | 17.81 |
| 邳州市 | 10.34 | 3.58 | 0.85 | 0.76 | 0.43 | 18.42 | 17.14 | 64.13 | 20.01 |
| **常州市** | **66.82** | **14.83** | **1.04** | **14.04** | **12.35** | **178.56** | **65.85** | **127.73** | **23.00** |
| 溧阳市 | 5.46 | 2.39 | 0.08 | 0.72 | 0.37 | 24.06 | 8.80 | 32.07 | 7.79 |
| **苏州市** | **282.52** | **27.79** | **4.20** | **59.98** | **118.44** | **482.67** | **149.40** | **171.54** | **21.18** |
| 常熟市 | 23.91 | 3.21 | 0.60 | 7.67 | 6.79 | 54.05 | 19.75 | 38.41 | 3.47 |
| 张家港市 | 24.62 | 3.51 | 0.48 | 1.76 | 4.07 | 61.69 | 17.14 | 30.36 | 2.91 |
| 昆山市 | 73.46 | 4.31 | 0.91 | 19.30 | 40.21 | 76.12 | 27.94 | 20.91 | 1.64 |
| 太仓市 | 14.22 | 2.01 | 0.40 | 2.78 | 6.57 | 28.62 | 7.26 | 15.29 | 2.71 |
| **南通市** | **196.60** | **19.00** | **2.02** | **11.93** | **16.17** | **223.09** | **89.57** | **298.93** | **61.85** |
| 海安县 | 29.43 | 2.02 | 0.09 | 0.85 | 1.38 | 34.62 | 10.01 | 37.18 | 6.79 |
| 如东县 | 15.79 | 2.27 | 0.32 | 1.41 | 1.52 | 24.38 | 9.02 | 47.55 | 7.87 |
| 启东市 | 23.67 | 2.26 | 0.28 | 1.46 | 1.73 | 23.24 | 6.77 | 48.98 | 11.46 |
| 如皋市 | 25.95 | 2.54 | 0.13 | 1.52 | 2.03 | 34.52 | 13.53 | 60.54 | 13.05 |
| 海门市 | 33.53 | 1.92 | 0.38 | 2.56 | 1.47 | 24.54 | 11.22 | 48.96 | 11.23 |
| **连云港市** | **41.44** | **14.16** | **1.62** | **1.96** | **3.11** | **54.03** | **35.65** | **181.22** | **80.07** |
| 东海县 | 4.37 | 2.36 | 0.20 | 0.50 | 0.30 | 8.69 | 8.41 | 43.75 | 18.88 |
| 灌云县 | 4.62 | 1.84 | 0.31 | 0.08 | 0.06 | 5.75 | 5.78 | 38.78 | 20.07 |
| 灌南县 | 4.97 | 1.39 | 0.18 | 0.10 | 0.18 | 4.78 | 4.57 | 30.58 | 14.68 |

续表5 （2017年）

| 市(县)名称 | 在岗职工人数（万人） | #国有单位 | #城镇集体单位 | #港澳台商投资单位 | #外商投资单位 | 私营企业就业人员（万人） | 个体就业人员（万人） | 乡村就业人员（万人） | #农林牧渔业 |
|---|---|---|---|---|---|---|---|---|---|
| **淮安市** | **57.69** | **15.01** | **1.38** | **7.53** | **3.54** | **85.65** | **51.51** | **212.33** | **85.67** |
| 涟水县 | 9.29 | 2.04 | 0.24 | 0.71 | 1.00 | 11.07 | 7.33 | 49.91 | 20.43 |
| 盱眙县 | 4.20 | 1.84 | 0.14 | 0.40 | 0.07 | 9.78 | 6.52 | 34.40 | 13.37 |
| 金湖县 | 2.72 | 1.08 | 0.15 | 0.21 | 0.01 | 7.96 | 3.08 | 13.41 | 4.58 |
| **盐城市** | **71.15** | **20.38** | **1.78** | **3.59** | **5.28** | **149.58** | **58.62** | **299.54** | **105.86** |
| 响水县 | 4.31 | 1.79 | 0.22 | 0.03 | 0.16 | 5.89 | 3.97 | 21.75 | 8.80 |
| 滨海县 | 7.70 | 2.17 | 0.07 | 0.14 | 0.11 | 13.13 | 5.58 | 43.70 | 15.68 |
| 阜宁县 | 7.65 | 1.75 | 0.16 | 0.09 | 0.43 | 20.19 | 6.64 | 36.80 | 14.32 |
| 射阳县 | 5.18 | 2.23 | 0.38 | 0.54 | 0.22 | 2.24 | 0.38 | 34.60 | 12.27 |
| 建湖县 | 7.60 | 1.61 | 0.34 | 0.44 | 0.16 | 12.77 | 5.56 | 30.42 | 9.16 |
| 东台市 | 9.67 | 2.32 | 0.24 | 1.02 | 0.74 | 27.61 | 7.82 | 48.46 | 18.78 |
| **扬州市** | **92.98** | **15.93** | **2.21** | **6.55** | **6.29** | **139.99** | **55.13** | **181.66** | **32.81** |
| 宝应县 | 10.98 | 1.71 | 0.55 | 1.07 | 0.55 | 16.73 | 7.12 | 41.41 | 10.23 |
| 仪征市 | 6.74 | 1.48 | 0.07 | 0.48 | 1.16 | 13.95 | 6.75 | 23.04 | 3.15 |
| 高邮市 | 9.46 | 1.97 | 0.58 | 0.75 | 0.35 | 23.46 | 8.26 | 36.91 | 8.74 |
| **镇江市** | **40.32** | **12.12** | **1.27** | **6.29** | **4.24** | **107.29** | **47.29** | **100.49** | **20.55** |
| 丹阳市 | 8.18 | 2.14 | 0.17 | 1.35 | 1.35 | 39.47 | 14.11 | 36.57 | 6.51 |
| 扬中市 | 6.20 | 1.16 | 0.23 | 0.50 | 0.42 | 18.11 | 3.31 | 13.65 | 1.95 |
| 句容市 | 7.15 | 1.94 | 0.41 | 2.98 | 0.25 | 12.42 | 9.50 | 26.35 | 7.36 |
| **泰州市** | **104.79** | **13.00** | **2.09** | **6.21** | **5.74** | **120.06** | **56.38** | **208.59** | **41.65** |
| 兴化市 | 8.40 | 2.46 | 0.30 | 0.22 | 0.75 | 18.30 | 13.79 | 60.73 | 19.49 |
| 靖江市 | 13.53 | 1.97 | 0.39 | 0.83 | 0.76 | 20.40 | 7.39 | 23.76 | 4.55 |
| 泰兴市 | 27.26 | 2.65 | 0.60 | 0.80 | 1.34 | 24.32 | 14.62 | 57.00 | 8.37 |
| **宿迁市** | **45.67** | **11.37** | **0.45** | **6.21** | **1.50** | **94.53** | **57.90** | **223.69** | **83.47** |
| 沭阳县 | 9.00 | 3.40 | 0.26 | 0.98 | 0.38 | 43.32 | 13.74 | 80.52 | 27.57 |
| 泗阳县 | 7.34 | 1.92 | 0.10 | 0.33 | 0.06 | 12.32 | 10.43 | 40.13 | 14.30 |
| 泗洪县 | 4.95 | 2.40 | 0.08 | 0.06 | 0.39 | 11.52 | 10.14 | 38.30 | 20.32 |

续表 6　　　　（2017 年）

| 市(县)名称 | 地区生产总值(亿元) | 第一产业 | 第二产业 | 第三产业 | #工业 | 人均地区生产总值(按常住人口计算,元) | 地区生产总值指数(上年=100) | 三次产业结构(%) 第一产业 | 第二产业 | 第三产业 |
|---|---|---|---|---|---|---|---|---|---|---|
| **南京市** | **11715.10** | **263.01** | **4454.87** | **6997.22** | **3853.39** | **141103** | **108.1** | **2.2** | **38.0** | **59.7** |
| **无锡市** | **10511.80** | **135.18** | **4964.44** | **5412.18** | **4553.15** | **160706** | **107.4** | **1.3** | **47.2** | **51.5** |
| 江阴市 | 3488.27 | 41.64 | 1897.84 | 1548.79 | 1824.56 | 211943 | 107.2 | 1.2 | 54.4 | 44.4 |
| 宜兴市 | 1558.25 | 49.14 | 807.83 | 701.28 | 694.61 | 124208 | 107.1 | 3.2 | 51.8 | 45.0 |
| **徐州市** | **6605.95** | **600.55** | **2884.32** | **3121.08** | **2448.17** | **75611** | **107.7** | **9.1** | **43.7** | **47.2** |
| 丰　县 | 456.94 | 82.60 | 196.10 | 178.24 | 151.58 | 48084 | 107.3 | 18.1 | 42.9 | 39.0 |
| 沛　县 | 756.32 | 99.64 | 359.36 | 297.32 | 261.69 | 67634 | 108.6 | 13.2 | 47.5 | 39.3 |
| 睢宁县 | 560.07 | 91.28 | 238.06 | 230.73 | 186.68 | 54529 | 107.7 | 16.3 | 42.5 | 41.2 |
| 新沂市 | 644.26 | 71.08 | 269.30 | 303.88 | 229.03 | 70623 | 108.6 | 11.0 | 41.8 | 47.2 |
| 邳州市 | 917.65 | 122.35 | 403.81 | 391.49 | 354.15 | 63690 | 108.4 | 13.3 | 44.0 | 42.7 |
| **常州市** | **6618.42** | **157.10** | **3098.62** | **3362.70** | **2817.63** | **140517** | **108.1** | **2.4** | **46.8** | **50.8** |
| 溧阳市 | 858.04 | 50.65 | 417.06 | 390.33 | 353.20 | 112596 | 108.0 | 5.9 | 48.6 | 45.5 |
| **苏州市** | **17319.51** | **221.98** | **8235.88** | **8861.65** | **7606.45** | **162388** | **107.1** | **1.3** | **47.6** | **51.2** |
| 常熟市 | 2279.55 | 42.07 | 1165.76 | 1071.72 | 1103.49 | 150532 | 107.2 | 1.8 | 51.1 | 47.0 |
| 张家港市 | 2606.05 | 31.22 | 1365.64 | 1209.19 | 1300.01 | 207380 | 107.3 | 1.2 | 52.4 | 46.4 |
| 昆山市 | 3520.35 | 30.75 | 1916.89 | 1572.71 | 1805.58 | 212103 | 107.0 | 0.9 | 54.5 | 44.7 |
| 太仓市 | 1240.96 | 36.04 | 627.88 | 577.04 | 587.71 | 173835 | 107.2 | 2.9 | 50.6 | 46.5 |
| **南通市** | **7734.64** | **382.69** | **3639.81** | **3712.14** | **3042.25** | **105903** | **107.8** | **4.9** | **47.1** | **48.0** |
| 海安县 | 868.30 | 58.83 | 412.45 | 397.02 | 341.42 | 100295 | 108.2 | 6.8 | 47.5 | 45.7 |
| 如东县 | 852.50 | 71.37 | 391.21 | 389.92 | 332.15 | 86897 | 107.9 | 8.4 | 45.9 | 45.7 |
| 启东市 | 989.50 | 69.13 | 475.10 | 445.28 | 380.97 | 103950 | 107.7 | 7.0 | 48.0 | 45.0 |
| 如皋市 | 1025.80 | 66.05 | 492.30 | 467.45 | 413.89 | 82149 | 108.2 | 6.4 | 48.0 | 45.6 |
| 海门市 | 1135.90 | 56.01 | 563.06 | 516.83 | 470.29 | 125445 | 107.7 | 4.9 | 49.6 | 45.5 |
| **连云港市** | **2640.31** | **313.42** | **1179.86** | **1147.03** | **958.61** | **58577** | **107.4** | **11.9** | **44.7** | **43.4** |
| 东海县 | 483.82 | 69.80 | 211.63 | 202.39 | 185.20 | 49891 | 107.3 | 14.4 | 43.7 | 41.8 |
| 灌云县 | 366.44 | 66.13 | 162.15 | 138.16 | 124.54 | 45405 | 107.3 | 18.0 | 44.3 | 37.7 |
| 灌南县 | 342.21 | 54.02 | 163.19 | 125.00 | 142.18 | 53794 | 107.0 | 15.8 | 47.7 | 36.5 |

续表 7 （2017 年）

| 市(县)名 称 | 地区生产总 值(亿元) | 第一产业 | 第二产业 | 第三产业 | # 工业 | 人均地区生产总值(按常住人口计算,元) | 地区生产总值指数(上年=100) | 三次产业结构(%) 第一产业 | 第二产业 | 第三产业 |
|---|---|---|---|---|---|---|---|---|---|---|
| **淮安市** | **3328.88** | **339.44** | **1406.39** | **1583.05** | **1187.50** | **67909** | **107.4** | **10.2** | **42.2** | **47.6** |
| 涟水县 | 429.38 | 59.35 | 166.08 | 203.95 | 137.49 | 50599 | 107.5 | 13.8 | 38.7 | 47.5 |
| 盱眙县 | 395.68 | 56.05 | 157.45 | 182.18 | 127.50 | 60441 | 107.5 | 14.2 | 39.8 | 46.0 |
| 金湖县 | 267.87 | 35.07 | 101.32 | 131.48 | 89.70 | 80696 | 107.7 | 13.1 | 37.8 | 49.1 |
| **盐城市** | **5082.69** | **564.18** | **2256.72** | **2261.78** | **1943.81** | **70216** | **106.8** | **11.1** | **44.4** | **44.5** |
| 响水县 | 319.91 | 42.36 | 156.35 | 121.20 | 141.41 | 63854 | 107.8 | 13.2 | 48.9 | 37.9 |
| 滨海县 | 442.53 | 62.11 | 179.67 | 200.75 | 151.66 | 47355 | 108.1 | 14.0 | 40.6 | 45.4 |
| 阜宁县 | 447.00 | 57.89 | 194.50 | 194.61 | 144.07 | 53745 | 107.5 | 13.0 | 43.5 | 43.5 |
| 射阳县 | 500.02 | 86.08 | 181.94 | 232.00 | 165.96 | 56531 | 108.3 | 17.2 | 36.4 | 46.4 |
| 建湖县 | 523.10 | 49.22 | 223.83 | 250.05 | 191.81 | 71589 | 107.5 | 9.4 | 42.8 | 47.8 |
| 东台市 | 812.81 | 97.33 | 329.29 | 386.20 | 289.07 | 82906 | 107.5 | 12.0 | 40.5 | 47.5 |
| **扬州市** | **5064.92** | **262.02** | **2475.88** | **2327.02** | **2170.55** | **112559** | **108.0** | **5.2** | **48.9** | **45.9** |
| 宝应县 | 574.93 | 68.77 | 257.42 | 248.74 | 211.75 | 75828 | 108.1 | 12.0 | 44.8 | 43.3 |
| 仪征市 | 628.36 | 23.28 | 328.81 | 276.27 | 292.03 | 110871 | 108.0 | 3.7 | 52.3 | 44.0 |
| 高邮市 | 608.41 | 74.09 | 267.85 | 266.47 | 215.81 | 81908 | 108.2 | 12.2 | 44.0 | 43.8 |
| **镇江市** | **4010.36** | **142.43** | **1978.01** | **1889.92** | **1820.66** | **128945** | **107.2** | **3.6** | **49.3** | **47.1** |
| 丹阳市 | 1233.27 | 53.66 | 618.84 | 560.77 | 594.10 | 125422 | 107.1 | 4.4 | 50.2 | 45.5 |
| 扬中市 | 536.20 | 13.91 | 281.04 | 241.25 | 269.12 | 156349 | 107.6 | 2.6 | 52.4 | 45.0 |
| 句容市 | 530.20 | 44.94 | 248.10 | 237.16 | 221.25 | 84683 | 107.4 | 8.5 | 46.8 | 44.7 |
| **泰州市** | **4744.53** | **264.08** | **2238.13** | **2242.32** | **1954.39** | **102058** | **108.2** | **5.6** | **47.2** | **47.3** |
| 兴化市 | 862.30 | 116.71 | 331.23 | 414.36 | 287.79 | 68679 | 107.5 | 13.5 | 38.4 | 48.1 |
| 靖江市 | 923.35 | 23.69 | 448.44 | 451.22 | 403.26 | 134364 | 107.8 | 2.6 | 48.6 | 48.9 |
| 泰兴市 | 964.07 | 57.16 | 450.86 | 456.05 | 396.92 | 89456 | 108.6 | 5.9 | 46.8 | 47.3 |
| **宿迁市** | **2610.94** | **292.14** | **1253.49** | **1065.31** | **1073.27** | **53317** | **107.5** | **11.2** | **48.0** | **40.8** |
| 沭阳县 | 770.14 | 94.39 | 352.48 | 323.27 | 314.98 | 49463 | 107.4 | 12.3 | 45.8 | 42.0 |
| 泗阳县 | 447.75 | 58.71 | 223.78 | 165.26 | 187.81 | 53092 | 107.6 | 13.1 | 50.0 | 36.9 |
| 泗洪县 | 446.61 | 67.02 | 190.30 | 189.29 | 160.51 | 49884 | 107.3 | 15.0 | 42.6 | 42.4 |

续表 8 （2017 年）

| 市(县)名 称 | 农林牧渔业总产值（亿元）（现价） | 农作物总播种面积（千公顷） | #粮食作物 | 粮 食总产量（万吨） | 油料产量（万吨） | 棉花产量（吨） | 肉 类总产量（万吨） | 水产品产 量（万吨） | 农业机械总 动 力（万千瓦） |
|---|---|---|---|---|---|---|---|---|---|
| **南京市** | **470.65** | **269.37** | **143.10** | **102.71** | **6.27** | **2591** | **6.91** | **20.32** | **229.54** |
| **无锡市** | **249.90** | **150.90** | **86.59** | **55.15** | **0.79** | | **6.06** | **13.56** | **96.91** |
| 江阴市 | 80.82 | 36.19 | 20.26 | 12.62 | 0.22 | | 3.19 | 2.68 | 26.19 |
| 宜兴市 | 87.39 | 82.88 | 55.58 | 35.81 | 0.53 | | 2.17 | 9.17 | 48.99 |
| **徐州市** | **1150.01** | **1159.33** | **743.59** | **482.72** | **12.85** | **18857** | **85.24** | **17.32** | **733.48** |
| 丰　县 | 162.86 | 145.23 | 88.79 | 55.29 | 0.43 | 11340 | 13.80 | 0.30 | 83.05 |
| 沛　县 | 192.18 | 153.82 | 94.55 | 62.32 | 0.38 | 2885 | 17.62 | 1.80 | 103.60 |
| 睢宁县 | 175.44 | 188.39 | 148.85 | 93.92 | 3.14 | 451 | 10.39 | 2.25 | 123.06 |
| 新沂市 | 150.04 | 191.40 | 102.62 | 69.62 | 6.70 | | 10.33 | 5.90 | 121.99 |
| 邳州市 | 247.42 | 230.64 | 125.17 | 82.34 | 1.39 | 648 | 16.86 | 2.62 | 127.91 |
| **常州市** | **293.58** | **193.27** | **112.84** | **81.36** | **3.07** | **344** | **10.93** | **16.02** | **145.31** |
| 溧阳市 | 93.95 | 85.02 | 61.60 | 45.75 | 2.35 | 344 | 2.45 | 5.19 | 54.91 |
| **苏州市** | **424.69** | **227.31** | **135.00** | **92.28** | **1.18** | **377** | **7.65** | **23.41** | **163.24** |
| 常熟市 | 78.47 | 65.46 | 39.23 | 26.11 | 0.36 | 165 | 1.00 | 3.53 | 31.95 |
| 张家港市 | 60.65 | 50.22 | 33.73 | 22.41 | 0.35 | 27 | 0.75 | 1.38 | 29.71 |
| 昆山市 | 55.51 | 18.85 | 13.48 | 9.49 | 0.11 | 22 | 0.22 | 3.53 | 17.75 |
| 太仓市 | 68.79 | 39.56 | 20.16 | 13.82 | 0.28 | 163 | 2.80 | 2.18 | 20.94 |
| **南通市** | **727.03** | **811.37** | **515.01** | **323.96** | **35.23** | **13870** | 44.08 | **87.47** | **410.64** |
| 海安县 | 119.60 | 102.49 | 78.47 | 60.71 | 1.56 | | 7.91 | 4.89 | 68.83 |
| 如东县 | 148.00 | 166.18 | 134.90 | 93.23 | 4.09 | 2072 | 9.91 | 30.43 | 93.85 |
| 启东市 | 137.94 | 136.20 | 73.77 | 27.81 | 8.51 | 2325 | 5.58 | 35.99 | 61.88 |
| 如皋市 | 114.47 | 150.62 | 103.89 | 68.91 | 3.90 | 32 | 10.50 | 2.74 | 85.07 |
| 海门市 | 99.99 | 115.01 | 40.68 | 19.84 | 8.74 | 8645 | 4.14 | 6.48 | 38.61 |
| **连云港市** | **615.41** | **628.53** | **501.30** | **362.35** | **11.56** | | **26.77** | **75.04** | **597.72** |
| 东海县 | 136.67 | 204.69 | 160.03 | 115.37 | 4.96 | | 7.17 | 6.85 | 152.15 |
| 灌云县 | 132.68 | 135.75 | 112.40 | 82.01 | 0.08 | | 4.99 | 5.76 | 128.33 |
| 灌南县 | 100.99 | 109.20 | 86.87 | 63.74 | 0.18 | | 5.20 | 3.63 | 129.28 |

续表 9 （2017 年）

| 市(县)名 称 | 农林牧渔业总产值（亿元）（现价） | 农作物总播种面积（千公顷） | # 粮食作物 | 粮 食总产量（万吨） | 油料产量（万吨） | 棉花产量（吨） | 肉 类总产量（万吨） | 水产品产 量（万吨） | 农业机械总 动 力（万千瓦） |
|---|---|---|---|---|---|---|---|---|---|
| **淮安市** | **629.57** | **794.03** | **660.38** | **467.56** | **8.53** | **67** | **30.07** | **25.95** | **629.25** |
| 涟水县 | 114.98 | 166.85 | 131.95 | 89.54 | 3.84 | | 6.07 | 1.85 | 123.89 |
| 盱眙县 | 104.07 | 162.49 | 145.70 | 100.90 | 0.89 | 67 | 7.42 | 5.94 | 125.81 |
| 金湖县 | 66.26 | 83.16 | 75.09 | 55.47 | 0.83 | | 1.44 | 4.72 | 83.41 |
| **盐城市** | **1139.23** | **1366.34** | **957.27** | **685.82** | **22.35** | **4273** | **77.64** | **120.76** | **689.12** |
| 响水县 | 77.05 | 108.58 | 77.23 | 53.51 | 1.71 | | 5.36 | 6.82 | 75.59 |
| 滨海县 | 114.98 | 162.72 | 125.43 | 94.17 | 2.93 | 240 | 9.79 | 10.13 | 86.19 |
| 阜宁县 | 114.43 | 167.19 | 124.98 | 93.53 | 1.64 | 53 | 15.45 | 7.78 | 85.35 |
| 射阳县 | 187.67 | 190.75 | 149.90 | 108.31 | 1.34 | 905 | 8.11 | 21.10 | 105.45 |
| 建湖县 | 95.59 | 115.22 | 98.44 | 73.34 | 1.85 | 88 | 6.01 | 10.20 | 63.88 |
| 东台市 | 210.89 | 241.65 | 141.55 | 96.07 | 5.25 | 360 | 13.79 | 18.58 | 95.20 |
| **扬州市** | **495.68** | **482.62** | **391.83** | **285.42** | **6.53** | **369** | **17.68** | **40.47** | **274.48** |
| 宝应县 | 128.24 | 136.59 | 117.30 | 88.83 | 1.41 | | 4.27 | 15.15 | 60.09 |
| 仪征市 | 45.96 | 47.02 | 34.39 | 24.78 | 0.85 | 19 | 2.14 | 0.80 | 41.55 |
| 高邮市 | 142.90 | 138.43 | 115.95 | 84.51 | 2.02 | | 5.21 | 16.51 | 72.02 |
| **镇江市** | **247.07** | **222.55** | **165.03** | **114.00** | **5.37** | **788** | **7.03** | **9.88** | **147.79** |
| 丹阳市 | 87.54 | 83.69 | 70.21 | 49.68 | 0.90 | | 2.10 | 4.20 | 37.94 |
| 扬中市 | 27.29 | 16.80 | 11.33 | 8.33 | 0.15 | | 0.85 | 0.80 | 13.87 |
| 句容市 | 76.34 | 71.49 | 45.96 | 30.72 | 3.30 | 776 | 1.67 | 2.70 | 57.01 |
| **泰州市** | **457.23** | **566.16** | **416.48** | **306.68** | **12.57** | **1064** | **24.51** | **39.95** | **279.39** |
| 兴化市 | 206.28 | 222.55 | 180.56 | 137.05 | 3.36 | 838 | 5.55 | 30.55 | 122.35 |
| 靖江市 | 41.48 | 51.11 | 41.34 | 29.36 | 0.53 | | 3.01 | 1.05 | 27.75 |
| 泰兴市 | 96.46 | 139.58 | 92.75 | 67.26 | 4.66 | | 8.27 | 2.50 | 62.68 |
| **宿迁市** | **536.30** | **715.50** | **575.56** | **384.76** | **4.65** | **592** | **33.52** | **27.78** | **594.54** |
| 沭阳县 | 176.52 | 249.91 | 183.68 | 126.71 | 1.52 | | 8.76 | 1.76 | 211.67 |
| 泗阳县 | 110.91 | 115.64 | 92.54 | 60.83 | 0.89 | 12 | 5.31 | 8.92 | 102.91 |
| 泗洪县 | 130.12 | 190.23 | 167.36 | 107.10 | 1.84 | 559 | 7.00 | 10.70 | 157.34 |

续表 10　　（2017 年）

| 市(县)名　称 | 工业企业个数（个） | 主营业务收入（亿元） | 利润总额（亿元） | 从业人员年平均人数（万人） |
|---|---|---|---|---|
| **南京市** | **2348** | **10936.47** | **867.69** | **64.26** |
| **无锡市** | **5258** | **15543.76** | **1050.61** | **118.15** |
| 江阴市 | 1470 | 5771.92 | 361.18 | 41.85 |
| 宜兴市 | 941 | 2646.64 | 132.34 | 15.03 |
| **徐州市** | **2412** | **11668.49** | **873.07** | **65.42** |
| 丰　县 | 290 | 698.99 | 50.86 | 4.29 |
| 沛　县 | 407 | 1503.25 | 82.64 | 10.00 |
| 睢宁县 | 258 | 775.17 | 75.12 | 5.27 |
| 新沂市 | 306 | 1173.96 | 95.89 | 6.00 |
| 邳州市 | 428 | 2262.00 | 170.34 | 10.29 |
| **常州市** | **4240** | **12036.63** | **715.99** | **83.77** |
| 溧阳市 | 381 | 1416.60 | 87.47 | 7.11 |
| **苏州市** | **9840** | **32005.86** | **2002.15** | **284.27** |
| 常熟市 | 1313 | 3550.50 | 213.64 | 30.48 |
| 张家港市 | 1134 | 5203.48 | 389.53 | 25.14 |
| 昆山市 | 1973 | 7920.60 | 358.56 | 78.14 |
| 太仓市 | 965 | 2116.65 | 156.06 | 18.27 |
| **南通市** | **5131** | **14522.32** | **1128.18** | **95.79** |
| 海安县 | 967 | 2534.78 | 181.12 | 13.13 |
| 如东县 | 725 | 2045.53 | 163.21 | 11.28 |
| 启东市 | 487 | 1784.04 | 154.48 | 11.08 |
| 如皋市 | 845 | 2134.76 | 137.31 | 19.63 |
| 海门市 | 673 | 2125.03 | 222.75 | 11.29 |
| **连云港市** | **1504** | **5338.77** | **447.48** | **27.54** |
| 东海县 | 449 | 1097.25 | 75.23 | 6.90 |
| 灌云县 | 227 | 779.24 | 44.76 | 3.41 |
| 灌南县 | 146 | 359.21 | 23.24 | 3.09 |

注：工业企业相关指标为规模以上口径。

续表 11　　　　（2017 年）

| 市(县)名　称 | 工业企业个数（个） | 主营业务收入（亿元） | 利润总额（亿元） | 从业人员年平均人数（万人） |
|---|---|---|---|---|
| **淮安市** | **2175** | **5945.26** | **361.51** | **39.39** |
| 涟水县 | 323 | 697.83 | 33.92 | 6.44 |
| 盱眙县 | 355 | 933.91 | 34.15 | 6.47 |
| 金湖县 | 284 | 371.09 | 13.07 | 2.68 |
| **盐城市** | **2879** | **8071.84** | **424.14** | **49.55** |
| 响水县 | 146 | 968.54 | 68.54 | 1.97 |
| 滨海县 | 199 | 745.44 | 41.00 | 5.43 |
| 阜宁县 | 242 | 671.15 | 29.78 | 5.43 |
| 射阳县 | 282 | 713.33 | 32.25 | 2.13 |
| 建湖县 | 371 | 724.13 | 44.63 | 5.25 |
| 东台市 | 495 | 1082.38 | 57.59 | 6.97 |
| **扬州市** | **2858** | **9025.44** | **531.01** | **64.71** |
| 宝应县 | 435 | 1063.60 | 63.41 | 9.77 |
| 仪征市 | 389 | 1479.60 | 130.82 | 6.47 |
| 高邮市 | 559 | 1024.61 | 51.86 | 9.45 |
| **镇江市** | **2046** | **6814.50** | **441.55** | **42.77** |
| 丹阳市 | 698 | 2110.33 | 121.30 | 16.51 |
| 扬中市 | 343 | 1109.37 | 67.51 | 6.68 |
| 句容市 | 239 | 915.11 | 52.16 | 7.34 |
| **泰州市** | **2992** | **11941.88** | **861.66** | **58.79** |
| 兴化市 | 604 | 1830.27 | 109.01 | 6.66 |
| 靖江市 | 506 | 1799.73 | 136.05 | 10.97 |
| 泰兴市 | 701 | 3301.10 | 275.42 | 16.24 |
| **宿迁市** | **1747** | **2359.45** | **278.41** | **32.08** |
| 沭阳县 | 689 | 809.31 | 64.67 | 8.83 |
| 泗阳县 | 217 | 257.93 | 15.51 | 4.79 |
| 泗洪县 | 326 | 245.80 | 32.18 | 4.10 |

续表 12　　（2017 年）

| 市(县)名称 | 社会消费品零售总额（亿元） | # 批发和零售业 | 进出口总额（亿美元） | # 出口总额 | 实际使用外资（亿美元） | 固定资产投资（亿元） | # 房地产开发投资 | 商品房建筑面积（万平方米） | # 住宅 |
|---|---|---|---|---|---|---|---|---|---|
| **南京市** | **5604.66** | **5074.69** | **611.87** | **344.15** | **36.73** | **6215.20** | **2170.21** | **1429.61** | **1208.98** |
| **无锡市** | **3458.04** | **3193.32** | **812.53** | **495.19** | **36.75** | **4967.51** | **1201.89** | **1182.09** | **1036.65** |
| 江阴市 | 863.37 | 813.99 | 209.73 | 121.43 | 9.51 | 1153.03 | 179.90 | 318.24 | 291.70 |
| 宜兴市 | 612.84 | 584.68 | 40.77 | 33.53 | 4.72 | 563.91 | 70.87 | 145.67 | 131.31 |
| **徐州市** | **2886.92** | **2645.80** | **78.01** | **63.34** | **16.60** | **5277.03** | **538.62** | **1183.80** | **1077.78** |
| 丰　县 | 164.11 | 151.25 | 2.33 | 1.67 | 0.73 | 279.76 | 40.68 | 115.69 | 106.41 |
| 沛　县 | 267.06 | 240.30 | 4.81 | 4.65 | 1.73 | 623.63 | 28.86 | 75.39 | 66.83 |
| 睢宁县 | 195.11 | 180.30 | 5.37 | 4.37 | 0.99 | 359.97 | 39.23 | 151.79 | 137.26 |
| 新沂市 | 189.99 | 172.47 | 6.73 | 5.10 | 1.73 | 596.53 | 52.11 | 157.59 | 143.17 |
| 邳州市 | 275.57 | 252.42 | 11.72 | 10.76 | 2.03 | 837.01 | 76.79 | 165.51 | 158.00 |
| **常州市** | **2444.05** | **2228.86** | **312.66** | **229.39** | **22.16** | **3896.30** | **479.11** | **1030.31** | **829.26** |
| 溧阳市 | 331.66 | 304.39 | 9.95 | 8.83 | 2.50 | 530.71 | 73.92 | 94.26 | 92.77 |
| **苏州市** | **5442.82** | **4789.44** | **3160.79** | **1871.61** | **45.04** | **5629.59** | **2305.82** | **1936.66** | **1687.88** |
| 常熟市 | 800.41 | 731.54 | 244.74 | 167.60 | 6.09 | 550.25 | 164.51 | 195.39 | 165.99 |
| 张家港市 | 581.46 | 494.00 | 321.29 | 159.83 | 3.93 | 727.21 | 204.39 | 292.28 | 276.36 |
| 昆山市 | 945.85 | 774.05 | 827.72 | 545.04 | 7.14 | 758.34 | 376.03 | 345.50 | 302.07 |
| 太仓市 | 310.15 | 266.41 | 129.70 | 60.86 | 4.29 | 466.93 | 128.67 | 114.93 | 98.26 |
| **南通市** | **2873.41** | **2625.65** | **348.20** | **249.38** | **24.23** | **4959.20** | **609.95** | **1657.67** | **1471.10** |
| 海安县 | 300.98 | 259.99 | 18.75 | 15.47 | 2.67 | 609.82 | 45.68 | 167.00 | 155.13 |
| 如东县 | 347.45 | 328.52 | 38.62 | 17.66 | 2.27 | 563.33 | 24.86 | 64.00 | 39.29 |
| 启东市 | 352.97 | 321.48 | 25.12 | 20.47 | 3.40 | 634.60 | 71.45 | 218.00 | 209.75 |
| 如皋市 | 376.26 | 334.41 | 31.41 | 25.01 | 2.86 | 600.27 | 45.39 | 185.00 | 168.20 |
| 海门市 | 376.14 | 346.44 | 50.78 | 47.61 | 2.93 | 633.65 | 51.97 | 146.00 | 139.12 |
| **连云港市** | **1038.31** | **898.94** | **82.14** | **39.22** | **6.78** | **2603.63** | **274.93** | **643.91** | **608.74** |
| 东海县 | 196.02 | 168.24 | 4.83 | 3.94 | 1.02 | 413.31 | 23.81 | 108.63 | 100.04 |
| 灌云县 | 133.12 | 112.76 | 2.05 | 1.83 | 0.87 | 339.63 | 15.98 | 93.38 | 85.94 |
| 灌南县 | 104.12 | 89.87 | 2.65 | 2.12 | 0.65 | 252.61 | 32.65 | 80.41 | 76.95 |

续表 13　　（2017 年）

| 市(县)名　称 | 社会消费品零售总额（亿元） | #批发和零售业 | 进出口总　额（亿美元） | #出口总额 | 实际使用外　资（亿美元） | 固定资产投　资（亿元） | 房地产开发投资 | 商品房建筑面积（万平方米） | #住宅 |
|---|---|---|---|---|---|---|---|---|---|
| **淮安市** | **1197.09** | **1083.65** | **46.36** | **30.03** | **11.78** | **2536.49** | **303.06** | **880.36** | **729.88** |
| 涟水县 | 144.86 | 133.47 | 3.58 | 3.20 | 0.84 | 357.43 | 21.73 | 133.00 | 89.00 |
| 盱眙县 | 136.53 | 121.14 | 1.79 | 1.42 | 1.34 | 346.79 | 49.11 | 107.00 | 103.00 |
| 金湖县 | 100.74 | 90.47 | 4.55 | 4.38 | 1.23 | 211.76 | 9.18 | 39.00 | 33.00 |
| **盐城市** | **1666.25** | **1482.57** | **86.53** | **58.41** | **7.89** | **4278.49** | **426.67** | **974.82** | **878.77** |
| 响水县 | 73.15 | 66.63 | 6.69 | 6.21 | 0.50 | 320.74 | 12.99 | 47.32 | 43.18 |
| 滨海县 | 121.57 | 109.18 | 5.07 | 4.00 | 0.55 | 423.07 | 20.16 | 79.24 | 77.18 |
| 阜宁县 | 126.48 | 118.13 | 3.14 | 2.91 | 0.24 | 358.09 | 35.12 | 87.52 | 80.81 |
| 射阳县 | 178.76 | 157.93 | 4.43 | 3.06 | 0.60 | 335.62 | 43.12 | 56.81 | 50.63 |
| 建湖县 | 146.28 | 115.47 | 3.33 | 3.04 | 0.41 | 400.36 | 14.74 | 53.22 | 46.69 |
| 东台市 | 272.39 | 243.05 | 8.74 | 8.12 | 0.82 | 647.05 | 52.80 | 130.76 | 118.45 |
| **扬州市** | **1494.01** | **1322.09** | **107.99** | **78.68** | **12.08** | **3690.09** | **443.58** | **879.71** | **776.16** |
| 宝应县 | 165.48 | 149.23 | 11.25 | 8.69 | 0.61 | 443.02 | 43.02 | 99.00 | 97.00 |
| 仪征市 | 120.68 | 106.23 | 4.52 | 3.29 | 0.80 | 550.15 | 29.36 | 110.00 | 103.00 |
| 高邮市 | 187.38 | 161.67 | 4.90 | 4.63 | 0.68 | 563.06 | 42.77 | 134.00 | 125.00 |
| **镇江市** | **1296.70** | **1123.79** | **105.36** | **69.85** | **13.53** | **2694.36** | **343.52** | **705.27** | **650.12** |
| 丹阳市 | 336.75 | 297.26 | 27.75 | 23.79 | 3.44 | 533.12 | 77.69 | 126.00 | 112.00 |
| 扬中市 | 155.93 | 127.19 | 6.97 | 5.49 | 1.66 | 330.72 | 25.53 | 55.00 | 51.00 |
| 句容市 | 156.72 | 139.23 | 5.40 | 4.53 | 3.13 | 387.71 | 104.75 | 216.00 | 200.00 |
| **泰州市** | **1254.22** | **1085.90** | **129.48** | **82.16** | **16.18** | **3609.47** | **288.72** | **869.26** | **781.97** |
| 兴化市 | 191.36 | 165.15 | 6.36 | 5.99 | 0.81 | 484.57 | 29.29 | 129.40 | 112.37 |
| 靖江市 | 195.45 | 163.52 | 29.43 | 21.81 | 2.44 | 539.82 | 42.42 | 107.01 | 101.36 |
| 泰兴市 | 238.23 | 191.77 | 38.22 | 20.10 | 3.60 | 799.74 | 71.01 | 193.96 | 174.23 |
| **宿迁市** | **781.39** | **674.37** | **29.48** | **21.72** | **3.64** | **2194.23** | **243.00** | **837.65** | **749.36** |
| 沭阳县 | 219.13 | 166.33 | 6.40 | 5.13 | 0.72 | 548.80 | 46.84 | 191.85 | 163.72 |
| 泗阳县 | 112.37 | 98.90 | 4.00 | 3.87 | 0.32 | 410.34 | 61.49 | 172.91 | 163.86 |
| 泗洪县 | 116.94 | 108.89 | 1.82 | 1.29 | 0.04 | 409.16 | 48.31 | 157.79 | 140.96 |

续表 14 （2017 年）

| 市(县)名 称 | 一般公共预算收入（亿元） | # 税收收入 | 一般公共预算支出（亿元） | 年末金融机构各项存款余额（亿元） | # 住户存款 | 年末金融机构各项贷款余额（亿元） | 公路里程（公里） | # 等级公路 | 公 路客运量（万人） |
|---|---|---|---|---|---|---|---|---|---|
| **南京市** | **1271.91** | **1044.61** | **1354.09** | **29944.86** | **6019.70** | **24578.25** | **11320** | **11106** | **8404** |
| **无锡市** | **930.00** | **752.40** | **987.66** | **14606.93** | **5055.54** | **11098.51** | **7749** | **7749** | **5727** |
| 江阴市 | 235.16 | 195.86 | 227.29 | 3527.88 | 1156.89 | 2916.96 | 2458 | 2458 | 416 |
| 宜兴市 | 111.15 | 89.31 | 123.64 | 1946.58 | 996.17 | 1517.36 | 2377 | 2377 | 531 |
| **徐州市** | **501.64** | **365.23** | **827.33** | **6396.38** | **3349.45** | **4173.20** | **16351** | **15519** | **11013** |
| 丰 县 | 25.00 | 17.96 | 65.01 | 383.31 | 269.02 | 211.87 | 1825 | 1825 | 476 |
| 沛 县 | 54.46 | 36.37 | 89.09 | 512.54 | 345.77 | 269.01 | 2366 | 2366 | 725 |
| 睢宁县 | 39.92 | 26.80 | 83.12 | 484.12 | 311.54 | 281.70 | 2440 | 2331 | 942 |
| 新沂市 | 47.46 | 32.88 | 93.00 | 444.40 | 246.58 | 280.03 | 2674 | 2340 | 753 |
| 邳州市 | 60.05 | 40.92 | 110.52 | 601.82 | 392.43 | 427.52 | 3144 | 2835 | 661 |
| **常州市** | **518.81** | **431.36** | **551.55** | **9873.37** | **3532.34** | **6679.20** | **9200** | **9200** | **4519** |
| 溧阳市 | 61.38 | 50.19 | 81.63 | 1091.83 | 498.78 | 856.06 | 2526 | 2526 | 788 |
| **苏州市** | **1908.10** | **1672.90** | **1771.47** | **26467.59** | **8166.44** | **23986.62** | **12658** | **12658** | **31272** |
| 常熟市 | 191.81 | 165.02 | 165.80 | 2893.55 | 1225.37 | 2264.76 | 3076 | 3076 | 3493 |
| 张家港市 | 210.01 | 179.63 | 193.62 | 2566.80 | 1027.28 | 2192.22 | 1618 | 1618 | 3099 |
| 昆山市 | 352.51 | 318.88 | 293.04 | 3708.14 | 1218.54 | 2888.01 | 1675 | 1675 | 4008 |
| 太仓市 | 140.86 | 122.04 | 126.51 | 1474.34 | 544.65 | 1357.28 | 1331 | 1331 | 2768 |
| **南通市** | **590.60** | **462.51** | **810.08** | **11497.24** | **5816.35** | **7833.49** | **18754** | **18754** | **7310** |
| 海安县 | 60.01 | 50.02 | 86.47 | 1366.12 | 730.97 | 956.53 | 2458 | 2458 | 481 |
| 如东县 | 55.56 | 45.87 | 108.10 | 1116.74 | 645.01 | 569.37 | 2803 | 2803 | 606 |
| 启东市 | 71.13 | 53.73 | 92.67 | 1313.93 | 799.79 | 821.67 | 3633 | 3633 | 1074 |
| 如皋市 | 71.31 | 57.56 | 109.41 | 1242.53 | 766.66 | 769.09 | 3344 | 3344 | 487 |
| 海门市 | 72.54 | 51.13 | 93.79 | 1423.65 | 809.42 | 967.62 | 2557 | 2557 | 432 |
| **连云港市** | **214.85** | **159.37** | **390.56** | **2917.49** | **1279.49** | **2433.32** | **12117** | **12117** | **4607** |
| 东海县 | 21.12 | 15.63 | 61.98 | 356.03 | 238.34 | 294.63 | 3262 | 3262 | 945 |
| 灌云县 | 20.57 | 14.31 | 54.85 | 308.40 | 161.38 | 211.87 | 2834 | 2834 | 406 |
| 灌南县 | 21.88 | 17.01 | 50.19 | 227.81 | 123.62 | 157.85 | 1923 | 1923 | 601 |

续表 15

（2017 年）

| 市(县)名称 | 一般公共预算收入（亿元） | # 税收收入 | 一般公共预算支出（亿元） | 年末金融机构各项存款余额（亿元） | # 住户存款 | 年末金融机构各项贷款余额（亿元） | 公路里程（公里） | # 等级公路 | 公路客运量（万人） |
|---|---|---|---|---|---|---|---|---|---|
| **淮安市** | **230.61** | **177.06** | **452.31** | **3432.67** | **1483.10** | **2789.29** | **13232** | **12623** | **6438** |
| 涟水县 | 19.20 | 15.25 | 58.35 | 364.70 | 205.09 | 228.87 | 2564 | 2322 | 1395 |
| 盱眙县 | 18.30 | 13.84 | 50.26 | 373.32 | 187.75 | 266.80 | 2686 | 2685 | 1475 |
| 金湖县 | 20.18 | 17.92 | 44.85 | 244.89 | 140.83 | 204.43 | 1457 | 1356 | 329 |
| **盐城市** | **360.02** | **271.93** | **748.28** | **5980.74** | **2892.30** | **4272.31** | **19595** | **19335** | **6902** |
| 响水县 | 23.90 | 17.95 | 55.01 | 214.19 | 112.94 | 166.47 | 1798 | 1798 | 326 |
| 滨海县 | 27.30 | 20.49 | 75.36 | 350.03 | 201.70 | 294.89 | 2151 | 2138 | 720 |
| 阜宁县 | 26.14 | 19.72 | 73.65 | 435.64 | 296.79 | 249.05 | 1950 | 1944 | 502 |
| 射阳县 | 24.18 | 19.60 | 75.11 | 464.03 | 304.44 | 298.36 | 2500 | 2305 | 702 |
| 建湖县 | 26.32 | 18.55 | 74.44 | 454.29 | 302.47 | 328.30 | 1811 | 1795 | 691 |
| 东台市 | 54.01 | 42.41 | 94.94 | 769.16 | 549.28 | 464.92 | 3276 | 3276 | 751 |
| **扬州市** | **320.18** | **241.44** | **507.64** | **5700.87** | **2664.64** | **4007.76** | **9610** | **9239** | **3421** |
| 宝应县 | 27.59 | 22.03 | 67.79 | 527.20 | 304.47 | 328.11 | 1978 | 1866 | 459 |
| 仪征市 | 47.79 | 41.47 | 57.50 | 649.94 | 306.16 | 402.88 | 1557 | 1557 | 357 |
| 高邮市 | 32.63 | 26.98 | 65.26 | 592.68 | 371.59 | 358.71 | 2160 | 2127 | 730 |
| **镇江市** | **284.34** | **217.85** | **386.64** | **4877.50** | **1982.67** | **3864.02** | **7443** | **7443** | **3184** |
| 丹阳市 | 61.05 | 50.67 | 82.88 | 1107.23 | 606.79 | 1002.93 | 2244 | 2244 | 678 |
| 扬中市 | 32.00 | 26.50 | 41.25 | 615.99 | 288.77 | 480.84 | 1034 | 1034 | 321 |
| 句容市 | 44.00 | 38.35 | 60.10 | 783.99 | 315.23 | 725.00 | 2508 | 2508 | 567 |
| **泰州市** | **335.52** | **256.95** | **475.49** | **5732.30** | **2636.50** | **4173.85** | **9893** | **9892** | **6504** |
| 兴化市 | 36.06 | 29.30 | 90.61 | 809.63 | 527.05 | 502.91 | 2849 | 2848 | 1356 |
| 靖江市 | 60.09 | 48.71 | 70.21 | 957.40 | 492.07 | 787.06 | 1361 | 1361 | 1060 |
| 泰兴市 | 63.11 | 52.90 | 81.84 | 1006.92 | 494.23 | 697.01 | 2217 | 2217 | 1670 |
| **宿迁市** | **200.58** | **154.58** | **424.12** | **2514.96** | **1209.50** | **2223.45** | **10552** | **10168** | **5265** |
| 沭阳县 | 48.00 | 32.44 | 105.54 | 558.10 | 354.75 | 472.07 | 2956 | 2706 | 2264 |
| 泗阳县 | 26.21 | 20.01 | 65.31 | 371.10 | 219.19 | 365.92 | 1752 | 1727 | 1287 |
| 泗洪县 | 26.34 | 20.10 | 70.66 | 330.86 | 218.75 | 317.46 | 2432 | 2432 | 2105 |

续表 16 （2017 年）

| 市(县)名 称 | 公 路货运量（万吨） | 民用汽车拥 有 量（万辆） | 全 年用电量（亿千瓦时） | #工业用电 | 邮电业务总量（亿元） | 固定电话用 户（万户） | 移动电话年末用户（万户） | 国 际互联网用 户（万户） |
|---|---|---|---|---|---|---|---|---|
| **南京市** | **13806** | **239.20** | **556.96** | **318.14** | **451.11** | **217.93** | **1124.42** | **456.81** |
| **无锡市** | **14511** | **178.06** | **686.67** | **524.68** | **318.10** | **151.99** | **876.01** | **347.28** |
| 江阴市 | 3234 | 44.69 | 261.55 | 228.16 | 41.00 | 28.88 | 203.60 | 64.57 |
| 宜兴市 | 1788 | 27.57 | 97.37 | 73.27 | 24.27 | 23.37 | 142.06 | 46.48 |
| **徐州市** | **19485** | **120.25** | **361.23** | **245.35** | **208.77** | **103.50** | **811.09** | **268.59** |
| 丰 县 | 1914 | 10.52 | 22.62 | 12.93 | 14.21 | 7.30 | 86.12 | 22.14 |
| 沛 县 | 1798 | 10.79 | 38.04 | 27.00 | 16.44 | 9.10 | 99.97 | 25.21 |
| 睢宁县 | 2131 | 11.98 | 20.80 | 9.20 | 20.21 | 11.06 | 100.21 | 25.81 |
| 新沂市 | 1420 | 7.46 | 34.75 | 25.53 | 22.38 | 8.58 | 88.78 | 25.05 |
| 邳州市 | 2273 | 12.96 | 30.30 | 16.19 | 22.21 | 10.84 | 124.98 | 31.56 |
| **常州市** | **12174** | **122.78** | **455.03** | **351.21** | **193.80** | **113.08** | **586.89** | **231.96** |
| 溧阳市 | 2226 | 14.70 | 78.53 | 65.23 | 10.48 | 17.54 | 26.90 | 17.58 |
| **苏州市** | **13614** | **355.24** | **1503.53** | **1202.04** | **710.12** | **277.18** | **1596.40** | **616.00** |
| 常熟市 | 1413 | 43.43 | 186.53 | 154.92 | 84.47 | 30.72 | 201.83 | 71.45 |
| 张家港市 | 1768 | 37.24 | 308.82 | 282.29 | 28.91 | 22.17 | 162.19 | 57.99 |
| 昆山市 | 1485 | 57.47 | 241.34 | 188.14 | 77.00 | 37.78 | 303.90 | 104.50 |
| 太仓市 | 1440 | 22.04 | 104.99 | 86.96 | 19.59 | 14.17 | 100.88 | 35.95 |
| **南通市** | **12656** | **152.01** | **400.55** | **275.76** | **232.99** | **155.26** | **726.96** | **289.60** |
| 海安县 | 1968 | 14.62 | 47.35 | 35.17 | 8.65 | 21.97 | 85.23 | 27.38 |
| 如东县 | 1462 | 17.19 | 53.14 | 38.29 | 8.63 | 19.00 | 87.61 | 25.44 |
| 启东市 | 597 | 18.11 | 34.32 | 20.37 | 9.78 | 22.70 | 92.98 | 27.45 |
| 如皋市 | 2341 | 24.25 | 54.25 | 36.03 | 11.85 | 25.02 | 125.57 | 36.77 |
| 海门市 | 851 | 18.59 | 42.43 | 28.17 | 14.03 | 23.10 | 110.95 | 37.56 |
| **连云港市** | **9283** | **56.56** | **182.79** | **120.59** | **104.88** | **63.92** | **408.64** | **146.48** |
| 东海县 | 1937 | 11.91 | 25.39 | 14.81 | 12.23 | 9.29 | 86.87 | 28.41 |
| 灌云县 | 1166 | 8.08 | 14.64 | 7.15 | 8.53 | 7.76 | 64.20 | 19.43 |
| 灌南县 | 509 | 5.49 | 32.45 | 25.26 | 4.91 | 6.04 | 50.69 | 15.21 |

续表 17　　（2017 年）

| 市(县)名称 | 公路货运量（万吨） | 民用汽车拥有量（万辆） | 全年用电量（亿千瓦时） | #工业用电 | 邮电业务总量（亿元） | 固定电话用户（万户） | 移动电话年末用户（万户） | 国际互联网用户（万户） |
|---|---|---|---|---|---|---|---|---|
| **淮安市** | **6214** | **52.12** | **172.92** | **111.02** | **108.72** | **47.95** | **412.18** | **146.42** |
| 涟水县 | 1687 | 8.62 | 16.93 | 8.50 | 1.35 | 1.61 | 32.30 | 8.28 |
| 盱眙县 | 1495 | 5.35 | 18.18 | 10.17 | 1.21 | 2.56 | 178.38 | 29.99 |
| 金湖县 | 224 | 3.08 | 12.02 | 7.75 | 0.75 | 1.59 | 59.64 | 14.67 |
| **盐城市** | **5515** | **87.14** | **287.26** | **190.18** | **144.20** | **81.54** | **630.84** | **221.65** |
| 响水县 | 312 | 4.87 | 39.78 | 33.33 | 3.92 | 4.69 | 44.41 | 8.76 |
| 滨海县 | 1122 | 8.97 | 28.32 | 18.64 | 6.81 | 6.90 | 70.45 | 15.64 |
| 阜宁县 | 241 | 7.68 | 24.52 | 15.17 | 6.94 | 5.99 | 71.10 | 16.98 |
| 射阳县 | 761 | 9.61 | 23.30 | 13.27 | 7.27 | 7.37 | 79.08 | 19.86 |
| 建湖县 | 267 | 6.57 | 21.03 | 12.43 | 6.86 | 6.69 | 66.02 | 19.36 |
| 东台市 | 974 | 11.34 | 39.99 | 27.80 | 9.03 | 9.32 | 91.12 | 22.60 |
| **扬州市** | **7112** | **70.75** | **237.05** | **162.21** | **136.09** | **101.23** | **463.07** | **184.90** |
| 宝应县 | 581 | 7.68 | 21.40 | 12.61 | 11.68 | 12.67 | 62.94 | 18.72 |
| 仪征市 | 1028 | 9.31 | 44.01 | 36.71 | 10.83 | 12.74 | 59.12 | 18.88 |
| 高邮市 | 923 | 9.20 | 35.62 | 25.15 | 12.85 | 14.64 | 70.64 | 22.04 |
| **镇江市** | **7551** | **55.61** | **243.86** | **180.02** | **91.90** | **67.63** | **325.45** | **137.16** |
| 丹阳市 | 1719 | 18.10 | 79.47 | 62.13 | 28.27 | 17.88 | 93.62 | 33.89 |
| 扬中市 | 459 | 6.23 | 19.65 | 13.86 | 8.96 | 8.18 | 36.39 | 14.53 |
| 句容市 | 1133 | 5.66 | 28.73 | 17.08 | 13.17 | 10.91 | 53.86 | 20.83 |
| **泰州市** | **2800** | **69.79** | **273.90** | **201.75** | **108.83** | **91.78** | **432.10** | **174.97** |
| 兴化市 | 465 | 14.95 | 71.40 | 56.87 | 21.75 | 14.07 | 99.94 | 33.34 |
| 靖江市 | 350 | 15.64 | 40.78 | 28.56 | 19.08 | 14.20 | 72.82 | 26.81 |
| 泰兴市 | 540 | 17.05 | 63.59 | 48.76 | 21.74 | 19.07 | 98.19 | 35.60 |
| **宿迁市** | **4194** | **58.05** | **171.55** | **113.93** | **120.05** | **39.11** | **413.63** | **137.41** |
| 沭阳县 | 2368 | 15.98 | 48.77 | 32.10 | 24.36 | 11.94 | 25.05 | 19.96 |
| 泗阳县 | 436 | 8.45 | 24.54 | 14.29 | 12.80 | 6.80 | 14.94 | 10.75 |
| 泗洪县 | 390 | 7.35 | 20.51 | 10.41 | 13.28 | 4.57 | 13.78 | 9.82 |

续表 18　　　　　　　　　　　　（2017 年）

| 市(县)名称 | 普通中学在校学生(万人) | 小学在校学生(万人) | 普通中学专任教师(万人) | 小学专任教师(万人) | 专利申请受理量(件) | 专利申请授权量(件) | 公共图书馆(个) | 公共图书馆图书总藏量(千册、千件) | 卫生机构床位数(张) | 卫生技术人员(人) | #执业(助理)医师 |
|---|---|---|---|---|---|---|---|---|---|---|---|
| **南京市** | **23.42** | **39.31** | **23517** | **25171** | **75406** | **32073** | **14** | **7007** | **52244** | **76144** | **28098** |
| **无锡市** | **22.31** | **37.49** | **20370** | **20941** | **52252** | **28926** | **8** | **7881** | **43195** | **51015** | **19610** |
| 江阴市 | 5.81 | 9.38 | 5597 | 4653 | 7644 | 4221 | 1 | 2388 | 8199 | 9945 | 3960 |
| 宜兴市 | 4.12 | 6.08 | 4141 | 3765 | 6037 | 3576 | 1 | 839 | 5775 | 8161 | 3211 |
| **徐州市** | **39.94** | **94.02** | **34781** | **44606** | **18548** | **10523** | **8** | **3725** | **55589** | **57536** | **22870** |
| 丰　县 | 4.38 | 9.33 | 4592 | 4673 | 1215 | 552 | 1 | 225 | 4137 | 4623 | 2176 |
| 沛　县 | 4.16 | 11.36 | 3893 | 5277 | 1037 | 317 | 1 | 364 | 5168 | 5528 | 2434 |
| 睢宁县 | 4.79 | 10.82 | 4470 | 6116 | 1483 | 951 | 1 | 438 | 4556 | 4947 | 1912 |
| 新沂市 | 4.52 | 12.32 | 3576 | 3926 | 1123 | 704 | 1 | 477 | 3856 | 5001 | 2151 |
| 邳州市 | 8.58 | 19.32 | 6292 | 9896 | 1091 | 714 | 1 | 543 | 6322 | 7900 | 3375 |
| **常州市** | **17.10** | **29.06** | **14508** | **14924** | **33973** | **16423** | **6** | **5001** | **26679** | **32498** | **13094** |
| 溧阳市 | 2.66 | 3.85 | 2732 | 2404 | 1544 | 923 | 1 | 444 | 3237 | 4364 | 1916 |
| **苏州市** | **33.44** | **73.06** | **29023** | **38240** | **113694** | **53223** | **11** | **22181** | **66640** | **79623** | **30259** |
| 常熟市 | 4.67 | 8.23 | 3825 | 4856 | 6914 | 3088 | 1 | 2607 | 8247 | 9508 | 3944 |
| 张家港市 | 4.48 | 8.30 | 3638 | 4324 | 8933 | 4413 | 1 | 2264 | 9841 | 9559 | 3857 |
| 昆山市 | 5.23 | 13.85 | 3801 | 6280 | 20961 | 10854 | 1 | 2644 | 7225 | 11616 | 4519 |
| 太仓市 | 2.22 | 4.65 | 1884 | 2409 | 9778 | 3163 | 1 | 1223 | 4023 | 4547 | 1798 |
| **南通市** | **23.63** | **33.29** | **24299** | **19947** | **54742** | **19057** | **10** | **6309** | **42336** | **45640** | **18795** |
| 海安县 | 2.70 | 3.14 | 3349 | 2301 | 7911 | 4236 | 1 | 516 | 5253 | 4827 | 2126 |
| 如东县 | 2.38 | 3.00 | 2798 | 2225 | 2544 | 1147 | 1 | 449 | 4062 | 4485 | 2037 |
| 启东市 | 2.79 | 3.77 | 3079 | 2649 | 7286 | 1858 | 1 | 546 | 4541 | 4380 | 1782 |
| 如皋市 | 4.83 | 6.16 | 4542 | 3432 | 7834 | 1944 | 2 | 1008 | 6679 | 6580 | 2985 |
| 海门市 | 3.38 | 4.76 | 3596 | 2695 | 6206 | 2333 | 1 | 1486 | 3806 | 4419 | 1876 |
| **连云港市** | **23.97** | **44.46** | **20951** | **24813** | **9134** | **6311** | **8** | **3030** | **24240** | **27540** | **11508** |
| 东海县 | 5.84 | 12.25 | 5103 | 6485 | 1321 | 768 | 1 | 699 | 4075 | 4365 | 2043 |
| 灌云县 | 4.12 | 7.09 | 3083 | 3346 | 827 | 666 | 1 | 245 | 3490 | 3846 | 1683 |
| 灌南县 | 3.35 | 6.38 | 2927 | 4006 | 993 | 790 | 1 | 180 | 3503 | 3638 | 1560 |

续表 19 （2017 年）

| 市(县)名称 | 普通中学在校学生(万人) | 小学在校学生(万人) | 普通中学专任教师(万人) | 小学专任教师(万人) | 专利申请受理量(件) | 专利申请授权量(件) | 公共图书馆(个) | 公共图书馆图书总藏量(千册、千件) | 卫生机构床位数(张) | 卫生技术人员(人) | # 执业(助理)医师 |
|---|---|---|---|---|---|---|---|---|---|---|---|
| **淮安市** | **22.06** | **34.91** | **19369** | **21628** | **16777** | **7331** | **9** | **3327** | **28647** | **32310** | **12684** |
| 涟水县 | 4.72 | 7.91 | 4061 | 4806 | 1307 | 520 | 1 | 138 | 4329 | 4669 | 1947 |
| 盱眙县 | 3.27 | 5.59 | 2954 | 3186 | 2343 | 328 | 1 | 356 | 3785 | 3700 | 1444 |
| 金湖县 | 0.93 | 1.26 | 876 | 1046 | 1429 | 705 | 1 | 329 | 1552 | 1698 | 683 |
| **盐城市** | **28.18** | **45.36** | **27160** | **26999** | **31146** | **10017** | **11** | **3839** | **39985** | **40857** | **18192** |
| 响水县 | 2.40 | 4.94 | 2118 | 2950 | 2425 | 588 | 1 | 80 | 2752 | 2752 | 1135 |
| 滨海县 | 4.00 | 8.41 | 3487 | 4727 | 1680 | 620 | 1 | 217 | 4995 | 4383 | 1921 |
| 阜宁县 | 3.64 | 6.63 | 3252 | 3829 | 2670 | 438 | 2 | 385 | 4298 | 4072 | 2095 |
| 射阳县 | 3.29 | 4.75 | 3054 | 2997 | 2089 | 564 | 1 | 274 | 4095 | 4429 | 2212 |
| 建湖县 | 2.77 | 3.90 | 2754 | 2486 | 2955 | 647 | 1 | 277 | 3608 | 3461 | 1692 |
| 东台市 | 2.98 | 3.44 | 3584 | 2466 | 3933 | 921 | 1 | 292 | 5131 | 4794 | 2282 |
| **扬州市** | **17.50** | **21.05** | **16177** | **13510** | **32638** | **14214** | **7** | **3953** | **22215** | **28609** | **10872** |
| 宝应县 | 3.17 | 3.46 | 2895 | 2281 | 4514 | 1983 | 1 | 199 | 2579 | 3817 | 1464 |
| 仪征市 | 1.89 | 2.32 | 1813 | 1567 | 4470 | 1568 | 1 | 368 | 2381 | 3160 | 1169 |
| 高邮市 | 2.53 | 2.66 | 2656 | 1883 | 5871 | 2579 | 1 | 277 | 2972 | 3708 | 1414 |
| **镇江市** | **9.84** | **14.72** | **10116** | **9782** | **33539** | **14825** | **9** | **3479** | **15169** | **20368** | **8074** |
| 丹阳市 | 3.37 | 5.02 | 3456 | 3411 | 7459 | 3425 | 2 | 749 | 3324 | 4786 | 1961 |
| 扬中市 | 1.00 | 1.43 | 1063 | 995 | 5184 | 2647 | 1 | 439 | 1224 | 1890 | 774 |
| 句容市 | 1.69 | 2.55 | 2014 | 1740 | 5767 | 2712 | 1 | 307 | 1904 | 2940 | 1230 |
| **泰州市** | **17.28** | **22.15** | **18787** | **13791** | **31476** | **9924** | **7** | **2895** | **25581** | **27309** | **11629** |
| 兴化市 | 4.07 | 6.58 | 4259 | 4019 | 3626 | 1396 | 1 | 267 | 5240 | 5849 | 2896 |
| 靖江市 | 2.41 | 2.79 | 2916 | 1969 | 6684 | 1811 | 1 | 710 | 4775 | 4631 | 1969 |
| 泰兴市 | 4.24 | 4.83 | 4972 | 3024 | 4302 | 1220 | 1 | 339 | 4635 | 4718 | 2087 |
| **宿迁市** | **23.74** | **51.07** | **17002** | **25699** | **11126** | **4368** | **6** | **1563** | **27285** | **30400** | **11015** |
| 沭阳县 | 7.64 | 17.89 | 5426 | 8917 | 4199 | 1934 | 1 | 172 | 7686 | 8835 | 3624 |
| 泗阳县 | 5.23 | 9.42 | 3076 | 4618 | 1129 | 594 | 1 | 334 | 5076 | 6992 | 1900 |
| 泗洪县 | 4.53 | 9.93 | 3455 | 5062 | 903 | 273 | 1 | 104 | 4786 | 6063 | 2149 |

续表 20 （2017 年）

| 市(县)名称 | 城镇居民人均可支配收入(元) | 城镇居民人均消费支出(元) | #食品烟酒 | 城镇居民恩格尔系数(%) | 城镇居民人均现住房建筑面积(平方米) | 农村居民人均可支配收入(元) | 农村居民人均消费支出(元) | #食品烟酒 | 农村居民恩格尔系数(%) | 农村居民人均现住房建筑面积(平方米) | 在岗职工平均工资(元) |
|---|---|---|---|---|---|---|---|---|---|---|---|
| **南京市** | **54538** | **31385** | **7950** | **25.3** | **39.8** | **23133** | **17155** | **4989** | **29.1** | **56.9** | **101502** |
| **无锡市** | **52659** | **32972** | **9081** | **27.5** | **47.1** | **28358** | **19998** | **5901** | **29.5** | **56.8** | **89551** |
| 江阴市 | 59165 | 30148 | 8755 | 29.0 | 55.0 | 30532 | 20372 | 6071 | 29.8 | 49.0 | 84474 |
| 宜兴市 | 49826 | 30199 | 8739 | 28.9 | 47.1 | 25654 | 18161 | 5434 | 29.9 | 70.6 | 76135 |
| **徐州市** | **30987** | **18234** | **5416** | **29.7** | **42.9** | **16697** | **12038** | **3732** | **31.0** | **54.3** | **63917** |
| 丰　县 | 25117 | 17458 | 5250 | 30.1 | 45.5 | 15335 | 10032 | 3161 | 31.5 | 49.2 | 53797 |
| 沛　县 | 29776 | 18025 | 4972 | 27.6 | 42.9 | 17269 | 11491 | 3321 | 28.9 | 47.9 | 59005 |
| 睢宁县 | 25540 | 13985 | 4442 | 31.8 | 46.0 | 15130 | 9884 | 3185 | 32.2 | 53.0 | 52687 |
| 新沂市 | 27261 | 17208 | 5548 | 32.2 | 46.4 | 15886 | 11015 | 3643 | 33.1 | 49.8 | 54632 |
| 邳州市 | 31189 | 16405 | 4965 | 30.3 | 64.5 | 16725 | 10580 | 3180 | 30.1 | 83.1 | 56692 |
| **常州市** | **49955** | **28445** | **7624** | **26.8** | **45.2** | **25835** | **17849** | **5413** | **30.3** | **65.4** | **84744** |
| 溧阳市 | 45739 | 22448 | 7480 | 33.3 | 38.0 | 23835 | 18133 | 6269 | 34.6 | 57.0 | 85912 |
| **苏州市** | **58806** | **35104** | **9289** | **26.5** | **43.5** | **29977** | **20298** | **5193** | **25.6** | **66.1** | **87350** |
| 常熟市 | 59015 | 33428 | 9193 | 27.5 | 52.2 | 30288 | 22757 | 6128 | 26.9 | 74.7 | 84002 |
| 张家港市 | 59200 | 33325 | 9489 | 28.5 | 59.7 | 30188 | 20227 | 5710 | 28.2 | 69.3 | 86759 |
| 昆山市 | 59191 | 34337 | 9584 | 27.9 | 35.4 | 30489 | 20408 | 5896 | 28.9 | 45.2 | 76815 |
| 太仓市 | 58458 | 35359 | 10464 | 29.6 | 57.8 | 30026 | 20919 | 6359 | 30.4 | 78.3 | 103622 |
| **南通市** | **42756** | **26510** | **7450** | **28.1** | **48.5** | **20472** | **14637** | **4203** | **28.7** | **61.5** | **75315** |
| 海安县 | 40656 | 24125 | 6852 | 28.4 | 53.1 | 19640 | 16451 | 5062 | 30.8 | 61.1 | 76086 |
| 如东县 | 40416 | 22593 | 7152 | 31.7 | 55.7 | 18683 | 14431 | 4184 | 29.0 | 63.0 | 71142 |
| 启东市 | 40759 | 30896 | 9210 | 29.8 | 46.3 | 21691 | 15715 | 4738 | 30.2 | 65.2 | 76035 |
| 如皋市 | 39918 | 22690 | 6467 | 28.5 | 56.5 | 18463 | 13649 | 4136 | 30.3 | 63.0 | 70874 |
| 海门市 | 44138 | 27390 | 7697 | 28.1 | 48.1 | 22515 | 15957 | 4602 | 28.8 | 64.2 | 76345 |
| **连云港市** | **30293** | **19315** | **6152** | **31.8** | **47.8** | **15273** | **10825** | **3478** | **32.1** | **51.4** | **69726** |
| 东海县 | 29758 | 19313 | 6693 | 34.7 | 45.0 | 15882 | 10897 | 3814 | 35.0 | 57.1 | 59628 |
| 灌云县 | 25034 | 14512 | 5012 | 34.5 | 43.0 | 14231 | 9804 | 3319 | 33.8 | 44.0 | 56690 |
| 灌南县 | 26635 | 16795 | 5818 | 34.6 | 53.5 | 13639 | 9607 | 3542 | 36.9 | 54.9 | 56355 |

续表 21 （2017 年）

| 市(县)名称 | 城镇居民人均可支配收入(元) | 城镇居民人均消费支出(元) | #食品烟酒 | 城镇居民恩格尔系数(%) | 城镇居民人均现住房建筑面积(平方米) | 农村居民人均可支配收入(元) | 农村居民人均消费支出(元) | #食品烟酒 | 农村居民恩格尔系数(%) | 农村居民人均现住房建筑面积(平方米) | 在岗职工平均工资(元) |
|---|---|---|---|---|---|---|---|---|---|---|---|
| **淮安市** | **32976** | **17788** | **5241** | **29.5** | **44.9** | **15601** | **10526** | **3283** | **31.2** | **53.7** | **64631** |
| 涟水县 | 27423 | 16682 | 5329 | 31.9 | 59.0 | 14561 | 9126 | 2871 | 31.5 | 49.0 | 55156 |
| 盱眙县 | 33406 | 17185 | 5335 | 31.0 | 54.0 | 15762 | 8651 | 2729 | 31.5 | 46.0 | 60758 |
| 金湖县 | 33509 | 20620 | 6265 | 30.4 | 42.0 | 17126 | 14599 | 4569 | 31.3 | 58.0 | 62001 |
| **盐城市** | **33115** | **18434** | **5801** | **31.5** | **43.7** | **18711** | **14153** | **4515** | **31.9** | **50.9** | **64280** |
| 响水县 | 27832 | 11191 | 3499 | 31.3 | 37.8 | 15586 | 10487 | 3017 | 28.8 | 49.3 | 66612 |
| 滨海县 | 28867 | 16662 | 5395 | 32.4 | 40.0 | 16280 | 12162 | 4346 | 35.7 | 53.3 | 60297 |
| 阜宁县 | 27754 | 21501 | 7564 | 35.2 | 35.2 | 16850 | 8988 | 2986 | 33.2 | 44.3 | 58000 |
| 射阳县 | 28816 | 22934 | 7360 | 32.1 | 41.7 | 18064 | 8887 | 3132 | 35.2 | 36.7 | 69521 |
| 建湖县 | 32171 | 16696 | 5221 | 31.3 | 43.5 | 18576 | 11872 | 3982 | 33.5 | 47.6 | 61179 |
| 东台市 | 35380 | 18246 | 5794 | 31.8 | 59.3 | 21431 | 13700 | 4412 | 32.2 | 59.2 | 56784 |
| **扬州市** | **38828** | **22093** | **6805** | **30.8** | **44.4** | **19694** | **14766** | **4445** | **30.1** | **51.2** | **71663** |
| 宝应县 | 29284 | 17133 | 5740 | 33.5 | 45.0 | 18447 | 13130 | 4220 | 32.1 | 53.0 | 68633 |
| 仪征市 | 39686 | 21569 | 6837 | 31.7 | 46.3 | 19033 | 17488 | 5406 | 30.9 | 65.3 | 74127 |
| 高邮市 | 34230 | 21573 | 5556 | 25.8 | 45.5 | 18494 | 14238 | 4448 | 31.2 | 45.1 | 57065 |
| **镇江市** | **45386** | **25637** | **7247** | **28.3** | **45.0** | **22724** | **17127** | **4829** | **28.2** | **58.4** | **75315** |
| 丹阳市 | 45151 | 23459 | 7763 | 33.1 | 46.0 | 23603 | 20207 | 6191 | 30.6 | 57.0 | 72397 |
| 扬中市 | 49764 | 25306 | 7491 | 29.6 | 53.8 | 25895 | 17860 | 5269 | 29.5 | 61.6 | 68870 |
| 句容市 | 44015 | 24095 | 7200 | 29.9 | 42.0 | 20527 | 16063 | 4884 | 30.4 | 51.0 | 68169 |
| **泰州市** | **40059** | **23824** | **6704** | **28.1** | **49.0** | **19494** | **14543** | **4402** | **30.3** | **63.0** | **65509** |
| 兴化市 | 36485 | 19989 | 5931 | 29.7 | 38.0 | 18465 | 12847 | 4321 | 33.6 | 52.0 | 56099 |
| 靖江市 | 43152 | 28225 | 8312 | 29.5 | 57.5 | 21361 | 18482 | 5607 | 30.3 | 72.1 | 63898 |
| 泰兴市 | 39749 | 24231 | 6965 | 28.7 | 49.0 | 19476 | 13168 | 2793 | 21.2 | 72.0 | 66371 |
| **宿迁市** | **26118** | **16241** | **5531** | **34.1** | **46.0** | **15268** | **10252** | **3589** | **35.0** | **47.8** | **59740** |
| 沭阳县 | 25871 | 16485 | 6192 | 37.6 | 46.1 | 15484 | 10874 | 3969 | 36.5 | 50.3 | 58093 |
| 泗阳县 | 25536 | 15773 | 5385 | 34.1 | 49.3 | 15260 | 11665 | 4034 | 34.6 | 46.5 | 52198 |
| 泗洪县 | 24973 | 15878 | 5585 | 35.2 | 45.4 | 14941 | 8525 | 3084 | 36.2 | 46.0 | 59992 |

# 江苏省市辖区主要经济指标(2017年)

# MAJOR ECONOMIC INDICATORS OF MUNICIPAL DISTRICTS OF JIANGSU

## 附录二

版面负责人：卢川川

编　　　辑：马　萍

# 关于统计机构负责人防范和惩治统计造假弄虚作假责任制规定(试行)

**第六条** 各级统计机构主要负责人对防范和惩治统计造假、弄虚作假工作负第一责任。

(一)安排部署重要工作。主持制定防范和惩治统计造假、弄虚作假工作计划和措施,及时组织党组(领导班子)成员传达学习上级关于统计法治建设的部署和要求,结合实际研究贯彻落实意见,安排部署依法统计依法治统年度工作和重点任务。

(二)组织健全工作机制。主持研究健全统计法治建设制度,推动建立责任体系,明确领导责任、具体责任和监督责任,努力形成从上到下、自始至终防范和惩治统计造假、弄虚作假责任机制。

(三)协调解决重大问题。定期听取依法统计依法治统工作汇报,协调解决统计立法普法、执法监督和诚信建设工作中的重大问题,做好对上级机构和有关部门的沟通协调,保障重点工作任务顺利完成。

(四)领导督办重要案件。领导、组织和支持统计执法机构依纪依法履行职责,查处重大统计违纪违法案件;对统计造假、弄虚作假案件及时听取汇报、研究讨论、进行督办、做好协调,坚决保持对统计造假、弄虚作假行为“零容忍”。积极支持配合上级统计部门直接查处统计造假、弄虚作假案件。

(五)带头执行纪律法律。组织领导本地区、本部门统计机构及工作人员严格执行统计法律法规和国家统计调查制度,依法组织实施统计调查。坚持以身作则、以上率下,带头尊法学法用法。督促班子成员依纪依法履行职责,加强对下级统计机构领导班子及其成员的教育监督管理。

**第七条** 班子成员中分管法治工作负责人的主体责任为:

(一)组织协调法治工作。根据本单位、本系统法治建设工作总体部署,及时提出贯彻落实意见,研究布置具体任务,定期向党组(领导班子)汇报法治工作开展情况特别是查处统计违纪违法案件情况。指导督促法治机构制定落实防范和惩治统计造假、弄虚作假工作具体措施,完善制度,健全机制。听取法治机构工作情况汇报,及时研究解决问题。

(二)组织拟定法治文件。组织起草统计法律法规草案和统计规章,组织拟定统计规范性文件,组织对本单位、本系统印发的文件是否符合统计法律法规进行审查,将防范和惩治统计造假、弄虚作假的要求在法律法规规章和有关文件中予以体现。

(三)组织法治宣传教育。组织拟定统计法治宣传教育规划和方案,指导法治机构开展统计法治宣传教育,确保本单位、本系统统计人员了解熟悉统计法律法规规章内容,促进党政领导干部学习统计法遵守统计法,推动对统计调查对象和社会公众的普法宣传。

(四)组织查处统计违纪违法行为。组织健全统计执法监督检查制度和机制,组织落实既定的统计执法检查事项,推动执法机构依法开展执法检查,组织及时查处本地区、本系统统计违纪违法行为,组织及时提出对统计违纪违法行为责任人的处分处理建议,审核处分处理意见和执法文书。

(五)健全法治监督机制。带头遵守执行统计法律法规规章,推动统计执法队伍建设,组织对统计法执行情况的监督检查,监督统计执法机构和执法人员依法开展统计执法监督检查工作,推动落实防范和惩治统计造假、弄虚作假责任制和问责制,充实做强统计执法骨干人才库。

# 江苏省市辖区主要经济指标

（2017年）

| 市辖区 | 年末户籍人口（万人） | 出生人口（人） | 死亡人口（人） | 年末总户数（万户） | 年末常住人口（万人） | 土地面积（平方公里） | 人口密度（人/平方公里） |
|---|---|---|---|---|---|---|---|
| **南京市** | **680.67** | **90768** | **44362** | **238.88** | **833.50** | **6587** | **1265** |
| 玄武区 | 47.75 | 4886 | 2764 | 15.05 | 60.02 | 75 | 7954 |
| 秦淮区 | 69.46 | 6425 | 5310 | 26.12 | 100.03 | 49 | 20369 |
| 建邺区 | 33.17 | 4374 | 1713 | 11.92 | 47.26 | 83 | 5699 |
| 鼓楼区 | 92.54 | 8675 | 6012 | 31.85 | 116.84 | 53 | 22045 |
| 浦口区 | 71.08 | 12624 | 3747 | 24.55 | 79.88 | 910 | 877 |
| 栖霞区 | 49.24 | 6878 | 2924 | 17.25 | 71.79 | 395 | 1815 |
| 雨花台区 | 28.71 | 4580 | 1540 | 10.60 | 45.45 | 132 | 3433 |
| 江宁区 | 107.90 | 19101 | 5767 | 39.28 | 124.85 | 1563 | 799 |
| 六合区 | 92.28 | 11001 | 7428 | 31.04 | 96.35 | 1471 | 655 |
| 溧水区 | 43.91 | 6473 | 3490 | 15.52 | 46.39 | 1064 | 436 |
| 高淳区 | 44.63 | 5751 | 3667 | 15.70 | 44.64 | 790 | 565 |
| **无锡市** | **493.05** | **49809** | **39277** | **166.85** | **655.30** | **4627** | **1416** |
| 锡山区 | 45.51 | 4512 | 3306 | 13.78 | 70.67 | 399 | 1771 |
| 惠山区 | 48.16 | 4837 | 3431 | 15.23 | 71.12 | 325 | 2188 |
| 滨湖区 | 51.21 | 6031 | 3989 | 19.68 | 70.91 | 628 | 1129 |
| 梁溪区 | 77.91 | 7253 | 8048 | 30.22 | 95.62 | 72 | 13281 |
| 新吴区 | 36.44 | 4580 | 2335 | 12.74 | 56.49 | 220 | 2568 |
| **徐州市** | **1039.42** | **161550** | **146280** | **278.05** | **876.35** | **11259** | **778** |
| 鼓楼区 | 31.08 | 4008 | 6841 | 10.77 | 38.79 | 60 | 6503 |
| 云龙区 | 35.62 | 6025 | 7218 | 11.56 | 43.37 | 118 | 3675 |
| 贾汪区 | 52.12 | 8103 | 10231 | 13.69 | 43.06 | 712 | 605 |
| 泉山区 | 56.52 | 7127 | 11913 | 18.70 | 72.28 | 108 | 6716 |
| 铜山区 | 132.07 | 20313 | 16329 | 35.32 | 105.62 | 1777 | 594 |
| **常州市** | **378.84** | **35613** | **34180** | **133.22** | **471.73** | **4374** | **1078** |
| 天宁区 | 47.31 | 3934 | 3043 | 17.76 | 64.08 | 155 | 4138 |
| 钟楼区 | 43.07 | 3828 | 2738 | 16.23 | 61.79 | 133 | 4648 |
| 新北区 | 58.44 | 6927 | 3451 | 19.13 | 69.19 | 509 | 1360 |
| 武进区 | 95.92 | 9157 | 6429 | 33.86 | 144.32 | 1065 | 1355 |
| 金坛区 | 55.00 | 4515 | 5063 | 20.01 | 56.10 | 976 | 575 |
| **苏州市** | **691.07** | **82241** | **49334** | **226.58** | **1068.36** | **8657** | **1234** |
| 虎丘区 | 39.02 | 5602 | 2009 | 12.06 | 59.61 | 332 | 1795 |
| 吴中区 | 66.67 | 9138 | 4203 | 20.07 | 112.95 | 2231 | 506 |
| 相城区 | 42.45 | 5983 | 2756 | 13.17 | 73.51 | 490 | 1500 |

续表 1　　（2017 年）

| 市辖区 | 年末户籍人口（万人） | 出生人口（人） | 死亡人口（人） | 年末总户数（万户） | 年末常住人口（万人） | 土地面积（平方公里） | 人口密度（人/平方公里） |
|---|---|---|---|---|---|---|---|
| 姑苏区 | 73.33 | 6480 | 6187 | 28.24 | 95.39 | 83 | 11493 |
| 吴江区 | 83.27 | 9612 | 6636 | 26.14 | 130.39 | 1237 | 1054 |
| **南通市** | **764.47** | **61204** | **81737** | **283.06** | **730.50** | **10549** | **692** |
| 崇川区 | 53.40 | 5275 | 3477 | 19.77 | 71.40 | 160 | 4463 |
| 港闸区 | 19.56 | 1899 | 1783 | 7.65 | 28.55 | 152 | 1878 |
| 通州区 | 126.06 | 11095 | 13045 | 50.50 | 114.20 | 1562 | 731 |
| **连云港市** | **532.53** | **76116** | **70147** | **142.44** | **451.84** | **7615** | **593** |
| 连云区 | 17.62 | 2253 | 2113 | 5.84 | 19.40 | 797 | 243 |
| 海州区 | 73.58 | 11329 | 9575 | 22.42 | 85.30 | 701 | 1217 |
| 赣榆区 | 119.58 | 17867 | 20078 | 34.07 | 96.89 | 1514 | 640 |
| **淮安市** | **560.90** | **69832** | **118636** | **164.90** | **491.40** | **10030** | **490** |
| 淮安区 | 115.42 | 13506 | 33499 | 32.26 | 98.86 | 1452 | 681 |
| 淮阴区 | 91.72 | 11758 | 20010 | 28.17 | 78.35 | 1307 | 599 |
| 清江浦区 | 70.60 | 7912 | 9694 | 23.16 | 70.55 | 310 | 2279 |
| 洪泽区 | 37.04 | 3121 | 8489 | 11.64 | 33.91 | 1273 | 266 |
| **盐城市** | **826.15** | **106022** | **104929** | **269.61** | **724.22** | **16931** | **428** |
| 亭湖区 | 70.01 | 8309 | 8255 | 23.85 | 69.97 | 800 | 875 |
| 盐都区 | 71.15 | 8073 | 8767 | 23.76 | 63.75 | 1015 | 628 |
| 大丰区 | 71.45 | 6953 | 6467 | 27.06 | 70.21 | 3008 | 233 |
| **扬州市** | **459.98** | **45401** | **52784** | **148.00** | **450.82** | **6591** | **684** |
| 广陵区 | 49.44 | 4642 | 4259 | 16.94 | 53.00 | 335 | 1582 |
| 邗江区 | 61.24 | 7858 | 4123 | 19.22 | 69.29 | 553 | 1253 |
| 江都区 | 105.21 | 8135 | 10652 | 34.84 | 101.20 | 1330 | 761 |
| **镇江市** | **270.90** | **25266** | **31935** | **101.16** | **318.63** | **3840** | **830** |
| 京口区 | 31.27 | 2715 | 3520 | 12.52 | 39.75 | 125 | 3180 |
| 润州区 | 21.36 | 1639 | 2512 | 8.93 | 25.48 | 124 | 2055 |
| 丹徒区 | 29.02 | 2762 | 4229 | 10.30 | 30.86 | 617 | 500 |
| **泰州市** | **505.19** | **52072** | **67095** | **166.53** | **465.19** | **5787** | **804** |
| 海陵区 | 42.83 | 4252 | 3239 | 15.57 | 48.05 | 237 | 2027 |
| 高港区 | 26.28 | 2900 | 3105 | 8.01 | 25.40 | 287 | 885 |
| 姜堰区 | 78.25 | 7391 | 9532 | 26.68 | 73.13 | 928 | 788 |
| **宿迁市** | **591.01** | **90905** | **64434** | **150.36** | **491.46** | **8524** | **577** |
| 宿城区 | 95.09 | 14532 | 10329 | 24.26 | 81.63 | 917 | 890 |
| 宿豫区 | 66.16 | 10434 | 10305 | 16.56 | 62.96 | 1237 | 509 |

续表 2

(2017 年)

| 市辖区 | 法人单位数(个) | 企业 | 事业单位 | 机关 | 社会团体 | 民办非企业单位 | 其他组织机构 |
|---|---|---|---|---|---|---|---|
| **南京市** | **292304** | **275107** | **3409** | **1151** | **2145** | **3840** | **6652** |
| 玄武区 | 23437 | 22087 | 312 | 122 | 393 | 373 | 150 |
| 秦淮区 | 33451 | 31834 | 365 | 101 | 256 | 568 | 327 |
| 建邺区 | 20267 | 19409 | 191 | 99 | 168 | 209 | 191 |
| 鼓楼区 | 42818 | 40460 | 666 | 229 | 683 | 422 | 358 |
| 浦口区 | 27736 | 26150 | 282 | 83 | 100 | 331 | 790 |
| 栖霞区 | 28509 | 27084 | 195 | 91 | 121 | 614 | 404 |
| 雨花台区 | 15226 | 14552 | 139 | 70 | 79 | 259 | 127 |
| 江宁区 | 55205 | 52382 | 371 | 82 | 110 | 831 | 1429 |
| 六合区 | 22317 | 20758 | 330 | 98 | 75 | 89 | 967 |
| 溧水区 | 13935 | 12332 | 313 | 74 | 77 | 63 | 1076 |
| 高淳区 | 9403 | 8059 | 245 | 102 | 83 | 81 | 833 |
| **无锡市** | **258664** | **246168** | **3057** | **766** | **1519** | **1444** | **5710** |
| 锡山区 | 21655 | 20795 | 204 | 78 | 119 | 61 | 398 |
| 惠山区 | 28874 | 27668 | 314 | 73 | 176 | 150 | 493 |
| 滨湖区 | 31875 | 30388 | 487 | 153 | 183 | 245 | 419 |
| 梁溪区 | 51827 | 49880 | 597 | 169 | 405 | 423 | 353 |
| 新吴区 | 27095 | 26611 | 150 | 17 | 37 | 67 | 213 |
| **徐州市** | **168586** | **144992** | **3591** | **1005** | **2888** | **2916** | **13194** |
| 鼓楼区 | 14838 | 13883 | 143 | 53 | 129 | 339 | 291 |
| 云龙区 | 18108 | 16531 | 319 | 159 | 357 | 442 | 300 |
| 贾汪区 | 7236 | 5988 | 228 | 66 | 141 | 136 | 677 |
| 泉山区 | 17886 | 16540 | 273 | 92 | 324 | 445 | 212 |
| 铜山区 | 17648 | 14668 | 412 | 104 | 285 | 341 | 1838 |
| **常州市** | **169285** | **155351** | **2200** | **516** | **4652** | **1509** | **5057** |
| 天宁区 | 24404 | 22737 | 270 | 52 | 742 | 265 | 338 |
| 钟楼区 | 23088 | 21479 | 326 | 51 | 681 | 314 | 237 |
| 新北区 | 41136 | 39008 | 297 | 124 | 763 | 251 | 693 |
| 武进区 | 52684 | 48982 | 560 | 149 | 1413 | 288 | 1292 |
| 金坛区 | 12959 | 11092 | 339 | 55 | 227 | 239 | 1007 |
| **苏州市** | **558651** | **540396** | **3963** | **947** | **3056** | **2769** | **7520** |
| 虎丘区 | 33008 | 31987 | 254 | 53 | 97 | 254 | 363 |
| 吴中区 | 55827 | 54268 | 361 | 110 | 193 | 104 | 791 |
| 相城区 | 32856 | 31898 | 200 | 65 | 97 | 79 | 517 |

续表 3　　（2017 年）

| 市辖区 | 法人单位数（个） | 企业 | 事业单位 | 机关 | 社会团体 | 民办非企业单位 | 其他组织机构 |
|---|---|---|---|---|---|---|---|
| 姑苏区 | 66777 | 64471 | 480 | 142 | 600 | 558 | 526 |
| 吴江区 | 60120 | 58137 | 488 | 103 | 306 | 131 | 955 |
| **南通市** | **177416** | **159565** | **3670** | **878** | **2178** | **2878** | **8247** |
| 崇川区 | 33781 | 31946 | 404 | 143 | 503 | 532 | 253 |
| 港闸区 | 11333 | 10648 | 152 | 54 | 58 | 285 | 136 |
| 通州区 | 23713 | 21540 | 486 | 103 | 210 | 122 | 1252 |
| **连云港市** | **79306** | **67759** | **2283** | **627** | **1095** | **1091** | **6451** |
| 连云区 | 4716 | 4295 | 142 | 63 | 35 | 80 | 101 |
| 海州区 | 27007 | 25502 | 357 | 133 | 190 | 226 | 599 |
| 赣榆区 | 12157 | 10192 | 350 | 69 | 169 | 67 | 1310 |
| **淮安市** | **101581** | **83548** | **3660** | **1108** | **2287** | **1221** | **9757** |
| 淮安区 | 13017 | 10454 | 518 | 133 | 198 | 177 | 1537 |
| 淮阴区 | 12186 | 9892 | 477 | 128 | 246 | 218 | 1225 |
| 清江浦区 | 23809 | 21296 | 707 | 277 | 594 | 242 | 693 |
| 洪泽区 | 7631 | 5872 | 351 | 101 | 141 | 98 | 1068 |
| **盐城市** | **169315** | **146517** | **3412** | **902** | **4115** | **4495** | **9874** |
| 亭湖区 | 30671 | 28672 | 448 | 116 | 334 | 480 | 621 |
| 盐都区 | 20511 | 18026 | 387 | 166 | 331 | 625 | 976 |
| 大丰区 | 16288 | 14217 | 389 | 87 | 300 | 464 | 831 |
| **扬州市** | **112628** | **98996** | **3152** | **794** | **1401** | **1044** | **7241** |
| 广陵区 | 21203 | 19602 | 371 | 150 | 269 | 266 | 545 |
| 邗江区 | 17896 | 16115 | 527 | 182 | 262 | 207 | 603 |
| 江都区 | 22257 | 19423 | 660 | 91 | 260 | 215 | 1608 |
| **镇江市** | **94810** | **84682** | **2195** | **528** | **2060** | **1026** | **4319** |
| 京口区 | 13726 | 12489 | 316 | 64 | 514 | 208 | 135 |
| 润州区 | 11689 | 10442 | 310 | 126 | 350 | 187 | 274 |
| 丹徒区 | 8899 | 7605 | 257 | 59 | 279 | 99 | 600 |
| **泰州市** | **85949** | **71943** | **2867** | **578** | **1658** | **1774** | **7129** |
| 海陵区 | 12647 | 10496 | 595 | 147 | 527 | 376 | 506 |
| 高港区 | 9452 | 8246 | 234 | 64 | 275 | 175 | 458 |
| 姜堰区 | 12906 | 10595 | 401 | 73 | 198 | 379 | 1260 |
| **宿迁市** | **87540** | **73312** | **2020** | **674** | **1967** | **2075** | **7492** |
| 宿城区 | 15683 | 13084 | 485 | 181 | 628 | 279 | 1026 |
| 宿豫区 | 9736 | 7894 | 334 | 112 | 152 | 131 | 1113 |

续表 4

(2017 年)

| 市辖区 | 从业人员(万人) | 第一产业 | 第二产业 | 第三产业 | 在岗职工人数(万人) | 私营企业从业人员(万人) | 个体从业人员(万人) |
|---|---|---|---|---|---|---|---|
| **南京市** | **496.10** | **25.88** | **172.50** | **297.72** | **191.07** | **389.80** | **130.16** |
| 玄武区 | 38.73 | | 2.89 | 35.84 | 18.94 | 15.33 | 5.90 |
| 秦淮区 | 63.90 | | 8.63 | 55.27 | 17.73 | 27.13 | 34.34 |
| 建邺区 | 30.11 | | 11.62 | 18.49 | 12.85 | 14.50 | 6.17 |
| 鼓楼区 | 76.20 | | 22.52 | 53.68 | 37.49 | 24.94 | 10.26 |
| 浦口区 | 41.50 | 2.10 | 17.87 | 21.53 | 5.24 | 11.37 | 6.29 |
| 栖霞区 | 36.97 | 1.35 | 14.25 | 21.37 | 19.61 | 22.19 | 7.99 |
| 雨花台区 | 21.80 | 0.46 | 3.83 | 17.51 | 11.17 | 12.52 | 7.82 |
| 江宁区 | 75.01 | 6.38 | 34.65 | 33.98 | 30.42 | 40.09 | 24.11 |
| 六合区 | 49.20 | 5.97 | 23.59 | 19.64 | 5.40 | 11.27 | 8.02 |
| 溧水区 | 31.33 | 3.87 | 16.30 | 11.16 | 8.52 | 15.29 | 5.99 |
| 高淳区 | 31.35 | 5.75 | 16.35 | 9.25 | 9.25 | 18.90 | 4.02 |
| **无锡市** | **388.30** | **15.80** | **214.40** | **158.10** | **102.83** | **279.14** | **70.10** |
| 锡山区 | 45.42 | 1.54 | 29.96 | 13.92 | 9.67 | 24.68 | 8.41 |
| 惠山区 | 45.51 | 1.28 | 28.69 | 15.54 | 6.14 | 32.62 | 7.88 |
| 滨湖区 | 34.95 | 0.25 | 14.92 | 19.78 | 11.39 | 28.25 | 6.33 |
| 梁溪区 | 42.36 | | 6.60 | 35.76 | 10.01 | 34.08 | 11.62 |
| 新吴区 | 46.56 | 0.09 | 33.08 | 13.39 | 30.19 | 29.57 | 6.94 |
| **徐州市** | **482.70** | **135.00** | **162.80** | **184.90** | **90.43** | **150.91** | **86.83** |
| 鼓楼区 | 18.39 | 0.32 | 5.62 | 12.45 | 2.70 | 5.20 | 4.64 |
| 云龙区 | 18.80 | 0.19 | 5.50 | 13.11 | 4.24 | 7.18 | 10.13 |
| 贾汪区 | 22.64 | 7.86 | 7.04 | 7.75 | 3.39 | 7.99 | 3.04 |
| 泉山区 | 27.05 | 0.30 | 7.94 | 18.81 | 12.31 | 8.20 | 8.77 |
| 铜山区 | 55.79 | 19.74 | 17.71 | 18.35 | 14.88 | 13.50 | 8.27 |
| **常州市** | **281.70** | **29.30** | **138.50** | **113.90** | **66.82** | **178.56** | **65.85** |
| 天宁区 | 32.40 | 1.67 | 10.50 | 20.23 | 10.09 | 17.00 | 9.77 |
| 钟楼区 | 29.52 | 0.67 | 10.04 | 18.81 | 7.30 | 15.04 | 10.74 |
| 新北区 | 43.80 | 2.30 | 23.27 | 18.23 | 14.25 | 33.43 | 10.96 |
| 武进区 | 89.00 | 7.70 | 51.53 | 29.77 | 21.53 | 64.95 | 18.39 |
| 金坛区 | 37.11 | 5.40 | 18.56 | 13.15 | 8.19 | 19.16 | 7.19 |
| **苏州市** | **691.60** | **22.70** | **409.00** | **259.90** | **282.52** | **482.67** | **149.40** |
| 虎丘区 | 36.85 | 0.51 | 22.63 | 13.71 | 28.18 | 23.63 | 6.56 |
| 吴中区 | 74.37 | 4.97 | 42.79 | 26.61 | 18.55 | 57.84 | 21.95 |
| 相城区 | 49.30 | 0.97 | 30.69 | 17.64 | 11.28 | 35.03 | 13.08 |

续表 5　（2017 年）

| 市辖区 | 从业人员（万人） | 第一产业 | 第二产业 | 第三产业 | 在岗职工人数（万人） | 私营企业从业人员（万人） | 个体从业人员（万人） |
|---|---|---|---|---|---|---|---|
| 姑苏区 | 47.71 | 0.02 | 16.13 | 31.56 | 12.87 | 38.27 | 13.20 |
| 吴江区 | 86.16 | 3.62 | 53.18 | 29.36 | 32.24 | 48.45 | 15.32 |
| **南通市** | **456.00** | **89.30** | **212.70** | **154.00** | **196.60** | **223.09** | **89.57** |
| 崇川区 | 37.10 | | 7.30 | 29.80 | 16.50 | 16.94 | 15.28 |
| 港闸区 | 16.80 | 0.45 | 9.80 | 6.55 | 6.86 | 9.07 | 3.82 |
| 通州区 | 69.55 | 15.20 | 33.35 | 21.00 | 37.06 | 23.70 | 14.57 |
| **连云港市** | **250.60** | **77.90** | **81.50** | **91.20** | **41.44** | **54.03** | **35.65** |
| 连云区 | 7.81 | 0.35 | 2.20 | 5.27 | 4.70 | 5.10 | 2.69 |
| 海州区 | 40.55 | 7.16 | 12.60 | 20.79 | 8.87 | 11.76 | 8.89 |
| 赣榆区 | 57.49 | 18.38 | 22.30 | 16.80 | 6.73 | 9.34 | 5.29 |
| **淮安市** | **284.50** | **77.10** | **89.60** | **117.80** | **57.69** | **85.65** | **51.51** |
| 淮安区 | 56.72 | 18.69 | 17.78 | 20.25 | 6.78 | 12.30 | 5.57 |
| 淮阴区 | 45.62 | 14.93 | 14.32 | 16.37 | 5.56 | 10.37 | 7.08 |
| 清江浦区 | 41.33 | 2.94 | 10.21 | 28.18 | 12.77 | 15.09 | 12.64 |
| 洪泽区 | 20.26 | 5.79 | 6.97 | 7.50 | 4.21 | 8.60 | 4.35 |
| **盐城市** | **441.60** | **101.60** | **162.60** | **177.40** | **71.15** | **149.58** | **58.62** |
| 亭湖区 | 39.78 | 4.23 | 15.37 | 20.18 | 8.28 | 18.67 | 7.68 |
| 盐都区 | 39.66 | 7.80 | 15.71 | 16.15 | 9.32 | 11.83 | 5.64 |
| 大丰区 | 45.57 | 10.72 | 16.09 | 18.76 | 4.77 | 2.62 | 1.51 |
| **扬州市** | **265.00** | **42.00** | **117.00** | **106.00** | **92.98** | **139.99** | **55.13** |
| 广陵区 | 41.81 | 11.02 | 17.96 | 12.83 | 14.46 | 11.06 | 8.52 |
| 邗江区 | 39.41 | 7.84 | 18.39 | 13.19 | 18.62 | 21.17 | 9.28 |
| 江都区 | 45.80 | 11.17 | 19.78 | 14.85 | 24.06 | 34.87 | 9.67 |
| **镇江市** | **194.50** | **22.10** | **85.90** | **86.50** | **40.32** | **107.29** | **47.29** |
| 京口区 | 19.73 | 0.14 | 5.38 | 14.21 | 6.34 | 6.39 | 5.96 |
| 润州区 | 13.86 | 0.50 | 3.89 | 9.47 | 3.37 | 5.92 | 4.22 |
| 丹徒区 | 19.88 | 3.70 | 8.06 | 8.12 | 3.71 | 9.86 | 5.73 |
| **泰州市** | **278.70** | **57.40** | **113.60** | **107.70** | **104.79** | **120.06** | **56.38** |
| 海陵区 | 29.00 | 0.60 | 10.90 | 17.50 | 13.78 | 13.56 | 7.44 |
| 高港区 | 15.20 | 2.30 | 6.90 | 6.00 | 13.40 | 9.39 | 4.32 |
| 姜堰区 | 43.70 | 10.40 | 17.40 | 15.90 | 20.96 | 21.01 | 6.34 |
| **宿迁市** | **285.00** | **86.90** | **106.50** | **91.60** | **45.67** | **94.53** | **57.90** |
| 宿城区 | 46.40 | 12.23 | 18.00 | 16.00 | 7.30 | 8.85 | 10.77 |
| 宿豫区 | 36.37 | 10.03 | 13.00 | 13.00 | 6.72 | 8.27 | 5.15 |

续表 6

(2017 年)

| 市辖区 | 地区生产总值（亿元） | 第一产业 | 第二产业 | # 工业 | 第三产业 | 地区生产总值指数（上年 =100） | 人均地区生产总值（元） |
|---|---|---|---|---|---|---|---|
| **南京市** | **11715.10** | **263.01** | **4454.87** | **3853.39** | **6997.22** | **108.1** | **141103** |
| 玄武区 | 932.41 | | 29.61 | 4.79 | 902.80 | 110.9 | 151059 |
| 秦淮区 | 906.74 | | 55.10 | 44.81 | 851.64 | 107.8 | 90493 |
| 建邺区 | 669.15 | | 278.63 | 2.11 | 390.52 | 108.1 | 143548 |
| 鼓楼区 | 1401.68 | | 95.14 | 44.23 | 1306.54 | 109.0 | 115947 |
| 浦口区 | 1026.56 | 42.77 | 512.87 | 388.02 | 470.92 | 110.1 | 130880 |
| 栖霞区 | 1430.86 | 7.76 | 919.40 | 550.49 | 503.70 | 107.7 | 202786 |
| 雨花台区 | 586.12 | 0.85 | 111.82 | 52.52 | 473.45 | 110.3 | 131594 |
| 江宁区 | 1989.22 | 63.15 | 1033.55 | 880.49 | 892.52 | 109.8 | 161450 |
| 六合区 | 1191.42 | 64.04 | 724.96 | 403.47 | 402.42 | 108.6 | 124867 |
| 溧水区 | 713.77 | 42.27 | 363.73 | 313.60 | 307.77 | 108.6 | 159253 |
| 高淳区 | 632.05 | 42.18 | 308.44 | 243.00 | 281.43 | 106.1 | 144172 |
| **无锡市** | **10511.80** | **135.18** | **4964.44** | **4553.15** | **5412.18** | **107.4** | **160706** |
| 锡山区 | 809.27 | 17.78 | 417.92 | 354.06 | 373.57 | 107.4 | 114701 |
| 惠山区 | 830.53 | 17.03 | 489.59 | 451.45 | 323.91 | 107.5 | 116918 |
| 滨湖区 | 954.86 | 4.18 | 420.53 | 369.17 | 530.15 | 107.6 | 135384 |
| 梁溪区 | 1165.05 | | 180.61 | 142.63 | 984.44 | 107.1 | 121950 |
| 新吴区 | 1618.81 | 2.74 | 1065.85 | 1031.39 | 550.22 | 108.1 | 286998 |
| **徐州市** | **6605.95** | **600.55** | **2884.32** | **2448.17** | **3121.08** | **107.7** | **75611** |
| 鼓楼区 | 253.32 | 0.12 | 54.36 | 33.72 | 198.84 | 107.0 | 65593 |
| 云龙区 | 312.00 | 0.99 | 38.23 | 4.50 | 272.78 | 107.1 | 73188 |
| 贾汪区 | 323.75 | 24.45 | 162.93 | 155.68 | 136.37 | 108.8 | 75352 |
| 泉山区 | 581.19 | 0.51 | 81.12 | 35.37 | 499.56 | 107.1 | 80957 |
| 铜山区 | 1085.30 | 86.50 | 562.24 | 521.37 | 436.56 | 107.2 | 103101 |
| **常州市** | **6618.42** | **157.10** | **3098.62** | **2817.63** | **3362.70** | **108.1** | **140517** |
| 天宁区 | 778.34 | 8.20 | 221.41 | 200.17 | 548.73 | 107.5 | 121549 |
| 钟楼区 | 739.32 | 2.57 | 246.35 | 220.77 | 490.40 | 107.6 | 119738 |
| 新北区 | 1340.16 | 18.72 | 697.55 | 670.04 | 623.89 | 109.1 | 193987 |
| 武进区 | 2260.27 | 41.68 | 1234.85 | 1184.33 | 983.74 | 108.1 | 156789 |
| 金坛区 | 708.34 | 35.28 | 358.01 | 302.28 | 315.05 | 111.1 | 126376 |
| **苏州市** | **17319.51** | **221.98** | **8235.88** | **7606.45** | **8861.65** | **107.1** | **162388** |
| 虎丘区 | 1160.10 | 2.42 | 711.04 | 663.92 | 446.64 | 107.3 | 194958 |
| 吴中区 | 1060.80 | 22.54 | 494.46 | 447.06 | 543.80 | 107.1 | 94147 |
| 相城区 | 713.82 | 11.86 | 348.62 | 277.17 | 353.34 | 107.2 | 97327 |

续表 7

（2017 年）

| 市辖区 | 地 区 生产总值（亿元） | 第一产业 | 第二产业 | #工业 | 第三产业 | 地区生产总值指数（上年 =100） | 人均地区生产总值（元） |
|---|---|---|---|---|---|---|---|
| 姑苏区 | 665.18 | | 70.92 | 21.88 | 594.26 | 106.0 | 69765 |
| 吴江区 | 1788.98 | 43.83 | 915.06 | 858.84 | 830.09 | 107.1 | 137419 |
| **南通市** | **7734.64** | **382.69** | **3639.81** | **3042.25** | **3712.14** | **107.8** | **105903** |
| 崇川区 | 772.23 | 0.08 | 185.06 | 126.92 | 587.09 | 108.0 | 108383 |
| 港闸区 | 378.51 | 1.60 | 210.81 | 177.23 | 166.09 | 107.8 | 132879 |
| 通州区 | 1169.41 | 58.25 | 574.46 | 481.12 | 536.70 | 107.9 | 102400 |
| **连云港市** | **2640.31** | **313.42** | **1179.86** | **958.61** | **1147.03** | **107.4** | **58577** |
| 连云区 | 141.57 | 5.61 | 53.41 | 45.43 | 82.55 | 107.4 | 94791 |
| 海州区 | 348.21 | 17.82 | 98.07 | 76.87 | 232.32 | 107.5 | 50509 |
| 赣榆区 | 586.02 | 85.53 | 278.75 | 219.47 | 221.74 | 107.3 | 60574 |
| **淮安市** | **3328.88** | **339.44** | **1406.39** | **1187.50** | **1583.05** | **107.4** | **67909** |
| 淮安区 | 499.23 | 68.04 | 194.29 | 133.93 | 236.90 | 107.6 | 50501 |
| 淮阴区 | 482.94 | 71.85 | 203.48 | 174.60 | 207.61 | 107.5 | 61718 |
| 清江浦区 | 448.87 | 10.74 | 105.95 | 78.70 | 332.18 | 107.2 | 125769 |
| 洪泽区 | 284.11 | 35.00 | 116.32 | 100.20 | 132.79 | 107.6 | 83894 |
| **盐城市** | **5082.69** | **564.18** | **2256.72** | **1943.81** | **2261.78** | **106.8** | **70216** |
| 亭湖区 | 444.50 | 35.00 | 162.60 | 110.91 | 246.90 | 107.5 | 78575 |
| 盐都区 | 500.23 | 45.92 | 239.51 | 206.89 | 214.80 | 108.0 | 78467 |
| 大丰区 | 647.48 | 82.07 | 253.98 | 223.13 | 311.43 | 107.5 | 92220 |
| **扬州市** | **5064.92** | **262.02** | **2475.88** | **2170.55** | **2327.02** | **108.0** | **112559** |
| 广陵区 | 734.41 | 10.09 | 330.14 | 303.45 | 394.18 | 106.4 | 138843 |
| 邗江区 | 859.46 | 20.35 | 335.52 | 273.52 | 503.59 | 108.5 | 124271 |
| 江都区 | 1055.12 | 63.55 | 500.81 | 422.59 | 490.76 | 108.0 | 104457 |
| **镇江市** | **4010.36** | **142.43** | **1978.01** | **1820.66** | **1889.92** | **107.2** | **128945** |
| 京口区 | 469.66 | 1.28 | 124.97 | 100.70 | 343.41 | 107.3 | 118377 |
| 润州区 | 208.35 | 0.73 | 40.68 | 10.16 | 166.94 | 107.0 | 81834 |
| 丹徒区 | 390.21 | 19.24 | 204.01 | 192.21 | 166.96 | 107.2 | 126486 |
| **泰州市** | **4744.53** | **264.08** | **2238.13** | **1954.39** | **2242.32** | **108.2** | **102058** |
| 海陵区 | 596.67 | 8.15 | 277.35 | 235.42 | 311.17 | 108.2 | 124358 |
| 高港区 | 495.27 | 12.95 | 290.21 | 267.46 | 192.11 | 109.5 | 195296 |
| 姜堰区 | 668.81 | 44.27 | 305.09 | 250.75 | 319.45 | 107.3 | 91492 |
| **宿迁市** | **2610.94** | **292.14** | **1253.49** | **1073.27** | **1065.31** | **107.5** | **53317** |
| 宿城区 | 315.62 | 22.63 | 122.30 | 83.13 | 170.69 | 107.1 | 51220 |
| 宿豫区 | 281.57 | 28.09 | 159.92 | 141.77 | 93.56 | 108.1 | 62509 |

续表 8

（2017 年）

| 市辖区 | 固定资产投资（亿元） | 房地产开发投资 | #住宅 | 一般公共预算收入（亿元） | #税收收入 | 一般公共预算支出（亿元） |
|---|---|---|---|---|---|---|
| **南京市** | **6215.20** | **2170.21** | **1569.52** | **1271.91** | **1044.61** | **1354.09** |
| 玄武区 | 158.24 | 119.71 | 80.94 | 59.95 | 56.48 | 46.03 |
| 秦淮区 | 260.09 | 96.69 | 57.56 | 78.35 | 67.94 | 71.41 |
| 建邺区 | 365.57 | 280.14 | 177.84 | 103.75 | 87.37 | 69.38 |
| 鼓楼区 | 266.28 | 157.26 | 104.79 | 101.91 | 93.51 | 82.84 |
| 浦口区 | 1108.46 | 458.17 | 339.80 | 103.04 | 88.56 | 97.37 |
| 栖霞区 | 688.99 | 299.38 | 242.06 | 118.10 | 107.15 | 73.46 |
| 雨花台区 | 270.15 | 180.53 | 121.92 | 72.57 | 66.09 | 63.34 |
| 江宁区 | 1066.18 | 294.50 | 217.96 | 226.46 | 199.72 | 213.38 |
| 六合区 | 520.60 | 149.23 | 124.57 | 108.48 | 94.67 | 101.39 |
| 溧水区 | 610.56 | 75.26 | 50.90 | 56.66 | 40.47 | 87.90 |
| 高淳区 | 506.41 | 39.12 | 31.00 | 28.17 | 23.24 | 64.77 |
| **无锡市** | **4967.51** | **1201.89** | **937.93** | **930.00** | **752.40** | **987.66** |
| 锡山区 | 722.50 | 156.85 | 126.81 | 78.79 | 68.13 | 77.83 |
| 惠山区 | 669.31 | 140.28 | 118.49 | 85.49 | 71.34 | 82.05 |
| 滨湖区 | 636.62 | 364.88 | 279.51 | 96.05 | 68.92 | 79.58 |
| 梁溪区 | 225.57 | 176.08 | 139.45 | 45.46 | 40.55 | 47.56 |
| 新吴区 | 898.87 | 113.03 | 84.68 | 176.08 | 162.72 | 112.66 |
| **徐州市** | **5277.03** | **538.62** | **421.81** | **501.64** | **365.23** | **827.33** |
| 鼓楼区 | 312.55 | 71.08 | 35.04 | 16.72 | 15.14 | 17.19 |
| 云龙区 | 313.48 | 64.13 | 49.67 | 24.29 | 22.49 | 17.27 |
| 贾汪区 | 279.29 | 13.34 | 9.94 | 21.10 | 14.80 | 35.01 |
| 泉山区 | 287.17 | 94.43 | 77.43 | 32.23 | 29.94 | 22.06 |
| 铜山区 | 866.10 | 38.55 | 24.61 | 65.82 | 45.46 | 111.96 |
| **常州市** | **3896.30** | **479.11** | **338.99** | **518.81** | **431.36** | **551.55** |
| 天宁区 | 400.53 | 67.28 | 46.50 | 50.67 | 42.97 | 25.70 |
| 钟楼区 | 368.54 | 95.87 | 53.55 | 40.37 | 34.75 | 29.18 |
| 新北区 | 872.76 | 80.96 | 60.93 | 111.39 | 96.41 | 61.13 |
| 武进区 | 1112.82 | 99.81 | 78.70 | 163.75 | 142.45 | 156.56 |
| 金坛区 | 455.24 | 61.28 | 35.83 | 51.19 | 44.58 | 67.53 |
| **苏州市** | **5629.59** | **2305.82** | **1839.59** | **1908.10** | **1672.90** | **1771.47** |
| 虎丘区 | 533.20 | 247.07 | 211.62 | 143.00 | 129.90 | 93.45 |
| 吴中区 | 560.81 | 300.99 | 258.71 | 143.93 | 129.68 | 116.83 |
| 相城区 | 486.11 | 240.03 | 212.44 | 90.00 | 81.45 | 67.89 |

续表 9 （2017 年）

| 市辖区 | 固定资产投资（亿元） | 房地产开发投资 | #住宅 | 一般公共预算收入（亿元） | #税收收入 | 一般公共预算支出（亿元） |
|---|---|---|---|---|---|---|
| 姑苏区 | 238.37 | 183.33 | 134.23 | 51.01 | 47.71 | 47.78 |
| 吴江区 | 681.50 | 289.33 | 241.74 | 183.52 | 161.01 | 174.36 |
| **南通市** | **4959.20** | **609.95** | **450.43** | **590.60** | **462.51** | **810.08** |
| 崇川区 | 325.44 | 156.45 | 117.80 | 71.77 | 58.36 | 38.17 |
| 港闸区 | 320.45 | 105.59 | 73.75 | 40.06 | 36.23 | 24.04 |
| 通州区 | 680.80 | 56.34 | 45.32 | 72.75 | 52.18 | 100.65 |
| **连云港市** | **2603.63** | **274.93** | **222.60** | **214.85** | **159.37** | **390.56** |
| 连云区 | 221.47 | 19.76 | 11.54 | 10.25 | 8.74 | 10.73 |
| 海州区 | 412.04 | 106.67 | 87.61 | 31.41 | 29.31 | 32.56 |
| 赣榆区 | 465.16 | 16.00 | 13.38 | 23.17 | 16.64 | 61.58 |
| **淮安市** | **2536.49** | **303.06** | **223.23** | **230.61** | **177.06** | **452.31** |
| 淮安区 | 381.68 | 18.62 | 15.14 | 21.09 | 16.73 | 69.10 |
| 淮阴区 | 350.36 | 35.85 | 27.33 | 25.57 | 18.79 | 57.12 |
| 清江浦区 | 327.33 | 99.87 | 49.94 | 31.90 | 21.55 | 35.63 |
| 洪泽区 | 217.24 | 7.47 | 4.82 | 16.46 | 12.53 | 36.66 |
| **盐城市** | **4278.49** | **426.67** | **345.19** | **360.02** | **271.93** | **748.28** |
| 亭湖区 | 435.87 | 64.27 | 50.27 | 30.11 | 23.66 | 36.03 |
| 盐都区 | 395.71 | 31.45 | 29.43 | 34.52 | 25.79 | 60.96 |
| 大丰区 | 494.64 | 33.72 | 23.76 | 52.50 | 40.69 | 84.66 |
| **扬州市** | **3690.09** | **443.58** | **280.15** | **320.18** | **241.44** | **507.64** |
| 广陵区 | 333.33 | 94.80 | 39.32 | 30.06 | 25.06 | 26.97 |
| 邗江区 | 757.95 | 152.83 | 83.23 | 54.75 | 42.89 | 61.76 |
| 江都区 | 832.94 | 53.71 | 44.34 | 52.66 | 36.38 | 100.33 |
| **镇江市** | **2694.36** | **343.52** | **262.49** | **284.34** | **217.85** | **386.64** |
| 京口区 | 379.59 | 41.04 | 34.79 | 17.71 | 15.74 | 16.52 |
| 润州区 | 164.86 | 29.11 | 24.99 | 15.10 | 13.18 | 15.37 |
| 丹徒区 | 333.85 | 18.69 | 16.15 | 22.01 | 18.03 | 27.20 |
| **泰州市** | **3609.47** | **288.72** | **235.43** | **335.52** | **256.95** | **475.49** |
| 海陵区 | 318.27 | 59.55 | 51.44 | 38.16 | 30.19 | 32.67 |
| 高港区 | 444.88 | 7.90 | 5.75 | 40.45 | 31.99 | 38.78 |
| 姜堰区 | 560.10 | 50.58 | 35.00 | 33.96 | 27.27 | 65.77 |
| **宿迁市** | **2194.23** | **243.00** | **189.74** | **200.58** | **154.58** | **424.12** |
| 宿城区 | 248.99 | 37.86 | 25.34 | 20.09 | 14.47 | 39.59 |
| 宿豫区 | 278.49 | 15.22 | 12.99 | 18.80 | 17.33 | 38.75 |

续表 10 （2017 年）

| 市辖区 | 规模以上工业企业个数（个） | 资产合计（亿元） | 负债合计（亿元） | 主营业务收入（亿元） | 利润总额（亿元） | 从业人员年平均人数（万人） |
|---|---|---|---|---|---|---|
| **南京市** | **2348** | **11603.75** | **6285.94** | **10936.47** | **867.69** | **64.26** |
| 玄武区 | 9 | 206.90 | 121.07 | 130.47 | 12.45 | 0.71 |
| 秦淮区 | 27 | 322.61 | 180.00 | 175.99 | 7.81 | 1.27 |
| 建邺区 | 8 | 458.03 | 155.15 | 321.42 | 41.70 | 0.92 |
| 鼓楼区 | 27 | 423.17 | 278.14 | 285.24 | 18.97 | 1.62 |
| 浦口区 | 259 | 993.88 | 624.94 | 834.02 | 46.47 | 6.23 |
| 栖霞区 | 222 | 2347.34 | 1221.91 | 2577.87 | 141.06 | 10.99 |
| 雨花台区 | 55 | 429.07 | 237.28 | 352.36 | 28.17 | 1.53 |
| 江宁区 | 659 | 3071.28 | 1688.32 | 2492.62 | 258.89 | 19.51 |
| 六合区 | 399 | 2219.32 | 1079.54 | 2269.98 | 171.54 | 9.56 |
| 溧水区 | 433 | 655.55 | 396.95 | 900.13 | 102.91 | 6.81 |
| 高淳区 | 250 | 476.60 | 302.65 | 596.37 | 37.72 | 5.10 |
| **无锡市** | **5258** | **16013.28** | **8415.78** | **15543.76** | **1050.61** | **118.15** |
| 锡山区 | 719 | 1222.33 | 589.36 | 1095.61 | 69.76 | 13.09 |
| 惠山区 | 857 | 1220.37 | 730.26 | 1287.51 | 78.56 | 11.07 |
| 滨湖区 | 435 | 748.63 | 303.15 | 544.03 | 51.53 | 6.48 |
| 梁溪区 | 100 | 351.35 | 194.25 | 286.33 | 40.94 | 1.81 |
| 新吴区 | 736 | 3636.07 | 1607.50 | 3911.72 | 316.29 | 28.82 |
| **徐州市** | **2412** | **6812.38** | **3180.11** | **11668.49** | **873.07** | **65.42** |
| 鼓楼区 | 5 | 4.92 | 2.52 | 6.96 | 0.51 | 0.23 |
| 云龙区 | 3 | 19.61 | 13.88 | 2.78 | 0.24 | 0.08 |
| 贾汪区 | 158 | 377.42 | 185.85 | 607.04 | 30.59 | 3.03 |
| 泉山区 | 18 | 30.00 | 20.37 | 21.54 | 1.48 | 0.33 |
| 铜山区 | 361 | 1348.04 | 560.63 | 2769.41 | 251.21 | 12.75 |
| **常州市** | **4240** | **8952.30** | **5007.38** | **12036.63** | **715.99** | **83.77** |
| 天宁区 | 401 | 605.75 | 311.88 | 1097.27 | 72.69 | 7.19 |
| 钟楼区 | 309 | 644.71 | 340.35 | 970.60 | 59.36 | 6.12 |
| 新北区 | 1025 | 2235.53 | 1186.83 | 2743.19 | 144.52 | 18.50 |
| 武进区 | 1665 | 3290.23 | 1731.29 | 4489.71 | 259.15 | 35.73 |
| 金坛区 | 459 | 1076.71 | 692.58 | 1319.26 | 92.79 | 9.12 |
| **苏州市** | **9840** | **30203.70** | **15875.99** | **32005.86** | **2002.15** | **284.27** |
| 虎丘区 | 696 | 2407.72 | 1176.80 | 2921.89 | 165.11 | 23.94 |
| 吴中区 | 858 | 1588.22 | 830.04 | 1411.57 | 87.63 | 20.15 |
| 相城区 | 743 | 1167.14 | 635.68 | 1162.75 | 54.90 | 15.51 |

续表 11 （2017 年）

| 市辖区 | 规模以上工业企业个数（个） | 资产合计（亿元） | 负债合计（亿元） | 主营业务收入（亿元） | 利润总额（亿元） | 从业人员年平均人数（万人） |
|---|---|---|---|---|---|---|
| 姑苏区 | 14 | 78.11 | 29.14 | 37.49 | 4.38 | 0.25 |
| 吴江区 | 1376 | 3343.63 | 1837.10 | 3366.52 | 188.91 | 39.32 |
| **南通市** | **5131** | **9144.90** | **4506.74** | **14522.32** | **1128.18** | **95.79** |
| 崇川区 | 82 | 466.70 | 206.38 | 334.21 | 41.67 | 2.80 |
| 港闸区 | 214 | 481.88 | 236.38 | 494.26 | 24.24 | 3.82 |
| 通州区 | 726 | 957.17 | 457.70 | 2103.72 | 145.86 | 15.56 |
| **连云港市** | **1504** | **3470.65** | **1845.53** | **5338.77** | **447.48** | **27.54** |
| 连云区 | 39 | 110.28 | 47.11 | 109.76 | 6.40 | 0.48 |
| 海州区 | 94 | 413.88 | 207.12 | 323.65 | 45.58 | 2.45 |
| 赣榆区 | 428 | 420.45 | 183.42 | 1401.15 | 102.43 | 4.83 |
| **淮安市** | **2175** | **2890.25** | **1334.04** | **5945.26** | **361.51** | **39.39** |
| 淮安区 | 341 | 210.52 | 105.44 | 678.70 | 26.62 | 4.26 |
| 淮阴区 | 333 | 421.69 | 162.36 | 1034.33 | 75.06 | 4.50 |
| 清江浦区 | 128 | 191.02 | 67.54 | 292.49 | 29.31 | 2.37 |
| 洪泽区 | 262 | 307.69 | 167.77 | 485.19 | 26.40 | 3.57 |
| **盐城市** | **2879** | **5285.00** | **2895.46** | **8071.84** | **424.14** | **49.55** |
| 亭湖区 | 200 | 276.23 | 138.58 | 550.17 | 45.12 | 4.76 |
| 盐都区 | 357 | 526.33 | 174.46 | 973.85 | 59.90 | 8.62 |
| 大丰区 | 408 | 767.58 | 465.67 | 884.95 | 56.05 | 4.12 |
| **扬州市** | **2858** | **4993.90** | **2636.26** | **9025.44** | **531.01** | **64.71** |
| 广陵区 | 295 | 464.91 | 236.07 | 534.17 | 38.52 | 5.79 |
| 邗江区 | 396 | 1013.59 | 524.70 | 1375.54 | 73.37 | 14.10 |
| 江都区 | 647 | 882.93 | 494.72 | 2629.15 | 188.61 | 13.78 |
| **镇江市** | **2046** | **5416.96** | **2938.00** | **6814.50** | **441.55** | **42.77** |
| 京口区 | 51 | 365.73 | 245.68 | 338.79 | 9.45 | 1.49 |
| 润州区 | 15 | 33.46 | 15.01 | 27.18 | 3.42 | 0.32 |
| 丹徒区 | 228 | 485.81 | 307.97 | 493.60 | 26.69 | 3.42 |
| **泰州市** | **2992** | **6613.17** | **3392.60** | **11941.88** | **861.66** | **58.79** |
| 海陵区 | 275 | 493.11 | 278.92 | 1023.07 | 62.89 | 5.19 |
| 高港区 | 260 | 1030.18 | 422.81 | 2060.49 | 149.16 | 8.76 |
| 姜堰区 | 477 | 665.48 | 339.63 | 1270.29 | 79.84 | 6.04 |
| **宿迁市** | **1747** | **2591.71** | **1103.01** | **2359.45** | **278.41** | **32.08** |
| 宿城区 | 158 | 158.35 | 87.58 | 200.20 | 7.21 | 2.59 |
| 宿豫区 | 219 | 297.42 | 161.14 | 269.70 | 12.30 | 4.08 |

续表 12　　　　（2017 年）

| 市辖区 | 社会消费品零售总额（亿元） | 进出口总额（亿美元） | #出口总额 | 协议注册外资（亿美元） | 实际使用外资（亿美元） |
|---|---|---|---|---|---|
| **南京市** | **5604.66** | **611.87** | **344.15** | **60.87** | **36.73** |
| 玄武区 | 523.63 | 82.77 | 32.81 | 3.42 | 2.06 |
| 秦淮区 | 1020.08 | 90.67 | 59.65 | 0.68 | 1.81 |
| 建邺区 | 219.03 | 11.57 | 9.00 | 1.71 | 2.61 |
| 鼓楼区 | 973.32 | 50.86 | 30.17 | 1.94 | 2.61 |
| 浦口区 | 336.10 | 15.22 | 3.40 | 2.81 | 3.21 |
| 栖霞区 | 263.07 | 126.01 | 51.57 | 14.25 | 7.41 |
| 雨花台区 | 403.65 | 46.83 | 34.02 | 1.98 | 2.40 |
| 江宁区 | 521.06 | 140.43 | 93.49 | 18.54 | 8.60 |
| 六合区 | 419.63 | 7.58 | 4.66 | 0.88 | 1.16 |
| 溧水区 | 213.66 | 7.82 | 6.36 | 2.78 | 2.01 |
| 高淳区 | 206.66 | 7.95 | 5.84 | 1.84 | 1.33 |
| **无锡市** | **3458.04** | **812.53** | **495.19** | **63.00** | **36.75** |
| 锡山区 | 184.36 | 48.41 | 36.08 | 18.48 | 3.61 |
| 惠山区 | 195.47 | 30.11 | 25.98 | 5.22 | 3.01 |
| 滨湖区 | 291.16 | 26.67 | 19.90 | 6.03 | 2.51 |
| 梁溪区 | 999.58 | 24.10 | 21.80 | -0.42 | 0.73 |
| 新吴区 | 311.27 | 432.75 | 236.46 | 17.57 | 12.67 |
| **徐州市** | **2886.92** | **78.01** | **63.34** | **42.58** | **16.60** |
| 鼓楼区 | 431.09 | 1.07 | 1.05 | 0.77 | 0.48 |
| 云龙区 | 437.97 | 3.19 | 3.01 | 1.10 | 0.86 |
| 贾汪区 | 76.18 | 3.81 | 3.67 | 2.11 | 0.78 |
| 泉山区 | 573.12 | 3.72 | 3.20 | 1.12 | 0.87 |
| 铜山区 | 263.29 | 7.33 | 6.60 | 4.55 | 2.27 |
| **常州市** | **2444.05** | **312.66** | **229.39** | **46.07** | **22.16** |
| 天宁区 | 528.91 | 30.92 | 26.21 | 4.00 | 1.56 |
| 钟楼区 | 390.10 | 26.05 | 23.67 | 3.36 | 1.52 |
| 新北区 | 328.14 | 115.01 | 77.32 | 15.28 | 7.00 |
| 武进区 | 586.48 | 108.92 | 76.19 | 14.39 | 7.21 |
| 金坛区 | 278.76 | 20.57 | 16.28 | 3.88 | 1.01 |
| **苏州市** | **5442.82** | **3160.79** | **1871.61** | **89.54** | **45.04** |
| 虎丘区 | 276.52 | 410.81 | 264.64 | 17.79 | 4.20 |
| 吴中区 | 410.07 | 84.36 | 56.71 | 5.81 | 3.68 |
| 相城区 | 240.61 | 47.98 | 35.57 | 3.81 | 2.00 |

续表 13 （2017 年）

| 市辖区 | 社会消费品零售总额（亿元） | 进出口总额（亿美元） | #出口总额 | 协议注册外资（亿美元） | 实际使用外资（亿美元） |
|---|---|---|---|---|---|
| 姑苏区 | 914.31 | 21.76 | 18.58 | 2.47 | 0.08 |
| 吴江区 | 507.17 | 214.61 | 145.88 | 6.81 | 4.36 |
| **南通市** | **2873.41** | **348.20** | **249.38** | **53.61** | **24.23** |
| 崇川区 | 429.99 | 66.02 | 40.07 | 3.84 | 0.91 |
| 港闸区 | 147.87 | 23.39 | 18.18 | 1.98 | 0.92 |
| 通州区 | 375.07 | 35.06 | 30.83 | 8.23 | 3.74 |
| **连云港市** | **1038.31** | **82.14** | **39.22** | **11.94** | **6.78** |
| 连云区 | 80.53 | 15.42 | 4.42 | 1.29 | 0.75 |
| 海州区 | 281.41 | 9.34 | 7.92 | 1.56 | 0.85 |
| 赣榆区 | 191.00 | 5.98 | 4.97 | 1.56 | 1.02 |
| **淮安市** | **1197.09** | **46.36** | **30.03** | **47.15** | **11.78** |
| 淮安区 | 190.48 | 3.10 | 2.98 | 1.52 | 1.26 |
| 淮阴区 | 123.94 | 2.67 | 1.82 | 11.75 | 2.02 |
| 清江浦区 | 321.03 | 4.86 | 3.69 | 2.83 | 0.84 |
| 洪泽区 | 104.37 | 1.69 | 1.53 | 1.34 | 1.04 |
| **盐城市** | **1666.25** | **86.53** | **58.41** | **30.43** | **7.89** |
| 亭湖区 | 273.55 | 8.14 | 5.86 | 5.65 | 0.51 |
| 盐都区 | 184.38 | 7.71 | 5.69 | 4.31 | 0.82 |
| 大丰区 | 175.93 | 20.18 | 11.05 | 3.77 | 1.14 |
| **扬州市** | **1494.01** | **107.99** | **78.68** | **23.61** | **12.08** |
| 广陵区 | 315.70 | 10.26 | 9.15 | 3.50 | 1.21 |
| 邗江区 | 316.61 | 20.79 | 17.79 | 2.44 | 2.41 |
| 江都区 | 277.57 | 20.90 | 15.73 | 2.90 | 2.41 |
| **镇江市** | **1296.70** | **105.36** | **69.85** | **27.78** | **13.53** |
| 京口区 | 305.65 | 14.47 | 8.66 | 11.48 | 1.05 |
| 润州区 | 116.75 | 3.42 | 2.95 | 0.69 | 0.19 |
| 丹徒区 | 73.39 | 6.33 | 5.88 | 0.53 | 0.57 |
| **泰州市** | **1254.22** | **129.48** | **82.16** | **47.01** | **16.18** |
| 海陵区 | 269.07 | 15.18 | 12.47 | 8.46 | 1.84 |
| 高港区 | 57.28 | 16.46 | 5.75 | 7.70 | 3.10 |
| 姜堰区 | 189.40 | 11.86 | 10.54 | 3.19 | 1.81 |
| **宿迁市** | **781.39** | **29.48** | **21.72** | **6.46** | **3.64** |
| 宿城区 | 197.85 | 3.80 | 2.70 | 0.90 | 0.51 |
| 宿豫区 | 59.83 | 4.45 | 3.77 | 1.67 | 0.50 |

续表 14　　　　　　　　　　　　　　(2017 年)

| 市辖区 | 普通中学在校学生(万人) | 小学在校学生(万人) | 专利申请受理量(件) | 专利申请授权量(件) | 医院个数(个) | 医院床位数(张) | 执业(助理)医师(人) | 城镇居民人均可支配收入(元) | 城镇居民人均生活消费支出(元) |
|---|---|---|---|---|---|---|---|---|---|
| **南京市** | **23.42** | **39.31** | **75406** | **32073** | **220** | **46960** | **28098** | **54538** | **31385** |
| 玄武区 | 2.03 | 2.34 | 8471 | 3554 | 16 | 2662 | 2199 | 60649 | 43796 |
| 秦淮区 | 2.28 | 3.48 | 6224 | 2780 | 41 | 8046 | 4637 | 55480 | 41970 |
| 建邺区 | 1.33 | 2.11 | 3959 | 1512 | 9 | 1921 | 1435 | 53215 | 31419 |
| 鼓楼区 | 3.21 | 5.49 | 6635 | 3242 | 42 | 16579 | 8412 | 59722 | 34653 |
| 浦口区 | 1.96 | 4.36 | 7196 | 3343 | 18 | 2073 | 1646 | 50505 | 31837 |
| 栖霞区 | 1.54 | 3.31 | 7137 | 3046 | 16 | 2227 | 1737 | 52975 | 36783 |
| 雨花台区 | 1.34 | 2.18 | 5616 | 1424 | 11 | 1104 | 780 | 52780 | 31120 |
| 江宁区 | 3.90 | 7.26 | 19300 | 9189 | 30 | 5800 | 3335 | 52923 | 32671 |
| 六合区 | 2.93 | 4.26 | 3259 | 1520 | 15 | 3139 | 2117 | 49196 | 30145 |
| 溧水区 | 1.48 | 2.38 | 5040 | 1763 | 7 | 1652 | 865 | 48156 | 26811 |
| 高淳区 | 1.43 | 2.14 | 2569 | 700 | 15 | 1757 | 935 | 49154 | 28975 |
| **无锡市** | **22.31** | **37.49** | **52252** | **28926** | **166** | **36544** | **19610** | **52659** | **32972** |
| 锡山区 | 2.40 | 4.29 | 8592 | 5446 | 10 | 2116 | 1283 | 50137 | |
| 惠山区 | 2.76 | 4.91 | 8087 | 3942 | 4 | 1169 | 1392 | 51121 | |
| 滨湖区 | 1.71 | 3.46 | 7267 | 4283 | 32 | 9103 | 3182 | 52548 | |
| 梁溪区 | 1.47 | 4.67 | 6145 | 1741 | 53 | 11558 | 5768 | 50550 | |
| 新吴区 | 0.98 | 3.48 | 8480 | 5717 | 11 | 943 | 814 | 51241 | |
| **徐州市** | **39.94** | **94.02** | **18548** | **10523** | **135** | **39764** | **22870** | **30987** | **18234** |
| 鼓楼区 | 0.28 | 2.69 | 868 | 545 | 12 | 2705 | 1628 | 35001 | 21563 |
| 云龙区 | 0.23 | 3.64 | 1242 | 811 | 21 | 3716 | 1618 | 35001 | 21563 |
| 贾汪区 | 1.61 | 4.54 | 1237 | 727 | 5 | 1825 | 1018 | 30531 | 18671 |
| 泉山区 | 0.12 | 3.60 | 3643 | 1612 | 25 | 15744 | 4899 | 35001 | 21563 |
| 铜山区 | 5.17 | 13.30 | 3260 | 2193 | 11 | 1501 | 1659 | 34888 | 22868 |
| **常州市** | **17.10** | **29.06** | **33973** | **16423** | **69** | **21637** | **13094** | **49955** | **28445** |
| 天宁区 | 0.71 | 3.72 | 2502 | 994 | 17 | 11226 | 4614 | 49926 | 28584 |
| 钟楼区 | 0.54 | 3.65 | 4388 | 1451 | 8 | 833 | 859 | 49440 | 28817 |
| 新北区 | 2.50 | 4.93 | 9524 | 4170 | 6 | 1207 | 1575 | 52407 | 29527 |
| 武进区 | 5.14 | 10.28 | 14349 | 7959 | 14 | 3917 | 2820 | 52320 | 28275 |
| 金坛区 | 1.88 | 2.62 | 1627 | 896 | 10 | 2165 | 1310 | 46879 | 23686 |
| **苏州市** | **33.44** | **73.06** | **113694** | **53223** | **193** | **56135** | **30259** | **58806** | **35104** |
| 虎丘区 | 2.08 | 4.23 | 15224 | 6096 | 13 | 3729 | 1536 | 56277 | 34441 |
| 吴中区 | 2.67 | 7.52 | 14844 | 7149 | 26 | 5365 | 2275 | 60505 | 35311 |
| 相城区 | 1.84 | 4.49 | 9750 | 4223 | 11 | 2635 | 1272 | 53810 | 32106 |

续表 15　　　　　　　　　　（2017 年）

| 市辖区 | 普通中学在校学生（万人） | 小学在校学生（万人） | 专利申请受理量（件） | 专利申请授权量（件） | 医院个数（个） | 医院床位数（张） | 执业（助理）医师（人） | 城镇居民人均可支配收入（元） | 城镇居民人均生活消费支出（元） |
|---|---|---|---|---|---|---|---|---|---|
| 姑苏区 | | 5.21 | 2698 | 874 | 28 | 13863 | 6140 | 54829 | 37001 |
| 吴江区 | 4.27 | 9.08 | 11456 | 5492 | 12 | 4896 | 2677 | 58830 | 37396 |
| **南通市** | **23.63** | **33.29** | **54742** | **19057** | **222** | **33283** | **18795** | **42756** | **26510** |
| 崇川区 | 0.70 | 4.17 | 7790 | 2495 | 29 | 9387 | 4667 | 45596 | |
| 港闸区 | 0.52 | 1.53 | 5832 | 1079 | 11 | 1949 | 886 | 45345 | |
| 通州区 | 3.21 | 5.06 | 7103 | 2724 | 8 | 3650 | 2436 | 44366 | 24922 |
| **连云港市** | **23.97** | **44.46** | **9134** | **6311** | **80** | **16769** | **11508** | **30293** | **19315** |
| 连云区 | 0.77 | 1.28 | 1177 | 743 | 8 | 931 | 907 | 37417 | 24429 |
| 海州区 | 3.57 | 6.40 | 2261 | 1511 | 26 | 5831 | 3303 | 33629 | 23139 |
| 赣榆区 | 5.77 | 10.37 | 1284 | 981 | 13 | 3097 | 2012 | 29615 | 17350 |
| **淮安市** | **22.06** | **34.91** | **16777** | **7331** | **59** | **17876** | **12684** | **32976** | **17788** |
| 淮安区 | 4.36 | 6.13 | 2148 | 1462 | 8 | 2447 | 2520 | 28434 | 16557 |
| 淮阴区 | 3.30 | 6.26 | 2785 | 1481 | 7 | 4268 | 2736 | 30798 | 16992 |
| 清江浦区 | 4.18 | 4.56 | 2731 | 1070 | 24 | 4207 | 2647 | 39747 | 20119 |
| 洪泽区 | 1.31 | 1.75 | 1925 | 806 | 2 | 1005 | 707 | 32896 | 14662 |
| **盐城市** | **28.18** | **45.36** | **31146** | **10017** | **163** | **29767** | **18192** | **33115** | **18434** |
| 亭湖区 | 1.41 | 3.98 | 1948 | 720 | 35 | 7155 | 3337 | 39130 | 21635 |
| 盐都区 | 2.55 | 3.65 | 7345 | 2433 | 5 | 2132 | 1827 | 35663 | 25497 |
| 大丰区 | 2.18 | 2.72 | 3430 | 1682 | 24 | 2998 | 1691 | 33717 | 19711 |
| **扬州市** | **17.50** | **21.05** | **32638** | **14214** | **69** | **16260** | **10872** | **38828** | **22093** |
| 广陵区 | 0.60 | 3.19 | 4685 | 2467 | 16 | 5665 | 2824 | | |
| 邗江区 | 2.10 | 3.47 | 5121 | 2455 | 19 | 2589 | 2089 | 43761 | 29704 |
| 江都区 | 3.65 | 4.08 | 5201 | 2281 | 13 | 3067 | 1912 | | |
| **镇江市** | **9.84** | **14.72** | **33539** | **14825** | **50** | **10859** | **8074** | **45386** | **25637** |
| 京口区 | 0.16 | 1.75 | 5217 | 2523 | 8 | 2389 | 1604 | 45693 | 27530 |
| 润州区 | 0.43 | 1.26 | 794 | 881 | 13 | 3089 | 1646 | 45120 | 27202 |
| 丹徒区 | 0.92 | 1.45 | 2622 | 822 | 2 | 380 | 505 | 44518 | 26736 |
| **泰州市** | **17.28** | **22.15** | **31476** | **9924** | **71** | **17925** | **11629** | **40059** | **23824** |
| 海陵区 | 1.29 | 2.43 | 4251 | 1581 | 21 | 5359 | 2589 | 41501 | 24599 |
| 高港区 | 0.57 | 1.17 | 5235 | 1158 | 4 | 568 | 457 | 40589 | 25201 |
| 姜堰区 | 3.18 | 3.13 | 5788 | 2171 | 11 | 2668 | 1631 | 40167 | 22786 |
| **宿迁市** | **23.74** | **51.07** | **11126** | **4368** | **232** | **22617** | **11015** | **26118** | **16241** |
| 宿城区 | 3.17 | 4.90 | 1749 | 545 | 47 | 6583 | 2844 | 28253 | 16844 |
| 宿豫区 | 3.17 | 8.93 | 2091 | 474 | 29 | 3105 | 1023 | 25652 | 15880 |

# 淮海经济区主要经济指标(2017年)

MAJOR ECONOMIC INDICATORS OF HUAIHAI ECONOMIC ZONE

# 附录三

版面负责人：卢川川

编　　　辑：曹　晶

# 关于统计机构负责人防范和惩治统计造假弄虚作假责任制规定(试行)

**第八条** 班子成员中分管专业负责人的主体责任为:

(一)落实专业分管责任。带头遵守执行统计法律法规规章,贯彻执行统计法治建设的各项部署,研究落实分管范围内防范和惩治统计造假、弄虚作假的具体任务和措施,督促指导分管专业切实履行防范和惩治统计造假、弄虚作假责任。

(二)加强法治宣传教育。推动分管专业认真学习、严格执行统计法律法规规章,督促专业机构、专业人员开展对统计调查对象的法治宣传,将防范和惩治统计造假、弄虚作假内容纳入分管专业培训。

(三)组织依法开展调查。组织分管专业严格依照统计法律法规规章和统计调查制度开展统计调查,确保专业机构、专业人员守住统计法律法规的底线、红线。

(四)健全质量控制体系。健全分管专业统计调查制度设计、统计任务布置和统计数据采集、处理、存储、报送和发布等环节的数据质量控制制度,组织分管专业对数据质量进行核查,始终将防范和惩治统计造假、弄虚作假责任贯穿于分管专业统计调查工作全过程。

(五)建立数据核查机制。组织分管专业及时将统计调查和质量核查中发现的统计违纪违法行为线索移交法治机构,支持配合法治机构对违纪违法行为进行执法检查和责任追究。

**第九条** 班子成员中分管纪检监察工作负责人的监督责任为:

(一)组织监督统计法执行情况。带头遵守执行统计法律法规规章,组织监督检查本地区、本系统、本单位防范和惩治统计造假、弄虚作假责任落实情况,按照权限指导本系统纪检监察机构正确履行对统计造假、弄虚作假案件查处的监督职能。

(二)组织追究违纪违法责任。组织落实本系统防范和惩治统计造假、弄虚作假问责制,按照权限组织对本系统统计违纪违法行为责任人进行党纪政纪责任追究。

(三)加强统计权力约束。组织对本地区、本单位、本系统统计调查项目审批权、统计调查权、数据评估权、统计执法监督检查权实施监督,及时查处统计权力运行中的违纪违法行为。

(四)强化风险教育。组织指导开展统计法律法规和廉政风险防范教育,将防范和惩治统计造假、弄虚作假纳入本地区、本系统、本单位廉政建设工作内容,推动增强统计干部依法统计和廉政风险意识。

**第十条** 国家统计局建立健全防范和惩治统计造假、弄虚作假责任制的检查考核制度和机制,制定检查考核的评价标准、指标体系,明确检查考核的内容、方法和程序。

省级统计机构应当认真执行,严格按照制度规定要求检查考核。

**第十一条** 统计机构党组(领导班子)负责组织落实防范和惩治统计造假、弄虚作假责任制,按照干部管理权限追究责任制落实不力人员的责任。对统计机构负责人没有执行责任制或者执行责任制不到位的,要将有关案件情况移送责任人的任免机关或者纪检监察机关。

续表 3

（2017 年）

| 地 区 | 规模以上工业主营业务收入 | 规模以上工业利润总额 | 固定资产投资 | | 房地产开发投资 | |
|---|---|---|---|---|---|---|
| | 绝对量（亿元） | 绝对量（亿元） | 绝对量（亿元） | 增长（%） | 绝对量（亿元） | 增长（%） |
| **江苏省** | | | | | | |
| 徐州市 | 11668.49 | 873.07 | 5277.03 | 10.0 | 538.62 | –1.9 |
| 连云港市 | 5338.77 | 447.48 | 2603.63 | 9.2 | 274.93 | 16.8 |
| 淮安市 | 5945.26 | 361.51 | 2536.49 | 12.0 | 303.06 | –5.7 |
| 盐城市 | 8071.84 | 424.14 | 4278.49 | 10.2 | 426.67 | 19.0 |
| 宿迁市 | 2359.45 | 278.41 | 2194.23 | 8.5 | 243.00 | –21.6 |
| **山东省** | | | | | | |
| 菏泽市 | 8045.17 | 620.65 | 1323.56 | 9.5 | 295.96 | 4.7 |
| 聊城市 | 7714.00 | 513.20 | 2470.14 | 10.7 | 281.92 | 13.4 |
| 枣庄市 | 3812.62 | 203.05 | 1797.52 | 5.7 | 168.17 | 5.8 |
| 济宁市 | 6270.03 | 468.86 | 3473.53 | 8.4 | 403.23 | 10.8 |
| 泰安市 | 4882.80 | 307.80 | 2992.50 | 7.2 | 163.10 | –9.9 |
| 日照市 | 2742.90 | 157.48 | 1691.19 | 9.5 | 183.18 | 15.6 |
| 莱芜市 | 2152.80 | 72.54 | 668.14 | 5.5 | 53.44 | 13.3 |
| 临沂市 | 10577.90 | 553.44 | 3765.70 | 8.0 | 407.56 | 8.8 |
| 德州市 | 10832.76 | 607.09 | 2641.01 | 8.0 | 238.52 | 8.2 |
| **安徽省** | | | | | | |
| 亳州市 | | | 1067.20 | 22.0 | 321.60 | 39.0 |
| 淮南市 | 1106.90 | 52.70 | 1021.80 | 7.0 | 193.50 | 58.7 |
| 蚌埠市 | 2722.63 | 77.85 | 1912.55 | 14.8 | 536.88 | 38.2 |
| 淮北市 | 2506.50 | 100.60 | 1055.80 | 10.1 | 112.17 | 21.8 |
| 阜阳市 | 2322.28 | 1174.17 | 1632.51 | 26.3 | 516.34 | 47.3 |
| 宿州市 | 1808.95 | 81.01 | 1402.97 | 10.8 | 257.36 | 9.2 |
| 滁州市 | 3163.60 | 329.20 | 1929.10 | 13.5 | 484.40 | 22.7 |
| 六安市 | 1301.10 | 64.10 | 1200.00 | 11.6 | 293.80 | 24.2 |
| **河南省** | | | | | | |
| 周口市 | 4867.13 | 514.54 | 2047.29 | 9.9 | 217.22 | –0.9 |
| 商丘市 | 3968.13 | 214.96 | 2233.14 | 12.2 | 268.73 | 9.3 |
| 信阳市 | 2544.86 | 155.25 | 2415.04 | 8.9 | 431.60 | 20.4 |
| 开封市 | 2966.63 | 240.25 | 1668.18 | 9.3 | 273.96 | 29.3 |

# 淮海经济区主要经济指标

（2017 年）

| 地　区 | 土地面积 | 年末户籍人口数 | 年末常住人口数 | 地区生产总值 | | 第一产业增加值 | | 第二产业增加值 | |
|---|---|---|---|---|---|---|---|---|---|
| | 绝对量（平方公里） | （万人） | （万人） | 绝对量（亿元） | 增长（%） | 绝对量（亿元） | 增长（%） | 绝对量（亿元） | 增长（%） |
| **江苏省** | | | | | | | | | |
| 徐州市 | 11259 | 1039.42 | 876.35 | 6605.95 | 7.7 | 600.55 | 2.5 | 2884.32 | 7.7 |
| 连云港市 | 7615 | 532.53 | 451.84 | 2640.31 | 7.4 | 313.42 | 2.7 | 1179.86 | 7.2 |
| 淮安市 | 10030 | 560.90 | 491.40 | 3328.88 | 7.4 | 339.44 | 3.1 | 1406.39 | 6.4 |
| 盐城市 | 16931 | 826.15 | 724.22 | 5082.69 | 6.8 | 564.18 | 2.7 | 2256.72 | 4.8 |
| 宿迁市 | 8524 | 591.01 | 491.46 | 2610.94 | 7.5 | 292.14 | 2.7 | 1253.49 | 7.8 |
| **山东省** | | | | | | | | | |
| 菏泽市 | 12239 | 1018.75 | 873.60 | 2820.18 | 8.5 | 282.08 | 3.1 | 1458.34 | 8.4 |
| 聊城市 | 8628 | 639.69 | 606.43 | 3064.06 | 7.5 | 353.00 | 4.2 | 1514.08 | 6.8 |
| 枣庄市 | 4564 | 418.05 | 392.03 | 2315.91 | 6.7 | 162.23 | 3.7 | 1194.99 | 6.3 |
| 济宁市 | 11187 | | 837.59 | 4650.57 | 7.1 | 497.97 | 4.4 | 2122.16 | 6.6 |
| 泰安市 | 7761 | | 546.51 | 3585.30 | 6.8 | 280.40 | 3.4 | 1627.90 | 6.8 |
| 日照市 | 5359 | 303.68 | 291.65 | 2002.65 | 9.0 | 150.23 | 3.8 | 963.48 | 9.4 |
| 莱芜市 | 2246 | 129.47 | 137.60 | 896.02 | 8.1 | 56.84 | 4.8 | 499.26 | 7.1 |
| 临沂市 | 17191 | 1161.90 | 1056.30 | 4345.39 | 7.9 | 362.71 | 3.8 | 1884.25 | 6.0 |
| 德州市 | 10358 | 595.35 | 579.58 | 3140.18 | 7.3 | 311.18 | 3.6 | 1498.62 | 6.9 |
| **安徽省** | | | | | | | | | |
| 亳州市 | 8521 | 650.80 | 516.90 | 1183.99 | 9.2 | 209.81 | 4.5 | 474.29 | 9.7 |
| 淮南市 | 5532 | 389.6 | 348.7 | 1111.50 | 6.9 | 121.2 | 4.1 | 553.00 | 6.8 |
| 蚌埠市 | 5951 | 381.25 | 337.67 | 1550.70 | 9.1 | 205.30 | 4.2 | 681.30 | 9.6 |
| 淮北市 | 2741 | 216.95 | 222.79 | 929.01 | 7.6 | 64.02 | 3.8 | 547.28 | 8.6 |
| 阜阳市 | 9776 | 1070.07 | 809.30 | 1571.11 | 9.0 | 310.66 | 4.1 | 637.31 | 9.8 |
| 宿州市 | 9939 | 655.47 | 565.69 | 1503.91 | 9.1 | 258.45 | 3.6 | 575.73 | 9.6 |
| 滁州市 | 13516 | 454.40 | 407.60 | 1607.70 | 9.0 | 226.80 | 4.3 | 819.20 | 9.6 |
| 六安市 | 15451 | 588.20 | 480.00 | 1218.70 | 7.9 | 190.60 | 3.8 | 543.80 | 8.2 |
| **河南省** | | | | | | | | | |
| 周口市 | 11959 | 1155.98 | 876.22 | 2571.03 | 7.9 | 466.88 | 4.4 | 1156.86 | 7.5 |
| 商丘市 | 10704 | 921.01 | 729.86 | 2217.89 | 8.7 | 389.59 | 4.5 | 926.48 | 8.6 |
| 信阳市 | 18916 | 880.53 | 645.36 | 2226.55 | 6.7 | 457.86 | 4.4 | 863.41 | 4.4 |
| 开封市 | 64444 | 523.04 | 454.93 | 1934.95 | 8.2 | 291.89 | 4.5 | 780.95 | 7.4 |

续表 1 （2017 年）

| 地 区 | 第三产业增加值 | | 人均地区生产总值（元） | 地区生产总值中三次产业比重（%） | 粮食总产量 | | 油料总产量 | |
|---|---|---|---|---|---|---|---|---|
| | 绝对量（亿元） | 增长（%） | | | 绝对量（万吨） | 增长（%） | 绝对量（万吨） | 增长（%） |
| **江苏省** | | | | | | | | |
| 徐州市 | 3121.08 | 8.6 | 75611 | 9.1∶43.7∶47.2 | 482.72 | 2.9 | 12.85 | -4.5 |
| 连云港市 | 1147.03 | 8.9 | 58577 | 11.9∶44.7∶43.4 | 362.35 | 0.4 | 11.56 | 1.4 |
| 淮安市 | 1583.05 | 9.2 | 67909 | 10.2∶42.2∶47.6 | 467.56 | 2.0 | 8.53 | -3.1 |
| 盐城市 | 2261.78 | 10.1 | 70216 | 11.1∶44.4∶44.5 | 685.82 | -0.2 | 22.35 | -8.2 |
| 宿迁市 | 1065.31 | 8.5 | 53317 | 11.2∶48.0∶40.8 | 384.76 | 0.1 | 4.65 | 持平 |
| **山东省** | | | | | | | | |
| 菏泽市 | 1079.76 | 10.1 | 32493 | 10.0∶51.7∶38.3 | 773.35 | 0.9 | 22.97 | -0.9 |
| 聊城市 | 1196.98 | 9.3 | 50651 | 11.5∶49.4∶39.1 | 532.25 | 5.4 | 8.61 | -13.0 |
| 枣庄市 | 958.69 | 7.9 | 59110 | 7.0∶51.6∶41.4 | 169.98 | 4.1 | 8.83 | -3.9 |
| 济宁市 | 2030.44 | 8.3 | 55595 | 10.7∶45.6∶43.7 | 575.60 | -2.0 | 16.65 | -2.4 |
| 泰安市 | 1676.90 | 7.3 | 63555 | 7.8∶45.4∶46.8 | 262.50 | 0.1 | 22.20 | -2.1 |
| 日照市 | 888.94 | 9.4 | 68848 | 7.5∶48.1∶44.4 | 89.50 | 1.2 | 23.62 | -1.2 |
| 莱芜市 | 339.92 | 9.9 | 65122 | 6.4∶55.7∶37.9 | 25.47 | 10.8 | 2.41 | 1.9 |
| 临沂市 | 2098.43 | 10.5 | 41372 | 8.3∶43.4∶48.3 | 405.40 | -1.7 | 86.00 | 1.2 |
| 德州市 | 1330.38 | 8.6 | 54197 | 9.9∶47.7∶42.4 | 743.20 | -0.3 | 1.68 | -7.1 |
| **安徽省** | | | | | | | | |
| 亳州市 | 499.89 | 11.0 | 23051 | 17.7∶40.1∶42.2 | 483.40 | 2.0 | 5.00 | -1.7 |
| 淮南市 | 437.30 | 8.0 | 32017 | 12.3∶47.2∶40.5 | 289.70 | 1.7 | 2.80 | -11.9 |
| 蚌埠市 | 664.00 | 10.1 | 46233 | 13.2∶43.9∶42.9 | 285.86 | 1.9 | 38.25 | 0.1 |
| 淮北市 | 317.71 | 6.9 | 41885 | 6.9∶58.9∶34.2 | 129.55 | 2.1 | 0.37 | -14.2 |
| 阜阳市 | 623.15 | 10.8 | 19536 | 19.8∶40.6∶39.6 | 567.80 | 1.9 | 7.00 | -4.3 |
| 宿州市 | 669.73 | 11.5 | 26722 | 17.2∶38.3∶44.5 | 410.09 | 1.8 | 24.07 | 1.5 |
| 滁州市 | 561.70 | 10.2 | 39599 | 14.1∶51.0∶34.9 | 435.50 | 2.0 | 18.80 | -2.9 |
| 六安市 | 484.40 | 9.3 | 25465 | 15.6∶44.6∶39.8 | 315.80 | 0.5 | 14.70 | -4.7 |
| **河南省** | | | | | | | | |
| 周口市 | 893.29 | 10.6 | 28630 | 18.5∶46.0∶35.5 | 808.50 | 0.3 | 50.68 | 5.2 |
| 商丘市 | 901.82 | 11.1 | 30423 | 17.5∶41.8∶40.7 | 681.15 | 1.3 | 40.66 | 15.8 |
| 信阳市 | 905.28 | 10.6 | 34528 | 20.6∶38.8∶40.7 | 556.12 | -3.6 | 70.67 | 4.1 |
| 开封市 | 862.11 | 10.4 | 42525 | 15.1∶40.4∶44.5 | 284.50 | 0.2 | 50.73 | 4.4 |

续表 2

（2017 年）

| 地区 | 棉花总产量 | | 肉类总产量 | | 水产品产量 | | 规模以上工业企业个数（个） | 规模以上工业增加值 |
|---|---|---|---|---|---|---|---|---|
| | 绝对量（万吨） | 增长（%） | 绝对量（万吨） | 增长（%） | 绝对量（万吨） | 增长（%） | | 增长（%） |
| **江苏省** | | | | | | | | |
| 徐州市 | 1.89 | −8.7 | 85.24 | −6.1 | 17.32 | −8.3 | 2412 | 9.0 |
| 连云港市 | | | 26.77 | −9.3 | 75.04 | −0.3 | 1504 | 8.4 |
| 淮安市 | 0.01 | 持平 | 30.07 | −1.1 | 25.95 | −0.6 | 2175 | 7.8 |
| 盐城市 | 0.43 | −79.1 | 77.64 | −4.6 | 120.76 | 1.1 | 2879 | 3.6 |
| 宿迁市 | 0.06 | 持平 | 33.52 | 2.0 | 27.78 | 2.5 | 1747 | 8.9 |
| **山东省** | | | | | | | | |
| 菏泽市 | 12.59 | −4.3 | 74.76 | 3.6 | 9.69 | −26.6 | 3455 | 10.5 |
| 聊城市 | 1.67 | −28.8 | 61.08 | 5.1 | 8.77 | −1.1 | 2704 | 7.2 |
| 枣庄市 | 0.31 | −4.6 | 23.57 | −7.2 | 9.40 | −2.0 | 1397 | 6.8 |
| 济宁市 | 5.33 | −19.3 | 60.97 | 0.5 | 33.06 | 0.4 | 2733 | 7.1 |
| 泰安市 | | | 49.30 | 6.6 | 8.50 | −8.6 | 1641 | 6.2 |
| 日照市 | 0.13 | 1.6 | 28.88 | −5.4 | 58.94 | −3.0 | 675 | 10.2 |
| 莱芜市 | 0.30 | −4.0 | 6.81 | 7.6 | 0.35 | 持平 | 562 | 9.8 |
| 临沂市 | 0.80 | −15.4 | 84.95 | 8.7 | 15.78 | −0.3 | 4074 | 6.2 |
| 德州市 | 1.58 | −42.3 | 84.85 | 8.0 | 7.60 | 4.4 | 2978 | 7.1 |
| **安徽省** | | | | | | | | |
| 亳州市 | 0.70 | −22.2 | 33.00 | 1.0 | 6.00 | 3.4 | 1032 | 10.4 |
| 淮南市 | 0.21 | −35.5 | 24.8 | 1.8 | 18.80 | 1.7 | 637 | 7.3 |
| 蚌埠市 | 0.27 | −57.5 | 37.24 | 1.8 | 13.13 | 2.7 | 1215 | 9.8 |
| 淮北市 | 0.02 | −68.7 | 9.93 | 1.7 | 2.88 | −3.1 | 820 | 8.9 |
| 阜阳市 | 0.80 | −14.0 | 67.70 | 1.7 | 11.00 | 2.1 | 1798 | 10.1 |
| 宿州市 | 1.67 | −20.7 | 49.79 | −1.1 | 4.67 | 2.0 | 1389 | 9.8 |
| 滁州市 | 0.90 | −1.8 | 41.00 | 1.8 | 37.60 | 3.9 | 1621 | 9.7 |
| 六安市 | 1.40 | −0.9 | 41.60 | 1.4 | 22.50 | 1.4 | 968 | 8.4 |
| **河南省** | | | | | | | | |
| 周口市 | 1.07 | −17.1 | | | | | 1332 | 8.3 |
| 商丘市 | 1.47 | −15.3 | 53.53 | 4.4 | | | 1185 | 8.3 |
| 信阳市 | | | | | 28.50 | 2.6 | 1111 | 4.5 |
| 开封市 | 1.75 | −2.2 | 41.47 | 3.1 | | | 1106 | 8.2 |

续表 4

(2017 年)

| 地　区 | 社会消费品零售总额 | | 居民消费价格总指数(以上年为100)(%) | 进出口总额 | | #进口总额 | | #出口总额 | |
|---|---|---|---|---|---|---|---|---|---|
| | 绝对量(亿元) | 增长(%) | | 绝对量(亿美元) | 增长(%) | 绝对量(亿美元) | 增长(%) | 绝对量(亿美元) | 增长(%) |
| **江苏省** | | | | | | | | | |
| 徐州市 | 2886.92 | 12.0 | 101.7 | 78.01 | 24.9 | 14.66 | 47.6 | 63.34 | 20.6 |
| 连云港市 | 1038.31 | 11.3 | 101.8 | 82.14 | 16.6 | 42.92 | 27.7 | 39.22 | 6.4 |
| 淮安市 | 1097.09 | 10.5 | 101.9 | 46.36 | 36.5 | 16.33 | 103.2 | 30.03 | 13.6 |
| 盐城市 | 1666.25 | 10.8 | 101.7 | 86.53 | 8.8 | 28.12 | -12.5 | 58.41 | 23.3 |
| 宿迁市 | 781.39 | 10.8 | 101.9 | 29.48 | 21.4 | 7.76 | 40.9 | 21.72 | 16.1 |
| **山东省** | | | | | | | | | |
| 菏泽市 | 1650.45 | 9.8 | 101.1 | 399.65 | 12.9 | 239.05 | 25.9 | 160.59 | -2.2 |
| 聊城市 | 1278.83 | 9.0 | 101.5 | 456.79 | 23.3 | 222.87 | 25.5 | 233.92 | 21.3 |
| 枣庄市 | 982.14 | 10.1 | 101.0 | 101.06 | 12.0 | 12.03 | 39.2 | 89.03 | 9.2 |
| 济宁市 | 2259.19 | 9.0 | 101.1 | 414.37 | 15.2 | 173.45 | 27.9 | 240.92 | 7.5 |
| 泰安市 | 1608.30 | 10.0 | 101.8 | 154.44 | 14.5 | 34.95 | 34.3 | 119.48 | 9.8 |
| 日照市 | 720.29 | 9.1 | 101.1 | 909.57 | 5.1 | 559.62 | 3.1 | 349.95 | 25.4 |
| 莱芜市 | 380.00 | 9.3 | 101.5 | 107.11 | -5.0 | 36.75 | -23.4 | 70.36 | 8.6 |
| 临沂市 | 2721.60 | 9.4 | 101.4 | 677.10 | 16.6 | 174.37 | -2.4 | 502.70 | 25.1 |
| 德州市 | 1537.12 | 10.2 | 101.2 | 246.76 | 16.4 | 64.90 | 4.7 | 181.86 | 21.2 |
| **安徽省** | | | | | | | | | |
| 亳州市 | 550.70 | 11.9 | 101.5 | 6.60 | 27.8 | 0.60 | 6.3 | 6.00 | 30.5 |
| 淮南市 | 172.60 | 11.7 | 101.0 | 2.99 | 8.7 | 0.26 | -27.4 | 2.73 | 14.1 |
| 蚌埠市 | 725.13 | 12.6 | 101.0 | 17.71 | 0.5 | 8.32 | 45.7 | 9.40 | -21.1 |
| 淮北市 | 353.13 | 11.8 | 101.0 | 6.08 | -0.9 | 0.50 | 17.9 | 5.58 | -2.3 |
| 阜阳市 | 852.02 | 12.2 | 101.4 | 11.10 | -1.3 | 1.46 | 23.1 | 9.64 | -4.1 |
| 宿州市 | 533.68 | 11.9 | 101.3 | 5.79 | 23.2 | 0.71 | -13.5 | 5.07 | 31.0 |
| 滁州市 | 574.40 | 11.5 | 101.2 | 27.75 | 19.8 | 8.81 | 36.4 | 18.94 | 13.3 |
| 六安市 | 604.80 | 11.7 | 101.5 | 7.20 | 35.3 | 1.10 | 308.4 | 6.10 | 20.4 |
| **河南省** | | | | | | | | | |
| 周口市 | 1227.16 | 12.2 | 101.2 | 61.62 | 19.1 | 23.03 | 88.7 | 38.59 | -2.4 |
| 商丘市 | 1032.30 | 12.4 | 100.6 | 19.77 | 21.6 | 1.47 | 21.5 | 18.30 | 21.5 |
| 信阳市 | 1085.77 | 10.6 | 100.8 | 33.46 | 7.0 | 16.20 | 2.7 | 17.26 | 9.6 |
| 开封市 | 944.81 | 12.3 | 101.0 | 31.45 | 32.5 | 2.33 | 3.0 | 29.22 | 35.4 |

注;山东省、河南省各市的进出口总额、进口总额和出口总额为人民币口径,其余地区为美元口径。

续表 5 （2017 年）

| 地　区 | 实际使用外资 | | 邮电业务总量 | 年末固定电话用户（万户） | 年末移动电话用户（万户） | 一般公共预算收入 | | 一般公共预算支出 | |
|---|---|---|---|---|---|---|---|---|---|
| | 绝对量（亿美元） | 增长（%） | 绝对量（亿元） | | | 绝对量（亿元） | 增长（%） | 绝对量（亿元） | 增长（%） |
| **江苏省** | | | | | | | | | |
| 徐州市 | 16.60 | 10.2 | 208.77 | 103.50 | 811.09 | 501.64 | 5.0 | 827.33 | 3.7 |
| 连云港市 | 6.78 | 23.2 | 104.88 | 63.92 | 408.64 | 214.85 | 9.3 | 390.56 | 4.7 |
| 淮安市 | 11.78 | 1.5 | 108.72 | 47.95 | 412.18 | 230.61 | −19.3 | 452.31 | −6.4 |
| 盐城市 | 7.89 | 11.6 | 144.20 | 81.54 | 630.84 | 360.02 | −3.4 | 748.28 | 2.5 |
| 宿迁市 | 3.64 | −19.1 | 120.05 | 39.11 | 413.63 | 200.58 | −9.6 | 424.12 | −2.2 |
| **山东省** | | | | | | | | | |
| 菏泽市 | 7.27 | −57.6 | 70.12 | 21.00 | 755.00 | 186.55 | 6.1 | 510.26 | 19.1 |
| 聊城市 | 7.04 | 59.1 | 28.35 | 30.75 | 461.17 | 186.51 | 2.0 | 380.60 | 7.2 |
| 枣庄市 | 6.08 | −12.4 | 72.38 | 24.20 | 351.77 | 145.20 | 1.2 | 245.11 | −1.5 |
| 济宁市 | 40.10 | 17.9 | 19.58 | 29.20 | 685.30 | 385.71 | 3.0 | 569.73 | 2.0 |
| 泰安市 | 39.47 | 15.6 | 41.38 | 63.80 | 582.90 | 207.10 | 3.9 | 356.00 | 7.7 |
| 日照市 | 42.62 | 10.7 | 33.36 | 20.17 | 291.70 | 141.33 | 12.3 | 232.28 | 13.3 |
| 莱芜市 | 2.30 | −77.8 | 9.24 | 14.79 | 132.96 | 56.01 | 10.2 | 88.77 | 1.9 |
| 临沂市 | 12.33 | −17.2 | | | | 285.30 | 3.9 | 589.60 | 2.1 |
| 德州市 | 8.79 | 8.9 | | 29.00 | 495.00 | 187.47 | 6.9 | 360.57 | 8.6 |
| **安徽省** | | | | | | | | | |
| 亳州市 | 7.80 | 8.0 | 45.80 | 21.60 | 387.90 | 171.00 | 16.0 | 325.00 | 16.7 |
| 淮南市 | 2.39 | 7.0 | 31.8 | 25.00 | 243.80 | 162.30 | 7.5 | 233.30 | 7.0 |
| 蚌埠市 | 16.10 | 7.0 | 24.82 | 30.65 | 270.86 | 141.07 | 5.4 | 298.30 | 11.3 |
| 淮北市 | 6.81 | 5.2 | 14.31 | 20.46 | 179.51 | 60.54 | 2.3 | 152.77 | 7.1 |
| 阜阳市 | 2.19 | 8.0 | 76.70 | 46.70 | 632.50 | 277.05 | 22.6 | 515.21 | 18.2 |
| 宿州市 | 7.85 | 7.5 | 39.01 | 29.42 | 448.41 | 100.12 | 4.7 | 345.92 | 11.1 |
| 滁州市 | 12.24 | 7.0 | 66.20 | 38.60 | 355.90 | 182.50 | 9.1 | 381.10 | 13.8 |
| 六安市 | 4.40 | 15.2 | 31.69 | 28.60 | 345.30 | 184.10 | 20.1 | 375.20 | 9.7 |
| **河南省** | | | | | | | | | |
| 周口市 | 5.41 | 3.6 | 107.99 | | | 111.83 | 11.1 | 514.90 | 7.4 |
| 商丘市 | 3.64 | 0.4 | 118.24 | 34.56 | 613.02 | 128.85 | 15.2 | 463.31 | 9.1 |
| 信阳市 | 5.34 | 1.9 | 88.33 | 37.58 | 616.12 | 100.45 | 12.2 | 446.21 | 9.2 |
| 开封市 | 1.15 | −19.8 | 70.48 | | | 122.74 | 13.1 | 334.80 | 12.8 |

注：山东省各市的实际使用外资为人民币口径，其余为美元口径。

续表 6

（2017 年）

| 地　区 | 金融机构年末存款余额（亿元） | #住户存款（亿元） | 金融机构年末贷款余额（亿元） | 各级各类学校数（所） | 各级各类学校在校学生数（万人） | 卫生机构数（个） | 卫生技术人员数（人） | 卫生机构床位数（张） |
|---|---|---|---|---|---|---|---|---|
| **江苏省** | | | | | | | | |
| 徐州市 | 6396.38 | 3349.45 | 4173.20 | 1302 | 151.01 | 4509 | 57536 | 55589 |
| 连云港市 | 2917.49 | 1279.49 | 2433.32 | 635 | 74.78 | 2703 | 27540 | 24240 |
| 淮安市 | 3432.67 | 1483.10 | 2789.29 | 458 | 70.48 | 2184 | 32310 | 28647 |
| 盐城市 | 5980.74 | 2892.30 | 4272.31 | 626 | 81.82 | 3214 | 40857 | 39985 |
| 宿迁市 | 2514.96 | 1209.50 | 2223.45 | 368 | 80.86 | 2349 | 30400 | 27285 |
| **山东省** | | | | | | | | |
| 菏泽市 | 3494.80 | 2552.24 | 2010.62 | 1800 | 165.06 | 5393 | 53880 | 48471 |
| 聊城市 | 3272.45 | 2120.70 | 2328.02 | 923 | 36.94 | 1010 | 33418 | 32183 |
| 枣庄市 | 1828.33 | 1175.50 | 1212.40 | 665 | 77.01 | 2525 | 25319 | 22622 |
| 济宁市 | 5021.55 | 3065.71 | 3158.04 | 3359 | 153.16 | 6917 | 57099 | 48701 |
| 泰安市 | 3325.20 | 2131.80 | 2103.60 | 724 | 78.20 | 4260 | 36727 | 31856 |
| 日照市 | 2305.23 | 1260.21 | 2235.49 | 1068 | 53.84 | 2437 | 16930 | 14237 |
| 莱芜市 | 954.03 | 570.66 | 735.34 | 182 | 15.07 | 345 | 8104 | 7219 |
| 临沂市 | 5846.30 | 541.10 | 4472.10 | 1688 | 172.20 | 7512 | 83457 | 60356 |
| 德州市 | 3098.02 | 2068.98 | 1797.78 | 936 | 82.86 | 5006 | 31102 | 26467 |
| **安徽省** | | | | | | | | |
| 亳州市 | 1843.40 | 1122.30 | 1337.20 | 1420 | 90.40 | 1722 | 17193 | 19246 |
| 淮南市 | 2052.90 | 1057.40 | 1292.80 | 1054 | 54.74 | 1436 | 17298 | 17000 |
| 蚌埠市 | 1953.00 | 934.60 | 1565.60 | 884 | 50.40 | 1386 | 24815 | 18300 |
| 淮北市 | 1406.90 | 720.77 | 868.95 | 738 | 36.83 | 749 | 11396 | 12379 |
| 阜阳市 | 3501.27 | 2135.08 | 2055.42 | 2979 | 174.10 | 2788 | 50999 | 39789 |
| 宿州市 | 2010.16 | 1261.19 | 1248.29 | 1926 | 104.50 | 1818 | 22830 | 22965 |
| 滁州市 | 2272.30 | 1176.20 | 1699.20 | 1026 | 57.57 | 1638 | 16000 | 18297 |
| 六安市 | 2428.60 | 1313.50 | 1537.40 | 1010 | 67.60 | 2308 | 19930 | 19327 |
| **河南省** | | | | | | | | |
| 周口市 | 2686.93 | 2185.58 | 1098.66 | 5072 | 214.19 | 7982 | 65763 | 38194 |
| 商丘市 | 2686.12 | 1936.52 | 1432.19 | 2597 | 130.96 | | | |
| 信阳市 | 3045.01 | 2118.49 | 1582.19 | 1822 | 135.23 | 4109 | 26341 | 26233 |
| 开封市 | 1904.94 | 1293.48 | 1367.35 | 2637 | 103.7 | 3273 | 29900 | 27500 |

续表 7

（2017 年）

| 地 区 | 城镇化率（%） | 全体居民人均可支配收入 | | 城镇居民人均可支配收入 | | 农村居民人均可支配收入 | |
|---|---|---|---|---|---|---|---|
| | | 绝对量 | 增长 | 绝对量（元） | 增长（%） | 绝对量（元） | 增长（%） |
| **江苏省** | | | | | | | |
| 徐州市 | 63.76 | 24535 | 9.8 | 30987 | 9 | 16697 | 9.3 |
| 连云港市 | 61.70 | 23302 | 9.8 | 30293 | 8.8 | 15273 | 9.6 |
| 淮安市 | 61.25 | 24934 | 9.5 | 32976 | 8.7 | 15601 | 9.0 |
| 盐城市 | 62.90 | 26740 | 9.3 | 33115 | 8.6 | 18711 | 9.0 |
| 宿迁市 | 58.53 | 20756 | 9.5 | 26118 | 8.4 | 15268 | 9.6 |
| **山东省** | | | | | | | |
| 菏泽市 | 49.05 | 17222 | 10.0 | 24116 | 9.0 | 11753 | 9.8 |
| 聊城市 | 50.34 | 18183 | 9.5 | 25231 | 8.4 | 12415 | 9.0 |
| 枣庄市 | 57.32 | 22420 | 8.6 | 29924 | 8.0 | 14164 | 8.8 |
| 济宁市 | 57.12 | 23847 | 9.1 | 32420 | 8.1 | 14845 | 9.0 |
| 泰安市 | 60.63 | 25244 | 8.8 | 32739 | 8.1 | 15674 | 8.6 |
| 日照市 | 58.65 | 23286 | 9.4 | 30790 | 8.6 | 14540 | 8.7 |
| 莱芜市 | 62.58 | 27012 | 9.1 | 34889 | 7.8 | 16144 | 8.7 |
| 临沂市 | 57.40 | 23528 | 8.9 | 33266 | 7.8 | 12613 | 8.3 |
| 德州市 | 55.57 | 19083 | 9.3 | 24640 | 8.3 | 13389 | 9.3 |
| **安徽省** | | | | | | | |
| 亳州市 | 39.80 | 17038 | 9.8 | 27246 | 8.8 | 11591 | 9.6 |
| 淮南市 | 63.46 | 22692 | 9.1 | 30405 | 7.1 | 11841 | 8.1 |
| 蚌埠市 | 55.31 | | | 31160 | 8.8 | 13769 | 9.4 |
| 淮北市 | 63.61 | 22128 | 9.3 | 29578 | 8.6 | 11611 | 9.0 |
| 阜阳市 | 41.75 | 16971 | 10.1 | 27713 | 8.8 | 10748 | 10.0 |
| 宿州市 | 41.56 | 17004 | 9.6 | 27703 | 8.5 | 10859 | 9.5 |
| 滁州市 | 51.90 | 19721 | 9.6 | 28612 | 8.9 | 11947 | 9.1 |
| 六安市 | 45.40 | 17258 | 9.0 | 26731 | 8.1 | 10857 | 9.0 |
| **河南省** | | | | | | | |
| 周口市 | 41.22 | 15226 | 10.2 | 24313 | 8.2 | 10170 | 9.6 |
| 商丘市 | 41.71 | 16684 | 11.0 | 27595 | 9.4 | 10517 | 9.5 |
| 信阳市 | 46.05 | 17480 | 10.3 | 26061 | 8.8 | 11663 | 9.5 |
| 开封市 | 47.42 | 18283 | 10.1 | 26864 | 9.2 | 12126 | 8.6 |

# 企业选介(2017年)

INTRODUCTION OF ENTERPRISES

附录四

版面负责人：王廷宝　张　虹　邵明明
　　　　　　卓卫华
编　　　辑：柏　慧　刘云祥　孙　伟
　　　　　　李家平　董　方

统计知识

# 关于统计机构负责人防范和惩治统计造假弄虚作假责任制规定(试行)

**第十二条** 依照干部管理权限,对统计机构负责人防范和惩治统计造假、弄虚作假责任制执行情况进行检查考核。将统计机构负责人执行防范和惩治统计造假、弄虚作假责任制的情况,列为年度述职述廉和党员民主评议的重要内容。

检查考核工作每年进行一次,考核结果应当及时予以通报。对发现的问题,要及时研究解决,督促整改落实。

**第十三条** 建立检查考核结果运用制度。将对统计机构负责人防范和惩治统计造假、弄虚作假责任制执行情况的检查考核结果作为对各级统计机构负责人的总体评价、业绩评定、奖励惩处和选拔任用的重要依据。

**第十四条** 建立考核报告制度。各级统计机构应当将贯彻落实防范和惩治统计造假、弄虚作假责任制的情况,每年专题报告上一级统计机构。

**第十五条** 各级统计机构领导班子及其班子成员有下列情形之一的,认定为推进依法统计依法治统不力,未能严格履行防范和惩治统计造假、弄虚作假责任制,应当予以通报:

(一)党中央、国务院关于依法统计的各项部署和要求未得到有效贯彻落实,上级统计机构关于防范和惩治统计造假、弄虚作假的工作安排未落实到位;

(二)未将防范和惩治统计造假、弄虚作假纳入统计机构工作人员依法行政依法履职责任范围,未建立本单位防范和惩治统计造假、弄虚作假责任制和问责制,未建立定期听取、研究、部署统计法治建设工作会议制度;

(三)未建立统计违纪违法行为举报工作制度,未形成查处统计违纪违法行为的有效机制,未严格落实统计违纪违法责任人处分处理建议制度,未建立执行统计执法检查“双随机”抽查制度和统计信用制度;

(四)对本地区、本部门发现的统计违纪违法行为隐瞒不报、压案不查,对统计数据造假行为查处不力,对责任人责任追究不到位;

(五)上级统计机构转交的统计违纪违法行为未及时如实核查,交办案件未依纪依法进行处理,不支持配合上级统计机构直接查处统计违纪违法行为,不支持统计执法机构和执法人员依法查处统计违纪违法案件;

(六)本地区、本系统发生大面积或者连续发生统计数据造假问题,明知统计数据不实而不组织进行调查核实,未组织落实违规干预统计工作记录制度;

(七)参与篡改统计资料、编造虚假数据,授意统计调查对象或者其他人员在统计上弄虚作假;

(八)对依法履行职责的统计执法人员、纪检监察人员等打击报复;

(九)其他未能严格履行防范和惩治统计造假、弄虚作假责任制的情形。

**第十六条** 各级统计机构领导班子及其班子成员有第十五条规定情形之一的,按照中央《关于深化统计管理体制改革提高统计数据真实性的意见》要求,依据《中国共产党纪律处分条例》《中国共产党问责条例》《中华人民共和国统计法》《中华人民共和国统计法实施条例》《行政机关公务员处分条例》和《统计违法违纪行为处分规定》《事业单位工作人员处分暂行规定》追究责任。

部门统计机构负责人可以参照执行本规定。

**第十七条** 各级统计机构可以根据本规定制定实施办法。

**第十八条** 本规定由国家统计局解释,自 2017 年 9 月 1 日起施行。

# 2017年徐州市贸易批发零售企业前五十强

（按销售额排序）

| 序号 | 企业名称 | 序号 | 企业名称 |
|---|---|---|---|
| 1 | 江苏金驹物流投资有限公司 | 26 | 徐州双东工贸有限公司 |
| 2 | 徐州徐工物资供应有限公司 | 27 | 徐州中收农机汽车销售有限公司 |
| 3 | 徐州中晟昌贸易有限公司 | 28 | 徐州金茂汽车贸易有限公司 |
| 4 | 徐州淮海药业有限公司 | 29 | 徐州苏宁云商销售有限公司 |
| 5 | 江苏省烟草公司徐州市公司 | 30 | 徐州金源钢材贸易有限公司 |
| 6 | 中国石化销售有限公司江苏徐州石油分公司 | 31 | 徐州中央百货大楼股份有限公司 |
| 7 | 江苏大屯煤炭贸易有限公司 | 32 | 徐州龙工场跨境电商有限公司 |
| 8 | 徐州金鹰国际实业有限公司 | 33 | 徐州花厅商贸有限公司 |
| 9 | 徐州工程机械集团进出口有限公司 | 34 | 徐州润东之风汽车销售服务有限公司 |
| 10 | 徐州工程机械保税有限公司 | 35 | 徐州之星汽车有限公司 |
| 11 | 江苏万邦医药营销有限公司 | 36 | 江苏新沂江海粮油收储有限公司 |
| 12 | 江苏恒盛农业生产资料有限公司 | 37 | 华兴能源集团有限公司 |
| 13 | 江苏晋煤宏圣煤炭物流贸易有限公司 | 38 | 徐州苏宁云商采购有限公司 |
| 14 | 国药控股徐州有限公司 | 39 | 徐州科栋商贸有限公司 |
| 15 | 上药控股徐州股份有限公司 | 40 | 江苏闽铁商贸有限公司 |
| 16 | 江苏欢乐买商贸股份有限公司 | 41 | 徐州宝景汽车销售服务有限公司 |
| 17 | 徐州鼎丰物资贸易有限公司 | 42 | 徐州金佰利工程有限公司 |
| 18 | 徐州福森进出口有限公司 | 43 | 徐州新伟东工贸有限公司 |
| 19 | 江苏恩华和信医药营销有限公司 | 44 | 徐州朗驰汽车销售服务有限公司 |
| 20 | 徐州天泽国际贸易有限公司 | 45 | 江苏翰驰钢材有限公司 |
| 21 | 徐州悦家商业有限公司 | 46 | 江苏润禾农资有限公司 |
| 22 | 徐州谐润冶金炉料有限公司 | 47 | 徐州凯驰汽车贸易有限公司 |
| 23 | 沛县北方煤炭贸易有限公司 | 48 | 新沂市汽车销售有限公司 |
| 24 | 江苏永泰能源发展有限公司 | 49 | 徐州银基物资燃料有限公司 |
| 25 | 江苏马龙国华工贸股份有限公司 | 50 | 徐州沪彭奥通汽车销售服务有限公司 |

# 2017年徐州市建筑企业前三十强

（按总产值排序）

| 序号 | 企 业 名 称 | 序号 | 企 业 名 称 |
| --- | --- | --- | --- |
| 1 | 江苏大汉建设实业集团有限责任公司 | 16 | 江苏汉中建设集团有限公司 |
| 2 | 江苏集慧建设集团有限公司 | 17 | 江苏双信建筑工程有限公司 |
| 3 | 江苏中阳建设集团有限公司 | 18 | 江苏兴梁建设工程有限公司 |
| 4 | 徐州运成建设(集团)有限公司 | 19 | 江苏汉皇安装集团有限公司 |
| 5 | 江苏荣德建设有限公司 | 20 | 江苏昱诚建设有限公司 |
| 6 | 江苏嘉泰建设工程有限公司 | 21 | 沛县铁路工程公司 |
| 7 | 江苏万融工程科技有限公司 | 22 | 徐州市鑫拓市政工程有限公司 |
| 8 | 中煤第五建设有限公司 | 23 | 徐州天利达建筑安装工程有限公司 |
| 9 | 徐州汉韵环球建筑安装工程公司 | 24 | 江苏汉邦建设集团有限公司 |
| 10 | 徐州汉源建设集团有限公司 | 25 | 江苏路泰建设集团有限公司 |
| 11 | 江苏宝嘉建设集团有限公司 | 26 | 睢宁县建筑工程公司 |
| 12 | 江苏陆峰建设工程有限公司 | 27 | 徐州万基工程建设有限公司 |
| 13 | 江苏奥宇建设工程有限公司 | 28 | 江苏秦汉建设有限公司 |
| 14 | 江苏汉瑞铁路建筑工程有限公司 | 29 | 睢宁县环宇建筑安装工程公司 |
| 15 | 新沂市远大建筑安装工程有限公司 | 30 | 徐州奇胜建筑安装工程有限公司 |

# 2017年徐州市房地产企业销售前三十强

（按销售面积排序）

| 序号 | 企业名称 | 序号 | 企业名称 |
|---|---|---|---|
| 1 | 新沂市城投置业有限公司 | 16 | 徐州绿润置业有限公司 |
| 2 | 江苏汇川房地产开发有限公司 | 17 | 华润置地（徐州）发展有限公司 |
| 3 | 徐州雨润置业有限公司 | 18 | 徐州市盛和房地产开发有限公司 |
| 4 | 邳州市宏利达房地产开发有限公司 | 19 | 徐州泰龙置业有限公司 |
| 5 | 徐州润阳伟业置业有限公司 | 20 | 徐州万旭置业有限公司 |
| 6 | 江苏润企万国实业有限公司 | 21 | 徐州万众置业有限公司 |
| 7 | 荣盛（邳州）房地产开发有限公司 | 22 | 徐州鼎尚置业有限公司 |
| 8 | 徐州富兴源置业有限公司 | 23 | 新沂阳光置业有限公司 |
| 9 | 徐州市鹏辉房地产发展有限公司 | 24 | 徐州美的时代房地产有限公司 |
| 10 | 徐州万汇置业有限公司 | 25 | 徐州高盛地产开发有限公司 |
| 11 | 新沂市国信置业有限公司 | 26 | 徐州苏宁置业有限公司 |
| 12 | 睢宁碧桂园房地产开发有限公司 | 27 | 徐州丰华房地产开发有限公司 |
| 13 | 绿地地产集团徐州东部置业有限公司 | 28 | 徐州新宁置业有限公司 |
| 14 | 徐州泽瀚置业有限公司 | 29 | 徐州嘉旭房地产开发有限公司 |
| 15 | 睢宁金以德房地产开发有限公司 | 30 | 徐州中锐建设有限公司 |

# 2017年徐州市重点耗能工业企业前百家

## （按综合耗能量排序）

| 序号 | 企业名称 | 序号 | 企业名称 |
|---|---|---|---|
| 1 | 国华徐州发电有限公司 | 26 | 徐州伟天化工有限公司 |
| 2 | 江苏中能硅业科技发展有限公司 | 27 | 徐州东兴能源有限公司 |
| 3 | 铜山华润电力有限公司 | 28 | 徐州丰成盐化工有限公司 |
| 4 | 徐州矿务集团有限公司 | 29 | 徐州荣阳钢铁有限公司 |
| 5 | 江苏阚山发电有限公司 | 30 | 徐州博丰钢铁有限公司 |
| 6 | 徐州华润电力有限公司 | 31 | 江苏协鑫硅材料科技发展有限公司 |
| 7 | 大屯煤电(集团)有限责任公司 | 32 | 铜山县利国钢铁有限公司 |
| 8 | 徐州华宏特钢集团有限公司 | 33 | 徐州金虹特钢有限公司 |
| 9 | 徐州东南钢铁工业有限公司 | 34 | 徐州协鑫环保能源有限公司 |
| 10 | 江苏晋煤恒盛化工股份有限公司 | 35 | 江苏兴达钢铁集团有限公司 |
| 11 | 江苏天裕能源化工集团有限公司 | 36 | 徐州聚成铸造科技有限公司 |
| 12 | 徐州宝丰特钢有限公司 | 37 | 徐州中兴纸业有限公司 |
| 13 | 江苏徐塘发电有限责任公司 | 38 | 国丰新能源江苏有限公司 |
| 14 | 徐州中联水泥有限公司 | 39 | 徐州利国镇北钢铁有限公司 |
| 15 | 徐州华鑫发电有限公司 | 40 | 徐州腾达焦化有限公司 |
| 16 | 徐州东亚钢铁有限公司 | 41 | 徐州金山桥热电有限公司 |
| 17 | 维维集团股份有限公司 | 42 | 徐州天成氯碱有限公司 |
| 18 | 江苏沂州煤焦化有限公司 | 43 | 徐州中泰能源科技有限公司 |
| 19 | 考伯斯(江苏)炭素化工有限公司 | 44 | 光大环保能源(邳州)有限公司 |
| 20 | 徐州市龙山水泥有限公司 | 45 | 徐州工程机械集团有限公司 |
| 21 | 圣戈班(徐州)管道有限公司 | 46 | 徐州博丰冶金科技有限公司 |
| 22 | 淮海中联水泥有限公司 | 47 | 徐州富山医疗制品有限公司 |
| 23 | 国能邳州生物发电有限公司 | 48 | 丰县鑫源生物质环保热电有限公司 |
| 24 | 徐州泰发特钢科技有限公司 | 49 | 江苏新春兴再生资源有限责任公司 |
| 25 | 徐州牛头山钢铁有限公司 | 50 | 徐州钛白化工有限责任公司 |

（按综合耗能量排序）

| 序号 | 企业名称 | 序号 | 企业名称 |
|---|---|---|---|
| 51 | 江苏省瑞丰盐业有限公司 | 76 | 江苏诚意水泥有限公司 |
| 52 | 沛县坑口环保热电有限公司 | 77 | 徐州天元纸业有限公司 |
| 53 | 江苏花厅生物科技有限公司 | 78 | 邳州市伟龙聚氨脂制品有限公司 |
| 54 | 徐州建滔能源有限公司 | 79 | 江苏中烟工业有限责任公司徐州卷烟厂 |
| 55 | 利民化工股份有限公司 | 80 | 徐州卧牛山新型防水材料有限公司 |
| 56 | 徐州徐轮橡胶有限公司 | 81 | 徐州荣盛达纤维制品科技有限公司 |
| 57 | 徐州建平环保热电有限公司 | 82 | 徐州福华木业股份有限公司 |
| 58 | 邳州市金龙生化制品有限公司 | 83 | 江苏伟业铝材有限公司 |
| 59 | 铜山县新汇热电有限公司 | 84 | 徐州天福缘食品有限公司 |
| 60 | 江苏苏醇酒业有限公司 | 85 | 徐州明珠油缸有限公司 |
| 61 | 徐州海天石化有限公司 | 86 | 徐州鑫宇光伏科技有限公司 |
| 62 | 徐州天虹时代纺织有限公司 | 87 | 江苏世纪天虹纺织有限公司 |
| 63 | 丰县鑫成环保热电有限公司 | 88 | 徐州格瑞德科技有限公司 |
| 64 | 徐州大华玻璃制品有限公司 | 89 | 徐州天杉木业有限公司 |
| 65 | 徐州宏昌粮油购销有限责任公司 | 90 | 徐州得隆生物科技有限公司 |
| 66 | 徐州罗特艾德环锻有限公司 | 91 | 徐州天虹银丰纺织有限公司 |
| 67 | 江苏通达热电有限公司 | 92 | 徐州荣昌玻璃制品有限责任公司 |
| 68 | 徐州南区热电有限责任公司 | 93 | 徐州天虹银联纺织有限公司 |
| 69 | 江苏久久水泥有限公司 | 94 | 江苏信怡生物工程有限公司 |
| 70 | 徐州强盛城市煤气有限公司 | 95 | 徐州中科玻璃有限公司 |
| 71 | 泰山石膏(邳州)有限公司 | 96 | 徐州首创水务有限责任公司 |
| 72 | 睢宁县永华木业有限公司 | 97 | 江苏正茂玻璃科技有限公司 |
| 73 | 江苏宗申车业有限公司 | 98 | 徐州恒发玻璃制品有限公司 |
| 74 | 新沂市泷山建材科技有限公司 | 99 | 江苏富祥木业股份有限公司 |
| 75 | 江苏华昌铝厂有限公司 | 100 | 徐州斯尔克纤维科技股份有限公司 |

# 2017年徐州市其他服务业企业前五十强

（按营业收入排序）

| 序号 | 企　业　名　称 | 序号 | 企　业　名　称 |
|---|---|---|---|
| 1 | 中国石化管道储运有限公司 | 26 | 徐州市公共交通有限责任公司 |
| 2 | 中国移动通信集团江苏有限公司徐州分公司 | 27 | 徐州大屯劳动服务有限公司 |
| 3 | 中国电信股份有限公司徐州分公司 | 28 | 邳州市东大医院有限公司 |
| 4 | 江苏徐州港务(集团)有限公司 | 29 | 徐州润东汽车营销管理有限公司 |
| 5 | 江苏连徐高速公路有限公司 | 30 | 徐州百大劳务服务有限公司 |
| 6 | 中国邮政集团公司徐州市分公司 | 31 | 邳州市九龙山景区开发有限公司 |
| 7 | 江苏宝通物流发展有限公司 | 32 | 新沂市江海航运有限公司 |
| 8 | 徐州金地商都集团有限公司 | 33 | 华东管道设计研究院 |
| 9 | 江苏徐工工程机械租赁有限公司 | 34 | 徐州市九州生态园林股份有限公司 |
| 10 | 上海铁路局徐州货运中心 | 35 | 徐州徐工智联物流服务有限公司 |
| 11 | 中国石化集团管道储运公司 | 36 | 徐州鸿安运输有限公司 |
| 12 | 徐州矿务集团总医院 | 37 | 徐州矿务集团第二医院 |
| 13 | 中国联合网络通信有限公司徐州市分公司 | 38 | 徐州零浩物流产业园(有限合伙) |
| 14 | 徐州徐工物流有限公司 | 39 | 新沂市二湾港运输有限公司 |
| 15 | 徐州公路运输集团有限责任公司 | 40 | 新沂市顺通港务有限公司 |
| 16 | 徐州中天科尔物流有限公司 | 41 | 徐州联航航运有限公司 |
| 17 | 徐州象屿供应链管理有限公司 | 42 | 徐州中国矿大岩土工程新技术发展有限公司 |
| 18 | 邳州华通物资贸易有限公司 | 43 | 邳州苏源农电管理有限公司 |
| 19 | 徐州仁慈医院 | 44 | 徐州市保安公司 |
| 20 | 徐州华厦商务管理有限公司 | 45 | 江苏省碾庄陇海粮食储备库有限公司 |
| 21 | 徐州五岳生辉生态农业发展有限公司 | 46 | 大屯煤电(集团)有限责任公司中心医院 |
| 22 | 江苏徐工广联机械租赁有限公司 | 47 | 新沂市风景出租汽车有限公司 |
| 23 | 徐州顺衡速运有限公司 | 48 | 江苏徐工信息技术股份有限公司 |
| 24 | 徐州报业传媒集团(徐州日报社) | 49 | 徐州矿务集团第一医院 |
| 25 | 江苏十全电子商务有限公司 | 50 | 徐州市观音国际机场有限公司 |

# 中国统计出版社最新图书简目

(仅供参考,以实际出版为准)

## 统计资料

中国统计年鉴　中国统计摘要　中国第三产业统计年鉴
中国第三次全国农业普查综合资料　国际统计年鉴　金砖国家联合统计手册
中国-东盟国家统计手册　中国农村统计年鉴　中国县域统计年鉴
中国农产品价格调查年鉴　中国城市统计年鉴　中国价格统计年鉴
中国贸易外经统计年鉴　中国零售和餐饮连锁企业统计年鉴　中国商品交易市场统计年鉴
大中型批发零售和住宿餐饮企业统计年鉴　中国住户调查年鉴　中国工业统计年鉴
中国环境统计年鉴　中国能源统计年鉴　中国建筑业统计年鉴
中国房地产统计年鉴　中国固定资产投资统计年鉴　中国对外直接投资统计公报
中国人口和就业统计年鉴　中国劳动统计年鉴　中国社会统计年鉴
中国科技统计年鉴　中国高技术产业统计年鉴　全国企业创新调查年鉴
中国文化及相关产业统计年鉴　2018年时间利用调查资料　中国妇女儿童状况统计资料
中国基本单位统计年鉴　中国教育统计年鉴　中国教育经费统计年鉴
中国民族统计年鉴　中国残疾人事业统计年鉴

## 省级综合统计年鉴系列

北京 天津 河北 山西 内蒙古 辽宁 吉林 黑龙江 上海 江苏 浙江 安徽 福建 江西 山东 河南 湖北 湖南 广东 广西 海南 重庆 四川 贵州 云南 西藏 陕西 甘肃 青海 宁夏 新疆 新疆生产建设兵团

## 市(县)级综合统计年鉴系列

滨海新区 石家庄 唐山 邯郸 保定 沧州 邢台 廊坊 承德 衡水 秦皇岛 张家口 太原 大同 阳泉 长治 晋城 朔州 晋中 运城 忻州 临汾 吕梁 呼和浩特 呼和浩特新城区 鄂尔多斯 包头 沈阳 大连 长春 吉林 延吉 四平 通化 松原 哈尔滨 齐齐哈尔 黑龙江垦区 上海浦东新区 南京 无锡 徐州 常州 苏州 南通 连云港 淮安 盐城 扬州 镇江 泰州 宿迁 江阴 丹阳 海门 杭州 宁波 温州 嘉兴 湖州 绍兴 金华 衢州 舟山 台州 丽水 合肥 安庆 马鞍山 福州 厦门 宁德 漳州 龙岩 南昌 九江 上饶 新余 抚州 萍乡 赣州 吉安 景德镇 济南 青岛 潍坊 枣庄 日照 滕州 郑州 洛阳 平顶山 三门峡 商丘 信阳 济源 汝州 武汉 十堰 荆州 宜昌 荆门 咸宁 长沙 广州 深圳 惠州 东莞 汕尾 南宁 柳州 桂林 梧州 来宾 河池 防城港 海口 三亚 成都 贵阳 黔南 毕节 昆明 西安 咸阳 延安 宝鸡 安康 铜川 汉中 榆林 兰州 庆阳 银川 乌鲁木齐 兵团一师 兵团十师

## 调查年鉴系列

天津 内蒙古 上海 浙江 福建 河南 湖北 湖南 广东 广西 重庆 四川 云南 甘肃 宁夏

## 统计方法应用/实用手册

实用SAS统计分析教程　Python数据分析基础　统计公文知识问答　领导干部统计知识问答
乡镇统计人员岗位知识培训系列教材：辅助调查员岗位基础知识　乡镇统计人员岗位基础知识
县级统计人员岗位知识培训系列教材：Excel在统计工作中的应用　简明统计分析
地市级统计人员岗位知识培训系列教材：统计报告与演示　中国国民经济核算体系（2016）基础知识
全国统计专业技术资格考试系列考试用书：统计业务知识（第四版）　统计业务知识学习指导与习题
全国统计专业技术资格考试系列考试用书：统计相关知识（第四版）　统计相关知识学习指导与习题

## 统计通俗读物/统计科普图书

我国20个统计指标的历史变迁　联合国工业发展组织：2016年工业发展报告
中国古代统计发展史　理解国民账户

## 重点图书

波澜壮阔四十年　砥砺奋进铸就辉煌——改革开放40年与时俱进的中国统计
新编英汉汉英统计大词典　中国国民经济核算体系2016　国民经济行业分类注释
挑大学选专业2019—考研择校指南　挑大学选专业2019—高考志愿填报指南　中华医学统计百科全书

中国统计出版社发行部电话：（010）63376907　63376908　同楫行书店电话：68783171　68783172
地址：北京市丰台区西三环南路甲6号　邮政编码：100073　网址：http://www.zgtjcbs.com